民族史의 展望

韓㳓劤 著
韓㳓劤全集刊行委員會編

KSI 한국학술정보㈜

序　文

　대학에서 停年退職한 지도 어언간 15년이 지나서 이제 80 高齡에 이르
게 된 셈이다. 1976년에 그때까지 신문·잡지 등에 寄稿했던 짧은 글들을
모아 『隨筆集』이라는 명색으로 「欲望과 慾心」이라 題名한 小冊子를 펴낸
일이 있었다. 이제 그때 남겨 두었던 글들과 그 뒤에 역시 신문·잡지 등
에 기고했던 글들을 한데 묶어서 八旬自祝의 의미도 곁들여 出刊하기로
하였다. 學究生活의 외길을 걸어오면서 한끝으로 무슨 생각을 하면서 살
아왔는가 하는 나의 思索歷程을 나타내 주는 것일지도 모른다. 이 拙著의
出刊을 快諾하여 주신 一潮閣 韓萬年 社長님에게 감사하여 마지않는다.

　1997 年　1 月

著　著

目　次

Ⅴ　아침 論壇

Ⅵ　一事一言

目　次

Ⅶ　序·追慕文

Ⅷ　對談과 인터뷰

目 次

I　近世儒敎政治의 性格

派閥意識과 族譜의 思想
—— 平等된 社會秩序의 確立을 위하여 ——

우리는 흔히 事大主義니 派閥性이니 하는 것을 마치 우리의 民族性과도 같이 논위되어지는 것을 들어 왔다. 그러나 그러한 것을 과연 우리의 민족성으로 간주할 수가 있는 것인가 없는 것인가를 이론적으로 검토한 것을 본 기억은 없다.

실상 무엇이 事大主義냐 하는 문제에 대하여서도 그 規定이 이론적으로 구명되어 있지도 못한 것 같다. 그러면서도 그런 것이 다 우리의 좋지 않은 민족성과도 같이 운위되어지는 것을 흔히 들을 수가 있는 것이다.

민족성이란 人間의 독자적인 個別性과 보편적인 同一性과의 중간에 위치하여 民族이라는 제한된 집단내부에 있어서의 공통성을 나타내는 동시에 다른 民族集團의 그것과는 구별되어져야 하는 한 민족의 심리적 특질을 가리켜서 말하는 것이다. 그리고 그것은 民族的 性格이라는 의미에서 어디까지나 인간의 퍼스널리티 *Personality* 에 관한 문제이기도 하다. 또한 민족이라는 것이 단순한 血緣이나 地緣關係로서만 규정될 수가 없듯이 민족성도 어떠한 人種的 特徵으로서 규정되어질 수는 없다. 민족성을 말할 때, 그것이 마치 어느 인종에 있어서 固定不變한 天賦의 성격과도 같이 숙명적인 것으로 간주하고, 여기에 다시 진보의 정도나 우열관과 관련시켜서, 결국 자기 민족의 우수성을 내세우고 타민족에 대한 정복이나 지배를 정당화하려고 我田引水的인 논리를 펴놓곤 하는 것도 우리는 흔히 보아 온 것이다.

인간의 성격이라는 것은 애초부터 對人關係를 통하여 사회적으로 형성되어지게 마련이며, 그러므로 민족적 성격도 어떤 숙명적인 固定不變한 것이 아니라 선택성을 갖는 사회적 관습에 의하여 그 특질을 갖추게 마련인 것이다. 따라서 어느 한 민족의 성격은 그 민족의 역사적·사회적 조건을 떠나서는 생각할 수 없는 것이 사실이다.

그러면서도 어느 한 민족의 文化的 特性을 통일적으로 파악하는 概念的 表象이라고 할지라도, 그것이 그대로 민족성을 직접적으로 기술할 수 있는 대상이 될 수는 없다. 문화체계와 퍼스널리티의 체계와는 밀접한 관계가 있는 것이기는 하더라도, 그것은 따로 구별되어야 할 문제인 것이다. 따라서 어느 한 민족에 대하여 그들에 있어서 보편적으로 찾아볼 수 있는 특별한, 타민족의 그것과는 구별되는 그러한 특별한 성격을 개념화한다는 民族性 規定의 문제는 그리 용이한 일이 아니다.

더구나 어느 특수한 사회계층 내에서 찾아볼 수 있는 그들 사이에만 공통되는 심리적 특질을 갖고 그것을 그대로 마치 전민족에 보편된 민족성으로 간주한다는 것도 그릇된 것이라 할 것이다.

편집자의 요청으로는 우리 민족성의 재평가라는 과제로 派閥意識과 族譜의 思想을 논하라는 것이다. 그러나 우리는 그러한 의식과 사상을 과연 우리의 민족성으로 간주할 수가 있는 것인가 하는 것부터 문제라고 생각한다. 어느 민족 어떤 사회에 있어서나 파벌이 전연 없다고 할 수도 없을 것이며, 또 어느 나라 사람이건간에 사실상의 家族系譜가 전연 없다고 할 수는 없을진대, 여기에 파벌에 따르는 對立이나 족보에 대한 尊崇의 念이 있다는 것은 조금도 부자연스러운 것이 아닌 것이다.

다만 문제인 것은 그러한 의식이나 관념이 하나의 고질이 되다시피 경화되어 있다는 점에 있다고 할 것이다. 따라서 우리가 여기서 음미하여야 할 문제는 우리나라의 어떠한 역사적·사회적 조건이 그러한 의식과 관념을 오랫동안 경화시켜 왔는가 하는 것을 검토하는 데 있다.

그리고 그것은 우리나라 과거의 社會構造에서 연유된 것으로 오늘날의 역사적 현실과도 일면의 관련성을 갖는 것이라면 우리나라의 사회발전과 사회적 관습에 비추어 반성하여야 할 문제이기도 하다. 민족성이란 사회적 관습에 의하여 그 특질을 갖게 마련이고, 사회적 관습에는 '選擇性'을 갖는 것이기 때문에, 더욱이 절실한 문제이기도 하다.

흔히 李朝時代에 있어서의 黨爭은 中國의 그것보다도 훨씬 더 오래, 거의 300년 동안을 '줄기차게' 계속되었다고 한다. 그러나 『華海彙編』의 저자는 韓國에 있어서의 당쟁을 高麗時代 末期에서부터 起論하고 있는 것이다.

실제로 新羅時代에 있어선들 정치권력을 싸고 도는 파벌이 없었던 것도 아니다. 이렇게 보면 당쟁은 비단 李朝 300년간의 문제만도 아니다. 우리나라 전역사를 통하여 政權을 에워싼 대립파쟁은 그치지 않았다고도 말할 수 있겠다. 이 같은 현상은 또 비단 우리나라에서만 볼 수 있었던 것이 아니라 전인류의 역사를 통하여 어디나 일어났던 현상이라고 하여야 할 것이다.

조선시대의 이른바 士禍・黨爭이 그렇듯 집요하였다고 하더라도 이를 한갓 어떤 인간의 심리적 특질의 소치로서 이해할 문제가 아닌 것이다. 그것은 근원적으로 조선시대의 支配體制와 社會構造의 문제로서 이해되어야 할 문제였다. 그리고 그러한 이해는 이미 18세기의 우리나라 학자에 의하여 훌륭히 설명되어진 바도 있다.

17세기의 학자 柳馨遠의 뒤를 이어 經世致用의 學을 大成한 星湖 李瀷은 南人의 계통을 이어 초야에 묻혀서 평생을 마쳤다. 星湖의 시대에 이르러 당쟁은 더욱 격화되었고, 이윽고 老論에 의한 一黨專制的인 추세를 자아내었던 정세하에 '노론이 아니고서는 南走越北走胡하는 수밖에 타책이 없다'고까지 이야기되던 禍難 속에서, 성호는 어느 黨色의 시비를 가리는 것이 중요한 일이라고 생각하지를 않았다. 그는 그의 올바른 역사관에 입각하여 이 같은 당쟁이 일어나게 되는 근원적인 원인이 어디에 있는가를 명석하게 천명하였던 것이다.

그는 즉 人間의 근원적인 욕망과 사회구조 및 역사적 정세 속에서 파쟁이 일어날 수밖에 없었던 근거를 제시한 것이다.

그는 먼저 宣祖朝 이후로 분열을 거듭하여 19세기 초기에 들어서는 老少南의 三色이 대립되어 仇怨만이 늘어가서, 서로 逆名으로 몰아서 婚娶・교유를 하지 않으며, 타파의 인물들은 무조건 배척하고 인품의 高下賢愚는 自派 안에서만 문제로 삼아지는 폐풍을 지적하고 그러한 기풍에 大學・書院까지 물들어서 中外上下가 당파대립의 형세를 자아냈다고 하였다. 그것은 또 결국은 國勢를 쇠약케 하고 風俗을 渝薄하게 할 뿐만 아니라, 外

侮를 초래하는 계기도 되는 것이라 하여, 이 같은 분열이 없었다면 임진왜란과 같은 화난도 당하지 않았을는지도 모른다고 하였다. 이 같은 대립·파쟁은 요컨대 시비를 가리는데 공정성을 잃는 데서 말미암는다는 것이다. 그러면 어찌하여 이와 같은 사태를 빚어내게 되었던 것일까.

성호는 무릇 朋黨은 爭鬪에서 일어나고 쟁투는 이해에서 일어나는 것이니 이해관계가 절실하면 그 당이 뿌리깊고, 이해관계가 오래 계속되면 그 당이 견고하여지는 것은 情'勢'가 그렇듯 만드는 것이라 하였다. 그리하여 쟁투의 근원은 겉으로 보아서는 言貌나 動作에서 연유되는 듯싶으나, 기실은 이해가 상반되는 데 기인되는 것이라 하였다.

그러므로 '여기 利가 하나고 사람이 둘이면 2당이 되게 마련이요, 利가 하나고 사람이 넷이면 4당이 되게 마련인데, 利가 고정불변한데 사람만이 더욱 늘어나면 여기 十朋八黨으로 분열되지 않을 수 없다'는 것이었다. 그는 이와 같은 기본전제 밑에 朝鮮後期의 兩班政治와 兩班생리의 모순을 지적하고 있다. 즉 양반사대부는 실제 生産業에는 종사하지 않고 오로지 官爵을 얻는 것만을 이상목표로 삼았는데, 이는 관작을 얻으면 여기에 '富'가 따르기 때문이며, 그들로서는 그 밖에 다른 길이 없었고, 또 취하려고도 하지 않았다.

그러나 고정된 儒敎政治機構로서 人材登用에는 한계가 있는 것임에 반하여 양반사류의 수는 계속 증가되어 그 고정된 기구로서 격증되는 관리 후보자의 욕망을 모두 충족시켜 줄 수는 없게 되었다. 정식으로 등용시험에 합격된 者만을 생각하더라도 그들에게 모두 관직을 부여할 수는 없었던 것이다. 등용시험의 名目은 늘고 합격자의 수도 더욱 늘어가면서 관직자리는 하나인데 뚫고 들어가려는 자가 8·9명에 이르니 分朋分黨이 안될 것이냐는 것이다. 그러므로 生員·進士가 된 자라도 貴近者의 배경이 없이는 관직을 차지하기가 좀처럼 어려워서 그대로 늙어 죽는 수밖에 없게 된다는 것이었다.

그러므로 성호는 이 같이 오랫동안 정치의 固弊로 되어 있는 당쟁의 폐풍을 없이하고 국가사회의 안정을 기하려면, 첫째 兩班階層의 生理(生活方法)를 혁신하여 저들의 遊食奢侈生活을 지양하여 양반도 직접 生業(農

業)에 종사하고 생활의 근거인 土地經濟의 체제를 전면적으로 개편하여야 한다는 것이며, 둘째는 門閥·黨色 중심의 정치를 타파하고 인재등용의 방법을 갱신할 것이며, 셋째는 널리 官僚體制를 보다 더 합리적으로 운영하여야 할 것이라 하였다.

성호는 이와 같이 당쟁의 근원적인 원인을 인간의 또는 양반의 특수한 生理와 그들 자신이 마련한 사회구조 사이의 모순, 그것은 사회와 시대의 변천에 따라서 더욱 확대되어 간, 그러한 사회적 배경에서 이해하고 또 그 해결을 위하여서도 특수한 인간의 품성이나 기질의 문제로서가 아니라 사회구조의 전면적인 개편에서만 기대할 수 있는 것으로 여겼던 것이다. 단적으로 말하여 성호는, '趙光祖가 없었더라도 또 다른 趙光祖가 나타났으리라'는 것이었다.

당쟁이 朝鮮을 통하여 오래 계속되었다는 것은 조선사회의 발전이 停滯飜復되고 있었다는 점과 제도적으로는 봉건사회가 아닌 중앙집권적인 儒敎官人政治가 오래 지속되었다는 점에서 이해되어야 할 것이다. 또한 이같은 파쟁의 계기가 양반계층 사이에 어떠한 사회적 관습을 이루어 그들 사이에 하나의 심리적인 특질과도 같이 되어 있었다고 하더라도 그리고 그것이 지배적인 추향이었다고 하더라도, 그것을 전민족에 편통하는 우리의 민족성으로 간주하여 버릴 수는 없는 것이라고 생각한다. 더구나 이와 같은 추향은 日帝의 植民地統治政治를 통하여 일면 더욱 경화되었던 것이며 조장되었다고 할 수도 있는 것이다.

요컨대 일부 지배계층 사이에 주로 정치적인 면에서 나타나는 파벌성을 갖고 이를 우리의 민족성이라고 할 수는 없을 것이다. 문제는 그러한 파벌의식을 자아내게 하는 사회기반을 하루 속히 발전·지양시키는 데 있겠다.

族譜에 대한 관념은 우리의 家族制度와 더불어 민족성과 보다 더 緊密한 관계가 있는 것이라 하겠다. 민족적 성격이 구성되는 가장 중요한 근본은 가족의 내부인 것이며, 가족은 민족성에 대하여는 중간매개자적 위치를 차지하는 것으로 여겨진다. 민족성이 사회적 관습에서 오는 것이라면 그러한 사회적 관습은 각기 가족내에서 평가의 기준이 되어 幼兒에 대한 訓育의 목표가 되어지는 것이며, 그러한 점에서 가족내에 있어서의 家長

의 지위와 기능은 특히 중요한 의의를 차지하게 되는 것이겠다.

　儒敎的인 사회구조 안에서 신분계층에 따라 道德·倫理의 가치기준은 서로 달리하기도 한 것이다. '刑은 士大夫에게까지 올라가지 않고 禮는 서민에게까지 내려가지 않는다'는 상이한 도덕적 가치평가가 행하여졌다.

　忠孝의 사상을 기준으로 하는 三綱五倫이 모든 도덕관념의 기준이 되고 父家長制를 기축으로 하는 엄격한 가족제도 밑에서 가족관념과 더불어 족보사상이 경화되어 왔던 것이다.

　유교적인 사회질서의 解弛·破綻은 도리어 가족중심의 혈연적인 유대를 경화시켰으며, 그것은 애초부터 여러가지 봉건적인 제도로서 긴박되어 있었던 것이다. 가령 양반에 있어서 조상의 죄과는 직접적으로 그 子孫의 立身出世에 장애가 되게 마련이었으며, 妾의 자손은 그 賢愚를 가리지 않고 차별대우를 받게 마련이었다.

　緣坐法은 한 사람의 죄과가 그 전가족원에 대한 刑罰로서 보상되었다. 收取關係에 있어서의 族徵의 강행은 族的인 연대책임을 강요하였다. 班常差待의 도덕윤리관은 門閥을 중요시하지 않을 수 없게 하였다. 그리하여 가장에 대한 무조건 服從의 의무는 個我에 대한 자각을 저해하여 왔던 것이며, 따라서 旣成秩序의 維持保守的인 추향을 더욱 경화시켜 왔던 것이다. 男尊女卑의 관념은 여자의 사회적 지위를 뒤지게 만들었다. 이와 같은 가족내의 秩序와 倫理 속에서 사회적 유대는 해이·분열되어 갔음에 반하여 族的 유대만은 더욱 경화되어 갔던 것이다. 일제시대의 민족운동·민족의식의 고취도, 우리 민족의 사회적 유대에서보다도, 血緣的·地緣的 紐帶의 강조에 의거하지 않을 수 없었다는 사실이 일면에 있어서는 족보에 대한 관념을 더욱 경화시키는 구실을 한 것이다. 여기서는 自我의 발견, 개인주의·자유평등의 사상이 자라날 여지가 없었던 반면에, 각기 봉쇄·고립적이기가 쉬우며 命令과 忍從의 윤리만이 살아 있는 것이 되기 쉬운 것이었다.

　이 같은 기질이 오랫동안의 사회적 관습에 젖게 되었을 때 自我意識과 社會的 紐帶를 기반으로 한 저항의식은 성장될 수가 없었다. 그러한 사회적 기반이 마련되어 있지 못하였다는 것이 보다 더 근원적인 문제일 것이다. 그리고 그것은 '政治'가 선택할 수 있는 문제였으며 또 민족 전체의 '힘'(力量)에 관련되는 문제이기도 한 것이었다.

東洋의 諸國이 서양근대문명을 받아들이는 데 있어서 가장 중요한 것은 軍事的 技術과 더불어 經濟的 體制의 수용 채택이었다고 말한 사람이 있었다. 그럼에도 불구하고 동양제국이 보다 선행하여 수행해야 하였던 것은 먼저 정치적인 변혁이 아닐 수가 없었다. 정치가 오랫동안 사회적·경제적 발전을 저해하여 와서, 먼저 정치적 변혁이 없이는 사회적·경제적 발전을 기할 수가 없었기 때문이었다.

派閥·族閥意識은 사회적 산물이다. 파벌성·족적 관계를 떠나서 국민이 利益을 均霑할 수 있는 사회질서의 확립이야말로 오랫동안의 사회적 관습 때문에 혹자는 우리의 민족성이라고까지 간주할지도 모르는 그러한 인습을 불식할 수 있는 길일 것이며, 또한 그러한 의식의 자각이 있어야만 근대적인 사회질서는 확립될 것이겠다.

정치가 어느 길을 선택하느냐 하는데 따라서 우리의 사회적 관습은 改善되어 나갈 수 있을 것이며, 또 그것은 국민 각자의 독립적인 자아의식을 견지할 수 있고 이를 발전시켜 나아갈 수 있는 터전을 마련하여 나아가는 데서 이루어질 것이겠다.

〈『世代』, 1964년 6월호〉

朝鮮王朝時代에 있어서의 言權

1. 序　　論

　조선왕조는 절대왕권하의 **兩班官僚**들에 의해서 성립되어, **儒敎的인** 정치체제를 갖추어 갔다. 그리하여 정치이념으로서는 유교적인 **德治主義**가 표방되었고, 국가재정의 확보와 민생의 안정을 위해서는 **農本主義**를 기반으로 한 **務本抑末策**이 시행되었다. 그 이른바 **德治**, 바꾸어 말하면 '**君德**'과 '민생의 안정'이 밀접하게 서로 연관된 것으로 간주하는 점에서는, 고대부족사회에 있어서의 지배관념과 유교적 특히 **朱子學的**으로 합리화된 덕치주의와의 사이에는 그 권력 의식면에서 일맥 상통하는 전통적인 관념이 깃들어 있는 것이라고 할 수 있다. 그것은 지배권력의 안정성이 피지배자의 生活의 안정(**民生의 安定**)과 불가분의 관계가 있었던 부족사회 이래의 전통적인 관념이다.

　유교정치에 있어서의 덕치관념에는 지배자의 민생에 대한 정통적인 책임관념이 '**德**'으로서 집약적으로 표상되게 된 것이다.

　따라서 군왕이 유교적인 **王政**의 실효를 거두기 위해서는 군왕 자신이 또한 유교적인 **修德**을 하지 않을 수 없으며, 그것은 결국 유학을 통해서 하는 수밖에 없었다. 구체적 방법으로는 **窮經**, **實學**으로 **實心**, **實政**을 베푸는 데 있었음은 **治者**로서의 **儒臣**의 경우와 다름이 없었다. 이와 같은 요구는 제도화되어 이른바 **經筵**이라는 일종의 **進講**제도가 **勵行**되게 마련이었다(경연이란 『**經國大典**』에 의하면 즉 군왕에 대한 '**講讀論思의 任務를 管掌**'하는 상설기구인 것이다. 그것은 태조 때부터 시작되어 세종 원년 2월에는 경연청을 새로 영조하며 **代言**(뒤의 **承旨**)과 경연관으로 하여금 유교의 경적을 진강케 했던 것이며, 그것이 점차 직제화되어 가서 『경국대전』에서는 **領事**(3 **議政**), **知事**(3명), **同知事**

〈3명〉, 參贊官(7명, 承旨, 副提學), 侍讀官(2명), 檢討官, 司經, 讀經, 典經 등
의 관원이 배속되게 되었다. 그 위에 이들은 모두 문관이 겸무하게 되어 있었으며
단지 영사와 참찬관만은 문관이 아니더라도 무방했다).

왕정이 안정되고 군왕이 英邁好學한 경우에 경연은 더욱 중시되었으
며, 군왕이 浮華放恣한 경우에 그것은 경시 내지 모멸되었던 것은 필연
의 취향이었다고 할 것이다. 예컨대 세종대왕과 같이 안정된 시기와 영매
한 치세에 있어서는 경연은 지극히 존중되었던 것이다. 유신으로서도 '聽
政學問' 이외의 다른 관념이 없으면 군왕의 총명이 날로 넓어질 것'이라
고 하여 인군의 학문에 대한 집념이 거칠어지지 않고 게을러지지 않기를
원했던 것이었다. 세종의 경우를 例察한다면 강독에 있어서는『大學衍義』
를 위시하여『春秋』,『자치통감강목』,『대학』,『중용』,『상서』,『논어』,『맹
자』,『시경』,『서경』,『左傳』,『주역』,『이학』,『史書』 등에 걸치고 있으
며, 특히 '『대학연의』一書는 선악이 소연하여 가히 권장이 될 만함으로써
진실로 人主의 귀감이 되는 것'이라 하여 再講, 三講을 거듭하고 있는 것
이다. 또한 세종 자신으로서도 '제자백가의 서는 원치 않으며 다만『사서
오경』과『강목통감』을 순환강독할 것'을 바라기도 했다(맹자는 1개월 10회
의 경연으로,『춘추』·『좌전』은 4개월간에 필하고『대학연의』는 4개월간에 再講
을 필하고 있다). 이는 단적으로 유교적인 덕치의 귀감으로서 중국의 經籍
을 통하여 인군의 수덕을 요구하는 것을 의미한다. 한편 論思에 있어서는
『高麗史』의 改修,『性理大全』의 보급 등 학문적인 것을 위시해서, 과거제
등 時政의 利弊가 토론되어 강독과 아울러 그때그때의 시책에 대한 토론
이 행해졌던 것이다.

이 같은 제도는 즉 한편으로는 군주의 專恣를 견제하여 유교적 왕도정치
의 常道를 걷게 하기 위한 것이며, 따라서 관례적인 군신간의 대화의 강
을 마련한 것이라고도 할 수 있다.

그러면 이 같은 유교적 덕치체제에 있어서 '言路의 開張'과 일반 臣民과
의 대화는 어떠하였는가? '伸寃'(寃抑을 펴주는 것)은 유교정치의 관념상
으로나 실제상으로 항시 배려되지 않을 수 없는 일이었다. 그것은 신민의
입장에서 말한다면 그 나름의 언론의 보장을 의미하며 그러므로 그것은 봉

건적인 정치체제에 있어서의 그 나름의 인권의 보장을 의미하는 것이기도
했다. 조선왕조의 양반관료 정치체제 속에서 관료를 위시한 양반과 일반
국민에 이르기까지 제도적으로나 또는 관례적으로 그들의 언권이 어떠한
형태로 부여되어 있었는가를 돌이켜보려는 것이다.

2. 職責으로서 부여된 言權＝言官 (사간원과 사헌부)

원래 중국의 제도에서 연유된 '諫諍'을 담당한 諫官制度는 조선왕조시
대에 내려와서는 중국에서와는 달리 하나의 독립관청으로 편제되었던 것
이 특색이었다. 즉 고려시대에는 중국에 있어서와 같이 中書門下省의 중·
하급 관료들로서 (통칭 郎舍) 구성되었던 간관은 조선왕조에 들어서 문하성
의 고급관료로서 議政府를 따로 구성하는 한편 司諫院을 분립시켜 간관을
여기에 전속시켜서 군왕에 대한 '간쟁과 논박'을 專掌하는 官府로 삼게
되었다. 의정부가 正一品 관아인데 대해서 사간원은 正三品 관아로서 六曹
나 司憲府보다도 더 하위관아로 편제된 것이었다. 그것은 유교적인 정치
이념에 비추어서는, 군왕의 專恣를 견제하는 기능을 전담시킴으로써 군왕
이 덕치, 유교정치의 궤도를 벗어나지 않게 하자는 것이었다.

이 같은 간관의 기능은 이제 문하성 부속에서 벗어나 독자적인 책임하에
이를 전장하여야 했다. 그것은 사헌부가 백관을 규찰하는데 대해서 사간
원 (간관) 의 임무는 군주에게 잘못이 있으면 이를 바로잡게 하는 것으로 사
헌부와 사간원의 직책은 근본적으로 판별한 것이다. 사헌부가 관료에 대
한 논핵, 상벌, 관기확립 등에 관여하여 風憲官인 데 대하여 사간원은 국
왕의 導勸, 이에 관련된 時務와 그 자체의 직능인 言路의 開張 즉 언권의
확보에 주력했던 것은 당연하다.

사헌부와 사간원은 이른바 署經 (관리등용에 있어서 그 적격여부를 심사하는
절차) 을 위시하여 관리에 대한 논핵에 있어서도 그 기능이 겹쳐져서, 이
러한 점에서는 흔히 臺諫이라 합칭되고 또 언론을 직책으로 한다는 뜻에
서 언관으로서도 표현된다. 양자는 논점이 합치될 때에 흔히 合啓하는 일
이 흔하나 의견이 상반되어 서로 대립되는 경우도 없지 않다. 대간 (언관)

의 일반관리는 또 관위가 높지 않으나 그 직책이 중하여 대개는 청렴강직하고 과감기예한 자를 탁용했던 것이다. 더욱이 사간원의 간관은 태종, 세종 때의 궁중 佛事 반대의 경우와 같이 때로는 인군의 의사에 극도로 대립되는 경우도 없지 않았다. 이 같은 기능은 왕권의 강약과 정치의 안정 여부가 그 현실적인 기능에 작용하게 마련이었다. 그리하여 왕권이 미약하고 관료 사이에 정치적 대립이 심해진 조선왕조 후기에 있어서는 그 독자적인 입장을 살릴 수가 없이 되어 갔다.

그리하여 星湖 李瀷 같은 조선후기의 실학파 학자들의 눈에는 도리어 간관의 職役은 漢代로부터 시작되어 언로는 이로써 넓지 못하게 되었다며 이미 언론을 전임한 자가 있게 되어 다른 관리들은 모두 남의 관직에 대한 월권행위라는 혐의를 갖게 되어 자유롭게 언론을 펼 수 없게 되었다는 것이다(『星湖文集』 雜著, 「論諫官」). 실제에 있어서 군왕 專恣에 대한 견제적 기능은 왕권이 강하거나 군왕이 전자할 때에는 그 기능이 약화되거나 무시되었으며, 왕권이 약할 때에는 대간은 도리어 집권세력에 추종하는 취향을 보이게 마련이었다. 그러므로 이 직책으로 부여된 간관의 언권은 君權과 臣權과의 조화 속에서만 그 실효를 거둘 수 있는 것이라고 할 것이다.

3. 時策摸索을 위한 求言, 여론청취(諮問)

조선왕조시대에 있어서 국가(왕정)의 경제적·재정적 기반은 주로 농업에 의존되어 있어, 농업생산의 장려(권농)와 災禍(天變地災)에 대한 구제책에는 깊은 관심을 갖지 않을 수 없었다. 그리하여 국가재정의 기반이 되는 收取體制의 정비·확립은 국가존립의 기본적 조건이 아닐 수 없었다. 그러므로 국가가 재난의 극복이나 재정적 안정을 꾀하기 위해서는 그 나름의 노력을 경주했던 것이다. 토지제도, 수취체제의 정비·확립은 국가의 가장 기본적인 정책이었으며, 農政과 농업기술의 개발과 천문, 지리, 曆數, 측후, 刻漏 등 觀象監이나, 권농과 堤堰水利 시설 등에 깊은 관심을 경주하였다. 그리하여 새해 권농의 勸行, 祈穀祭 등은 거의 항례적으로 관행되었다. 旱災를 당하여 항례적인 기우제를 지내는 것은 물론 전통적인 祈雨七事(寃獄·失職者의 구제, 鰥寡孤獨한 자의 진휼, 徭賦의 省減, 賢良한 者의 등용, 貪邪한 者의 黜退, 過齡期 남녀의 결혼장려, 御膳·宴樂의 철폐)의 시행 등은 '不德이 한발을 초래한다', '재화를 만나면 修省한다'는 유교적인 왕정의 덕치사상과 관련되는 구제책으로 여행되었다. 다른 한편으로 이와 같은 직접적인 시책과는 달리, 일반관료와 백성의 여론을 들어서 시책에 반영시키기 위한 조처가 '국왕의 순문'이라는 형식으로 취해지곤 하였다. 관료와 일반국민은 이같이 위에서부터 주어질 때 그들의 時政時弊에 대한 의견을 진달할 수 있는 기회가 부여되는 경우가 있었다.

(1) 百官陳言(대소관원의 여론조사)

앞에서 말한 바와 같이 한발과 같은 天變地異에 의한 재난을 당하거나 그러한 재난의 징후를 보고, 혹은 또 때로는 새해의 권농과 기곡제 등 행사와 병행하여 대소관원에게 時政의 득실에 대한 그들의 의견을 진언할 것을 명령하여, 그들이 각기 시폐와 그 匡救, 시정책을 군왕에게 書進하는 경우를 찾아볼 수 있다. 우리는 그러한 실례를 조선왕조 초기(태종 15년의 한발, 세종 7년의 한발)에서나 후기(영조 18년 북도의 한발, 정조 10년 연초)에서도 찾아볼 수 있다. 그리하여 이 같은 군왕의 구언에 의한 대소관원의 서진건수는 위로는 의정에서부터 대소관원과 잡업인에 이르기까지 수백 통에 달하곤 했다. 대부분의 관원은 각기 개별적으로 서진하는 것이 보통이었으며, 그중에는 수명 또는 수십 명이 같은 의견을 合進하는 경우도 볼 수 있다. 이렇듯 올려진 서진은 그중에서 당해관서(초기에는 육조, 뒤에는 비변사)에게 '시행할 만한 것'을 추려서 국왕에게 그 실시 여부의 재가를 받게 되며 왕은 2품 이상 官(고관)이나 또는 당해 官長에게 그 가부를 擬議케 하여 결정지었던 것이다.

우리는 다행히 정조 10년 연초의 백관진언이, 정조의 명에 의해서 이를 傳寫하여 책자로 만들어, 묘당에 보장케 된 것이 오늘날 『丙午所懷謄錄』과 『日省錄』(正祖 10년 5월)에 전해져서 총 360여 건에 달하는 진언자(관직, 성명)와 그 내용 그리고 이에 따른 처리 등의 문제를 생각할 수 있게 되었다.

이에 의하면 진언자는 대체로 각기 소속관서의 자기 직책과 관련되거나 또는 자기 경험상 체험한 시폐를 거론하게 마련이나, 사람에 따라서는 자기 職掌 밖의 문제를 논한 것도 적지는 않다. 그러나 진언은 당시의 모든 문제가 논파돼 있다고 볼 수는 없다. 이『병오소회』의 내용분석 결과는 대체로 다음과 같이 결론지을 수 있었다.

① 당시 관원의 일반적인 관념은 역시 유교적인 전통인 덕치주의, 명분주의, 농본사상의 절검과 務本抑末 사상의 울타리를 벗어나지 못하고 있다.

② 旱災에 대한 구체적인 예방조처인 治山治水에 주의를 환기한 진언은 내용건수 500여 조건 중에서 겨우 7조에 불과했다.

③ 가장 논란의 거리가 되어 있는 것은 과거제의 폐단, 원활치 못한 인사행정(遷轉), 軍器不實과 군역문제 등을 들 수 있고, 각 기관의 경비(財政) 부족과 이에 따른 정치체제의 해이현상을 나타내고 있다. 이는 즉 유교적인 관료체제의 해이와 軍備疏忽을 의미하는 것이다.

④ 학문, 사상 내지 기술까지도 독자적으로 논의될 여지가 없었다. 유교를 正學으로 받들고 그 밖의 것은 邪學, 邪敎로 돌려서 朴齊家의 양반체질의 개혁, 통상무역진흥론, 서양기술의 수용(청국에 있는 西士의 초빙)의 주장은 그대로 묵살되고, 도리어 천주교유입의 방지를 위한 청으로부터의 문물수입 루트를 단절하는 조처가 내려졌다.

⑤ 결국 '인군의 修省'을 의미하는 한 형석인 백관진언은 어디까지나 각 개인의 의견으로 진정되고 그 처리에 있어서도 개별적으로 취급되어 이들 진언내용에 관해서 정책결정의 종합적인 검토과정이 없었다는 점이다. 예컨대 당시의 일반적인 시폐였던 삼정(田政, 軍政, 還穀)의 문란에 관한 진언이 총 건수 중에서 가장 많은 비중을 차지했던 것이나 이에 대한 구체적 해결책을 그 뒤로도 베풀어지지 못하고 있는 것이다.

(2) 농업시책을 위한 求言

조선왕조가 농본국가라고 하나 당시의 기술수준의 한계를 넘는 天災地異에는 속수무책인 경우가 많았다. 왕조치세 중엽이었던 정조 16년, 18

년, 21년, 22년에는 혹심한 한발로 계속적인 흉년을 맞아서 이 재난에 대한 근본적인 타개책이 절실히 요구되었다. 정조는 한재를 당하여 여러 번에 걸쳐서 관료들에게 '구언'하는(因旱求言) 일반적인 경우도 볼 수 있으나 그러한 중에도 정조 23년에 농정을 권하고 농서를 구하는(勸農政·求農書) 윤음을 내려서, 이를 널리 구하여 농가의 대본이 될 수 있는 기준적인 농서의 편찬을 꾀하였던 것이다. 그것은 누구나 농업에 관한 지식이 있는 자에게 농정에 관한 의견제시나 농서를 서술 상정할 것을 요청한 것이었다. 呈疏의 방법은 일정한 격식에 따라 작성한 의견서를, 서울에서는 묘당에, 지방에서는 감사에게 呈納하게 되어 있었다. 이 王旨에 따라, 농정에 대한 의견을 제출한 자가 27인, 農書 진정자가 40인, 그 밖에 2명으로 모두 69명에 이르고 있다. 이들을 신분·직역별로 보면, 서민 1명, 공신후예 2명, 유학 39명, 생원진사 8명, 전직관리 10명, 현직관리 9명으로 유학, 생원진사(未仕人)가 절대다수를 차지했다. 그러한 중에도 호남지방에서 가장 많았다. 이들 지방양반의 후예들은 그 처우가 관리로서의 출세의 기대에서 멀어져서 농민의 그것과 거의 다름없는 자들이었다. 구체적인 농업문제에 대한 경험적인 그리고 이론적인 의견의 제시는 이들 신분에서 가장 가능했던 것이었기 때문이었다. 정조는 수령(牧民官)들의 呈疏者가 희유한 데 대하여 불만스럽게 생각하여 다시 따로 수령들에게 이를 정납할 것을 촉구하였으나 그 결과는 보잘것 없었다. 이것은 당시의 수령들이 世務(현실문제)에 대한 식견이 없는 자들이었다는 일반적 경향을 나타내는 것이다.

여기에 있어서는 田地의 분배(所有) 문제, 농지운영, 농촌편제, 농업기술 문제 등이 거론되고 있다.

이들의 의견에 있어서도 흔히는 각가 체험을 통한 단편적인 의견의 제시이며 체계적·종합적일 수는 없었다. 그러나 이를 모두 종합한다면 당시에 있어서의 토지분배론과 토지운영의 개선론으로 집약되어 조선왕조의 이른바 실학자들의 전제개혁론과 그 방향을 같이하는 것이었다. 그러나 정부는 이 같은 급격한 개혁시책은 받아들이지를 않았다.

4. 순전한 財政(수취체제) 확보책을 위한 求言(여론청취)

　재정을 확보하기 위한 수취체제의 정비는 국가정책의 가장 기본적인 것의 하나일 수밖에 없다. 이 같은 긴요한 문제의 是正·개편을 위한 방책이 모색될 때 이를 관료 이하 일반국민이나 또는 특수한 당해신분에 따라서 그 여론을 조사하는 수도 있었다. 이 같은 여론조사는 극히 광범위하게 했거나 혹은 일부 시민을 동원하여 궐문 앞에서 순문하는 경우도 있고 조선왕조 후기에 있어서와 같이 공납청부로서 관부나 궁부의 수요물품(貢物)을 조달해야 했던 貢市人(공물주인이나 시전상인)에 대해서는 그 조달이 매우 간절했기 때문에 거의 해마다 관례적으로 그들에 어떠한 폐단을 호소케 하여 그 시정책을 강구하기도 했다.

(1) 세종조의 貢法(田稅) 안에 대한 여론조사

　조선왕조의 기틀이 잡혀져 가던 세종대에 있어서 麗末 科田法에 의한 조세제도의 불합리성을 갱신할 필요가 있었다. 이에 세종 12년 3월 戶曹는 종래의 收稅 절차의 諸缺陷을 말하고 종래에 田分三等, 단위전지 면적 1結에 대하여 租 30斗, 稅 2두의 징수방법을 고쳐서 전지 1결에 대하여 일률적으로 수조 10두를 원칙으로 하고 토지가 수척한 평안, 함길, 양도에서만은 1결에 조 7두를 징수할 것을 계청하고 이를 의정부, 六曹各司 내지 京中의 前銜各品, 각도의 감사·수령·품관에서부터 여염소민(일반농민)에 이르기까지 그 방책에 대한 그들의 가부의 여론을 조사케 하였다(『세종실록』 권47, 세종 12년 3월 乙巳條). 이에 대한 조사결과로는 경상도의 수령 인민은 可가 많고 좀가 적었고, 함경·평안·황해·강원도에서는 모두 不可라고 하여(토지비옥한 지방은 유리, 수척한 지방은 불리) 세종은 '국민이 불가하다면 이를 시행할 수 없다'(民不可則未可行之)고 하여 이 안은 실시되지 않았다(『세종실록』 49, 세종 12년 7월 癸卯條).

　이때의 토지의 膏腴塉薄에 따라 종래의 3등법을 상상전 30 두, 상중전 25두, 상하전 20두, 중상전 17두, 중중전 15두, 중하전 10두, 하상전

10두, 하중전 7두, 하하전 5두로 田分九等法을 실시하는데 대한 여론조사에는 留後司(開京)에서는 품관·촌민 아울러서 1,123인은 가, 71명은 불가라 했다는 것이며, 경기도에서는 수령 29명, 품관·촌민 17,076명은 모두 가, 수령·5품관·촌민 아울러 236명은 불가였다는 것이다. 이에 대하여 전지를 상중하 3등으로 나누고 풍년에는 1결에 상등 20두·중등 15두·하등 10두, 중년에는 상등 15두·중등 10두·하등 7두, 흉년에는 상등 10두·중등 7두·하등 3두로서 풍흉에 따라 정하자는 데 대한 가부조사에서는 평안도의 경우 수령 6명, 품관·촌민 아울러 1,326명 가, 관찰사 내지 수령 35명, 품관·촌민 아울러 28,474명 불가, 황해도의 경우 수령 17명, 품관·촌민 아울러 4,454명 가, 수령 17명, 품관·촌민 아울러 15,601명 불가, 충청도의 경우 수령 35명, 품관·촌민 아울러 6,982명 가, 관찰사·도사·수령 26명, 품관·촌민 아울러 14,013명 불가, 강원도의 경우 수령·5품관·촌민 아울러 939명 가, 수령 10명, 품관·촌민 아울러 6,888명 불가, 함경도의 경우 수령·3품관·촌민·아울러 75명 가, 관찰사·수령 14명, 품관·촌민 아울러 7,383명 불가, 전라도의 경우 수령 42명, 품관·촌민 아울러 29,505명 가, 수령 12명, 품관·촌민 아울러 257명 불가, 경상도의 경우 수령 55명, 품관·촌민 아울러 36,262명 가, 수령 16명, 품관·촌민 아울러 377명 불가, 불가 총수 98,657명, 가 총수 74,149명(『세종실록』 권 49, 세종 12년 8월 戊寅條)이었다.

　이 같은 여론은 감사, 수령, 품관에서 촌민에까지 이르고 있어 도내 수령의 가부논의가 상반되는 것을 보면 완전한 자유의사의 표시였음을 알 수 있으며 이것은 특수한 경우이기는 하나 광범위한 여론조사, 이를테면 일종의 국민투표와 다름없는 것이라고 할 수 있다.

(2) 영조조 良役(軍布) 문제에 대한 궐문전 순문

　양역 즉 군포의 문제는 조선후기에 오랫동안 관료간에 논란되어 그 시정책을 강구하기에 부심했다. 숙종조에 설치되었다가 폐하였던 양역調査廳을 영조 18년에 다시 설치하여 논의를 거듭했으나 역시 의론이 귀일되

지가 않았다. 그 의론은 대체로 戶布·口錢·結布·遊布 등 제안이 제기
되었으나 이에 대한 시비론만이 거듭되고 다른 대안이 제기되지 않았던 것
이다. 이러한 난제에 봉착했을 때 영조는(영조 26년 5월에), 士庶人을 弘
化門 밖에 소집하여 양역에 관하여 직접 순문하기에 이르렀다. 궐문전 순
문의 한 특수한 경우였다. 영조 자신의 견해로서는 구전·유포 2안은
시행할 수 없는 것으로 보고, 호포 또는 결포 2안 중에서 시행의 가부를
말하여 어느 하나에 대한 찬의를 표하라는 것이었다. 이때에 홍화문 밖에
는 서울 5방의 坊民과 禁軍 등 50여 명이 모였다는 것이어서 모두 호포
를 가하다고 하고 결포를 찬성하는 사람은 불과 수명에 지나지 않았다는
것이다.

　여기 史臣은 이때 호조판서 朴文秀가 戶布(양반에서도 균등한 군포를 받자
는 방안)의 안이 영조의 의중에 있는 것이라 하여 자기의 의견을 내지 말
고 호포로서 대답하라고 국왕에 아부하여 미리 사주하였다는 것을 註記하
고 있다. 박문수는 호포법의 강행을 꾀하였던 것 같다(『영조실록』권 71,
영조 26년 5월 19일條). 이것은 이를테면 민의조작의 특수한 경우이며(양
반에게서 받지 않던 것을 받아내자는 호포법은 양반의 반발이 혐의로워서 종래 실
시되지 못했던 것이며, 대원군집정과 동시에 '洞布'라는 이름으로, 나중에는 호포
라는 명목으로 실시했던 것이다. 박문수는 이 군포의 폐를 논하다가 결국 충주목
사로 좌천되기까지 하였다), 한편으로 여기서는 史官의 '직책'(直筆의 권한)
이 보장되어 있음이 나타나 있는 것이 흥미로운 일이다.

(3) 貢市人에 대한 순막

　조선왕조 후기 大同法을 실시하게 됨에 따라 공인(官指定 貢納請負業者)
제가 시행되었다. 주요 시전상인들도 역시 공인의 구실을 하게 되어 이들
공시인의 공물조달이 원활하지 못하면 관부, 궁부의 허다한 물품의 수요
를 충족시킬 수 없었다. 공인에게는 원래 大同米·布·錢으로 貢價로서 미
리 내주어 그것으로써 물품을 買聚하여 進排(상납)하게 마련이었다. 여가
에는 여러가지 문제점과 폐단이 따랐던 것이며, 경우에 따라서 정부는 이
들 공시인에 대한 대부, 구제 등 그 유지에 노력해 왔다. 그것은 관부·

궁부에의 조달이었기 때문에 극히 중요한 문제이기도 했다. 그러므로 이
들 공시인에 대해서는 거의 해마다 그들의 공물청부 임무수행에 있어서 일
어나는 여러가지 폐단과 이에 대한 그들의 의견(匡救策)을 진술케 하여 그
시정책을 마련하도록 했던 것이다(이것도 역시 궐문 앞 순문의 형식이었다).
그리하여 우리는 공폐에 대한 거듭된 그러나 부분적인 시정책의 실시도 볼
수 있다. 그런 중에서도 영조 29년에 공인과 시전상인에 대한 순막과 이
에 따른 大釐正策의 실시를 볼 수 있다. 그것은 오늘날 규장각 도서 내의
『貢弊釐正節目』(총 6책), 『市弊釐正節目』(총 3책 중 제 1 책 결)으로 남아 있
어, 그 자세한 내용을 알 수 있다. 『공폐이정절목』에 나타난 의견제시는
79 종의 공인에 의해서 그 폐단과 시정조건이 제시되어 있어 일대 시정을
가한 것이었다. 이같이 관지정 공물납입업자라는 국가 내지 정부와 특수
한 관계에 있는 공인과 시전상인에 대해서는 그들의 의견이 항례적으로
청취되고 시책에 반영하려고 하였던 것이다.

5.　兩班官僚의　上疏

　양반관료정치에 있어서 현직·퇴직은 물론이고 관료·유생에 이르기까
지 원칙적으로는 그들의 의견을 군왕에게 상달할 수가 있었다. 이것을 일
반적으로 국왕에게 '상소'하는 것이라 한다. 그것은 관료들이 시정에 관
한 그때그때의 '啓'와는 달리 일신상이나 국정상의 특별한 일에 대해서
의사를 상달하는 것을 의미한다. 예컨대, 해직을 청원할 때의 상소와 같
은 것은 일개인의 신상 거취의 문제로 혼히 볼 수 있는 것이다. 율곡의
萬言疏와 같은 것은 국정쇄신을 위한 건의를 의미한다. 국정에 간여하고
있는 현직관리나 그 경험이 있는 전직관리는 국정에 관계되는 중요문제에
대해서 누구나 상소할 수가 있었다. 또 비단 관료들뿐만 아니라 양반자제
인 유생의 신분으로서도 상소할 수 있었다. 특히 성균관 유생들은 敎學이
나 사상적인 중대문제가 일어났을 때에는 그들이 집단적으로 그들의 주장
을 상소하고, 경우에 따라서는 이른바 捲堂(동맹휴학) 사태를 벌이는 수도
있었다. 『왕조실록』의 사료적 가치를 높이는 중요한 내용의 하나는 啓請·

과 더불어 이 같은 상소가 많이 수록되어 있어서 당시의 일반 정황이나 민정까지도 많이 엿볼 수 있게 되어 있는 데 있다. 이 같은 상소(書進)는 중인이나 일반 民庶에 대해서는 허여되지 않았다. 그것은 무식한 그들이 스스로의 의견을 문서화할 수 없었다는 점에서도 연유할 것이다.

상소에는 개인적인 호소와 정치의견인 경우가 일반적이나 때로는 다수의 집단적인 '聯疏'인 경우도 볼 수 있다. 고종조 개항문제를 둘러싼 긴급한 사태에서 衛正斥邪論을 벌였던 이른바 '영남만인소'나 동학교조신원을 호소했던 동학교도들의 취회호소는 그러한 사례이다. 이러한 경우에는 疏廳이 설치되고, 疏頭(대표자)와 疏文의 제작자 등을 밝힌다. 특히 상소가 들려지지 않는, 그러나 그대로 체념하여 물러설 수 없는 중대한 문제로 간주될 때에 개인이나 집단이 궁궐문 앞에 엎드려서 상소(伏閣上疏)하는 경우도 있다. 동학교도의 신원운동시에 이른바 '복합상소'의 경우가 그것이며 개인의 경우는 고종조 개항 당시 對日修交 반대 주장의 관철을 위하여 李恒老의 문인 崔益鉉이 禹倬·趙憲의 전례에 따라 도끼를 갖고 궐문 앞에 엎드려 상소했던 것은 '持斧來伏' 이를테면 '결사반대'의 한 표현이다. 즉 이 상소가 '받아들여지지 않는다면 도리어 이 도끼로 죽음을 당해서 지하에 2聖(禹倬·趙憲)과 같이 묻히겠다'는 뜻이었다.

6. 臣民에 대한 신원수단으로서의 申聞鼓
——청원, 上訴, 고발제도——

위의 경우와는 달리 中外관료나 권신들의 권력남용에 의한 대소신민(관료와 백성)의 冤抑(抑屈)을 풀어줄 수 있는 상설적인 수단(신문고의 설치)이 강구되어 이를 실시하여 왔다. 그것은 중국 宋代의 登聞鼓의 제도를 채용하여 下情上達의 의의를 살리고 아울러 청원·상소 내지는 왕조의 안보를 위협하는 음모 등을 고발할 수 있게끔 하였던 것이다. 그것은 또 조선왕조 초기에 사병이 혁파되고 집권적인 관료체제로 개편되어 가는 과정에서 문하부가 해체되고 간쟁·논박을 전임한 사간원이 설립된 직후에 설치된 것이었다. 그 최초의 그리고 본래의 설치동기로 보아 그것은 하정상달을 위한 언로의 개장에 있어 신민의 언권을 보장하자는 데 있었다. 조선왕조에 있어서는 중국에 있어서와 같이 그것이 간관에 의하여 관장되지 않고 왕 직속의 巡軍, 뒤에는 義禁府 최고(法司) 관원에 의하여 관장케 되었으며 擊鼓의 소리는 군왕에 직통되게 마련이었던 것이다.

그러나 실제에 있어서 신문고를 두드려서 寃抑을 호소하기까지의 절차가 일반민서의 이용을 어렵게 한 것이다. 즉 원억이 있는 者면 서울에서는 主掌官에게, 지방에서는 수령 또는 감사에게 호소를 해서 여기서 제대로 다스려지지 않는 경우에 서울의 사헌부에 다시 호소를 하고 사헌부에서도 제대로 究治되지 않아서 그 원억이 풀리지 않는 경우에야 궁궐 앞에 달린 신문고를 두드리게 되어 있고, 이 같은 절차를 거치지 않고 越訴하는 자는 논죄하게 되어 있다. 물론 그 호소를 구치하지 않은 관사(관리)는 坐罪하게 되어 있기는 하나 지방의 농민이 수령이나 감사의 재결에 불복하고 서울의 사헌부에 상소하기는 사실상 거의 불가능한 것일 수밖에 없었다. 따라서 이 제도의 실제적인 효과는(태종조에 한해서 본다면) 대소관료·양반층의 汎濫妄告者와 권력남용자를 적발·징계하는 효용을 보았던 반면에 일반민서나 노비간에, 또는 지방의 관민들에 있어서는 별다른 효용을 본 것으로 나타나지는 않는다.

7. 맺 는 말

조선왕조의 유교적인 양반관료정치에 있어서는 정치의 主體와 客體 즉 治者와 被治者는 명확히 분리된 것으로 여겨졌다. 그리하여 王政의 안정은 왕권과 신권의 조화 속에서 얻어질 수 있었다. 여기에는 근대적인 의미에서 민권 내지 인권사상이 그 신분적인 제약 밑에서 싹틀 여지가 없었다. 그럼에도 불구하고 다른 한편으로 유교의 민본사상은 왕정의 안정이 민생의 안정에 바탕해야 한다는 정치의 기본조건을 의미하는 것이기도 했다. 그리하여 조선왕조시대에 있어서도 군왕의 專恣나 관료, 權臣의 專橫을 견제하고, 일반관료와 양반 그리고 일반국민의 寃抑을 풀어줄 수 있도록 제도적인 조처가 취해졌던 것이다. 더구나 賢君의 治世에는 특수하

고 중요한 문제에 대해서는 왕이 직접 궐문 앞에서 **詢問하는** 관례가 있었
다. 이 같은 일련의 제도와 관례는 言路의 개장이라는 유교적인 정치적
요구에 부응하는 것이었다. 그것은 봉건적인 신분적 제약 속에서나마 下
意의 상달을 기하여 그 나름의 인권을 보장하려는 최대한의 노력이었다고
도 볼 수 있다.

  그러나 이 같은 제도나 관례는 그것이 유교적인 **德治觀**에 뿌리박은 것으
로 위에서부터 주어진 언권이었다는 점에서, 인간의 기본권으로서의 ‘언
론의 자유’라는 관념과는 다른 것이었다. 또한 정책결정에 있어서 어떠한
종합적인 검토과정이 없었던 점에서, 이렇듯 상달되는 모든 下意는 개별
적이고 단편적으로 처결되는 데 지나지 않았다. 따라서 유교정치는 고식
적이고 보수적이기가 쉬워서, 장기적이고 근원적인 정치혁신의 계기를 스
스로 짓지 못했다. 조선왕조 후기에 있어서의 軍制・稅制의 개편과정에서
우리는 그 실태를 엿볼 수 있다. 그리하여 유교적인 민본사상이 국민의 생
활안정이라는 필요조건을 넘어서 민권사상에까지 발전되기 위해서는 朱子
學的인 身分觀을 탈피해야만 했던 것이다. 그리하여 민권사상의 발전 확
립이야말로 인권보장의 기본조건이 되게 되었다.

〈「인권연보」, 법무부, 1970〉

朝鮮朝初期 儒敎理念과 宗敎의 機能

近世朝鮮王朝 開創의 기반세력이 되어 온 지배적인 양반관료들은 그들 자신의 사상적 바탕이었던 新儒敎 즉 朱子學을 新王朝의 정치이념으로 내세웠다. 그리하여 그들은 麗代로부터 儒敎와 더불어 공존해 온 여러가지 종교나 신앙을 異端·邪敎로서 배격하게 되었다. 그러나 그들로서도 그 오랜 전통적인 종교나 신앙을 완전히 배제해 낼 수는 없었다.

실제로 麗代를 통해서 法席·道場의 설행 등 불교숭신만이 아니라, 공적으로나 사적으로나 도교의 여러 宮·觀에서의 醮祭와 天地山川·城隍에 대한 祀祭나 呪術的 信仰이 널리 행해졌다. 그것은 고래로 전승되어 온 祭天·祭神의 관행과 그 뒤에 전래된 불교·도교에서, 그리고 唐宋 이래의 中國의 祀典 즉 국가적인 사제규범에서 받은 영향이 그 나름대로 習合되어서 전승되어 온 것이었기 때문에, 신왕조에 들어서도 그것이 완전히 그리고 쉬이 배제될 수가 없었다.

이제 신왕조의 지배적인 양반관료들은 애초부터 그러한 여말 이래의 종교와 신앙을 이단으로 규정하여 배격하고, 國家的인 祀制도 이를 개편하려고 하였던 것이다. 그러면 그들은 과연 그들이 배제하려는 기왕의 종교나 신앙과는 다른 이를테면 그것에 대체될 수 있는 어떤 새로운 종교사상적인 질서를 구축하려던 것인가? 그러한 무엇이 있었다면 그 構造와 機能은 어떠한 것이었는가? 그리고 기왕의 종교·신앙도 완전히 배제될 수가 없었다면 그것은 무엇 때문이며, 그들이 지녔던 기능은 어떻게 유지 또는 변천되었는가? 이러한 문제들이 먼저 배려되어야 할 것이다. 이를 단적으로 말한다면 신왕조의 지배적인 양반관료들이 무엇을 구상하고 그 오래 전승되어 온 종교·신앙을 어떻게 재구성하려고 했는가를 상호관련하에 종합적으로 이해할 수 있도록 구명해 보자는 것이다.

실제로 신왕조의 양반관료들은 王朝開創 직후부터 高麗朝에서 이어받게
된 모든 불교·도교의 종교행사를 폐지할 것과 天地山川·城隍에 대한 국
가의 사제를 전면적으로 개편·실시할 것을 주장하고 나섰다. 그들로서는
麗代를 통하여 설행되어 온 불교나 도교의 宗敎的 행사는 한갓 麗朝 국왕
들의 개인적이고 사적인 祈願行事에 지나지 않은 것이며, 따라서 그러한
것을 종래와 같이 국가적인 의식으로 설행할 수가 없다는 것이었다. 또한
국가의 사제로서 규정된 의식이 아닌, 어떠한 사적인 祭神行爲나 巫堂의
주술적 신앙에 대해서도, 그것은 국가의 體制를 교란케 하는 이른바 ‘淫
祀’로서 그러한 것은 일체 금단하자는 것이었다.

그리하여 그들은 그러한 기왕의 종교·신앙의 기능에 대체할, 유교이념
에 근거한 새로운 祀祭體系 *alternative structure and function* 를 구상하였던
것이다. 그것은 다름아닌 家廟와 里社의 制를 의미하는 것으로, 중앙에 있
어서의 宗廟와 社稷과 마찬가지 제도를 상·하 국민과 지방의 향촌에까지
확대·실시하여, 이로써 이른바 ‘淫祀’ 즉 개인구제를 위한 呪術的 巫覡
信仰이나 종교행사를 일체 금단·폐절케 하려는 계획이었던 것이다.

高麗時代에 있어서 가묘의 制는 해이해져서 전혀 행하여지지 않았다. 祖
考에 대한 사제는 일반적으로 불교의 寺刹이나 神祠 즉 鬼神祠堂에서 행
하여져서 신왕조에까지도 그 구습은 전승되어 왔다. 그리하여 신왕조 개
창 전년인 恭讓王 3년에 역시 儒臣의 건의에 의하여 가묘의 制가 실시된
것으로 되어 있으나, 그것은 왕조교체라는 政變期에 당하여 실효를 거둘
여지조차 없었던 것이며, 따라서 신왕조 개창 직후에 재론되어 이를 실사
하도록 하였으나, 제대로 시행되지가 않았다. 그 후로도 家廟制의 시행은
거듭 독려되었다.

太祖 4년에는 각 도에 명령을 내려서 兩班·士類는 누구나 다 가묘를
세우고, 서민은 평소의 거실에서 선대에게 제사하게 하고 모든 淫祀는 이
를 금단하도록 했던 것이다. 太宗 元年(1401년)에도 다음해 1월까지의 가
한부로 모든 관리가 먼저 가묘제를 이행하여 국민에게 시범하도록 엄명을
내렸다. 즉 중앙에서는 士大夫家에서 먼저 가묘를 세우고, 지방에 있어서
는 각기 守令이 관아 동편에 사당을 가설하여 수령 자신의 神主를 모셔서

조상에 대한 제사를 이행함으로써 일반국민에게 시범이 되게끔 하려던 것
이었다. 이렇듯 거듭된 독려에도 불구하고 태종 6년 당시까지 '家廟를
세운 집은 百에 하나·둘도 없다'고 할 정도로 가묘의 制는 전혀 시행되
지 않았다. 그리하여 사대부로서도 가묘를 따로 건립하기가 어려운 자에
대해서는 '淨室'을 마련하도록 권장했다. 즉 태종 6년에 사대부는 누
구나 다음해 12월까지는 가묘를 세우거나 정실을 마련하도록 했던 것이
다. 그러나 이 같은 완화책에도 불구하고 가묘제는 좀처럼 제대로 시행되
지 않았다. 사실상 王朝開創 이래 兵亂과 遷都를 거듭해야 했던 불안한
정치정세 속에서 이 제도의 순조로운 시행은 기대할 수가 없는 것이기도
했다.

가묘제 시정책은 이렇듯 독려를 거듭한 끝에 신왕조의 기틀이 잡힌 世
宗朝에 들어서 어느 정도의 성과를 거두게 된 것 같다. 즉 세종 9년에 禮
曹의 건의에 따라서 상중하급관리에 대하여 각기 기한을 달리하여 가묘나
淨室을 마련하도록 했다. 二品 이상자는 세종 10년말까지, 六品 이상자
는 세종 12년말까지 그리고 九品 이상자는 세종 15년말까지 반드시 그것
을 시행하도록 명령했던 것이다. 이 같은 시책에 따라 관리들은 어느 정도
이행한 듯싶으나, 가묘를 세웠으면서도 神主는 모시지 않은 자가 많았
고, 더구나 雜職의 하급관리로서 가묘를 세우지 않는 자는 파다했다는 것
이다.

세종조 후기에 들어서 가묘의 제는 다시 해이해졌으며, 成宗 자신의 말
로서도 사대부가 가묘를 세우고 서인이 정실을 마련하는 법은 제대로 시
행되지 않았음을 알 수 있게 한다. 이 가묘의 제는 朱文公家禮에 의거한
것이었다.

한편 향촌의 社稷壇을 의미하는 里社의 제를 실시하자는 건의는 定宗 2
년에 제기되었다. 그것도 이사의 제를 실시함으로써 장차 향민들의 鬼神
信仰 즉 淫祠가 폐절될 것을 기대한 것이기도 하였다. 그리하여 태종 6년
에는 다시 洪武(明)禮制에 의거하여 府州郡縣에 사직단을, 향촌에는 里社
를 세워 춘추에 行祭하도록 開城留後司 이하 각 도 각 관에게 명령을 내
렸다. 이로써 태종 14년경에는 각 도 州郡에 모두 사직단이 세워져서 수

령이 致祭하게 되었음에 반하여 이사의 법만이 폐해졌다는 것이었다.

원래 이 이사의 제는 향촌민 매 1 백호에 1 壇을 세우고 五土五穀神(土地神과 穀神)을 祀하고 祈雨祈晴祭를 하는 것이며, 祭가 필한 뒤에 향촌민들의 會飮誓約하는 절차가 따르게 마련이었다. 그리하여 그 會飮誓詞에는 향촌민의 예법준수, 웃사람을 凌辱치 말 것, 貧者에 대하여 그리고 喪婚時의 상호부조를 서약하고 敬神·和睦으로 풍속을 돈후하게 한다는 여러가지 사회적 기능을 지니게 한 것이었다. 그리하여 향촌민이 이를 준수하지 않고 만일에라도 里中에 鬼神祠堂을 세우는 일이 있으면 이를 燒毁한다는 것이었다.

文宗朝의 기록에 의하면 이 이사의 제는 州郡의 관아소재지에는 시행이 되어 관리를 파견하여 치제하고 있으나, 향촌에까지는 이행되지 않았다는 것이다.

조선왕조 초기에 일부 지배적인 양반관료는 가묘와 이사의 제를 통하여 한편으로는 조상숭배의 제례에 의한 유교적인 가족질서를 확립하고, 다른 한편으로는 농업사회 전래의 祭神風習을 존속시키는 동시에 향약적인 농촌사회질서를 유지케 하는 반면, 국가적인 의례가 아닌 일체의 淫祀 즉 呪術的인 巫覡·鬼神信仰을 폐절케 하려던 것이다. 다시 말하면 그들은 중앙에 있어서의 宗廟·社稷의 일원적인 사제체계를 갖추게 함으로써 유교적인 윤리정치의 사회적 기반을 굳혀 나아가려던 것이다. 그러나 그러한 그들의 企圖는 거듭된 독려에도 불구하고, 王朝가 開創되어 거의 1 세기가 지나게 되는 성종조 당시에도, 가묘제는 일부 사대부계층을 제외하고는 제대로 시행되지 않았고, 사직단 내지 이사의 제는 州郡의 관아 소재지에까지만 시행되어, 그 이하의 계층과 향촌사회까지에는 그 시책이 미치지 못했다는 사실을 우리는 알 수가 있다.

이와 같은 추세는 그때까지도 일반서민에 있어서는 물론 사대부가에 있어서까지 불교숭신과 귀신신앙의 유풍이 뿌리깊게 널리 행해지고 있었기 때문이었다. 실제로 세종조에 있어서도 京中의 寺刹 住持는 그 모두가 양반의 자제였다는 것이며, 세종조 말년에 이르기까지의 『實錄』記事 중에서 儒敎式 葬禮의 집행을 유언했다는 기록을 단 두 건만 찾을 수 있는 것은 도리어 유교식 장례가 당시에는 일반화되어 있지 않았다는 사실을 말해주는 것이라고 할 수 있을 것이다.

그러면 신왕조의 지배적인 양반관료가 그들이 이단시하여 배격한 불교·도교에 대해서는 어떻게 조처·재구성하였는가를 우리는 살펴보아야 하겠다. 麗代를 통하여 儒佛共存·護國佛敎의 성격을 지녔던 불교세력은 국가 비호하에 그 세속권을 확대하여 와서 여말에까지 이른 것이었다. 신왕조의 양반관료들은 여말 즉 왕조 개창 이전부터 그 극도로 팽창된 불교세력에 대하여 견제하기 시작했다. 그리하여 寺社濫造의 금지, 寺社田地의 환수와 奴婢施納의 금지, 僧侶의 營利行爲와 閭閻家 출입의 금지, 婦女의 寺社 출입의 금지 등 일련의 불교세력 억제책이 여말에 이미 취해졌었다. 그리하여 신왕조에 늘어서 불교배척의 논란이 더욱 격화된 것은 필연의 추세이기도 했다.

불교에 대한 억압·개편의 조처는 태종조에 들어서 시작되었다. 즉 태종 6년에 이르러 우선 佛敎寺社를 府郡縣 등 지방행정구역 단위로 안배·정비한 것이다. 新舊兩都(漢陽과 開京)와 府官 이상의 구역에는 禪·敎宗 각 1寺를, 監務官 이하의 지방에는 선·교 양종 중의 1개 寺만을 남게 하고, 寺社의 노비는 附籍하여 해마다 輪番立役케 하여 입역치 않는 노비에 대해서는 身貢을 징수하기로 했다. 그리하여 사사의 전지와 노비수를 제한하고 常養僧人의 수도 제한하였다. 이 같은 조처의 결과는 모두 12종파 242寺가 남게 되고 여기에 소속하게 된 전지는 도합 11,100여 結로 제한된 셈이었다.

다시 태종 7년에는 7개 종파에 속하는 전국의 88개 처의 名刹을 諸州의 資福寺로서 남겨지게 하였으며, 태종 15년에는 革去寺社의 노비 80,000여 명을 모두 속공시킨 것이다.

이 같은 寺社와 寺社田民의 개편·정비책은 세종조에 들어서 한층 더 강화되었다. 그리하여 여러 종파를 선·교 양종으로만 구분하게 하고 선·교종 각 18寺로 제한하여 각도에 1 내지 2개 사찰로, 경기에만 禪宗 5개 사찰, 敎宗 4개 사찰로 제한한 위에, 恒居僧數와 寺社田地도 최대한으로 제한한 셈이었다. 이로써 항거승수는 3,600명으로 사사의 전지는 도합 7,760 결로 정해진 것이다.

한편 여말에 이미 시행되었던 僧侶度牒制는 신왕조 개창 직후에 더욱 강화되었다. 즉 승려가 되려는 자에게서 징수했던 이른바 僧侶丁錢을 布 50 匹에서 노비·서민·양반의 경우를 각각 150 필, 100 필, 50 필씩 징수하게 하여 임의로 剃髮하는 것을 제한했던 것이다. 그러나 특히 세종조 이후로는 이 승려도첩제가 크게 해이해졌다. 즉 국가의 토목공사의 勞役애 승려를 징발하게 하여 이에 應役하는 승도에게 승려도첩을 무상급여하게 하였던 것으로, 세종 20~21 년에 그러한 노역에 응한 役僧에게 급여된 도첩의 수만 8,800 개에 이르렀다는 것이다. 세조 7년에 僧侶號牌法의 실시에 따라서 파악된 승도의 수는 143,000 명에 이르고 있다.

이 같은 사실은 세종조 말년에서 세조조에 이르러 寺塔의 건립, 불교행사의 설행이 성해졌던 것과 아울러 불교의 교세와 불교숭신의 풍조가 도리어 다시 치성해 갔음을 단적으로 말하여 주는 것이라고 생각할 수 있다.

道敎에 대해서는 불교에 있어서와 같은 전지와 노비의 문제는 없었기 때문에, 다만 도교의 醮祭所를 정비·혁파하는 데 그쳤다. 고려 때에는 中外에 여러 초제소가 두어져서 消災度厄을 위하여 星辰에 대해 치제하여 왔다. 즉 國都에는 昭格殿·福源宮·神格殿·九曜堂·燒錢色·淸溪拜星所 등 諸宮·觀이 있었고 淨事色이란 초제소는 여말에 齊醮都監으로 개편되었다가 공양왕 3년에 혁파된 것이다. 지방에도 國行초제소가 있어 예컨대 方位에 따라 逐次로 국행초제를 행하던 곳으로 和寧(艮方)·忠州(巽方)·富平(坤方)·龜州(乾方) 등지의 것이 그 대표적인 것이었다.

이 같은 도교의 초제소는 태조 즉위 직후에 중앙의 것으로는 昭格殿 하나만을 남겨 두고 그 나머지 것은 모두 혁파하였으며, 지방의 국행초제소 중에서도 철폐할 만한 것은 이를 도태하였으며, 태조 5년에는 新都 한양에 새로 소격전을 건립하였던 것이다.

한편으로 주술적인 巫現信仰이 경향민간에 널리 행해져 왔다. 그것은 서민에 있어서뿐만 아니라 사대부간에 있어서도 다름이 없었다고 할 것이었다. 사대부 중에서도 家廟를 세우고도 神主를 모시지 않고 佛寺나 巫家에 출입하는 자까지 있어, 祖考의 神을 무격가에 맡기고 무가에 노비를 시납하는 麗朝 이래의 유풍이 그대로 행해졌던 것이다. 그리하여 병자나 사망자가 생기면 '野祭'니 '解祟'이니 하여 巫祭를 지내고, 사대부 부녀는 '避病'이니 '問卜'이니 하여 무가출입이 그치지 않아서, 무격신앙에 대한 거듭된 금령에도 불구하고 국민 상하간의 무풍은 근절되지 않았다.

이같이 家廟와 里社의 制를 실시하여 일체의 淫祀를 폐절시키려던 정부의 노력에도 불구하고 상·하 국민 사이의 巫風이 근절되지 않는 주요한 이유는 실로 국가에서 다른 한편으로 巫堂을 공인하여 국가적 행사에서 무격을 완전히 배제하지 못한 데에 연유되기도 했다. 즉 국가의 救療機關인 活人院에는 남녀 무당이 배속되어 있어 病者로 조호하여 매년 10명을 활인한 무당에게는 국가에서 褒賞하게 되어 있었디. 또는 지방에 열병이 유행되는 경우에 수령이 醫員과 무격을 같이 파견하여 환자를 살린 무당에 대해서는 연말에 巫稅를 면제해 주게 한 경우도 있었다. 모든 무당은 巫籍에 등록이 되어 국가에서 무세를 징수하였고, 특히 강원·함경 양도에 대해서는 그 위에 따로 민간에서 神稅布라는 特別稅布를 징수하였다. 그리고 중앙에는 國巫堂이라는 것을 공인하여 名山大川에서의 行祭 때에는 이를 파견하여 치제케 하는 유습이 행해졌으나 태종 6년에 중앙관리(內侍別監)를 파견하게 하였던 것이다.

이같이 전국의 무당은 납세자로서 국가의 공인된 존재였을 뿐만 아니라 국가의 公醫의 구실을 하였고 또는 국가적인 祭儀의 祭主 구실도 하여 온 것이었다.

이렇듯 국가적으로는 무당을 공인하면서 민간의 무격신앙만을 금단하려는 시책은 자가당착일 수밖에 없었던 것이다. 그리하여 정부에 의한 가묘·이사의 제의 실시계획은 불교숭신·귀신신앙의 뿌리깊은 유풍으로 말미암아 소기의 목적을 달성할 수가 없었던 것이다.

다른 한편으로 新儒學을 내세우고 불교를 배격하는 양반관료가 고려시대를 통해서 그 불교가 지녔던 '護國的 性格'을 그대로 인정할 수는 없는 것이었다. 그렇다고 또 유교 자체에게 '護國'이라는 그 신앙적인 기능을 담당케 할 수도 없는 것이다. 그리하여 그들은 왕조 개창 직후에 불교와는 다른 전통적인 신앙에 그 호국적인 기능을 대체시켰던 것이다. 즉 태조 2년에 그들이 국가적인 의례로서만 인정하려는 山川・城隍神에게 호국적인 성격을 지니게 했다. 그리하여 신왕조의 발상지인 和寧・安邊・完山城隍만은 '啓國伯'으로, 松嶽城隍은 '護國公', 智異・無等・錦城・鷄龍・紺嶽・三角・白嶽 諸山과 晋州城隍은 '護國伯'으로 爵號를 가하고, 여타의 모든 성황을 '護國之神'으로 神號를 붙이게 한 것이다. 원래적으로는 부락수호신의 성격을 지녔던 성황이 이제 명분상으로 불교에 대체되어 국가수호신의 성격을 지니게 된 것이다. 태종 6년에는 산천・성황제에 종래 巫女・內侍・司鑰 등을 파견하던 것을 중앙관리(內侍別監)를 파견하게 한 것은 기술한 바와 같다.

태종 13년에 이르러서는 국가의 祀制를 크게 개편하면서 岳鎭海瀆과 山川海島之神의 畵像을 모두 제거하게 하고, 특히 악진해독의 작호를 삭거하고 州郡縣名만으로 신호를 붙이게 하고 또 妻妾子女等神도 제거하여 神主 1위만을 남기게 하였다. 神號의 작호나 勳號를 加하는 일은 唐宋禮制에 따른 것이었으며, 이를 제거하고 州郡名만으로 신호를 삼는 것은 洪武(明)禮制에 따른 것으로서 신왕조가 개창되면서 실시하려던 것이었으나, 舊習에 因循하여 개편되지 않았던 것이 태종조에 이르러 우선 악진해독에만 실시한 것이다.

이제 유교정치가 보다 더 틀이 잡혀가던 世宗朝(世宗 19년)에 이르러서는 산천・성황에 붙였던 '護國'이니 '大王'이니 하는 가호는 모두 삭거하고 山川海島의 실지명호만으로 신호를 삼게 한 것이다. 신앙의존적인 호국적 기능은 정비된 유교정치하에서는 무의미한 것이었으며, 악진해독의 신호를 주군명으로 붙이게 한 것도 중앙집권적인 군현제도가 완비되어 가는 과정에서 일어난 일이기도 했다.

그러나 死後의 명복을 기원하는 일은 오래 전승되어 온 불교만의 기능으로서, 기술한 바와 같이 사대부・서민을 막론하고 상・하 국민 사이에 널리 계속해서 행해 온 것이었다. 실제로 儒臣들의 극간에도 불구하고 특히 왕실에서의 불교숭신이나 불사의 설행은 이면에 깊은 관련이 있었던 것이다. 유교가 지닐 수 없는 佛敎의 이 종교적 기능은 어디까지나 존속되게 마련인 것이었다.

끝으로 宗廟·社稷을 위시하여 명산대천이나 산천·성황 그리고 불교의 사찰·도교소격전에서 天變地災·疾病·兵禍·興役 등을 위한 국가적인 祈禳行事는 줄곧 계속 설행되어 왔다. 그 기양행사 중에서도 가장 빈번하게 설행된 것은 기우제였으며 또 가장 일상적으로 절박한 것은 질병의 치유를 위한 기원이었다.

旱災와 질병으로 말미암은 祈雨·救病의 기양, 그 주술적 제신의 명분상의 기능에 대해서 당시의 위정자들은 어떻게 생각하였는가? 실제로 현세주의·덕치주의의 윤리정치를 이념으로 내세우는 양반관료들은 국가의 興亡盛衰나 정치의 得失이 불교의 因果應報說이나 祭天祭神 등의 주술적 무격신앙이나 사제와 관계가 있는 것으로 생각할 리는 만무했다. 그들은 도리어 '천변지재는 모두 정치를 게을리한 소치'라는 것이었으며 "祈禳하는 행사는 전혀 災禍를 그치게 하는 방법일 수가 없으며, 따라서 그것은 治國安民의 道가 아니라 도리어 국가에 무익하다"는 것이었다.

국왕 태종 자신의 경험으로서도 그는 기우제의 직접적인 효능에 대해서는 아주 부정적이었다. 그는 "萬一에 旱災가 있다면 그것은 나의 실정 때문인 것이요 어찌 祭天을 하느냐 안하느냐에 관계가 있겠는가. 내가 즉위한 이래 祈雨祈晴祭를 하여서 그 소원이 성취된 일은 없었다"고 했다. 그러므로 그는 또 스스로 "祈雨祭를 설행하여 비가 내린 일이란 없어서, 매양 기우제를 할 때마다 무슨 감응이 있겠는가 심중으로 의심하였다"고도 했던 것이다.

설사 僧巫에 의한 기우제가 설행된 뒤에 비가 내렸다고 해서 그것은 승무의 힘 때문이 아니라는 것이며, 그럼에도 불구하고 기우제를 설행하는 것은 이를테면 심정의 문제라는 것이었다. 이를 요컨대 천변지재에 당하여 설행되는 기양행사의 명분상의 기능에 대해서는 양반관료로서나 국왕으로서나 이를 부정하고 있는 것이다. 그럼에도 불구하고 실제로는 기우제가 계속 설행되어 온 것은 다름아닌 '心情의 論理', 즉 그 잠재적인 기능 때문이었던 것이다. 그것은 즉 국민의 정신적인 平靜을 유지하는 데 효능을 갖는 것이다.

양반관료들의 관심이 기우제보다도 현실적인 대책으로 돌려졌을 때, 이

률테면 세종조에 있어서와 같이 농업과 관련되는 지식과 기술에 적극적인 시책이 강구되어 『農事直說』의 저술·水車灌漑法의 보급·堤堰의 修築 그리고 測雨器의 발명·이용 등을 보게 한 것이었다.

그리고 疾疫의 치유를 위한 무격적인 기양에 대해서는 관민이 이를 공인하는 상태에서, 그러한 주술에 대한 신앙이 오래 근절되지 않은 根因이라고도 할 수 있는 것이다.

本論考의 결론으로 우리는 대체로 다음과 같이 매듭지을 수 있다고 생각한다. 新儒學 즉 주자학을 정치이념으로 내세운 신왕조의 지배적인 양반관료는 麗代로부터 전승되어 온 불교·도교를 이단시하여 배격하고, 또 국가적인 의례가 아닌 呪術的 鬼神信仰을 淫祀로 간주하여 이를 폐절시키려고 하였다. 그리하여 그들은 그러한 종교·신앙에 대체할 수 있는 유교적인 사제형식 즉 家廟와 里社(鄕村의 社稷壇)의 制를 勵行하여 유교적인 가족질서와 사회질서를 확립하여 윤리정치의 사회적 기반을 굳혀 나가려고 하였다. 그럼에도 불구하고 상·하 국민 사이에 깊이 뿌리박혀 있는 전통적인 종교·신앙을 일조일석에 폐절시킬 수가 없었으며, 그것은 또 그들이 지녔던 종교적 기능을 전면적으로 배제할 수 없었기 때문이었다. 그 위에 상·하 국민의 佛敎崇信과 鬼神信仰의 巫風은 국가로서도 그 일면의 기능은 이를 포용하여 온 것이었다. 死後의 명복을 비는 불교행사와 질병의 치유를 위한 무격적 방법은 당시에 있어서 달리 대체할 수 없는 것이기도 했다. 이것이 또한 실제상으로 불교와 무술이 오래 폐절되지 않은 주요한 이유이기도 하다.

그러면서도 가장 빈번히 설행되어 온 천변지재에 대한 기양행사 즉 祭天·祭神의 명분상 機能 *manifest function* 에 대해서는 양반관료나 국왕이나 다 부정적인 태도였다. 그러면서도 祈雨祭와 같은 제천·제신행사가 계속 설행되어 온 것은 그 潛在的 機能 *latent function* 즉 국민의 정신적 평정을 유지하는 간접적 효능 때문이라고 할 것이다.

끝으로 麗代를 통하여 불교가 지녀온 그 '호국적' 성격은 양반관료가 불교를 배격하면서 신왕조 개창 직후에는 일단 국가적 의식으로서만 인정하려던 山川·城隍으로 대체하였던 것이다.

　우교정치가 그 나름으로 정비되게 된 세종조에 들어서는 그 山川·城隍
에 부여했던 '호국적' 성격 마저도 완전히 말살하여 신앙적인 '호국' 관
념에서 윤리정치에 의한 '治國'으로 그들의 意識을 전환시켰던 것이다.
그리고 이 같은 종교신앙의 재구성은 또한 신왕조가 중앙집권적인 州郡
縣體制를 완비하여 가는 과정에서 그 체제에 맞추어 이루어진 것이기도
하다.

<「光復 30 周年紀念綜合學術會議論文集」, 大韓民國學術院, 1975>

近世儒教政治의 性格

韓國近世 儒教政治의 性格이라는 논제에는 몇 가지의 문제점이 내포되어 있다. 첫째 여기서 한국근세라고 한 것은 이른바 近世朝鮮時代를 가리킨 것으로, 그것이 한국사의 시대구분 문제와 관련해서 어떠한 시기로 이해되어야 할 것인가 하는 문제이다. 한국사의 시대구분 문제는 종래의 王朝史 중심의 구분법을 탈피한 여러가지 새로운 시도와 관련해서 그동안 史學界에서 거듭 논의되어 왔으나, 아직까지 어떠한 통설이 정립되지 못하였다. 그리하여 한국사의 시대구분을 종래 서양사에서 흔히 통용되어 온 古代·中世·近代라는 3분법에 따르는 경우에는, 그것이 하나의 도식적인 적용에서 오는 무리 내지는 불합리성을 탈피할 수가 없는 것으로 보인다. 혹은 또 어떤 새로운 시도에 있어서는 그것이 아무런 논리적인 기준이 없는 너무나 임의적인 것이라는 인상을 면할 수가 없는 것으로 느껴진다. 시대구분이라는 것이 단순한 역사서술의 문제로서가 아니라 인류사회 발전에 대한 하나의 단계적 이해를 돕기 위한 것이라면, 이 같은 도식적인 시도나 임의적인 그것은 각기 역사적 현실의 구체성과 보편성을 간과하는 결과가 되기 쉬운 것이다. 따라서 韓國史의 시대구분도 어떠한 보편적인 기준 위에서 규정되어야 하겠다는 것이며 그러한 뜻에서 한국의 '近世'라는 시기는 어떠한 의미와 성격을 갖는 것인가 하는 것이 문제가 될 것이다.

둘째로는 시대구분 문제와도 관련해서 우리나라에도 封建制度 내지는 封建社會라고 할 수 있는 시기가 있었는가 하는 문제이다. 우리는 흔히 近世朝鮮王朝社會를 儒教的인 兩班官僚에 의해서 중앙집권적으로 지배되어 온 것으로 이해하는 반면에 그것을 하나의 반봉건 내지는 봉건적인 사회로 간주하여 왔던 것이다. 과연 근세조선사회가 중앙집권적이면서도 봉건적인 성격을 아울러 지녔던 것이라고 할 수가 있는 것이라면 그것이 살제로 어떠한 내용과 의미를 가진 것인가 하는 문제이다.

　세번째로는 儒敎 내지 儒敎政治가 역사적으로 우리나라에 미친 영향에 관한 문제이다. 이를 환언하면 유교사상의 사회적 기능에 대한 역사적 평가의 문제이다. 오늘날 유교에 대한 가치를 논하는데 있어서 우리는 양극적으로 대립되는 견해를 들 수가 있다. 즉 유교사상은 우리나라에 크나큰 해독을 끼쳤다는 견해와 유교의 근본사상은 오늘날에 있어서도 높은 가치와 意義를 지닌다는 견해와의 대립이다. 유교에 대한 이와 같은 평가가 과연 온당한 것인가 하는 문제도 우리는 여기서 음미되어야 할 것으로 생각한다.

　그러면 우리는 이제 위와 같은 세 가지 문제와도 관련해서 조선왕조사대에 있어서의 유교정치의 성격을 그 理念과 政治·官僚構造 및 社會構造를 통하여 밝혀보려는 것이다.

1. 儒敎政治의 理念

　우리가 조선왕조시대에 있어서의 유교정치에 관해서 그 이념적인 면을 논위하기에 앞서 먼저 王朝創建 이래 유교를 내세우게 된 그 배경에 대해서 약간의 설명이 필요할 것이다. 이것을 단적으로 말하면 새로운 조선왕조의 창건은 麗末 恭愍王朝 이래로 科擧를 통하여 등장하게 된 新興儒臣과 왜구의 격퇴로 명성을 올린 무장 李成桂와의 결합에서 이루어진 것이었다. 그것은 고려말기의 이른바 舊家世族의 세력과 僧侶·寺院의 세속권 그리고 불교사상을 배제·탄압함으로써 이루어졌다는 사실을 의미한다. 그들이 광대한 土地와 막대한 수의 奴婢를 私占하고 免稅·免役의 특권을 차지하고 있어, 설사 고려왕조가 그대로 계속된다 하더라도 그렇듯 독점되어 있는 그들의 경제적 기반을 그대로 두고서는 국가재정을 제대로 지탱하고 정치를 올바르게 해낼 수 없는 상황이었던 것이다. 이것을 바꾸어 말한다면 새로 득세하게 된 신흥유신들은 구가세족과 승려·사원세력의 경제적 기반을 박탈하지 않고서는 그들이 기도했던 新王朝의 그리고 그들 자신의 재정적 내지는 경제적 기반을 구축할 수가 없었다는 것이 당시의 추세였던 것이다.

이렇듯 신흥유신 세력이 무장 李成桂와 결합함으로써 신왕조가 개창되었다는 사실은 이념상으로는 그들의 구세력의 사상적 배경이 되어 온 불교사상까지도 이를 배격하고 그들 자신이 바탕으로 삼게 된 신유교인 朱子學을 새로운 지도이념으로 내세울 수밖에 없었다는 추세를 설명해 주는 것이다. 그리하여 신왕조의 이념적인 지향은 단적으로 말하여 '崇儒抑佛'일 수밖에 없었던 것이며, 신유교인 주자학이 그 구실을 담당하게 되었던 것이다.

그러면 주자학의 본질은 과연 어떠한 것인가. 주자학은 孔子·孟子의 학설체계인 유교 원래의 가치체계를 존중하면서 人倫·道德을 우주의 질서와 부합되게 통일적으로 파악하여 이로써 정치철학적인 이론을 제공해 준 것이다. 이것은 유교에 있어서는 하나의 新紀元을 이룬 것이었다. 가령 고려시대는 이를테면 儒佛共存의 시대라고 할 수가 있었다. 麗代에 있어서는 '修身之道는 불교가, 治人之道는 유교가' 감당하는 것으로 간주되었고, 유학은 詩歌·詞章에만 치우쳐서 修身 내지는 인생이나 정치의 철학적인 기반을 제공해 주지 못하였다. 이와 같은 주자학 이전의 유교는 불교를 배제해 낼 수 있는 철학적 근거를 갖추지 못했던 것이다. 그러므로 儒佛이 공존할 여지가 있었다. 주자학이 이 같은 종래의 유교에다 불교의 논리를 섭취하여 하나의 새로운 철학적 이론을 구축하고 나서는 그 불교를 배척하고 정치철학의 전담자로서의 이론을 내세우게 된 것이었다. 이러한 주자학이 麗末의 儒學者에 의해서 수용되게 되었고 그것이 신흥유신들의 사상적 기반의 구실을 하게 된 것이었다. 그리하여 그것은 본래의 유교에 비해서 보다 더 전제적인 정치의 이론적인 뒷받침이 되어진 것이다.

그런데 유교 원래의 사상에는 堯舜三代의 정치와 堯舜孔孟을 정치나 인간의 이상형으로 간주하게 되어 다분히 復古主義的인 경향을 띤다. 그리하여 유교에서는 그러한 복고적인 이상형을 내세워서 현상타파나 관료제도 개편에 의한 民生의 안정이라는 것이 강조되는 수가 많다. 그리하여 유교에는 孟子의 민본사상 내지는 애민사상이 그 밑바닥에 깔려 있다. 그것은 공맹의 性善說을 기반으로 한 것으로 오늘날에 있어서도 인간의 자유라든지 자율성 같은 것을 이로부터 이끌어 낼 수 있는 여지가 전혀 없다고는 할 수 없다는 견해를 가질 수 있게 한다. 한걸음 더 나아가 우리는 유교의 민본사상을 들어서 그것이 민주주의적인 성격을 상당히 지닌 것으로 간주하려는 추향마저 엿볼 수가 있다. 또한 유교정치에 있어서는 따라서 民意를 상당히 존중해 왔다는 점이 강조되기도 한다. 이와 같은 일련의 견해는 과연 타당하다고 할 수가 있는 것인가.

주자학적인 윤리관에는 그 기반에 華夷觀이 깔려 있다. 그것은 이를태면 하나의 文化意識 즉 문화적인 가치관에 기반을 둔 것으로 인간과 夷狄을 엄연히 구별하는 것으로 나타난다. 이적은 인간이 아닌 것으로 차별시된다. 뿐만 아니라 주자학에 있어서 우주만물은 陰陽五行의 氣를 타고 나는 것이며, 그 타고나는 氣의 순도에 따라서 인간·이적·동물·식물·광물 등 質과 차원을 달리하는 事物(萬物)이 생겨난다고 설명된다. 그것은 또 같은 인간에 있어서도 타고나는 氣의 순도에 따라서 그들의 신분·지위·부귀빈천을 달리하여 태어나는 것으로 여겼다. 주자학은 이렇듯 인간의 사회적인 신분·지위를 고정시키고 그것을 또한 정당시하여 그것이 바로 天理에 합당한 것으로 내세운다. 그리하여 신유교인 주자학은 윤리적인 합리주의를 내세우고 따라서 名分 내지는 分(數)을 중시한다. 이 같은 이치에 바탕해서 주자학은 일종의 권위주의적인 논리를 제공하여 권위주의에 봉사하고 또 권위주의는 주자학을 옹호하게 되는 본질을 지니고 있는 것이다.

또한 유교정치는 유교적인 윤리관을 기본으로 삼는 倫理政治라는 데에 그 특성이 있다. 그것은 유학이 바로 修己治人의 學이라고 한 데서 잘 나타난다. 修己라 함은 개인이 윤리적으로 자기완성을 하는 것을 이상으로 삼아서, 德을 쌓는 것(修德)이 제대로 되면 政治(治人)가 그대로 실효를 거둔다는 생각이 근본이 되어 있는 것이다. 이 같은 '修己治人'의 의미를 한마디로 표현하면 '德治'사상인 것이다. 그 도덕적 질서의 기초는 父子간의 '孝'道에 두어져서 그것이 사회질서에까지 확대되어, 모든 사회질서가 君臣·父子의 상하관계에서 人倫의 大綱을 이끌어낸 것이다. 그리하여 이 같은 인륜관계는 天道에 합치되는 人道(사람의 道理)라고 생각하고, 따라서 가정에 있어서나 국가에 있어서나 그 질서는 '禮'로서 표상되게 마련이었다.

禮節이라는 것은 바로 그것이 天理에 합치되는 것으로서, '예'가 없으면 나라를 다스릴 수가 없다는 규범의 논리가 성립된다. 그러나 이 같은 윤리관에 있어서도 이른바 그 '德'은 君子에게 요구되는 것으로 서민에 대해서는 적극적으로 요구되지 않는 治者의 논리가 들어 있다. 즉 군자의 덕은 바람과 같은 것이고 小人(庶民)의 덕은 풀(草)과 같은 것으로, 군자의 덕이 마치 풀이 바람에 나부끼듯이 서민에게 영향을 미치게 마련인 것으로 생각했다. 그 덕의 구체적인 내용은 仁義禮智의 4德을 가리킨다. 그것은 치자신분에만 적극적으로 요구되는 德目이다. '禮는 서민에게까지 내려가지 않는다'는 유교적인 명제는 이를테면 신분사회에 기반을 둔 윤리의식·도덕관을 잘 나타낸 말이 된다.

그러면 이 같은 덕치관·윤리관과 유교의 민본사상 내지는 민의의 존중이라는 측면과는 실제로 어떠한 관련이 있는 것인가. 여기서 우리는 유교의 덕치사상이 조선시대에 실제로 어떻게 나타나는가를 살펴보아야 하겠다.

유교정치에 있어서 치자는 修德하는 자라야 하며 그 구체적인 덕목으로 仁義禮智의 4德을 스스로 體認할 것이 요구된다. 그리하여 修德의 구체적인 방법은 유교의 經籍을 연구하여 중국 聖賢의 정신을 몸소 체득해야 하는 것이었다. 그러한 의미로서 '窮經實學'이라고도 했다.

조선왕조시대에 있어서 국왕은 말할 필요도 없이 최고의 치자이다. 따라서 王 자신에게도 치자신분으로서의 수덕이 요구되며 그것이 제도로서 마련된 것이 經筵이다. 경연은 일종의 進講제도로서 經筵官·集賢殿學士·史官 등이 참석하여 중국의 經籍(四書五經)을 주로 하여 왕에게 진강하고 이에 수반하여 時政을 토론하기도 하는 제도를 이름이다. 王政의 안정과 그 興廢는 왕의 '一心'에 달려 있다는 말은 흔히 되풀이된 것으로 왕 자신의 수덕의 중요성을 강조한 말이었다. 또한 국왕에 대해서뿐만 아니라 왕세자는 이른바 '書筵'을 통해서 일반 왕족 자제는 궐내의 '宗學'을 통해서 유학을 修業하여 유교적인 교양을 쌓아야 하게 마련이었다.

그리고 치자신분이 되는 필수적인 요건도 修己治人의 學을 전수하는 데 있었던 것은 물론이다. 즉 수기치인의 學(儒學)을 수업한 자라야만 兩班 (官吏)이 될 수 있게 마련이었다. 그것은 또 "勞心者는 治人이요 勞力者는 被治人이다. 治人者는 食於人이요 被治人者는 食人이다"라는 孟子의 말과 도 부합된다. 여기서는 정치의 主體와 客體가 엄연히 구별되어 있다는 것 을 의미하며, 그 구별의 기준과 한계가 바로 유학을 수업했느냐 못했느냐 에 있었던 것이다.

그러면 유교정치에 있어서 이 같은 덕치사상이 국민의 현실생활(民生)과 실제상으로 어떻게 관련을 맺게 되는가. 유교정치는 민본주의에 따라서 민 생의 안정을 강조한다고 했다. 여기에 있어서 덕치사상의 이념이 현실과 어떻게 부합되었느냐가의 그 여부에 대해서는 그것이 크게 배려했던 민생이 아주 도탄에 빠지게 된 경우를 살펴봄으로써 그 실상을 엿볼 수 있을 것이 다. 즉 大旱災나 大洪水와 같은 天變地災로 민생이 도탄에 빠지게 되었 을 때 치자가 이에 어떻게 대처했는가 하는 문제이다. 유교적인 덕치관념 에 있어서는 君德은 天德과 합치되어야 하며, 그리하여 천변지재마저도 人君의 '不德의 所致'로 생각하였다. 그리하여 이 점에 있어서는 臣僚에 있어서도 다를 바 없었다. 그러나 君・臣의 不德이 천변지재에 대한 책임 을 질 수 있었던 것도 아니며 또 실제로 지는 일도 없었다. 유교정치가 그러한 큰 災禍 끝에 실지로 할 수 있었던 일은 고래로 전승되어 온 이른 바 弭災七事를 시행하는 일이었다. 미재칠사라는 것은 漢代의 董仲舒에서 부터 시작된 긴급시책으로 조선왕조 초기에도 찾아볼 수 있는 일곱 가지의 조처를 의미한다. 그것은 시기에 따라서 다소의 차이는 있었으나, 대체적 으로 말하여 어려운 처지에 놓여 있는 民庶에 대한 恩惠的 내지 救恤의 조 처를 이름이다. 예컨대 輕罪囚의 사면, 의지할 바 없는 고아・과부 등에 대한 救恤, 稅率을 감해주는 등등의 조처를 말한다. 그러나 이 같은 조처 는 일종의 고식적인 사후처방에 지나지 않으므로 민생문제를 근원적으로 해결하는 수단일 수는 없었다. 따라서 '德治'라는 것은 현실적으로 아무 런 가치를 지닐 수가 없는, 한갓 관례적이고 상투적인 형식・명분에 지나 지 않은 것이었다. 애초부터 천변지재는 덕으로써 다스려질 수 없는 것이 었다.

그렇다면 이 같은 유교사상이 덕치주의를 내세우는 바와는 다른 각도에서 어떠한 성격을 지니게 되는가. 바꾸어 말하면 덕치라는 이념과 현실과의 乖離에 대해서 유교정치는 어떻게 대처할 수밖에 없었는가.

유교는 그 이념과 현실과의 괴리를 유교 자체로써 메울 수는 없었다. 그런 점에서 유교(治者)는 그것이 명분상으로는 이단시하여 배척하는 다른 전통적인 종교나 신앙을 여기에 끌어들였다.

佛敎의 예를 본다면 儒者(朱子學者)는 불교를 異端으로서 배척하였다. 그러나 유교가 엄밀한 의미에서 종교가 아니기 때문에 종교적인 기능을 감당할 수는 없었다. 즉 사람이 災難이나 疾病으로 죽게 되었을 때 이에 대한 祈願·祈禱行事나 또는 死後의 冥福을 비는 일과 같은 행사는 유교의 기능 밖의 일로서, 그러한 인간의 종교적 욕구는 고래의 불교에서 충족시킬 수밖에 없었다. 이러한 뿌리깊은 인간의 욕구는 유교가 불교를 그러한 면에서 포섭할 수밖에 없는 처지에 놓이게 되는 機緣이었다. 따라서 유교정치에 있어서도 水旱災에 대한 祈晴, 祈雨, 질병에 대한 祈禳, 사후명복의 기원 등의 행사는 국가적으로 또는 왕실 중심으로 어쨌든 내내 전승되게 된 것이다. 그러한 면에서 유교적인 정치이념하에서도 불교가 포용될 수밖에 없는 사태에서 그리고 그러한 사태의 번복이 조선왕조시대를 통해서 불교가 의연히 전승·존속될 수 있는 계기가 되었던 것이다. 太祖 때 이래로 世宗·世祖·成宗 등 역대의 군왕이 일면에서 불교행사를 계속하게 된 이유는 바로 여기에 있었다. "내가 불교를 믿고 또 불교가 믿을 만해서 이를 숭신하는 것은 아니지만, 몇 백년 동안 전통적으로 전승되어 온 불교를 갑자기 去革할 수가 있는가" 하는 것이 배불론자에 대한 好佛의 군왕의 변명이기도 했다. 또한 실제로 儒臣의 입장이라 하더라도 국가적인 불교행사에 대해서는 이에 추종하는 수밖에 없었으며, 더구나 士庶를 막론하고 부녀 사이에 있어서는 불교신앙이 그대로 전승되어 왔던 것이다.

이 같은 점에서는 불교에 국한되는 것이 아니었다. 道敎에 대해서도 이와 마찬가지 이야기가 성립된다. 도교는 주로 星辰信仰의 醮祭를 행하여 요병기양의 기능을 하는 한편, 星辰이 軍事와도 관련되는 것으로 여겨서 將帥가 지방의 지휘관으로 나가게 되면 이른바 太一醮祭를 지내는 것이 항

레이기도 했다. 그리하여 麗代로부터 여러가지 이름의 祈禮醮所(福源宮·
神格殿·九曜堂·燒錢色·大淸觀 등)가 설치되어 있었으나, 태조가 즉위하자
마자 이들을 모두 혁거하고 昭格署만을 國事와 관계되는 도교의 기도행사
를 관장하는 국가기관으로 남겨 두었다. 그리하여 천변지재에 대한 국가
적인 기도행사에는 道師가 승려와 더불어 동원되었던 것이다. 세조대에는
道家의 원류인 ‘老子’·‘莊子’가 易·周禮·禮記 등과 같이 다수의 문신
에게 分授되어 기한 안에 독파하도록 한 일조차 있다.

　그 위에 고대로부터 전승되어 온 名山大川에 대한 신앙, 城隍神, 海神,
島神 등 鬼神信仰과 巫俗이 널리 행하여졌다. 국가재난시에는 國巫堂이
승려·도사와 더불어 기양행사에 참여했고 전국 각처에 무당이 있어 나라
에서 巫稅를 거두었다. 전국의 명산대천에는 성황신이 있어 송악성황은 鎭
國公, 和寧·安邊·완산성황은　啓國伯, 智異·無等·錦城·雞龍·紺嶽·
三角·白嶽의 諸山과 진주성황은 護國伯이라 일컫고 그 나머지의 모든 성
황에 대해서는 이를 ‘護國之神’이라고 일컫게 한 것도 태조초에 大司成의
진언에 따라 예조에 명하여 評定하게 한 것이었다. 이 같은 사실은 麗代에
있어서의 ‘護國’불교의 기능을 배제하고 이에 대신하여 고대로부터 전승
되어 온 성황신을 호국신으로 삼게 되었다는 것을 의미한다. 그것은 또
조선왕조의 유신들이 전통의 다른 면을 재구성함으로써 사회적·종교적 전
통과 유교적 전통이 어떤 면에서 결합되어 새로운 국가적 일체감의 초점
을 형성한 것을 의미한다.

　이 같은 전통적인 종교·신앙은 개인의 救濟나 부락의 수호를 위해서는
훨씬 더 광범위하게 일반 민간에 유포·전승되었다. 儒者(治者)로서는 명
분상 다른 종교나 신앙을 이단시하여 배격하면서도 특정한 국가행사에 있
어서는 그들을 완전히 배제하지 못하고 도리어 포용할 수밖에 없었다. 유
교적 사회질서는 극히 제한된 사대부계층에게만 요구되어 ‘禮는 서민에게
까지 내려가지 않는다’는 것이었다. 그 반면에 고래의 민간신앙인 城隍
(神)이 도리어 麗代의 불교와 대체되어 護國神으로 그 위격을 높여서 재
구성되어졌다는 사실은 유교정치가 그 이념과 현실과의 괴리에서 오는 문
제를 유교적인 질서가 아닌 전통적인 사회질서에 내맡겼다는 것이 되는

것이다. 그것은 신앙의 '自由'를 의미한 것이 아니라 도리어 신앙의 '放

置'를 의미한 것에 지나지 않았다.

그러나 유교정치에는 다른 일면이 있었다. 그것은 이른바 言路가 비교

적 넓게 그리고 제도적으로 개방되어 있었다는 점이다.

유교정치에는 言官制度가 있었다. 司諫院·司憲府·弘文館이라는 세 기

관(三司)이 있어서, 사간원은 王의 專恣를 견제하는 기관으로, 사헌부는

관료의 專橫을 견제하는 기관으로 그리고 홍문관은 군왕을 보좌하는 논사

기관으로 각기 언론을 담당하는 기능을 했다. 혹은 歲首나 천변지재의 禍

難을 당하거나 그러한 징후가 보일 때, 왕이 일부 또는 전관원에게 혹은

또 유생에게까지도 求言을 하여 時政에 대한 그들의 所懷를 書陳케 하는

관례도 있었다.

그리고 또 일반관리나 유생이 개인적 또는 집단적으로 시정에 대한 그

들의 의견을 자진 상소할 수도 있었다. 개인이나 집단이 궐문 앞에 엎드

려 이른바 伏閤上疏하는 특례도 볼 수 있다. 귀천을 가리지 않고 국민은

누구나 각기 억울한 일이 있을 경우에 궐문 앞의 申聞鼓를 두들겨서 상

소·청원을 할 수 있게 되어 있었다.

특별한 경우로는 국왕의 闕門前 詢問의 관례가 있었다. 예컨대 17·18세

기 서울의 貢市人(貢納請負業者)들에게 그들이 業으로 삼는 貢納請負施策의

폐단에 대해서 그들 자신의 의견을 말하고 건의를 하도록 국왕이 궐문 앞

에서 직접 순문하는 관례가 있었다. 혹은 또 良役 문제에 대해서 宮門 앞

에 몇십 명의 도민을 모아놓고 국왕이 그 개선책에 대한 그들의 贊否를 직

접 물은 경우도 있었다. 세종조에는 貢法(田稅率)의 개정안에 대하여 각

道마다 관찰사·수령 이하 대소관원과 일반서민에 대해서까지 그 가부의

의견을 광범위하게 물어 본, 일종의 가부투표와 다름없는 일을 실시한 경

우도 있었다.

이같이 민의를 존중하여 官民의 의견과 여론을 듣는다는 취지에서 이를

시행하는 제도나 관례를 갖는다는 사실은 유교정치의 특징을 나타내는 것

으로 하나의 장점이라고 할 수 있다. 그럼에도 불구하고 그 실제적 효능

에 관해서는 문제점이 있는 것이다. 가령 관리들이 直啓를 제의한 일반적

인 경우에는 書陳의 형식을 취해야 하므로 일반 서민이 그들의 寃抑을 직접 호소하게는 되어 있지 않다. 그들은 언제나 서진할 능력이 있는 그들의 대변자가 있어야 했다. 신문고의 경우에 있어서도 지방의 伸寃者는 수령·관찰사 그리고 사헌부를 차례로 거쳐서야 擊鼓하게 되어 있고 越訴는 금단되어 있었으므로 그들의 호소의 길은 사실상 막혀 있었던 것이나 다름이 없었다.

여러가지 형식을 통하여 상달된 下意는 형식상 국왕에게 올려지는 것이며 이에 대한 처리에 대해서는 아무런 기대도 약속되어진 것이 아니다. 그것은 흔히 개별적이고 단편적으로 처리되어 어떠한 종합적인 검토과정을 거치지 않고 처리되었다.

유교의 德治·民本사상에 따라서 王政의 안정이 민생의 안정에 바탕되어야 한다는 생각은 정치의 일반적이고 기본적인 조건에 대한 인식을 의미하기는 하나 그 보증을 뜻하지는 않는다. 그러므로 군왕의 專恣와 관료의 恵橫을 견제하고 臣民의 하의를 상달할 수 있는 제도와 관례가 시행되어 그 나름의 언로가 널리 열려 있었던 것이기는 하나, 그리고 그것은 군왕의 賢愚에 따라서 약간의 차이는 있었으나, 그것을 통틀어 일종의 言權(言論의 自由)이라고 한다면, 그것은 오로지 위에서부터 주어진 언권이어서 오늘날의 민권에 기반을 둔, 타고나서부터의 인간의 권리로서 스스로 차지해서 얻은 언권일 수는 없었다.

유교정치의 이념이라고 할 수 있는 덕치·민본사상은 '百姓을 위해서' *for the people* 라는 성격은 지닐 수 있으나 그 한계는 '民衆의' *of the people* 그리고 '民衆에 의한' *by the people* 정치가 아니었다는 점에 있었다.

2. 政治·官僚構造의 性格

조선왕조의 정치는 명분상 王權을 절정으로 하는 유교적인 兩班官僚에 의해서 통치되는 지배체제를 갖추었다. 그것은 儒臣들에 의해서 유교(朱子學)가 정치이념으로 내세워졌던 만큼, 王을 포함한 지배신분으로서는 유학 즉 修己治人之學의 修業이 필수의 요건이었다. 바꾸어 말하면 수기치인지학을 수업한 자만이 치자신분이 될 수 있었다는 것을 의미한다. 유교정치가 왕권을 절정으로 삼고 있는 것이라고는 하지만 실제로는 유교적인 지배기구와 그 제도를 통해서만 권력이 행사되게 마련이었으며, 또 실제로 정권이 王에게 있는 것으로 간주되지도 않았다. 그것은 王朝創建 후에, 政權과 兵權의 분리에서부터 발단된 현상이기도 했다.

太宗朝 초기에 개국공신인 趙浚·鄭道傳·南誾 등이 병권과 정권을 아울러 장악하게 된 것을 못마땅하게 여긴 李蕃(兵曹正郞)은 "정권과 병권은 자고로 한 사람이 겸임해서는 안된다. 병권은 마땅히 宗室에 있어야 하고 정권은 마땅히 宰輔에 있어야 한다"고 했다. 이와 같은 유교정치의 권력안배는 왕조 개창 후에 실제적으로 수행된 것이라고 할 수 있다.

태종은 그때까지 종친간에 私占되어 있던 병권을 몰수하여 私兵을 혁파하고 태종 자신이 병권을 장악했던 것이다. 그리고 한편으로 문무고관회의인 都評議使司를 혁파하고 議政府와 中樞府(承樞府)를 別設하여 문무의 兩權을 분리시킨 위에 실제 軍士의 差發은 의정부로 하여금 왕명을 받아 중추부에 시달하여 掌兵者가 그 지시에 따라 發兵하도록 한 것이었다. 그리하여 실제에 있어서 文武班의 지위는 文班이 武班보다도 우위를 차지하게 마련이었다. 즉 의정부와 중추부는 형식상 문무최고기관인 正一品 衙門이었으나 의정부직은 실직인데 대하여 중추부직은 '無所掌'의 한직으로 그것도 文武堂上官으로서 무소임자가 임명되게 마련이었으며, 또한 京官武官職으로서 당상관 이상직은 모두 타관으로 겸하게 되어 전임관이 아니었다. 다시 말하면 고급관리에 있어서 문반직자는 실직임에 대하여 무반직자는 文武를 가리지 않고 무소임자 내지 겸직자로 구성되게 마련이어서 무인에 한하는 고급관직이라는 것은 애초부터 설정되지가 않았다. 군사지휘관인 將帥가 되는 데에는 순전한 武才에 의해서가 아니고 兵書에 통달했다는 것이 필수조건이기 때문에 도리어 문신이 이를 겸하게 되는 것이 항례였던 것이다. 따라서 전문적인 武官職者가 전적으로 병권을 장악한다는 일은 있을 수가 없었다. 그리고 각 도의 兵使·水使도 관찰사가 그 일원은 例兼하게 되어 있었고 그 밑의 兵馬節制使·僉節制使까지도 지방의 수령이 겸대하는 경우가 많았다.

이 같은 문무반적의 구성은 결과적으로 무반에 대한 문반의 절대우위를 초래하여 무반을 문반의 종속적 지위에 놓이게 한 것이며, 그것은 유교정치에 있어서 본질적으로 병권을 장악해서만 확보될 수 있게 마련인 왕권을 실질상으로 허약하게 만드는 것이었다. 따라서 조선왕조의 정치는 명분상으로는 王政이고 형식상으로는 문무양반에 의한 관료정치라 하더라도 실제에 있어서는 문신만에 의한 지배체제를 이룬 것과 다름이 없는 것이다. 실제로 무반직에 따른 衙門은 없었다.

그러면 문반중심의 정치기구는 어떻게 편제되어 있었는가. 유교적인 정치기구에 있어서는 行政과 司法이 명확히 분리되어 있지가 않았다. 그러나 그 기본구조는 대체로 크게 몇 가지 그룹으로 나누어 생각할 수가 있다. 즉 행정의 중추기관인 議政府와 六曹, 三法司인 義禁府·刑曹·漢城府, 언관의 기능을 하는 三司 즉 司憲府·司諫院·弘文館 등을 두고, 유교교육·문서기록작성·制撰·經籍印頒 등의 임무를 맡는 여러 관원을 두어 유교정치의 만전을 기했다. 즉 承文院(事大交隣文書), 成均館(儒學敎誨), 校書館(經籍印頒), 弘文館(內府經籍과 文翰)을 통칭 四館이라 하고 그 위에 藝文館(制撰辭命)과 春秋館(時政記錄)을 두었다. 이들은 모두가 유학에 숙달하지 않고서는 그 임무를 감당할 수 없는 기관이다. 위에서 든 의정부·육조와 3법사, 3사 그리고 諸館이 조선왕조의 기간이 되는 정무기관이었다.

그 밖에 왕족(宗親)과 그 외척, 공신에 대한 禮遇機關(宗親府·儀賓府·敦寧府·忠勳府)이 두어지고, 그 위에 특수기술 분야의 감당과 각종의 宮需·官需의 조달을 위한 雜廳이 두어져서 이들은 대체로 院(內醫院 등)·寺(司僕寺 등)·監(典醫監 등)·署(圖畫署 등)·庫(義盈庫 등) 등의 廳名이 붙여졌다.

그러던 위와 같은 정치기구의 편제상으로 나타나는 성격은 어떠한 것인가. 그것은 원래 그 이상형을 '周禮'에 두고 있는 중국의 제도를 채용했던 麗朝의 그것이 재구성된 것이었다. 중국의 제도는 그 古制에 따라서 시행할 수가 있으나 우리나라는 중국과는 달라서 그대로 모방할 수 없는데가 많다는 것이 세종 자신의 말이기도 했다. 따라서 조선왕조의 정치기구는 麗代의 그것을 답습하여 중국의 제도를 채용하면서도, 그대로 모방한 것만이 아니라 조선식으로 변형된 것이 없지 않았다. 宋元代의 巡軍의 制가 조선왕조에서 의금부로 개편되고 여대의 門下中書省이 의정부와 사간원의 두 가지 기구로 재구성된 것 등이 바로 그러한 실례이다.

그리하여 崇室은 정권을 차지할 수 없다는 유교정치의 원칙은 종친이 정치에 직접 참여하지 못하게 한 것이다. 따라서 王의 정치적 세력기반이라는 것이 왕족에 있을 수가 없었다. 그러므로 유교적인 王道政治(王政)는 臣僚와의 사이에 조화가 깨어져서는 제대로 존립되기가 어렵게 마련이었다. 왕정은 실로 신료의 扶持로서만 안정될 수 있었으므로, 조선왕조의 군왕은 이른바 '絕對君主'的인 존재일 수가 없었다.

그럼에도 불구하고 天下의 土地가 모두 王土가 아닌 것이 없다는 이른바 왕토사상이 왕정의 기본관념으로 깔려 있었다. 그리하여 왕가를 주축으로 하여 관부와 관부의 사이에 명확한 구분이 지어져 있지가 않았다. 왕가·궁부와 관부의 사이에 있어서 公私의 구별이 모호했다. 국가재정은 왕가를 주축으로 한 궁부와 관부의 수요를 충족시키는 데 집중되다시피 되어, 이를 위한 官署가 국가기관의 약 40%를 차지한 것이었다. 이러한 점에서 조선왕조는 베버의 이른바 家産制的인 성격을 띤 것이라고도 할 수가 있다.

정치기구의 기간을 이룬 관서의 성격을 살펴보면 다음과 같다. 첫째, 왕과 의정부·육조와의 관계에 있어서 왕권이 강할 때에는 六曹直啓의 制가 시행됨으로써 왕이 육조와 직결되어 宰臣(議政)의 권한이 축소되게 마련이었으며 이와 반대로 재신의 권한이 강해지면 육조직계의 제가 폐지되고 議政府擬議의 제가 시행되게 마련이었다. 그러므로 왕과 재신과의 사이의 권력조화가 王政을 안정케 하는 것이라고도 할 수 있다.

한편으로 왕에 직속되는 의금부는 직접 왕명을 받들어 謀叛 등 왕조의 安危에 관계되는 중죄를 다스려 王權扶持의 핵심기관의 구실을 하였다. 그것은 최고의 法司로서 王 직속의 근위병과 같은 성격을 띤 것으로 관찰사·목사 등도 직접 붙잡아 올리는 강권을 발동할 수 있었다. 그러나 의금부는 그러한 본래의 기능을 벗어나 일반범죄까지도 다스려서 형조·한성부 등 法司와의 사이에 명확한 권한의 분계가 지워져 있지 않았다.

또한 왕과 언관 즉 사간원·사헌부·홍문관과의 관계는 이를테면 삼각 관계에 있는 것으로 서로 결합 또는 대립·알력관계에 놓여지게 마련이다. 이러한 점에서도 왕과 신료와의 사이에 조화를 이룰 때에 왕정은 안정을 얻을 수 있게 마련이었다.

여기서 우리는 조선왕조 관료체제의 주요한 특징을 살펴보아야 할 것이다. 첫째로 관료들의 생활기반을 중앙에 집중시켰다는 점이다. 조선왕조의 지배체제의 경제적 기반은 麗末 舊家世族의 경제적 기반을 전복시킨 田制改革에서부터 마련되었다. 구가세족의 경제적 기반인 그들의 田柴地를 박탈하여 新興儒臣에게 田地만을 재분배함으로써 그들의 생활기반을 새로 마련해 주었다. 토지에 대한 국가의 강력한 지배력을 되찾아서 국가가 전지지급을 통하여 관료체제를 공고히 했다. 그리하여 관료에게 지급되는 전지를 京畿에 제한함으로써 그들의 생활근거를 중앙에 흡수·집중시켰다. 그리하여 이들 관리에게는 收租權을 부여하여 전지에 대한 직접지배를 가능케 함으로써 '官吏＝地主'的 성격을 농후하게 만드는 동시에 租·稅額을 公定하여 借耕者에 대한 징렴을 한정하였다. 그 위에 田主(官吏)가 佃戶(借耕者)의 경작권을 임의로 처분하지 못하게 하는 반면에 전호가 그 차경지를 임의로 讓與·放棄하지도 못하게 하여 그들의 離散을 방지하는 대신에 그들 전호를 전지에 얽어맸던 것이다.

이 같은 조처는 관리가 지방에 생활기반을 확대하지 못하게 함으로써 그들이 지방세력화되는 것을 미리 방지했던 것이며, 행정면에 있어서도 관리가 자기 출신지의 지방관으로 부임할 수 없게 규제한 것과 아울러 그들이 어느 토착세력으로 성장되는 것을 방지하는 효과를 노린 것이었다.

그러나 세조대에 들어서의 職田法의 시행과 성종조 초의 官收官給制의 실시는 時·散官에 같이 급여하여 온 授田對象을 時職者(實職者)에게만 제한하는데 뒤이어 그들이 토지에 대한 직접지배를 할 수 없게 함으로써, 세습전지의 보유자가 아닌 일반관리의 지위를 지주적 성격에서 雇傭官吏의 성격으로 저하시킨 것이었다. 이제 散職者인 前職者나 閑職者는 수조권이 없는 전지마저도 받지 못하게 되어 관리는 누구나 실직에서 떨어지게 되면 특별한 경우를 제외하면 아무것도 국가적인 보장을 받지 못하게 되었기 때문에 따로 田庄을 차지하지 못한 현직관리의 지위는 거의 고용관리나 다름없이 된 것이다.

토지급여에 있어서는, 고급관리가 하급관리에 비하여 훨씬 더 광대한 田地를 차지하게 마련이고 그 위에 고급관리가 혼히 세습할 수 있는 功臣田을 아울러 차지하게 됨으로써 수백 결에 이르는 광대한 전지를 私占하게 되는 것이었다. 그 반면에 公私賤口·工商人·賣卜盲人·巫覡·僧尼 등에 대해서는, 당자는 물론 그들의 자손에게까지도 授田對象에서 제외되고 일반양민에 대해서는 아무런 조처도 명시되지가 않았다. 그래서 '普天之下 莫非王土 率土之濱 莫非王土'라고는 하지만 실제로는 고급관료인 최고권력충이 왕실을 받들고 그들 자신의 생활기반을 給田制를 통해서 상호보장한 것이나 다름이 없는 것이었다.

둘째로 조선왕조 관료제의 하나의 특징은 고급관리에 의한 광범위한 겸임제의 시행이다. 이미 언급한 바와 같은 문관의 武官職兼帶와는 또 달리 文班京官職內에 있어서 특수기술관서와 여러 잡청의 책임직은 고급문관이 겸임하도록 마련되었다. 예컨대 영의정의 경우를 보면 그는 경연·홍문관·예문관·춘추관·觀象監의 영사와 承文院 都提調·世子師의 직책을 例兼하게 되어 있다. 諸雜廳의 제조는 고급문관에 의한 책임직의 겸임을 표시하는 칭호로 쓰여졌다. 여러 기술관청과 잡청의 명분상 책임관이 이같은 겸직제를 통해서 소수의 고급관리에 의해 運營의 책임을 맡게 되어 있다. 그것은 행정력의 분산을 막고 그것을 고급관리에게 집중시킨 것이 된다. 이들 여러 기관은 상하의 명령계통이 서 있는 것이 아니고 서로 並置되어 있어 소수 명분상의 책임고관을 통해서 국왕에 직속되어 있는 것이다.

셋째로 들어야 할 특징은 人事權의 집중이라고 할 수 있다. 단적으로 말하면 인사행정이 吏曹郎官의 손에 의해서 좌우되게 마련이었던 점이다. 인사는 원래 고급관리의 회의에서 3명이 薦望되어 그중의 한 사람이 王의 '落點'에 의해서 채택되는 것이었다. 그 천망하는 자리에서 이조낭관이 被薦者의 명단을 기록하게 되어 있으며, 이 경우에 郎官은 피천자가 자신의 의중에 들지 않는 경우에 천망을 거부할 수 있는 권한을 갖고

있었다. 그것은 원래 고급관리들의 情實에 의한 인사행정을 방지하기 위
한 제도였으나, 나중에는 도리어 그 역효로서 高官大爵이라도 이조낭관의
비위를 맞춰야만 되게 되었다는 결과를 초래하게 되었다. 縣監이 대신과
정조낭관에게 鞍子를 賂遺한 사실을 볼 수 있는 것은 그러한 역효의 일례
라 할 수 있었다. 이것은 인사권이 이조낭관에게 집중되었다고 할 수 있
을 것이다.

넷째로는 이른바 限品敍用의 制를 들어야만 한다. 그것은 관리의 승진
에 있어 혈연·직업 등 신분여하에 따라 陞進品階에 일정한 제한을 하는
제도를 이름이다. 그러한 제도의 淵源은 멀리 신라시대의 骨品制에까지 소
급되는 것인지도 모르나 그 경위에 대해서는 자세하지가 못하다. 조선왕
조의 모든 관리는 고급·중급·하급의 세 단계로 크게 나누어 생각할 수
가 있다. 그리하여 고·중급의 한계는 당상(正三品 상위자)·당하관(正三品
하위자)에서 지어지고, 중·하급의 한계는 叅上(六品 이상)·叅外官(七品 이
하)으로 지어졌다.

여기서 7품 이하관(叅外)은 일반적인 실무에 종사하는 하급관리라고 할
수 있는 것이고, 6품 이상관(叅上)은 단적으로 말하여 牧民官(守令)의 자
격이 부여될 수 있는 관위를 의미하는 것이다. 관리는 종6품이 된 이후
에라야 현감(최하급수령)으로서 외관이 되어 牧民(治人)의 임무를 맡을 수
있다. 유교정치에 있어서 목민관(治人)이 되기에는 修己治人之學을 전수해
야 한다는 것이 그 기본조건이 되는 셈이다. 한편 원래 고급관리라면 麗
代 이래로 2품 이상관을 가리켜 와서 조선왕조에 들어와서도 2품 이상
관단의 회의와 그들에 대해서만 대우상의 구별이 있기는 했다. 그러나 조
선왕조에 있어서는 정3품 상위관리까지를 포함해서 이를 당상관이라 하여
고급관리로 대우하며 당하관과의 사이에 승진의 제한을 했던 것이다.

그리하여 兩班의 良妾·賤妾의 자손이라는 嫡庶관념에서, 그리고 기술
직이라는 직업관계에서 차별대우를 하여 品階陞進과정에서 叅上官·堂上
官이 되는 데는 엄격한 제한을 하였다. 이것은 관료체제 자체내에서 고급
관리의 무제한 수적 증가를 억제하는 일반적인 조처라고도 할 수 있으나,
그것이 혈연·직업 여하에 따라 제한받게 되어 있다는 점과 그것이 결과

적으로는 소수의 고급관리에 의한 권력집중의 효과를 기했다는 점에서 이해될 수 있는 것이다.

양반관료의 생활기반을 京畿에 집중시킨 조선왕조의 지배적인 권력은 修己治人之學(儒學)을 전수하고, 妾의 자손이 아닌 순수양반인 소수의 고급관리에게 집중되어 있었다고 할 수 있다. 이 같은 지배체제에서 지방에 대한 통치구조는 어떠하였는가.

첫째, 지방통치형태로서 郡縣제도의 철저한 실시는 조선왕조에서 비로소 보게 되었다. 고려시대에 이미 군현제도가 실시되기는 했으나 모든 지방이 중앙의 직접지배를 받는 군현으로 편재되었던 것은 아니다. 즉 많은 지방이 중앙관리가 나가 있는 군현에 종속되어 있는 이른바 屬縣으로 되어 있었고 또 羅代 이래의 이른바 鄕·所·部曲이라는 특수 隷民部落이 있어서 이런 것은 모두 중앙으로부터 외관이 나가 있는 군현에 종속되어 간접지배하에 놓여 있었던 것이다. 이 같은 간접지배하의 속현이나 향·소·부곡에 있어서는 그 지방의 토착세력인 1·2명의 戶長이 지배하여 왔다.

조선왕조 초기에 와서 이 같은 속현이나 향·소·부곡이 완전히 직접지배를 받는 군현으로 개편·흡수되었다. 모든 군현에는 반드시 中央官吏(京官)를 직접 파견하게끔 되었던 것이다. 이와 같은 군현제의 전면 실시는 중앙집권적인 시스템을 완전히 갖추게 되었음을 의미한다. 그리하여 觀察使·都節制使·處置使·經歷·都事 등의 외관으로는 모두 경관을 파견하게 되고 동북·서북면에도 관찰사를 파견하여 8道에 대해서 모두 관찰사제가 실시되게 되었다.

둘째로 州府郡縣의 名號는 본래 인구의 다소로 정해진 경우가 항례였으나 그것이 순전한 행정적인 성격만을 띤 것이 아니라 그 位格의 昇降이 있었던 점이다. 가령 어떠한 지방에서 역적이나 반란이 일어난 경우에는 당해 지방의 名號가 격하되어 府가 郡으로, 군이 縣으로 개칭되기도 하고, 이와는 반대로 어느 지방에서 왕비가 나게 된다면 郡인 경우에는 州나 府로 읍호가 승격되는 일이 일어났다. 그러한 사정에서 州名이 변개되는 경우 道名까지도 변동되는 일마저 가끔 있었다. 이는 즉 府州郡縣의 위격의 승강은 지방민의 왕실에 대한 忠逆向背에 따라서 혹은 왕실에 대한 특수한 공훈에 따라서 변동하게 됨을 말해주는 것이다. 이는 요컨대 지방의 행정구역 내지 邑의 명호는 순전한 행정적인 의미만을 갖는 것이 아니라 중앙권력에 의해서 정치적 조종을 받게 된다는 사실을 나타내는 것이다.

셋째로 반드시 京官으로 파견되게 마련인 모든 外官(관찰사·수령)에 대한 긴박책이다. 수령감찰의 임무를 띤 관찰사는 從2品職으로 風憲官이라는 의미에서 京中의 대사헌과 다름이 없었다. 관찰사는 生殺與奪의 권세를 갖는 왕명의 대행자로서 각 도에 군림하였으나 그의 임기를 360일로 제한하여 장기유임을 防限하였다. 이는 즉 그가 장기간 유임으로 말미암아 지방세력화되는 것을 미연에 방지하자는 것이었다. 그리하여 수령은 그의 本鄕地 또는 出任保有地에는 부임될 수 없게 하고 관찰사와 당해 道內의 수령과의 사이에도 相避制로서 족친의 동시 부임은 금지되게 마련이었다. 이 같은 조처는 모두가 그들이 어느 한 지역에 있어서 토착세력화되는 것을 방지하는 효과를 노린 것이었다. 관찰사의 감찰하에 있던 당해 도내의 각급 수령은 이른바 '守令七事'라는 貢賦·徭役 등 일곱 가지에 걸친 治績 여하에 따라 그 성적이 매겨져서 승급이 좌우되게 마련이었으며, 그 대신 관찰사나 목사가 대죄를 범했을 경우에는 의금부의 관원에 의해서 직접 체포·上送되게 마련이었다.

넷째로 원래의 토착세력이라고 할 수 있는 鄕吏에 대한 여러가지 견제책이 시행되었다. 조선왕조가 개창된 이후 전면적인 군현제로 재편되면서 麗代 이래의 지방토착세력이던 호장들은 단순한 향리로서 지방통치편제 속에 흡수되었다. 그들이 원래의 토착세력을 배경으로 수령을 조롱하거나 전권작폐하는 따위의 비행을 저지르는 자에 대해서는 元惡鄕吏로서 가차없이 처벌함으로써 그들의 발호를 경계하였다. 이러한 경우에는 該邑양반의 '京在所'로 하여금 사헌부에 진고케 하여 사헌부에서 직접 推劾科罪하도록 되어 있었다.

그 반면에 향리에 대한 勸奬補償策을 잊지 않았다. 향리로서 文武科·生員進士試에 합격된 자, 특별한 軍功을 세운 者, 三丁一子가 잡과에 합격했거나 書吏로서 임기를 채운 자는 그의 子孫役을 면제해 주고 避役도

망자를 捕告하는 경우에는 그 포고인원수에 따라 본인과 그 아들의 役을 면해주는 특혜도 베풀어진 것이었다.

한편으로 여대로부터 내려오는 향리자제 選上立役(上京侍衛)의 制는 조선왕조에서도 그대로 전승 실시되었다. 상경시위하는 향리(원래의 호장·부호장)의 자제인 其人은 여말에 이르러서는 여러가지 잡역에 종사하던 중에 조선왕조 초기부터는 주로 燒木役에 종사하게 되었다. 그것은 여말 科田法 실시 이래로 柴地가 지급되지 않았던 관계로 宮家·官家의 柴炭·燒木의 供給을 전적으로 其人役에 의존하게 되었던 때문이라고 생각된다. 전국의 邑에서 選上된 3백 수십명의 기인은 그 원래의 인질적인 성격을 지녀서 각기 토착세력 향리에 대한 견제책의 소산이었음에 다름이 없었다.

또한 각 읍의 수령은 그 예하 향리 중의 한 사람을 그의 京邸에 선상하여 이른바 京邸吏(京主人)로 삼아서 該邑의 賦稅上納에 관한 周旋 도망한 선상노비의 보충 등의 임무를 수행케 했다.

또 다른 한편으로 在鄕의 양반들의 집회소였던 이른바 留鄕所는 성종조에 鄕廳이라는 명목으로 지방행정체계내에 흡수되어 座首·別監이라는 직역으로 수령의 고문 구실을 하여 지방행정의 보조역을 맡게 하였다.

위와 같이 구성된 조선왕조의 통치체제는 어디까지나 중앙집권적인 구조라고 할 수 있는 것이다. 정치권력은 소수의 중앙고급관리에 의해서 장악되게 마련이고 모든 관리의 생활기반이 中央(京畿)에 집중되는 중에도 고급관리만은 관리지주의 성격을 농후하게 지속했던 반면에 일반 하급관리는 고용화된 것이나 다름없이 되었다. 전면적인 郡縣制의 실시에 따라서 종래의 토착세력은 일반적으로 향리로 격하되고 모든 외관은 중앙관리(京官)로 파견하여 중앙의 직접지배하에 놓이게 하는 동시에 地方官長(관찰사·수령)에 대해서는 任期·相避制·考課 등에 의해서 그들이 지방세력화되는 것을 방지했다. 그 위에 토착세력으로 잔류하게 된 향리에 대해서는 여러가지 견제책과 勸奬補償策으로 그들의 跋扈를 예방했던 것이다. 그러한 행정체계를 요약 도표로 그려보면 다음과 같다.

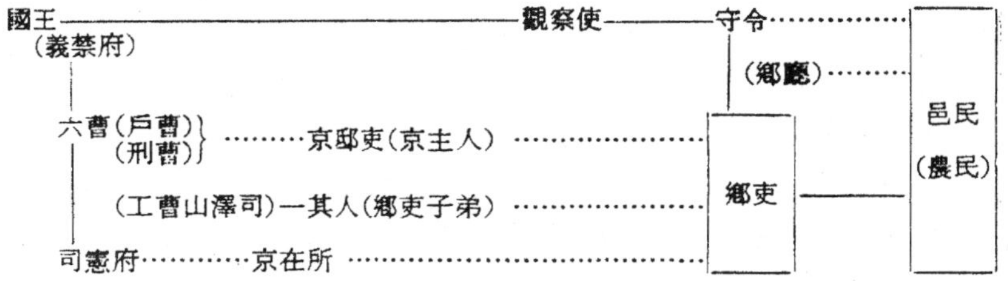

위와 같은 관료체제에 있어서 관리의 채용은 麗末에 재확립된 과거
제도에 의해서 시행되었다. 그리하여 누구나 修己治人의 學을 전수한 자
로서 시험성적에 따라 공정하게 선발·채용되게끔 되어 있다. 이렇듯 채
용된 관리에 대해서도 각기 소정 임기를 채우고 소정의 성과를 올리면 그
경력에 따라 정기적으로 승진시키고 品階를 올려주게 되어 있다. 그리하
여 관리의 채용·승진제도는 그러한 점에서 공적 본위로 오늘날의 merit
system에 가까운 것이라고 할 수 있는 것이다. 이를테면 모든 관리는 先
任權·經歷·成績에 따라서 평가되고 승진이 결정되는 체계를 갖춘 셈이
었다.

그러나 관리의 채용·승진에도 이러한 면에만 순전히 의존되었던 것이
아니다. 모든 관리가 즉 개인적인 재능과 성적에 의해서만 평가되었던 것
이 아니라 반드시 그의 門地·血緣·先祖의 직업 등 신분관계와 功罪賞罰
有無에 따라 관리채용이나 그들의 승급이 배려되었다. 그 밖에도 麗代에
비해서는 그 비중이 미약했으나, 조상의 공훈으로 과거를 거치지 않고 출
사할 수 있는 이른바 蔭仕의 길도 트여 있었다.

또한 관서와 관료조직에 있어서도 단계적인 질서로서 계급조직 *hierarchy*
으로 되어 있으나 정책결정은 소수의 고급관료에 의해서 크게 좌우되게 되
어 있고 관서간에 통일적인 상하명령계통이 서 있는 것이 아니었다. 모든
관서의 책임관이 소수 고급관리에 겸대되어 왕에게 직속되어 있는 것이나
다름이 없었다. 그 위에 이미 宮府와 官府의 구별이 모호할 뿐만 아니라
三法司에 있어서와 같이 각 기관의 기능이나 권한의 分界도 불명확한 바
가 없지 않다.

그러므로 조선왕조시대에 있어서 엄밀히 말해서 일반적인 봉건사회에

있어서의 領主와 家臣과의 관계나 封土관계와 같은 사실은 없어서 봉건제도라는 것은 성립되지 않았었다. 그것은 어디까지나 지방분권적인 세력을 억제하고 그 성장을 견제했던 중앙집권적인 관료정치체제였던 것이다. 그렇다면 조선왕조사회가 봉건사회라고는 말할 수가 없는 것인가.

실제로 유교적인 王道政治(王政)에 있어서 왕가는 公家·私家의 분계가 명확지 않은 모호한 존재로서 일반 하급관료가 고용관리나 다름없었던 바와는 달리 적어도 고급관리에 있어서는 그들이 국왕의 家臣的인 존재이기도 했던 것이다. 그 위에 그들에게 있어서는 官吏=地主的 存在로서 광대한 田庄의 보유자로서 봉건지주와 유사한 존재였다고 할 수 있다. 뿐만 아니라 이 같은 관료정치의 기반은 역시 넓은 의미에서 신분제적인 사회구조에 두어진 것이었다. 그러므로 우리는 양반관료의 집권체제하에서도 그 기반을 이룬 社會身分構造를 명백히 이해할 필요가 있다.

3. 社會身分構造

조선왕조의 사회신분의 재편은 麗末에 있어서 混淆되었던 良人신분과 천인신분을 분명히 가려내는 일에서부터 시작되었다. 그것은 여말에 있어서 田制改革과 병행되어 舊家世族과 僧侶·寺院에 예속되었던 私賤을 줄이고 良民과 공천의 수를 늘려서 국가에 수요되는 賦役 대상자의 수를 확보하고 舊家世族의 세력기반을 되도록 약화시키는 데에 목적이 있었다. 宮府·官府의 모든 수요는 이른바 租庸調의 형식에 의한 양민에 대한 賦役과 궁부·관부에 예속되게 마련인 공천의 勞役에 의해서 충족되어야 했다. 그것은 또 여말에 있어서의 신분의 혼효를 麗初의 중세기적인 신분사회로 재편성하려는 것이었을 뿐만 아니라 나아가서는 유교적인 양반지배체제의 사회적 기반을 확고히 하는 방향으로 재구성되어 갔던 것이다.

여말 이래 양인과 천인의 신분을 명확히 가려내려는 노력은 거듭된 奴婢辨正都監의 置廢가 잘 설명해주는 것이며 그러한 노력은 조선왕조 초기에서까지 계속되었다. 천민은 인간에 대해서 夷狄(非人間)과 같은 존재로 마치 재물과 같이 매매·증여·양도·세습될 수 있는 자로서 그 값은 馬價

보다도 더 싼 것이었다. 良賤이 혼효되었던 여말의 사태에서 양인신분과
천인신분을 명확히 가려낼 수 있는 유일한 근거는 奴婢文券밖에 없었으며
그것이 없는 경우에 노비쟁송에 대한 공명한 판결이 어려웠기 때문에 노
비변정도감의 치폐를 거듭하면서도 완전한 해결은 좀처럼 볼 수가 없었던
것이다. 그리하여 노비문권이 없어서 종내 천인신분으로 확증할 수 없는
자에 대해서는 '身良役賤'이라는 명목으로 실제로는 천인구실을 하고 있
으나 신분상으로는 양민으로 인정한다는 편법적인 조처로 귀결을 지을 수
밖에 없었다.

이와 아울러 여말 이래로 干·尺으로 일컬어지던 이른바 '身良役賤'階
層(稱干稱尺者)은 조선왕조 초기에 악서 양민으로 흡수되었으며 隷民部落
으로 간주되는 鄕·所·部曲 등이 새로 군현제로 편입되게 되면서 그 주
민들 역시 양민으로 신분이 상승되었으나, 그러한 중에도 그들이 겨야 했
던 役이 賤役이었던 때문에 여전히 신양역천계층으로 간주되어진 자도 없
지 않았다. 가령 여대의 鹽干이 漁夫鹽漢으로 일컬어진 것은 신분의 상승
을 나타내는 경우이고 烽火干이 이른바 七般賤役의 하나인 烽軍으로 일컬
어진 것은 역시 신양역천계층임에 변함이 없었던 경우이다.

한편 公私賤口가 양인신분인 여자와 결혼해서 얻은 所生은 역시 신양역
천계층으로 간주되었으며, 결국에는 공사천구가 良女(양인신분의 여자)와 相
婚하거나 相奸하는 것을 금지하여 양인과 천인의 신분적인 장벽을 굳게 했
던 것이다. 이렇듯 해서 양인계급과 천인계급은 엄연히 구별되어 갔고 현
실적으로 가리기가 어려운 몇 가지 부득이한 경우에 良·賤의 중간계층이
라고 할 수 있는 신양역천이라는 신분으로 간주하게 된 것이었다.

조선왕조에 있어서 신분적인 장벽은 실제에 있어서 양인과 천인과의 사
이에서만 엄격히 구별되어진 것은 아니다. 원래 양인(良族)이라 하면 '惡
行'에 의해서 노비로 떨어지지 않은 모든 良善한 자를 이름이어서 노비가
아닌 모든 사람을 양인(良族)이라고 할 수 있었다. 다른 한편으로 兩班이라
함은 조선왕조 초기에 있어서도 여대에서와 같이 文班·武班의 문무관료,
즉 治者신분을 가리키는 것이었다. 그러나 실제에 있어서 무반은 문반의
종속적인 지위에 놓여졌다는 것은 이미 언급한 바와 같아서 修己治人之學

의 전수자만이 지배계급의 精粹分子라고 할 수 있는 것이었다. 이 같은 정수지배계층은 그들의 신분적 기반을 견고히 하기 위해서 그들 자신에 의해서 자기도태작업이 수행되었다.

이 같은 천인과 구별되는 양인신분 안에서 양반신분의 자기도태는 두 가지 면에서 행해졌다. 그 하나는 유교적인 家族倫理·嫡庶觀念에 따르는 것이고 다른 하나는 유교적인 정치이념과 관련되는 직업관념에 따르는 것이었다.

麗代에 있어서는 一夫多妻制로서 妻妾·嫡庶의 차별관념은 없었다. 국왕에 대해서 妃嬪의 구별이나 양반가에 있어서의 처첩의 차별은 조선왕조 초기에 이르러 철저해졌던 것이다. 그리하여 양반의 첩의 자손은 庶孼이라 하여 이들에 대해서는 文科試에 응시할 자격을 부여하지 않고 무과·잡과에만 응시할 수 있게 하여 그들을 문반직에 서용하지 않았을 뿐만 아니라 관계승진에 있어서도 제한한다는 이른바 限品敍用의 규제를 마련하여 차별대우를 하게 된 것이다. 이 같은 庶孼差待의 규제로 말미암아 양첩·천첩의 자손은 그의 부조가 양반임에도 불구하고 이를테면 순수한 양반과는 차별되는 보다 저급시되는 또 하나의 신분계층을 이루게 된 것이다.

이와 같은 서얼에 대한 신분적인 제약, 양반그룹 내에서의 자기도태는 유교적인 가족질서의 안정과 혈연관계의 정통성과 순수성을 고수하는 효과를 꾀했던 위에 양반신분의 무제한한 수적 증가를 방지하는 수단이 되기도 했다.

다른 한편으로 지배계급은 修己治人之學을 전수하지 않은 자들을 순수한 치자신분에서 배제하여 갔다. 조선왕조에 들어서 天文·醫·譯律·陰陽 등 기술직에 종사하는 자들은 이른바 '士類'와 동등하게 대우하지를 않았다. 그들은 기술학을 전수한 자들로서 유교정치에 있어서 수기치인지학을 전수한 자에 비한다면 경시될 수밖에 없었다. 이들 기술직 관리에 대해서도 역시 한품서용의 제약이 가해지게 되었다.

일반적으로 天文·醫譯·律算 등 특수기술직 관리에 대해서는 '6品去官'을 원칙으로 삼았다. 이른바 雜職(기술직)者로서 6品去官이 된다는 것은 初叅六品職者로서 거관시킨다는 뜻이다. 그것은 初叅六品職者는 수령에 차임하지 않는다는 규제하에서 시행된 것이며, 그것은 또 기술직자의 官階가 6品에 이르렀다고 해서 그에게 牧民官(治人)의 자격이 부여되었다는 것을 의미하지 않는다는 사실이다. 즉 기술학의 전수자는 수기치인지학의 전수자와 같은 자격으로 승진될 수는 없는 것이다. 기술직자가 6品거관의 경우를 당해서 그의 특청에 의해서 관직에 계속 봉사하여 品階를 올려준 경우일지라도 그것은 순전히 기술직자로서의 일이며 여기서도 3品거관으로 승진의 상한이 '3品堂下官'으로 제한된 것이었다. 결국 이들도 유교정치의 지배계층에서는 신분적으로 격하·배제되어진 셈이었다.

이들 잡직에 종사하는 사람들은 원래 서울의 중앙지구에 거주했던 때문에 그들을 '中人'이라고 일컫게 되었으며, 그것이 유교적인 지배신분인 양반과는 엄격히 차별되는 보다 하위의 신분계층을 이루게 된 것은 15세기 중엽인 성종대의 일이다. 그리고 엄격한 의미에서 중인과 서얼은 그 지체가 구별되기도 하였으나, 그들이 다 같이 문과에 응시할 수 없는 지배양반신분보다는 낮고 마찬가지로 限品敍用의 차별대우를 받게 되었던 점에서 서얼도 역시 넓은 의미에서는 중인으로 간주되는 것이다. 그 위에 京外官衙의 衙前(吏胥)들도 역시 최하급관리로서 평민(庶民)보다는 지체가 높으나 지배양반신분보다는 낮다는 점에서 이들마저도 중인과 비등한 신분으로 간주되는 것이었다. 그렇듯 해서 儒學 즉 수기치인지학을 전수하여 원칙적으로 문과를 통하여 지배신분인 양반(文官)으로 행세할 수 있는 지체와 문과에는 응시할 자격을 주지 않은 서얼과 기술직자 그리고 衙前 등의 지체 사이에는 엄연한 신분적 차별이 생겨지게 됨으로써, 이제 양반과 중인과는 일종의 신분계급을 나타내는 것이나 다름이 없는 것이 되었다.

원래 양반이라는 것은 麗代 이래 조선왕조 초기에 있어서도 문반·무반을 통칭하는 문무관료를 의미하는 것이라 했다. 문무양반은 이를 또 士大夫라고도 해서 士는 5品 이하관 大夫는 4品 이상관을 가리킨 것이기도 했다. 그리하여 원래 良善한 사람 즉 良人 신분으로서 修己治人의 學을 전수하여 과거에 합격하여 관리가 된다면 그가 바로 양반임에 틀림없는 것이겠다. 또한 실제로 양민은 과거에 응시하지 못한다는 금제규정은 없다. 그러나 실제상으로 농민이 대다수인 평민이 儒學을 전수하여 과거에 응시한다는 일은 사실상 일어나기 어려운 일이라고 할 것이다.

　이제 조선왕조사회가 유교적인 지배체제를 확립하여 가는 사이에 관료지배계층이 그들 자신의 신분적 기반을 굳건히 하기 위하여 그들 자체의 도태작업에 의해서 庶孽·技術職者 그리고 京外衙前들을 그들의 지배그룹에서 배제하여 하나의 특수한 신분그룹으로 규제하여 갔을 때 실제로 그들보다 더 하층에 깔려 있는 일반평민은 지배신분그룹에서 볼 때에 이른바 중인보다도 훨씬 더 먼 지위에 놓일 수밖에 없이 되었다. 즉 원래의 良族은 유교정치가 확립되는 과정에서 양반·중인·서민의 세 그룹 즉 社會身分層(階級)으로 분해·경화되어 갔던 것이다. 이제 양반 내지 사대부는 그 원래의 문무관리라는 의미에서 양반신분이라는 중인·서민과 구별되는 지배계급을 의미하게 되었다.

　그리하여 세조조에 와서는 양반가와 서인가 또는 양반자제와 서인은 대칭되게 되고 혹은 또 門蔭士大夫家·雜職士夫家·平民家로 대칭되게도 되었다. 양반가에는 이제 양반가 유직자와 양반가 무직자로 나누어지게 마련이었다. 원래의 良族으로서 이제 관리가 된 자의 자손은 스스로 士族을 의미하는 양반이라고 일컬었고 침체되어 하류에 있게 된 자는 그대로 양족이라 하여 양민(서민)으로 간주되어 치자계급으로서의 양반과 피치자계급으로서의 평민(상민)으로 신분적 장벽이 굳어져서 시대의 흐름에 따라 이른바 班常觀念으로 경화되었던 것이다. 그리하여 사대부라는 말도 결국은 이 같은 양반신분을 의미하는 것으로 널리 쓰여지게 된 것이다.

　조선왕조 초창기에 있어서 아직도 신분적인 재편성이 이루어지지 않았을 때에는 양반과 평민과의 신분적인 한계는 어느 정도 모호했다. 조선왕조의 지배층은 애초부터 신분적인 편제 위에서 출발한 것은 아니었다. 그러나 그들이 유교적인 지배체제를 강화하고 그들 자신을 지배신분으로 굳혀가는 동안에 현실적으로 그들은 평민과는 거리가 먼 신분으로서 여러가지 특권과 권세를 누리고 治人者로서 군림하게 되어, 직업적인 차별(兩班과 中人), 妻妾관계 내지 血統的인 차별(양반과 庶孽)에 의해서 중인이라는 특수한 계급을 만들어 냈고 이에 따라 일반서민은 완전한 피치자의 위치에 놓여지게 된 셈이다. 그리하여 조선왕조 사회는 적어도 世祖~成宗朝를

거치는 동안에는 이른바 양반·중인·서민·천민이라는 네 가지 사회계급
이 구성되게 되고 유교적인 양반지배체제는 이 같은 신분적 구조를 기반으
로 부지되어 갔던 것이다.

　그러므로 조선왕조의 정치구조는 중앙집권적인 관료정치라고는 하지만
그 기반은 봉건적인 신분사회에 놓여 있는 것이었다. 그 봉건적인 신분구
성에는 중세의 유럽이나 일본에 있어서와 같은 騎士(武士)계급이나 僧侶계
급 같은 것이 형성될 수가 없었다. 또한 양반·중인·서민·노비(賤民)라
고 하더라도 그 사이에는 여러가지 계층이 개재할 여지가 많았으며, 중인
이라는 사회계급만으로도 庶孽·技術官職者·吏胥 등 여러 신분계층을 통
칭하게 된 것이었다. 그 위에 그 사이의 신분적인 장벽도 완전히 차단되
어 있었던 것도 아니어서 刑罰·褒賞 등에 따르는 신분의 陞降이 특례적
으로 있기도 했다. 權臣이라도 반역죄로 처형되는 경우 그 一族의 신분을
강하시키는 수도 있고 노비라도 특수한 軍功을 세워서 從良의 특전을 받
는 경우도 있었다. 또한 士族(양반)이라고 하더라도 그가 관계에서 배제되
어 오랫동안 仕路가 단절되는 지방의 양반으로 행세하게 되는 경우 그 일
족은 이른바 향족으로 떨어져서 지방양반이라는 위치에 놓이게 되어 이러
한 경우에 향족은 이미 사족과 대칭되게 마련이었다. 또 그들의 後裔가
零落되게 되면 이른바 寒士로서 殘班 내지는 窮班이라 일컬어지게도 된 것
이다. 그러나 지방에 있어서 田庄을 보유하고 있는 토호의 경우에는 在地
地主로서 그의 行勢가 봉건영주와 다름이 없는 존재이기도 하였다.

4. 結　　論

　조선왕조시대에 있어서는 法制上으로 封建制度가 실시되지는 않았다. 일
반적으로 일컬어지는 바와 같이 領主와 家臣과의 관계나 封土관계가 성
립되었던 것은 아니다. 조선왕조사회는 도리어 중앙집권적인 官僚政治에
의해서 지배되어 왔으며 그것은 또 新儒敎(朱子學)에 의해서 이론적으로 무
장되어 있었다. 명분상으로는 王道政治(王政)라 했으나 실제로는 그것이
王權과 臣權과의 조화 위에서만 안정을 기할 수가 있었으며, 또한 관료정

치라고 하지만 어디까지나 소수고급관료에게 정권이 집중되어 있었던 셈
이다.

科擧제도를 통한 官吏의 채용·승진이 재능(學問)과 성적과 경력에 의해
서 좌우되기는 했으나, 그것도 순전히 개인의 능력에만 의한 것이 아니라
血統·門地·職業·祖上의 功過 등이 결정적인 영향을 미쳤고 엄격한 신
분적인 제약을 받았다. 그러므로 그 관료정치라는 것은 중세적인 신분구
조의 기반 위에 구축된 것이어서 근대적인 의미에서의 관료정치는 물론
아니었다.

또한 조선왕조의 정치이념은 신유교인 주자학에 근거하여 중세적인 崇
敎(佛敎)思想이 지배적일 수는 없었다. 그러나 그것은 중세적인 사상마저
도 특수한 경우에는 국가적인 祭禮에서까지 완전히 배제할 수가 없었을 뿐
만 아니라 오히려 고대적인 신앙의 傳統을 재구성함으로써 지도이념과 현
실과의 괴리를 메우는 한편 그것을 일면에서 결합시켜 국가적인 일체감의
초점을 이루게까지 하였다.

위와 같은 조선왕조사회는 일반적인 의미로서 중세적인 봉건사회라고는
할 수가 없으나, 그렇다고 중세적인 것에서 아주 탈피한 근대사회라고 간
주할 수도 없다. 그것은 이를테면 중세사회에서 근대사회로 옮아가는 과
도적인 시기라고도 할 수 있을는지 모른다. 그러나 그 시기와 社會가 그
나름의 성격을 지니고, 거의 5세기 간에 이르는 기간을 거친 것이므로,
그것이 한 시기를 割할 수 없는 과도기로 간주될 수가 없는 것이다. 그런
점에 비추어 필자는 여기 '近世'라는 중간적인 시기를 획정하는 것이 타당
하다고 생각하는 바이다. 그리하여 조선왕조사회는 '近世朝鮮'으로 그 시
대적·사회적 특징을 지을 수 있을 것이다.

그리고 끝으로 유교 내지 유교정치에 대한 평가문제를 언급해야 할 것
이다. 유교가 한국사회에 적지 않은 해독을 끼쳤다는 견해는 대체로 두 가
지 전제 내지는 제한에서 논위될 수 있는 것으로 생각된다. 그 하나는 近
世朝鮮에 있어서 儒敎政治가 수세기 동안 행해지는 사이에 일어나게 된 사
회변천에 대하여 유교 내지 유교정치가 이에 수응할 수 있는 사상 내지 사
회로 스스로 재구성할 수가 없었다는 점이다. 그리하여 近世朝鮮 後期에

이르러 유교(朱子學)와 유교정치의 末弊는 사회적 모순을 크게 露呈하였고 더욱이 韓末에 있어서 한국이 내외적으로 난국에 처하게 되었을 때 이를 타개할 수 있는 적극적인 지도이념의 구실을 감당할 수 없었던 점에서 그 렇듯 논위될 수가 있겠다.

다른 하나는 儒學 내지 유교 자체가 원래부터 우리나라에서 일어난 敎 學이 아니어서 우리 민족 고유의 학문·사상이 아니라는 관념이 아주 깊이 깔려 있을 수도 있다는 점이다. 그러나 이 같은 전제로서도 유교 내지 유교정치의 사회적 기능을 전적으로 부정하는 평가는 그릇된 것이라고 할 것이다. 유교 내지 유교정치는 근세조선을 건설하는데 있어서 커다란 이 념적 구실을 감당했으며 그것을 바탕으로 이루어진 근세조선 초기의 문화 는 韓國文化 내지 民族文化의 터전을 굳건히 하는데 결정적인 역할을 했 던 것이다. 그리고 民族의 文化的 傳統은 그 가치가 固有·元來的인 것에 만 고수되어지는 것이 아니라, 문화적 교류, 다른 문화의 수용에서 더욱 발전될 수 있었다는 점을 충분히 배려해야 한다는 것이다. 우리는 麗末鮮 初에 新儒學(朱子學)을 어떻게 수용했는가 하는 데 대한 면밀하고도 정확 한 판단 위에서 적어도 그것이 근세조선 초기 민족문화의 건설 내지 발전 에 커다란 역할을 했다는 점에서 그 가치를 올바로 인식해야 한다고 생각 한다. 그러므로 유교에 대해서 다만 그 근본사상 내지는 原始儒敎의 사 상을 추켜세움으로써 그 가치가 오늘날에 있어서도 큰 의의가 있는 것으 로 간주하여 유교의 보편적 가치만을 주장하려는 견해는 유교 내지 유교 정치에 대한 올바른 역사적·사회적 평가라고 할 수 없는 것이다.

그럼에도 불구하고 유교사상을 전적으로 부정할 수 없는 근거는 그것이 어디까지나 윤리와 정치를 완전히 분리시켜서 생각하지 않았다는 점에 있 다. 德을 잘 쌓은 사람, 다시 말해서 確乎한 倫理觀을 체득한 인간이라야 올바른 정치의 효과를 나타낼 수 있다는 倫理政治哲學이 바로 유교(朱子學) 의 기본 사상이다. 그러므로 비록 정치가 어떤 의미에서는 그것도 역시 하나의 기술이라고 하더라도 그것이 道德이나 윤리를 외면한 이를테면 無道德·非倫理的인 정치라는 것은 생각할 수 없었다는 점에서, 정치를 하는데 있어서 어디까지나 윤리사상이 그 기반이 되어야 한다는 윤리정신올 정치에 고착시켰다는 점에서 유교정치의 장점은 있었던 것이며, 그 반면에 유교사상에는 정치가 어떤 면에 있어서 하나의 기술이라는 점에 대한 인식이 전혀 결여되어 있었다는 점에서, 다시 말해서 技術學은 정치 밖에 놓여 있었다는 점에서 유교정치의 결함이 내포되어 있었던 것이다. 도리어 유교사상에 있어서는 德治를 내세우기는 하지만 실제에 있어서는 性惡說에 근거한 法家的인 권력을 구사할 수밖에 없었다는 점이다.

〈『서울大 文理大 교양강좌』 제 3 집, 1974〉

II　獵官運動論

混沌에서 淨化로
——知識人과 虛無主義——

孔子가 周나라로 老子를 찾아가서 '禮'를 물으려 하였을 때 노자는 다음과 같이 대답하였다는 것이다.

자네가 말하는 것은 그 사람과 뼈가 이미 다 썩었고 다만 그 말만이 남았을 뿐이다. 다만 君子는 그 때를 얻으면 곧 時代를 잡아 運用하고 그 때를 잇지 못하면 곧 蓬累(벼슬하지 않는 시골)로 숨어가게 된다. 내가 良賈를 깊이 감춘다 하여도 그것은 없는 것과 같고 君子는 盛德이 있으나 얼굴은 어리석은 것과 같다는 말을 들었다. 자네의 驕氣와 多欲과 態色과 淫志를 버리라. 이것이 다 자네 몸에 有益한 것이 없는 것이라. 내 자네에게 이야기하는 所以는 이 같은 것뿐이다.

공자는 뒤에 그의 제자에게,

새(鳥)는 내 그가 能히 날 수 있음을 안다. 고기(魚)는 내 그가 能히 잠물압질(游)할 수 있음을 안다. 짐승은 내 그가 능히 달음질할 수 있음을 안다. 달아나는 것은 그물질로써 잡을 수 있고, 잠물압질하는 것은 낚시질로써 잡을 수 있고, 나는 것은 새그물로써 잡을 수 있으되 龍에 이르러서는 내가 그것이 風雲을 타고 하늘에 오른다는 것을 알 수가 없다. 내가 지금 老子를 보매 그가 오히려 그 龍과 같은 것일까.

라고 말하였다는 것이다. 노자의 생존연대도 모호한 것이므로 여기에 인용한 孔子·노자의 말이 어느 정도 眞實性 있는 것인가는 매우 의심스러운 것이나 여기서 이것을 인용한 것은 그 眞僞를 가리기 위한 것이 아니다. 일찍이 '仁'으로서 근본적이고 이상적인 人道로 삼아서 修身齊家治國平天下의 원칙을 널리 폄으로써 國家社會의 질서를 바로잡을 수 있다는 현실적인 생각을 가진 공자에 대하여 이를 초연히 무시해 버린 노자의 虛無思想이 단적으로 표시되었다는 점에서 혼돈한 道德觀 속에 지식인들이 暗中摸索하고 있는 오늘날 우리에게 하나의 과제를 던지는 것이라 생각되어지기 때문이다.

　종래의 儒敎的·封建的인 觀念과 植民地라는 기형적인 생활을 거친 왜곡된 생활관념 속에서 생활과 더불어 성장시킬 수 없었던, 그러면서도 주장하여 마지못할 自由, 平等이란 관념은 그것이 近代民主主義 내지는 自由主義와 더불어 개성·인격의 존중이라는 미명하에, 이를테면 善惡의 彼岸에서 개인행동의 절대적인 自律性을 의미하는 것으로 여겨지는 것이 행용이다. 그러므로 확실히 타인의 감정과 이해에 거슬리는 言動을 하였음에도 '나의 自由니까'라는 한마디의 항변이 그로 하여금 가장 현대적인 지식인의 地位를 확보케 하는 것으로 여기는 수가 많고 또 옆에서 그러한 언동을 보면서도 그것은 '그 사람의 자유니까' 하고 諷刺나 諦念을 표시하는 이상의 아무것도 기대할 수 없는 수가 많다. 사회적인 혼돈에 따르는 인간 사이의 秩序——倫理——의 혼돈은 결국 지식인들의 판단의 혼돈 내지는 포기를 자아내고야 만다. 그러므로 유교적·봉건적인 인습을 생활 자체로써 극복하지 못한 채 새로운 思想, 새로운 관념이 엎치고 덮쳐서 旣定의 판단이나 풍습이나 안정성이나 순진성은 모두 상실되고 마는 마치 두 시대, 두 가지 문화, 두 가지 종교의 틈새에 끼인 양 고통스럽고 비참한 생활을 벗어나지 못하게 될 수도 있다. 여기에 만일 진실한 사람이 있어도 '周나라로 찾아간 孔子'와도 같이 '禮'라는 것은 무엇이냐. '倫理'란 것은 무엇이냐고 스스로 반문하지 않을 수 없으며, 그러는 그는 역시 하나의 판단을 내리지 못한 채 초연히 혹은 憫然히 '때를 알아야지 나의 驕氣와 多慾과 態色과 淫志를 버리자'고 자담한 대도 이것이 오히려 혼돈 속에서의 선량한 자기 노력이라고 여길 수는 있을는지 모르나 '내가 龍일는지도 모르겠다'고 생각할 지식인도 없을 것이다.

　이 같은 윤리의 혼돈은 비단 春秋戰國時代에 있어서 老子와 같은 허무사상이 일어날 지반이 되어졌을 뿐 아니라 오늘날 民主主義의 원리로서의 윤리성이 명확히 지향되어 있지 못하여 판단의 상실과 더불어 혼돈에서 체념으로 흐르는 지식인들 사이에 의식적으로 또는 무의식적으로 나타나게 되는 허무주의적인 경향을 자아내는 바탕도 되는 것이라 하겠다.

　倫理, 國民道義心의 확립은 국민생활의 安定이 없이는 기하기 어렵다는 것은 贅言할 필요도 없으나 그 반면에 우리의 倫理觀 자체의 혼돈이 또는 국민생활의 향상을 저해한다는 사실은 간과할 수 없다. 그러나 이미 말한 바와 같이 생활 자체가 따르지 못한 민주주의적 생활관념——자유·평등에 입각한 윤리를 우리는 추상적·이론적으로 구성할 수는 없으며, 또 가능하다 하더라도 그렇듯 構成된 原理란 우리 생활에 직접 연결되어질 수는 없는 것이다. 그러므로 그러한 手續보다는 오히려 우선 우리의 생활 내지는 생활관념에서 배제되어야 할 것들을 의식적인 것이나 무의식적인 것이나 하나하나 제거하여 나아감으로써 우리의 혼돈은 淨化되고 우리가 가져야 할 윤리관을 명확히 하는데 捷徑이 될 것이다. 오늘날 지식인들 사이에 흐를 수도 있는 無爲超然한 허무주의적 경향은 허무주의 자체의 비판에서 이를 배제하여야 할 것이다.

老子의 허무주의사상은 春秋戰國의 난세 속에서 혼돈한 현실을 부정하려 한 데서부터 일어났고 이 같은 소극적인 無爲思想이 하나의 줄기로서 계승되어 종교화하게까지 되어진 것은 그 같은 혼돈을 단지 人間的인 체념으로서 그치지 않고 宇宙自然의 원리로서 '無'를 주장함에 말미암았다. 그러므로 그가 주장한 바 '無'라는 것은 '有'의 바탕이 되는 '空虛'를 의미하는 것으로 아무것도 없다는 '空無'를 말하는 것이 아니었다. 그가 인간사회의 현상을 宇宙의 원리로서 관조하고 하나의 形而上學을 이루었던 것이기는 하나 인간사회를 오로지 '存在的'인 것으로 思惟하게 되는 결과가 되었고 따라서 有爲轉變의 현실을 부정하여 虛心, 私慾을 버림으로써 자연 본래의 존재로 돌아가라는 것이었다. 그리하여서는 '兵이 强하면 則 滅하고 나무(樹木)가 强하면 則 부러진다'느니, '弱이 强을 이기고 柔가 剛을 이기는 것은 天下가 다 아는 것이라'느니 하여 無 위에 선 人間의 '致虛'를 주장하였기에 그의 사상을 허무주의라고 믿어지게도 된 것이다. 그러나 이 같은 존재적인 것으로서만 인간사회가 있어진 것이라면 오히려 人間倫理라는 것이 처음부터 제기되어질 수 없는 것이라 하겠다. 그러므로 노자의 사상이 宗敎化되어진 후세에 있어서도 결국 한편으로는 倫理道德으로 환원되고, 한편으로는 迷信的인 신앙으로 顚落되어질 수밖에 없었던 것이다.

노자의 허무사상은 즉 인간사회를 인간사회로서 생각하지 못하는, 다시 말하면 존재론적 입장에 입각하지 못한 하나의 諦觀을 諦觀으로 지키기 위한 인간변명이었던 것이다. 그것은 자연에 대한 변명일 수는 있을는지 모르나 인간 자신에 대한 변명일 수는 없었다.

이제 눈을 돌려 유럽에서의 '니힐리즘'(虛無主義)의 內容을 돌아보기로 하자. 우리는 먼저 '투르게니에프'의 『아버지와 아들』 안에 '페트로비치' 와 '바자로프' 사이의 대화 속에서 근대 유럽 虛無主義의 源流를 찾아볼 수 있다. 그러나 이제 그에 대한 설명보다는 오히려 그 대화를 인용하는 것이 더욱 선명한 윤곽을 줄 것이므로 그 일부를 인용하기로 한다.

페 : ……감히 말씀드리지마는 세상 사람들은 누구나 나를 自由主義者, 進步를 사랑하는 人間으로 인정하고 있습니다. 그러나 비로 그것 때문에 나는 貴族·眞正한 貴族을 존경합니다……英國의 귀족을 생각하여 보십시오. 그들은 自己의 權利를 한걸음도 양보하지 않습니다. 그러면서도 그 때문에 他人의 권리를 존중합니다. 그들은 자기들에 대한 의무의 수행을 요구하지만 그러나 그러므로 자기의 의무를 기꺼이 실행합니다. 貴族階級은 영국에 자유를 부여했고 또 이것을 유지하고 있습니다.

바 : 그런 이야기는 귀가 닳도록 들었습니다요. 그러나 당신은 그것으로 도대체 무엇을 證明하려고 하는 것입니까.

페 : 내가 이놈을 증명하려고 하는 것은 다른 것이 아닙니다. 만일 자기의 尊敬이라는 감정이 없다면, 자기 자신에 대한 존경이 없다면 社會——社會의 福祉——즉 社會的 建設의 견고한 基礎는 있을 수 없는 것입니다. 人間의 個性은 磐石같이 굳게 되어 있지 않으면 안됩니다. 그 위에 모든 것이 建設되어지기 때문입니다……이를테면 당신은 나의 버릇이나 나의 몸차림이나 나의 潔癖을 우습게 보고 있습니다. 그것은 나도 잘 압니다만 그러나 그것은 모두 自重하는 마음에서 생겨진 것입니다……나는 이런 山골짜기 시골에 살고는 있으나 결코 자기의 개성을 잃어버리지 않습니다. 나는 자기 內部의 인간을 존중하고 있습니다.

바 : 失禮하지만 당신은 그렇듯 자기를 존중하면서 가만히 팔짱을 끼고 앉아 계십니다. 도대체 그것은 社會의 福祉를 위해서 무슨 유익한 것이 있습니까. 당신은 자기를 존경하든 안하든 결국 역시 마찬가지인 것이오.

페 : 그것은 전연 별문제입니다. 당신의 말을 빌리면, 왜 내가 팔짱을 낀 채 앉아 있는가. 그것을 당신에게 설명할 필요는 전연 없습니다. 다만 내가 말하고 싶은 것은 貴族主義가 하나의 원칙이라는 것입니다. 현대에 있어서 원칙 없이 생활할 수 있는 것은 다만 不德義漢이나 혹은 頭腦가 공허한 인간뿐입니다요.

바 : 貴族主義·自由主義·進步·原則, 좀 생각을 해보시오. 무슨 소용없는 외국어가 이렇게 많은거요…….

　페 : 그럼 당신의 의견으로는 도대체 무엇이 필요합니까. 당신의 이야기를 듣고 있으면 우리들은 마치 人類와 그 法則 밖에 놓여져 있는 듯하군요. 참 어처구니가 없어……歷史의 論理가 요구하는 것은……
　바 : 그런 論理가 무슨 소용이 있습니까. 그런 것쯤은 없어도 살 수 있는 것이오——우리들은 자기가 유익하다고 생각되는 것에 따라 행동하는 것이오. 지금에 있어서는 否定이 第一有益하니까——그래서 우리들은 否定하는 것이오.
　페 : 아무거나 다?
　바 : 아무거나 다.
　　　……
　바 : ……그 후 우리들은 깨달았습니다——우리나라의 病弊를 이러쿵저러쿵 이야기만 하여서는, 다만 헛되이 空論만 하는 것으로는 아무런 가치도 없다. 다만 風俗主義와 空想論에 빠질 뿐이다. 우리들은 소위 先覺者나 破邪黨이나 그러한 영리한 자는 아무 소용도 없다. 우리들은 쓸데없는 일에 몰두하여 藝術이니 無意識的 創造니 議員制度니 辯護士制度니 그 밖에 무엇인지 정체도 모를 말을 지껄이고 있으나 한편에서는 하루하루의 빵에 관한 문제가 절박하여 있다. 놀랄 만한 迷信이 국민을 絞殺하고 있다. 여러가지 株式會社는 결백한 인간이 부족되느니만큼 파산되고 있다. 정부가 齷齪하고 있는 자유 그것은 도리어 우리에게 害를 주지 않을 뿐…….
　페 : 과연 당신은 그것을 아주 확신하였기 때문에 아무것도 성실히 손을 대지 않기로 결심하셨군요.
　바 : 아무것에도 손을 대지 않기로 결심하였습니다.
　페 : 그래서 그저 욕설만 할 따름인거요.
　바 : 욕설을 할 따름입니다.
　페 : 그것이 니힐리즘이라고 하는 것입니까?
　바 : 그것이 니힐리즘이라고 하는 것입니다.

　이제 독자는 또 하나의 공자와 노자가(조금 색다르기는 하나 그리고 龍일는지도 모르겠다고 감탄하지는 않았으나) 근세 유럽에 있어서 다시 한번 대담한 것이 아닌가 착각을 일으킨다고 해도 무리는 아닐 것이다.
　우리는 여기서 이미 옛날에 속하는 '페트로비치'의 貴族主義的인 倫理觀에 대해 언급한다는 것은 한계를 넘는 일이다. 일체의 既成權威를 부정하는 物質主義者, 鐵과 같은 意志와 냉혹하게도 지독한 성격의 소유자, 지식계층의 1인으로서 만들어진 '바자로프'의 허무사상은 결국 社會的 理想의 결핍, 宗教哲學, 藝術을 일소에 부치고 모든 권위를 부정해 버려 드디어는 스스로 선택한 科學까지도 무조건으로 그 절대가치를 믿을 수 없게 된 그가 어떠한 사회활동에도 그것에 따르는 外的 事情에 속박되어진다는 고통을 느끼는 철저한 개인주의, 이것이 즉 일시 서구의 일부를 풍미한 허무주의사상이었다.

그러나 한편 '포이에르바하'에 의해 순수한 人間學 입장에서 제기된 인간 그것도 결국은 19세기 유럽 정신사에 있어서 니힐리즘에 빠지지 않을 수 없었으며, 또 그 위에 이 니힐리즘을 완전히 극복하지 못하는 한 유럽인은 아직도 19세기를 넘어선 것이 못 되는 것이라고도 할 수 있었다. '神은 죽었다'라고 외치며 基督敎的인 세계와 그를 地盤으로 일어난 人間性의 몰락 속에서 '디오니소스'적인 긍정을 통하여 古代 그리스로 돌아가 인간의 자연성을 부흥코자 한 '니체'의 超人的 노력으로써도 그것은 극복되지 못하였다. 그것은 또 절대적인 '無'와 對座하여 신앙 속으로 죽음을 통하여 극복하고자 한 '키에르케고르'와의 노력도 時代의 일반적인 것에서부터의 단순화에 지나지 않았던 것이다. 그는 역시 '일반적인 것'을 실현코자 하였다고는 하나 그 자신은 세계의 일반적인 것 중에서 끌어내어져 제외되어 '例外者'가 되지 않을 수 없었다. 그는 그의 시대를 航行하는 배에 비유하여 자기를 같은 시대의 사람들과 같이 航海는 하고 있으나 그러나 '자기만으로서 하나의 船室을 갖고 있는' 한 사람의 船客에 비유하고 있다. 시민적인 현실생활에서 이 선실을 이루는 것은 그의 私宅의 四方의 壁이고 그 벽에는 창문이 배치되어 그것만이 외적 세계로서 이 세계를 그를 위하여 실내에 비춰주는 것이다. 이 고립된 선실에서 '키에르케고르'는 자기의 주위와 시대를 비판적으로 관망하는 것이었다. 絕對無에 직면한 '키에르케고르'의 宗敎的 飛躍으로서도 단순화되어진 인간적 고민을 초극하는 것은 못 되는 것이겠다.

현대적 불안에 따르는 혼돈 속에서 無에 對座하는 수밖에 없어도 오히려 하나의 결의성에 있어서 存在를 회복하는 것만이 생활관념으로서의 허무관을 초극하는 길이 아닐까. 宇宙內 존재의 원리로서의 無에서 일어나 인간적인 결의성에 있어서의 有의 창조, 그것은 또 人間存在의 존재원리가 되는 것이 아닐까.

그러나 여기서 논하고자 한 것은 그러한 인간존재의 原理를 찾고 그 위에 抽象的인 인간윤리를 수립하자는 것이 아니었다. 그것은 불가능하고 또 무식한 것이다. 다만 우리는 古代 東洋에 있어서 老子의 허무사상이 어떠한 內容과 意義를 가진 것에 近代虛無主義의 淵源이 된 허무주의자의 확호한 사회적 이상의 결핍이며, 또는 '키에르케고르'의 無와의 대결이 아무런 社會價値에 참여할 수 없는 일반성 안의 단독화에 지나지 않는다는 것을 보았다. 생활의 곤궁과 그로 말미암은 倫理, 道德의 퇴폐는 뜻있는 지식인으로 하여금 旣成의 판단을 잃어버리고 무에 직면하게 되는 한이 있더라도 의식적인 또는 무의식적인 허무주의적 관념에 구사되어 진다면 그것은 오히려 윤리적 混沌性을 조장하는 결과가 되고 북돋아 나아가야 할 國民的 道義心을 파괴하는 결과가 될 것이다. 따라서 이 같은 무익한 허무 주의적 관념의 배제는 오늘날 우리의 윤리관을 확립시키는 데에 추상적인 모색보다도 오히려 빠른 길이라 할 것이다.

〈『道德』 1952. 12 月號, 釜山道德社〉

富와 貴의 價値觀과 族譜의 思想
——社會的 條件과 우리 民族性——

1

혼히 民族이라는 의미로 쓰어지는 'Nation'이라는 말은 원래 라틴어의 '태어난다'(生 Nasci)는 말에서부터 유래되었다는 것이다. 따라서 민족이라고 하면 그것은 '같이 태어난 族屬'이라는 뜻이 내포되어 있다고 하여도 좋을 것이다. 도대체 '族'이라는 말부터가 일반적으로는 血緣集團을 의미하는 것임에는 틀림이 없다. 그러나 오늘날 민족이라고 일컬어지는 이 현실적인 집단을 한갓 그 語源에서만 설명할 수는 없을 것이다. 그러기에 민족이란 혼히 혈연을 같이하고 동일지역에서 같이 살며 동일한 언어와 문화를 이룩한 하나의 文化共同體로서 일컬어지는 것이다. 인종이라는 것이 어디까지나 生物學上의 개념인 것에 대하여 민족은 社會的·文化的인 존재로서 이해하여야 할 것이다. 혈연이나 地緣과 같은 자연적인 조건이 민족형성의 기반이 되는 것이기는 하나 민족을 현실적으로 성립시키는 것은 보다 더 광범한 文化의 공동성이 아닐 수 없다. 문화공동체로서 인식되는 민족은 또한 역사적·사회적인 제약을 벗어나서 이루어질 수는 없는 것이다. 이렇듯 형성된 諸民族이 광의로서의 문화적 활동에 있어서 서로 남다른 심리적 특질을 지니게 되는 것이라면 우리는 이것을 민족적 성격 즉 민족성이라고 일컫는다. 그러므로 이것을 바꾸어 말하면 민족성은 혈통이나 氣候, 風土와 같은 자연적 조건과 言語·文字·民俗 등 일상생활 방법에서부터 文學·藝術·信仰·宗敎에 미치는 제사회적 조건에서 연유 복합된 민족 특유의 성격으로 나타나게 마련인 것이다.

우리가 민족적 성격이라는 것을 생각할 때에 두 가지의 문제가 제기된다고 할 것이다. 그 하나는 먼저 민족의 본질규정이라는 보다 더 기본적인 문제와 관련하여 고찰할 필요가 있을는지도 모른다. 그러나 여기서 단적으로 말하여 근세 民族國家 내지 國民國家形成 이전에 있어서도 적어도 민족은 그 可能態로서 존재하였고 또한 민족의식은 잠재적으로 있었던 것이라고 할 수 있는 것이다. 또한 어느 한 민족의 공통되는 심리적 특질이라는 것은 그 민족의 장구한 역사적·사회적 발전과정에서, 즉 이른바 近世民族國家成立 이전에서부터 양성되어진 것이 아닐 수 없다.

　民族的 性格의 문제인 다른 하나는 그것이 인간의 어떠한 성격을 가리키는 이상 퍼스널리티 *personality* 의 문제로서 제기되지 않을 수 없는 것이다. 무릇 인간의 성격은 그것이 퍼스널리티라는 점에서는 어디까지나 각 개인에 있어서 독자적인 것이 아닐 수 없는 동시에 또 그 반면에는 그것이 인간인 이상 그 신체적인 특성과 마찬가지로 그 심리적인 특성에 관하여서도 서로 공통되는 점이 없을 수 없는 것이다. 민족적 성격은 이같이 인간의 독자적인 개별성과 보편적인 동일성의 중간에 위치하여 그것이 민족이라는 제한된 집단내부에 있어서 공통성을 나타내는 동시에 다른 민족집단에 대해서 구별되어지는 그러한 일종의 심리적 특성을 가리키게 되는 것이다. 여기서 우리가 문제삼으려는 것은 민족의 본질규정의 문제도 아니며 또한 자연적 조건이나 언어·종교 등 문화적 특질과 민족성과의 관여문제도 아니다. 우리가 민족성을 운위할 때에는 널리 그것이 자연적·사회적·문화적 제조건과 관련되어 부합된 성격으로서 파악되고 논해져야 할 것은 물론이다. 그러나 여기서는 '社會的 條件과 民族性'이라는 주제에 국한하여 생각해 보려는 것이며, 따라서 그것은 민족성에 관한 어떠한 결론적이고 종합적인 규정을 기도하는 것은 될 수 없으며, 비중의 크고 작음을 막론하고라도 민족성의 일면을 분석하여 보려는 데에 지나지 않는 것이다.

2

　우리가 여기서 먼저 생각하지 않을 수 없는 것은 민족적 성격을 기술 또는 설명하는 일이란 그리 용이한 일이 아니라는 점이다. 어느 민족에 대

하여 그들에게 있어서 보편적으로 찾아볼 수 있는 특별한 성격을 개념화한
다는 일은 민족의 구성이 비교적 단순한 사회에 있어서는 비교적 쉬운 일
이라고 할 수 있으나 그 안에 下級文化를 포함하고 있는 보다 더 복잡한
문명사회에 있어서는 그 충분한 효과를 기대하기는 어려운 일이다. 더욱
이 우리가 어느 민족사회의 발전과정에까지 유의한다면 그 민족의 민족적
성격을 단순한 도식 같은 것으로는 도저히 記述, 설명할 수가 없는 일이다.
또한 어느 민족의 문화적 특성을 통일적으로 파악하는 개념적 표상이라고
할지라도 그것이 바로 민족적 성격을 직접적으로 기술할 수 있는 대상이
될 수는 없는 것이다. 文化體系와 퍼스널리티體系와는 밀접한 관계가 있
는 것은 물론이겠으나 그것은 따로 구별하여야 할 것이기 때문이다.

　더구나 민족이라는 것이 단순히 血緣關係로서만 규정될 수 없는 만큼 어
떠한 인종적 특성으로서 그대로 민족적 성격을 규정할 수는 없다. 과거에
있어서 흔히 민족과 인종을 혼동하여 마치 민족적 성격은 어느 인종에 있
어서 고정불변하여 숙명적인 것같이 간주하는 동시에 이를 進化 정도라든
지 優劣觀念에 연관시켜서 자기 민족의 우월성을 내세우는 수단으로 이용
하였던 사실을 우리는 직접 보아 왔던 것이다. 血緣的 관계를 민족구성에
있어서 중요한 요소로서 간주한다 치더라도 인종적인 차이와 민족성을 혼
동할 수는 없는 것이다. 인간의 성격이라는 것은 애초부터 대인관계를 통
하여 사회적으로 형성되는 것이며, 따라서 민족적 성격도 선천적이고 고
정불변일 수가 없다. 민족적 성격은 특정한 인종적·생리적 유전에만 의
하여서가 아니라 선택성을 갖는 사회적 관습에 의하여 그 특질이 부여되
는 것이다. 인종론적인 민족성격론이 타민족과의 우열을 논하거나 또는 일
민족에 의한 타민족의 지배를 정당화하기 위한 근거로 삼아진다는 것은 옳
지 못한 일이다.

　민족성과 사회적 조건에 관련하여 어느 민족의 민족적 성격의 구조를 명
백히 하는 출발점으로서, 흔히는 그 민족에 있어서 보편적으로 행하여지는
幼兒訓導의 방법에 착안하지 않을 수 없다. 일반적으로 인간의 퍼스널리
티는 그 기초적인 부분이 유아기의 체험 속에서 마련되기 때문이다. 그리
하여 민족적 성격이 구성되는 가장 중요한 고장은 家族의 내부가 될 것

이며, 따라서 가족은 민족성에 대하여 中間媒介者的 위치를 차지하는 것으로 여겨지는 것이다. 사회적 조건이 민족성에 어떠한 영향을 미치는 것이라면 그러한 사회적 관습 내지 민족성은 다시 각기 가족내에서 가치평가의 기준이 되어 幼兒에 대한 훈육의 목표가 되어지는 것이며, 그러한 점에서 가족내의 가장의 지위와 기능은 특히 중요한 위치를 차지하는 것이다.

영 K. Young은 民族的 性格이 가족내에서 개인의 퍼스널리티로서 형성되어질 때의 중요한 요인으로 다음과 같은 7개항의 범주를 들고 있는 것이다. 즉,

① 최초의 기초적인 훈련으로서 食事·睡眠·排泄 기타의 충동을 충족시키는 습관의 規則性.
② 위의 규칙성이 부과됨으로써 乳兒가 그의 욕구를 충족시킬 수 없을 때의 內的 葛藤 및 欲求不滿으로 말미암은 반발.
③ 사랑과 同情心.
④ 道德的 자아의 형성.
⑤ 사회생활에 필요한 지식과 기술의 習得.
⑥ 自己評價意識의 발달정도.
⑦ 사회생활에 대한 부적응성.

등의 일곱 가지 범주로서 유아의 성향을 검토하자는 것이다. 그러나 성인세계에 있어서의 心理的 특질은 유아기의 체험에 기초를 두는 것이라 하더라도 위에서 든 범주를 그대로 민족적 성격을 규정하는 요인으로 삼기에는 민족적 성격의 형성과정의 문제와 아울러 매우 곤란한 일인 것이다. 도리어 가족이라는 것도 전체사회에 소속되어 있는 것이므로 민족적 성격의 형성은 가족을 媒介로 하는 민족사회 전체의 경험이 내면화되는 데에 이루어지는 것이라고 할 것이다. 그러므로 우리는 되돌아가서 민족적 성격은 자연적 조건과 아울러 민족사회를 전면적으로 지배하는 社會的 構造가 배경이 되어서 형성되는 것이라 할 수 있을 것이다.

사회적 구조가 민족적 성격이 형성되어지는 배경이 되는 것이라 하더라도 그러한 체제상의 논리와 민족의 논리가 때로는 일치하지 않을 수도 있다는 문제, 그리고 해방 이후의 우리나라와 같이 일상생활의 광범한 영역

에 걸처 생기는 사회체제의 변혁에 대하여 민족적 성격은 어떻게 이에 적응하여 가는가 하는 등의 문제에 관하여서는 여기서 간단히 논할 수 없는 어려운 문제일 것이다.

그러므로 여기서는 그러한 곤란한 문제는 제외하고 과거 우리나라의 歷史的 社會構造——政治的·經濟的·社會的 構造, 道德觀念, 家族制度 등에 비추어 그것이 우리 민족적 성격에 영향을 미쳤다고 생각되는 몇 가지 점을 들어 생각해 보고자 한다.

3

과거에 있어서의 韓國社會의 구조라고 하더라도 고대에 있어서의 그것과 中世·近世에 있어서의 그것과는 스스로 다른 것이라고 할 것이다. 그러나 근세의 그것은 필경 그때까지의 역사적 전통과 사회적 관습을 이어받은 역사적 현실로서 이해될 때 오늘날 우리 민족의 민족적 성격의 바탕이 되어진 사회적 배경이라는 것은 결국 韓國近世의 사회적 구조라고 할 것이다. 따라서 우리는 먼저 朝鮮王朝時代의 사회적 구조에 비추어 우리 민족의 심리적 특질을 추출하여 보자는 것이며 그것은 현재 변질되어 가는 그것을 분석 이해하는 데에도 약간의 기초적인 작업이 될 수 있을 것이다. 그러나 여기서 다시 한번 유의해야 할 것은 이와 같은 作業의 결과로서만은 우리 민족성에 관한 종합적인 규범으로 내세울 수 없다는 것이며, 그 一面을 제시하는 것에 지나지 않는다는 점이다. 우리는 本論攷의 주제와 관련하여 일반적으로 고려할 수 있는 몇 가지 점, 즉 사회관계에 있어서의 支配·服從關係, 價値體系 내지는 사회적 기대 및 이런 것들의 밑바탕이 되어지는 가족내에서 양성되는 정의관계 등에 비추어 이들 사회적 조건이 민족적 성격에 미친 바 영향을 추론하려는 것이다.

朝鮮時代에 있어서의 우리나라 社會構造에 대한 본질적인 규정에 관하여서도 현재로서는 어떠한 定說이 있다고 할 수는 없다. 그러나 그것이 朱子學的 儒敎理論을 뒷받침으로 한 전제적인 王權과 中央集權的인 관료에 의하여 지배되었다는 점과 그럼에도 불구하고 土地經濟를 기반으로 한 봉건적인 사회구조를 이룩하였다는 사실은 부인하지 못할 것이다. 여기에 유교적인 신분체제와 도덕관념이 이른바 家父長的인 지배기구와 지도이념이 되어 군신관계는 부자관계와 동일시되었으며, 忠·孝라는 덕목이 일찍부터 國民道德의 근본원리로 되어 있었다. 이와 같은 사회적 구조에서 양성되는 가치평가와 사회적 기대는 그대로 가족내에 있어서의 평가와 기준이 되는 것이다. 가족제도는 혈연중심의 종족사회를 형성하여 뿌리깊은 유대로서 사회기반을 이루고 굳은 宗族觀念과 더불어 가문을 더럽히지 않는다는 것이 모든 행동을 제약하는 도덕률이었던 것이다. 그리하여 君主(人主)와 臣民, 官吏와 庶民, 家長과 家族員, 宗族內에서의 서열, 사제관계, 남자와 여자, 고용자와 피고용자 이러한 모든 인간관계에 있어서의 지배·복종관계는 합리적·기능적인 것이 아니고 감정적·비합리적인 것이며, 혹은 전통적인 가치관념에 바탕한 것으로 의식되며 또는 의식되기를 기대하는 것이었다. 이러한 의식과 감정은 또한 가족 내부의 자연적 감정이 토대가 되어 있다는 것도 사실이다.

　朝鮮後期에 이르러 정치적·사회적으로 유교적인 지배체제가 파탄에 직면하고 社會體制가 점차 해이해지면서 사회관계에 있어서의 위와 같은 구조와 질서가 붕괴되어 갔던 것만은 사실이나 그 반면에는 봉건적인 측면이 더욱 경화되어 갔던 것도 사실이다. 그리하여 조선사회의 기본구조는 조선이 쇠망할 때까지 본질적인 변혁없이 지속되었던 것이라고 할 것이다. 이와 같은 사회 배경에서 우리 민족은 어떠한 심리적인 특질을 공통적으로 지니게 되었는가.

　첫째, 絕對王權을 절정으로 하는 官僚集權的인 지배체제는 이른바 家父長制的이고 동양적인 권위가 지배적인 영향을 미친 것이다. 일반적으로 인간의 궁극적인 욕구와 목적은 富貴榮達에 있었으나 貴(官爵을 차지한다는 것)가 富를 겸할 수 있는 현실적인 조건은 兩班으로서 관리로 出世榮達하는 것이 국민 상하가 일반적으로 선망하는 바 이상이었다. 이로써 官尊民卑의 사상과 관권존대의 관념이 농후하게 되었던 것이다. 관리는 왕권의 대행자로서 서민에게 명령하고 서민은 이에 절대 복종하지 않을 수 없었다. 일반서민은 권력에 대하여 저항한다는 일은 있을 수 없어서 공순하

는 수밖에 없었다. 국민도덕의 최대의 기준은 忠에 집약되어 명령과 畏服
속에서 이해관계는 가리어지고 은혜적인 면이 강조되게 마련이다. 따라서
여기서는 이미 언급한 바와 같이 가치평가가 合理的·機能的인 것으로서
가 아니라 感情的·非合理的인 또는 전통적 가치감정에 기인한 것으로 의
식되며 또 그렇듯 의식되기를 기대하게 되는 것이다. 그리하여 人君에 대
하여 臣民이라는 것은 朝家의 家臣과 人主의 赤子로서 共屬된 것으로 여
겨졌으며, 不忠·不孝가 최대의 죄벌의 대상이 되어지는 것이었다. 그리
하여 권력에 대하여 어느덧 공순하는 성향을 지니게 되지 않을 수 없었다.

　둘째로 이와 같은 중앙집권적이고 가부장제적인 지배체제는 사회경제체
제에도 반영되지 않을 수 없었다. 貢賦로서 통칭되는 전면적인 收取體制가
그것을 단적으로 나타낸다고 할 수 있다. 모든 수취체제의 경제기구는 宮
府·官府의 수요와 治者의 祿俸을 충족시키기 위한 것으로서 일반국민경제
의 발전과 향상이 적극적으로 기대되지 못하였다. 토지경제를 기반으로 한
자급자족적인 경제의 울타리를 넘지 못하는 반면에 國土는 王土라는 土地
國有의 원칙이 토지소유에 대한 사권의 발달을 저지하였던 것이다. 일반농
민은 번복적이고 봉쇄적인 생활을 계속하는 동안에 번잡한 수취체제 밑에
서 財富의 축적은 고사하고 궁핍에 허덕이는 수가 많았다. 商工業은 통제
와 억압 속에 소위 근대적인 시민계층의 성장을 볼 수 없었고 六矣廛·禁員
商 같은 商人들도 국가에서의 役의 부담과 특권의 부여로써 상호보상관계
에 있어 관권에 依附하여서만 존립할 수 있어서 자유, 독립적인 실력을 성
장시킬 수가 없었다. 漁船의 遠洋出漁는 國法으로 금지되어 있었고, 官貿
易에 따르는 약간의 私貿—국경무역이 부자유스럽게 행하여졌을 뿐 해외무
역활동은 있을 수가 없었다. 그리하여 農漁工商 등 實業에 종사하는 모든
계층은 자유활달한 활동과 발전을 꾀할 수가 없었다. 여기서는 생활향상을
위하여 적극성이 없이 봉쇄적·소극적인 기질이 농후하게 되게 마련이다.

　丁茶山의 말을 빌리면 手工業者는 관리의 침학이 두려워 그의 특수한
기술이 나타나는 것을 꺼렸다는 것이다. 이 같은 침체성 속에 민족의 기
질은 위축되어 개방적·경쟁적인 성향이 없어지고 체념과 인종의 경향만
이 농후하게 되는 것이다. 서민생활에 있어서의 강성한 생활향상 의욕의

결핍은 이러한 점에서 연유되는 것이겠다. 직접 生産에 종사하는 일이 없'
는 실권양반에 있어서도 또 다른 의미에서 체념과 인종의 성향으로 흘러
갔던 것이다. 또한 부유충에 있어서도 土地經濟에만 의존되어 있는 사회
에서는 그들의 剩餘財富를 기업적인 경제활동으로 돌릴 수 있는 대상이
없기 때문에 혼히는 婚喪祭 등의 행사와 향연 등을 주로 하는 소비적 생활
을 하는 수밖에 없었다. 이러한 점에 어울려서는 遊惰한 성향을 자아내게
마련이다. 여기에 공동체적인 집단사회가 없지 않으나 그들은 血緣的·地
緣的으로 봉쇄적인 것이 되어 그것이 민족적으로 공통적 유대 위에 형성되
어지는 것이 아니었다. 가령 족보의 尊重·崇門에 대한 공속관념이라든가
또는 褓負商의 길드的 結合, 地方單位의 鄕約, 書院 이런 것들까지가 각
기 혈연적·지연적으로 분산되어 있어 각기 다른 집단에 대하여서는 고립
적이고 봉쇄적인 것이다.

  셋째로 朝鮮封建社會에 있어서는 일반적인 사회적 기준은 이른바 명분
사상으로 말미암아 계층에 따라서 스스로 달리하였던 것이다. '刑은 士大
夫에까지 올라가지 않고 禮는 서민에게 내려가지 않는다'는 상이한 도덕
적인 가치평가의 기준을 가졌으며 農工商 등 실업에 종사하는 것을 천시
하는 일반적인 경향이 있었던 것이다.

  朱子學的 理論을 빌린다면, 인간은 理氣의 氣를 받는 방법에 의하여 네
가지 종류가 있어서 身分, 地位, 富貴, 貧賤이 생겨지고 이 같은 계층적
신분의 고정화라는 것이 정당시되고 시인되게 마련이다. 따라서 직업에
대한 귀천관념이 농후하다. 또 三綱五倫이 道德의 기준이 되어져서 君의
仁, 臣의 義, 親의 慈, 子의 孝 이러한 모든 상하관계와 이를 주축으로
넓혀지는 人倫的인 제약이 모두 사람의 작위에서가 아니라 다룰 수 없는
자연이요, 天理로 여겨져서 권위적인 질서를 무조건으로 구축하게 되는
것이다. 권력이 仁慈하든 안하든 간에 家父長制的 지배관계는 실질적으로
변하여질 수가 없다. 무조건적인 복종과 헌신이 요구되어진다. 그리하여
個我에 대한 자각이 일어나는 것을 저해하는 결과가 되었다. 따라서 여기
서는 곤란에 처했을 때 합리적인 자각에 의한 타개의 노력보다도 의타적
이고 운명적인 관념이 지배하게 되기 쉽다. 역사를 통하여 오래 전승되어

온 샤머니즘 예컨대 巫俗·圖讖思想·占卜·他力 本願的인 신앙사상 등은 이러한 성향과 관습의 결과라고 볼 수 있을 것이다. 여기에는 일종의 애수적인 성향까지 깃들게 되는 것이다.

넷째로 위와 같은 사회적 기대와 가치평가의 기준은 가족내에 있어서도 그대로 작용되게 마련인 것이다. 가족에 있어서의 가장의 권위는 절대적인 것으로 군림하였다. 모든 가족원은 家長의 지시와 명령에 절대 복종하여야 하며 이에 대한 어떠한 비판도 허용되지 않는다. 家長의 業은 곧 家業이 되어 세습되게 마련이며, 다른 분야로의 개척활동은 꿈꿀 수가 없었다. 양반의 자제는 저절로 양반이 되듯이 漢醫는 한의, 農民은 농민, 巫堂·白丁은 무당·백정으로, 이렇듯 직업은 子子孫孫으로 계승되게 마련이었다. 그리하여 그림을 그릴 줄 모르는 畫員이 생겨지게도 되는 것이었다. 悖倫에 대한 종국적인 판결은 ‘不孝子息’이라는 것이다. ‘남과 다투지 말라’는 家訓은 無事主義·姑息主義的인 유화의 정신만을 기르고, 分에 넘치는 일을 욕구한다는 것은 상상할 수도 없는 부덕의 소치가 된다. 부녀자는 사회적으로나 가족내에서나 남자의 예속적인 지위를 차지한다는 것은 당연한 이치로 생각되어 男尊女卑의 관념이 지배하게 되었다. 한편으로는 종족관념이 강하여 血緣的·地緣的인 토대 위에 응결되어 그러한 경향은 門閥관념을 경화시켰다. 여기서는 個我의 재능을 기초한 自由豁達한 활동은 제지되며 가장에 대한 무조건적인 신봉과 의존, 유순과 인종이 요구되며 개아의 능력은 무시되고 毁譽褒貶은 언제나 가문으로 돌아가게 마련이다. 따라서 先祖의 덕분이 子孫의 幸·不幸을 좌우하게도 되었다. 그것은 또 風水地理 思想에까지 연결이 되어 무덤(墓地)을 잘 쓰고 못쓰는 것이 家門의 흥망성쇠를 좌우하는 것으로 여겨졌다. 여기서는 창의성·과학성이 배양될 여지가 없는 것이다.

되풀이되는 습관이 고정되어 새로운 노력을 하지 않게 되고, 年老者의 사회적 지위가 특권이고 안정적인 경우에는 흔히 연로자는 보수적이 되기 쉬운 것이다. 안정을 구하는 욕구가 연로자를 지배하는 반면에 생활방도가 고정·안정되어서는 일찍부터 연로자의 행세를 하게 되는 것이다. 身分的·職業的 고정불변성은 대체로 가부장제와 아울러 早老症的 성향을 자아내었다. 40세 內外가 되면 이미 老人行勢를 하려 드는 경향이 농후하고 자손간의 早婚의 풍은 이러한 경향을 더욱 조장하였다. 연로하다는 사실만으로써 일종의 권위가 서게 되며, '점잖게'라는 것이 마치 모든 행위와 교양의 기본과 같이 되었다. 이 반면에 나이가 어리다는 사실만으로서도 멸시의 對象이 되기에 충분하였다. 이와 같은 성향은 그대로 오랫동안 道德倫理觀念의 기준이 되어 심리적인 특질이 되기 쉬웠다.

우리는 위에서 대체로 정치적·경제적·사회적 그리고 가족제도면에서 제조건과 관련시켜 우리 민족의 심리적인 성향의 결점이라고 생각되는 몇 가지를 살펴본 셈이다. 그러나 이것은 어디까지나 그 일면을 말하는데 지나지 않는다. 인간의 성격에는 보다 더 자연적 조건이 기본적이라는 점과 그러한 반면에는 長點도 없지 않아서 그런 것들이 또한 고정적·불가변적인 것이 아니라는 점을 강조하지 않을 수가 없는 것이다. 그것이야말로 사회적인 조건의 變改와 교육에 의하여 개선할 수 있다는 점에서 우리 民族의 성격의 바탕에서 결함이라고 생각되는 몇 가지 점만을 살펴본 것이다.

4

위에서 든 바와 같은 봉건적인 社會體制 안에서 양성된 제성향은 우리나라가 근대적인 사회로 전환되는데 따라 變改되어질 것이었으며 또 변개되어질 수 있는 것이다. 그러나 우리나라의 근대화과정에 있어서 그 단초에서부터 日帝의 침략을 받아 급기야는 植民地로 전락되었다는 사실은 무엇보다도 큰 불행이었음은 두말할 필요도 없다. 그리하여 이미 매큔氏도 지적한 바와 같이 우리나라가 민주적인 훈련과 교육이 간절히 필요한 바로 그 시기에 있어서 植民地抑壓政治 밑에 신음하게 되어서 韓國社會는 불균등하고 기형적인 근대사회로 이끌려 갔던 것이다. 그리하여 근대적인 사회적 紐帶가 균형지게 발전되지 못하였을 뿐만 아니라 일면에 있어서는 봉건적인 측면이 더욱 경화되어 갔던 것도 사실이다. 정치적·경제적·사회적·문화적·사상적으로 모든 인간관계에 있어서 彈壓·懷柔 양면에서의 각종 제약은 민족적인 유대를 단절, 분열케 하였으며, 自由·人權과 같은 것이 자라날 여지가 없었다. 무력을 뒷받침한 일제의 植民地官吏들의 횡포 밑에 食糧供給地와 商品市場化된 속에서 忍從과 소비생활만이 강요되었으며, 그러한 속에 투쟁과 항거가 있었으나 사회적·사상적인 피난처는 흔히 가족이 아니면 종교가 아닐 수 없었다.

日帝支配者들은 우리 민족성의 일면의 결함을 확대 강조하여 그들이 조작한 사회적 악조건과 그릇된 현실이 마치 우리 민족 자신의 성격적 결함의 소치인 양 惡宣傳을 하였던 것이다. 그것이 도리어 고정불변한 선천적인 것과 같이 간주하여 이 같은 그들의 악선전으로 우리 민족을 심리적으로 완전히 함락시키려는 술책이었다.

日帝는 그들의 植民地政策으로 우리 민족의 좋은 특질을 더욱 살려 가려는 방향으로가 아니라 본질적으로 劣等民族이라는 낙인을 찍어 자주독립적인 정신과 사회적 악조건에 대한 적극적인 반항정신을 저지하기 위하여 우리 민족의 선천적·고정적인 결함과도 같이 事大主義, 派黨性을 강조하였던 것이다. 이 반면에 우리 민족은 민족적인 유대가 미약하여지고 사회적 결함이 곤란하게 됨으로써 필연적으로 우리 民族意識은 우리 민족 생활의 기반이 되어 있는 자연적인 조건으로 응결되어 가지 않을 수 없었다. 같은 조상에서 오랜 전통을 갖고 살아온 배달民族(三千萬同胞), 아름다운 三千里江山, 그리고 동일한 言語의 사용, 이런 것은 우리 민족의 사회적 유대가 단절됨이 심하면 심할수록 우리 민족의식을 공고히 하는 마지막 방파제가 아닐 수 없었다. 우리 민족의식은 사회적 인간관계에서가 아니라 자연적 조건과 생활문화 등의 기반 위에서만 더욱 응결 고양되어 갈 수 있었고, 사회적 조건에 따라 왜곡되어 가는 민족적 성격을 적극적으로 선도할 방법을 갖기는 어려운 일이었던 것이다. 이에 대하여 血緣的·地緣的인 것과 言語, 民俗文化的인 자부 등이 더욱 강조되지 않을 수 없었다. 그리고 오늘날에 있어서도 우리 민족성의 결함으로 일본인들이 강조하는 바 事大主義思想과 黨派性을 들어 논하는 것을 흔히 볼 수 있는 것이다.

그러나 우리는 이 두 가지 성향을 과연 우리 민족의 心理的 特質이라고 볼 수 있는 것일까. 또는 한걸음 더 나아가서 事大主義, 파쟁심이라는 것이 어느 민족의 심리적 특질로 삼을 수 있는 개념범주가 될 수 있는 것인가라는 문제에 우리는 의문을 품지 않을 수 없는 것이다.

　첫째, 사대주의라는 것은 '以小事大'라는 말에서 연유된 것이요, 그 전거는 역시 맹자의 "以大事小者 保天下 以小事大者 保國"이라는 데서 말미암았을 것이다. 여기서 事小·事大의 '事'는 그저 단순한 依附·依他的인 阿附와 같은 것을 의미하는 것은 아니다. 또 실제에 있어서 事大之禮나 事大之誠이니 하는 말은 우리나라에서 對元, 對明 등의 外交儀禮的인 의미로 씌어진 것이거나 또는 문화적인 慕華思想에 연유된 것이라고 할 것이다. 조선시대 학자들이 箕子東來說을 주장, 신봉하였던 것도 그 정치적인 의미보다는 문화적인 의의가 더 농후한 것이었다고 생각한다. 또한 事大主義라는 것은 필시 인간의 퍼스널리티를 표현하는 개념이라고 볼 수가 없지 않을까. 그것은 어디까지나 외교의례적 내지 문화적인 용어로서 우리 민족 전체가 분유하고 있는 공통된 퍼스널리티를 표현하기에는 적당하지 않은 것같이 생각되는 바이다.

　또한 派黨性이라는 것에 대하여서도 어느 민족에 있어서나 정권을 싸고도는 분열 대립은 있었던 것이며, 謀略, 陰謀性이라는 것도 역시 마찬가지 현상이라고 할 것이다. 각기 그 사회 정세와 시대에 따라 緩急·濃淡의 차이가 있을 것으로 이러한 것을 어느 민족의 특유한 심리적인 특질로 치부할 수는 없는 것이겠다. 일본인이 우리 민족에게 열등의식을 불어넣어 주기 위하여 그들이 作爲的으로 악화시켜 가는 사회적 조건에는 눈을 가리고 어느 민족의 특유한 성격으로서 내세울 수는 없는 사대주의, 파당성을 들어 그것이 마치 우리 민족의 타고난 결함과 같이 강조하였던 점을 우리는 어떻게 보아야 할 것인가. 오늘날까지도 우리는 그 餘弊를 받고 있지 않은가. 교양이 없다면 매우 섭섭하게 생각할 사람들도 흔히 '사대주의적인 우리 민족'이라는 말을 쓰는 것을 볼 때에 우리는 이 점을 상기하여 의아스럽게 생각하지 않을 수가 없다.

　이제 우리는 또다시 급박한 역사적 현실에 처하여 우리 민족의 血緣的·地緣的·文化的 共同體로서의 자각을 더욱 새롭게 하여야 할 시기인 것은 물론이거니와, 또 다른 한 면으로는 모든 가치평가의 기준이 自由와 民主에 있고 사회적 기대도 민주주의사회로서의 발전을 기하는 데 있음은 두달할 필요도 없을 것이다. 이 같은 대전환기에 있어서 기왕의 판단야 허물어져 가고 새로운 기준이 확립되지 못한 동안에는 일반적으로 판단의 혼란이 일어나기 쉬운 일인 것도 사실이겠다. 우리는 여기서 우리가 과거 조선시대의 사회적 조건으로 말미암아 양성되어진 우리 민족성향의 결함적인 일면 즉 官尊民卑, 忍從性·諦念性, 封鎖孤立性, 早老症, 男尊女卑, 家族主義, 宗族觀念, 門閥觀念 등이 합리적으로 청산되어질 수 있도록 노력하여야 할 것이며, 또 그러한 방향으로 사회적 조건과 교육을 이끌어 나가야 할 것이라고 생각하는 바이다.

〈『思想界』, 1959. 8〉

韓國社會階層의 近代化過程

머 리 말

血緣, 職業, 居住地 또는 토지소유관계 등에 의하여 구별되어 계속적으로 특정한 사회적 地位를 보유하게 되는 同權的인 집단을 우리는 身分이라고 일컫는다. 이 같은 신분 즉 봉건적인 사회계층은 그것이 一朝一夕에 이루어지는 것이 아니라 오랜 기간을 통한 사회적 전통에 따라서 형성되어지는 것이다. 그리하여 혼히는 지배층의 세력이 확립·안정되는데 따라 각기 계층에 대한 법률적인 制約이 마련되어 그렇듯 定立된 사회질서가 그대로 유지되는 동안에는 그들의 신분은 특정한 사회적 지위와 대우로서 경화되어 오래 존속되게 마련이다. 그러나 시대와 사회정세의 변천과 進展에 따라서는 일단 경화되었던 신분체제라고 할지라도 점차로 解弛하여지게 마련이어서 기왕의 고정된 階層的인 사회질서로서는 새로 진전된 사회정세에 부합될 수가 없게 되는 것이다. 이러한 경우에 혼히 볼 수 있는 지배층의 완고한 전통에의 고집은 도리어 사회발전을 저해할 뿐만 아니라 급기야는 그들 자신은 물론 사회 자체까지도 崩壞, 몰락의 길로 이끌어가기 쉬운 것이었다. 우리는 이 같은 단적인 예를 신라시대에 있어서의 骨品制의 붕괴와 신라귀족정치의 敗亡이라는 역사적 사실에서 찾아볼 수가 있다. 신라 원래의 골품제는 삼국통일로 말미암아 보다 더 확대되어진 사회와 이로부터 일어나는 새로운 사회정세에 대하여 지배적인 세력기반이 될 수가 없었던 것이다. 그럼에도 불구하고 확대·진전되는 사회적 정세 밑에서 전통적인 골품제에 의존되었던 신라 중앙귀족들의 왕권강화에의 요구는 도리어 진골신분 상호간의 內紛·爭鬪를 자아내었던 것이며, 지방호족들의 骨品制拒否的인 추향은 이윽고 지방반란을 보게 하여 통일신라는 다시 분열되지 않을 수 없게 되었다. 그리하여 골품제는 무너지고 진골세력을 토대로 이루어졌던 신라왕조는 그 종말을 고하게 된 것이었다.

이와 마찬가지 현상을 우리는 우리나라 근대화과정에 있어서 朝鮮의 封建的인 신분계층을 기반으로 한 지배계층의 몰락과 李氏王朝의 쇠망이라는 역사적 사실에서도 찾아볼 수 있을 것이다. 조선확립기에 이루어졌던 봉건적인 신분체제는 사회진전에 따라 그 후기에 이르러서 점차로 무너져가지 않을 수 없었다. 그리하여 종래의 유교적 신분체제를 기반으로 하여서는 더 이상 지탱할 수 없게 되었음에도 불구하고 勢道政治라는 일종의 畸型的인 양반정치로 이끌려 가서 19세기 말에 이르기까지 종래의 봉건적인 사회질서를 超克하지 못한 채 保守, 斥邪, 鎖國을 고집함으로써 근대화과정을 더욱 지연시키는 결과가 되어지고 王朝와 그들 자신의 운명을 몰락의 길로 이끌어 갔던 것이다. 그것은 즉 새로 진전된 사회정세에 대하여 朝鮮 원래의 신분체제를 기반으로 하여서만은 더 지탱할 수 없게 되었던 것을 말하여 주는 것이다.

이것을 바꾸어 말한다면, 우리나라가 朝鮮封建社會로부터 근대시민사회로 전환되어야 할 시기에 있어서 동양제국에서도 이에 가장 뒤지게 된 주요한 사회적 원인은, 조선의 전통적인 사회계층 속에서 새로운 시민계층의 세력이 대두되어 제대로 성장될 수 없었다는 사실인 것이다. 즉 조선후기에 있어서 이미 그 萌芽를 볼 수 있었다고도 할 수 있는 시민계층의 세력이 자유활달하게 독자적인 세력으로 성장될 수 없었다는 사실은 이미 막다른 길에 다다랐던 유교적인 봉건사회로부터 근대적인 시민사회로 超克, 전환할 수 있는 새로운 터전이 마련되지 못하였음을 말하여 주는 것이다. 그것은 즉 우리나라의 근대화과정을 촉진시킬 수 있는 유력한 사회적 계기를 이루지 못한 것을 의미한다.

이를 요컨대 朝鮮社會의 지배층은 이씨왕조가 확립하여 가는 과정에 있어서 유교적인 정치와 사회질서를 오래 固持하기 위하여 봉건적인 신분계층을 경화시켜 갔으며, 여러가지 신분적인 桎梏과 制約이 法制上으로 마련되었다. 그러나 사회진전에 따라 그 같은 신분체제도 점차 解弛해지지 않을 수 없었으나 그를 기반으로 한 지배층의 전통에의 고집은 조선후기

사회를 더욱 정체케 하여 국가와 사회의 발전을 저해하였을 뿐만 아니라 도리어 자기속박을 지어서 급기야는 그들 자신은 물론 조선사회도 전면적으로 붕괴시키는 결과를 스스로 초래한 것이었다.

이러한 점에서 우리는 여기에 朝鮮의 사회계층은 애초에 어떻게 형성·경화되어 갔으며 그들 신분층은 어떠한 상태와 地位에 놓여 있었고, 다시 그러한 신분체제가 어떻게 해이해져 갔는가를, 그리고 그러한 속에 새로 시민계층이 擡頭·成長하지 못한 원인이 무엇이었던가를 역사적으로 대강 살펴보려는 것이다.

社會階層의 成立

朝鮮社會의 신분계층이라고 하더라도 오랜 전통 위에 뿌리박은 것이었다. 직접적으로는 麗代 원래의 신분계층이 사회혼란에 따라 뒤섞여졌던 麗末사회에서부터 다시 편성되고 새로 경화된 것이었다. 혼히 麗代 鄕吏의 후손으로 세력을 차지하여 이씨왕조를 성립시킨 신흥 양반군은 그들이 득세한 새 왕조의 기반을 튼튼히 하기 위하여 麗末에 혼란되었던 신분체제를 다시 정비하여야 되었다. 그리하여 그것은 무엇보다도 먼저 평민과 천인의 신분을 확연히 가려내는 이른바 良賤辨正의 요구에서부터 일어났다.

즉 한편으로 국가의 財源이 되는 일체의 貢賦와 국가방위를 주로 하는 일체의 力役의 부담자인 일반 良民(平民)의 수를 확보하고, 다른 한편으로는 직접적인 勞役으로 순전히 노동력을 제공하게 마련인 賤人(奴婢)의 수를 확보하기 위하여 고려조말에 혼란되었던 이 두 신분계층을 새로 가려낼 필요가 있었던 것이다. 그리하여 그들이 다시 또 뒤섞여지는 것을 예방할 필요가 있었다. 실질적으로 노비신분에 대한 유일한 확증은 그들의 소유주가 갖고 있는 奴婢籍에 있었으며 그것이 없고서는 신분을 가려내기 어려웠던 것이다. 이로써 麗末鮮初에 걸쳐서 양천변정의 문제는 가장 번거로운 民政의 하나였던 것이다. 그 辨正을 위한 국가적인 노력이 거듭된 끝에는 부득이 身良役賤이라는 특별한 조치로써 해결하는 수밖에 없었다. 즉 실질적으로 다른 사람에게 예속되어 賤役에 종사하는 자로서도 그들의 奴婢籍이 없이 주인이 확증을 제시하지 못하는 자에 대하여서는 신양역천이라 하여 신분상(法制的)으로는 良人으로 인정하여 준다는 것이다. 여기에는 私賤(개인소유 노비)의 수를 되도록이면 제한하여 호족의 세력을 억제하는 한편 良民의 수를 확보하려는 조선초기의 정책적인 방향이 엿보여지는 것이기도 하다.

良賤을 확보하기 위한·또 하나의 주요한 시책은 麗代에 범람하였던 승려에 대한 조치가 아닐 수 없었다. 그것은 즉 승려들의 還俗을 꾀함과 아울러 양민, 천인을 물론하고 그들의 自由出家나 寺院投托을 방지하기 위하여 상당한 代償이 없이는 그들이 자유로이 승려가 될 수 없게 하였다(僧伍度牒制). 이와 동시에 8만에 이르는 막대한 수의 寺社奴婢를 屬公케 함으로써 국가소유노비를 확보할 것을 잊지 않았다.

治者身分을 이룬 이른바 양반의 명칭은 원래 고려초기에 있어서의 文·武兩班(文官·武官)體系에서 유래된 것이다. 신라의 골품제가 무너진 위에 새로 성립된 고려왕조가 과도적인 체제를 거쳐서 문무양반체제를 이루게 된 것은 唐의 官制와 科擧制의 전면적인 채용에 따르는 중국 古代官僚 시스템에서 말미암았던 것이다. 그러나 여초에 있어서 이 같은 유교적인 관료정치가 점차 진전되는데 따르는 유신들의 專權的인 세력의 대두는 필연 오래된 전통과 공적으로 쌓아 온 승려와 무신의 지위를 떨어뜨리는 것이 되었고, 그것은 이윽고 그들 승려와 무신의 저항(妙淸의 亂·鄭仲夫의 亂)으로 나타났다. 그리하여 무신 정충부의 난을 계기로 文臣의 전면적인 몰락을 자아냈고 나아가서는 무인정권의 성립까지 보게 한 것이었다. 그리하여 고려시대의 양반은 그것이 전고려시대를 통하는 신분계층으로 굳어졌던 것은 아니다. 더욱이 무인정치 이후로는 下剋上의 추세와 아울러 신분의 顚倒·混淆를 막을 수 없었고 良賤까지도 뒤섞여져서 麗代 원래의 사회계층도 전면적으로 무너져 갔던 것이다.

여기에 여말에 있어서의 王權의 衰微와 外寇로 말미암은 위난은 필연 將臣의 지위를 높였던 것이며, 무인 李成桂는 이러한 기틀을 타고 신흥세력의 중추적인 인물로 등장하여 새로 일어난 유신들의 지지를 받아 새 왕조를 개창하게까지 되었던 것이다. 그리하여 朱子學의 이론적인 뒷받침을 얻어 유교적인 專制王政의 기초가 굳어지고 官僚集權體制가 틀이 잡히는데 따라 무신의 지위는 다시금 떨어져 갔던 것이다.

주자학에 있어서는 人倫도 자연적·우주적 원리 위에 구성되어 이른바 理氣論으로서 이론화되었으며, 인간은 그들이 氣를 받는 방법에 따라 신분·지위·부귀·빈천이 생겨진다는 것으로, 이로써 계층적 질서와 신분지위의 고정이라는 것도 정당한 것으로 시인되게 마련이었다. 여기에 "勞心者 治人 勞力者 被治人"이라는 유교정치의 原理(孟子)는 정치의 주체와 객체를 따로 나누고 治者와 被治者 사이에 신분적인 제약과 사회적 지위를 명확히 떼어 나누는 것이었다. 이로써 이조의 관료들은 그들의 재직·퇴직을 막론하고 치자(勞心者)로서의 지배적 신분을 스스로 확보한다는 것은 이치에 합당한 것으로 여기지 않을 수 없었던 것이다. 그리하여 어떠한 실업에도 종사하지 않고 오로지 학문(儒學)에만 종사하여 관리로 등장할 수 있는 특권을 마련하여 그러한 지위는 그들의 자손에게 전승되어 흔히는 士大夫라고 통칭하는 兩班身分階層을 이룬 것이었다.

위에서 말한 바와 같은 치자계층과 피치자계층과의 사이에는 血緣關係로 말미암아 신분관계가 뒤섞여지는 것을 막기 위하여 여러가지 법제적인 제약이 마련되었다. 양반계층에 대하여서는 종래로 그들이 축첩하는데 있어서 아무런 제한도 없던 것을 妾은 한 사람만을 허용케 하였으며 첩에서의 소생인 이른바 庶孼은 양반신분으로 대우하지 않도록 하였던 것이다. 이것이 이른바 庶孼禁錮法으로서 그들에게는 양반과 평등하게 높은 관직에는 오르지 못하게 하고 주로 특수한 기술직인 雜職에 종사할 수 있게 하였으며, 그러한 중에서도 良妾子孫, 賤妾子孫을 가려서 그들이 각기 한정된 지위 이상으로 승진할 수 없게 하였던 것이다(限品叙用). 이와 같은 양반의 첩의 자손에 대한 대우의 차별은 양반의 사회적 지위를 확보하기 위하여 혈연관계로 말미암은 신분계층의 뒤섞임과 양반계층의 무제한한 수적 증가를 막으려는 것이었다. 이와 같은 노력은 良賤간의 혈연관계에 있어서도 배려되었다. 즉 이에 대하여서는 이른바 奴婢從母法과 奴婢從父法을 아울러 시행하여 부모 중에 누구 하나만이라도 노비신분인 경우에는 그들 사이에서 태어나는 子女는 으레 노비신분으로 되게 마련하였던 것이다. 이는 양천간의 신분적인 混淆를 막는 동시에 간접적으로 양천간의 혼인관계를 제약하는 것이 아닐 수 없었다. 그의 자손이 노비신분으로 전락되게 마련인 경우에 良人은 노비와 결혼할 것을 꺼릴 수밖에 없기 때문이다.

여기에 또 하나의 신분계층이 굳어갔다. 치자신분과 양인 사이에 중간적인 신분계층이 생겨났던 것이다. 중국의 經籍과 史書를 습득함으로써 修己治人의 이론을 지니고 詞章策論을 주로 연마하는 양반들은 특수한 기술적인 학문이나 실제적인 사무에는 직접 종사하지를 않았다. 그리하여 양반 밑에서 그러한 技術學과 事務로써 봉사하는 계층이 있었다.

天文・地理・醫學・律學 등 특수한 기술학에 종사하는 사람들은 麗代이래로 잡업인으로서 불리어져 문반계열에 들면서도 지체는 양반 밑에 들었던 것이다. 朝鮮에 들어서는 그들이 서울 중앙부에 거주하였던 탓으로 어느덧 中人이라는 특수한 지칭을 얻게 되었으며 이른바 限品叙用으로 그들의 階職에는 제한을 가하였다. 앞서 말한 庶孽子孫도 이 같은 중인의 대우를 받게 마련이었다.

文武관청에서 실제 사무를 맡아 보는 하급관원인 吏胥(衙前)들은 관리로서의 정식 品階는 받지 못하고 고급관리나 관청에 붙어서 양반정치의 手足이 되는 것이었다.

그들은 치자와 피치자를 매개하는 중간적인 위치에 있어 그 지체는 양반일 수 없으나 일반평민보다는 실질상으로 優位한 입장에 놓여 있는 것이다. 그들의 지위는 품계를 가질 수 있는 중인보다는 떨어진다고 하더라도 양반과 평민 사이의 中間적인 위치로서 넓은 의미에서 중인과 같은 중류신분계층으로 볼 수 있는 것이었다.

이상 보아 온 바로써 조선사회계층은 兩班・中人・常人(평민)・賤人(노비)의 네 가지로 크게 나눌 수 있다. 여기서는 흔히 말하는 바와 같은 전형적인 封建領主・僧侶・武士 등은 신분계층으로 구성되어 있지가 않았다. 여대에 있어서와 마찬가지로 무인은 역시 문무양반의 계열 속에 들어서 왕명의 대행자로서의 관료적인 지위를 차지하였을 뿐이며 그들만이 따로 하나의 신분계층을 이룬 것은 아니었다. 도리어 유교적인 관료집권체제가 확립되고 國初 이래로 국가질서가 안정되어 가서는 무신의 지위는 저하되어 갔을 뿐이다. 승려 역시 그들 자신으로 하나의 신분계층을 이루지 못하였다. 抑佛崇儒策으로 羅代 이래의 佛敎는 극도로 제한을 당하였으며, 승려의 수는 줄어들어서 國家官制下에 놓여졌으며 소수의 국가적인 필요성에 보답하는 고급승려를 제외하고는 일반승려는 도리어 멸시의 대상이 되어졌을 뿐이었다. 이로써 조선사회에 있어서는 일반적인 봉건사회에서 볼 수 있는 신분계층으로 구성되었던 것이 아니었다.

이들 네 가지 신분계층은 각기 그들의 직업과 사회적 지위가 세습적으로 고정되어 子子孫孫에 이르기까지 계승되게 마련이다. 극히 드문 일이기는 하나 다만 특수한 경우에만은 개별적인 신분의 陞降을 볼 수 있었다. 예를 들어 말하면, 양반이나 공신이라 할지라도 謀逆과 같은 罪罰에 당하여 혹은 그의 양반의 신분을 박탈하여 피치자의 신분으로 저하시키는 수도 있으며(廢爲庶人) 또는 양인, 노비라 할지라도 특수한 공적(軍功·納粟 등)으로 말미암아 그들의 신분을 올려주는 수가 있었다. 그러나 일반적으로 또는 원칙적으로 그들은 신분적인 향상을 기대할 수가 없었던 것이다. 그러면 각기 계층에 있어서의 사회적 지위에 대하여 보다 구체적으로 보아야 할 것이다.

硬化된 네 가지 身分階層

왕조의 확립과 더불어 점차 경화되어 간 위의 네 가지 身分계층은 각기 그들의 직분을 달리하게 되고 서로 다른 권리와 의무를 향유·부담하게 되어서 사회적인 대우와 기대조차도 스스로 달리하는 수밖에 없게 되었다. 그리하여 그들 신분계층 사이에는 두터운 장벽이 가로막혀 尊卑貴賤은 그들이 타고나면서부터 이미 운명지어진 것이 아닐 수 없었다. 서로간의 交遊는 물론 婚娶까지도 금제된 것이나 다름이 없었다. 오직 각기 계층 사이에 명령과 복종의 질서만이 굳어져서 嫡庶常班良賤의 差待觀念만 경화되어 어느덧 사회전통으로 되어 갔던 것이다. 그러나 그러한 각기 신분계층 안에 있어서도 그 직분상에 차이가 있었으며 실제적인 이해와 권세에 있어서도 일률적으로 논하기는 어려운 것이었다.

兩　班

위로 王과 宗室을 받들고 王政을 도와서 治者的인 지위를 점유하는 사대부계층을 통칭하는 것으로 오로지 儒學에만 종사하여 文武科試를 통하여 관리로서 입신출세할 수 있는 계층을 말함이다. 그들은 農·工·商 등 실업에는 물론 특수기술학에도 종사하지를 않고 오직 관직에로 등장함으로써 그들의 생활기반인 爵綠과 土地·노비를 얻어 부귀영달을 꾀할 수가 있었다. 이들 중에도 國初 이래의 제반공신과 고급관리의 후손들은 그들이 政亂에 의하여 배제되지 않았던 한 그들에게 賜與 또는 科受된 넓은 田地와 많은 노비를 世襲·私有化하여 실제상으로는 大小의 地主群을 이루어 官僚＝地主라는 일종의 기형적인 봉건계층을 이룬 것이었다. 그들은 서울로 집중되었고 그들의 이 같은 생활기반은 경기도 내에 제한되어 그들이 지방세력으로 성장될 것을 예방하였다. 그들은 시대의 변천에 따라 각기 大家·名家를 이루어 저마다의 문벌을 이룬 것이었다.

그들은 어떠한 실업이나 기술에도 종사하지 않을 뿐만 아니라 이를 천시하였으며 絕對王命의 대행자로서 일반평민에게 부과되는 貢賦와 力役 등의 의무는 실제상으로 그들에게는 제외되는 것이었다. 치자는 '食於人', 피치자는 '食人'이라는 유교의 원리가 그들의 생리에 부합되었던 것이다.

양반보다는 지체가 낮으나 土班이라고 일컬어지는 준양반의 계층도 있었다. 예컨대 平壤·永興이나 동북·서북지방의 都護府에는 이른바 土官職制를 마련하여 중앙과는 다른, 특수한 지방관리를 두어 이들은 그 지방에 있어서 양반행세를 하게 마련이다. 이들은 추천에 의하여 중앙관리가 될 수도 있었으나 그러한 경우에 지방 원래의 품계보다는 낮추어서 관직을 주었다. 혹은 또 麗代 이래로 내려오는 지방의 土豪들도 그들의 전통적인 세력을 保持하여 鄕曲의 品官이나 지방관의 보좌직으로 행세할 수 있어서 그들은 각기 그 지방에 있어서 지배적인 지위를 차지하는 것이었다.

그 밖에 오래 전에 몰락된 양반의 후예로서 이미 零落되어 실제로는 양반으로 인정되지 않으나 그들 스스로는 양반와 자체로서 자처하는 이른바 寒士라는 부류도 있었다.

이를 통틀어 관직의 유무를 막론하고 널리 사대부계층과 토반·한사까지를 아울러 양반계층으로 볼 수가 있다. 그리하여 庶孽을 제외한 그들의 후손들은 양반신분을 계승하여 그 수는 늘어가게 마련이었다.

中　人

醫譯, 律算 등 특수기술직에 종사하는 사람들은 서울의 중앙지역인 長橋에서 水標橋에 이르는 사이에 집단적으로 거주하여 이로써 中人이라고 지칭된 것이다. 그들은 그 직업을 子孫에게 전승하여 직업적으로 고정화되어 갔던 것이다. 이를 통틀어 잡업이라 하여 천문·지리·의학·외국어(漢·女眞·倭)·회화·음악 등을 습득하여 觀象監·典醫署·惠民署 등의 醫療機關·司譯院·圖畫署·掌樂院 등 제기관의 관원으로 되거나 혹은 또 律學·算學을 습득하여 형조나 지방관청의 檢律이나 戶曹의 算員 등으로 仕官하게 되는 것을 말함이다. 이 같은 과목의 학습은 각기 해당 官衙에서 講學케 하였으며 그들이 관원으로 出世하려면 이른바 雜科試(과거)에 합격이 되어야 하였다. 이들의 陞進에는 일정한 한계가 마련되어 고급관리로 진출할 수는 없었다. 이 같은 기술의 세습적인 전승은, 한편으로는 기술의 전문화를 말하는 것 같기도 하나 실제로는 널리 자유로운 경쟁에 의하여 기술의 향상을 기대하지 못하게 하는 것이었다. 그러므로 실제로는 그림을 그릴 줄 모르는 畫員이 생겨지는 수도 있었다.

중인과 같이 중류계층에 드는 吏胥는 중앙이나 지방의 여러 관청에 소속되어 직접 사무를 담당하는 이른바 衙前을 말하는 것이다. 서울의 아전을 京衙前이라 하고 지방의 아전을 外衙前 또는 일반적으로 鄕吏라 한다.

경아전에는 고급관리의 비서격인 錄事와 일반 書吏로 나누어져서 하급품계를 얻을 수 있으나 陞進의 한계는 보다 더 엄한 것이었다. 특별한 경우로는, 人材를 선발하는 경우(取才試)에 임기를 마친 녹사·서리는 각기 守令·驛丞 선발을 위한 취재시에 응할 수 있는 것이었다. 외아전 즉 鄕吏는 수령을 도와 지방관청 사무를 직접 담당하는 자로서 지방 政務는 실계적으로 이들의 손에 의하여 좌우되는 것이었다. 지방의 실정에 어두운 수령은 이들의 손에 의하여 농락되기가 쉬웠고 그들의 주요한 임무는 일반농민의 戶籍을 정비하고 貢賦와 役을 독려하는 일로서 평민에 대하여는 그들 나름의 권세를 부릴 수가 있었다. 그들이 수령을 농락하고 협잡을 자행하는 專橫作奸의 폐를 막기 위하여 그들에 대한 여러가지 장려책과 견제책이 베풀어지기도 하였다. 그들의 子弟는 지방 鄕校에 입학·修學하여 科試에 응할 수도 있었고, 이에 합격하면 일정한 규제 밑에 향리로서의 役을 면하여 주는 특전도 마련되었다. 다른 한편으로 그들 자제는 서울에 選上되어 其人이라는 이름으로 소정의 역을 져야만 하였다.

그 밖에도 궁전의 吏屬인 이른바 掖隷 또는 將官·軍官·捕校 등의 이른바 軍校도 그 지위가 상인들보다는 높아서 널리 중인층에 속한다.

위에서 말한 중인·이서와 액예·군교들을 넓게 중인계층으로 볼 수 있고 양반의 庶孽子孫이 또한 이 계층에 속한다. 그들은 지체나 권세가 평민보다는 높으나 흔히 그들의 직업은 세습되고 일반적으로 신분의 향상은 기대할 수 없었다.

常　人(平民＝良人)

國民의 대다수를 차지하여 農·漁·工·商 등 실업에 종사하고 국가에 대하여 貢賦와 力役의 의무가 부과되는 일반 평민계층을 常人 또는 良人이라고 한다. 이들은 한결같이 勞力者로서 被治者의 입장에서 학문에 종사할 기회가 주어지지 않았고 또 그러한 겨를도 없었다. 農本主義·土地經濟를 기본으로 한 조선사회에서는 그 대부분이 농민으로 그들은 대체로 양반 등 田主의 토지를 빌려서 耕作하여 그 수확의 일부를 얻어서 생활을 유지하는 이른바 佃戶들이다. 그들이 農閑期에 부업적으로 일삼는 가내수공업은 거의 자급자족적인 경지를 넘지 못하여 그들에 있어서 분업적인 발전은 전연 기대할 수가 없었다. 전주가 그들의 耕作權을 함부로 박탈하지 못하게 마련되었던 반면에는 그들에게도 그것을 자유로 다른 사람에게 팔거나 양도하지 못하게 마련이어서 이로써 농민은 이를테면 토지에 결박되어 있는 처지를 벗어나지 못하였던 것이다.

이들 佃戶에게는 고래의 租庸調라는 전통적인 형식의 부담을 지워서 田租·貢物·雜稅가 부과되고 兵役 및 徭役의 의무를 겨야 했다. 원래 田稅라는 것은 稅와 구별되어 租는 경작자가 전주에게, 세는 전주가 전조 중의 일부를 국가에 바치는 것으로 가렸던 것이나, 세종조에 租率이 낮추어지고 세조조에 官收官給制로 고쳐지는 과정에 조세의 구별이 없어지고 종래의 租는 그대로 전세 또는 조세라고 불리어져 국가에서 직접 걷어들이게 되어 租稅=地代가 되어진 것이었다. 그러나 전주와 전호 사이에는 각기 田地收穫의 반을 차지하는 이른바 並作半收의 법이 어느덧 관례가 되었으며, 나라에 바치는 전세는 애초에 전주의 부담이던 것이 점차로 전호에게로 전가되어 갔던 것이다. 대개의 전호는 1·2結 이하의 田地를 借耕하는 영세농으로 1結소산인 3·4百斗의 수확 절반으로 그들의 생계를 유지하고 여러가지 부담을 겨야 하였다.

그들은 전세 이외에 織布 등 각종 수공업품이나 또는 광산물·수산물·모피류·과실·목재 등 지방 토산물에 대한 貢納(土貢)의 의무가 있었으며, 지방 관아의 수요에 따라 닭·꿩·탄(炭)·穀草 등의 雜賦와 進上·供上 등의 의무가 지워졌다. 이 같은 토산물공납은 대체로는 경작면적에 기준하여 宮廷·官府의 수요에 비추어 그 액수가 정해졌던 것으로 일단 정해진 貢額은 一定不動하여 해마다 변경되는 것이 아니었다. 또한 일정한 공액은 지방 읍단위로 지방관에게 책임이 지워져서 民戶로부터 징수하는 것이나 각 민호의 부담액은 일정하지 않았다. 그러함으로써 饑饉·疾疫 등으로 말미암은 일부 민호의 流亡은 殘留民戶의 부담을 가중케 하는 것이었다.

그 위에 16세 이상 60세 이하의 丁男에게는 병역과 徭役의 의무가 있었다. 그리하여 병역에 징발되지 않은 下番의 民丁은 年 2匹의 軍布를 바쳐야 했다. 이는 일종의 人頭稅와도 같아서 민호의 정남수에 따라서는 그것은 과중한 부담이기 쉬웠다. 그 위에 수시로 필요에 따라 요역에도 징발되게 마련이었다. 위와 같은 농민의 부담에는 濫徵·勒徵의 폐단이 따라서 대체로 그들에게 財富의 축적은 애초부터 가망이 없는 것이었다.

漁鹽業에 종사하는 자에게는 따로 漁鹽稅가 부과되었고 漁箭은 원래 빈민에게 주어서 어업에 종사케 하여 나라에서 일정한 稅를 걷어들이게 마련이었다.

농민들의 부업적인 수공업 외에 궁정이나 관부의 수요를 채우기 위하여 이른바 工匠手工業의 체제가 갖추어졌다. 그들 工匠은 중외관아에 예속되어 二奴的인 지위에 놓여 있었다. 중앙의 여러 관아에 예속되어 있는 2,800여 명의 京工匠과 각 지방 관청에 예속되어 있는 3,500여 명의 外工匠은 각기 관청에 대한 公役勞動의 의무를 졌다. 외공장은 때로는 서울로 選上되는 수도 있으며 不具的이기는 하나 약간의 교환시장과의 접촉을 가질 수가 있었다. 경공장 중에도 소수의 良人工匠이 있었으나 그들에 대한 자유노동은 제한되어 공역일수를 제하고는 다시 이른바 장세를 바쳐야 하는 것이었다. 공역과 공세를 부담하는 범위에 있어서만 그들 자신의 계산에 의한 생산이 가능하였다. 이들이 생산하는 백수십 종의 수공업품은 거의 전부가 禁制品으로 궁정이나 중앙관부의 독점적인 수요물이었던 것이다.

이와 같은 분화되지 않은 농민의 부업적인 수공업과 국가 감독 밑에서 공장에 의한 工匠手工業體制는 자유수공업이 발달할 여유를 주지 않았다. 특히 鑛産은 나라에 의하여 관제되어 중국에서의 강요로 말미암아 金鑛은 정책적으로 폐광되었고 銀銅은 오로지 鑄貨를 위하여 이따금 국가관리하에 채굴되었을 뿐이다. 이와 같은 광공업에 대한 생산조건의 國有와 국가적인 통제·관리는 농민수공업의 未分化·工匠의 노예적 지위와 더불어 자유수공업자의 대두를 기대할 수 없게 한 것이었다.

土地生産物은 물론 각종의 手工業品은 국가의 수요를 위하여 田稅와 貢物로서 현물로 수취되었으며 그 나머지만이 시장에서 교환되게 마련이었다. 그것은 어디까지나 자급자족적인 물물교환의 경지를 넘지 못하는 것이었다. 상업에 종사하는 사람으로는 서울은 市廛에서, 지방은 鄕市(장거리)에서 찾아볼 수 있다. 나라에서는 애초에 서울 중앙부에 長行廊을 세워 廛房으로 빌려 주고 稅를 받았으며, 여기서 영업하는 시전상인은 관아와 양반·시민의 수요를 공급하였으며, 그들은 官府에 대하여 일정한 부담을 지고 상품독점의 특전을 얻어 관부와의 상호보상관계에 있었으며 일반시민의 자유로운 商行爲는 금제되었다. 坐賈(店鋪)나 행상인에 대하여서는 商稅가 부과되고 陸商·水商 등의 行商人에게는 路引이라는 일종의 증명서가 발부되었던 것이다. 朝鮮의 농본주의는 농업만을 국가의 근본으로 여겨서 상공업은 한갓 末業에 지나지 않아 重農抑末思想은 조선을 통하여 지배적인 경향을 이룬 것이다. 그리하여 지방 장거리(장시)의 번영은 貨幣의 유통과 아울러 농업을 해치고 사치의 풍습만을 조장하는 것이라 하여 이를 억제하여 자급자족적인 토지경제의 울타리 안으로 몰아넣어서 화폐경제의 정상적이고 계속적인 발달은 볼 수가 없었다. 장시에서 장시로 轉轉行商하는 褓負商(보따리장사)이 있었으나 그것도 보잘것없는 형편이었다.

중국·일본·여진 등 이웃나라 사이의 對外交易이란 한갓 봉건적인 朝貢貿易에 지나지 않아서 兩國 왕실 사이의 물물교역이었으며 이에 따르는 약간의 私貿易에도 국가적인 통제 밑에 자유활달한 진흥책이 따랐던 것이 아니다. 그것도 사신내왕에 따르는 國境貿易에 지나지 않아 해외무역활동은 애초부터 기대할 수 없는 것이었다. 그 위에 중국으로부터의 奢侈品의 유입과 이에 따르는 다량의 銀貨流出은 도리어 간접적으로 국내산업발전을 저해하고 국가의 재정곤란을 자아내는 것이었다.

위와 같은 여러가지 조건 밑에서 일반 민간에 있어서의 상공업이 발달될 여지가 없었던 것은 말할 것도 없는 일이다.

賤　人(奴婢)

국민 중의 최하계층에는 순전한 재물과 같이 賣買·讓渡·相續의 대상이 되어지는 천인 즉 노비가 있었다. 그것은 국가관아에 예속되어 있는 公賤(官奴婢)과 개인에 예속되어 있는 私賤(私奴婢)으로 나눌 수 있다. 이들에게는 人權이 보장되지 않고 오로지 노동력을 제공하는 생산도구와도 같은 것에 지나지 않았다. 國初 이래로 公賤確保를 위하여 노력한 결과는 관노비를 점차 증가시켜 가서 世宗朝의 21만口는 成宗朝에 이르러서는 35만여 구를 헤아릴 수가 있었다. 私賤의 수는 당시의 4·5百萬이라는 전인구 수의 3분의 1을 헤아리는 자도 있으나 그대로 믿기에는 어려운 것 같다. 공천은 각 관아에 예속되어 윤번으로 공역에 종사하게 되어 그들 소속에 따라 內奴·驛奴·寺奴·校奴 등등으로 불리어진다. 私賤은 대체로 家內勞役과 경작노동에 종사하며 따로 노비신공을 바쳐야 하고 때로는 公的 徭役에 징발되는 수도 있었다. 이들 公私賤 중의 首奴는 흔히 田庄의 관리자로 차출되어 도리어 경작자에 대하여 세도를 부릴 수도 있었다. 특수한 경우이기는 하나 노비신분으로 田地와 노비를 소유하는 수도 있어서 그것은 법적으로도 시인되었던 것이다.

그 밖에 원래는 役의 의무에 따라 正規兵 이외의 役에 종사하던 良民이던 것이 그들의 종사하는 일이 천하였기 때문에 이에 종사하는 자들을 천인과 다름없이 여겨지는 부류가 있었다. 이를 흔히 七般賤役이라고 일컫는 것이다. 즉 서울과 지방의 文官廳에서 일하는 사령인 조예(皂隷)·日守와 武官廳의 사령인 羅將, 漕船을 호송하는 漕軍과 水軍, 烽燧臺의 燧軍과 驛保 등 일곱 가지를 가리키며 특히 수군은 범죄자로서 보충되는 경우가 많았다.

천인신분 중에서도 白丁은 가장 천시되었다. 그들은 屠殺을 주업으로 하였기 때문이며, 도살 외에도 柳器製作·製革 등을 專業하여 일반백성들과도 섞여 살지를 못하고 흔히 郊外에 집단적으로 특수부락을 이루고 살았던 것이다. 그들의 총수를 수십만으로 추산하기도 한다. 또한 동냥(動鈴)을 主로 하고 다니는 하급승려들도 원래의 승려로서의 체신은 떨어지고 일반적으로 천인시하였던 것이었다.

身分體制解弛에서 畸型的인 近代社會로

朝鮮사회가 확립·안정되는 시기에 있어서 여말에 혼란되었던 봉건적인 신분계층은 새로 법제적인 제약까지도 더하여 재편 경화되었던 것이나 시대변천에 따라 조선의 양반정치가 점차 무너져가면서 굳어졌던 신분체제도 解弛되어 가지 않을 수 없었다. 이것은 한편으로는 지배양반층의 분열과 정치기강의 문란에서부터 일어났고 또 다른 한편으로는 사회경제상태의 惡化, 財政의 궁핍에서부터 연유된 것이며 外寇에 따르는 戰亂과 饑饉, 새로 유입된 기독교사상은 이 같은 신분체제의 붕괴를 한 걸음 더 촉진시키는 것이 될 수밖에 없었다.

　시대의 경과에 따라 수적 증가를 면할 수 없는 治者階層인 양반은 고정된 국가기구로서는 모두 관직을 차지할 수 없게 마련이다. 실업에 종사하지 않는 그들로서는 관직을 차지하지 않고는 달리 그들의 생활기반을 마련할 방도가 없었다. 또한 국가의 번영이나 재정적인 욕구도 토지경제에만 의존되어 신분적 계층에 구애된 자급자족적인 경제의 울타리 안에서는 내내 충족시켜 낼 수가 없는 것이었다. 국가재정이 궁핍되면 될수록 양반계층의 爵祿에 대한 욕구는 더욱 치열하여져서 정권을 에워싸고 대립항쟁하지 않을 수 없게 되었다. 당쟁은 이로써 유발되었으며, 임진란에 의한 田地의 荒廢, 財政의 곤란은 그 후로 당쟁을 더욱 격화시켜 갔던 것이다. 그것은 일부 兩班의 專權的인 지위의 확립을 보게 하고 門閥政治로 이끌려 갔으며 정권에서 이탈된 나머지 사대부의 몰락을 초래하는 것이 되었다. 이 같은 현상은 18세기 전반기에 이르러 현저하게 나타났으며, 그것은 土臺로서의 전통적인 基盤을 가진 嶺南士類에서보다도 더욱 爵祿에 의존성이 많았다고 할 수 있는 畿湖兩班 사이에서 볼 수 있었다. 비생산적인 동시에 전통적인 소비생활에 始終되는 士大夫가 官路에서 이탈되어서는 점차 몰락되지 않을 수 없었다. 이와 같은 모든 현상은 과거제의 문란과 아울러 원래의 양반정치체제를 그 기반에 있어서 무너뜨려 가는 것이었다. 宮房·官衙·富豪勢家들에 의한 대토지 점유의 경향은 늘어갔던 반면에 실권양반들은 그들이 차지하였던 田地와 노비를 점차 상실하여 가서 그들에 있어서 양반이라는 것은 허울뿐이고 명실상부한 그 지체를 유지할 수가 없는 것이었다.

　또 한편으로 우리는 임진란을 계기로 朝鮮 원래의 신분체제가 전면적으로 무너져 갔다는 사실을 볼 수 있다. 그와 같은 단적인 예는 전란에 의한 饑饉으로 말미암아 시행된 納粟補官策에서 볼 수 있었다. 정부에서 糧穀의 수집을 위하여 일정량의 양곡을 바치는 자에게는 소정의 관직에 補하고 신분적인 향상의 기회를 베풀어 주는 것으로 임진란 전에도 이러한 예는 있었던 것이다. 임진란은 조선신분체제 붕괴에 커다란 계기가 된 것이었다. 즉 士族(유직자·무직자)·庶孼·鄕吏에 대하여 각기 그들이 바친

는 米穀石數에 따라 陞品・補官・許通・免役 등의 특전을 주었던 것으로
그 정도는 대략 다음과 같았다. 즉 관직에 있는 자는 每 10 石에 품계를
올려주고 사족은 20 石에 東班 9 品, 100 石이면 東班 正 3 品을 주고 庶孼은
100 石이면 東班 6 品에, 향리는 15 석에 役을 면하고 80 석이면 東班實職
에 보하게 마련되어 향리는 면역・보관되고 庶孼禁錮의 장벽이 무너진 것
이었다. 이러한 긴급조치는 亂後에 다시 실직자 이외의 것은 무효로 돌렸
으나 한편으로 災荒・기근으로 말미암은 재정난을 메우기 위하여 이른바
空名帖으로 명목상의 관직을 팔아 糧穀을 수집하는 일도 가끔 있었던 것
이다. 그리하여 난후의 사회상태의 악화는 한번 해이해졌던 신분체제가
원상태로 복구되기는 어려웠다.

　庶孼들의 불평은 늘어서 신분을 속여서 과거를 보는 수도 있었고 때로
는 음모와 반역을 꾀하기도 하였다. 中人은 그들대로 만족할 리는 없어서
무엇이나 새로운 것에 대한 욕망에 차 있었다.

　실제 임진란을 계기로 사회체제는 그 기반에 있어서도 무너지기 시작한
것이었다. 긴급한 군사적 조치로 말미암은 募兵・私奴徵發에 의한 束伍軍
編成・市廛商人의 離散・官工匠體制의 붕괴 등을 자아내었다. 임진란 후
사회상태의 악화와 거듭되는 기근・疾疫은 농민들의 遊離散亡과 노비・승
려에의 顚落을 면할 수 없게 하였다. 일부 양반의 몰락으로 말미암은 私奴
婢들은 대토지소유자에게로 몰려들었다. 조선 원래의 신분계층은 이제 그
균형을 유지할 수가 없게 된 것이었다. 그 반면에는 여러 부면에 있어서
고용화되어 가는 현상이 일어났다. 府兵制의 붕괴, 募兵에 따르는 군대의
傭兵化, 工匠體制의 해이에 따르는 雇傭奴婢의 발생, 난후 大同法實施에
따른 貢人(일종의 貢納請負業者)의 대두, 극히 완만하기는 하였으나 지방장
시의 번성과 화폐의 계속적인 유통, 이러한 모든 새로운 사태가 일어났다.
그럼에도 원래의 사회질서를 다시 固持하려는 노력도 없지 않았다. 위로
는 양반계층의 세력균형을 꾀하고(蕩平策), 庶孼禁錮法을 고수하려 하였고,
밑으로는 府兵制의 복구, 工匠체제의 단속・강화, 六矣廛(市廛)에 대한 특
권의 부여와 亂廛에 대한 금압, 務農抑商策의 강행 등으로 나타났다.

　그러나 조선의 유교적인 봉건체제에 대한 또 하나의 새로운 저항이 알

어났다. 새로 유입·전파된 천주교는 봉건적인 계층사회에 대한 새로운 도전자의 역할을 한 것이다. 이 새로운 신앙에 있어서 양반·중인·常賤·남녀의 신분적인 장벽은 허물어지게 마련이었으며 그렇기 때문에 그것은 인륜·도덕과 사회질서를 문란케 하는 邪敎·異端으로 간주되어 금압되어 갔던 것이다.

이제 사회실정은 朝鮮 원래의 신분적인 장벽을 무의미한 것으로 만들어 갔다. 失勢·몰락된 양반 사이에서는 奴婢制廢棄論이 나오게 되었다. 18세기 전기에는 노비신분의 점진적인 해방론을 제기한 자가 있는가 하면 그 후반기에 이르러서는 완전 해방할 것을 주장하는 자도 있었다. 그리하여 19세기 초에 이르러서는 실제로 서울에서는 관노비의 문서를 불태워버리기도 하였다. 그러나 그렇다고 사실상 노비제가 폐기된 것은 아니었던 것이다. 지배층의 유교적인 전통은 그대로 고집되어 양반사회의 근본체제를 혁신하려는 생각에는 미치지 못하였고 그러한 새로운 정치이념도 갖추지 못하였던 것이다. 그와 반대로 지배계층의 양반은 위와 같은 사회정세의 변천에는 아랑곳없이 이미 허물어져 가는 기반 위에서 오로지 그들의 세력유지에만 급급하였던 것이다.

국민의 대부분을 이룬 일반농민의 생활은 더욱 비참한 경지로 몰려갔다. 收取體制의 문란에 따르는 과중한 부담은 거듭되는 기근과 질역이 더하여 늘어가는 公私債에 몰려서 流亡, 離散되고 노비와 같은 하층신분으로 전락되었다. 대동법이 실시되었으나 그것은 부담을 경감시킨 것이 아닌 위에 종래의 현물수취가 그것으로 全廢되었던 것도 아니며 均役法이 실시되었다고 하나 그것은 漁民鹽夫의 離散을 보게 하여 그 후의 농민생활의 향상이라는 것이 실질적으로 보장된 것은 아니었다. 우리는 그 당시의 기록(예:『牧民心書』 등)에서 종래와 다름없는 농촌의 疲廢相을 엿볼 수 있는 것이다. 重農抑商的인 오랜 전통 속에 어디서나 상업도시라는 것은 일어날 여지조차 없어서 유망하는 농민들을 흡수할 고장이 없었던 것이다. 도리어 그들이 살던 道 밖으로 유망하는 것은 제지되었다.

官工匠體制의 해체에 따라서 우리는 한편으로 雇傭手工業者의 발생을 엿볼 수 있었으나 이들은 의연히 官衙와 官吏·勢家의 침학 밑에서 독자적인 번영을 꾀할 수가 없었다. 그들은 수시로 강제 징발되어 봉사하여야 하는 상태로 그들 자신의 특출한 기술은 그것이 사람들에게 드러나는 것을 꺼려하였다는 사실은 조선말기 150여 년에 걸쳐서 매양 마찬가지 상태였던 것이다.

서울에서의 商權은 이른바 六矣廛 商人이 독점적인 지위를 차지하여 그들은 관청에 대한 소정의 부담을 지는 대신에 상품독점판매의 특권을 얻어서 일반시민은 商行爲의 자유가 없었으며 이와 같은 정부와의 相互代償關係가 있는 반면에는 官의 견제를 받지 않을 수 없어 官吏·吏胥들의 침학을 면할 수가 없었다. 어느 정도 상업자본을 이루어 갈 수 있었던 공인들도 관아의 庇護·연계하에 존립될 수 있었으며 도리어 그들의 이권은 官吏勢家에 의하여 침탈되는 형편이었다. 지방의 장시에서도 場稅濫徵을 위시한 軍校들의 침학 밑에서 그 유치한 단계에서 비약적인 번성을 기대할 수 없을 뿐만 아니라 도리어 억제되는 것이었다. 상공업에 대한 올바른 육성책이 있을 수 없어서 오직 긴급한 재정적 조치를 위하여서야 화폐는 鑄造되었던 것이다. 그것은 순조롭게 유통되기는커녕 도리어 관아·관료·부호들의 高利貸資本으로 사용되기 쉬워서 이 같은 악순환 속에 일부 관료자본이 이루어진 데 지나지 않았다. 일종의 길드적인 조직으로 일정한 지역의 商權을 독점하는 褓負商團도 정부의 庇護 밑에서만 그들의 수익을 확보할 수 있었다. 비교적 큰 도시나 포구의 객주(旅閣)만은 委託販賣·창고업·금융업을 겸하여 어느 정도의 상업자본을 형성하여 갔으나 그것도 농산물의 집산을 위주하여 큰 재벌을 이루기까지에는 미치지 못하였던 것이다

위와 같은 상태 안에서 상공업자의 독자적인 세력이 성장될 수가 없었던 것이다. 무너져가는 조선의 사회계층 속에서 새로 시민계층이 대두할 여지가 없었다. 보부상과 같은 정부의 비호와 상호대상관계에 있는 자들은 도리어 官權에 의부함으로써 정치적인 도구로 되는 수가 있었다. 이와 같은 현저한 예로 우리는 독립협회 당시의 皇國協會에서 찾아볼 수 있는 것이다. 관료자본가와 보부상으로 결합된 황국협회가 韓末 기울어져 가는 나라를 바로잡기 위하여 맹렬하게 민주주의운동을 전개하였던 독립협

회를 때려눕혀 일찍이 성장하였을지도 모를 민주운동의 **萌芽**를 질식케 하였다는 것은 누구나 다 아는 사실이다. 그러한 사실의 결과가 쌓여서 민족의 운명이 어찌되었다는 사실에 관하여서도 구구이 말할 필요가 없을 것이다.

日帝의 **資本**은 새로 열려진 항구로부터 그들의 군사적 세력을 앞세우고 점차 내륙으로 침투하여 들어왔고 일본화폐는 깊이 국내시장에 침투되었다. 일제는 봉건적인 朝鮮의 경제체제를 근대적인 것으로 전환시킴으로써 보다 더 타산적인 搾取가 용이하였던 것이며 그러기 위하여서는 사회전면에 걸친 정치적 개혁이 요구되는 것이었다. 그리하여 일제는 청일전쟁을 유발하여 한국에 있어서의 淸의 기존세력을 배제하는 동시에 한국內政에 간섭하였던 것이다. 甲午更張은 실로 이와 같은 압력 밑에서 이루어진 것이었다. 그것은 스스로 더 지탱할 수 없는 마지막 고비에서 모든 봉건적인 체제가 폐기된 것이었다. 이로써 법제적으로는 비로소 班常·良賤의 신분적인 장벽도 무너뜨려진 것이며 동시에 과거 500년 동안 지녀온 신분적인 모든 제약이 풀어진 것이었다.

그리하여 우리나라의 근대화는 자신의 사회기반이 미처 성숙되지 않은 채 낡아 허물어진 봉건적인 장벽 위에 이를테면 억지로 이루어진 것이었다. 그 底流에는 미처 청산되지 않은 인습이 그 후로도 흘렀던 것이고 그것은 일조일석의 제도상의 조치로써만은 그대로 극복되어질 수는 없는 것이다. 일제 식민지정책은 이 같은 기반 위에서 우리나라를 畸型的인 근대사회로 이끌어갔다. 그것은 또 하나의 과제로서 고찰되어야 할 것이다.

〈『思想界』, 1960. 10〉

獵官運動論
—— 그 史的 考察로부터 ——

1

獵官운동이라 함은 벼슬(官職)자리를 노려서 취직운동을 한다는 말이겠다. 그것도 微官末職이 차찮은 자리보다도 권세가 따르고 수지가 맞는 高位高官 자리에 있어서 보다 더 문제가 되는 것일지도 모른다. 여기에는 애초부터 관직에 없던 사람이 새로 감투자리를 노리는 경우와 이미 관직에 있는 자가 보다 더 권세와 利權을 차지할 수 있는 좋은 자리를 별러서 전직 또는 승진을 꾀하는 경우가 있겠다.

반면에 이미 차지한 벼슬자리를 놓치지 않으려고 운동을 하는 경우도 있어서 이 역시 이를테면 獵官운동에 수반되는 반사적인 운동이라고 할 것이다. 그리하여 이것이 개인과 개인 사이에 감투싸움으로 벌어지는 수도 있겠고 혹은 또 어떠한 집단적인 세력 사이에 치열한 攻防戰으로 전개되는 수도 있겠다.

그러나 이와 같은 현상도 순전한 인간의 심성상의 문제로나 또는 사회도덕상의 문제로만 보아버릴 것이 아니요, 혹은 또 단순한 정치적인 현상으로만 간주하여서도 안될 성싶다. 더구나 그것을 어떠한 民族性의 문제와 결부시켜 경솔하게 이야기하여 버려서도 안될 것 같다.

2

도대체 인간이 權勢欲과 利欲에 눈을 뜬 순간부터 그들 사이에는 권력다툼이 시작되었다. 그것도 권력을 잡아야만 그들의 利欲을 충족시킬 수 있었기 때문이었을 것이다. 우리나라에 있어서도 아주 옛날(新羅)의 지배

자들은 여러가지 신분적인 계층을 마련하여(骨品制) 각기 그들의 권력한계
를 지었다. 그리하여 고대적인 官僚支配體制를 갖추어 가면서 관직은 그
러한 신분적인 제약 밑에 분배되었던 것이다. 여기서는 그들의 신분적인
제약을 넘지 못하게 마련이었다. 그러나 같은 신분계층 안에서의 벼슬다
툼이 없을 수가 없었다면 獵官운동은 실로 관리의 발생과 더불어 시작되
었다고 하여도 좋을 것이다.

　身分階層에 따르는 官職上의 제약은 그 일면이 후세에까지 길이 전승되
어 온 것이다. 같은 지배계층 안에서의 감투자리나마 공정히 부여하기 위
하여 마련된 것이 관리등용을 위한 시험제도였다(讀書三品科·科擧制). 그
러나 신라시대에 있어서 독서삼품과의 시험제도가 실제로 실시되었다는
흔적은 지금으로서는 찾아볼 수 없다. 또 그것을 실시하였다는 시기(元聖
王代)는 바로 신라가 中外의 반란으로 말미암아 다시금 분열상태에 들어
가던 때였으므로 사실상 그것이 시행될 경황도 없었을 것이다. 그리하여
고려왕조가 확립되던 시기에 科擧制가 새로 실시되게 되었다. 이로써 儒
敎的인 정치체제가 점차 자리잡혀 갔을 때 儒臣들 사이에 관직자리 다툼
이 물론 있었을 것이다. 그러나 이같은 高麗前期에 있어서 보다 더 중요
하였던 문제는 그들 사이에 있어서의 감투싸움보다도 유신그룹의 감투독
점의 경향이었다. 유교정치가 발전되어 가는 그늘에는 신라 이래로 전통적
인 권세를 누려오던 승려들의 지위가 저하되지 않을 수 없었으며, 왕조가
확립되어 文治主義로 흘러가는 반면에는 武臣들의 지위가 떨어져 가게 마
련이었다. 그리하여 僧 妙淸이 開京의 유신세력을 타도하고 국왕을 평양
으로 모셔가려던 것은 이러한 면에서만 본다면, 이를테면 집단적인 감투
掠奪戰이었다고 하여도 좋을 것이다. 실제로 이와 같은 욕망은 무신 鄭仲
夫에 의하여 성취되었다. 그는 유신들을 모조리 처치하고 그들이 썼던 감
투를 빼앗아 主從關係에 따라 그의 부하들에게 분배하여 주었던 것이다.
이로써 드디어 武人政權을 보게 한 것이었다.

　그 이후로는 과거제도가 크게 무너져서 관직은 자격이나 서열에 아랑곳
없고 功罪나 勤慢을 가릴 것 없이 제멋대로 다투어 권문세가를 찾아서 엽
관운동을 하는 자에게 떨어져 갔다. 이렇듯 감투자리를 노려서 싸다니는

것을 그때 말로는 '奔競'이라고 하였다. 분주하게 경쟁적으로 싸다닌다
는 말이다. 제도상으로는 인사행정은 政房에서 맡아 보았고 그것이 尙瑞
司로 고쳐지고 다시 태종 초에는 문관은 吏曹, 무관은 兵曹에서 맡아보게
되었던 것이나 실제상으로는 武人私家에서 몽고세력으로 옮아갔고 다시금
麗末 이래로 변천되어 온 정권장악자 손에 달려 있어서 관리 아닌 왕위까
지도 그 廢立이 자행되었던 형편이다. 그리하여 국초에 있어서도 취직청
탁은 성행되고 특히 지방관(守令) 자리에는 권세가의 家臣들의 청탁취직이
혼하였던 것이다. 이로써 뇌물과 아부의 폐풍은 늘어갔을 것이다. 실제로
개국 당시에 권귀자들은 제각기 私兵을 거느리고 兵權을 分掌하여 왕권이
미처 확립되지 못한 채 그들을 싸고도는 주종관계에 있어 엽관청탁은 없
을 수가 없었다.

3

　우리가 이 같은 奔競 즉 獵官運動에 관련시켜 朝鮮時代를 생각한다면 대
체로 세 가지 시기와 정황으로 나누어 볼 수도 있을 듯싶다. 그것은 이
씨왕조가 開創되어 그것이 점차 확립되고 儒敎政治의 틀이 잡혀가던 시기
가 그 첫째요, 또한 조선의 양반정치가 시대변천에 따라 그 스스로가 지
녔던 모순을 나타내어 양반들 사이의 대립·항쟁이 치열하게 전개되던 시
기가 그 둘째요, 끝으로 조선사회가 그 원래대로의 양반지배체제를 더 이
상 지탱하여 갈 수 없었던 판국에 이를 한사코 고집하여 가려던 조선후기
가 그 셋째인 것이다. 그 첫째는 새로 왕조가 개창되어 틀이 잡혀 가려는
官僚體制 속에 권세가들이 그들의 지위나 세력기반을 확고히 하려는 마당
에서 그들의 戚族家臣들이 뛰어다니는 분경이요, 그 둘째는 科擧制度도
문란한 속에 양반들의 관심이 직접 人事權 장악으로 집중되면서부터 일종
의 집단적인 엽관운동과도 같은 양상을 띠었던 당쟁격화의 시기를 말함이
요, 그 셋째는 치열한 당쟁이 종말에는 一黨專制的인 戚閉政治로 끌려가
왕권마저 쇠미하여질 염려가 있을 때 분열된 양반세력(사색 당파)의 균형
을 펴하여 유교적인 왕정을 새로 튼튼히 하려던(蕩平策) 시기에 일어나지

않을 수 없었던 분경의 폐단이다.

(1) 朝鮮初期

國初에 權貴者들이 제각기 私兵을 거느리고 대립적인 세력을 이루어 그들이 서로 편동·모반하려던 정세 밑에 왕권의 강화를 위하여서는 그들이 서로 내왕·결탁하는 것을 단절할 필요를 느꼈던 것이다. 그리하여 이렇듯 權貴家에게 사사로이 찾아가서 서로 모함, 훼방하는 버릇을 금하도록 하였다(定宗 元年). 이로써 마련된 것이 이른바 '奔競禁止法'이다. 즉 1족 중에서는 3, 4촌과 같은 근친이나 또는 兵權을 차지한 節制使의 軍官과 같은 자를 제외하고는 慶弔·問病 등 외에 사사로이 내왕하는 것은 이를 금하고 이에 위반하는 자는 司憲府에서 규찰하여 정배에 처한다는 것이었다. 특히 刑曹의 판사관원집에는 訟事를 에워싼 循情·賄賂(뇌물)가 성행되었으므로 이를 엄금하도록 하였다. 이 규정을 지키지 않는 자는 奔競罪에 걸리게 마련이었다. 私兵을 아주 없이 하고 왕권을 강화하고 난 태종조에 있어서의 이 법은 더욱 강화되었다. 집정가와 무신가에는 吏胥(하급관리)로 하여금 지키게 하였으며, 위법자에 대하여서는 현직자는 즉시로 파면케 하고 전직자는 정배에 처하도록 하였다. 여기서는 同姓·異姓의 五世까지의 족척이 제외된 점만이 달랐다. 이 같은 법은 그 후로는 주로 인사권을 중심하여 약간의 변천을 보았으나 드디어 모든 법제의 확립을 보게 된 『經國大典』에서는 다음과 같이 규정되었던 것이다. 즉 인사행정을 맡아보는 吏·兵曹와 諸將臣 중의 고관(堂上官)과 역시 이·병조와 연락하는 吏·兵房承旨, 그리고 흔히 인사문제에 관여하게 되는 사헌부·사간원의 고관들 집에는 同姓 8촌·異姓·妻親 6촌 그리고 婚姻家나 隣里人이 아니고서는 사사로이 출입하는 자는 奔競罪로 처벌하여 杖 1百·流 3千里의 형벌을 받게 마련이었다. 그리하여 애초에는 권세가의 세력결탁을 막기 위하여 마련되었던 奔競禁止法은 왕정이 점차 자리가 잡혀지는데 따라 그대로 인사권을 에워싼 獵官운동을 금하는 방향으로 전환된 것이었다. 실제로 엽관운동을 아무리 엄하게 금한다 해도 일가족친이나 혼가와 이웃집 사람들의 내왕출입을 금할 수는 없을 일이며 또 그들이 내왕출입하는 한 엽

관운동이 아주 없어질 리도 없을 것이다. 하여튼 기록상으로도 이 같은
禁法을 어겨서 政丞·判書나 宗宰의 집에 찾아가거나 또는 부하나 자기
부인까지를 보냈던 사실이 적발되어 처벌된 경우도 허다하였다.

　그러나 아무리 법을 세워 엄수한다 하더라도 양반들의 立身出世·富貴
榮達의 길은 관리가 되는 길밖에 없으므로 관리직자리를 에워싼 분경의
폐습은 근절될 수 없었다. 그리하여 그 후로도 人事문제가 있을 때마다
자기 사람을 서로 끌어넣으려고 분경하게 되었고 인사권이 직접 上官에
달려 있는 官署에서는 ‘아첨’이라는 이름의 기술로서 승진을 꾀하게 마련
이었다.

(2) 朝鮮中期

　이제 사태는 달라져 갔다. 儒敎的인 官僚集權體制가 제대로 틀이 잡혀지
면서 과거제도를 통하여 新進士類들이 많이 관계에 등장되었던 것도 사실
이다. 여기서 기성세력과 신진사류들 사이에는 은연한 대립·긴장사태를
이루었다. 세조 공신들의 줄기를 이은 旣成戚族세력은 그들의 부패와 부
정을 너무도 준열히 규탄하여 대드는 신진사류들의 세력을 鐵槌로써 배제
하기에 거듭 성공하였다(士禍). 그리하여 이 같은 戚族門閥政治를 계속하는
동안에 다른 여러가지 제도와 아울러 과거제도도 제대로 시행될 리가 없
었다. 그 반면에 같은 관리들 사이의 관심은 직접적으로 人事權掌握으로
집중되어진 셈이다. 이른바 당쟁의 시초로 삼는 동서분당의 발단이 인사
권의 장악자라고 할 수 있는 吏曹銓郎 자리를 에워싸고 일어났다는 사실
은 이를 단적으로 말하여 주는 것이다. 이조전랑이라 함은 吏曹의 正郎·
佐郎을 말하며 이를 통칭 郎官이라고도 한다. 일반적으로 관리를 薦望하
는 경우에 고관회의에서 인선이 되는 것이며, 흔히는 세 사람을 뽑아서 王
에게 올리면 왕이 그중의 한 사람으로 결정하게 마련이었다. 이조전랑은
그들 후보자를 뽑아 올리는 자리에서 그 명단을 기록하는 것이며, 여기서
천거된 자가 그의 뜻에 맞지 않는 경우에는 이를 거부할 수 있는 권한이
있었던 것이다. 이로써 5, 6品의 지위에 지나지 않는 이조전랑은 실질적
으로 인사권을 좌우하는 것이나 다름이 없었다. 이것은 인사문제가 고관

들에게 농단되는 것을 막으려는 제도였을 것이나 그 반면에는 도리어 인사권이 그들 銓郞에 전임되는 폐를 막을 수가 없었다. 그러므로 당시의 기록에도 大臣級의 고관이나 관리를 감찰하는 司憲府의 관리들까지가 이조전랑에 대하여서는 이를테면 눈치를 보게 되고 큰 소리를 하지 못하였다는 것이다. 동서분당·당쟁의 발단적인 계기가 이 같은 이조전랑의 감투자리 싸움이었다는 것은 그러한 면에서만 본다면 엽관운동의 집약적인 표현이라고도 할 수 있겠다. 이 시기에 있어서 무관의 지위는 이미 떨어져서 그리 대단한 문제거리가 되는 것이 아니었다.

우리는 물론 수백년 동안 짓궂게 계속된 당쟁에 대하여 그 근본적인 원인을 이 같은 하나의 제도적인 결함에서만 설명될 수 있는 것이라고는 생각하지 않는다. 그러나 하여튼 이렇듯 발단된 양반상호간의 당파싸움은 그 후로 그치지 않았을 뿐만 아니라 더욱더 치열하게 격화되어만 갔다. 마찬가지 儒敎의 이념을 내세우는 수밖에 없었고, 같은 朱子學을 고수하는 수밖에 없었던 양반관료들 사이에 그렇듯 사사건건 서로 대립되고 서로 擯斥하지 않을 수 없었다는 것은 그 구체적인 시비를 姑置한다면 결과적으로는 집단적인 감투싸움에 지나지 않았다고 하여도 과언이 아닐지도 모른다. 어떤 외국인은 이러한 당쟁을 가리켜 ‘의미없는 쟁투’라고 서술하였던 것도 의미 없는 비난으로만 볼 수도 없을 듯싶다.

여기서는 奔競禁止令 따위가 문제될 바 아니었다. 양반들은 이제 黨色으로 분열되었고 당시의 사회상태의 악화는 이러한 분열작용을 더욱 부채질한 셈이다. 그리하여 西北老少, 大小淸濁으로 갈가리 찢겨지고 심지어는 濁中에 또 청탁이 나누어지는 형편이었다. 그리하여 그들 사이의 세력의 득실은 동시에 감투자리의 집단적인 교체밖에 별도리가 없었던 것이다. 여기서는 제 당파사람에 대하여서는 서로 시바를 따지지 않았다는 것이다. 남의 당파사람에게 공격을 받으면 曲直은 가릴 것 없이 더욱 이를 추중하였다는 것이다. 심지어는 그들의 복장이나 행색을 보아서만도 그가 무슨 당색인가를 가려낼 수 있을 정도였다는 것이다. 물론 무슨 유니폼 같은 것이 있었을 리는 만무하다. 그리하여 그중의 어느 一黨이 절대적 우세를 차지할 때까지 당쟁은 치열하게 계속되었던 것이다. 나머지 몇몇 黨

은 정권에서 아주 몰려나는 수밖에 없었고 여기서는 아부와 체념이 숨을 쉬었고 교만과 전제만이 활개를 쳤다. 血緣과 地緣만이 살 수 있는 바탕이요, 그저 양반이라는 지체만으로는 떳떳이 나설 수가 없게 되었다. 대부분의 양반은 이제 그들의 지체를 유지하기 어려워졌다. 이렇듯 분산된 양반들이 제각기 뭉친 곳이 무제한 늘어갔던 書院임에 틀림없는 것이다.

(3) 朝鮮後期

양반정치가 그 원래대로의 체제를 유지하지 못하게 되는데 따라 양반들은 그들이 가져야 할 자세를 갖출 수가 없게 되었다. 正心修德·修己治人이라는 점잖은 이념은 이제 실제 정치와는 인연이 먼 것이 되고 말았다. 一黨 전제적인 세력의 성장은 다른 양반그룹의 몰락을 가져왔을 뿐만 아니라 王室의 權勢 자체까지도 영향을 미치게 마련이었다. 여기서 정권에서 몰려나 失勢한 양반들을 새로 등장시킴으로써 朋黨 사이의 세력의 균형을 꾀하고 그러함으로써 그들의 대립을 완화시키는 동시에 王政의 안정을 기하려던 것이 바로 蕩平策이다. 그것은 당쟁이 치열하던 肅宗 때부터 주장되었고 英·正祖 때에는 애써 실행하려고 하였다. 모든 당색의 인물들을 골고루 등용하자는 것이었다.

그러나 시대는 이미 진전되어서 양반의 수는 늘대로 늘었고 그들에게 골고루 나누어 주어 누구든지 만족시킬 수 있는 감투자리가 그렇듯 많을 수가 없었다. 이 같은 사태에서 奔競, 즉 엽관운동은 다시금 일어나게 마련이었다. 당시의 기록에는 누구나가 다 탕평책으로 四色黨人을 병진시킴으로 말미암아 분경의 폐단만이 늘었다는 것이다. 분경금지법은 있기는 하였으나 유명무실한 것에 지나지 않았다. 여기서는 또 다른 관리의 氣風을 드러내는 것이었다. 즉 악착스럽게 남을 헐뜯는 일이 없는 대신에 이번에는 누구나 서로 圭角을 드러내려고 하지 않았다. 관리들이 모인 고장에는 그저 '滿堂哄笑' 헛웃음소리만 내고 無事主義로 흘러갔다는 것이다. 그러한 중에도 애써서 生員·進士가 되었더라도 어느 누가 끌어당겨 주는 사람이 없어서는 감투 한번 써 보지도 못한 채 그대로 늙어 죽는 사람이 서울에만도 수없이 많았다는 것이다. 그렇다고 짙을 대로 짙어진 당

색의 물이 빠져버릴 리도 없어서 심지어는 蕩平黨이라는 신당의 이름조
차 나오게 되었다는 것이다. 이제 양반들은 누구나 이 같은 당론의 화중에
서 멀리 떨어져 살 수조차 없었다. '도대체 어디에 가야만 잘 살 수 있을
것이냐'하고 한탄 속에 그려진 것이 바로 『擇里誌』였다. 여기서는 隱遁·
諦念·無爲만이 최고의 미덕일 수밖에 없었다. 풍자가 나와서는 '虎叱文'
이 되었고, 憂念을 그려서는 '蘆憂錄', '僿說'이 되는 수밖에 없었다. 그
러나 당로자는 아랑곳없이 탐학만이 늘어서 드디어는 분경은 고사하고 賣
官賣職이 성행되는 형편이었다. 이 같은 정세 밑에 이씨왕조는 衰傾하여
갔던 것이다.

4

이와 같은 獵官·賣職·黨爭이 없을 수 없었던 근본적인 원인은 도대체
어디에 있었던 것인가. 사람에 따라 또는 관점에 따라 달리 이야기될는지
도 모른다. 그러나 가장 움직일 수 없는 기본적인 조건은 역시 양반들의
생리와 그들 스스로가 마련하였던 사회구조에서 빚어진 것이었다. 그것은
이미 先儒가 너무나도 또렷이 설명하여 놓은 것이기도 하다.

양반들은 애초부터 治者의 신분으로 오로지 학문(儒學)에만 종사하여 관
리되는 길밖에 또 다른 갈 길을 마련하지 않았다. 그들은 일체의 생산적
인 실업에는 종사하지 않을 뿐만 아니라 이를 천시하였다. 그러한 일은
미천한 백성이나 노비에게만 맡겨서 그들의 부담으로 언제까지나 국가는
번성하고 그들의 수요는 충족될 것으로만 믿어왔던 것이다. 그들은 관리
가 됨으로써 田地와 祿俸을 받을 수가 있으며 富貴와 榮華를 내내 누릴 것
만 같았다. 그러므로 그들에 있어서는 '官爵'만이 최고의 가치로 관념되
었고 貴人(官吏)이 되면 富를 겸하게도 되는 것이라고 믿었다. 토지경제에
만 얽매어 있는 울타리 안에서 비록 財富의 축적이 생긴다고 해도 그들에
게는 어떤 새로운 기업적인 활동이 있을 수도 없었다. 冠婚喪祭에 따르는
향연을 주로 하는 소비생활에 빠지는 수밖에 없었고 한 사람이 관리로 출
세하게 되면 일가족 모두가 붙어먹게 마련이었다.

여기에 양반계층은 시대의 흐름에 따라 늘어가게 마련이다. 그들의 생
활을 보장하여 줄 수 있는 관직자리(國家機構)는 무제한 늘어갈 수 없다느
니보다도 고정불변한 것이 되었던 것이다. 이제 제한된 감투수로서 무제
한 늘어가는 官吏후보자들을 골고루 만족시킬 수 없었던 것은 정한 이치
였다. 과잉된 관리후보자들은 이제 이른바 '無官之士'로서 몰락의 비운을
면할 수가 없었다. 조선후기에 정치기강의 문란, 국가재정의 궁핍은 오히
려 貪官汚吏만을 늘여서 뇌물이 없이는 三公六卿에서부터 吏胥에 이르기
까지 살아나아갈 도리가 없었다는 것이다.

어느 다른 분야로 활로를 개척할 생각도 하지 않았고 또 그러한 것이
오랜 유교적인 전통 속에 허용되지도 않았으며 그 위에 그렇듯 그네들 스
스로가 마련한 사회구조 속에서 오직 관직자리만이 그들의 활로일 수밖에
없을 때 奔競·黨爭은 일어날 수밖에 없었던 것이다. 마치 물이 말라가는
구덩이 속의 개구리 새끼모양 몸부림을 쳤을 뿐이다. 그리하여 官尊民卑의
인습적인 관념은 굳어지는 속에 관권만이 더욱 더 비대하여졌다. 春香과
이도령마저 보다 더 억센 관권을 빌려서야 구제되는 것이었다.

5

社會改革의 새로운 萌芽마저 그대로 질식되어 버리고(甲申政變·獨立協會)
제 스스로 낡은 껍질을 탈피하지 못한 채 일제무력하에 근대사회로 이끌
려갔던 것(甲午更張)은 민족적인 커다란 비극이라고 하지 않을 수 없었다.
그러나 500년 동안이나 이어받아 온 前近代的인 인습은 억지로 이루어진
단순한 法制上의 개편으로서만은 극복될 수 없었던 것이며, 日帝의 침략정
책은 우리나라를 기형적인 사회로 이끌어가고 말았다. 이제 민주적인 교
육과 훈련이 무엇보다도 긴요하였던 시기에 일제강압하에 모든 국민생활
은 이중적이고 跛行的인 현상을 면할 수가 없었다. 민족자본은 제대로 성
장할 수가 없었고 산업부문은 균형지게 발전할 도리가 없었다. 대부분의
국민은 일제의 식량과 원료의 공급을 위하여 사역된 것이나 다름없었고
그들의 搾取政策을 수행하는 길 위에서만 활로는 얻어질 수 있게 마련이

었다.

여기 또 하나의 색다른 植民地官權萬能時代를 당하여 또 새로운 엽관운동자가 생겨났대도 조금도 놀랄 만한 일은 아니다. 국민의 활동분야는 극히 제한된 속에 거대한 搾取企業體인 일제의 總督정치기구는 많은 한국민을 관공리로 흡수하게 마련이었다. 여기 조선를 통하여 굳어질 대로 굳어졌던 官尊民卑의 관념이 미처 불식되지도 않았던 시기에, 四色과 귀천도 꺼리지 않게 되었을 때 새로운 많은 귀인이 등장하였다고 해도 이상한 일은 아니었던 것이다.

해방이 되어 일제의 桎梏에서 벗어나 민족재생이 열렸으나 국토는 양단된 위에 일제가 구축하였던 일그러진 유해 위에 한국은 새로 건설되어야 하였다. 산업의 跛行性은 일조일석에 극복될 수 없었으며 새 나라 건설을 위한 정치적인 의욕만이 늘어서 정당은 雨後竹筍모양 세워졌던 것이다. 그러나 10 여 년의 세월이 흐르는 동안에 이윽고 一黨獨裁의 아성만을 쌓아 올린 셈이 되었다. 이러한 정세 밑에 엽관운동도 부활하였을는지도 모른다. 여기에 충분한 준비기간을 가질 겨를도 없이 의회정치는 시작되었고 누구나 약간의 학식과 경력이 있으면 그들의 血緣的・地緣的 紐帶를 이용하여 몽매한 농민들의 대표자가 되기에 충분하였다. 그리하여 국회의원이라는 새로운 감투가 되어버렸던 것일는지도 모른다. 막대한 정치자금의 분류가 선거 때마다 흘러나간 것은 이를테면 國家財産을 그들의 감투 購買값으로 도용한 것이나 다름이 없겠다. 그리하여 비민주적인 방식으로 민주적인 효과만을 노리곤 하였다. 그러한 속에도 어느 누가 唐나라 때의 招賢櫃(궤)의 제도를 알았던 것인지는 몰라도 중앙청 앞에는 인물천거함을 만들어 놓았다. 오래지 않아 그것도 철거된 것을 보면 숨은 인재를 찾아 등용한다던 그 놀음도 허울좋은 일이었다는 것을 곧 알아차렸던 것 같다. 여기 우리는 先儒의 말씀을 되풀이 생각해 보아야 할 것 같다.

　　모든 쟁투는 利에 말미암은 것이요, 利가 하나고 사람이 둘이면 2黨이 생기게
　　마련이고 利가 하나고 사람이 넷이면 4黨이 생기게 마련이다(星湖).

그리고 다음과 같은 그의 戲賦 한 편을 첨가하여도 좋을 것이다.

鶴有弊巢薦作主　鵲來爭居薦反猜
彼雖辛勤始開基　此亦經營功費來
小者輕飛固善攪　大者利嘴能啄之
嗚呼二物孰是非　仰天一笑吾何如

　이제 새로운 奔競禁止法이나 새로운 탕평책을 쓴다 해도 그것이 근본적
인 해결책이 될 수 없다는 것은 명백해진 것이라고 생각된다.

〈『思想界』, 1961. 1〉

Ⅲ 白湖 尹鑴와 星湖 李瀷

白湖 尹鑴——國難과 黨爭 속에 핀 良心

星湖 李瀷——諦念과 憂國의 열매

白湖 尹 鑴

──國難과 黨爭 속에 핀 良心──

1. 國難 속의 靑少年時節

白湖 尹鑴는 內憂外患으로 나라가 매우 어지럽던 시절에 성장했다. 그는 임진왜란의 화란을 겪은 지 얼마 안된 光海君 10년(1617) 10월에 아버지 孝全의 부임지인 慶州의 衙舍(官舍)에서 태어났다. 그의 부친은 광해군 당시의 政亂으로 정치가 안정될 성싶지 않자 스스로 外職을 청해 그해 2월에 慶州府尹으로 부임하였다. 윤휴가 태어나던 날 때마침 부친의 친구이던 寒崗 鄭逑가 찾아와 있었다. 부친 효전은 이 아들의 출생과 한강 내방의 우연한 일치를, 뜻하지 않은 영광이요 경사라고 더욱 기뻐했다는 것이다. 그러나 그 기쁨도 오래 가지 못했다. 부친은 윤휴가 세 살 되던 해에 부임지 경주에서 세상을 떠나고 말았던 것이다. 부친은 驪州의 선산에 모셔지고 어린 윤휴는 어머님을 따라 서울의 옛집으로 올라왔다.

이제 윤휴의 家系를 거슬러 올라가 보면, 고조 子寬은 일찍이 靜庵 趙光祖에게서 배우고 己卯士禍 때에 連坐되었다. 그 뒤로 漢城 雙溪洞에 집을 마련한 그는 출세의 뜻을 버리고 유유히 自適하며 일생을 마쳤다. 증조 虎는 成均生員을 거쳐서 官이 吏曹參判에 이르렀다. 조부 喜孫을 이은 아버지 孝全은 일찍이 增廣試에 합격하여 王子師傅로 출발하여 충청감사, 五衛都摠管을 거쳐 경주부윤으로 부임하였던 것이다.

윤휴의 원래의 이름은 鍈이라고 하였다. 鑴는 25세 때에 고친 이름이다. 백호는 그가 28세 때에 여주 白湖에 자리잡고 살게 되면서 얻은 호이다. 호를 혹은 夏軒이라고도 하였다.*

---

* 尹鑴의 부친은 한성의 雙溪洞에 살면서 스스로 夏里主人이라고 하였다. 이는 '用夏變夷'의 뜻에서 취한 것이다. 휴는 부친의 뜻을 추모하여 쌍계동 舊邸의

士禍와 黨爭의 어지러운 사태와 임진왜란의 참화를 겪고 나서도 나라의 환란은 그치지 않았다. 윤휴가 여덟 살 되던 정월에는 李适의 난이 일어나 어린 그는 모친을 따라 한때 여주로 피난하였다. 丁卯胡亂을 당하여 三山의 외가로 피난갔던 것은 열한 살 때의 일이며, 그 다음해에 여주로 돌아갔다. 열세 살 때 조모 李夫人이 별세하여 다시 서울집으로 올라왔다. 열아홉 살 때 安東權氏 參判 怗의 딸과 결혼하였다.

어려서부터 내우외환을 겪으면서 몇 번이나 피난을 되풀이해야 하였던 젊은 그의 가슴 속에는 남달리 깊이 느껴지는 바가 있었다. 그는 20세 때 나라의 장래를 근심하여 內治·外交와 國防을 논하는 萬言疏를 草하였다 한다. 이를 안 그의 어머니는 다음과 같이 타일렀다.

　　젊은 나이로 학문에만 전념해야 할 때는 말을 삼가야 하는 것이니 나라의 큰 일을 논할 수가 없는 것이니라.

그리하여 휴는 그 疏文을 올리지 못하였다고 전한다. 그런데 그 해 10월에 또다시 청나라 군대가 몰려들어 왔다. 다음해 정월에 江華島가 함락되고 마침내 三田渡의 굴욕을 면할 수 없게 되었다. 윤휴는 남으로 피난하여 속리산 福泉寺에 이르렀다. 大君의 師傅이던 宋時烈은 그보다 앞서 親屬을 찾아 恩津에 남하하여 있었다. 휴는 그때 복천사에서 송시열 등과 우연히 만났다. 그는 仁祖가 出城하여 청나라 태종에게 항복한 사실을 알렸다. 그리고는 시열의 손을 붙잡고 통곡하며 말했다.

　　이후로 저는 다시 科擧에 응하지 않을 것입니다. 혹시나 때를 만나 정치에 종사하게 된다 해도 오늘의 이 치욕을 잊지 않을 것입니다.

그것은 사실이었다. 굳은 결심을 한 윤휴는 과연 두문불출하고 학문에만 전념하여 과거에 응하지 않은 것은 물론이요, 出世榮達일랑 처음부터 염두에 두지 않게 되었다.

　　齋名을 夏軒이라 붙여서 이 뒤로 하헌이 그의 號로 사용된 것이다. 그가 46세 때의 일이다.

2. 超脫했던 布衣의 生涯

피난에서 돌아온 윤휴는 그 다음해 모친을 모시고 公州의 柳山으로 옮아가서 살았다. 그가 22세 되던 해(1638)이다. 윤휴의 학문은 여기서 사는 동안에 이미 爛熟한 경지에 이르러 그의 명성이 세상에 널리 떨치게 되었다. 그리하여 당시의 이름 있는 선비들이 모두 그와 사귈 것을 청하여 서로 교제하게 되었다. 權諰, 尹舜擧, 尹宣擧, 權秀福 등이 모두 윤휴와 막역한 사이가 되었다. 송시열, 宋浚吉, 李惟泰, 兪棨 등도 또한 그의 교우가 되었다.

그가 공주에서 다시 여주로 돌아와 白湖에 자리잡고 살게 된 것은 28세 때의 일이다. 仁祖가 세상을 떠나고 孝宗이 왕위를 이어받게 된 이후로는 주로 이유태, 윤선거, 閔鼎重 등과 사귀었던 것이다. 효종 6년(1655)에는 그곳을 떠나 딴 곳으로 이사하였다.

윤휴의 명성은 이미 士類 사이에 퍼져서 학문과 世務에 才識을 겸비한 인물로서 주목거리가 되었다. 그리하여 당시의 일반적인 퇴패한 기풍과는 달리 博學多藝의 재사로 평판이 자자하게 되었다. 이로써 朝臣 사이에도 윤휴를 뽑아 올려서 사류들의 기풍을 권장하자는 논의까지 일어나게끔 된 것이다.

효종 6년 3월의 어느 날이다. 효종은 대신과 備邊司의 여러 신하를 불러들여 災異에 대한 대책을 논의하게 하였다. 副提學 金益熙는 『儀禮經傳』을 다시 인행하여 才學을 갖춘 젊은 문관으로 하여금 이를 감독시키자는 의견을 내었다. 효종은 이엔 반대했다.

> 그대의 말은 좋기는 하나 젊은 문관들은 공연히 술이나 마시고 한가롭게 노는 기풍에 젖어 있어 傳經에도 제대로 통하지 못한 자가 많은데 어떻게 禮經을 학습케 함을 기대할 수가 있겠는가.

이때 우의정 沈之源이 말했다.

> 臣이 듣사옵기에 許穆, 윤휴는 才學이 多藝하고 行誼가 뛰어나다 하오니 이 같

은 사람을 뽑아 써서 士類들을 권장함이 옳겠나이다.

허목과 윤휴를 천거했던 것이다. 이와 같이 하여 윤휴의 명성은 드디어 효종에게까지 알려지게 되었다. 효종은 마침내 다음해에 윤휴에게 侍講院 諮議라는 벼슬을 주어 불러들이게 하였다. 그러나 윤휴는 그 직을 사퇴하고 조정에 나아갈 생각을 하지 않았다. 이에 효종은 말했다.

내 듣건대 윤휴가 多才하여 쓸 만하다니 만나서 時務에 대하여 묻고 싶다.

당시의 여러 조신들 사이에는 임금 앞의 經筵 자리에서도 윤휴의 평판이 자자하였다. 어떤 이는 이같이 말했다.

尹某는 밝은 지혜가 夙成하고 학문이 뛰어나며 世務에 밝은 위에 뜻을 지킴이 아주 확고하여 좀체로 움직여지지 않나이다.

또 대신 元斗杓는 그를 극력 추천하였다.

속된 儒士가 어찌 시무를 알 수 있겠나이까. 俊傑한 인재가 아니면 시무를 알 수 없사옵니다. 그러나 윤휴란 사람은 학문의 才具가 다른 사람이 미칠 수 없는 인물이옵니다.

이에 효종도 이와 같이 평판이 좋은 인물이라면 기어이 등용하여 중요한 자리에 앉히려고 생각하였다. 그리하여 효종은 계속하여 윤휴에게 조정에 나와서 정치를 돕도록 명하였다. 그러나 윤휴는 그의 뜻을 굽히지 않고 오히려 在野의 선비로 사는 것이 마음 편하다 하여 효종이 부를 때마다 사퇴하고 나아가지 않았다. 효종은 도리어 자리에 불만한 때문이 아닌가 하고 보다 더 높은 지위를 주어 불러들이려고 하였으나 윤휴는 거듭 사퇴의 뜻을 아뢸 따름이었다. 효종 10년 8월에 司憲府 持平이라는 자리로써도 굳은 그의 결심을 움직일 수는 없었다.

윤휴의 이같이 세속을 떠난 초탈한 태도는 사류와 조신들 사이에 더욱 높이 평가받게 되었다. 양반으로서는 누구나 관직을 얻어 출세한다는 것만이 유일한 목표요, 또 영광이었다. 이런 기회는 실로 富와 貴를 같이 누릴 수 있는, 구하려 해도 얻기 어려운 기회임에 틀림없었다. 그런데 윤휴는 주어진 영달의 길조차 뿌리치고 나아가려 하지 않았다. 윤휴의 이 확고부동한 태도에는 누구나 경탄하지 않을 수가 없었다. 許穆은 말했다.

　　그 인물의 초탈한 氣趣는 사랑할 만하다.

한편 송시열은 이렇게 말했다.

　　임금이 부르시는 명령서를 뜯어 보지도 않고 돌려보내니 그 孤高함이란 이 세
　상 사람을 내려다보기를 땅벌레와 같이 한다.

그리하여 윤휴는 當世의 伯夷라는 이름을 얻게 되었다. 胡人에게 굴복을 당한 朝廷에서 벼슬일랑 기어이 않으리라는 청년시절의 결의를 이때까지도 저버릴 수가 없었던 것인지도 모른다. 실제 윤휴를 천거한 閔鼎重이나 송시열 등도 어쩔 도리가 없었다. 도리어 윤휴의 명성만이 더욱 높아졌다. 모두가 그를 가리켜 '尹布衣'라 일컫게 되고, 혹은 伯夷에 비유하고 혹은 諸葛亮에 비유하여 한번 그의 얼굴이라도 보기를 원하였다 한다. 그러나 한편에서는 "그것이 다 무슨 소린가"고 반박하는 사람도 없지는 않았다.

3. 自主的인 學問의 世界

윤휴의 인품과 성격, 그 권위의 추종을 거부하는 자주적인 태도는 비단 그의 處世에서뿐만 아니라 그의 학문 태도에도 역력히 나타났다. 그는 어려서부터 聰敏하고 비범한 재질을 갖추고 있었다. 윤선거도 일찍이 윤휴를 가리켜 말했다.

　　幼年에 스스로 깨달아 학문에 뜻을 두고 마음을 가다듬고 행동을 절제하여, 옛
　사람에 통하지 않는 바가 없으며, 讀書講義에는 註說에 구애되지 않는다. 그리
　하여 언론과 견식이 실로 다른 사람보다 뛰어나니 만약에 그 단점과 장점을 서
　로 보충하면 일반 유학자가 당해 내지 못할 것이다.

윤휴가 20여 세 때의 일이다. 송시열이 자기보다 열 살 아래인 윤휴를 三山에까지 찾아가 본 후 宋浚吉에게 그에 대한 찬사를 아끼지 않았다.

　　내가 삼산에 가서 尹某를 보고 그와 더불어 학문을 토론하였는데 우리들의 30

년간의 공부가 可笑로움을 느꼈다.

이로써 송시열은 윤휴의 才學이 뛰어났음을 알고 나이를 가리지 않고 벗으로 사귀었던 것이다.

윤휴가 일찍이 理氣說을 논하여 퇴계와 율곡의 설을 각각 비판하고 절충하여 스스로 「四端七情人心道心說」을 지어 定說이 없는 心性說에 대한 해명을 꾀하였던 것도 그가 22세 때의 일이다. 그리하여 당시 송시열도 이를 權諰에게서 전해 듣고는 윤휴의 이기설을 얻어 보려고 부탁까지 하였다.

  그 이기설은 반드시 뛰어나게 탁월한 바가 있어 前人이 미처 미치지 못한 바를 통찰하였을 것이니 그것을 저에게 轉示하여 주셔서 서의 그릇됨을 깨우칠 수 있게 하여 주셨으면 다행이겠습니다.

윤휴는 한편 중국의 經典을 연구하는 데도 몰두했다. 그중에도 『中庸』에 관해서는 수십년을 두고 연구하여 그 章句를 새롭게 나누고 스스로 集註를 붙여서 새로운 해석을 가하였다. 『중용』은 『大學』과 같이 유교의 경전 중에서도 기본이 되는 것이다. 朝鮮 몇 백년을 통하여 중국 경전의 해석에는 오로지 朱子의 해석만을 따라야 하기 마련이었다. 윤휴도 주자와 퇴계를 존경하였다. 그러나 그들의 학문을 깊이 연구한 후에는 자기 자신의 새로운 견해를 주장하여 마지않았던 것이다. 거의 전통이 되다시피한 주자학의 권위에 그저 맹목적으로 추종하는 태도가 아니라 스스로의 깊은 사색을 통하여 얻은 진리를 내세우기에 주저하지 않았다. 許穆도 윤휴의 『讀書記』를 받아 보고는 경탄하였다.

  내가 원래 魯鈍하여 매양 옛사람의 글을 읽을 때는 반드시 두세 번 반복하지만 그래도 다 통해서 깨달을 수가 없으니 著述에 있어서는 더군다나 감히 쉽게 말하지를 못하오. 이제 그대의 『독서기』를 받아 보니 그 해석이 뛰어나 사람을 감동시키는 바가 많은지라 그대가 아니고서는 어찌 이 같은 說을 낼 수가 있겠소. 몇 번을 愛誦하니 마음이 상쾌하기는 하나 유감스러운 것은 그 견해가 너무 높은데 그 말이 너무 쉬운 것이오. 이를테면 지나치게 高爽하여 謙約이 부족하고 너무나 剛勇하여 謹厚함이 부족함이 흠이라 하겠으나, 그대의 高明透徹한 재질로써 후일에 반드시 새로운 발견이 있을 것이오.

윤휴의 학문에 경탄과 함께 疑懼의 마음을 품으면서도 그 장래를 기대하여 마지않았던 것이다.

이 같은 윤휴의 학문 비판의 자주적 태도는 주자학을 金科玉條로 여기던 당시의 유학자들을 놀라게 하고 큰 화제거리가 되었다.

윤휴가 이렇듯 『중용』을 改節한 것은 그가 36세 되던 효종 3년의 일이다. 그 해 가을에 송시열, 兪棨, 尹宣擧가 黃山書院에 회유하게 되었을 때에도 윤휴가 화제에 올랐다. 이 자리에서 송시열은 윤선거를 나무랐다.

　하느님이 孔子에 이어 朱子를 낳게 한 것은 실로 萬物의 道統을 세운 것이오. 주자 이후로는 一理도 드러나지 않은 것이 없고 一書도 밝혀지지 않은 것이 없는데 윤휴는 감히 자기의 견해를 내세워 멋대로 생각하고 있소. 그런데 그대는 도리어 그를 도와서 어찌 스스로 朱子門의 反卒이 되려는 것이오.

이에 윤선거는 반문했다.

　義理는 천하의 公公된 것인데, 어찌 希仲(尹鑴의 字)에게 감히 말도 못하게 하려는 것이오. 주자 이후로 주자에 대해서 말하는 것이 옳지 못했다면 어떻게 그 후로도 중국 經典에 註說을 붙인 자가 있는 걸까요?

이 말을 듣고 송시열은 크게 노하여 공격하였다.

　그대는 주자를 高明하지 못한 것으로 여기고 휴가 고명하다는 말이오? 휴는 실로 斯文亂賊(敎理에 어긋나는 言動으로 儒敎를 어지럽히는 사람)이오.

이에 윤선거는 어이없이 여기며 송시열의 시비가 옳지 않음을 말하였다.

　그대는 회중을 너무 지나치게 두려워하는 것 같소. 주자를 이끌어 분쟁의 씨를 삼을 것까지야 없지 않소.

송시열의 입장으로서는 애초부터 '주자의 論에 좇지 않는 자는 모두 異端임을 면할 수 없다'는 것이었다. 그렇다고 송시열은 그 뒤에도 윤휴와의 사이에 틈이 벌어진 것은 아니었다. 그는 전과 다름없이 내왕하며, 윤휴의 英才를 아꼈다. 효종 때에 그를 司憲府 持平으로 特薦한 것도 실은 송시열이었던 것이다.

윤휴는 그렇듯 효종의 거듭된 부름에도 아랑곳없이 政界에는 나가려 하지 않았다. 효종은 10년의 治世 끝에 세상을 떠났다. 이제 국상에 따르는 服制문제가 일어나게 되었다. 顯宗 원년(1660) 5월의 일이다. 右相 元斗杓는 임금에게 아뢰었다.

先祖 禮遇 중의 李惟泰, 沈光洙, 許厚, 윤선거, 윤휴와 같은 사람들은 그 의견을 들을 만한 이들이옵니다. 지방에 있는 자는 할 수 없사오나 城內에 있는 자에게는 불가불 그 의견을 들어야 할 것이옵니다.

그리하여 인조의 繼妃인 慈懿大妃 趙氏의 복제를 어떻게 할 것인가 하는 논의가 벌어졌다. 이에 따라서 현종은 윤휴에게도 대비의 복제에 대한 의견을 묻게 된 것이다.

이른바 복제문제란 효종이 별세하여 그 어머니인 趙大妃가 상복을 3년 동안 입을 것이냐, 1년간을 입을 것이냐 하는 문제였다. 1년 동안 입어야 한다는 朞年說을 주장한 이는 송시열이었다. 그는 맏아들이 죽으면 그 부모는 3년복을 입어야 하고, 둘째 아들의 경우에는 1년복을 입어야 한다는 禮說에 따라 효종이 둘째 아들이므로 1년복을 입어야 한다는 것이었다. 그러나 3년복을 주장한 윤휴의 의견은 이와는 달랐다. 맏아들인 昭顯世子가 죽고 둘째 아들인 효종이 王統을 이었으나 이는 일반 사대부를 위한 禮說에 구애될 것이 아니라 했다. 효종은 왕실의 계통을 이었으므로 마땅히 長子로서의 예를 갖춰야 한다고 그는 주장하였다. 이른바 南人들은 윤휴의 설에 同調하였다. 그러나 이 논쟁은 송시열의 주장이 이겨서 마침내 조대비는 1년복을 입게 되고 남인계열의 관리들은 정계에서 물러나게 되었다. 윤휴의 입장으로는 형식적인 禮說에 무조건 추종할 것이 아니라 왕통을 보다 더 중히 여긴다는 생각에서 그렇게 주장한 것이었다. 己亥년의 일이라 이를 己亥禮訟이라고 일컫는다.

윤휴는 일찍이 『중용』의 章句를 헐어 고치고 그 註解를 새로 달아서 주자에 배반하는 이단자로 여겨졌었고, 이제 예설로써 송시열의 주장과 대립되어 그것이 정치적으로까지 파당적 항쟁을 자아내게 된 것이다. 송시열도 이 기해예송 이후로는 윤휴에 대하여 결정적인 반감을 갖게 되었던 것이다. 그러나 원래부터 윤휴의 태도는 여전하였다.

경전의 깊은 뜻은 어찌 주자만이 알고 나 같은 사람은 알 수가 없다는 것인가?

그는 자주적 자세를 굽히지 않았던 것이다. 그가 肅宗 때 經筵 자리에서 "孔子의 이름을 입 밖에 내어 말하기를 꺼려 할 필요가 없다"고 주장한 것도 그의 이 같은 태도의 일단이었다.

기해예송 이후로 윤휴는 서울 雙溪洞 舊邸와 고향인 여주를 내왕하며 살았다. 이 시기에 그의 학문은 더욱 깊고 넓어졌다.

顯宗 15년(1674) 7월에 孝宗妃인 仁宣大妃가 별세하여 또다시 복제문제가 일어나게 되었다. 이때에도 朞年說을 주장하는 남인과 大功說(九月服)을 주장하는 서인과의 사이에 대립이 일어난 것이다. 대립되는 논의는 기년으로 정하여져서 정권을 잡았던 서인이 몰려나고 기해예송 당시의 諸臣도 追罪되었다. 그리하여 마침내 남인이 등장하게 되었다. 그 해 11월에 현종이 별세하고 숙종이 왕위를 이으면서 남인의 정권이 서게 되고 이를 기틀로 윤휴도 官界에 등장하게 된 것이다.

4. 晚年의 經綸과 受難

宋時烈을 領袖로 하는 서인이 몰려나고 남인이 득세하게 되자 윤휴의 이름은 다시 朝臣들의 입에 오르게 되었다. 숙종이 즉위한 9월에, 앞서 顯宗의 誌文을 만들어 올리도록 송시열에게 내린 그 명은 마땅히 철회되어야 한다고 주장하는 자가 있었다. 즉, 晋州의 幼學 郭世楗은 그 명을 철회하고 나이 들고 禮에 익숙하며 학문도 老成한 사람을 시켜야 한다는 것이었다. 그것은 許穆이나 윤휴를 암시하는 것으로 여겨졌다. 숙종은 그해 11월에 윤휴에게 禮賓寺正에 이어 司憲府 掌令의 직을 내렸으나 그는 사퇴하고 나오려 하지 않았다. 이듬해인 숙종 원년 정월에 侍讀官 權愈는 윤휴를 경연에 참석케 할 것을 임금께 청하였다. 特進官 權大運과 檢討官 李夏鎭(李瀷의 父親)이 이에 찬성하였다. 숙종은 史官을 보내어 윤휴의 辭意를 번복시켜 그로 하여금 비로소 出仕의 뜻을 품게 한 것이다. 윤휴는 이제 노령에 달하여 일생 동안 쌓아 올린 그의 학업을 근본삼아 한번 뜻을 펴보려는 야망을 품었는지도 모른다. 아무튼 그는 成均司業이 되어 경연에 나아가게 되었다. 경연에 나아가기에 앞서 미리 당면한 정치의 과제를 구상하였다. 그는 이 **時務策**의 箚子(간단한 上疏文)를 품고 최초의 경연 자리에 올랐다. 20세 때에 **萬言疏**를 지녔던 윤휴는 이제 그로서는 처음이고 마지막인 나라의 경륜을 펴보려는 것이었다.

경연 자리에서 **承旨 鄭維岳**은 그 차자를 가리키며 말했다.

윤휴가 20년이나 나오지 않다가 오늘날 비로소 나왔음에는 이 한 일로써 그의 去就를 決하려는 것으로 그저 단순한 戒晦의 말이 아니겠으니 마땅히 대신들과 그 의견의 가부를 논해야 할 것입니다.

그리하여 이 건의의 채택 여부는 그의 거취를 좌우할 것임을 시시히였다. 이에 경연에서는 날마다 그의 건의서를 강론 토의케 된 것이다.

윤휴가 제시한 건의서에는 당시 사회의 퇴패상과 이에 대한 그의 포부가 적혀 있었다. 정치기강은 문란하고 민생은 도탄에 빠져 나라의 근본이 어지럽고 초췌하다, 붕당의 폐습은 고질화되는 반면에 **兵政**까지 문란하여 국방의 만전을 기할 수가 없는 상태라 하였다. 이 난국을 타개하려면 근본적으로 국가의 **百年大計**를 확립하고, **聖學**에 힘쓰며 **禮論**에 관한 국론을 통일하고, 인재등용 및 **言路**를 **開張**하고 지방행정의 쇄신을 기하여 민생의 궁핍을 **求**하는 한편 군비를 갖추어 외국의 위협에 대비해야 한다는 것이었다.

윤휴가 처음으로 경연에 나오자 그의 발언은 중시되는 동시에 그의 벼슬은 연속 승진되었다. 하기야 의견 대립으로 도중에 **辭意**를 표명한 일도 있었으나 숙종 6년에 **失脚** 사형을 당하기까지 벼슬은 **大司憲, 右贊成**에 이르렀던 것이다. 그가 재직 6년 동안에 강력히 주장하고 실시하려던 경륜이란 도대체 어떠한 것이었는가?

三政紊亂에 대한 對策

儒學者로서는 흔히 누구나 중국 3代의 정치를 하나의 이상형으로 여겼다. 그러나 현실적으로 제기되는 것은 스스로 별개의 문제이기도 했다. 하여튼, 민생의 안정과 국가의 번영은 경제에 기반을 두지 않을 수가 없다. 윤휴도 경제문제에 있어서는 중국 **周**나라 때의 **井田制**를 이상으로 여김에는 다름이 없었다. 그리하여 그도 또한 土地經濟에 기반을 두고 田制와 稅制를 바로잡는 것이 국가 경륜의 기본이 되는 것으로 생각하였다.

그는 이 같은 토지경제를 근본적으로 바로잡기 위하여서는 먼저 堤堰을 修築하여 水利사업을 일으키고 황폐된 채 버려둔 이른바 陳田을 일으켜 경작할 것을 장려했다. 그는 또한 火田을 엄금하여 山林川澤을 보호하는 한편 뽕나무를 심고 누에를 길러서 농업증산을 꾀해야 할 것이라고 주장하였다.

그는 임진왜란 이후 토지제도가 문란케 된 발단인 宮屯田·官屯田의 폐단을 지적하면서 둔전의 폐지를 거듭 주장하여 마지않았던 것이다. 조신 사이에서도 그 폐단은 누구나 인정하고 있었다. 그리하여 논의는 거듭되었으나 일이 宮家와 官衙에 관련된 문제라 이를 단행하기를 꺼렸다. 따라서 윤휴의 강력한 주장도 有耶無耶한 속에 그 실시를 기할 수가 없었다.

윤휴는 또 세제에 있어서도 貢賦와 庸役에 해당하는 것이 大同法이나 三手米稅로서 모두 田地를 기준한 田稅와 같은 것으로 변해져서 본래의 租庸調의 원칙에서 벗어나는 그릇된 것이라 했다. 그러므로 그는 전세와 戶稅를 구별하여 받아야 한다고 했다. 더구나 軍布에 있어서는 오로지 이를 평민에게만 부담시킴으로써 그들을 流離散亡케 한다는 것이었다. 그러므로 윤휴는 단연코 戶布法을 실시하여 상인과 양반을 가릴 것 없이 일률적으로 호포를 부과시켜야 한다고 했다. 윤휴의 주장으로 숙종 원년 9월에는 五家統法事目이 제정되고 11월에는 紙牌法이 실시되었다. 그러나 그 결과는 좋지가 않았다. 그것은 지방의 수령들이 籍에 없던 民丁이 나타나면 그들을 바로 軍役에 끌어냈기 때문에 民怨만을 사기에 이르렀다는 것이다. 이로써 호포법을 강력히 실시하자던 윤휴의 주장에 대하여서는 그 원칙에만은 찬성의 뜻을 표하는 조신들도 '사회의 불안정', '시기상조' 등의 이유로 반대하는 자가 많아서 마침내 이를 실시하지는 못하고 말았다.

윤휴가 깊은 관심을 가졌던 또 하나의 문제는 이른바 糶糴이었다. 그는 민생의 곤란을 참작하여 정부에서 일시적인 조처로서 조적을 탕감하여 주어도 지방의 수령들이 슈을 이행하지 않아 백성들은 그 실제의 혜택을 받지 못한다고 하였다. 그러므로 근본적으로 高利貸로 화해 가는 조적법은 아주 없애고 그 대신에 常平法을 실시하는 것이 옳다고 하였다. 조적법은 원칙상으로는 좋은 법일지 모르나 실제상으로는 그 賑恤의 본의는 없어지고 督徵과 고리대로 일종의 영리사업과 같이 되어 간다는 사실을 그는 지적하고 몇 번이고 그 시정책을 주장하였으나 이 역시 반대로 말미암아 좌절되고 말았다.

그러면 윤휴가 경제면에서 시정하려고 강력히 주장하여 마지않았던 것은 무엇일까. 이를 요약건대, 임진왜란 뒤로 田政의 문란의 발단을 지었던 宮房·官衙의 屯田의 확대를 방지하고, 어린 아이와 죽은 사람에 대한 징세, 隣徵, 族徵으로 말미암아 병정을 문란케 한 이른바 良役의 문제를 戶布法의 실시로 해결하고, 또 督徵과 高利貸化로 말미암아 국민을 더욱더 곤궁하게 만들어 가던 糴糶法의 폐지 등을 단행코자 하였던 것이었다. 이 田政, 軍政, 조적의 문란은 조선 쇠망의 경제적 원인이라고 간주되는 이른바 조선후기의 三政의 문란을 의미하는 것이다. 그러므로 윤휴는 임진왜란을 겪은 지 오래지 않은 당시에 있어서 장차 조선을 쇠망케 하고야 말 가장 큰 폐단이었던 삼정의 문란을 그 端初的인 시기에 강력히 막아야 할 것으로 생각하고 그 실시를 되풀이해 주장했던 것이다. 이 같은 정책은 기왕에 권세와 이득을 차지한 사람들에게는 모두 불리한 것임에 틀림없었다. 그의 주장은 원칙적으로는 찬성을 받으면서도 이를 단행하자는 데는 반대를 받아서 결국 윤휴는 그의 뜻을 펼 수가 없었던 것이다.

舊制復古의 政治的 理想

윤휴는 정치면에 있어서도 중국 3대의 정치를 이상적인 것으로 생각하였다. 그리하여 先聖의 典制인 三公六卿의 제도로 복구되어야 한다는 생각이었다. 실제로 임란 이후로는 軍國의 機務는 備邊司에서 처리되어 와서 庶政을 맡아보던 기관인 議政府는 행정면에서 아무런 권력행사도 할 수 없게 되었다. 그는 이 같은 비변사를 폐지하고 議政들의 권한을 복구시켜서 모든 정치는 의정이 총관하게끔 하는 것이 옳다고 생각하였다. 또한 국초부터 독립 관청으로 설치되게 된 司諫院은 이를 폐지하고 다시 門下府 예속하의 諫官制와 같이 개편해야 할 것이라 했다. 실제로 간관제 자체가 이미 특정된 관리에게만 言權을 주는 결과가 되어 言路는 도리어 좁아진다는 것이다. 그 결과는 士禍를 일으키는 하나의 원인을 짓는다는 것이었다. 그러므로 언론을 官民에서 널리 구하는 법을 마련해야 한다고 했다. 그리하여 정치인들은 붕당적인 생각과 口說을 버리고 오로지 일의 옳고 그른 것만을 가려야 한다고 했다.

그는 또한 科擧制가 인재를 공정히 뽑으려던 원래의 취지를 벗어났음을 지적하였다. 일반 士類들은 과거준비만을 목적으로 詞章 중심의 학풍으로 흘러서 유교 원래의 修己治人의 학문기풍이 없어졌다는 것이다. 그러므로 과거는 실로 孝廉, 實德, 時務를 아는 선비를 구하는 길이 아니라는 것이다. 그와는 반대로 才分을 갖춘 자는 하는 일 없이 늙어 죽는 결과가 되는 것이라 했다. 이에 윤휴는 선비의 行誼, 智慮, 技藝 등을 보아 議政·判書로부터 지방수령에 이르기까지 널리 천거케 하는 이른바 貢擧制를 시행할 것을 주장하였다.

그는 또한 앞서 말한 바와 같이 오가통법과 지패법을 실시하여 戶口의 離散을 막음으로써 兵政을 확립할 기초를 닦아야 한다고 했다. 그리하여 병역징발에 있어서도 종래의 신분적인 특전을 없애고 병역의 의무를 신분의 차별 없이 균등하게 지워야 한다고 했다. 즉, 종래에 제외되었던 사대부와 재상의 자제로부터 庶孽, 僧徒를 가릴 것 없이 누구나 병역 의무를 져야 한다는 것이다.

한편 이른바 萬科設行을 주장 실시하여 널리 武科 급제자를 뽑아 이들을 모두 상설할 體府에 소속시켜 군대를 편성하도록 하였다. 체부라 함은 兵權의 중추기관으로서 이를테면 國初의 三軍府와도 같은 국군의 統帥府를 의미하는 것이었다. 윤휴는 이를 강력히 주장하여 마침내 그 설치를 보게 된 것이었다.

윤휴의 위와 같은 주장과 이상을 제도적으로 본다면 마치 국초의 왕권 확립시기와 같은 구조로 돌아가야 한다는 생각이었음을 말한다. 즉, 文武合議기관인 備邊司를 폐하고 의정부의 기능을 되살리고 삼군부 아닌 체부를 설치하여 병권을 분립시켜서 왕권 밑에 文武權을 나누어 두게 하자는 것이 그것이다. 그러나 그의 체부 설치와 北伐論은 그가 실각하게 되는 중요한 계기가 되었다.

體府 設置와 北伐論으로 인한 受難

윤휴의 집요한 주장 끝에 체부는 肅宗 2년 정월에 드디어 그 설치를 보게 되었다. 그리하여 許積으로 五道都體察使를 삼아 敎書가 내려지고 수명의 從事官을 두었다. 이로써 하나의 幕府가 개설된 셈으로 都體察使에게 內外兵權이 위임되어 訓鍊都監, 御營廳까지도 모두 그 절제를 받게 되었다.

체부 설치에 따라 朝臣 사이에는 여러가지 이에 수반되는 어려운 문제가 논의되었다. 萬科設行에 따라 武科出身者를 모두 체부에 소속시켜 作隊한다는 것은 곤란한 조처라 했다. 또한 禁軍까지도 체부에 통속시키는 것은 무리라 했다. 따라서 어영청·훈련도감은 체부의 지휘에서 벗어나게 하였다. 한편으로 윤휴의 주장으로 실시하게 되었던 오가통법·지패법이 제대로 잘 실시되지 않았고 戶布法의 주장은 받아들여지지도 않아서 이 같은 뒷받침이 따르지 않는 체부의 설치는 그 실효를 거두기가 어려웠다. 이에 대한 반대의 논의만 높아져서 드디어 체부를 폐지하자는 논의가 일어났다.

그리하여 숙종 3년 5월에 체부는 폐지되고 말았다. 윤휴는 체부 폐지에 따라 사의를 표했다. 한편으로는 윤휴 疏斥의 소리가 드높았으므로 그는 도성 밖으로 나와 江村에 머물러 정계에 나오지를 않았다.

윤휴의 주장은 그것만이 아니었다. 그는 당시 중국에서 吳三桂의 亂으로 긴장된 정세에 대비하여 兵政의 정비강화를 극력 주장하고 숙종 4년 9월에는 密疏를 숙종에게 올려 체부를 다시 설치할 것을 주장하였다. 숙종은 이에 특명을 내려 그 해 12월에는 다시 체부의 復設을 보게 하였다. 한편 그는 兵車의 제조·사용을 주장하였다. 그리하여 火車까지 제조하여 실지 연습까지 하기에 이르렀다. 이같이 兵器·兵制를 강화하려는 주장은 그의 북벌 주장과도 서로 관련이 있는 것이었다. 당시 중국에 있어서는 오삼계의 반란으로 북경이 위급하다는 소식이 시시로 들려왔다. 윤휴는 이 같은 정세를 이용하여 청나라 조정과 국교를 끊고 바다를 건너 叛軍

鄭錦과 통하여 북벌을 단행한다면 지난날의 설욕을 할 수 있다고 생각하였다. 청나라 조정에서는 조선에 鳥銃과 火砲의 원조를 청하여 올 만큼 다급해졌다. 윤휴는 이때야말로 무기의 원조가 아니라 中原으로 쳐들어갈 좋은 시기라고 생각하였다. 일찍이 그가 21세 되던 해에 三田渡의 굴욕을 보고 '오늘의 치욕을 잊지 않을 것이라'던 젊었을 때의 결심을 그는 내내 잊지 않고 있었기 때문인지도 몰랐다.

효종조에는 누구나가 주장하던 북벌의 논의였건만 이제 와서는 공연히 민심만 흉흉케 하는 것이라든지 혹은 그 시기가 적당하지 않다 하여 반대의 소리만이 드높았다. 뿐만 아니라 숙종도 이에 따랐으므로 윤휴의 뜻은 좌절되고 말았다. 도리어 윤휴는 북벌을 빙자하여 체부를 설치하고 스스로 병권을 차지하려 한다는 비난만을 빗발치듯 받게 되었다.

숙종 5 년에는 강화에서 凶書사건이 일어나 獄事가 연이어 벌어지는가 하면 또 한편으로는 한때 집권자였던 송시열에 대한 攻斥의 소리가 일어나 정계는 소연해졌다. 체부에는 다시 副察使로 金錫冑가 임명되고 그 위에 부찰사 한 사람을 더 보강하되 윤휴로 해야 한다는 제의도 나왔다. 송시열에 대한 공격의 緩急에 따라 남인 사이에는 두 갈래로 의견의 대립이 생겼다. 당시의 영의정 許積과 좌의정 權大運, 우의정 許穆은 모두 남인이었다.

숙종 6 년(1680), 이른바 庚申大黜陟으로 남인이 다시 정권에서 몰려나게 되었다. 윤휴도 그 해 3 월 허적의 서자 許堅의 모반사건에 연루되어 4 월에는 甲山으로 유배되고 5 월에는 賜死의 처벌을 받아 그의 일생은 끝나고 말았다. 이제 그는 朱子를 배척한 斯文亂賊이라는 낙인을 벗어날 수가 없었다. 윤휴의 맏아들 義濟도 따라 推鞫당한 끝에 네 동생과 더불어 邊地에 각각 유배되었다. 그리하여 정권은 다시 서인의 손에 들어갔다.

숙종 15 년 3 월에 이르러 아들 夏濟의 伸寃에 의하여 윤휴는 영의정으로 追贈되고 숙종은 승지를 보내어 賜祭의 恩典까지 내렸다.

윤휴는 국가수난 속에 자라나 출세의 뜻을 버리고 재야의 선비로 노령에 이르기까지 학문에만 전념하였다. 그리하여 그 학풍은 주자학의 전통과 권위를 벗어나 자주적이고 비판적인 태도를 견지하였다. 그리고 그의

才學은 일세를 풍미한 것이었다. 그가 만년에 남인정권에 참여하여 일생의 經綸을 펴려던 것도 스스로 갖춘 才質을 한번 실천해 보려는 결심이 섰기 때문이었을 것이다. 그가 시도한 정책은 과감한 것이었다. 그는 나라가 쇠퇴하여 기울어질 몇 가지의 악폐를 올바로 인식하고 있었던 것 같다. 그러나 大勢는 그의 주장을 좇지 않았다. 그의 뜻은 좌절되고 실패되는 도중에 黨禍에 휩쓸려 마침내 목숨을 잃고 만 것이다.

略　　歷

1617 년 慶州에서 慶州府尹 尹孝全의 아들로 출생.

1627 년 丁卯胡亂으로 三山 外宅에 피난.

1638 년 公州 柳山에 이주.

1644 년 驪州 白湖에 卜居.

1655 년 서울 雙溪洞으로 이주.

1656 년 侍講院 諮議가 됨.

1659 년 己亥禮訟사건이 일어남.

1675 년 成均司業이 되어 經筵에 참석.

1680 년 賜死.

著　書：『四端七情人心道心說』, 『洪範說』, 『周禮說』, 『中庸說』, 『孝經章句攷異』, 『大學說』, 『中庸章句補錄序』, 『中庸大學後說』, 『大學古本別錄』, 『公孤職掌圖說』, 『讀書記』.

◇ 參考文獻 ◇

『白湖集』, 『眉叟記言』, 『宋子大全』, 『魯西遺稿』, 『孝宗實錄』, 『肅宗實錄』.

韓沽劤, 白湖 尹鑴硏究 (『歷史學報』 第 15 · 16 · 19 輯).

韓沽劤, 「白湖 尹鑴의 ‘四端七情人心道心說’」(『李相佰博士回甲紀念論叢』).

〈『韓國의 人間像』 4, 學者篇, 1965〉

星湖 李 瀷
—諦念과 憂國의 열매—

1. 서글펐던 生涯

여기에 또 하나의 뜻을 펴지 못한 선비가 있다. 학문은 실제 사회에 유용한 것이어야 한다고 생각하였던 그는 그러한 점에서는 栗谷(李珥)과 磻溪(柳馨遠)를 우리나라에서 가장 뛰어난 학자로 꼽았다. 그들은 당시의 사회현실을 가장 올바르게 인식, 비판하여 그들의 높은 식견과 포부는 어지러웠던 나랏일을 능히 바로잡을 만한 것이었다는 것이다. 그러나 유감스럽게도, 혹은 눌려서 그대로 실시되지 못하고, 혹은 또 헛되이 쌓여서 묻혀 버리고 말았음을 그는 한탄하여 마지않았다. 그런데 그 자신의 처지도 그들과 궤도를 같이하게 되었다.

그는 평생을 초야에 묻혀 오직 체념 속에서 學問에만 전념하였다. 그러한 중에도 당시의 사회현실에 대하여 예리한 비판과 넓은 포부를 술회하여 마지않았다. 나라의 장래가 위태롭게만 생각되는 그로서는 사회현실에 무관심할 수가 없었다. 아니 학문 자체가 그럴 수 없는 것이어야 한다고 했다. 그러나 조정은 그의 포부를 들어 줄 만한 여유가 없었다. 그리하여 그가 저들 先儒에게 대하여 품었던 그와 마찬가지의 한탄을 그의 門人이나 후세 선비들로 하여금 또다시 되풀이하지 않을 수 없게 하였던 것이다. 그가 바로 흔히 實學이라고 일컬어지는 조선후기 經世致用의 學을 大成한 星湖 李瀷이었다.

諦念의 끝짜기로

李瀷은 黨爭의 禍難 속에 몰락되어 가는 南人의 가정에 태어났다. 그가 세상에 태어나기 바로 1년 전인 肅宗 6년(1680)에 우리나라 정계에는 또 하나의 선풍이 일어났었다. 그 거센 바람에 휘몰려서 수많은 남인들은 정계에서 물려나야만 했다. 이익의 부친 夏鎭도 大司諫이란 요직에서 물려나고 晉州牧使로 옮겨졌다가 파직을 당하고 말았다. 그리고는 뒤이어서 평안도 雲山이라는 벽지에 유배되었다. 이익은 그러니까, 저 이른바 庚申大黜陟이 있었던 다음해인 숙종 7년(1681) 10월 18일에 부친의 유배지인 평안도 운산에서 탄생하였다.

驪州李氏인 이익의 집안은 오래 전부터 명문이었다. 그의 8代祖인 繼孫은 일찍이 학문으로 집안을 일으켜서 벼슬이 兵曹判書에까지 이르렀다. 그 家系를 이은 증조 尙毅는 議政府의 左贊成(從一品), 조부 志安은 사헌부의 持平(正五品)이라는 벼슬을 지내었다. 그렇던 것이 부친 하진 때에 이르러서는 당쟁의 서리를 맞아 家運이 기울어지게 된 것이다.

그러나 그뿐이 아니었다. 이익이 태어난 바로 이듬해 6월에 부친 하진은 55세를 일기로 유배지인 운산에서 세상을 떠나고 말았다. 전부인 李씨에게서 3남 2녀를 남기고, 후부인 權씨에게서 2남 2녀를 남긴 채 이익의 부친은 눈을 감았다.

두 살에 부친을 여읜 뒤로 이익은 安山의 瞻星村으로 돌아온 홀어머니 권씨 슬하에서 자라났다. 이익의 字는 子新이요, 星湖는 그가 첨성리 星湖莊에 살면서 스스로 붙인 그의 호이다.

권부인은 淸弱하고 多疾한 이익을 몹시 사랑하고 귀엽게 키우기에 애를 썼다. 이익은 조금 자라서 철이 들자 누가 시키지 않아도 스스로 분발하여 책에서 손을 놓지 않았다. 권부인은 그 모양을 보고 '저애가 저렇듯 할 수 있으니 이제 나는 근심이 없다'고 속으로 기뻐하였다.

이익은 뒤에 둘째 형 剡溪公 潛에게 글을 배웠다. 그가 널리 글공부를 하는 중에는 선현의 언행을 샅샅이 기억하고 일찍부터 詩나 文을 잘 외웠다. 처음에 학문에 뜻하여서는 『孟子』, 『大學』, 『小學』, 『論語』, 『中庸』, 『近思錄』을 읽고, 다시 『心經』, 『易經』, 『書經』, 『詩經』을 거쳐서 程朱와 退溪를 탐독하여 통하지 않은 것이 없었다.

그는 25세 되던 해에 나라에서 베푸는 增廣試(나라의 큰 慶事 때 임시로 실시하던 科擧)에 응하였으나 이름을 書式에 맞지 않게 써넣은 탓으로 會試

에 나아가지 못하고 말았다. 바로 그 다음해에 둘째 형 잠은 進士로서 임금에게 上書하여 張禧嬪을 두둔하다가 역적으로 몰려 杖殺되었다.

이 사건은 이익에게 큰 충격을 주었다. 그때까지는 세속에 따라서 이름을 얻으려고 노력하였으나 둘째 형이 화난을 당하고 나서는 과거에 응할 뜻을 버리고 두문불출 독서에만 몰두하였던 것이다. 안산 첨성리는 서울에서 약 20 킬로미터요, 서편으로 4~5 킬로미터 가면 仁川府 경계에 이르는 한적한 고장이다. 서울의 貞陵洞에는 옛집이 있었다. 형이 죽은 다음해에 이익이 서울로 올라와 三角山 白雲臺에 올라갔던 것도 마음에 맺힌 울화를 자연 속에 풀어보려 했던 것일는지도 모른다.

人間 星湖의 面貌

星湖의 집에는 수천 권의 서적이 있었다. 부친 하진이 1678 년에 사신으로 중국 燕京에 들어갔을 때 수많은 古書를 구해 왔던 것이다. 성호는 어머니에게 아침 저녁으로 문안을 드리는 외에는 언제나 서재에 단정하게 앉아서 성현들의 經傳과 程朱의 書, 退溪의 文을 정독하고 연구하여 한 字句도 소홀히 넘기지를 않아서 조금도 회미한 곳을 남기지 않았다. 또한 평소에 嬌異한 행위나 名利에 따르는 일이 없이 오로지 自修力踐하여 사람에 접하고 향리에 처함이 예도가 있었기에 널리 士林 사이에 존경을 받게 되었다.

성호는 당시의 생활을 다음과 같이 돌이켜보기도 하였다.

> 천하의 백성이 1년 내내 부지런히 일을 하여도 입에 풀칠하기가 어려운데 다행히 조상이 남겨 준 은덕으로 인하여 조용하고 한가하게 살면서 饑餓를 면할 수가 있었다.
> 내가 관직이 없는 선비로서 토지와 奴婢를 갖고 耕牧樵汲의 일을 하지 않고 使令과 騎乘을 갖추어 저들 서민이 미치지 못하는 생활을 하고 있으니 이것이 모두 선조가 내려준 은혜의 餘澤이다.

성호가 35 세 때에 홀어머니마저 별세하였다. 그는 服喪을 마치고서는 노비와 什器 등을 모두 宗家로 돌려보냈다. 성호는 조상이 남겨준 토지를 근거로 편안히 학문에만 종사하였다. 그러면서도 한편으로는 兄弟子姪에 대한 恩愛가 지극하여 一家의 支柱가 되었다. 둘째 형에게 아들이 없음을 가슴 아프게 여겨서 양자를 들이게 하였다. 또한 서자들을 收養하여 교육을 시키고 결혼으로 成家케 하는가 하면, 여러 조카들을 데려다 가르치며 마치 친아들과 같이 돌보아 주기도 하였다.

성호가 타고난 성품은 氣神이 淸朗하고 性貌는 峻潔하였다. 눈에는 정기가 넘쳐 흘러서 그 英彩가 사람을 쏘는 듯싶었다. 조그마한 긍지도 가진 듯싶지 않으면서도 中正簡重하여 하나의 덕성을 갖추었다. 孝友의 禮信이 돈독하여 집안에 있어서도 예절을 준엄히 하고 사치한 생활은 엄히 금하였다. 그러기에 집안에 법을 세워서 稱貸(돈이나 물건을 꿔줌)를 하지 못하게 하기도 하였다.

성호는 엄준한 道學者였다. 곧은 그 性情이라든지, 그 스스로 몸을 닦기에 엄하였던 것이라든지, 학문에 대한 정력이 대단하여 일찍이 피로한 빛을 나타내는 일이 없었던 일 등이 모두 인간 성호의 면모를 나타내는 것이었다. 그러므로 그는 공부한다는 일을 결코 쉽게 생각하지를 않았다. 이해가 안되는 것은 될 때까지 몇 번이고 되풀이했다. 쉴 때에도 조용히 앉아 잡념을 버리고 전심해야 한다고 했다. 그러면 언젠가는 잠자리에서나 馬上에서라도 문득 깨닫는 수가 있다고 했다.

그는 중국의 經籍만도 만만한 공부거리가 아니라 했다. 『孝經』, 『論語』, 『孟子』와 『易經』, 『詩經』, 『書經』, 『禮記』, 『周禮』, 『春秋』, 『左傳』 등, 꼭 읽어야 할 이들 경적을 합치면 모두 474,995 자가 된다 하고 하루에 300 자를 왼다 하여도 4 년이 넘어 걸린다 했다. 여기에 이들에 대한 註說과 여러가지 史書를 읽는데 또 수년이 걸리고, 程朱와 退溪, 그리고 國史를 알자면 얼마나 힘을 기울여야 할 것인가를 말하고 있다. 그러므로 젊어서 공부를 안하면 때가 지나서 뉘우칠 것이라 하고 선비는 飢寒과 勞困을 참아야 한다고 했다.

그는 당시의 학자들이 공자와 맹자를 談論하지만 조금도 그들의 뜻을 받들어 지키려는 생각이 없이 명예와 이익에만 정신이 팔린다고 하였다. 그리하여 선비는 모름지기 현실적인 문제에 밝아야 하고 이에 대한 材具를 갖추어 실제 정치적인 실효를 거둘 수 있는 것이어야 한다고 하였다. 그가 만년에 그의 조카인 秉休에게 보낸 편지에서 다음과 같이 말하였다.

　　너는 이미 實學에 종사하였으므로 마땅히 事務에 留心하여 헛된 일을 穿鑿하게 하여서는 아니될 것이다.

　　성호의 아들 孟休는 22세 때에 進士가 되고, 그 7년 뒤인 英祖 18년에는 庭試에 장원으로 급제하여 육순의 성호를 기쁘게 하였다. 성호는 뒤에 守令이 된 아들에게 다음과 같은 訓戒八條를 지어 보냈다.

　첫째, 일할 때에는 반드시 똑똑히 살펴야 한다.
　둘째, 온유하게 백성을 가까이하되 작은 허물은 용서해야 한다.
　셋째, 暴怒함을 경계하고 下吏에 죄가 있으면 談笑로써 이를 다스려야 한다.
　넷째, 지방의 父老를 대접하고 그 疾苦에는 찾아보아야 한다.
　다섯째, 官長에 대하여서는 부형과 같이 모셔야 한다.
　여섯째, 訴訟에 거짓이 있는 자는 그 이름을 기록해 두어야 한다.
　일곱째, 胥徒에게 허물이 있을 성싶으면 경솔하게 그것을 누설하지 말고 가만히
　　　　　두고 보아야 한다.
　여덟째, 백성을 다스리는 데 마음을 쓸 것이요, 집안일로써 그 일에 폐를 끼치
　　　　　지 말아야 한다.

　　육순이 지난 성호가 아들에게 내린 이 인자스럽고도 엄준한 교훈은 실로 그의 성품과도 같이 中正簡重한, 이를테면 요약된 하나의 『牧民心書』였던 것이다.

不遇하였던 晚年

　　성호가 기력이 성하였을 때에는 체념 속에서나마 그리 불행한 生活을 하였던 것은 아니다. 때로는 산 높고 물 깊은 명승지를 찾아서 漫遊하여 남북으로 천리길을 두루 돌아다닌 일도 있었다. 그는 사람이 들끓는 도회지보다는 깊은 산골짝 외딴 촌락의 풍속이 훨씬 더 순박하고 아름다운 것이라 했다.

　　士大夫가 사는 곳은 그만 못하고 지방관이 있는 郡邑은 그보다도 더욱 못하고, 서울에 이르면 더욱 미치지 못한다 했다. 그러므로 서울에 가까우면 가까울수록 民俗은 더욱 투박하여져서 도읍지는 인재를 길러낼 만한

곳이 못 된다고도 했다. 도시에는 사치와 명리만을 따르는 폐풍이 성호의 눈살을 찌푸리게 하였다.

성호는 그러한 중에서도 嶺南을 가장 좋은 지방으로 동경하였다. 그는 말했다.

退溪는 小白 밑에서 태어나고 南溟(曺植)은 頭流 동편에서 태어나니 이는 모두 영남의 땅이다. 이 같은 영남에서도 그 上道에서는 仁을 숭상하고 그 下道에서는 義를 숭상하여 그 儒化氣節이 바다와 같이 넓고 산과 같이 높아서 이에 文明의 절정에 이르렀다.

성호는 일찍이 嶺을 넘어서 白雲洞書院을 찾고(1709) 다시 淸涼山의 陶山書院을 찾아 퇴계의 祠堂에 들르는 등 여기저기 배회하고 보니 좀처럼 발걸음을 옮겨 돌아올 수가 없었다고 하였다.

일반적으로 영남 지방을 鄒魯之鄕이라고 일컫듯이 성호로서도 우리나라의 영남은 마치 衰周에 魯나라가 있음과 같다 하고, 그러기에 영남은 마치 고향과 같은 고장이라고 하였다. 風氣習俗만 하더라도 특히 서울에는 사치한 풍조만이 늘어서, 선비는 농사에는 무관심하고 부녀는 織作에 종사하지 않으며 服飾은 화려하게 하고 喪婚에는 많은 財貨를 소비하는데 영남의 풍속은 이와는 전혀 다르다는 것이었다.

부녀는 養蠶績麻 무명을 짜며, 밤에도 잠을 적게 자고, 상혼에 있어서는 모두 집안에서 마련하며 친척과 붕우가 서로 도와서 파산하는 일이 없어서 寒士의 樂園이라 할 만하다고 했다.

그런데 성호가 만년에 이같이 동경하여 마지않던 영남의 풍습마저 점차로 頹下하여 간다는 소식을 들었던 것이다.

영남에만은 오륜을 갖추고 있었는데 요즘 점차로 퇴하된다 하니 참말일까, 어찌 그럴까?

그는 되풀이하여 이렇게 근심하는 것이었다. 기실 성호의 만년에는 그의 일신상으로나 家門族中으로 보나 또는 廣州라는 지방으로 보나 불행하기만 하였다. 그가 65세 되던 해에 조정에서는 그의 德名을 듣고 繕工監(朝鮮의 土木·營繕에 관한 일을 맡은 관아) 假監役(繕工監의 한 벼슬)에 임명하였으나 그는 이를 사퇴하고 부임하지 않았다.

성호가 71세 때인 1751년에 아들 孟休가 병사하여 노후의 성호로 하여 금 다시 한번 가슴 아프게 하였다. 그가 조상의 은덕으로 토지를 이어받아 여유 있는 생활 속에서 일가의 지주가 되어 族人들을 돌보아 주는 동안에 그 가세는 점차로 기울어져 갔다.

성호는 늘 신병으로 고통받아야 했고 노년에 들어와서는 더욱 그러했다. 아들을 먼저 잃고 난 성호는 시력도 쇠약하여 글도 마음대로 읽지를 못했다. 거듭되는 飢荒으로 일가족이 연달아 몰락하는 형편이었다. 성호 자신의 가세도 예외일 수가 없었다. 그가 75세 되던 해에 적었던 어느 편지 답장을 보면 다음과 같다.

> 올해의 慘凶은 어디나 마찬가지니, 하물며 나의 寒門單戶가 어찌 이를 면할 수가 있겠는가. 그것뿐이 아니다. 염병까지 심하게 퍼져서……내 집에도 다만 雁奴 한 명이 있어 초가집에 내보내 두었는데 시시로 위급함을 고하여 온다.

그 이듬해에 이르러서는 이렇게 한탄하였다.

> 나의 窮餓가 날로 심하여 졸지에 송곳 꽂을 만한 땅도 없으니 이렇게 되어서는 어찌할 수도 없다.

그리하여 이렇게 된 것은 모두 喪婚비용에 남용한 탓이라 뉘우치고 있는 것이다.

> 나의 가산이 마치 물이 밑으로 흐르는 것과 같이 없어진 것은 도시 분에 넘치게 쓴 때문이다.

또한 그는 자기의 경제적 무능을 솔직히 고백하기도 하며 한탄하기도 했다.

> 나는 글 읽기나 좋아하여 왔으니 어찌 가난하지 않겠는가. 나는 실 한 오리, 낟알 한 알도 생산하지 못하고 있으니 어찌 좀(蠹)이 아니겠는가?

당시에 기근과 질병이 자주 거듭되었다. 廣州 땅에서도 죽어 나가는 사람이 연이었고, 官穀의 독촉은 날로 심하여 사람마다 '광주는 살 고장이 아니다'라고 하나 그렇다고 옮겨 가서 살 만한 곳이 있을 리도 없었다.

성호도 당시의 민생에 대해서 다음과 같이 말했다.

요즘 선비집에 貧乏하지 않은 사람이 없으니 나의 궁핍은 차치하고라도 만나는 사람은 누구나 살기 어렵다고 한다.

그가 80세가 되던 해에 權哲身에게 보낸 편지에는 이같이 씌어 있다.

요즘 세상 풍습이 물과 같이 頹下하여 수십년 전에 비하면 관연히 달라졌소. 나는 사람과 대하여 일찍이 儒術을 갖고 말하지를 않았소. 무익하기 때문이오.

英祖 39년(1763) 그가 83세의 고령에 이르렀을 때 나라에서는 優老例典에 따라 그에게 僉知中樞府事로서 陞資의 恩典을 베풀어 주었으나 성호는 그 해 12월 17일에 세상을 떠나고 말았다. 성호의 門人 安鼎福은 성호를 이렇게 회고하며 애끓어 했다.

剛毅篤實 이것은 선생의 뜻이요, 正大光明 이것은 선생의 덕이요, 선생의 學은 精深宏博하고 그 氣象은 和風景雲이요, 그 襟懷는 秋月氷壺이다. 그런데 이제 다시는 선생을 뵈옵지 못하게 되었으니 장차 어디에 돌아가 의지할 것인가.

2. 遠大한 抱負

星湖의 생애는 외면적으로 별다른 굴곡이 없었다. 한번 출세에 뜻을 버린 그는 평생 초야에 묻혀서 명리에 따르려 하지 않았다. 그러나 星湖莊에 들어앉아 언제나 생각하였던 것은 사회현실이요, 나라의 장래였다. 그러기에 그는 程朱와 退溪를 추앙하면서도 한편으로는 栗谷과 磻溪를 잊을 수가 없었다.

그는 당시의 사회현실을 예리하게 관찰하고 비판하여 어떻게 하면 이 비극의 풍토를 바로잡을 수 있을 것인가 하는 생각에 골몰하였었다. 우리는 여기서 성호의 사생활의 이모저모를 더 살피느니보다는 그가 무엇을 근심하고 무엇을 기대하였는가를 살펴보는 것이 인간 성호를 올바르게 이해하는 길이 될 것이다.

悲劇의 風土

성호의 생애는 1681년에서부터 1763년까지이다. 1681년은 壬辰倭亂이 끝난 지 83년 뒤이고, 丙子胡亂을 치른 지 44년째 되던 해이다. 아직도 그 二大 병란의 참화가 채 가시지 않았을 뿐만 아니라 그 餘弊가 사회 여러 면에까지 미쳐서 사회질서가 좀처럼 복구될 수 없던 시기였다.

東西分黨으로 발단된 지배층의 분열은 倭란 이후로 사회상태가 더욱 악화되어 감에 따라서 더욱 더 격화되지 않을 수 없었다. 분열에 분열을 거듭하는 대립과 항쟁 끝에는 劣勢한 朋黨이 한편으로 몰락하지 않을 수 없었다.

仁祖 때에 북인이 이미 몰락되고 肅宗 초에 남인의 세력이 꺾여진 위에 이른바 甲戌獄事* 이후로는 아주 餘望이 없게 되었다. 그리하여 서인은 다시 老·少의 두 갈래로 갈라져서 서로 대항하는 중에 노론의 세력은 점차 확고부동한 세력을 이루어 英祖 때에는 一黨專制적인 권세를 누리게 되었다.

당쟁격화의 풍조 속에 인재의 등용이 제대로 시행될 수는 없었다. 이미 과거제도는 그 원래의 기능을 상실하고 오직 문벌과 黨色만이 출세를 좌우하게 되었다. 그러므로 설사 과거에 합격을 한대도 권세의 배경이 없이는 官界로 나아갈 길이 공평하게 열려진 것이 못 되었다. 또 실제 과거에 있어서도 문장을 잘 짓는다는 것만을 존중하여 실제 사회 문제에 대한 식견이 있고 없는 것은 문제되지가 않았다. 이렇듯 詞章 중심의 학풍에 대한 반성이 전연 없었던 것은 아니나, 朱子學에 대한 자유로운 토론이나 비판은 용인되지 않았다. 그리하여 詩歌文章을 주로 하고 性理나 禮說을 따지는 기풍 속에서 설사 출세하여 벼슬아치가 된다손 치더라도 그들의 식견이 실제 정치와는 迂遠한 것이 아닐 수 없었다.

임진왜란으로 田地는 황폐되어 그 급속한 복구는 좀처럼 바랄 수가 없었다. 나라의 재정은 곤란하여졌고 따라서 軍資나 祿俸이 부족하게 되었다. 宮房, 官衙, 營門에서는 서로 다투어 漁場, 鹽盆, 田地를 떼어 받아

---

* 肅宗 20년(1694) 少論에서 廢妃 閔氏의 復位運動을 일으키자, 南人들이 소론을 제거하려다 실패하여 오히려 禍를 입은 事件.

여기저기에 이른바 宮屯田, 官屯田이 늘어만 갔다. 일부 호세가도 예외가 아니었다. 이와 같이 대토지 점유의 추세는 免稅地를 늘리는 결과가 되어 나라의 稅入은 점점 더 줄어만 갔다.

당쟁의 여파로 정치기강은 문란해질 대로 문란해져서 백성에게서 거두어들이는 데만 골몰하였다. 그리하여 감사, 수령, 邊將 등으로부터 吏屬, 軍校에 이르기까지 협잡과 농간을 자행하였다. 거듭되는 災荒과 疾疫이 국민생활을 더욱 구렁텅이로 몰아넣는 것이었다. 大同法이 실시되고서도 종래의 현물공납이 아주 없어지지는 아니하였다.

16세 이상 60세 이하의 丁男에게서 거두어들이는 軍布는 그중에서도 가장 어려운 농민의 부담이 되었다. 한 집의 정남 수에 따라 그 부담은 몇 갑절로 늘게 마련이어서 이 때문에 民戶가 흩어지게 되면 일가 친척이나 이웃 사람에게까지 그 책임을 전가시켰고 죽은 사람과 갓난아기에게서도 군포를 받아들였다.

관에서 통제하여 온 工匠수공업의 체제도 해이해져서 점차로 雇傭化되어 가는 경향은 있었으나 관가나 勢家 외의 새로운 고용주는 없었으며, 그 때문에 그들은 또다시 관가·세가의 침탈을 받게 되었다.

市廛상인이나 일종의 徵稅請負業者인 貢人들은 원래부터 관에 매달려 官權의 그늘에서 영리행위를 할 수 있었으나 그들의 독점적 특권 대신 과다한 부담을 겨야 했고, 또한 관가와 세가의 침탈을 받아야 했다. 화폐는 오로지 재정적인 조처를 위하여서만 鑄造되었고, 서울이나 지방에서의 자유로운 상업적 행위는 억압당하였다. 이로써 화폐는 일반농민의 손에는 좀처럼 들어가지 않았던 반면에 관가와 관리들이 중간에서 농간하여 高利貸資金으로 이용되어 화폐의 악순환을 자아내었다.

나라의 재정은 주로 還穀에 의존하게 되어 환곡은 그 본래의 의의와는 달리 관가의 영리사업으로 되어 갔다. 심지어는 억지로 주고 억지로 받아들이는 무리한 정책을 써서 농민들의 부채를 더욱 늘게 하였다.

유교적인 정치는 더 이상 지탱하기가 어렵게 되었다. 사회의 기반이 뒤흔들린 지 오래였으나 다른 새로운 체제와 이념도 갖추어지지 못하였다. 위정자는 전통적인 테두리에서 조금도 벗어나지 못하고 도리어 종래의 체제를 더욱 경화시키는 수밖에 없었다. 그리하여 봉건적인 신분체제를 고집하면서 토지경제에만 얽매여 있는 동안 나라의 재정이나 국가의 번영은 기대할 수 없는 것이기도 하였다.

이제 사회체제의 전면적인 개편이 없이는 당시의 정치기강이나 사회의 疲弊를 바로잡기가 어렵게 되어 있었다. 여기에 일부 학자 사이에는 견문이 확대되고 사회현실에 대한 비판과 반성의 싹이 트기 시작하였고, 한편 淸나라에서 들어오는 새로운 학풍과 식견의 영향도 곁들여, 자기 나라에 대한 관심과 반성이 늘어갔던 것이다.

이러한 사회배경과 풍조 속에 성호 이익은 어떻게 현실을 바라보고 무엇을 근심하였던 것일까.

짓궂은 黨爭

성호는 사회비판에 있어서 어떤 주관적인 가치관념을 앞세워서는 안되는 것이라 하였다. 사회현실은 역사적으로 인식되어야 하며, 是非의 관념을 앞세워서는 안되는 것이라 했다. 그리하여 역사적 사실에 대한 이해에 있어서는 實證的이고 비판적인 태도로써 考證的인 노력을 바탕으로 이루어져야 한다는 것이었다. 그러므로 역사적 현실은 자기 개별적인 사실에 대한 시비판단에서가 아니라 그 역사적 현실이 나타나게 된 필연적인 時勢, 즉 역사적 정세에서 파악되어야 한다는 것이다. 어떠한 역사적 사태는 그것이 개별적으로 고립되어 있는 것이 아니라 그러한 사태가 일어나지 않을 수 없는 역사적 필연성에서 일어나게 마련이라 했다. 이와 같은 성호의 기본태도는 당시의 사회현실을 이해하고 분석하는데 남달리 예리할 수 있었던 바탕이 된 것이다. 그것은 또 그의 식견과 포부가 깊고 넓었던 때문이기도 하였다.

성호는 일찍이 분열·대립이 더욱더 심하여만 가는 黨爭의 弊風에 대하여 한탄하지 않을 수가 없었다. 그것은 老·少·南 三色이 서로 대립되어 仇怨만이 날로 심하여 서로 역적의 이름으로 몬다고 하였다. 그리하여 서로 혼인도 하지 않고 서로 사귀지도 않는다 했다. 자기 파가 아닌 다른 파의 인물은 무조건 배척하고 인품의 높고 낮음은 자기 파 안에서만 문제로 삼는다는 것이다.

이 같은 파쟁의 폐풍은 成均館이나 書院에까지 물이 들었다 했다. 그것은 결국에는 國勢를 쇠약하게 만들고 풍속을 투박하게 할 뿐 아니라 실로 외국에게 얕보이는 결과가 되는 것이라 하였다. 만약 그 같은 국내에서의 분열이 없었다면 저 壬辰倭亂과 같은 참화도 반드시 있었으리라고는 생각되지 않는다는 것이다. 이와 같은 대립과 항쟁은 한마디로 말한다면 사비를 가림에 있어서 공정성을 잃게 되는데 말미암는다는 것이다. 그러면 어찌하여 이러한 사태가 계속해서 벌어지게 되었던 것일까.

당쟁의 원인에 대하여서는 여러가지 이유가 논란되기도 하였었다. 그러나 성호처럼 이에 대하여 근원적인 해답을 내린 사람은 없었다. 성호는 무릇 다음과 같이 전제했다.

朋黨은 爭鬪에서 일어나고 쟁투는 利害에서 일어나니 이해가 절실하면 그 당이 뿌리깊고, 이해가 오래 계속되면 그 당이 견고하여지는 것은 勢가 그렇게 만드는 것이다.

그리고 그 쟁투의 근원은 외면으로 보면 言貌나 동작에서 연유되는 듯하나 기실은 이해가 상반되는데 말미암은 것이라 했다. 그리고 또 말하였다.

여기 利가 하나고 사람이 둘이면 2당이 생기고, 이가 하나고 사람이 넷이면 바로 4당이 되는 것이니 利는 고정되어 변함이 없는데 사람만이 더욱 늘어가면 여기 十朋八黨으로 분열되지 않을 수가 없다.

성호는 이 같은 관점에서 당시의 양반정치의 모순을 분석·비판하고 있다. 양반 사대부는 실제 생업에는 종사하지 않고 오로지 官爵을 얻는 것만을 이상 목표로 삼는다. 그것은 관작을 얻어 관리가 되면 富가 이에 따르게 되기 때문이다. 그러므로 사람마다 먼저 관리되기에만 열중한다는 것이다. 그러나 고정된 정치기구 밑에서 관리등용에는 일정한 한계가 없을 수 없다. 그런데 양반의 신분은 世襲되어 그들의 수는 늘어나게 마련이요., 따라서 관리후보자의 수도 증가되지 않을 수 없다. 그러니 定例的 시험에 합격되는 사람만을 따져도 한정된 관직자리를 갖고서는 그들을 모두 받아들일 수는 없다는 것이다.

가령 30 년을 평균하여 정기적인 과거(式年試)만으로도 그 합격자는 모두 2,330 명이라는 엄청난 수가 된다. 그러나 이들을 收用할 수 있는 자리 수는 불과 5백으로 보아야 할 것이다. 그 밖에 여러가지 명목의 다른 시험도 있어서 여기에 합격되는 사람의 수도 적지가 않다. 그러니 관직자리는 하나인데 이를 뚫고 들어가려는 사람은 8, 9명에 이르니 分朋分黨이 안될 수 없다는 것이다.

성호는 이 같은 사회의 배경과 그 정세가 당파의 대립을 불가피하게 만든다는 것이었다. 그리하여 관리시험에 합격한 生員, 進士라 하더라도 높고 세력 있는 사람의 뒷받침이 없이는 관직자리를 얻어 가질 수가 없으며, 그러므로 하는 수 없이 그대로 늙어 죽는 수밖에 없는 것이라 했다. 따라서 그는 이같이 고질이 되다시피한 당쟁의 폐풍을 고치고 나라와 사회를 안정되게 하려면 가까이는 인재등용의 방법을 고쳐서 문벌이나 당색 중심의 정치를 타파해야 한다고 했다. 그리고 한편으로는 관료기구를 보다 더 합리적으로 운영하도록 하고, 양반들의 놀고 먹는 기풍과 사치스러운 소비생활을 시정해야 한다고 하였다.

고쳐야 할 兩班의 生理

성호는 원래 사람이 타고나면서부터 差等이 있는 것은 아니라고 생각하였다. 사회적인 신분은 후천적인 것이라 하였다.

　사람은 타고나면서부터 官爵이나 富貴를 몸에 지니고 나오는 것은 아니다. 天子에서부터 일반서민에 이르기까지 애초에 貧賤하기는 매양 일반이다.

그는 사람은 누구나 애초에는 貧賤에서부터 출발하는 것이라 하였다. 그러므로 선비가 富貴를 누리게 되는 것도 그것은 어쩌다 그렇게 되는 것이라 했다. 부귀는 그야말로 누구나가 소망하는 것이기는 하나 그렇다고 財富가 있다 해서 사람이 어질게 되는 것은 아니라 했다. 도리어 그 도움과 혜택을 바라는 사람이 끝이 없으므로 따라서 인색해지게 마련이다. 그렇게 되어서는 마음만을 상하게 되어, 재부를 갖고 그리고도 어질게 된다는 것은 어려운 일이라 했다.

가령 누가 힘써 일하여 재부를 축적하고 뛰어나게 배워 높은 벼슬을 함으로써 많은 國祿을 받아 富를 차지한다면 그것은 仁에 어긋나는 일은 아닐 것이다. 그러나 흔히 재부는 사람의 원망을 사서 망신하기가 쉬우며, 재부가 모든 일을 가능케 하므로 자연 이것을 낭비하고 사치하게 되어, 드디어 나라까지도 쇠망케 하는 것이다. 그러므로 君子는 이 같은 이해와 仁富와의 사이를 잘 헤아려서 좇을 바를 잃지 않아야 한다. 재부를 차지하고 덕이 없이 되느니보다는 차라리 재부 없이 덕을 지니는 편이 낫다고 성호는 생각하였다.

그러므로 성호는 生業에 종사하지 않는 선비는 원래 빈한하게 마련이며 더구나 관직을 갖지 못한 선비는 빈한하지 않을 수가 없는 것이라고 했다. 그러나 '善한 길을 죽음으로써 지켜낼 수 있는 것은 오직 貧士만이 능히 할 수 있는 일이라'고도 하였다.

그런데 이 같은 부귀영달이나 德性이 문제되는 것은 사대부와 양반의 경우이고, 일반서민에 있어서는 그러한 것에 문제가 있는 것이 아니다. 그들은 다만 몸이나 편안하고 衣食이나 족하면 아무런 원한도 품지 않는다는 것이다. 따라서 이들 서민이 饑餓로 말미암아 쓰러지지 않게 하려면 농사에 힘쓰고 節儉을 숭상하여 그들에게서 빼앗아 거두어들이는 일을 말아야 한다고 하였다. 양반을 위시하여 僧徒, 倡優와 같이 무위도식하는 자가 없어져야 하겠고, 한편으로는 治山治水, 堤堰을 잘 돌보아 山澤의 利를 잘 이용하게끔 하고, 지방관리가 농사 때에 농민을 부리지 않도록 해야 한다고 하였다.

그러므로 성호는 무엇보다도 양반, 사대부들이 무위도식하지를 말고 농토에 돌아가서 실제 생산에 종사해야 한다고 하였다. 그리하여 양반의 생리를 고쳐야 한다는 것이다. 이로써 그는 士農合一을 주장하는 것이었다. 실제 생업에 종사하는 선비 중에서 孝悌의 정신을 갖춘 인재를 그 속에서 뽑아 등용하자는 것이다. 그리고 선비들은 문장이나 詩歌에만 힘쓰지 말고 실제 經世致用의 材具를 준비하는 실효성 있는 학문에 주력해야 한다고 하였다.

성호는 또 인재를 선발함에 있어 종래의 과거제도에만 의존하지 말고 훌륭한 인재를 천거하는 貢擧制를 아울러 시행해야 한다는 것이었다. 또는 시험을 치르는 데도 일시에 전과목을 시험하는 방법을 고쳐서 정기시험은 5년에 한 번씩 시행토록 하되 매년 과목을 나누어 실시하여 응시자가 과목마다 착실한 준비를 갖추게끔 하자고 하였다. 그 위에 전국 각지에서 인재를 추천하여 등용하는 법을 竝行하면 나라에서 파벌이나 문벌에 좌우되지 않고 인재를 공평히 등용하는 길이 될 것이라 하였다.

고쳐야 할 나라의 體制

성호는 당시의 피폐된 사회를 바로잡으려면 사회의 모든 체제를 전면적으로 개편해야 한다고 생각하였다. 그리하여 먼저 정치기구를 간소화하여 그 기능을 제대로 살려야 하고 土地制度를 근본적으로 고쳐야 한다고 하였다.

종래 軍國의 機務를 맡아보게 되었던 備邊司는 점차로 퇴패하여지고, 의정부는 하나의 虛構에 지나지 않게 되어서 그 본연의 기능을 제대로 발휘하지 못하고 있다 했다. 또한 諫言을 임무로 하는 司諫院(朝鮮 때 三司의 하나로 임금에게 諫하는 일을 맡아보던 官衙)은 王政에 대한 비판만을 전적으로 맡고 있었기 때문에 도리어 국민의 言路를 좁히는 결과가 되었고 그것 역시 하나의 허구에 지나지 않는 것이라 하였다. 또 정치기능상 허다한 兼職制로 말미암아 관리들의 직무상의 책임이 무실하게 되어 分職의 본의가 없어졌다는 것이었다. 관리는 너무 자주 갈리고 관청의 문서는 吏胥에게만 맡겨져 그들이 중간에 농간을 부릴 여지를 만들어 준다는 것이었다.

그러므로 관청의 기구를 전면적으로 개편하고 관원의 수를 줄여야 한다는 것이다. 즉, 중앙의 여러 관청은 두 셋을 합쳐서 하나로 만들고 지방에는 3, 4郡을 병합하여 하나로 만들어 대폭 간소화할 것이며, 관리 수도 줄이는 대신에 祿俸을 올려서 생활보장을 하여 준다면 그들의 협잡과 賂의 폐단을 근절시킬 수 있다는 것이다.

성호는 나라 재정의 낭비를 없이해야 할 것을 강력히 주장하였다. 그리고 그것은 위에서부터 실천해야 한다는 것이었다. 가령 당시의 궁중의

宦官의 수가 335명이요, 宮女의 수가 684명이나 되어 그들이 나라에서 받는 祿만도 11,430石이 되니 이런 것이 다 낭비라는 것이다.

임금이 없이도 백성은 혹 그 몸을 기를 수가 있을 것이나 백성이 없으면 임금도 없는 것이니, 이것으로 보면 백성의 은혜가 임금의 그것보다도 더 중한 것이므로 어찌 億兆의 힘으로 임금 한 사람을 길러서 物資는 항상 부족하고 은혜가 항상 고르게 돌아가지 않게 할 것인가?

임금과 국민과의 사이는 마치 아버지와 아들과도 같은 것이지만, 국민이 이익을 균점하지 못하는 것은 理에 어긋난다고 하였다.

또한 中外의 관리들에 대하여는 考課法으로 그 治績을 철저히 심사하여 그들의 진급·增俸과 黜退·減俸의 법을 엄중히 하되, 이를테면 總章局과 같은 고급관청을 새로 설치하여 모든 관리에 대한 감찰, 징계의 실효를 얻도록 해야 한다고 했다.

가장 중요한 문제는 경제체제가 아닐 수 없었다. 성호는 어디까지나 토지제도를 기본으로 한 자급자족적인 농업사회를 이상으로 생각한 셈이다. 財富의 원천은 오로지 토지에 있다 하고, 그러한 토지는 원칙적으로 王土라는 것이어서 土地國有의 전통적인 생각에 뿌리박혀 있었다. 따라서 엄격한 의미에서 土地私有에 대한 확실한 관념은 갖고 있지 않았다. 그러므로 일반적으로 田主라는 것은 나라의 땅을 일시적으로 빌어 갖고 있는 것이오, 절대적인 소유권을 인정하는 것은 아니었다. 현실적으로 토지매매가 행하여지는 것은 이를테면 '사사로운' 일로서 간주하였다.

성호로서는 소수의 사람이 광대한 田地를 차지하게 되어 부한 자는 더욱 부하여지고 가난한 자는 더욱 가난해지는 현실을 못마땅하게 여겼다. 이러한 불균형된 현상을 고쳐야 한다고 생각하였다. 그러기 위하여서는 나라의 권력으로 강력한 법을 세워서 小田主들의 몰락을 막는 방책을 써야 한다는 것이다. 즉, 전주가 전지를 매매할 수 있는 한도를 제한하자는 것이었다.

일정한 면적, 즉, 1結의 전지를 正田이라 하여 전주는 이 정전을 초과하는 토지에 대하여서는 이를 자유로 팔 수 있게 하고, 그 제한내의 전지를 팔고 사는 것은 법으로 금하여 차지하였던 토지를 전부 팔아 없이할 수 없도록 하자는 것이었다. 그렇게 하면 대지주는 혹은 자손들에게 分占되고 혹은 방탕한 자손의 蕩産으로 점점 줄어들어가는 반면에 전지를 차지하지 못한 빈궁한 자는 節儉과 지혜로써 점차로 토지를 사서 차지할 수 있게 되면, 이로써 국민은 모두가 전지를 균등하게 차지할 수 있으리라고 생각하였다.

이러기 위하여서는 土地測量, 戶口調査를 철저히 하고, 開墾, 水利 등 기술적 조처를 계속 수행해야 할 것이라는 것이다. 그리하여 지나치게 많은 雜賦를 모두 없애고 10分의 1稅의 원칙을 준수하여 농민생활을 확보하여 주는 善政이 베풀어져야 한다고 했다.

악순환되는 화폐는 농촌을 더욱 피폐케 하고, 한편으로 협잡, 謀利, 貪虐에만 더욱 편리한 것이 되므로 되도록이면 화폐를 유통시키지 말아야 하며 그러기 위해서는 상업을 억제해야 한다고 했다. 더욱이 청나라로부터 사치품이 흘러들어와서 그것은 국내의 銀貨를 청나라에 流出시키는 결과가 될 뿐만 아니라 사치의 풍조만을 더욱 조장하는 것이라 하였다.

성호로서도 화폐의 기능을 전적으로 무시한 것은 아니었다. 그러나 그의 눈에도 화폐의 악순환으로 말미암아 농촌이 더욱 피폐하여지는 것이 완연하매, 이로 인하여 농촌이 피폐되느니보다는 차라리 화폐 사용을 점차적으로 막고 상업활동을 억제하여 농촌이 자급자족하는 것보다 못하다고 생각한 것이었다.

당시에 大土地占有의 경향은 필연 노비들이 한 군데로 몰리게 되는 현상을 자아내었다. 그러므로 성호는 이같이 偏在하게 되는 私有奴婢의 수를 제한할 뿐만 아니라 노비를 팔고 사는 일도 제한해야 한다고 하였다.

우리나라의 노비의 법은 천하고금에 없는 것으로 한번 노비가 되면 百世를 고통받아야 한다.

성호는 이렇게 노비제도의 그릇됨을 말하고 있다. 그리하여 한 사람이 차지할 수 있는 노비의 수를 100명으로 제한하고 그 수를 넘는 노비는 이를 해방하여 주기로 하고, 또한 다섯 살 이하의 어린 것은 奴婢籍에 올리지 못하게 하여 이들이 노비 신분에 얽매게 되는 것을 막아야 한다고 했

다. 그러니까 그는 점진적으로 노비제도의 廢絕을 생각했던 것이다. 성호
는 이렇게 士農合一을 주장하는 동시에 良賤合一도 주장하였다.

　현실적인 폐단을 절실하게 느낀 성호가 화폐경제를 제지하고 다시 자급
자족적인 토지경제로 환원해야 한다고 생각한 것은 一見 時代逆行的인 듯
하기도 하나 노비제도를 점차적으로 폐지시키는 방향으로 나아가고 사농
합일, 양천합일을 주장하여 신분적인 제약의 철폐를 생각한 것은 그가 한
걸음 더 근대적인 것으로 접근하는 사상적 계기를 만들 수 있었던 것이라
할 수 있겠다.

3. 學海를 이룬 學德

　평생을 두문불출하고 학문에만 몰두하였던 성호의 식견은 넓고 깊은 것
이었다. 天文, 地理에서부터 일반 민속에 이르기까지 통하지 않는 바가 없
었다. 그의 학문과 덕망은 널리 알려져서 점차로 따라 배우는 자가 늘어
서 하나의 學海를 이루었다. 그가 일찍이 磻溪 柳馨遠의 학풍을 이어서 朝
鮮後期의 이른바 실학을 대성한 것도 우연한 사실이 아니었다.

　성호는 당시 중국을 통하여 들어온 서양학술이나 천주교에 대한 식견도
상당하였다. 그의 고매한 식견은 그의 門中과 門人 사이에 이어받아져서
조선후기에 새로운 학풍이 蔚然히 일어나게 된 것도 그의 學德의 소치라
고 하지 않을 수 없겠다.

西學에 대한 識見

　우리나라에 서양의 학술이나 종교사상이 들어오게 된 것은 중국에 내왕
하는 使臣들에 의해서 였다. 明末淸初에 중국 燕京에는 서양인 선교사들
이 적지 않게 들어와 있었다. 그들은 서양의 학술과 기독교사상을 중국에
소개하고 중국의 徐光啓, 李之藻 같은 명사들의 도움을 받아 서양학술이
나 천주교에 관한 한문책을 많이 간행하게 되었다. 조선에서 중국에 들어
가는 사신들 중에는 그들 선교사와 직접 만나는 일도 있었고, 돌아올 때
에는 그러한 서적이나 서양의 器機를 얻어 가지고 오는 수도 있었다.

일찍이 仁祖 때(1630)에 鄭斗源이 陳慰使로 연경에 들어갔다가 이탈리아인 선교사 로드리게(陸若漢)와 만났고, 그가 돌아올 때에 서양학술서적과 여러가지 器機를 받아온 일이 있었다. 성호는 정두원이 가지고 돌아온 것을 열거하여 『治曆緣起』, 『天問略』, 『遠鏡說』, 『職方外記』, 『神威大鏡疏』 각 한 권씩과 千里鏡, 自鳴鐘, 鳥銃, 藥筒, 그리고 대포〔紅夷砲〕 一門을 들고 있다.

昭顯世子도 인조 22 년(1644)에 연경의 天主堂을 찾아서 아담 샬(湯若望)과 만나 서학에 대하여 여러가지 질문을 하고, 돌아올 때 天文, 算學, 天主敎書, 輿地球, 天主像 하나씩을 받아온 일이 있다. 또한 肅宗 때(1720) 사신으로 연경에 들어갔던 李頤命도 천문, 曆算, 천주교에 관한 번역서적을 얻어가지고 왔다. 성호의 부친 하진이 연경에서 사온 많은 서적 중에는 이 같은 서학에 관한 것이 섞여 있었을는지도 모른다.

이렇듯 조선으로 들어온 서양학술이나 천주교에 관한 서적 등은 일부 학자간에 관심의 대상이 되어 학문적인 호기심을 자아내게 하였다. 성호도 그 예외가 아니었다. 그는 정두원에 대한 그러한 소식을 말하였다.

　　遠鏡은 백리 밖도 볼 수 있어서 敵陣의 細微한 것도 볼 수 있고, 鳥銃은 火繩을 쓰지 않고 石火가 스스로 발하여 그 탄환은 우리나라 것을 두 방 쏠 사이에 네댓 번 쏠 수 있으며, 홍이포(紅夷砲)는 그 알의 크기가 말(斗)과 같아서 80 리에 미친다는 것이다.

이 소문을 전하고 『천문략』, 『직방외기』 등 몇 가지 서적은 얻어 보았다고 하였다.

당시 서양학문 중에서 우리나라 학자들이 가장 많은 관심을 가졌던 것은 天文, 曆法이었다. 성호도 이마누엘 디아즈(陽瑪若)의 『天問略』에서 지구와 태양의 크기와 그 거리. 月蝕地形說, 潮水干滿, 銀河에 대한 이치를 읽고 서양의 기술이 극히 정밀함에 감탄하고 있다. 혹은 서양인의 渾天全圖나 方星圖 같은 것은 視遠鏡으로 관측하였을 것으로 생각하며 그 妙絕함이 일찍이 중국인이 이에 미치지 못하는 바라 하고 그도 이 같은 시원경을 얻어서 스스로 관찰하여 보지 못하는 것을 한스럽게 생각했다. 특히 당대에 널리 행하여진 아담 샬의 時憲曆에 이르러서는 曆道의 극치로서

日月交蝕에 조금의 착오도 없어서 聖人이 다시 나타나도 반드시 이에 좇아야 할 것으로 간주하였다.

地理에 관하여서는 마테오 리치(利瑪竇)의 『萬國全圖』, 페르비스트(南懷仁)의 『坤輿圖說』, 줄리오 알레니(艾儒略)의 『職方外記』, 우르세스(熊三拔)의 『簡平儀說』 등을 읽고, 이를 통하여 새로운 세계 지리의 관념을 넓힐 수 있었다.

또한 성호는 아담 샬의 『主制群徵』이라는 책에 의하여 인체 해부와 서양의학에 대하여 말한 끝에 중국의 醫家에 비하면 그것이 더욱 상세하여 무시할 수 없으나 그 규모와 언어가 아주 달라서 이해할 수 없는 점도 있다고 하였다.

그 밖에도 프란체스코 산비아소(畢方濟)의 『靈言蠡酌』(心理學), 판토하(龐廸我)의 『七克』 등의 책을 보고, 특히 마테오 리치의 『幾何原本』(유클리드 幾何學)에서는 서양화에서의 遠近法에 착안하여, 그 遠近, 長短, 分數가 분명하게 됨을 알고 일찍이 중국에는 없었던 것이라 감탄하였다. 그는 서양에는 阿蘭陁國(和蘭)이 있어 이를 紅夷라고도 하여 紅夷砲라 함은 그들이 만든 것으로, 임진왜란 때에 우리나라에 들어온 것이라 하였다.

혹은 서양의 水庫(水道用貯水池)의 법을 말하여 濾化飲水의 이치를 수긍하기도 하였다. 또는 마테오 리치가 중국 南昌에서 明나라 宗室인 建安王과 알게 되어, 그를 위하여 엮었다는 『交友論』을 읽고서는 벗은 제2의 我이며, 몸은 둘이나 마음은 하나요, 교제하는 맛은 잃어버린 뒤에야 더욱 깨닫게 된다는 것을 뜻 깊게 생각하였다.

성호는 서양의 교육제도에 관하여서도 견문이 없지 않았다.

서양 一區에 교육하는 방법이 가장 치밀하여 小學, 中學, 大學의 구별이 있다. 소학에는 7, 8세에서 17, 18세에 이르는 동안 古今名賢, 각국의 史書, 각종의 詩文, 文章議論의 네 가지를 가르친다. 이 과정을 마치면 다시 시험하여 중학에 들어가 是非之法(法文科), 性理之道, 性理以上之學(天地之理)을 배운다. 이를 마친 자는 다시 시험하여 대학에 진학한다. 대학에서는 네 가지 중의 어느것을 스스로 택하게 되는데, 醫科, 치과〔政治科〕, 교과〔宗敎科〕, 道科〔敎育〕 등이 있다.

그는 이렇게 말하여 서양학제의 진학과정을 이해하고 있었다.

성호의 **高弟 安鼎福**은 성호가 77세되던 해에 올린 글월에서 다음과 같이 물었다.

　요즘 **西洋書**를 보니 그 설이 비록 정교하고 씨가 들어 있다고 하겠사오나 결국은 **異端**의 **學**이옵니다. 유교에서 몸과 마음을 수양하여 선을 행하고 악을 버리는 것은 마땅히 할 일을 하는 데 지나지 않아서 조금도 죽은 뒤의 행복을 바라고 하는 것이 아니온데 **西學**에서 **修身**하는 것은 오로지 하나님의 심판을 위하여 하는 것으로 유교와는 크게 다른 점이올시다. 『**天主實義**』란 책의 천당지옥의 설이 허망된 것이와 선생께서도 그 『천주실의』라는 책을 보신 일이 있으신지요.

안정복은 또 천주학에서 누구나 영혼이 있어 천당과 지옥에 간다고 말한 것은 이해할 수가 없다고 했다. 성호는 이에 대하여 말하였다.

　유럽의 천주의 설은 내 믿는 바 아니요, 그 **天**을 말하고 **地**를 설명하는 데 있어서는 그 연구의 미치는 역량이 **窮極·包括**적이기는 하나 지금까지 아주 없었던 바는 아니다. 가령 **蓋天**의 설만 하더라도 일찍이 중국에 그와 같은 설이 있었으나 이를 **世儒**가 버리고 취하지 않았던 것이다.

즉, 천문·지리의 설은 **詳明**한 바 있으나 천주교의 설은 믿지 않는다고 하였다. 그러기에 성호는 『**天主實義跋**』을 쓰면서 말했다.

　천주를 받드는 것은 마치 **儒家**가 **上帝**를 받드는 것과 같고, 저들이 공경하여 섬기고 믿는 것은 불교의 석가와 같은 것이다.

또 천문, 역법의 정묘함은 사실이나 천주의 설은 결국 **幻妄**한 것이라 하였다. 그리하여 만일 천주의 자비의 설이 진실이라면 어찌하여 온 세상이 모두 그렇듯 안되며 또한 천주의 여러가지 기적이 어찌하여 유럽 **以東**의 땅에는 나타나지 않는 것인가고 반문하기도 하였다.

성호는 이렇듯 서양의 학술, 과학에 감탄하여 마지않았으나 천주교에 대하여서는 한갓 허황한 설로 돌렸던 것이다.

教篤했던 師弟間의 情誼

安山 瞻星里의 **星湖莊**은 **先塋** 밑에 있었다. **歲時**에 **拜省**하는 **遠近子孫**이 이곳을 지나게 되어 성호는 사방에 널리 흩어져 사는 **族姓**들을 많이

접하게도 되었다. 그뿐 아니라 사방에서 성호를 仰慕하여 따라 배우는 자가 늘어갔다.

順庵 安鼎福은 그중에서도 성호가 가장 아끼고 사랑하던 門人의 한 사람이었다. 순암은 25세 때부터 廣州 慶安面 德谷里에서 살았었다. 그곳은 성호가 있는 같은 광주 땅이면서도 안산과는 7, 80리 떨어져 있는 곳이다. 순암은 성호의 德義를 흠모하여 그가 35세 되던 해(1746)의 10월에 처음으로 안산의 첨성리로 성호를 찾아 보고 이때부터 성호의 제자가 되었다.

66세의 성호는 순암을 반가이 맞아 그의 평소의 신념을 피력하였다. 순암은 그 뒤로도 기회가 있으면 성호를 찾았는데 그가 40세 될 때까지 성호를 직접 찾아 본 것은 전후 네 번에 지나지 않는다. 그러나 그는 학문상의 어떤 문제가 의심날 때마다 글월을 올려 성호에게 물었다. 성호는 그럴 때마다 친절히 의견을 제시하여 주어서 순암을 지성껏 撫愛하고 격려하여 주었던 것이다.

순암은 어느 때 성호에게 『僿說』의 刊正을 强請했는데 성호는 이에 이기지 못해 허락하여 주었다. 그러나 한편 마음속으로는 기뻐하여 마지않았다. 순암은 『사설』의 목록을 다시 정리하여 類編을 마련하는 중에 의심스러운 것은 언제나 성호에게 글월을 올려 물어보는 등으로 신중을 기했다. 성호는 애제자 순암에게 다음과 같은 글을 써 보냈다.

> 『僿說』이 책이 되리라는 것은 애초부터 뜻한 것이 아니오. 40여 년 전부터 보는데 따라 생각나고 의심나는 것을 적어 두고는 다시 펼쳐 보지도 않았더니 요즘 族子가 이를 謄傳하여 그중에 중첩되고 빠지고 그릇된 것이 많을 것이오. 草本 수권을 앞서 한번 점검해 보니 그 잘못 옮기고 또 빠진 것이 이루 말할 수 없소. 그중에 말이 되지 않는 곳은 全句節이라도 이를 먹으로 지워 없이하고, 또 쓸데없이 번잡한 것은 적당히 정돈하여 간소를 위주로 하면 좋을 것이오. 지금 목록을 보고 마음에 놀란 것은 어찌 이렇듯 繁夥한 것을 좀더 추려내지 않았는가 함이오. 그중에 時務 數條는 혹 理가 있을 듯싶으나 만약에 10분의 1로 추려낸다면 다행이겠소. 다만 두고 안 둘 것은 모두 예에 따라 처리할 뿐이고, 어찌 지나치게 의심하고 격경하는 것이오.

순암은 그래도 신중에 신중을 기하였다. 성호는 다시 순암에게 글을 보냈다.

　이제 百順(順庵의 字)의 刊正을 보게 된 것은 나의 幸이오. 편지에 매양 신중한 뜻에 미쳐서는 놀라고 이상하게 생각하여 마지않소. 그곳의 붕우 중의 연소한 몇 사람과 함께 주저 없이 勘覈하면 좋을 것이오. 마음대로 깎아버리고 字句 중에 의심스러운 것은 모두 고치고 나에게 물을 것도 없소. 그중에 혹 의에 어긋나지 않은 것도 없지 않으리니 이를 의논하여 간추려 남겨 둔다면 이것은 나의 著述이 아니라 그대들의 저술이 될 것이오. 이 점에 유의하여 주오.

　세상을 떠나기 1년 전에 순암에게 한 편지였다.

　그 선생을 존경하고 두려워함이 이와 같았고, 그 제자를 사랑하고 믿음이 또한 이와 같았다. 이렇게 하여 성호가 40이 가까워서부터 40년 동안에 걸쳐, 그때그때 느낀 바를 적어 두어 쌓이고 쌓인 것을 80이 가까워 성호의 族子가 謄傳한 것이 이른바 『僿說』이요, 이것을 다시 그의 高弟 순암이 간추려 編次를 새로 한 것이 이른바 『星湖僿說類選』이다.

　사설이란 여러가지 雜著의 類라는 뜻으로, 僿라는 것은 細瑣하다는 의미로 성호가 스스로 겸손하여 붙인 이름이었다. 그러나 그 謙辭에도 불구하고 기실은 성호의 넓고 깊은 학문의 蘊蓄이 여기 나타나 있을 뿐만 아니라 조선후기 새로운 학풍의 일대 集成을 이룬 大文字가 된 것이다. 성호는 이것을 愛弟子의 精誠을 믿고 맡겨서, 스스로의 저술로서 명예를 남기려던 것이 아니라 그의 제자를 통하여 그 정신을 남기려는 것이었다.

　성호는 또한 우리나라 사람들이 자기 나라의 역사를 소홀히 하는 것을 늘 못마땅하게 생각하였다. 그러므로 그는 과거에도 종래에 중국의 역사만을 시험한 것은 옳지 않으니, 우리나라 역사도 시험과목에 넣어야 한다고 생각하였다. 그는 어떻게든지 우리나라 역사를 제대로 꾸미는 일을 하고 싶었다.

　안정복도 이따금 성호에게 우리나라 역사의 綱要가 마련되었는지를 물어오기도 하였다. 성호는 일찍이 그 뜻은 가졌으나 이제는 정력이 다했을 뿐만 아니라 마음속으로는 체념하고 말았던 것이다. 순암은 성호에게 다음과 같이 한탄하여 마지않았다.

　우리나라 역사 같은 것은 도무지 계통이 서 있지가 않고, 또 누구도 의심스러운 점을 밝혀 내려고도 하지 않습니다. 수천리나 되는 우리 강토의 수천년 事蹟 들을 어둠 속에 내던져서 돌보려고 하지도 않습니다. 여기에 누구든지 재능을 갖춘 사람이 있다면 著書하는 것을 주저할 일이 아닙니다. 재능과 학식이 모자라는 저로서는 감히 책을 낸다는 것을 말할 처지는 못 되오나 이 일을 생각하면 언제나 한스럽습니다.

이에 성호는 대답하였다.

학문이란 원래 實用實行의 밑바탕이 되어야 할 것인데, 요즈음 儒家들은 입을 다물고 겸손하여 물러서는 것을 能事로 여기므로 진짜와 가짜가 뒤섞여서 이를 가려낼 수가 없소. 우리나라 역사를 저술하는 일은 실로 내가 꾀하여 기대하였던 것이지만, 보다 일찍이 내 스스로가 이를 꾀하지 못한 것이 한되는 바이오.

순암은 일찍이 『資治通鑑綱目』이 筆法上의 의심스러운 점이 있어 이것을 몇 번이고 성호에게 묻기도 하고 또 자기가 우리나라 역사를 써야겠다는 뜻을 은근히 알리기도 하였다. 그는 『三國史』, 『高麗史』, 『東國通鑑』, 『麗史綱目』, 『東史纂要』, 『東史會綱』 등 많은 역사서가 있으나 그것이 모두 불만스럽다고 했다.

이제 누가 東史를 다시 편찬하되 上古로부터 麗末까지를 一編으로 합성하고 강목이라 이름하여 우리나라의 문헌을 후세에 전하는 것이 어떻겠습니까.

이렇게 성호의 의사를 엿보기도 하였다. 그는 계속하여 느끼고 생각나는 데마다 역사적 사건이나 역사 지리에 관한 여러가지 의문점을 들어서 성호의 교시를 받았다. 그리하여 안정복은 그가 45세 되는 英祖 32년부터 『東史綱目』을 草하기 시작하였다.

어떤 때는 신병으로 중단하고, 또 어느 해는 용지 값이 올라서 그것을 마련할 수가 없어 집필을 중단하였다. 그는 『동사강목』의 목차에 대해 성호의 질정을 구하기도 하고, 三國 이상의 草稿 5권에 대한 勘定을 간청하기도 하였다. 이렇게 하여 1759년 그가 48세되는 해에 완성한 것이 이른바 『동사강목』이다.

이로써 순암은 성호의 뜻을 받들고 그의 교시와 격려 밑에 성호의 평생의 원을 풀 수가 있었다. 그것은 조선後期 우리나라 역사에 대한 반성의 기풍을 일으켜 그 후로도 역사와 역사지리에 관한 많은 고증의 발전을 보게 한 큰 실마리가 되기도 하였다.

尨大한 業績과 그 影響

성호의 학문과 사상의 진면목이 『僿說』에 들어 있다고 하더라도 성호의 학문적 업적이 이에 그치는 것은 물론 아니다. 이 밖에도 그의 該博한 지식의 깊고 넓은 면모가 여러 저술에 남겨졌다. 자제·門生들의 학습을 위하여 중국의 여러가지 經籍을 간추려 엮은 것이 이른바 疾書로서, 『四書』·『三經』을 비롯하여 『小學』·『家禮』·『近思錄』·『心經』 등이 곧 그것이다. 그리고 그의 정치론이라고 할 수 있는 『藿憂錄』을 비롯하여 『四七新編』·『禮說』·『海東樂府』·『李子粹語』·『自卜編』·『百諺解』·『道東錄』 등 허다한 저술을 남겼다.

正祖 때 성호의 문집을 간행하려던 계획이 있었으나 최근에 비로소 그 간행을 보게 되었다.

"四七論은 원래 긴요한 것이 아니라"고 한 성호의 학문은 오늘날 당시의 사회에 대한 올바른 이해와 이에 대한 성호의 비판과 포부 및 조선후기의 사회와 사상을 파악하는 데 중요한 것이 되었다.

성호의 학문은 당시에 있어서는 조금도 정치, 사회에 기여하지 못하였다. 그리하여 그의 門人 尹東奎도 "한번 시행하여 보지도 못하고 뜻만 품은 채 선생은 세상을 떠나셨다"고 한탄하여 마지않았다. 그러나 그의 학문은 그대로 사라진 것이 아니다.

당시에 있어서도 성호의 대를 이어 그의 一門 제자로 俊才가 배출되었다. 孟休(子), 九煥(孫), 秉休(從子), 用休(從子), 森煥(從孫), 家煥(從孫), 重煥(族孫) 등이 모두 쟁쟁한 학자들이었다.

門人으로서 두드러진 자를 들어도 尹東奎(邵南), 安鼎福(順庵), 愼後聃(河濱), 權哲身(鹿庵) 등 모두가 당대의 學海를 이루어 그 흐름은 茶山 丁若鏞에까지 미쳤던 것이다.

비록 성호도 磻溪와 같이 정치적인 현실에서 완전히 제외되어 두문불출하고, 체념 속에 독서와 저술에만 전념하였다 하더라도 그의 명맥은 그의 子姪과 門徒에 이어져서 조선후기의 학문사상을 빛내게 하고도 남음이 있

었던 것이다. 그것은 곧 겨레와 나라의 장래를 우려하여 마지않은 그의 애
닯는 심정과 그 결정이 그의 뒤를 따른 이들의 심금을 울리고, 고무와 격
려가 되어 마지않았던 때문이었으리라.

略　　歷

1681 년 南人의 家庭에 출생.

1682 년 아버지 죽음.

1709 년 白雲洞書院을 찾음.

1715 년 어머니 죽음.

1727 년 繕工假監役에 임명되었으나 이를 사퇴하고 學問에 힘씀.

1751 년 아들 孟休 病死.

1763 년 優老例典에 따라 僉知中樞府事로 陞資. 죽음.

著　書：『星湖僿說』, 『藿憂錄』, 『星湖文集』, 『四七新編』, 『喪威前後錄』, 『自卜
編』, 『觀物編』, 『百諺解』.

◇ 參考文獻 ◇

『星湖僿說』, 『順庵集』.

韓㳓劤, 「星湖 李瀷」(『思想界』, 1959. 4 월호).

韓㳓劤, 「星湖 李瀷의 思想研究」(『李朝後期의 社會와 思想』, 韓國文化叢書 第 6
輯).

〈『韓國의 人間像』 4, 學者篇, 1965〉

Ⅳ 民族史의 展望

韓國의 主體性과 傳統

1

韓國의 主體性이라는 문제는 國家의 主權과 관련되는 한국의 自主獨立性에 관한 문제이다. 그것은 단적으로 말한다면, 외족과의 대립·항쟁 속에서의 國勢의 興亡盛衰와 관련되는 문제이기도 하다. 어느 국가나 역사상에 있어서 흥망성쇠가 없을 수 없다면, 그 국세가 降興하여 威勢를 사위에 떨칠 때에는 그 자주독립성도 크게 떨칠 것이요, 그와는 반대로 외족의 侵寇를 받아 그 주권이 침해당할 때에는, 그 자주독립성이 손상되고 혹은 아주 상실되는 경우도 있을 것이다. 그러나 외구를 당하는 경우라 하더라도, 이에 대한 저항을 통하여 自主獨立意識이 도리어 강화되는 수는 더욱 많은 것 같다. 그러므로 한 국가의 주체성의 문제는 국가간의 대립 속의 국세의 신축과 관련되는 것이긴 하나, 그것은 단순한 國力의 문제로서만이 아니라 국민이 主體意識의 문제로서도 제기되는 것이다. 그리하여 한국의 주체성의 문제는 바로 한국인의 주체성을 의미하고, 그것은 즉 한국인의 주체의식 내지는 그 自主獨立精神이라는 문제가 될 것이다.

이와 같은 문제는 우리가 역사적으로 깊이 성찰할 필요가 있다. 이 같은 요구는 우리 民族의 역사적인 체험에 비추어 남달리 절실한 것이기 때문이다. 한국은 大陸에서 강대한 세력이 출현될 때마다 그 침구를 받아야 했다. 그 위에 최근 수십 년간을 日本의 植民地로서 그 지배를 받은 쓰라린 경험이 있다. 더욱이 이 시기의 일본은 한국에 대한 식민지지배의 정책상으로 韓國史의 主體的 發展을 부인하고, 그 他律性·停滯性을 강조·선전하여 왔다. 그리하여 일인학자 중에는 '日鮮同祖論'을 내세우는 자가 있었던가 하면, 그들의 한국사연구에 있어서도 이른바 '他律性史觀'

에 입각한 盂浪한 학설을 펴는 자가 많았다. 이 같은 정책과 御用學說이 일반적으로 일본인의 對韓國觀을 지배하게 되었고, 또 한국인에 있어서도 부지불식간에 그 영향을 받지 않을 수 없었던 것 같다. 오늘날 혼히 중국에 대한 과거의 事大關係를 바로 '事大主義'나 '事大思想'으로 논란이 되풀이되는 것이나 혹은 또 '獨立性의 貧弱'을 한국인의 民族性의 단점으로 간주하는 것과 같은 견해는, 그것이 다분히 일본인의 그러한 악선전의 여독에서 온 것이 아닌가 생각된다. 우리가 이제 한국사를 올바르게 究明하여 이를 널리 제시해야 하는 일과 아울러 일본인에 의하여 왜곡된 韓國史像을 바로잡는 일은 우리 民族의 主體性을 확립하는 정신적 기반이 될 것이다. 그러므로 한국의 주체성이란 문제는 우리 민족의 역사적 전통에 비추어, 다시 한번 이를 검토해 볼 필요가 있다.

2

일찍이 古朝鮮時代에 있어서 漢族은 그들의 앞선 鐵器文化를 배경으로 고조선지역을 침략하여 樂浪郡을 중심으로 4郡을 설치함으로써, 오랫동안 그 지역은 한족의 지배를 받아왔다. 그러나 주변의 諸部族勢力의 성장과 그들의 정치적 자각은 드디어 그 지역에서 한족을 몰아내고, 고구려·백제·신라의 古代王國의 성립을 보게 한 것이었다. 그리하여 고구려는 滿洲와 半島北部에 걸친 광대한 판도에 웅거하여 隋·唐과 서로 겨눌 만큼 그 국세는 크게 융흥하였던 것이다. 고구려인의 자주독립정신은 그들의 氣象과 더불어 隋·唐軍에 대한 치열한 항전에서도 잘 나타나고 있다. 백제와 신라가 각기 그 국위의 신장을 꾀했을 때도 마찬가지 이야기가 될 수 있겠다. 그러므로 혹은 三國隆興期에 있어서의 '建元稱帝'의 사례를 들어 三國의 자주의식의 표상으로 삼는 것도 그럴 법한 일이다(柳洪烈, 『朝鮮獨立思想史攷——朝鮮年號史攷』, 1948).

新羅가 唐軍을 유치함으로써 백제·고구려의 멸망을 초래하기는 했으나, 이어서 당군을 몰아내고 三國統一을 성취한 것은 일찍이 單一民族形成의 기반을 마련한 주체적인 위업이기도 했다. 또한 王建이 新羅王朝를 계승하여 그 國號를 高麗라 한 것도 고구려의 전통을 이어받으려는 주체의삭의 표현이었다. 고려의 북진책은 그 또 하나의 표현이었다. 麗代에 있어서도 거듭 외족의 침구를 받았다. 그리하여 契丹(遼)의 年號를 사용하고 女眞(金)과 군신관계를 맺었으나, 이 같은 사대관계가 바로 고려인의 주체의식의 상실이라고 볼 수는 없는 것이다. 우리는 묘청의 建元稱帝 金國征伐의 주장을 들 수 있으며, 또 蒙古大軍의 내습에 당하여 고려군의 항전과 더욱이 三別抄軍의 최후까지의 거항을 볼 수 있다. 또 오랫동안의 몽고족의 지배에도 불구하고 공민왕대에 있어서의 국권회복의 治績을 볼 수 있다.

한국은 이렇듯 누차 외족의 침구와 그 지배를 받기는 했으나 이에 대한 저항·투쟁을 통하여 끝내는 언제나 그 주권을 회복견지해 온 것이 사실이다. 이 같은 사실은 한국인의 自主獨立精神을 약화시켰다기보다는 도라어 그것을 강화시켜 온 것이다. 한국의 주체성을 생각할 때, 우선 우리는 한국이라는 그 '主體'가 이미 이와 같은 오랜 역사적 전통 위에 엄연히 존립하여 있다는 사실에서부터 출발해야 하리라고 생각한다.

3

오늘날 한국인의 주체의식 자립정신과 관련하여 거듭 논란되어 온 것은 麗朝 이래, 특히 李朝時代에 大陸諸國과의 사이에 맺어졌던 事大關係와 관련하여 '事大主義', '事大思想'에 관한 논의였다. 일찍이 朴某氏의 「事大主義論」(『新天地』, 1946.9)에서 비롯하여 최근의 「事大主義論의 再檢討」(李基白 敎授, 『思想界』, 1965.6)에까지 이르고 있다. 한국은 실제로 대륙제국에 대하여 거듭 사대관계를 맺어온 것이 사실이다. 麗朝는 契丹(遼)·女眞(金)·蒙古(元)에 대하여 이조는 漢族(明)·滿洲族(淸)에 대하여 사대관계를 맺어 왔다.

이같이 여조 이래로 韓國史에 나타나는 사대관계를 왜곡·과장하여 '事大主義'를 정립시켜 이로써 '朝鮮史의 他律性'을 선전한 것은 일인학자들이었다. '事大란 宗主國으로부터 國王을 승인받고 이에 儀禮를 다함'이라 하고 '사대주의가 가장 발달한 이조에 있어서 종주국의 正朔을 받을 뿐만 아니라 운운'한 三品彰英(『朝鮮史概說』)은 그 대표적인 예이다. 그러기에 李基白 교수는 상기 소론에서 사대주의가 일인학자들에 의하여 부당하게 쓰여져 왔음을 지적하고 '사대주의'라는 용어는 국사서술에서 말살되어야 한다고 주장했다. 그러나 李교수의 소론에 있어서도 '事大主義的 傾向', '事大的 思想'에 대해서는 이를 시인하는 듯이 보이며, 이들과 '事大'관 계와의 관계가 명백히 규정지어져 있지가 않아서 내용상으로 모호함을 면 할 수가 없다(李基白, 『國史新論』, 諸論 중의 「事大主義論」. 韓永愚, 『文化事大 와 支配者哲學』, 靑脈, 1966. 6). 한편으로 사대주의를 운위한 것은 반드시 일 인학자들에 의해서만은 아니었다. 일찍이 申采浩 씨가 '사대주의의 僻見' 을 가신, '事大思想의 고취자인 金富軾'은 '사대주의를 根本하야 『三國史 記』를 지은 것'이라 한 것은 그 일례라 하겠다. 여기서도 '김부식은 金春 秋·崔致遠 이래의 慕華主義의 結晶'이라 하여 '사대', '사대주의', '모 화주의' 등의 관계가 개념적으로나 내용상으로 선명히 규정지어진 것 같 지가 않다.

이러한 점에 대해서 '사대'는 한갓 외교관계로서 규정하고 사대관계가 바로 주체성의 상실을 의미하거나, 반민족적인 속성을 지니는 것이 아니라 하고 이에 반하여 麗朝의 蒙古(元)에 대한 '至誠事大', '親元事大主義', 李 成桂 일파의 '親明事大', '親明事大主義'에서 '親淸事大主義'로의 이행을 들어 '事大主義'的 史實로써 '主體와 自我를 망각한 사대주의'가 집권자 간에 있었음을 말하기도 한다(韓永愚, 상기논문). 여기서도 엄밀히 따진다면 '至誠事大', '親元事大主義'와 같이 사대와 사대주의가 명확히 구별되어 쓰여지지는 않고 있고, 필자도 일찍이 事大 내지는 事大之誠, 事大之禮니 하는 말은 大陸諸國(元·明·淸)에 대한 외교의례적인 의미로 씌어진 것이거 나 또는 문화적인 모화사상에 연유된 것임을 지적하고 도시 사대주의라는 것이 더욱이 민족성과도 관련시키는 인간의 퍼스널리티를 표현하는 개념 일 수는 없는 것임을 지적한 바 있다(『思想界』, 「富와 貴의 가치관과 족보의 사상」, 1959. 8). 그러나 또한 柳洪烈 교수도 여말에서부터 李朝末 '600여 년간은 우리 민족사상 사대주의사상의 大實踐的 發展期'라고 볼 수 있다

하여 주로 年號史的 관점에서 이 시기를 '自主性을 상실하고 中國年號만을 사용하던' '事大性'으로 성격지우고 있는 것이다(柳洪烈, 上記著書).

우리는 편의상 이 문제를 近世朝鮮時代에 국한해서 검토해 보고자 한다. 상술한 바와 같이 근세조선시대에 있어서 明·淸에 대하여 事大之誠, 事大之禮를 다 했던 것은 사실이다. 또한 한국은 고대로부터 漢字와 儒學의 채용·輸入과 아울러 널리 중국의 문물·제도를 섭취하여 광범위하게 그 영향을 받아왔고, 더욱이 근세조선시대에 이르러 유교정치의 기틀이 확립되어 그 절대적인 影響을 받은 것도 사실이다. 그리하여 명·청과는 사대관계가 맺어져서 册封과 正朔을 받아 그 연호를 사용했고 朝貢을 통하여 경제적으로 막대한 부담을 져야 했고, 『朱子家禮』·『朱子集註』를 위시하여 주자학의 절대적인 영향을 사상적으로 받아왔다. 그러면 이와 같은 사실들이 '事大' 관계를 지나서 이른바 '사대주의'의 표현이며, 따라서 당시의 한국인이 '主體와 自我를 망각'하고 '自主性을 상실'하여 '우리 민족사상 사대주의사상의 대실천적 발전기'를 이루었다고 할 수 있는 것인가, 그렇듯 단정해도 좋을 것인가.

事大라는 말은 원래 "惟仁者 爲能以大事小 惟智者 爲能以小事大 以大事小者 樂天者也 以小事大者 畏天者也 樂天者 保天下·畏天者 保其國"(梁惠王 章句下)이라는 孟子의 말에서 연유된 것이다. 여기서 '事大', '事小'의 '事'는 단순한 강자에 대한 屈從·阿附를 의미하는 것이 아니다. 이것은 이를테면 다분히 정치적·외교적인 理致(原理)로서 쓰어진 것이라 할 수 있다. 실제 李成桂가 '以小逆大'의 불가를 들어 遼東征伐에 반대했다고 해서, 이를 바로 '사대주의'로 규정하는 것은 지나친 비약이라 할 수도 있는 것이다. 그것은 도리어 정치외교의 하나의 원칙에 비추어 또는 당시의 정세에 비추어서도 고려되어야 할 문제이기도 하다. 또한 '反元向明'을 내세운 이성계와 대립되었던 '向元反明'派(崔瑩)의 성격과도 대조·논의되어야 할 것이겠다. 도리어 이성계가 당시의 '內外政局의 동향을 明敏하게 통찰할 수 있었던 정치가'였다면, 그가 親元派를 배제하고 피폐된 麗朝에 대신해서 新王朝를 개창하고 明과 事大關係를 맺었다 해서 이를 '事大主義'者로 낙인을 찍는 것은 지나친 것이 아닐까.

실로 '事大'關係는 종주국으로부터 正朔을 받들고, 책봉을 받고 王位를 인정·보장받음으로써 그 지위를 대내적으로 보지한다는 중요한 정치적 조건이기도 해서 단순히 대외적인 외교관계로서만 성격지을 수도 없는 것이었다. 가령 禑王이 恭愍王의 諡號를 明帝(太祖)에 주청했을 때의 명제의 말은, 이 점에 관해서 흥미있는 시사가 들어 있다. 즉 明太祖는,

　顓(恭愍王)이 피살된 지 이미 오랜데 인제 비로소 諡號를 請함은 장차 우리 朝命을 빌어서 其民을 鎭撫하고 또한 弑逆의 혼적을 掩蔽하려는 것이므로 허락할 수가 없다(『高麗史』).

고 했다. 이 말明은 事大의 禮가 외교적 의의나 주종관계를 의미하기보다는 또리어 국내정치적인 의의가 더 많다는 것을 의미한다.

　그 위에 중국연호의 사용여부가 곧 자주성 유무를 규정지을 근거와는 직접적인 관련이 없다는 점이다. 기술한 바와 같이, 여대에 있어서 契丹(遼)의 연호사용이나 女眞(金)과의 군신관계까지도 이것으로서 고려인의 자주성이 없었다고 볼 수도 없다. 유홍렬 교수는 연호사적 관점에서 明淸의 연호를 줄곧 사용한 조선시대를 '自主性 喪失'의 시기로 보았었다. 그러한 중에도 유교수는 조선후기 碑文에 의거하여 丁卯丙子亂 이후에 '丁卯後某年', '丙子後某年' 또는 '聖上某年'(英祖朝)이란 紀年使用의 數例를 들어 王을 '聖上'이라 칭하는 '勇氣'를 나타냈다고 지적하고 있다(유홍렬, 상기저서). 그러나 이 같은 祠碑에 있어서뿐만 아니라 正祖朝에는 왕명으로 편찬된 서적에서까지 중국연호를 쓰지 않고 我朝의 편년법으로 편찬했고, 또 그 이유까지 밝혀 말하고 있다. 『秋官志』와 같이 우리나라의 편년으로 기록했던 『度支志』 범례에서,

　年號는 公私書籍에 中國의 연호를 써서 我朝의 某朝某年을 上考하려 할 때에는 眩疑스러운 바 있으므로 春秋之法에 따라 我朝의 編年으로 기록한다(『度支志』, 凡例).

고 한 것이 그것이다. 즉 종래 중국기년사용의 관례를 버리고 我朝의 편년으로 기술한 것은 年代上考의 불편을 덜려는 실제적 편의를 도모한 것이요, 이 같은 조처가 바로 淸에 대한 종래의 事大關係의 폐기를 의미하

는 것은 아니었다.

다시 근세조선시대의 성격을 '사대주의'로 표현하는 데에 고려되어야 할 또 다른 문제는 중국제도의 채용과 관련되는 문제가 있겠다. 실제 韓國의 官署는 唐宋元明의 제도를 채용해 왔으며, 또 근세조선시대의 律은 전적으로 明律을 채용하여 『經國大典』에도 '流三千里'와 같은 비실제적인 刑律이 수록되어 있음이 사실이다. 그러나 그렇다고 모든 제도에 중국제도를 그대로 모방·습용한 것이 아니라, 어느 면에서는 독자적으로 변형되어 있음을 볼 수 있다. 예컨대 門下府가 議政府와 司諫院으로 분립되어진 것이나, 登聞鼓制가 申聞鼓로 개칭되고, 그 鼓의 위치와 管掌官員이 중국의 그것과는 달라져 있는 것이다. 이 같은 체제의 종합적인 연구는 중국의 관서와 한국의 그것과의 차이점을 명백히 하는 동시에 우리나라의 정치구조의 특성을 파악할 수도 있게 할 것이다. 일찍이 세종 자신도,

> 中朝의 制는 모두 古法에 의하지마는 我國의 것은 中國의 그것과 같이 할 수 없는 것이 많다(『世宗實錄』, 卷 101, 世宗 25년 7월 己未條).

고 하여 我國의 제도를 중국의 그것대로 모방할 수 없다는 독자적인 입장을 명언하고 있는 것이다.

더구나 丙子胡亂 후 효종조에는 北伐을 계획한 바 있었다. 인조가 남한산성에서 清帝에 出降하였을 당시 尹鑴는 福泉寺에서 宋時烈 등과 會逅하여 악수·통곡하며,

> 自今 이후로는 다시는 科擧에 응시하지 않을 것이며 혹시 때를 만나 정치를 담당하게 된다면 今日의 羞辱을 잊지 않으리라.

고 했다. 그 뒤로 肅宗朝에 이르기까지 오랫동안 조야간에는 北伐을 주장하는 자가 끊이지 않았다. 이 사실은 강대국에 대한 屈從과 '事大'觀念이 이조시대 한국인의 정신이 아니었다는 것을 설명하여 주고도 남는다.

실제 清에 대해서도 明에 대한 것과 같이 清의 연호도 썼고, 朝貢關係(事大關係)도 맺어 왔다. 그러나 그것도 또 '事大主義'的인 것은 아니었던 것이다. 가령 正祖朝 沈豊之(大司諫)의 말 중에는,

> 人臣의 外交가 없음은 禮意가 甚嚴한 탓이다. 하물며 지금 大國(清)의 我國에

대해서는 防限이 스스로 달라서 使事關係도 物貨交易 이외에는 마땅히 一毫의
간섭도 없어야 한다(『備邊司謄錄』, 第168册, 正祖 10년 정월 23일條).

고 했던 것이다. 즉 事大나 朝貢을 위한 사행이 物貨交易의 사실 이외에는
국가적으로 조그마한 간섭도 있을 수 없음을 밝혀 말한 것이다. 이 또한
淸(大國)에 대하여 자주성을 상실한 자의 입장과 발언이 아님을 알 수 있다.
그 위에 학술·문화면에 있어서도 모든 양반이 李朝를 통해서 자주성을
상실했던 것은 아니다. 朱子學의 영향이 컸던 것은 사실이라 하더라도 尹
鑴·朴世堂과 같이 독자적인 입장에서 주자의 學을 비판하는 자세를 지닐
수도 있었다. 윤휴는 독보적인 태도로써 주자의 學을 비판했고, 그 학풍
이 擧世風靡했었다는 사실은 도리어 윤휴 당시까지만 해도 학문에 있어서
자주적인 자세를 지닐 수 있었음을 반증하여 주는 것이기도 하다(拙稿, 「白
湖 尹鑴研究」, 『歷史學報』 14). 英·正祖時代의 학풍에 나타났던 자기반성·
자아비판의 조류는 朝鮮學人의 자주적 정신의 발로라고 하지 않을 수 없
겠다. 이 같은 풍조는 미술면에서도 나타나서 鄭歚과 같은 이는 종래의
中國山水畫의 모방의 경지를 탈피하여 국내 명승지를 실지 답사하면서 風
景畫를 寫生했던 것도 새로운 자아의식의 일례로 삼을 수 있겠다.
  위에서 열거한 일련의 사실에 비추어 볼 때 우리는 조선의 전시기를 통
하여 또는 조선인의 모두가 이른바 '事大主義'的인 정신에 젖어서 자주성
을 상실하였었다고 말할 수가 없을 것이다. 또한 원래의 事大關係도 그것
이 단순한 외교적 의의만이 아니라, 도리어 국내적으로 정치적 의의까지
지니기도 한 것이었고 또 事大 '使行'에 있어서도 어떠한 간섭을 招致하
는 성질의 것이 아니었다는 점을 그 당시의 사람도 인식하고 있었던 것이
다. 더구나 조선인이 그저 강대국에 대해서는 무조건 굴종의 정신을 가졌
던 것이 아니었던 점은 淸에 대한 태도에서도 엿볼 수 있었다. 독자적인
年號를 썼던 것도 사대관계와는 아무런 관련이 없었던 것이다. 그렇다면
이제 事大와 그 이른바 事大主義를 같은 것으로 보지 않는 이상, 朝鮮時
代를 '事大主義가 가장 發達한'(三品) 또는 '事大主義思想의 大實踐的 發
展期'(柳洪烈)로 특징지울 수 있는 근거는 매우 의심스럽다 하지 않을 수
없다.

여기서 우리는 관점을 달리하여 생각해 볼 필요가 있다. 즉 高麗·近世朝鮮을 통해서 遼·金·元·明·淸에 대하여 사대관계를 맺었던 중에서도 요·금·원·청에 대해서는 명에 대한 것과 같이 尊慕하지는 않고 도리어 이를 輕侮해 왔다는 사실이다. 유독 명에 대해서만은 단순한 사대관계를 넘어서 이른바 尊明思想에까지 미치고 있는 것은 무엇 때문일까. 물론 명은 壬辰倭亂 때에 원병을 파견하여 國土保全의 恩功을 명에 돌리게도 되었던 것이나, 이보다 더 뿌리깊게 한국인에게 스며 있던, 이른바 慕華思想이야말로 그 존명사상의 근저에 흐르고 있었던 것이라고 생각된다. 中華思想에 대하여 자기 스스로를 小華로 생각하던 이 모화사상은, 그러나 다름아닌 문화가치관에 연유된 관념이었던 것이다. 실제에 있어서 漢族의 문화는 이미 古代의 세계에서도 가장 앞섰으리만큼 고도로 발달되었던 것이며, 그 주변 諸國이 이 문화와 이를 배경으로 이룩된 한족세력에 압도되었던 것이 사실이 아닐 수 없다. 그리하여 漢字와 儒學이 천여 년 동안 우리 민족의 문화에 직접적인 영향을 미쳤다는 사실만도 이를 단적으로 말하여 주는 것이며 또 이러한 사실은 중국을 중심으로 한 동양제국에 있어서 거의 공통되는 점이기도 했던 것이다.

그러나 韓民族은 중국문화에 도취되고 이를 尊慕하는데 그쳤던 것이 아니라, 그 독자적인 문화를 이룩할 수가 있었다. 한민족이 일찍부터 독창적인 문화를 지닐 수 있었다는 점은 일일이 열거할 것 없이, 金屬活字의 발명 하나만으로써도 증명된다. 中華에 대하여 小華라고 한 의미는 적어도 중국 다음가는 제2의 文化國이라는 긍지가 들어 있는 뜻이었다. 조선의 학자가 거의 다 그 사상적 근간을 周禮나 孔孟에 두고 있었다는 점도 이로써 이해할 수 있는 것이겠다.

그들의 독창성을 발휘하여 독자적인 문화를 이룩하는 한편 보다 더 우수한 문화를 섭취하고, 그를 존모하는 추향은 반드시 이를 나무랄 수는 없는, 아니 오히려 당연한 소치라고 할 수도 있지 않을까. 다만 외국문화를 섭취하는데 있어서도 물론 자주적인 자세는 필요한 것이며, 그러한 의미에서 모화사상도 또한 비판·검토되어야 할 문제이기는 하며, 이것은 문화수용의 태도에 관한 또 다른 문제가 될 것이다. 우리는 여기서 각기 그 개념내용을 달리하는 '事大'關係, 그 이른바 '事大主義' 그리고 '慕華思想'을 혼용해서 그 어느 것이 마치 한국인의 民族性과도 같이 言謂될 성질의 것이 아니라는 점을 강조하고 싶고, 더구나 이른바 사대주의를 사대관계와 혼동할 수 없을 뿐만 아니라, 도대체 '事大主義'란 사실상으로 정체불명의 主義라는 것을 말하고 싶은 것이다. 일반적으로 이 같은 용어가 씌어지는 소이는 '사대'관계와 모화사상과의 혼합에서 오는 관념적인 콤플렉스에 연유된 것이라 생각된다.

4

　여기서 우리는 눈을 近代로 돌려야 하겠다. 근대적인 의미에서의 국민의 자주독립정신은 특히 東洋諸國에 있어서는 서구열강과 日帝의 세력 침투에 대한 저항 속에서 民族意識의 성장과 더불어 자라왔다. 우리나라에 있어서도 그 예외는 아니다. 그리고 그와 같은 민족의식 내지는 자주독립정신의 思想的 萌芽는 東學思想에서 찾아볼 수 있다.

　여기서 동학사상에 대하여 이를 전면적으로 재검토할 여유는 없으므로 그 민족주의적인 측면(自主性)만을 논거하기로 한다. 동학사상은 이러한 면에서는 먼저 西勢東漸에 따르는 위기의식에서 출발되었다. 東學이 원래부터 西學에 대항하는 입장에서 이름짓게 된 것임은 주지의 사실이다. 그리하여 그 위기의식은 서양인의 중국침공에서 더욱 절실하였던 것이었다.

　　庚申年(1860)에 이르러 傳聞하니 西洋人이 天主의 뜻이라 하여 富貴를 取하지 않고 天下를 攻取하여 堂을 세우고 그들의 道(宗敎)를 流布시킨다는 것이다. 그러므로 나도 그것이 과연 그럴까. 어찌 그럴 수가 있을까 의심스럽다(布德文).

전해 오는 세상 말이
요망(妖妄)한 서양적(西洋賊)이
중국(中國)을 침범해서
천주당(天主堂)을 높이 세워
거 소위 하는 도(道)를
천하에 편만(遍滿)하니
가소절장(可笑絶腸) 아닐런가　(安心歌)

天下를 攻取하는 서양인은 이제 중국을 침범하는 西洋賊으로 되었으며, 그것은 바로 한국을 위협하는 존재로 느끼지 않을 수가 없었다. 그리하여,

　　西洋(人)은 戰勝攻取하여 뜻대로 이루지 못하는 일이 없다. 그리하여 天下가 다 망해버린다면 우리나라도 같은 운명에 빠지게 될 것을 걱정하지 않을 수 없다. 나라를 돕고 백성을 편하게 할(輔國安民) 計策이 장차 어디서 나올 것인가.

했다. 서양인의 中國攻取는 한국 국민의 安危와 직접적으로 관련되지 않을 수 없는 目前의 위기로 감수되었고, 그것은 또 하나의 종교적인 문제를 넘어서 국가의 운명과 직결되는 현실적인 문제로 인식되었던 것이다.

　서양세력 침투에 대한 현실적인 위기의식에 대하여 일본에 대해서는 강렬한 복수의식이 깃들어 있다. 일본인 학자도 하나의 貪兵이고 嬌兵이라고 규정지었던(貝原益軒, 元祿版 『懲毖錄』 序文) 壬辰·丁酉年의 일본군의 침공과 그 피해는 막심하였기에 그 뒤 오래도록 한국인의 骨髓에 일본인에 대한 원수감정을 뿌리깊게 했던 것이다. 실제 조선후기에 있어서 軍兵訓鍊의 假想敵은 '倭'였으며, 星湖 李瀷은 당시 沿岸 浦口에 거주하는 일본인이 일단 유사시의 거동을 경계하지 않을 수 없다는 우려를 말한 바 있기도 했다(『星湖僿說』).

　　가련하다 가련하다 我國運數 가련하다
　　前歲壬辰 몇 해런고 二百四十 아닐런가

　　개 같은 倭賊놈아 너희 身命 돌아보라
　　너희 역시 下陸해서 무슨 恩德 있었던고

　　나도 또한 神仙되어 飛上天 한다해도
　　개 같은 倭賊놈을, 한울님께 造化받아
　　一夜間에 滅하고서 傳之無窮하여 놓고
　　大報壇에 맹서하고 漢夷원수 갚아보세　　(安心歌)

　동학사상에는 壬辰亂 이후로 품어진 일본인에 대한 원수의 감정이 그 근저에 흐르고 있다. 그리하여 이에 대한 복수의 염원이 들어 있기도 하다. 이 염원을 성취하고 나서는 다시 '漢夷'에 대한 원수도 갚아 보자고

했다.

　東學의 이 같은 사상의 근저에는 격렬한 민족감정과 민족의식이 깃들어 있었다. 그리하여, 그것은 1894년의 東學革命軍의 봉기로서 실천에 옮겨진 것이다. 동학혁명운동은 안으로는 弊政改革의 실현을 보려던 반봉건적인 투쟁이었으며(第1次蜂起) 밖으로는 일제침략에 대한 민족적 거항이었다(第2次蜂起). 그리하여 反封建 鬪爭(제1차봉기)에서는 적극 가담하지 않았던 동학의 北接도 民族鬪爭(제2차봉기)에 있어서는 전적으로 이에 합세하게 되었던 것이다. 그리고 東學軍蜂起의 최초의 標榜은 '保國安民'이었다. 여기서도 동학혁명의 성격에 대하여 이를 전면적으로 검토할 생각은 아니다. 다만 동학혁명 당시에 있어서 민족의식은 보다 더 선명히 드러나 있음을 말하려는 것이다.

　동학군봉기 당시 淸國에 원병을 요청한데 대하여 金炳始(領敎寧府事)는,

　　收斂政治에 견디지 못하여 백성이 들고 일어난 것을 바로 東學徒에 그 책임을 돌려서 幾千名을 殺傷한 것도 참지 못하겠거니와 여기에 淸兵에 청원한 것은 또 하나의 錯이다. 他(國)兵을 빌려서 吾民을 殺害한다는 것이 어찌 있을 수 있는 일인가.

라고 했다(『甲午實記』, 5월 初9일條). 이는 단적으로 동족관념, 민족의식의 표현이라 하지 않을 수 없다. 또한 日軍과 연합한 官軍에 보낸 全琫準의 告示文에서도,

　　그 實은 朝鮮사람끼리 서로 싸우자는 바가 아니어늘 이와 같이 骨肉相戰하니 어찌 애닯지 아니하리오. ……八方이 흉흉한데 편벽되게 서로 싸우기만 하면 그것이 바로 骨肉相戰이 아니겠소. 한편으로 생각하면 조선사람끼리라도 道는 다르나 斥倭와 斥華는 그 義가 一般이다. 두어 자 글로 疑惑을 풀어 알게 하노니 각각 돌보고 忠君愛國의 마음이 있거든 곧 義理로 돌아오면 相義하여 같이 斥倭·斥華하여 조선으로 하여금 倭國이 되지 않게 하고 마음을 같이하여 힘을 합하여 大事를 이루게 하울세라(『東學亂記錄』 下, p. 383, 全琫準 上書).

고 민족의식에 호소하고 있음을 볼 수 있다. 여기에는 韓國의 自主性·自主獨立에의 의지가 다 표현되어 있다.

　우리는 여기서 동학혁명군의 敗散 이후의 일제침략의 경유나, 이에 대

한 민족투쟁의 역사를 일일이 되풀이할 여지가 없으며 또 그럴 필요도 없
겠다. 일제에 의한 군대해산에 따른 열렬한 의병의 투쟁, 일제의 未墾地
略奪計策을 제지한 保安會의 抗日運動, 俄館播遷 이후의 독립협회의 활동
을, 그리고 3·1운동을 위시한 일제치하의 독립운동을 여기서 일일이 논
거할 수는 없다.

5

　일제지배하의 우리 민족의 獨立鬪爭은 解放될 때까지 면면히 계속되었
거니와 일제의 韓國文化抹殺政策에 대항한 운동과 자각은 크게 두 가지
에서 생각할 수도 있다. 그 하나는 國語運動이요, 다른 하나는 종래의
歷史(國史)意識에 대한 비판, 주체적인 史觀確立에의 요구였다.

　타민족의 文字·言語의 말살정책에 대항하는 국어운동(硏究와 보급)은 그
것이 바로 국민운동의 성격을 지니게 된다는 것은 말할 필요도 없다. 일
제의 韓國語·國文抹殺政策에 대항한 국어연구의 高潮와 그 보급운동이 하
나의 민족운동의 성격을 지녔던 것은 이른바 朝鮮語學會事件이 이를 잘 설
명해 주고 있다. 그런데 세종조 당시 訓民正音 制定의 主旨는 바로 중국
인의 한자에 대항하는 의미에서 '韓國人은 韓國文字로'라는 신념에서는
아니었다고 하겠다. 즉 훈민정음 제정 이후에도 한자는 의연히 양반사회
에서 의사표현의 주된 방법이었다. 그것은 문화적으로 한자에 대하여 '自
主獨立'的인 의식이 뚜렷하여 제작되어진 것이라고는 할 수 없을는지 모
르나, 그럼에도 불구하고 이 같은 문화적 창조는 결국 그것이 민족의 자주
독립성을 나타내는 결과가 되며, 더구나 그것이 국어인 만큼 민족운동의
실질적인 소재도 될 수 있었다는 점이다. 高麗의 八萬大藏經은 그것이 佛
敎의 經典이요, 우리 민족의 고유사상의 집성은 아니었다. 그러나 그것은
바로 우리 민족의 문화재임에 다름이 없다. 이것은 즉 이 같은 창조적인
문화활동과 그 성과는 민족의 주체성에 대한 자기보증이 된다는 것을 의
미한다.

　한편 일제하에 있어서의 국사에 대한 재인식에의 요구는 그 선구적 인

물이었던 申采浩에서 찾아볼 수가 있다. 신채호는,

　　朝鮮史는 內亂이나 外寇의 兵火에서보다 곧 조선사를 저작하는 사람들의 손에
　서 더 蕩殘된 것을 느끼지 않을 수 없다.

고 했다. 또는 '歷史는 我와 非我의 투쟁의 기록'이라 하여 '我의 生長發達의 상태를 서술의 제1요건'으로 '朝鮮民族을 我의 단위'로 삼아 그 문명의 기원, 疆域의 신축, 思想의 변천, 민족적 의식의 성쇠, 민족의 유래 그리고 현재의 지위와 흥복문제를 다루어야 하고, 제2요건으로 '我와의 상대자인 四隣各族의 관계'를 밝혀야 할 것이라 했다.

　신채호는 이 같은 민족의식을 주축으로 하는 역사의식의 확립을 주장하며, 종래 일반적으로 행하여지던 國史에 대한 비판을 가했다. 그 주요한 점을 들면 다음과 같다.

　첫째, 민족의 舊疆域에 대한 재인식을 강조했다. 즉 종래에 있어서 흔히는 강역의 漲縮에 따라 민족활동이 昇降한 점을 간과하고, 古代의 국토를 망각하여 "鴨綠江內에 이상적 강역을 劃定하라 하고"(『我邦疆域考』), "事大主義를 根本하야 東北兩扶餘를 베어 조선문화의 所自出을 塵土에 묻으며, 渤海를 버리어 三國 이래 결정된 문명을 草芥에 던진 것이라"(金富軾) 했다. 이에 반해 柳惠風의 『渤海考』는 천여 년 동안 史家들이 압록강 이북을 創棄한 缺失을 追補했고, 李鍾徽의 『修山集』은 단군 이래 朝鮮의 固有한 독립적 문화를 謳歌하여 김부식 이후의 사가의 노예사상을 갈파했으며, 『海東繹史』에서는 『三國史』에 빠진 부여·발해·가락·숙신도 모두 1篇의 世紀로 들어 있음을 높이 평가했다.

　둘째로, 佛家·儒家에 의한 민족의 고유사상과 그 연유에 대한 왜곡을 논박했다. 그리하여 "一然 등 佛子가 지은 史册에는 佛法의 一字도 유입하지 않은 왕검시대부터 인도의 梵語로 만든 지명·인명이 충만하며 김부식 등 유가에 적은 문자에는 孔孟의 仁義를 무시하는 삼국 무사의 口中에서 經傳의 辭句가 관용어같이 傳誦되며" 신라의 金王을 인도의 刹帝利種으로(『三國遺事』), 고구려의 鄒牟王을 高辛氏後로(『三國史記』), 朝鮮全民族을 秦漢遺民으로(『東國通鑑』, 『三國史記』), 또는 漢人의 東來者로(『東史綱目』) 보아 민족의 역사를 我流로 왜곡하고 있다는 것이다.

셋째로, 따라서 한국의 전통적 사상의 단절을 지적했다. 元曉·義湘 諸 巨哲의 佛學에 영향된 고려일대의 사상계가 어떠했음을 볼 수 없고, 조선 사상의 근원되는 書雲觀의 文籍을 공자의 道에 위배된다 하여 一炬의 火 中에 던진 사실을 통분히 여기고 있다. 주자학의 절대적인 영향을 논하면 서는 "己見을 주장하여 明倫堂 기둥에 孔子를 譏評한 문구를 붙인 尹白湖 (鑴)를 傑物이라" 했다.

넷째로는 보다 더 근대적인 역사의식에서 종래의 皇室 중심, 政治史 중 심의 역사를 탈피하여 민족 자체의 활동을 주축으로 할 것과 문화사부문 의 개척을 제창했다.

신채호는 이렇듯 민족의 역사에서 民族舊疆에 대한 인식을 도로 찾아야 하며, 佛·儒家에 의하여 왜곡된 것을 바로잡아 한국 사상의 전통적 체계 를 세우고, 그 위에 종래의 왕실 중심, 정치사 중심의 역사에서 탈피해야 한다는 것이었다. 신채호는 또한 근자의 새로운 역사저술에 대해서도, 그 것이 한갓 형식적인 개편에 지나지 않아서 내용적·실질적인 역사의 개조 가 아니라는 점을 다음과 같이 논술했다. 즉,

> 近來에 往往 新史의 體로 史를 만들었다는 新著가 없지 않으나, 다만 新羅史라 高麗史라 하던 王朝斷의 式을 고치어 上世·中世·近世代로 하여 卷之一이라 卷 之二라 하던 通鑑分編의 名을 고치어 第一編·第二編이라 하여, 그 內容을 보면 才技와 異端이라 하던 점을 藝術이라 學術이라 하여, 그 貴賤의 位置가 바뀔 뿐이요, 勤王이라 捍外라 하던 것을 愛國이라 民族的 自覺이라 하여 그 新舊의 名詞가 다를 뿐이니 털어놓고 말하자면 韓裝册을 洋裝册으로 고침에 불과한 것 이다.

위와 같은 신채호의 소론은 오늘날에 있어서도 어느 면에서는 이를 극 복하지 못하고 있는 韓國史의 맹점을 일찍이 지적한 것이라 할 것이다. 그 위에 오늘날에 있어서는 일본인학자들에 의하여 왜곡된 史實을 바로잡아 야 할 일까지 사학자에게 부과되어 있다. 그리고 신채호의 事大主義論은 그것이 민족성이라는 의미를 지닌 것이 아니었다는 것을 밝혀 두어야겠다.

그러한 중에서도 가장 基幹이 되어야 할 것은 다름아닌(韓國의 主體性) 한국인의 자주성에 대한 명확한 인식이다. 그것은 또 종래에 그릇된 '事 大主義論'의 拂拭에서부터 시작되어야 할 것이다. 일부 지배계층이나 일

부 국민이 반민족적인 행위를 감행하거나 타국인에 降服屈從하는 경우는 국가위난시에 충신·의사·열사를 볼 수 있듯이 항용 있는 일이겠다. 그러나 어느 민족이 그러한 일부 부정적인 면만을 치켜세워서 그것이 마치 그 민족의 性向(民族性), 그 민족사의 특징을 지우는 시대성으로 스스로 간주하려 드는 것일까. 사대주의라는 그 怪異한 주의가 사대관계나 모화사상과 혼동되어 온 것이다. 漢文化의 우수성, 이에 대한 崇慕觀念이 보다 더 깊이 과거 한국인(兩班) 사이에 고착되어 있었으나, 이것이 바로 그 이른바 '事大主義'와는 이질적인 것이다. 그리고 한 민족의 自主獨立性은 먼저 그 정치적·경제적 자주독립에서부터 시작되려니와 그렇다고 일시적인 군사적 승리나 제도적인 개편에서 오는 것이 아니라, 그 민족의 독창적인 문화창소의 활동과 그 성과(文化財)가 이를 견지할 수 있는 기반이 될 것이다. 정치적·경제적 자주독립과 아울러 문화적인 자부야말로 제 민족의 자립정신을 북돋을 수 있는 근원적인 자세이며, 우리 민족은 또 역사적으로 그러한 傳統을 지니고 있는 것이다.

<「學生硏究」, 서울대, 1967>

三·一運動의 歷史的 背景

1. 序　　言

　3·1운동은 우리 民族이 1919년 3월 1일을 기하여 擧族的으로 봉기했던 抗日鬪爭이었으며, 日帝에 의하여 침탈되었던 국가의 주권과 민족의 독립을 되찾기 위한 일대 시위운동이었다. 그것은 韓國이 최초의 不平等條約을 日本과의 사이에 맺게 된 1876년 이래 계속 침투해 온 일제의 한국침략과 이에 대한 韓民族의 치열한 항일투쟁의 발전과정에서 맺어진 하나의 귀결이었으며, 가까이는 1910년 '日韓倂合' 이래의 일제의 武斷과 收奪에 거항했던 한민족의 독립투쟁이기도 했다. 그러므로 3·1운동은 멀리는 1876년 江華島條約締結 이래의, 가까이는 1910년 '日韓倂合' 이래의, 일제의 한국침략의 전과정과 이에 대한 한민족의 항일투쟁의 역사적 전개 속에서 이해되어야 할 것이며, 그것은 또 당시의 국제정세의 전변 속에 세계사적인 연관하에 이해되어야 할 것이다. 따라서 3·1운동에 대한 올바른 이해는 그것이 일어날 수밖에 없었던, 일어나야 했던, 그리고 일어날 수 있었던 국내적·국제적 배경을 정확히 인식하는 데서 얻어질 것이다. 이 같은 3·1운동의 역사적 배경이란 단적으로 말하면 그 遠因과 近因을 의미하는 것이 될 것이며, 또 그 내적 원인과 외적 원인을 의미하기도 할 것이다. 그러나 그것도 어디까지나 내적 원인에 의해서 결정지어졌던 것이며, 그러기에 또 3·1운동은 한국민의 민족의식의 발달과 민족운동의 역사적 전개 속에서 주체적으로 파악되어야 할 것은 물론이다.

　실제로 1910년의 이른바 '日韓倂合'은 일조일석에 초래되었던 사실이 아니다. 그것은 강화도조약체결 이래 일제가 경제적 침투와 군사적·정치적 음모로 계속 감행하여 온 한국침략의 과정 속에서 지어졌던 하나의 큰

매듭에 지나지 않았던 것이며, 또 '日韓倂合' 후 10년간의 이른바 일제
'武斷政治'는 開港 당초부터 고조되었던 한국민의 排日感情과 치열하게 계
속된 항일무력투쟁에 일제가 대처했던 단말마적인 일제의 식민지통치정책
이었다. 그러므로 우리는 먼저 3·1운동의 먼 배경을 이루고 있는, 개항
이후 '日韓倂合'에 이르는 사이의 일제의 침략과정과 이에 대한 한민족의
항일투쟁의 추세를 당시의 국제적 정세와 겨누어 일별할 필요가 있다.

2. 開港後 日帝侵略過程과 抗日鬪爭의 歷史的 展開

　1854년 미국 페리제독의 艦砲威脅下에 開港하게 된 일본은 歐美列强과
不平等條約을 맺음으로써 그들의 정치적·경제적 압력하에 들지 않을 수
없었다. 그러나 일본은 幕府政權이 무너지고 王政의 復古를 보면서, 점차
중앙집권체제를 확립 강화하여 갔다. 한편 열강 상호간의 대립 항쟁은 더
욱 심각해져서 1870년에는 프러시아와 프랑스의 전쟁에서 프랑스가 패배
하고, 발칸문제를 둘러싼 러시아와 터키·영국과의 대립이 계속되는 중에
1877년에는 露·土戰爭이 발발했다. 列强의 식민자쟁탈전은 이제 아프리
카의 分割을 보게 했다. 아시아進出의 선두에 섰던 영국은 그러나 印度에
있어서의 세포이反亂, 중국에 있어서의 太平天國亂과 같은 민족적 저항을
받아야 했고, 일본에 대한 정책도 정치적으로나 군사적으로 이를 완화시
키지 않을 수가 없었다. 일본은 관료·경찰제도를 확립하고 근대적인 군
대를 편성하였으며 자본주의를 육성시킴으로써 미성숙하나마 近代資本主
義國家의 체모를 갖추기에 이르렀다. 그리하여 일본은 그 재빠른 전환 속
에서 국내의 정치적·사회적 불안을 지닌 채, 열강의 대립항쟁이라는 국
제정세를 이용하여 英·美·露·佛 열강의 원조와 호의의 뒷받침을 얻어
상품시장의 개척, 食糧·資源의 획득을 위하여 열강의 틈바구니에서 중국
분할이라는 식민지쟁탈전에 한몫 낄 수가 있었던 것이다.
　1876년 한국이 일본의 함포위협하에 최초로 불평등조약인 江華島條約
을 일본과 맺게 되었던 것은 일본이 1854년에 스스로 당했던 경험을 한
국에 대하여 再演한 데서 온 것이었다. 이로써 한국은 일본의 독점적인

경제적 세력의 침투를 받아야 했다. 일본은 租界設置, 治外法權, 海岸測量, 輸出稅免除, 任自貿易 등의 일방적인 특권을 이용하여 軍艦掩護下에 거의 약탈적인 무역활동에 종사하여 독점적인 수익을 걷어갈 수가 있었다. 일본은 한국의 '獨立保全'이니, '開化'니, '改革'이니 하는 기만적이고 정략적인 표방을 허위로 내세우고, 군사적 배경과 정치적 음모로써 한국에 있어서의 淸의 세력을 배제하려고 했다. 1882년의 壬午軍亂을 계기로 일본은 公使館護衛를 빙자하여 서울에 그 군대를 주둔시킴으로써 하나의 軍事的 前哨基地를 마련했고, 이어서 1884년에는 淸·佛간의 사태악화를 틈타 親日政權의 성립을 기대하면서 개화파의 甲申政變의 쿠데타를 방조하여 실패는 하였으나, '共同撤兵'이라는 명분을 내세워 보다 더 우세했던 淸의 주한군대를 철수시키기에 성공했던 것이다. 그리하여 일본은 군비를 확장 증강시키기에 광분하는 한편, 한국의 3개 개항장을 발판으로 금융·상업자본을 침투시키고, 軍人, 浪人輩를 침투시켜 군사적 정탐, 정치적 음모로써 한국의 排日勢力·親淸勢力의 뿌리를 뽑고, 이와 동시에 청에 전쟁을 도발하여 청의 세력을 한국에서 완전히 배제하려고 했다. 東學農民軍의 蜂起를 일제는 이러한 음모를 수행할 수 있는 절호의 기회로 삼았다. 일제는 청의 출병에 대응하여 군대를 한국에 파견하고, '內政改革'을 빙자하여 한국의 내정에 관여할 것을 제의하여 청의 거부를 구실로 전쟁을 도발했고, 동학농민군을 은밀히 방조하여 오히려 이를 殲滅할 수 있는 기회를 만들었던 것이다.

일제는 이렇게 하여 淸日戰爭에서 득승하자 청으로부터 臺灣을 탈취하고 중국 중앙부의 遼東半島까지 탈취하려고 한 것이었다. 일제는 실로 열강에 의한 중국변경의 분할단계에서 중국본토의 분할과 金融的 從屬化, 鐵道·鑛山 등 이권의 쟁탈독점단계로 이끌어가는 선봉에 나섰던 것이다. 일제는 '三國干涉'에 의해서 요동반도의 점거는 포기할 수밖에 없었으나 청·일전쟁의 득승으로 東洋에 있어서의 유일한 식민지를 점탈한 자본주의 국가로 등장했다. 청·일전쟁 후에도 일제는 매년 예산의 40~50%나 되는 직접 군사비를 투입시켜 군비확장에 광분하였던 것이다.

열강의 중국분할경쟁에서 러시아와 영국의 대립은 더욱 격화되었으며 러시아가 滿洲와 朝鮮에의 세력침투, 특히 만주의 독점을 꾀하는 데 대하여 美·英 양국은 중국의 열강에 대한 '門戶開放'과 열강의 '중국진출'의 '機會均等'을 내세웠다. 그리하여 영국은 증강되어 가는 일본의 군사력을 이용하여 극동에 있어서의 러시아 세력에 대항코자 했다.

청·일전쟁을 빙자하여 일제가 한국을 군사적으로 점거·蹂躙하는 한편 이른바 '內政改革'을 강박하는 동안에 항일 무력항쟁에 봉기한 동학농민군은 일군에게 도리어 섬멸당하지 않을 수 없었다. 일제는 청·일전쟁의 득승으로 한국에서의 청의 세력을 완전히 몰아내고 한국의 시장과 자원과 이권을 독점 침탈할 수가 있었다. 한국이 점차 親露的인 경향을 띠자 일제는 한국의 政爭을 극도로 방조·이용하여 1895년 10월에는 궁궐에 침입하여 明成皇后(閔妃)를 시해하는, 일찍이 역사상에 볼 수 없었던 蠻行까지도 꺼리지를 않았다. 그리하여 1896년 2월에는 '俄館播遷'을 보게 되고 이어서 獨立協會의 활동과 大韓帝國의 성립을 보았다.

중국에 있어서는 1900년 봄에 義和團이 봉기하여 열강의 중국침략에 대한 대규모의 투쟁이 벌어졌다. 露·英·獨·佛·美·墺·伊와 일본과의 8개국 연합군이 '義和團亂'을 '鎭壓'했을 때 그 주력은 일본군이었던 것이다. 러시아는 義和團의 봉기를 계기로 大軍을 만주로 남하시켜 사실상 만주를 점거한 것이나 다름이 없이 되었다. 이 같은 러시아의 남하세력과 일본의 대륙침투세력은 한국을 중간에 두고 예민한 대립을 자아냈던 것이다. 이 같은 상황 속에서 1902년 2월, 제1차 英·日同盟이 체결되었고, 그 2년 후인 1904년 2월에 일제의 기습 도발로 露·日戰爭이 발발하게 된 것이었다.

일제는 이미 산업자본의 확립을 보면서 제국주의적인 침략정책을 감행했다. 그리하여 일제는 貿易上의 不利를 만회하는 동시에 군비확충을 위한 외자도입의 길을 트기 위하여 1897년에는 화폐제도를 銀本位制에서 金本位制로 바꾸고, 한국에 대해서는 정치적 지배를 꾀한 300만원의 借款 强要(1895), 京仁·京釜鐵道의 敷設權獲得, 중국에 대해서는 福建省不割讓 宣言의 강요, 同地方의 鐵道利權奪取의 計劃(1898), 독일과의 경쟁하의 淸國 大冶鐵鑛石 獨占權獲得(1903) 등 경제적 독점세력확대에 광분했다. 알

본의 이 같은 독점적인 침략이 가능했음은 그 군비확장(20 만의 陸軍과 26 만 톤의 艦隊)과 아울러 열강에 비해서 유리한 지리적 조건 때문이기도 했다.

그리하여 1904 년 2 월에 露·日간에 戰雲이 감돌자 한국은 局外中立을 선언했으나 일제는 이른바 '第 1 次 韓日議定書'를 강박 늑결하여 한국내 정에 직접 간여하고 군사·정치·외교면에서 주권의 제약을 가해왔다. 그 리하여 일제는 러일전쟁의 득승을 계기로 한국 지배에 대한 국제적 보증 을 얻게 된 것이다. 즉 1905 년 7 월 일본수상 桂太郎·美陸軍長官 태프트 사이의 밀약으로 일본은 미국이 필리핀을 지배하는 것을, 미국은 일본이 한국을 지배하는 것을 상호 인정하기로 했고, 동년 8 월에는 제 2 차 英· 日同盟을 맺어 일본은 영국의 인도지배의 확보를 돕고, 영국은 일본의 한 국지배를 인정하는 攻守同盟을 맺었던 것이다. 일제는 또한 러시아로부터 한국에 있어서 정치·군사·경제상의 일본의 특권을 인정받고, 중국의 遼 東半島의 租借地와 사할린島 남반부를 할양받았다. 일제는 다시 한국정부 에 강박하여 제 1 차 한일협약을 늑결함으로써 한국은 이른바 일인의 '顧 問政治'로 지배받게 되고 이어서 제 2 차 한일협약(소위 乙巳保護條約)으로 말미암아 한국에는 일제의 統監府가 설치되게 되었다. 그리하여 일제는 이로부터 한국의 통치권을 실질적으로 장악했을 뿐만 아니라 한국의 외교 권을 완전히 박탈하여 주권은 사실상 유명무실하게 되었다.

통감부에는 總務部·農商工部와 警務部를 두고, 통감부 참여관은 한국 정부 대신 밑의 각부 차관으로 되게 하였다. 統監은 일본의 天皇直屬으로 하여 한국의 외교권을 관할하고 한국에 있어서의 일본관헌의 정무를 감독 하고 그 위에 한국민의 저항을 막기 위하여 일본의 駐韓守備軍司令官에 병력사용을 명령할 수 있는 권한을 갖게 했다. 이로써 일제의 통감은 직 접 한국의 정치를 지배하여 외교·행정·사법권을 박탈하고 나서 宮城守 衛의 육군 1 대대를 제외한 한국의 전군대를 강제로 해산시켰다. 그리고 일제는 한국에 있어서의 광산·철도·통신 등 사업에 독점적인 지배를 꾀 했으며, 그것은 또 강력한 주둔군을 배경삼아 면밀한 계획하에 추진되었 다. 그리하여 한민족의 항일투쟁을 봉쇄하기 위한 일본의 헌병경찰망은 통감부 설치 이래로 한국전역에 걸쳐서 퍼졌던 것으로 이미 통감부 설치와 더불어 ‘憲兵警察政治’의 前兆를 나타내고 있었다.

일제는 한국의 주권을 차례로 침해하여 마침내 1910년 8월에는 大軍으로 수도 서울을 위압하고 宮廷을 포위한 속에 ‘韓國併合’을 강행했던 것이며, 이로써 한국에는 일본의 ‘總督政治’가 시작된 것이었다.

關港 이래 일본의 이 같은 침략에 대한 한민족의 저항은 개항 당시의 위기의식에서부터 시작되었다. 그리고 그것은 또 西勢東漸의 거센 물결이 한국 연안에까지 밀어닥쳤던 19세기 후반기에 이미 싹튼 것이기도 했다. 순조~철종대에 걸친 프랑스인 신부의 잠입활동과 西學의 유포, 그 위에 歐美列强艦船의 한국연안출몰이 빈번해지자 한국은 더욱 굳게 나라를 봉쇄하게 되었던 것이며, 더욱이 1860년 영 · 불 양국군의 淸國北京侵攻의 소식이 전해져서 한국의 朝野는 뒤흔들려서, 머지않아 한국도 서양인의 침공을 받아 중국과 같은 운명에 빠질는지도 모른다는 危懼心을 품게도 되었다. 그리고 그 위구심은 大院君 집정하에 양차의 洋擾事件으로 현실적으로 나타났고, 따라서 대원군은 보다 더 삼엄한 쇄국책을 강행했던 것이다. 이 같은 위기의식은 이미 단순한 ‘衛正斥邪’라는 관념적인 보수성에 깃들어 있었던 것만은 아니다. 개항 이전에 이미 西洋物貨(洋貨)의 유입 氾濫과 米穀의 유출이라는 당시의 현실적인 문제에서 예감 통찰할 수 있었던 경제적 위기의식이기도 했다. ‘洋夷侵犯, 非戰則和, 主和賣國’이라는 대원군의 결의와 표방, 西敎彈壓, 洋貨禁絕의 엄령 속에는 조선왕조말기 당시의 사상적 · 경제적 위기의식이 깃들어 있었던 것이라고도 볼 수 있다.

대원군이 실각한 뒤인 1876년에 ‘洋夷’ 아닌 일본이 艦砲威脅下에 불평등조약체결을 강박하여 왔을 때, 그리하여 閔氏政權이 강화도조약을 체결하게 되었을 때, ‘倭洋一體’와 또 그 ‘강박적인 수단’과 ‘條規內容의 罔測함’을 내세우고 일부 유신들이 반대론을 폈던 것도 단순한 위정척사라는 이념상의 문제로서만이 아니었다. 그것은 한국이 일제상품의 시장으로 化하고 한국米穀의 일본으로의 유출, 이에 따른 穀價의 昂騰이 몰고 올 경제적 파탄과 탐욕에 찬 일제의 계속적인 침략을 예감했기 때문이기도 했다.

강화도조약체결 後 修信使의 왕래에 따라 黃遵憲의 私擬册子인 『朝鮮

策略』이 전래되고 이것이 유생간에 반포되자 전국 유생의 반발이 일어났다. 『朝鮮策略』의 이른바 '聯美國·結日本·親中國'의 防俄策과 서양기술 도입에 의한 부국강병책에 대한 배격반대는 嶺南萬人疏를 위시한 전국 유생의 상소운동으로 나타났다. 이 같은 유생들의 상소운동은 설사 전통적인 윤리관·정치관에 뿌리박힌 위정척사론의 테두리를 벗어나지 못했던 것이라 하더라도 그 저변에는 그들 나름의 역사적 통찰과 개항 전부터 감득되어 온 현실적인 위기의식이 감돌고 있었던 것이다. 일본세력의 한국침투는 불평등조약인 강화도조약체결 당초부터 이렇듯 먼저 유생계층에 의해서 전면적인 저항을 받아야 했다.

전국 유생의 상소운동은 진압되고, 한국은 門戶를 세계열강에 점차 개방하게 되었다. 먼저 일본과의 수교를 통하여 새로운 문물에 접하게 된 한국의 위정자들이 개화·부국강병책의 급선무임을 절감하게 된 것은 당연한 추세이기도 했다. 그리하여 1881 년에는 새로운 軍器의 製造術과 操鍊을 배워오기 위하여 領選使 一行을 淸國 天津에 파견했고, 다른 한편으로 일본인 장교를 고빙하여 수하친위병인 別技軍을 창설했을 때 다시 舊軍卒들의 저항이 일어나게 되었다. 그들은 강화도조약체결과 더불어 그들의 체신이 저락되었을 뿐만 아니라 일본인 참획하의 부분적 軍制改編에 따른 계속적인 薄待에 반발했던 것이며, 그 반발은 당시 집권세력이었던 閔氏政權에 대해서뿐만 아니라 직접 일본인 배격에까지 미쳤던 것이었다. 그들은 민씨정권에 핍박하였을 뿐 아니라 일본공사관을 襲擊하고 일본인 장교를 살해하고 일본인을 수도 서울에서 축출해냈던 것이다. 여기에는 일부 군중이 호응하기도 했다. 이 사건이 1882 년의 이른바 壬午軍亂으로서 유생들의 위기의식은 이제 군졸들의 적대의식으로 격화된 셈이었다. 유생들의 상소운동이 일본세력에 대한 첫번째 저항이었다고 한다면 이 임오군란은 제 2 의 저항이라고 할 수 있다. 그리고 그것은 상소운동에서 습격, 축출이라는 직접적인 행동으로 나타났던 것이기도 했다.

일본은 임오군란을 계기로 도리어 일본군대를 수도 서울에 주둔시키게 되어 이 군사력을 배경으로 개화파의 쿠데타(甲申政變)를 使嗾 幇助함으로써 친일정권의 성립을 기대했다. 甲申政變을 계기로 청·일 양국의 공동철

병이 있었으나 袁世凱의 노골적인 내정간여와 그러한 정치적 세력을 배경으로 한국에 대한 淸의 경제적 세력침투는 계속 증대되어 갔고, 이 같은 청의 공세를 무력으로 제거하려던 일제는 東學農民軍의 봉기를 절호의 기회로 삼았다. 그리하여 일제는 군사적으로 한국을 蹂躪하여 이른바 內政改革案의 거부를 구실삼아 청에 전쟁을 도발하는 동시에, 일본세력의 침투를 배격하고 나섰던 동학농민군의 再起를 은밀히 방조하여 '內政改革要求'의 정당성을 허위선전하는 한편 동학농민군의 '殲滅作戰'을 꾀했던 것이다. 내정개혁의 요구를 내세우고 일본세력의 배제를 요구하고 일어났던 동학농민군은 일제의 宮闕侵犯, 對淸戰爭挑發 등의 사실을 보고 오로지 일본군을 상대로 무력투쟁을 전개했던 것이 그 제 2 차의 봉기였다(甲午年 9월). 일본의 경제적 세력침투는 이제 한국농민의 생활에까지 직접·간접으로 위협을 주는 것이었다. 여기에 농민화된 殘班階層으로 볼 수 있는 東學接主들과 농민들의 항일무력투쟁이 전개된 것이었다. 이것이 일제세력침투에 대한 제 3 의 저항이었다. 우리는 또 일본어민의 침투에 반발했던 1891 년의 제주어민의 '民亂'을 상기할 수도 있다.

이렇듯 해서 일제세력의 침투에 대한 저항은 儒生→軍卒→農民으로 번져 갔고 또한 上疏運動→襲擊→武力鬪爭으로 격화되어 갔던 것이다.

일제는 동학농민군을 搜索·虐殺作戰으로 섬멸하고 청·일전쟁에 득승하여 극동분할경쟁에 가담했으나 남하하는 러시아세력과 다시 對峙하게 되었다. 한국의 정계가 친러적인 경향을 띠게 되자 일제는 前代未聞의 王妃虐殺(明成皇后弑害)의 蠻行을 감행했다(1895 년 10 월). 일본공사가 수모자가 되어 일본의 수비대와 낭인배가 왕궁에 난입하여 明成皇后를 시해한 사건은 전국민의 격분을 사서 반일감정을 한층 더 격화시켰다. 뒤이은 斷髮令의 發布는 전국의 유생을 더욱 자극시켰다. 이로써 의병의 무력투쟁이 다시 일어났으며 또한 여기에는 유생들이 그 선봉에 서게 된 것이다. 일찍이 崔益鉉과 더불어 강화도조약에 반대했던 儒者 柳麟錫은 문인들과 충청도에서 의병을 일으키고 四方에 격문을 발하여 전국 유생이 호응할 것을 호소했다. 그리하여 경기·강원·충청·전라·경상 5 도에 걸쳐 의병의 전국적인 호응을 보게 했다. 의병들은 일본수비대를 공격하고 일본군용전선을

절단하며 일본인 거류지를 위협하는가 하면, 한편으로는 官軍과 싸우며 친
일지방수령을 肅淸하기도 했다. 그러나 결국 의병의 저항은 일군과 관군
의 공격으로 말미암아 1896년 후반기에 들면서 점차로 약화되지 않을 수
없었다.

1904년 일제는 러시아에 전쟁을 도발, 한국은 일제의 전쟁기지로 화하
여 일군에 유린되는 동시에, 일제는 이같은 군사적 압력하에 한국의 주권
을 차례로 침탈하였다. 그리하여 드디어 일본의 통감부가 설치되게 되자
또다시 항일무력투쟁은 재연되었다.

'제 1 차 韓日協約'이 勒結되자 「皇城新聞」주필 張志淵은 '是日也 放聲
大哭'의 사설로 구국필봉에 앞장섰고 「帝國新聞」, 「大韓每日申報」도 勒約
의 무효를 주장하고 나섰다. 전국의 유생과 원로대신까지도 이 협약을 규
탄, 상소하는가 하면 義烈士의 自決 殉國이 뒤를 이었다.

지방각처에서 또다시 의병이 봉기하기 시작했다. 러일전쟁을 전후하여
충북의 活貧黨의 활동을 위시하여 강원·경기·경상·전라 각도로 의병
의 항일무력투쟁은 확대되었다. 강화도조약체결에 반대하여 島配되었다
석방되었던 최익현은 1905년 이른바 '乙巳保護條約'이 늑결되자 70여 세
의 고령으로 거병을 결의하고 동지를 규합하여 1906년 윤 4 월 전라북도
泰仁에서 의병을 일으켰다. 그는 일본정부에 대한 問罪書를 발표하여 19
개조에 걸쳐 일본의 배신행위를 痛駁하고 전국민의 蹶起를 촉구하였다. 일
제에 의한 한국군대의 강제해산은 군졸들의 격분을 샀고, 1909년 10 월
安重根이 하르빈驛頭에서 초대통감 伊藤博文을 저격 암살한 사건은 전국
민의 원한을 푼 의거이기도 했다. 그리하여 1907~1910년 사이의 의병
의 항일무력투쟁은 그 절정에 달했던 것이다. 1908년에 의병과 일병과의
교전횟수는 1,796 회, 교전의병수는 8 만 2,767 명에 이르렀고, 다음해인
1909년의 그것은 1,738 회에 3 만 8,593 명에 이르러, 교전횟수는 거의 같
은데 비해 의병수는 반감되고 있다. 전국에 걸친 의병투쟁 중에서도 경
기·충청·전라·경상 諸道에 있어서 가장 치열했다. 보다 더 우수한 무
기를 갖춘 일병 공격에 점차 의병의 기세는 꺾였으나 그 여세는 '倂合' 전
후에까지 미치고 그 일부는 국경을 넘어 만주로 무대를 바꾸었다. 이 같

은 1908~1909 년에 치열했던 의병투쟁에 있어서의 의병장의 신분·직분을 보면 유생·양반·농민·사병이 가장 많은 비율을 차지하고 있다. 이 사실은 開港 이래의 항일투쟁의 諸形態가 정세 추이에 따라서 무력투쟁으로 결집되었음을 의미한다. 즉 유생의 상소운동, 군졸의 반발(壬午軍亂), 東學農民蜂起를 거쳐서 1896 년에는 유생이 직접 무력투쟁을 일으켜 의병으로 궐기했으며, 그것이 이제 國權의 완전상실을 눈앞에 보게 되자 해산당한 士卒에 유생·농민이 호응하여 모든 항거세력이 동시에 항일무력투쟁에 참여하게 되었던 것이다. 이같은 항일투쟁의 진전 속에서 후일의 거족적인 반일운동의 기초가 마련된 것이라고도 할 수 있다.

3. 併合 후 日帝의 武斷政策

(1) 憲兵警察政治의 實態

　日帝가 그 植民地收奪에서 애초부터 군사력을 앞장세워야 했던 것은 일본자본주의의 미숙성에 연유되었던 것이기도 했으나 한편으로는 사실상 치열한 민족적 저항에 부딪쳤던 때문이기도 했다. 東學農民軍의 봉기로부터 義兵의 전국적인 저항 속에서 일제의 '韓國併合'은 애초부터 그 군사력을 배경으로 한 헌병경찰의 '掩護' 없이는 불가능했다. 일제의 헌병경찰망은 이미 統監府設置와 더불어 한국 전역에 걸쳐 퍼졌던 것이다. 즉 13 道 관찰부 소재지에 警務顧問支部를 두고 전국에 26 개소의 분견소, 122 개소의 분파소를 두어 여기에 일본인 경찰관을 배치했다. 그리하여 처음에 警視 21 명, 警部 52 명, 巡査 605 명을 두었던 것을 익년 10 월에는 그 하부조작을 확장하여 경부 78 명, 순사 1,205 명으로 증원시켰다. 일본헌병의 수는 한국군대해산 당시 약 800 명이던 것이 1907 년말에는 2,000 여 명으로 증원되고 의병투쟁이 격화됨에 따라 1908 년에는 한국인 보조원 4,234 명을 가하여 6,608 명으로 증원되었으며, 헌병기관으로는 452 개소의 분견소와 13 개소의 파견소가 전국적으로 배치되었다.

　'日韓併合'과 동시에 일제는 서울에 總督府를 설치하고 총독에게 전지배권을 위임했으며 총독은 이같은 헌병경찰망을 통해서 이른바 '武斷政

治’를 강행했던 것이다. 총독은 일본천황에 직속되어 육해군의 통솔권을 갖고 직권으로서 총독부령의 제정권한을 갖게 했다. 그리하여 일본의 육해군대장으로 친임케 하여 초대총독 寺內正毅가 日本陸軍大臣의 현직으로 총독에 부임했던 것이었다.

日帝總督은 朝鮮總督府 및 所屬官署官制를 제정 공포하여 직접 일본관리에 의한 지배체제를 새로 편성했다. 즉 총독과 이에 직속되는 총독관방을 위시하여 5부(總務, 內務, 度支, 農商工, 司法)와 9局을 두고, 그 밖에 소속관서로서 中樞院·警務總監府·取調局·裁判所·鐵道局·通信局·專賣局·臨時土地調査局 등을 두었다. 그리하여 ‘武斷政治’의 본거는 소속관서인 경무총감부였다.

경무총감부에는 朝鮮駐劄 일본헌병사령관으로 경무총감을 삼아 헌병경찰을 총지휘하게 했다. 경무총감 밑에 각도 警務部를 두어 부장에는 각도의 헌병대장(佐官)이 겸임하도록 했고, 경무부장 밑에 警察署와 경찰서의 역할을 같이하는 헌병분대를 두어 헌병과 경찰이 혼연일체가 되게 했다. 이 같은 헌병경찰은 行政權과는 독립된 강력한 조직으로서, 앞서 본 바와 같이 전국적인 조직망이 펼쳐져 있었다. 일제는 1910년말에 그 관할구역과 배치방식을 변경하여 종래의 集團配置制에서 分散配置制로 고쳤다. 당시의 헌병·경찰의 인원·기관수는 헌병 2,019명, 경찰관 5,693명, 경찰담당헌병기관 640개소, 경찰기관 480개소로 기록되기도 했고, 1914년에 있어서는 헌병분대 78, 분견소 99, 파견소 317, 출장소 528이요, 경찰서 101, 분서 4, 순사주재소 504, 파출소 108로 되어 있어 일제의 警務政策이 절대적으로 헌병에 의존되어 있음을 단적으로 말해준다. 그리하여 1910년말 헌병경찰기관 합계 1,120개소였던 것이 1918년에는 1,825개소로 증가되었으며, 또 이 같은 경찰경비는 애초부터 총독부예산 중에서도 가장 큰 비중을 차지했던 것은 물론이다.

일제는 이 같은 막대한 경비와 팽대한 조직망을 가진 헌병경찰조직에 의하여 한국민의 抗日運動을 감시 탄압할 뿐만 아니라 植民地收奪을 掩護하는 일에까지 종사케 했다. 따라서 이들 헌병의 권능은 실로 광범위하게 발동되어 일반경찰의 직무는 물론 민족운동의 탄압·토벌 외에도 첩보수집, 검찰, 재판수속을 거치지 않는 卽決處分權, 執達吏事務에서부터 道路·森林·郵便物·稅關의 감시, 徵稅督勵, 일본어 보급 등 전면에 걸쳐 탄압과 착취의 원호기관의 구실을 하게 했다. 이와 아울러 총독은 朝鮮刑事令을 비롯하여 保安法(1907년 7월), 集會取締令(1910년 8월), 銃砲火藥類取締令(1912년 9월) 등을 발포하여 민족운동을 음양으로 봉쇄했다.

이와 같은 일제 헌병경찰조직의 뒤에는 또 日本駐剳軍이 있었다. 이미 1906년 8월 이래 1개師團 내지 1개師團半의 일병력이 한국에 교대 파견되어 배치되었으며 1915년에는 2개사단을 상주케 했다. 그 병력의 배치가 龍山·羅南·平壤의 한국북부에 중점이 두어졌던 것은 일제의 만주침략의 군사기지로 계획된 것이었으며, 한편으로는 동학농민군·의병투쟁을 통한 남부에서의 무력항일세력의 殲滅과 항일투쟁의 북부에로의 확대, 의병의 越境活動 등이 배려되었던 조처였을지도 모른다. 그리하여 이 같은 일제는 헌병·수비대를 변장시켜 間島·琿春地方에까지 밀파하여 민족운동을 정탐하고 있었던 것이다.

일제는 무력으로 민족운동을 탄압하는 반면에 일부 지배층에 대한 회유책으로서 附日協力의 길을 열어 음양으로 일제의 식민지 수탈의 앞잡이가 되게 했다. 이미 병합전에 '一進會'를 조직케 하여 병합공작에 符同케 했던 것은 주지의 사실이다. 일제는 병합후 舊韓國의 황실과 일제에 符同한 원로·관료에게 爵位를 분배하고 歲費 또는 恩賜公債를 지급하고, 60세 이상의 老儒들에게는 약간액의 이른바 尙齒恩金을 지급하였으며, 혹은 또 扶療·救濟基金이라는 명목으로 약간의 금액을 살포하는 등 懷柔에 급급하기도 했다. 이러한 중에는 일제의 授爵을 거부하고 飮毒殉國한 烈士도 나왔으나 76명의 수작자, 符同官吏, 9,000여 명의 양반유생이 그 회유책에 수종하게도 되었다.

한편 총독부소속기관으로 '中樞院'을 두어 총독정치를 협찬케 하고 이를 한인으로 구성케 했다. 이 협찬기구의 의장은 총독부의 政務總監이 되고 부일협력자 71명으로 고문·贊議·副贊議를 구성케 하였다. 그것은 의장의 허가를 얻어 발언해야 하고 一事項에 1회 이상 발언할 수 없이 하는 등 일종의 傀儡機構였으며 일제는 주로 여기에서 한국의 관습·민속 등을 자문하여 일제의 **收奪政策樹立**에 이용하기 위한 것으로 했다. 그렇게 함으로써 일제는 식민지 수탈을 원활히 수행할 수가 있었다.

(2) 經濟面에 있어서의 收奪政策

한국에 대한 일제의 경제적 수탈은 일찍이 일제가 露·日戰爭을 일으키고 '韓日議定書'를 勒約한 1904년에서부터 노골화되었다. 일제는 韓日議定書의 늑약과 더불어 '對韓施政綱領', '對韓施政細目' 등의 한국 수탈책을 마련하고 군사적 점거상태를 이용하여 西北沿海漁業, 鐵道敷設, 通信機關管理, 森林採伐, 鑛山採掘 등 여러가지 광범한 이권을 강탈했던 것이다. 일제는 한국을 병합하면서 한층 더 식민지 수탈체제를 확립하여 갔다. 그것은 크게 두 가지 면에서 나타났다. 그 하나는 '土地調査事業'이라는 명목하에 일본인의 土地占奪·投資를 용이케 한 것이며, 다른 하나는 '會社令'을 마련하여 기업을 통제하여 일본인 독점자본의 침투 육성을 용이케 한 것이다.

일제는 한국의 전통적인 토지소유관계와 경영방식의 관습을 역이용하여 이에 대한 새로운 법제적 조처를 취함으로써 토지소유권 보호를 빙자하여 일본인이 한국의 토지를 점탈 확보할 수 있는 길을 열어놓은 것이었다. 실제 토지에 대한 조사사업은 農本國家에 있어서 가장 기본적인 요건으로 한국정부로서나 반일여론으로서도 田制改編의 필요성은 일찍부터 논의되어 온 바이기도 했다. 일제의 토지조사사업이라는 기만적 계획은 한편으로 地稅가 租稅收入 중 차지하는 비중이 가장 컸던 때문이기도 했고, 또 다른 한편으로는 일제의 식량공급을 확보하고 일본인의 농업투자를 보호하여 한국의 토지를 점탈할 수 있는 '合法的' 手段을 마련한 것이었다. 그리고 이 같은 토지점탈의 음모가 노골화되었던 것도 러일전쟁 당시부터 발단된 것이었다.

일제는 1904년에 이른바 荒蕪地開拓權을 요구하였던 것이다. 일제는 한국의 황무지를 개척할 권리를 모일본인 개인의 명의로 넘겨 줄 것을 한국정부에 요구하여 그것을 일본정부가 뒤에서 관리할 흉계를 꾸몄었다. 즉 전영토의 거의 4분의 1이나 되는 황무지에 대한 개척권을 50년 기한으로 일본인에게 위임해 달라는 것이었다. 이 같은 일제의 요구에 대하여 국민의 반대여론이 沸騰했고 그것은 이윽고 '輔安會'의 결성으로 救國民衆運動으로 전개되어 치열한 투쟁을 일으켜 일제의 요구를 일단 철회시키는 데 성공했었다.

그러나 일제는 1905년 제2차 韓日協約(소위 乙巳保護條約)을 계기로 대구·평양·전주에 量地課 출장소를 두어 토지조사에 착수케 했고, 1906년에는 土地家屋證明規則과 土地家屋抵當規則이라는 토지가옥에 대한 소유·저당에 관한 새로운 법적 조처(증명서발급)를 취하게 함으로써 토지·가옥에 대한 매매, 저당, 증여, 양도 등에 새로운 수속을 밟게 했다. 1910년에는 다시 정부내에 土地調査局을 개설하였으나 병합과 더불어 朝鮮總督府 臨時土地調査局으로 개칭되어 전국적인 토지조사에 착수케 했다. 이 조사가 진행중이던 1912년에는 土地調査令, 不動産登記令, 不動産證明令 등 新規法令이 발포되었다.

이 토지조사사업의 기본적인 기만수단은 그 신고주의에 있었다. 즉 토지소유자에게 일정 기간내에 所規의 수속형식을 밟아서 각자 소유지를 신고케 함으로써 그 權源에 대한 조사도 없이 그대로 소유권을 확인해 주게 마련된 점이다. 그리하여 "토지의 소유자는 조선총독의 정한 바 기간내에 그 주소·씨명 또는 명칭 및 소유지·地目·字番號·四標·等級·地積·結數를 임시토지조사국장에게 신고해야 한다"(土地調査令 第4條)는 것이었다. 이 같은 새로운 수속형식에 대해서 그 수속절차와 형식 또는 신고기간에 미치지 못한 농민들은 그 이유만으로서도 조상 전래의 점유경작지를 상실하게 되고, 혹은 洞中이나 門外의 공유지로서 收租權이 개재되지 않고 직접 국가에 납세하던 田地가 농민의 손에서 떨어져 나가 국유지로 편입되었다. 그 밖에도 종래의 '公田'이던 驛土·屯土·牧場土 등 실제상 조상 전래의 私占地와 다름이 없던 일체의 토지는 驛屯土라는 포괄적인 명목하에 국유지로 편입되어 총독부관장하에 들게 되어, 이 같은 토지만도 총경작면적의 20분의 1에 되었다. 또한 宮院이나 관청에 투탁했던 농민의 경작지도 원래부터의 宮庄土로 여겨져서 국유지로 편입되었다. 山林·草原·荒蕪地 등도 종래 採草, 起耕, 放牧이 자유로웠으나 혹은 사유지로 분할되고 혹은 국유지로 편입되었다. 이렇게 하여 소정수속의 불이행, 증거불충분의 이유로 宮庄土라는 명목으로 국유지에 편입된 것도 적지 않았다. 이 같은 기만적인 토지조사사업에 대하여 토지소유자나 기타관계자들의 불평, 불복이 적지 않았던 것은 당연한 사태였다. 1913년 9월에 개설되게 된 不服申請機關인 高等土地調査委員會에 대하여 불복을 상소한 건수가 2만 148건에 달했던 것은 這間의 소식을 말하여 주는 것이다.

토지조사사업은 2,050만원의 막대한 경비와 전후 9개년에 걸쳐서 1918년에 종료되었다. 그리하여 농민에게서 빼앗은 토지는 일단 국유지라는 명목으로 조선총독부 직할하에 들게 하고, 그 일부는 일제의 官製 搾取機關인 ‘東洋拓殖會社’에, 다른 일부는 일본인회사나 개인에게 염가로 불하하여 주었다. 土地家屋證明制度는 실로 이 같은 일본인의 토지점탈을 법적으로 보증해 준 것이었다. 東洋拓殖會社는 이미 1908년에 일본정부 보호하에 서울에 설치되었던 것으로, 일본정부의 보조와 토지조사사업에 의하여 국유지로 편입된 것을 土地出資의 형식으로 한국정부에서 인도받고, 그 밖에 賃貸, 買收 등에 의하여 토지투자에 착수한 이후 기술한 바 토지조사의 副産物(國有地)을 불하의 형식으로 점거하고, 다시 전라·황해도의 肥沃한 토지를 買收 확대시켜 갔다. 그리하여 1916년 동양척식회사가 점득한 地積은 田畓 등 11萬町步가 넘었던 것이다.

이 같은 토지사유의 신조처에 의하여 소수의 양반지주나 收租權者가 그들의 소유권을 취득했음에 반하여, 대다수의 농민은 토지에서 遊離, 零細小作農으로 전락되어 그들의 전래의 耕作權마저 확보되지 못했다. 〈表 1〉과 같이 지세와 그 부가세의 체납으로 말미암아 토지를 차압당한 자가 격증된 사실이 이를 증언해 주고 있다. 1912년에 있어서의 自作農戶數가 55만 6,471호이던 것이 1917년의 그것은 51만 7,976호로 4만 8,000호의 감소를 나타내고 있다. 농토를 잃은 농민 중에는 원시적인 화전민으로 전락되고 그 수도 격증되어 1916년의 화전민 총호구수는 4만 9,161호 24만명에 이르렀다. 그리하여 그들은 혹은 국경을 넘어 만주로 유망하게 된 것이었다.

한편으로 일제의 회사령에 의한 기업의 규제는 한국에 대한 경제적 수

<table>
<tr><td colspan="3"><表 1>　地稅 및 地稅附加稅 滯納으로 差押당한 자의 인원수 통계표</td></tr>
<tr><td>年　　度</td><td>地稅滯納</td><td>地稅附加稅 滯納</td></tr>
<tr><td>1912</td><td>55 명</td><td>34 명</td></tr>
<tr><td>1913</td><td>385</td><td>229</td></tr>
<tr><td>1914</td><td>7,913</td><td>5,883</td></tr>
<tr><td>1915</td><td>4,148</td><td>3,063</td></tr>
<tr><td>1916</td><td>6,272</td><td>2,363</td></tr>
<tr><td>1917</td><td>5,697</td><td>621</td></tr>
</table>

<表 2>　會社設置의 申請・許可 件數

연　　도	신청건수	허가건수
1907	44	2
1908	53	8
1909	20	1

탈을 위한 또 하나의 간악한 조처였다. 회사령은 이미 총감부시대에 大韓帝國政府로 차여금 게정케 히여 회사설치를 허가세로 하여 한국인의 기업활동을 제약하는 구실을 하게 했다. 이로써 한국인의 기업활동이 저해당하였다는 사실은 <表 2>가 설명하는 바와 같이 會社設置申請件數에 비하여 허가건수가 극히 근소했던 것으로도 알 수 있다.

그리하여 1911년 1월에 총독부령으로 한층 더 통제가 강화된 회사령은 한국에 있어서의 기업에 대한 특수규제를 행할 목적으로 공포한 것이었다. 즉 한국에 있어서의 기업은 총독의 허가제로 하고 命令 또는 허가조건에 위배한 기업에 대해서는 그 사업의 정지, 금지, 폐쇄, 해산을 명령할 권한을 가져서 회사의 설립과 폐쇄를 총독이 좌우할 수 있게 한 것이다. 그리하여 총독은 일본인의 기업활동을 장려 원호하고 한인의 그것을 억제하여 종래의 民族産業을 압박함으로써 일본인의 경제지배구조를 확립시키는 원동력이 되게 했다. 이 같은 회사령의 보호하에 東洋拓殖會社와 같은 일제 半官營의 회사는 물론 일본재벌의 산업투자를 안전하고 활발하게 확대시켜 갈 수 있게 했다. 회사령에 의하여 허가되었던 일본인과 한인의 회사수와 자본액의 대비는 <表 3>이 설명해 주는 것과 같이 비교가 되지 않을 정도였다.

이 회사령이 발포된 뒤에 조선총독은, 유리했던 한인기업인 ‘水陸運輸合資會社’, ‘朝鮮牛皮株式會社’ 등을 강제해산시키고 그 뒤로도 불허가 방침을 고집한 것은 한국인 기업을 억제・폐쇄케 한 실례라고 하겠다. 특히 은행・전기・가스・철도 등의 대자본은 <表 3>에 포함되지 않았으나 이

〈表 3〉   會社數와 資本額의 對比表
(단 은행, 전기, 가스, 軌道, 輕便鐵道는 포함되지 않았음)

朝鮮에 本店을 가진 회사수와 자본

國 籍	會 社 數	公稱資本額(圓)	拂込資本額(圓)
일본인 설립	85	8,022,575	3,972,039
조선인 설립	9	1,262,200	479,200
양국인 合同	16	11,472,400	2,922,165

일본에 本店을 갖고 조선에 支店을 가진 일본인 회사의 경우

	會 社 數	公稱資本額(圓)	拂込資本額(圓)
朝鮮에서 주로 業務를 영위하는 것	6	3,210,000	2,140,312
기 타	13	43,786,000	41,717,250

부문에 있어서는 三井·三菱 등 일본인 기업이 압도적으로 많았던 것은
말할 필요도 없다. 더구나 특유산업이었던 人蔘·鑛產品 등에 대한 전매
제도의 실시는 이들 민족산업의 자유로운 발전을 억제하고 그 利潤을 총
독부수입으로 받아들이게 마련이었던 것이다. 일제는 또한 新義州에 營林
廠을 두어 압록강·두만강 유역의 森林을 採伐 經營하고, 1905 년에는 鬱
陵島의 屬島인 獨島를 자의로 일본의 一縣(島根縣)에 편입시켰으며 일본어
민의 한국이주를 장려하여, 일본으로부터의 韓國沿海通漁者數는 연간 9
만명에 달하고 이주해온 일본인 어업자수만도 3 만명에 이르렀던 것이다.
　이 같은 일본인의 기업활동을 지원해 주기 위하여 일제는 일찍부터 금융
자본을 한국에 침투시켰다. 이미 개항시기부터 일본의 은행지점은 각 개
항장에 설치되어 와서 병합 전부터 일본의 第一銀行, 제 18 은행, 제 58 은
행의 지점·출장소가 각지에 설치되어 있었다. 1909 년에는 中央銀行으로
'韓國銀行'을 설치하여 종래 제일은행이 취급하던 중앙은행으로서의 광범
위한 업무를 다루게 하였고, 1918 년에는 병합 전부터 있던 '農工銀行'을
해산시키고 새로 '朝鮮殖產銀行'을 창설하여 지방의 '金融組合'의 중추기
관으로 삼게 했다. 금융조합은 1907 년부터 지방에 설립되어 농사의 改良,
資金貸付, 生產物委託販賣 등을 구호로 전국적인 조직망을 펴서 농민의 米

穀生産을 貸付로써 근근히 계속되게 하였다.

　한국은 일본의 식량공급지로 화하여 해마다 다량의 미곡이 일본에 유출되었고, 이에 반하여 주요기업은 완전히 일본인의 수중에 들어가 민족자본과 기업을 육성 발달시킬 수 없게 된 동시에 한국은 일제의 商品市場으로 되어 갔던 것이었다.

(3) 社會·文化·思想面에 있어서의 彈壓政策

　開港 이후 새로운 文物과 思潮의 유입은 한국의 사회·문화·사상면에 하나의 큰 전환을 자아내었다. 그것은 自立(獨立)開化思想과 自由民主思想으로 요약될 수 있으며 그것은 또 교육·언론·집회·종교활동을 통해서 널리 국민 사이에 啓發되어 왔던 것이기도 했다. 일제의 탄압정책은 교육, 언론·집회·사상면에도 강행되었고 그것은 또 統監府時代부터 이미 시작되었던 것이기도 했다.

　1886년 '育英公院'의 설치를 위시한 각종 외국어학교의 설치는 당면했던 외교·무역상의 필요성이 앞섰던 때문이기도 했으나 甲午更張 이후로 새로운 교육제도를 실시하여 普通·高等·師範학교 등 官立學校가 설치되게 되었다. 한편으로 미국선교회에 의한 育英事業으로 1886년의 '培材'·'梨花'의 남녀학교를 위시한 여러 사립학교가 서는 동안에 특히 1905년대 후로는 韓人의 교육열이 고조되어 서울에서는 '普成'·'養正'·'徽文' 등이, 지방에서는 '大成學校'(平壤)·'五山學校'(定州) 등 수다한 私學이 일어나게 되었던 것이다. 그리하여 1910년에 이르는 동안에 설치된 소·중·전문 각급학교수가 무려 3,000여에 달하였고, 그 모두가 民間有志에 의하여 설립 경영되어 敎育救國의 풍조가 미만하였으며, 그것은 또 신교육을 통하여 새로운 지식의 함양은 물론 민족국가의식의 고취가 간절히 요망되었던 때문이기도 했다.

　일제는 통감부시대에 이미 고등학교령, 사립학교령, 실업학교령을 공포하여 한국인교육에 대한 식민지적 교육정책을 실시하고 官公立普通學校에 일본인교사를 배치하여 학교의 경영과 교직원의 동향을 감시토록 했다. 그리하여 사립학교령에 의한 학교설립의 認可制를 방패삼아 한인의 인가신청을 극도로 제한하는 동시에 한인에 대한 고등교육과 기술교육을 완전히 억제하였다.

儒生들의 抗日武力鬪爭(義兵)을 헌병경찰로 진압한 일제는 병합과 동사에 이른바 尙齒恩金으로 지방의 老儒를 懷柔하는 한편, 成均館을 ‘經學院’이라 개칭케 하여 지방의 향교와 더불어 文廟享祀의 기관으로 존속시켰다. 그리하여 총독부는 1911년 10월 公立普通學校費用令을 공포하여 종래의 향교재산수입을 몰수 관장하여 이로써 공립보통학교의 유지비에 충당케 하여 지방 儒林의 전통적인 세력기반을 탈취했다. 그리고 전국에 2만 5,000여 개소에 달하는 서당은 그대로 방치하여 신교육의 전면적인 시행을 期하지 않아서 신구교육이 병행되는 이중적이고 파행적인 교육정책을 시행했던 것이다. 따라서 신교육령에 의한 보통학교 취학아동의 수는 適齡兒童 총수에 대하여 극히 적은 비율을 차지했던 것이다. 그 위에 대학교육이나 전문기술교육은 전적으로 이를 실시하지 않았다. 1916년경에 설치된 관공립 학교수는 보통학교 447개교, 고등보통학교 3개교, 簡易實業學校 74개교, 專門學校 4개교이었다.

이 같은 한인 교육상황에 대하여 일제는 일본거류민아동에 대한 교육에 대해서는 이미 통감부시대부터 철저를 기하였다. 統監府 地方課에서 관장했던 일본아동교육은 한국아동과는 별도로 지방마다 학교조합을 만들어 학교를 세우고 일본인 교원을 두어 소학교육에 종사케 하여 조합총수는 수백을 헤아렸고 年 數萬圓의 보조액을 지급해 주었다. 1919년 현재한·일인별 학교아동수는 〈表 4〉와 같았다. 1918년말 일본인 거류민총 수 33만 6,812명에 대비해 볼 때, 한인아동의 취학률의 근소함을 가히 짐작할 수 있는 것이다.

〈表 4〉　　　　　韓·日人別 學校 및 兒童數

年　　度	韓人·公立 학교수(아동수)	韓人·私立 학교수(아동수)	日　人 학교수(아동수)
1912	336(42,891)	25(2,031)	180(21,455)
1916	423(71,869)	16(1,342)	316(35,112)
1919	498(84,306)	33(4,521)	379(42,767)

이와 같은 일제의 식민지교육시책의 그늘에서도 한인의 교육열이 고조되는 한편으로는 언론·집회활동도 활발하게 되었다. 근대적인 언론기관인 신문의 嚆矢는 1883년의 「漢城旬報」였으나 이는 官報의 성격을 띤 것이었으며 본격적인 민간의 언론·집회활동은 '獨立協會'의 창설에 따른 國文專用 「독립신문」의 발간과 萬民共同會의 활동에서 찾을 수 있다. 독립협회가 민족의 자주독립을 외쳐서 외국인에 대한 利權割讓을 반대하고 민권의 신장을 꾀하여 투쟁하는 동안 「독립신문」도 독립·개화·민권사상을 고취하였던 것이었다. 독립협회는 또한 시사토론, 가두연설, 萬民共同會 등을 통하여 언론·집회활동을 활발히 전개했던 것이나 '皇國協會'를 앞세운 정부의 탄압으로 그 자취를 감추게 되었던 것이었다.

1898년에 南宮檍 등에 의해 창간되었던 「皇城新聞」(國漢文混用)은 王政의 輔弼을 내세운 중류계층 이상의 독자를 대상으로 한 보다 더 보수적인 경향을 띠었던 것이며 같은 해 「데국신문」이 純國文으로 발간되었다. 1905년에는 英人 베델(裵說)이 梁起鐸과 더불어 韓·英文으로 「大韓每日申報」를 창간하였다. 그리하여 1905년 '乙巳保護條約'이 勒結되자 이들 여러 신문은 통렬히 이를 反駁하여 국민여론환기에 크게 이바지했다.

일제의 언론·집회탄압은 1905년 憲兵警察制를 실시하면서 신문의 事前檢閱과 모든 集會·結社를 일체 엄금함으로써 시작되었다. 「大韓每日申報」가 통감부설치의 불법성을 규탄하자, 일제는 베델을 그의 본국으로 소환케 하였으며, 그의 후계자인 만함이 1910년 6월에 일본으로 떠나고 나서는 양기탁도 사퇴하고 그 원래의 기능은 상실되었다. 일제는 일본인경영의 신문이나 「大韓民報」와 같은 민간신문을 발간케 하여 민심의 회유를 꾀하는 한편 한국의 강점(倂合)에 대한 언론투쟁을 막기 위하여 치안방해를 구실로 「皇城新聞」을 위시한 여러 신문의 발행정지로 그 활동을 봉쇄하고 병합과 더불어 혹은 매수하고 혹은 강제로 폐간케 하였다.

한편 한국의 지식층에서는 國運의 衰傾에 따라 역사의식, 국가의식이 더욱 고조되지 않을 수 없었다. 그리하여 韓國歷史書나 『乙支文德傳』, 『李舜臣傳』과 같은 偉人傳은 물론 『瑞士建國史』, 『美國獨立史』, 『意太利獨立史』, 『法國革命史』, 『波蘭亡國史』, 『越南亡國史』와 같은 외국의 흥망에 관한 史書를 많이 발간·유포시켰다. 일제는 이 같은 출판물을 통한 한국민의 독립사상·국가의식을 말살시키려고 했다. 그리하여 병합과 더불어 일본헌병경찰을 동원하여 전국 각지의 書肆, 鄕校, 書院, 兩班家를 수색하여 焚燒한 서책수가 무려 50여 종 20만 권에 이르렀다. 이와 동시에 일제는 이 같은 서적의 판매를 엄금하고 이를 所持, 열람하는 자는 처벌하였던 것이다.

일제의 집회·결사에 대한 금압정책도 이미 1905년 일제의 헌병이 한국의 경찰권을 실질적으로 장악했을 때부터 시작되었다. 그리하여 1906년의 일본헌병대사령관의 고시로써 모든 한인의 자유집회를 엄금하여 어떠한 집회와 결사라도 事前報告와 許可制로 하여 헌병의 감시와 그 명령에 복종할 것을 명하고 趣旨文, 檄文 등 모든 집회·결사의 문서는 검열제로 하여 이에 위배되면 軍律로써 처분케 하여 정치·사상운동을 완전히 봉쇄했다. 이 같은 탄압하에서도 교육·문화의 계발을 내세우고 정치·학술단체가 많이 일어났다. 정치적 사회단체로는 '共進會', '大韓自强會', '人民代議會'가 일어났고 교육문화단체로는 '西北學會', '畿湖學會', '嶺南學會', '湖南學會', '關東學會' 등과 '興士團', '大東學會', '靑年會' 등이 일어나서 그중에는 學報를 발간하기도 했다. 일제는 병합과 더불어 이들 단체를 해산시킴으로써 한인의 結社의 자유를 완전히 빼앗아, 민족적·사회적 유대를 완전히 절단시켰던 것이다. 그리하여 남겨진 것은 오로지 종교단체만이었다.

일제는 1911년에는 이른바 寺刹令을 내려서 국내의 사찰을 총독관할하에 두게 하고 그 통제를 꾀하였다. 그리하여 사찰은 허가 없이 佛事 이외의 목적으로 사용되는 것을 금하고 사찰에 속하는 財産(土地, 森林, 建物, 佛像 기타)은 총독의 허가없이 임의로 처분하지 못하게 했다. 또한 寺格을 本·末寺로 구별하여 30개처의 사찰을 本山으로 삼아 서울에 그 연합사무소를 두게 했다. 병합 당시 전국 사찰의 소유재산으로는 田地 200만 두락(1 斗落＝150 坪), 林野 약 40만 정보에 이르고 1,300여의 사찰, 7,000여 명의 僧尼가 이에 소속되어 있었다.

靑年僧侶간에는 일제침략에 대한 분원을 품게 되어 일제는 이들을 不

惡分子로 지목했다. '佛敎聯合總會'에서도 초등・고등교육사업에 착수했고 단체활동으로도 '佛敎靑年會', '佛敎振興會', '佛敎婦人慈善會' 등을 설립하여 활동하기도 했다.

그러나 이 같은 오랜 전통을 계승한 儒敎와 佛敎는 시대적 추세와 일제의 감시하에 더욱 그 勢는 위축되지 않을 수 없었던 반면에, 새로 東學의 전통을 이은 天道敎와 開港 이후로 널리 전파된 基督敎(新敎)의 교세는 날로 팽창해 갔다. 그리하여 전자는 그 전통적인 민족주의적인 사상을, 후자는 서양근대의 자유민주주의적인 사상을 배양하는 溫床이기도 했다. 그리하여 천도교와 기독교는 일제탄압하에 한민족이 사회적 유대를 유지할 수 있는 매개가 되었을 뿐만 아니라 이를테면 사상적인 망명처이기도 했다.

1905년에 일제가 統監府를 설치하면서 동학일파인 李容九를 앞잡이로 '一進會'를 만들게 하고, 鐵道修築, 軍需物運搬 등 일제침략을 幇助케 하였을 뿐만 아니라 일제의 병합공작에 앞잡이 구실을 하게 했음은 주지의 사실이다. 이 같은 一進會의 매국적인 처사를 본 동학수령 孫秉熙는 李容九와 손을 끊고, 따로 '天道敎'를 일으켜서, 이로부터 동학의 正統은 천도교가 계승하게 되었다. 그리하여 천도교의 교세는 날로 확대되어, 일제는 이를 종교로 인정하지 않고 교당건축을 간섭・방해하기까지 했다. 그러나 병합 당시에 이미 천도교도의 수는 300만을 호칭하게 되고 이로부터 희사받은 금액이 400만원에 이르렀던 것이다.

천도교에서는 일종의 교단조직을 정비하여 신도 100호 이상의 지방을 1교구로 정하여 총교구수가 185區에 이르렀고 북간도・서변계의 그것을 합쳐서 194구가 되었다. 천도교에서는 또한 육영사업에도 착수하여 '普成法律商業學校', '普成高等學校', '同德女學校' 등을 설립했고 한편으로는 天道敎會大報를 발간하여 교세확장을 꾀하기도 했다.

1884년 이래 각파의 入國・布敎를 보게 된 기독교(新敎)의 교세도 날로 隆興하게 되었다. 新敎의 선교사업에는 육영・의료사업이 수반되어 수많은 사립학교가 그들에 의해 설립・경영되었다. 이들 신교 각파 중에는 美長老會派와 美監理會派가 교세를 가장 떨쳐서, 이들의 육영사업은 한인에 대한 근대교육의 거의 주도적인 역할을 했을 정도였다. 일제는 기독교 계통의 학생을 되도록이면 식민지교육시설로서의 **공립학교**로 **흡수**하려고 노력하기도 했다. 한편으로 1903년에 '**皇城基督敎靑年會**'가 창설된 이래 中外 각지에는 많은 기독교 청년단체가 조직되어 이를 매개로 종교적·사회적 활동을 활발히 전개하였다.

　이와 같은 일제의 식민지탄압정책의 그늘에서 자라난 교육·언론·집회·종교활동은 무력투쟁이 단절된 후에 투쟁의 기반이 될 수 있었다.

4. 武斷治下 民族運動의 趨勢

　抗日義兵鬪爭은 일제의 수비대·헌병·경찰의 공격으로 1910년에 이르는 사이에 그 기세가 꺾여져서 수적으로 줄어들고 활동범위도 위축되어 갔다. 그러나 1913년경까지는 소규모이고 산발적이기는 했으나 義兵의 무력투쟁은 계속되는 중에 그 활동지역도 황해·평안·강원·함경도지방으로 옮아갔다. 남부지방에 있어서의 의병투쟁이 1909년의 日軍警의 작전에 의하여 큰 타격을 받았던 때문이었다. 이들 의병장과 의병은 대부분 일경에 피체되어 極刑에 처해져서 점차 그 자취를 감추었고 그중에 몇몇은 만주로 월경하여 투쟁을 계속하게 되었다. 그리하여 한국내에 있어서의 무력투쟁은 거의 불가능하게 되었다. 따라서 이제 항일운동은 대체로 秘密結社의 형태를 띠지 않을 수 없었다.

　일찍이 의병투쟁에 참가했다가 피체되어 對馬島에 유배갔던 의병장 林炳瓚은 1913년초에 전라남북도에 걸친 '獨立義軍府'를 조직하고 스스로 巡撫大將이 되어 前官僚·儒林을 규합하여 조직을 전국적으로 확장·편성하려고 했다. 그리하여 국권회복운동을 전개하려다가 일경에 發露되어 계획은 실패로 돌아갔다. 그는 日本內閣總理大臣과 朝鮮總督에 대하여 國權返還要求書를 제출하여 그 주장을 굽히지 않다가 1914년 6월에는 드디어 피체되어 巨文島에 유배되었다가 풀려나와서 1916년에 병사하고 말았다.

　1913년에는 또한 慶尙道 豊基를 중심하여 祖國光復運動을 목적한 비밀결사 '大韓光復團'이 조직되었다. 그것은 1915년에 일시 '光復會'로 개칭되기도 했으나, 1916년에는 盧伯麟·金佐鎭 등이 이에 가담했다. 이들

은 만주지방에 武官學校를 설립하여 의병, 해산군인과 만주이민자 중의
청년을 규합하여 군대훈련을 거쳐 항일무력투쟁을 계속하려는 계획이었다.
그리하여 국내의 부호로부터 軍資金을 조달키로 하고, 조직을 확대시키기
위하여 盧伯麟은 상해로, 金佐鎭 등은 만주로 망명하여 독립운동은 이제
국내외에 연락을 맺게 되었다. 그러나 국내에 있어서의 자금모집운동이 일
경에 발로되어 1917~1918년에 걸쳐서 수많은 광복단원이 일경에 피체되
어 死刑 또는 體刑을 받게 되었다.

　한편으로 교육열의 高潮, 基督敎・天道敎 등 교세의 팽창은 교육・종교
적인 집회나 결사를 통하여 독립운동의 새로운 기반을 마련한 셈이 되었
다. 그리고 그것은 또 원래부터의 유교적 기반이 약하고 이들 교세가 보
다 더 팽창되었던 서북지방에서 더 활발하였다. 그리하여 1910년을 전후
하여 황해도・평안도를 중심으로 한 排日獨立運動이 은밀히 전개되자 일
제는 이 운동의 뿌리를 뽑기 위하여 사건을 날조하여 그 조직적인 활동을
탄압・해산시켰다.

　安重根 義士의 從弟 安明根이 황해도 信川地方에서 독립운동자금을 모집
하여 북간도로 망명하려던 계획이 密告에 의해 일경에 발로되자, 일경은
안명근을 체포한 뒤에 金鴻亮・金九 등 황해도 일대의 재산가와 지식인을
대량 검거했다. 이들 중심인물은 安岳에서 ‘楊山學校’를 설립하고 勉學
會, 基督敎集會 등을 통하여 독립사상을 고취했을 뿐만 아니라 혹은 間島
망명활동을 획책하는 등 직접・간접으로 독립운동에 참여했던 것이다. 일
제는 사건을 날조하여 17명에는 체형을 가하고 40여 명은 제주도로 유배
해서 처형하였다(1911년).

　평안도를 중심해서는 기독교세력과 ‘新民會’ 중심의 국민운동이 활발해
졌다. 신민회는 1907년에 安昌浩가 중심이 되어 동지를 규합 조직한 민
족운동의 비밀결사로서, 그 隷下機關으로 ‘靑年學友會’, ‘大成學校’, 회
사경영체를 두고 교육, 경제, 문화면에서의 민족의 역량을 키우려는 국민
운동을 전개했다. 일제는 이 세력의 뿌리를 뽑기 위하여 1910년 12월에
‘總督暗殺陰謀’ 사건을 날조하여 尹致昊・梁起鐸・柳東說・李昇薰 등 신민
회 간부와 기독교인 등 600여 명을 체포하여 그중의 120명을 투옥시키고

105 인이 유죄판결을 받았던 것이다. 이들은 사건이 捏造임을 항변하여 공판투쟁을 벌여서 결국 그중의 6 명만이 징역에 처해졌던 것이다(1913년). 이 사건을 일반적으로 '百五人事件'이라 하는 것이다. 1917 년 평양의 숭실학교 학생과 기독교인이 중심이 되어 비밀히 조직되었던 '國民會'도 해외독립운동과 연락하여 국권회복운동을 꾀했던 것이나 이도 또한 일경에 발로되어 회원의 被檢으로 활동은 끊어졌다. 抗日秘密結社의 활동은 이렇게 하여 일제의 헌병경찰망에 의해서 탄압되었다. 국내에 있어서의 독립투쟁이 점차 어렵게 되는 동안 국외에 있어서의 그것은 더욱 활발해졌다.

한인의 국외이주는 일찍부터 일어났던 현상이었다. 그리하여 間島를 위시한 만주일대와 露領 연해주·상해·하와이 및 美洲 등지는 정치적 망명자와 더불어 국외항일운동의 근거지가 되었다.

특히 간도와 연해주는 이미 1860 년대 이래 咸鏡道邊民이 越境하여 처녀지를 개간하고 정착하면서부터 이주민이 늘어났고, 연해주에도 한인부락이 생겼다. 그리하여 간도에서는 1903 년에는 10 만의 이주자를 헤아렸고 연해주에서도 1902 년 당시 3 만 2 천에 이르렀다는 것이다. 露·日戰爭 이후 '日韓倂合'에 이르러 농토를 잃은 농민과 정치적 망명자의 이주가 격증되어 1910 년 연해주에는 약 10 만, 1915 년 간도에는 18 만이 넘는 형편이었다. 그중에는 露·日戰爭 뒤에 李範晉, 李瑋鍾, 李相卨, 張志淵, 安重根, 田明雲 등 저명한 인사들이 露領 연해주로 망명하여 활약했다. 특히 1907 년 統監府에서 임시간도파출소를 설치하고 한인활동을 감시·탄압하자 망명인사들은 여기서 다시 연해주로 넘어간 자가 많았다. 1908 년 국내의 의병투쟁이 함경도로 확대되어 갔을 때 李範允은 연해주에서 의병부대 '彰義會'를 조직하고 수천의 靑壯年과 적지 않은 자금을 모집하기에 성공했다. 그리하여 煙秋(노우키에프스크)를 기지로 삼은 이범윤의 의병대는 동년 7〜9 월에 걸쳐서 두만강을 넘어 국내진공작전을 펴서 甲山·茂山 등지를 점거할 계획을 세웠다. 이들 渡江部隊는 咸北의 경성·회령·경흥·명천 등지를 습격하거나 혹은 일본수비대와 교전했다. 1907 년 동간도에 일경파출소가 설치되어 의병활동에 제한을 받게 되자 독립투쟁의 근거지는 서간도로 옮겨졌으며, 1909년 9 월 일제가 만주이권과 간도를 淸

과 교환하여 동간도에서 일경이 철수하자 동간도는 그 이후로 의병활동의 중심지가 되었다.

한편 간도에서는 1905년 이후로 사립학교가 설립되어 龍井村의 '瑞甸書塾'으로부터 시작되었으며 1909년에 '明東書塾'(뒤의 '明東中學校', 敎師에 黃義敦·金弘壹 등)이 이를 계승했고, 병합후에 '光成', '新興' 등 東間島 일대에는 130여 개의 사립학교가 서서 항일교육의 중심이 되었다. 연해주에서는 1909년경에 「海潮新聞」(주필 申采浩, 張志淵), 「大東共報」등 신문을 간행하여 일제침략을 규탄하고 독립사상을 고취했다. 이 신문은 국내에 밀송되었으나 재정난과 일제의 감시로 얼마 안 가 폐간되고 「大東共報」는 1910년에 의병파의 거두 崔在亨에 의해 復刊되었다.

한편 1903년 이래 하와이이민이 시작되어 1903년에 16차, 1904년에 33차, 1905년에 16차, 도합 65차 7,226명의 이민이 하와이에 정착하게 되었다. 그들은 역시 농토를 잃고 고국을 떠난 영세농민이었다. 이들 이민과 때를 같이하여 1904년에는 尹炳求·安昌浩·鄭翰景·李承晚, 1905년에는 朴容萬 등이 도미하여 美洲에 있어서의 항일운동의 주축이 되었다. 1906년 한국의 외교권이 일제에 박탈되자 이들은 '在美韓人共同大會'를 열고 일제의 국권침해를 배격했다. 1908년 3월 張仁煥, 田明雲 義士의 스티븐스암살사건은 재미한인의 항일열을 더욱 고조시켜서 이를 조직화하는 계기가 된 셈이다. 하와이에는 많은 자치단체가 있었고, 교회와 학교를 세우고 「新朝新聞」을 간행하여 언론투쟁을 전개하기도 했다. 샌프란시스코에서는 1905년에 '共立協會'(회장 安昌浩)가 성립되고 國文版 「共立新報」가 간행되었으며, 하와이에서는 1907년 7월 친목단체가 연합하여 '合成協會'를 성립시키고 「合成共報」를 간행했다.

共立協會는 특히 露領과 만주 그리고 국내에도 그 조직망을 뻗쳐서 후일 國民會 創立의 기반을 마련해 준 셈이다. 1907년 安昌浩의 귀국을 계기로 新民會가 조직되었다. 이들의 운동방법은 계몽주의적이고 근대개화사조와 관련있는 일종의 자강운동이기도 했다.

이에 대하여 1907년 샌프란시스코에 본회를 둔 '大同保國會'는 南加州의 '大同敎育會'(회장 金愚濟)와 보다 더 급진적인 '保皇會' 계열의 人士로 조직되었던 것이며 스티븐스를 저격한 張仁煥도 다름아닌 보국회원이었다. 이를 계기로 190°년 7월에는 박용만, 이승만 등이 주동이 되어 '愛國同志代表大會'가 개최되고, 다시 공동협회·합성협회에 대한 汎美洲抗日團體 結成의 요청이 일어나, 1909년 2월에는 이같은 통일체로서 '國民會'의 결성을 본 것이었다. 그 목적은 "敎育과 實業을 振興하여 자유평등을 제창하여 동포의 영예를 증진하여 祖國의 獨立을 회복하는 데 있다"는 것이었다.

이렇듯 조직된 국민회는 멕시코, 블라디보스톡, 상해, 하르빈 등 해외 각지와 국내에까지 그 조직을 확대시켰다. 한편 1909년 6월 박용만 등은 네브라스카州 키늬農場에 '韓人少年兵學校'를 설립하여 무력투쟁의 새로운 준비노선을 지향하기도 했다.

일제의 무단정책으로 말미암아 국내에 있어서의 항일무력투쟁은 점차로 약화되어 秘密結社·國民運動의 형태로 전환되고 직접적인 무력항쟁은 간도를 중심한 만주·연해주 일대에서 계속되었다. 일제는 1914년 제 1 차대전이 勃發하게 되자 膠州灣을 점거하여 중국의 首都를 제압하고, 1915년 1월 淸國에 소위 21개조 요구조항을 강박하여 이로써 滿蒙에 있어서의 이권을 독점할 것을 꾀하였다. 이로 말미암아 중국에서는 이른바 五四運動이 일어나 일제는 커다란 민족적 저항을 받아야 했다. 일제의 독점적인 침략정책은 美英諸國의 이해관계와도 상반되는 것으로 미국의 대일정책에도 변경을 초래했다. 1917년 3월에는 帝政 러시아가 무너지고 11월에 소비에트공산주의정권이 수립되었다. 제 1 차대전이 독일의 敗戰으로 끝나고 1918년 파리講和會議에서는 미대통령 윌슨의 민족자결주의가 선언되었다. 그리하여 이 민족자결주의는 大戰후 세계에 충만했던 민주·자유독립의 풍조와 더불어 세계약소민족의 지표가 될 수밖에 없었다.

5. 結　言

3·1운동의 정신적 기반은 開港 이래 자라난 民族主義思想이었음은 물론이다. 그것은 개항 전후의 위기의식에서부터 발단되어 일제의 침략세력

에 대한 저항 속에서 자라났다. 즉 개항 당초 儒生의 不平等條約反對上疏 運動에서 시작되어, 跛行的인 軍制改編에 따른 군졸들의 저항을 거쳐서, 일제침투세력의 확대에 따라 1894~1895 년의 東學農民軍의 봉기로 나타났 으며, 1896 년 '明成皇后弑害'의 일제의 蠻行과 강제적인 斷髮令公布는 전 국 유생의 무력투쟁을 不辭하게 했던 것이었다. 그리하여 1905 년의 統監 府設置에 잇따른 일제의 연이은 주권침해가 노골화되자 전국적으로 다시 의병이 봉기했으며, 여기에 있어서 각기 그 주도세력은 儒生・士卒・農民 들이었음을 볼 수 있었다. 그리하여 이 의병투쟁은 치열한 거항 끝에 실 패했으나, 후일의 보다 더 조직적인 민족운동의 기반을 마련한 셈이 되었 다. 의병활동은 1907~1909 년에 걸쳐 고조되어 치열하게 전개되었으며, 일제는 헌병경찰을 한층 더 증강하여 무력으로 이를 탄압 봉쇄해서 점차 그 기세가 꺾이지 않을 수 없었다. 그리하여 일제는 이 같은 무력에 의지 하지 않고서는 치열한 민족적 저항에 당할 수가 없었다. 일제의 미성숙했 던 자본주의세력과 민족의 치열한 저항은 일제의 식민지수탈에 있어서 애 초부터 군사력을 앞세워야 했고, 따라서 일제총독의 '武斷的인 收奪策'은 이미 병합 이전에 예정되었던 것이나 다름이 없었다.

일제는 전국적으로 헌병경찰망을 펴서 정치적 독립운동은 물론 교육・ 언론・집회・결사 등 모든 사회적・문화적 활동마저 강압・봉쇄하고, 토 지조사사업을 빙자한 土地占奪과 企業統制에 의한 일제자본의 침투를 꾀 하여 한국을 일제의 食糧・資源의 공급지로, 일제상품의 시장으로 전락시 켰다. 그리하여 총독지배하에 일제의 식민지 지배세력은 한국의 각계각층 에 광범위하게 침투되었으며, 신분과 계층의 여하를 불문하고 그 침학과 피해를 입어야 했다.

그러한 반면에 국내에 있어서의 항일무력투쟁은 완전히 봉쇄되고 秘密 結社의 활동도 일제 헌병경찰의 감시, 탄압하에 계속될 수가 없었다. 다 만 의병의 여세와 망명인사들에 의한 무력항쟁과 국민운동은 간도・연해 주와 하와이・美州로 옮겨져서 계속되었다.

일제는 19 세기말 列强의 植民地爭奪이라는 당시의 국제정세를 이용하 여 재빨리 近代資本主義國家體制로 전환시키고, 동양에서 유일한 식민지를 점탈한 자본주의국가로 등장했고 열강의 뒷받침을 얻어 한국과 다시 중국으로 독점적인 세력을 펼쳐와서 한국을 강점하기에까지 이르렀다. 그러나 일제의 그 독점적인 세력이 중국의 利權마저 壟斷하려 했을 때 열강 사이의 균형은 깨어지기 시작했으며, 제1차대전 후의 國際情勢와 民族自決主義의 제창 등 이러한 외적 조건은 국내에 있어서의 민족의식의 고조와 더불어 면면히 계속되어 온 항일투쟁 민족독립운동의 하나의 새로운 계기를 지어준 것이었다.

〈『三・一運動 50 周年紀念論集』, 1969〉

東學農民蜂起의 意義

1

1894∼1895년에 걸쳐서 일어난 東學農民蜂起는 조선왕조의 封建的인 양반지배사회의 종말을 가져오는 동시에 그 뒤를 이은 民族受難史의 발단이 띠기도 한 획기적인 사건이었다. 그리고 그것이 일어나게 된 배경은 몇백 년 동안 간신히 유지되어 온 일그러진 양반지배체제가 더 이상 지탱할 수 없게 되었던 역사적 상황과 19세기말 西洋세력의 침투에 따른 동양제국의 새로운 국면이 자아낸 그들 상호관계에 뿌리깊게 관련되어 있다. 그것은 안으로는 한국 전통사회의 모순의 확대에서, 밖으로는 새로 빛어진 국제관계의 대립과 갈등 속에서 야기된 것이었다.

19세기 후반기에 있어서의 한국의 전통사회는 봉건왕조의 말기적 현상을 여지없이 드러내고 있었다. 19세기에 들어서부터 지속된 이른바 외척세도정치는 이미 양반 관료정치의 원래의 기틀에서 이탈되어 그 세력이 비대해지면 질수록 정권의 기반은 더욱더 취약해져 갔고 관료기강의 문란이 극도에 달하여 매관매직의 폐풍은 누적되어 갔다.

그리하여 탐관오리의 收斂政治로서는 국가재정의 충족이나 국가의 번영을 더 기대할 수가 없는 것이었다. 그것은 봉건적인 加徵·濫徵으로 농민의 부담을 가중케 하여 그들을 궁지로 몰아넣었다. 양반의 신분질서도 무너진 지가 오래여서 정권에서 소외된 士族은 점차 鄕族化되어 가고 대부분의 향족은 계속 몰락되어 이들 沒落兩班의 후예는 窮殘한 班戶로 頹落되어 혼히 寒士로 일컬어지는 殘班破落戶로 영락되어 갔다. 그들 잔반은 양반층의 밑바닥에 깔려서 그 처지가 궁잔한 농민의 그것과 거의 다를 바 없이 되었다. 따라서 양반의 권위도 추락되고 科擧制마저 문란해져

서 이제 儒敎는 이들 窮班殘民에 대하여 아무런 생활이념의 구실을 하지
못했다. 그리하여 당시의 민중은 생활상으로나 사상적으로나 불안·동요
와 혼미 속에 빠져 있었다.

이러한 상황에서 외부로부터 들어오는 도전과 충격이 적지 않았다. 아
편전쟁에 뒤이어 英佛聯合軍은 淸의 수도 북경을 침공하여 그 세력을 淸帝
國에 침투시켜 왔고, 이를 계기로 러시아는 연해주를 차지하여(北京條約,
1860) 朝鮮과 국경을 접하게 되었다. 이 같은 대륙에서의 급격한 정세변화
의 여파가 이윽고 조선에까지 미쳐오게 된 것은 당연한 추세였다. 이미
개항전부터 佛人神父의 잠입활동, 천주교의 유포, 洋貨의 유입 범람, 그
위에 異樣船의 빈번한 연해출몰 등은 서양세력의 조선에 대한 위협의 징
후와도 같이 보였으며 英佛聯合軍에 의한 북경함락의 傳聞은 조선의 상하
국민의 위기감을 더욱 자극하였다. 한편으로 美國艦砲 위협에 의한 일본의
개항, 이에 뒤이은 일본의 王政復古와 明治維新은 동양에 있어서의 일본
의 지위에 전환을 자아내어 조선왕국에 대한 새로운 위협적인 세력으로
등장하게 되었다.

이와 같은 내외 양면에서 위난한 사태에 당면한 哲宗朝 末年의 한국사
회에는 두 가지 면에서 이에 대한 반향을 나타냈다고 볼 수 있다. 그 하
나는 전통사회 내부의 모순확대에서 빚어진 농민의 반발이었고, 다른 하나
는 사상적인 혼미 속에서 그리고 민족적 위기의식에서 一寒士(殘班)에 의
해서 창도된 東學과 그 전파였다.

1862년에 진주를 위시하여 三南一帶에 번졌던 民亂은 이른바 三政의 문
란에 따른 收斂政治에 대한 농민들의 연쇄적 반발이었으며, 그것은 또 民
訴에서 발단되어 守令驅逐을 목표로 한 郡縣民들의 자연발생적인 항거였
다. 그리고 1860년대 초기에 경주에서 唱導되어 경상도 일대에 전파된
東學은 양반관료에 대한 일종의 윤리적 항변이었으며 또 中國에 침공해
온 서양세력과 그 정신적 기반으로 간주된 西學(천주교)의 流布에 대한 민
족적·종교적 항거이기도 했다.

그리하여 삼남일대의 민란은 그 首謀者와 貪虐守令에 대한 정부의 처
형과 징벌로써 일단 진압되고, 동학과 그 교도는 위정자에 의해서 서학과

다름없는 또 하나의 사교로 낙인이 찍혀 敎祖에 대한 처형과 교도에 대한 박해로 금압되었다.

哲宗의 뒤를 이은 전제섭정 대원군은 王政의 복구를 위하여 외척과 양반의 세력을 억압하고 守令 土豪의 貪虐 武斷을 금압하려 했고, 천주교박해와 攘夷鎖國策을 강행하여 어떠한 외부로부터의 영향도 이를 굳게 봉쇄하였다. 그러나 아무런 세력기반도 없었던 그의 專斷政治는 도리어 스스로를 고립시켰을 뿐 아니라, 그 전단정치의 그늘에서 胚胎된 또 새로운 외척세력이 대두되어, 마침내 대원군은 집권 10년 만에 스스로 정권에서 물러나고, 외척 閔氏에 의한 세도정치의 출현을 보게 한 것이다.

2

1876년에 일본함포의 위협하에 閔氏政權에 의해서 일본과 맺어진 江華島조약은 이른바 불평등조약으로서 일본의 일방적이고 독점적인 이익을 보장하여 그 세력의 침투를 허용해 주게 된 것이었다. 1882년에는 朝中商民水陸貿易章程이 맺어져서 淸商人의 침투도 현저하게 되고 이어서 구미제국에 대해서도 문호를 개방하게 되었다. 그리하여 韓國은 한국에 있어서 機先을 制하여 침투해온 일본세력과 그 뒤를 이어서 침투해온 청국세력의 대치 속에서 保守와 開化 사이의 갈등을 모면할 수가 없었다.

한국이 서구근대문명을 받아들이는데 있어서 가장 긴요했던 것은 그 군사적 기술과 경제적 체제이었으나 그러기 위해서는 무엇보다도 정치적 개혁이 선행되어야 했다. 그럼에도 불구하고 閔氏정권은 부분적인 개화책을 시도하는 중에서도 관료기강의 문란을 시정하지 못하고 봉건적인 수렴정치의 폐단을 더욱 누적해 갔을 뿐이다. 그리하여 閔氏 척족정권은 舊軍卒들의 공격(壬午軍亂)의 대상이 되고 또 정치혁신을 기도했던 개화파의 타도목표가 되기도 했다. 그리고 여기에는 淸·日 兩國의 정치적·군사적 음모가 직접적으로 개재되어 있었다.

군란·정변을 겪는 동안에 한국의 사회적 추세는 마치 철종 말년 당시와도 같은 趨向으로, 그러나 보다 더 급박한 사태를 빚어내고 있었다. 그것은 민란의 재연과 동학교세의 치성을 의미한다.

三南一帶에 번졌던 철종 말년의 민란은 일단 진압되었으나 고종조에 들어서 다시 새로운 양상의 민란이 한동안(고종 6년~14년) 계속 일어났다. 그것은 民訴에서 발단되는 郡縣民의 자연발생적인 민란의 양상과는 달리 수모자가 미리부터 동지를 규합하고 秘記·讖說 등으로 민중을 유혹하여 애초부터 병기를 들고 일어나는 일련의 兵亂을 의미한다.

그 수모자들은 혼히 殘班破落者 沒落士族의 後裔, 世族의 遺裔 등 통틀어 잔반계층에 속하는 자들로서 그들은 또 혼히 相術이나 地理圖讖說에 假托하여 왕조의 운명에 대한 讖說을 이용하였다. 이 같은 일련의 병란이 진압되는 동안에 일반 군현민에 의한 민란이 또다시 일어나 1890년을 전후해서는 竊發·火賊의 橫行과 더불어 전국적으로 번져갔던 것이다.

그리하여 이와 같은 민중의 동요 속에 禁壓되어 온 동학이 다시금 널리 전파 유포되어 갔다. 실제로 대원군집정기의 정치풍토는 양반 권위의 否定, 西學(천주교)에의 대항, 외세의 배격 등을 내세운 민족적 종교인 동학이 그 교세를 확장하기에 호적의 상황이기도 했다.

그 위에 軍亂·政變 등 거듭 혼란된 政情과 飢饉·疾疫의 유행 등은 제2세 교주 崔時亨이 그 교세를 넓혀가는데 유리했다. 그리하여 그는 충청도, 전라도를 중심하여 그 인접 諸道에까지 東學敎勢를 넓혀가는 동시에 그 교단적 조직까지도 마련할 수가 있었다.

동학교도들은 민란이 전국적으로 번져가는 바로 그 시기를 타서 敎祖伸冤을 위하여 지방에서 집단시위운동을 벌이고, 그것이 좌절되자 1893년에는 伏閣上疏로써 국왕에 호소하였으나 결국 해산당하고 말았다. 그들은 교조에 대한 국왕의 赦免을 통해서 이를테면 동학의 공인, 동학포교의 자유와 신도의 안전을 관부로부터 약속받으려는 것이었다. 그들은 충청도 報恩에 대거 집결하여 이번에는 貪官汚吏의 懲討와 斥倭洋倡義를 표방하고 일대 시위운동을 벌였다. 교조신원이라는 그들의 종교운동은 이제 순전한 정치적 운동으로 전환된 것이었다. 정부는 貪虐吏胥는 징벌한다는 약속으로 그들을 해산시켰다.

이 같은 일련의 동학교도의 움직임은 결과적으로 그리고 실질적으로 敎祖

處刑 이래의 東學禁令을 무효화한 것이나 다름이 없었다. 동학은 이제 사실상 三南一帶에 뿌리를 깊이 박은 엄연한 종교집단임에는 틀림이 없었고, 그 위에 內政의 쇄신과 外勢의 배격이라는 일반적인 정치적 요구가 동학교도들의 이해와 관심의 대상이기도 하다는 것을 뚜렷이 나타낸 것이다.

동학은 고래의 전통적인 신앙과 종교의 여러가지 요소를 한울님 崇信의 민중적인 종교로 歸一시킨 것이며, 그것은 또 비세속적인 宗敎倫理와 呪術的인 民俗信仰과의 타협 위에 이루어진 예언자적인 종교이기도 했다. 그리고 동학의 지도층인 교주나 접주들은 대체로 잔반층에 속하는 자들이라고 할 수 있고 그 신도들은 거의 다 농민이어서, 이들 窮班, 殘民은 동학을 통하여 종교적으로 결합되기가 쉬웠다. 그리하여 符籙과 呪文으로 민중을 구제하게 마련인 동학의 교주나 접주는 그런 점에서는 일반 신도에 대해서는 주술사적인 존재이기도 했다.

19세기말에 있어서의 민란의 재연과 동학교세의 팽창은 開港 이래의 내외정세의 변동 속에서 한국사회 저변에서 일어난 사회적·사상적 추향이었다. 이제 畸型的인 外戚勢道政治와 실효 없는 유교적인 이념만으로써는 17~18세기 이래 몇백년 동안의 사회변천과 개항 이래의 국제관계의 변화에 대응하여 이에 대처할 수 있는 능력을 갖출 수가 없었던 것이며, 더구나 그러한 것을 제도적으로 발전시키기까지에는 더욱 미치지 못했던 것이다. 東學農民蜂起는 이렇듯 어려운 시기에 일어났다.

3

東學農民蜂起는 군수의 탐학에 반발했던 전라도 古阜郡民들의 자연발생적인 민란에서 발단되었다. 이 난민에 대한 관리의 탄압이 드디어 東學接主 全琫準에 이끌린 일반농민과 동학교도가 합세하여 봉기하게 된 도화선이 되었다. 동학의 교단적 조직과 유대는 이들 농민의 勢를 규합하여 '反撥에서 鬪爭으로' 이끌어갈 수가 있었다.

동학농민봉기는 이렇듯 1894년 3월에 古阜에서 발단되어 그해 6월에까지 걸쳐서 전라도일대를 휩쓸었다. 동학농민군의 애초의 표방은 '除暴

教民', ‘逐滅倭夷’였다.

전라도는 조선의 穀倉으로 중앙의 재정은 이 지방의 稅收에 거의 의존되다시피 되어 있었다. 그 위에 전라도에는 宮屯·官屯田을 위시한 不在地主의 田庄이 가장 많았던 고장이기도 했다. 그리하여 전라도의 농민들은 봉건적인 收斂政治로 말미암아 다른 어느 지방에 있어서보다도 더 무거운 부담에 시달려야 했다. 그리고 汽船에 의한 稅穀의 轉運, 米穀潛商의 도량, 외국상인(日商)과 客主·旅閣 등에 의한 미곡의 유출에 따른 피해도 그들의 부담을 더욱 가중시켰다. 더구나 高宗 13~14년과 고종 25~26년의 大旱災로 전라도 농민의 피해는 극심했다. 그리하여 동학농민봉기의 震源地인 古阜는 그러한 전라도의 불리한 조건을 가장 많이 지니고 있는 고장이다.

全琫準에 이끌린 동학농민군은 戰況의 진전에 따라 민씨정권에 대한 弊政改革條項을 연속 제시했다. 그 조항들은 동학농민군이 봉기하게 된 근인을 단적으로 설명해 주는 것이며 또 그들의 투쟁목표를 말해주는 것이었다.

이 요구조항들은 당시의 민씨정권과 이에 기생하는 부패관리에 대한 규탄을 제외하면 그 모두가 농민들의 실제 생활과 직결되는 구체적인 조항들이었다. 그 내용을 추려보면 수령·이서들의 貪虐禁絶과 高率地租에 대한 반대, 농민의 토지점유권의 주장, 軍布의 定額金納制實施, 고리대적 수탈반대. 貢租·無名雜稅의 감면 등이며, 그 위에 특권상인의 횡포금단, 魚鹽市稅의 폐지 등은 이를테면 영업의 자유를 요구한 것이나 다름없었다. 그리고 개항 이후 더욱 현저해진 미곡유출의 방지, 외국상인·밀수업자의 跳梁禁斷과 이에 화응하는 도매 내지 객주·旅閣 등을 규탄하고 轉運使의 횡포를 금단해 줄 것을 요구했던 것이다.

그것은 한마디로 말하면 봉건적인 過徵·濫徵을 일체 폐절하여 통일적인 조세의 부과를 요구하고 봉건적인 御用商人의 횡포를 금절시켜 농민생활의 안정을 꾀해주어야 한다는 것이었다.

이들 요구조항 중에는 도리어 舊慣으로의 복귀를 의미한 것도 있으며 또 어떠한 제도적인 개혁원칙이 제시되었던 것은 아니었다고 하더라도 전체

적으로는 반봉건적인 사회로의 지향을 나타낸 것이다. 또한 이 같은 요구
조항의 제시나 이를 관철하기 위한 농민들의 저항은 그들의 자주의식의
성장을 나타낸 것이다. 농민들의 의식에는 아직도 주술신앙에서 벗어나
있지는 못했으나, 그들의 성장되어 가는 자주의식에서는 민권의식이 싹틀
수도 있었을지 모른다.

동학농민군의 폐정개혁요구는 왕조의 봉건적인 수렴정치를 전면적으로
거부하는 성질의 것으로, 만일에라도 이들 요구조건이 모두 실시된다면
몇백년 동안 지속되어 온 왕조 원래의 지배체제는 그 근저에서부터 붕괴
되지 않을 수 없는 그러한 추향의 것이었다. 그러한 점에서 동학농민봉기
는 혁명적인 성격을 지닌 것이라고 할 수 있다.

畸型的인 양반관료체제가 지배해온 봉건적인 권력은 이제 그 한계점에
다다랐던 것이며, 그것은 민씨정권이 동학농민군을 진압하기 위하여 淸에
援兵을 청해야 했다는 사실로써도 말할 수 있다. 이제 민씨정권은 스스로
의 힘만으로는 종래와 같은 봉건적인 수렴정치를 더 이상 계속할 수 없는
상황에 다다른 것이었다.

4

東學農民軍의 제1차 봉기는 그 나름의 한계성을 두고서는 일단 그 목
적이 달성되었다고 할 수 있다. 全州城을 점거했던 동학농민군과 이를 포
위, 공격하려던 官軍과의 사이의 講和의 성립이 그것을 의미한다. 그 강
화의 계기는 동학농민군이 두 차례의 출격전에서 막심한 사상자를 내고
敗戰하여 戰意를 잃어버렸다는 점에도 있었으나, 전적으로 그것으로만 설
명될 수는 없을 것 같다. 왜냐하면 정부로서도 당시 官吏의 腐敗와 貪虐
의 사실을 시인하여 동학농민군의 개혁요구가 정당하다는 것을 부인할 수
없었던 위에, 하루빨리 사태를 수습하여 이미 來駐한 淸·日 兩國軍에 의
한 國土·國權의 침해와 유린을 방지해야 할 절박한 사태임을 인식할 수
있었기 때문이다. 민씨정권이 청·일 두 나라 군대에 대하여 동학농민군
해산의 사실을 통고하는 동시에 즉시 撤兵할 것을 거듭 요구한 것이 그러

한 것을 단적으로 말해주는 것이다.

실제로 동학군은 全州講和 후에 官과 타협하여 전라도 53邑에 이른바 執綱所를 설치하고 전란 뒤의 수습과 지방행정에 직접 참획한 것이나 다름이 없었다. 그들이 이때 제시했다는 행정요강은 奴婢制의 폐기, 신분제와 이에 뿌리박은 전근대적인 특권과 관습의 폐기, 그리고 농민에 대한 耕地均分 등을 제시한 것이었다. 그것은 비록 그들이 휩쓸었던 전라도지역에 제한된 것이기는 하나 일종의 사회혁신을 지향했던 것이라고 할 수 있는 것이다.

만약에 일본군의 계속적인 주둔과 이에 따른 내정간섭과 전략적 음모가 없었다면 한국사회는 동학농민군이 제시했던 방향을 좇아서 자주적으로 혁신되었을지도 모를 일이었다. 가령 노비제만 하더라도 동학농민군이 봉기하기 6년 전에 이미 한국사회는 그 전면 폐기 일보 직전에 다가서고 있었기 때문이다.

5

淸·日 兩國軍의 來駐와 日本의 정치적·군사적 음모와 책략은 사태를 전혀 다른 방향으로 이끌어가게 했다. 전주강화 후에 일본군의 動靜을 주시하던 끝에 일본군의 궁궐침범과 정권교체, 對淸전쟁도발을 본 전봉준이 이제 민씨정권이 아니라 직접 일본군을 구축하기 위하여 다시 일으킨 것이 동학농민군의 제2차 봉기였다.

이렇듯 일본군에 항전하기 위하여 南接 중심의 동학농민군이 재차 일어났을 때 제1차 봉기에는 참여하기를 거부했던 동학 北接도 전면적으로 합세하게 된 것은 동학 원래의 民族宗敎的인 성격에서 이해될 수 있다. 동학의 北接(崔時亨)은 순전한 종교적인 입장에서 제1차 봉기 때에는 농민의 편에 서는 것을 거부했으나, 이제 일본군을 상대한 민족적인 抗戰에는 참여 합세한 것이다.

동학교단은 민중세력이었던 동시에 反日세력일 수도 있었다. 동학의 지도층은 원래부터 '輔國安民'을 표방하여 봉건적인 양반사회질서와 外勢에

대한 저항의식이 강렬하게 내포되어 있었다고 할 수 있다. 일본인은 동학
교세를 그대로 두고서는 그들의 조선침략에 적지 않은 장애가 되리라는
것을 잘 알고 있었다. 그리하여 일본군은 동학군을 공격함에 있어 '民亂
의 鎭壓'에 그 목적이 있었던 것이 아니라, 동학군의 礁滅에, 특히 동학
접주의 섬멸에 목적이 있었다.

일본은 동학농민군의 봉기를 애초부터 주시하여 이를 조선과 대륙침략
을 위한 절대의 기회로 포착했다. 일본인 浪人輩가 일본군의 동정을 지켜
보고 있는 전봉준을 찾아 동학군의 再起를 집요하게 충동한 것도 실로 일
본의 그러한 흉계에서인 것이다. 일본은 동학군의 재차봉기(내란상태)를
역이용하여 조선내정에 간섭하는 그 국권침해행위를 내외에 허위선전하는
동시에 조선에서의 일본군의 철병을 거부하는 구실로 삼으려는 것이며, 다
음 단계로서는 동학군 자체의 섬멸작전을 펴려는 것이었다. 일본군의 이
같은 계략은 무기와 훈련이 근대화되었던 그들의 승산 밑에서 짜여진 전
략이기도 했다.

동학농민군의 제2차 봉기는 일본군과 이에 구사된 관군에 의해서 이윽
고 패산되고 말았다. 일본군은 제1차 봉기의 제한된 성과마저 짓밟고 말
았다. 일본의 군사적 위협하에 조직된 새로운 조선정부로서도 일본의 부
당한 내정간섭을 거부하고 校正廳을 설치하여 자주적인 개혁정치를 기도
했다. 그러나 일본은 그러한 조선정부의 기도마저 방해하고 그들의 일방
적인 간섭을 강행했던 것이다.

일본군의 동학섬멸작전은 전라도 남단을 그 마지막 전략지로 가장 잔혹
했다. 그러나 그 뒤로도 강원도, 황해도에 있어서 항일봉기는 계속되었으
나 결국 패산되고 말았다.

동학농민군의 제1차 봉기는 반봉건적인 무력항쟁이었고, 제2차 봉기
는 일본군에 대한 民族的 항전이었다. 동학접주와 그 대부분이 농민일 수
밖에 없었던 동학교도가 농민의 입장에 설 때 그들은 반봉건세력을 이룰
수 있었으며, 민족적 항전에 임할 때는 동학교도와 농민이 전면적으로 합
세되었다.

동학농민군의 봉기는 일본군에 의해서 敗散되어 실패하였으나 항일투쟁

은 또 다른 樣相(義兵)으로 이어졌으며 그것은 또 과정의 여하는 차치하고 조선왕조의 봉건적인 정치사회체제를 뒤집어 엎는 결과를 초래한 것이었다.

제 2세 교주 崔時亨을 중심한 동학 北接의 지도층은 일본군의 수색·학살작전에서 모면되어, 이들에 의해서 동학의 명맥은 이어질 수 있어서 뒷날의 천도교로 그 正統이 계승되었다. 또한 동학교도 중에는 기독교나 불교로 개종한 경우도 많은 것으로 보인다. 그들이 동학의 그 주술적인 의상을 벗어버렸다면, 근대적인 民族主義思想의 母胎의 구실을 했음에 틀림없을 것이다.

〈「서울大 大學新聞」, 1976. 5. 17〉

東學의 리더십

‘東學의 리더십’이라 하면 1860 년대에 唱道되기 시작한 東學敎의 宗敎 活動에 있어서의 리더십을 의미할 수도 있고, 또는 그와는 달리 1894 년 에 일어난 農民蜂起 소위 ‘東學亂’에 있어서 리더십을 의미할 수도 있다. 그러나 1894 년의 農民蜂起에는 東學敎와 東學敎徒가 직접적으로 관련되 어 있기 때문에, 後者의 경우 즉 ‘농민봉기’의 리더십을 문제삼으려면 필연 동학교에 있어서의 리더십의 문제도 아울러 고려되지 않을 수 없는 것이다. 더구나 1894 년의 농민봉기의 경우에 동학교와 동학교도가 그저 단순히 관련되어 있었을 뿐만 아니라 동학교의 接主들이 농민봉기의 領導 者의 역할을 담당했다는 점에서 그렇게 고려하지 않을 수 없다. 이것을 바꾸어 말하면 동학교의 종교활동에 있어서의 指導層이 敎主를 포함한 東 學敎의 접주들이었고, 또 1894 년의 농민봉기의 영도자들도 다름아닌 동 학교의 접주들이었다는 것이다. 필자가 여기에서 고려하려는 것은 1894 년 의 농민봉기에 있어서의 리더십의 문제이며 따라서 이 문제는 동학교의 지도층이었고 또 농민봉기의 영도자들이었던 동학교접주들의 리더십의 문 제로 바꾸어 생각할 수 있다. 즉 동학교의 접주라는 존재가 어찌하여 동 학교에 있어서 지도층이 되는 동시에 농민봉기의 영도자가 될 수 있었는 가 하는 문제가 될 것이다.

筆者는 이 문제를 몇 가지 관점에서 생각해 보려고 한다. 첫째 思想的 인 면에서 東學이라는 宗敎思想을 構造的으로 이해하여 그 면에 있어서의 東學接主들의 위치를 밝혀 보고, 둘째로 사회적인 면에서 동학접주들이 사 회신분상 어떠한 계층에 속하여 있었기에 東學군(軍)과 東學軍(農民軍)을 이끌어갈 수 있었던가를 살펴보고, 끝으로 동학교의 조직적인 면에 대해 서 언급해 보려고 한다. 먼저 동학사상의 기본구조를 단적으로 표현한다면

超世俗的인 倫理觀과 世俗的인 샤머니즘이 결합된 것이며, 現實否定的인
豫言思想과 外勢의 위협에 대한 저항의식이 깃들어 있는 민족적인 종교사
상이라고 할 수 있다. 그것은 이미 사회적으로 지도이념의 구실을 할 수
없게 된 儒敎가 佛敎·道敎와 같은 외래종교를 부정하고 또 새로 널리 유
포되는 西學(天主敎)을 배격하면서, 초세속적인 윤리를 내세우고 이에 대
한 宗敎的·呪術的인 신앙의 힘을 얻어서 地上天國을 실현하는 동시에 사
회내부적으로 또는 대외적으로 위기에 직면한 외적 상황을 극복하자는 것
이었다. 여기서 사회내부적인 상황이란 봉건적인 桎梏 속에서 頹廢된 양
반사회의 질서와 윤리 밑의 현실적인 艱難을 파괴하고, 대외적 상황이
란 동학의 전통적인 사회도덕과 윤리와 질서를 파괴하고 들어오는 서학의
유포가 19세기에 들면서 더욱 짙어갔고 1860년의 英佛艦隊의 中國侵攻,
北京陷落에 의해서 더욱 자극된 서양세력의 위협의 증대를 의미한다. 요
컨대 동학은 그것이 종교적이건 주술적이건 간에 人間精神(倫理)의 본원적
인 것을 믿고 그 믿음의 힘으로 외적 상황(危機)을 극복하자는 것이었다.
동학에 있어서의 인간정신(윤리)의 본원적인 것은 역시 東洋古代思想에 있
어서의 道德觀에서, 또 이에 따르는 敬天思想에서 끌어내어진 것이며, 또
한 그것에는 동양고대의 陰陽五行思想에서 연유된 '運數觀'이 밑바탕에 깔
려 있는 것이다. 구체적으로는 동학사상의 초세속적인 윤리관은 『周易』과
『禮記』禮運篇에서 유래된 것임에 틀림없다. 人間의 道德은 天의 道, 天
의 德과 합치되는 것으로, 그러므로 인간이 修練하여 도덕을 쌓으면 누구
나 君子(絶對善者)가 될 수 있다는 것이요, 따라서 인간존재는 본질적으로
天(한울님)과 다름이 없는 존재라는 것이다. 그리고 인간은 또 循環輪回하
는 '天運'에 순종하여야 하며 時運에 따라야 한다는 '運數觀'이 동학사상
에 일관되어 있는 것이다. 동학사상이 이같이 天道·天德·運數와 같은 그
윤리관의 기본이념을 『周易』이나 『禮記』禮運篇에서 끌어내고 있는 것이
라면, 그것은 현실적인 윤리적 퇴폐, 사회적 질서를 부정하는 '방패'로,
또는 실현시켜야 할 새로운 윤리의 표준을 찾아서 동양고대사상으로 복귀
함을 의미하는 것이다. 그것은 인간존재의 본질을 絶對善으로 추구하는 점
에서 초세속적인 윤리의 요구를 말하고, 또 새로운 秩序의 到來(時運)를

믿는다는 점에서 예언사상을 내포하고 있어서, 그 현실부정적이라는 면에서 '革命'的일 수도 있는 성격을 내포하고 있기도 한 것이다. 이와 같은 동학사상의 성격과 방향은 李朝後期의 이른바 실학자들의 그것과 흥미 있는 대조를 이루는 것이다. 이조후기의 실학자들도 역시 당시의 兩班社會와 儒敎倫理의 퇴폐상을 비판하고 현실극복을 모색했을 때 그들은 흔히 '禮運' 아닌 '周禮'를 내세우고, '時運' 아닌 '時勢'(歷史的 情勢)에 깊은 관심을 표시하고 종교나 초세속적 윤리가 아니라 '制度的 改革'을 주장했던 것은 동학의 그것과 좋은 대조가 되는 것이다.

동학의 이와 같은 기본사상은 적어도 儒敎의 素養을 가진 敎主(敎祖)나 그 追從者(接主)에 의해서 마련되었을 것임에 틀림없다. 그러나 이 같은 초세속적인 倫理(絕對善)의 요구는 일반민중에 있어서 그대로 받아들여질 수는 없는 것이다. 그 사상이 민중에게 영합되어 東學敎라는 하나의 종교적 집단을 이루기 위해서는, 그 초세속적인 윤리와는 달리 현실적이고 구체적인 개인의 구제를 위한 수단이 수반되어야 했다. 당시의 농민들이 兩班土豪의 侵虐, 天變地災와 질역 등에서 오는 그칠 새 없는 고난에서 벗어날 수 있는 별다른 길은 없었던 것이며, 그러기 때문에 민간에 오래 전승되어 온 巫覡을 주로 하는 샤머니즘에 의지하는 수밖에 없었다. 東學敎의 창도자와 그 추종자들은 그들이 하나의 종교적 집단을 이루기 위해서 이같이 개인의 구제를 약속해 주는 呪術的인 방법, 샤머니즘을 섭취해야만 하였다. 그것은 동학사상의 또 하나의 기본요소가 되는 것이다.

동학이라는 종교사상의 이 두 가지 基本要素——초세속적인 윤리관, 運數觀과 샤머니즘, 呪術的 信仰은 一見 서로 대립되고 융합될 수 없는 것 같이 보인다. 그러나 이 두 가지 상반되는 듯싶은 관념을 융합시킬 수 있었던 것은 다름아닌 '鬼神觀'이었다. 그것은 東洋古代의 敬天思想과 관련되는 동시에 일면에 있어서는 민간신앙으로 전승되어 온 鬼神信仰과도 관련된다. 그것은 위로는 儒敎哲學에 있어서의 '氣'의 理致와 상통하고 밑으로는 민간신앙에까지 미치는 관념이다. 그리하여 四時(季節)의 變化, 萬物의 生成은 그것이 다 '鬼神의 造化'에 의한 것이며, 그 '至極한 氣'는 바로 인간을 의미하고, 최고의 德(至氣)을 지닌 인간(교조 崔濟愚)이 바로

君子이며, 또 바로 귀신이기도 한 것(吾卽鬼神——『東經大全』)이었다. 東學
呪文에 있어서의 ‘至氣’는 이 같은 天의 造化力을 의미하고 그와 다름없
는 인간존재를 의미하게 되는 것이다.

또한 동학사상에 내포된 현실부정적인 豫言思想과 외세의 위협에 대한
저항의식은 東學思想(東學敎)으로 하여금 혁신성을 띨 수도 있게 하는 ‘민
족적’ 종교로서 성장될 수 있게 한 것이었다. 더구나 동학의 교주나 접주
들의 呪術師 magician 的인 機能조차, 對內對外的인 정치적 간난 속에서는
단순한 個人救濟 salvation of the individual 의 기능을 넘어서 民族救濟 salvation
of the nation 의 救世主 Messiah 的인 역할을 담당하게 되는 것이기도 했다.

그러면 이 같은 東學敎의 唱道者와 그 後繼者를 포함한 동학교의 지도충
을 이루는 소위 접주들은 어떠한 신분계충에 속하는 자들이었는가. 일반
적으로 李朝社會에 있어서 社會身分體制가 현저히 해체되어 간 것은 18세
기 이후의 일이었으며, 또 그러한 현상은 양반사회에 있어서도 다름이 없
었다. 政權은 주로 서울의 양반, 그것도 노론세력으로 집중되어 갔으며,
仁祖朝 이래 정권에서 차례로 배제된 몇 가지 파벌이 생활기반을 잃고 몰
락의 길을 걷지 않으면 안되게 되었다. 土豪的 生活基盤이 견고했던 嶺南
(경상도)의 유력한 양반의 경우라 하더라도, 그들의 지체는 ‘士族’에서 ‘鄕
族’으로 떨어져 갔으며, 더구나 畿湖地方에 있어서는 정권에서 배제된 양
반의 경우 그의 조상 전래의 田地와 奴婢를 유지할 수가 없이 一代에 몰락
하게 되는 경우를 볼 수도 있다. 그 몰락의 주요한 이유로는 자손에 의한
토지의 分占(分割相續)과 兩班의 소비생활——饗宴을 주로 하는 婚喪祭禮
등의 과분한 소비와 기업활동의 결여, 그리고 天變地災에 따르는 饑饉과
疾疫 등을 들 수 있다. 이렇듯 몰락한 양반의 子孫은 世代를 거치는 동안
에 빈궁해질 수밖에 없었다. 이들은 양반신분의 전통에 의하여 유교적인
소양을 몸에 지녔다고 하더라도 이미 오래 전부터 양반의 지체나 體貌를
유지할 수 없게 되었고, 따라서 이들에게는 유교가 생활이념으로 신봉될
아무런 가치도 효용도 없는 것일 수밖에 없었다. 筆者는 寒士니 窮班이니
혹은 또 殘班이라 일컬어지는 이들 ‘몰락한 양반의 後裔’를 통틀어 ‘殘班
階層’이라 규정하려고 한다.

이들 잔반계층은 平民과 다름없이 어떠한 生業에 종사하여야만 生計를 유지할 수 있는 처지에 놓인 자들이라고도 할 수 있다. 19세기 후반기 (大院君執政期)의 기록에 의하면 강원도의 儒生들의 경우 그들이 실제로 農耕에 종사하고 있어서 收穫期에 지방에서 행하여지는 국가시험을 실시할 수가 없으므로 이들에 대한 시험의 연기를 地方官이 中央官府에 요청하고 있음을 볼 수 있었다. 이 사실은 강원도의 유생(양반자제)이 농민이나 다름없다는 것을 말하여 주는 것이다. 高宗 6년(1869) 全羅道 光陽에서 일어났던 民亂에 대한 보고 중에는 亂民들의 "그 像貌를 관찰하건대 모두 殘班破落者들이라" 하였다. 또 고종 29년(1892)에 한 전라도 暗行御史의 보고에는 당시에 洞布・戶布制에 의하여 양반에게까지도 새로 '軍布'를 징수하게 되었던 문제와 관련해서 "豪勢家(豪族)와 권위 있는 吏胥들은 戶籍에서 모두 빠져서 징세대상이 되는 자가 전연 없는 데 반하여 窮班・殘民만이 그 대상이 되고 있다"는 것이었다. 이 사실은 궁반(빈궁한 양반)은 이미 疲殘한 평민(농민)과 다름없이 官府의 收奪의 대상이 되는 신분계층이라는 것을 말하여 준다. 18세기에 있어서 서울 城內에만 해도 설사 경기도내에 田庄을 소유하고 있는 양반으로서도 貧寒한 자가 심히 많아서 이들은 관부로부터의 貸與穀(還穀)을 받아서야 생계를 유지할 수 있다는 것이었다. 필자는 위의 극히 간단한 몇 가지 사례를 들어서 貧士(빈한한 양반자제)→農民化→徵稅對象者→叛亂者라는 하나의 圖式을 제시할 수도 있을 것 같다. 그리고 그것은 통틀어서 양반계급의 맨 밑바탕 *margin*에 깔려 있는 잔반계층의 처지를 의미하는 것이다.

여기 이 같은 계층에 소위 庶孼(첩의 자손)을 포함시켜도 좋을 것이다. 고종 2년(1865)에 영의정 趙斗淳은 "中人・庶類는 더욱이 依泊(持)할 바가 없어서 流落顚連함을 免할 길이 없으므로 天地間에 버림받는 존재가 된다"고 했으며, 高宗 11년(1875)에 한 전직관리도 "庶孼은 외족이 비록 微賤하다 하더라도 本宗(남자의 家系)은 양반인데도 위로는 士夫(양반)의 관직을 차지할 수가 없고 밑으로는 중인의 役(직업)을 차마 하지 못하여 宿할 바가 없다"고 하여 양반의 妾子孫의 처우가 '버림받은 양반'이었음을 말하고 있다. 그러한 의미에서 그들도 '殘班階層'이나 다름이 없이 양반계급의 최하층에 놓여 있는 계층이었다. 이들 잔반계층은 양반계급의 최하층에 깔려서 평민(농민)과 다름없는 처지로 전락되었고, 유교적인 소양을 지녔음에도, 이미 그들은 양반으로서의 體貌를 유지할 수 없고, 따라서 유교를 그들의 생활이념으로 삼아도 무의미하게 된, 그러한 처지에 놓인 것이었다. 그들의 입장과 처지는 농민의 그것과 조금도 다름이 없게 되어 그들은 이미 頹廢된 기존의 사회질서나 도덕윤리에 대하여 부정적인 입장을 취하게 되는 것이었다. 동학의 창도자와 그 추종자 접주들은 다름아닌 이 잔반계층에 속하는 자들로 규정지을 수 있을 것이다.

　잔반계층으로 구성된 동학의 唱道者 接主들이 동학교의 지도층이었을 뿐만 아니라 1894년 農民蜂起의 영도자의 구실을 하게 된 계기는 동학교를 開創하게 된 이후의 사회적 민중의 동요 속에 이미 胚胎되어 있었던 것으로 보인다. 동학교의 개창은 政治紀綱과 收取體制가 극도로 문란한 속의 兩班土豪의 武斷(侵虐) 밑에서, 그리고 기근과 질병 속에서, 민중이 동요하기 시작하여 이윽고 三南一帶의 민란으로 넓게 번져 나가던 1860년대 초기의 일이었다. 그리고 그것은 또 西學(天主敎)의 流布 속에 英佛艦隊의 중국침공의 사실이 傳聞되어 朝野의 人心이 恟恟하던 시기의 일이기도 했다. 그리하여 동학은 惑世誣民의 邪敎로 지목되어, 開祖 崔濟愚가 1864년에 사형되면서 禁壓되었음에도 불구하고, 그 뒤의 동학교는 질식되지 않았을 뿐만 아니라 제2세 교주 崔時亨에 의해서 그 교세가 더욱 성해갔던 것이었다. 그것은 그 당시의 정치풍토, 즉 大院君의 政策——兩班勢力의 억압, 書院撤廢, 西學(천주교)에 대한 대탄압, 西洋艦隊의 격퇴와 쇄국책의 강행 등이 자아낸 당시의 사회적·정치적 풍토가 도리어 동학교가 자라나고 번져 나가기에 가장 알맞은 것이기도 했던 것이다. 대원군이 하야하고 나서 門戶를 개방하게 되면서 외세의 침투와 잇따른 변란에 따르는 사회적 불안은 火賊의 橫行, 民亂의 재연을 보게 한 것이었다. 그것도 삼남지방 특히 전라도지방에서 가장 심했으며, 또한 고종 25∼26년(1888∼1889)의 大旱魃로 말미암아 더욱 치성하게 된 것으로 나타난다.

　필자는 여기서 고종조에 계속적으로 일어나고, 1890년 이후로 더욱 넓게 번지게 된 민란이 두 가지 형태로 다르게 나타난다는 점에 주의를 환

기하고 싶다. 그것은 통틀어 民亂이라고 일컬어지는 것이나, 다음과 같이
두 가지 형태로 나누어 생각할 수 있다. 그 하나는 일반 農民(地方民)들의
守令·吏胥(衙前: 地方官廳의 級官吏)의 貪虐에 대한 呼訴(民訴)에서 시작되
는 것으로, 그 호소가 거절당함으로써 發通聚黨(通文을 發하여 黨與를 모아
서)하여 지방관청으로 몰려가 수령을 몰아내는 과정을 밟게 되는, 이를
테면 '일반민란'의 경우이다. 즉 民訴→發通聚黨→官庭欄入→家屋破壞→
守令逐出의 과정을 밟아 탐학한 지방의 수령을 축출하고 吏胥를 응징하는
것이 그들 난민의 행동목표인 것이다. 이에 대해서 다른 하나의 형태는 애
초부터 일종의 '兵亂'의 성격을 띠는 경우이다. 이같이 병란의 성격을 띤
민란의 주동자들은 대체로 '殘班破落者'·'士族의 後裔'·'世族의 裔'·
'殘班浪人' 등으로 일컬어지는, 이를 통틀어 말한다면 잔반계층에 속하는
자들이다. 그들은 또한 『鄭鑑錄』과 같은 圖讖思想(일종의 예언사상)을 내세
워서 왕조의 운명이나 時運에 관한 讖說(豫言說)(祚盡□□ 天時之說 南海出道
之說)이 표방되는 한편, 敎神 妖法에 의한 호신, 점상술, 주문 등 주술적
인 것과도 관련이 되어 있는 경우가 많은 것이다.

  그들은 또 흔히 여러 지방을 遍歷하여 黨與를 규합하기에 노력하고 때
로는 의병적인 성격을 띠기도 한다. 그들 중에는 弊政의 개혁을 위한 요
구조건을 제시 표방하는 경우도 있었다〔條條弊端(7개조 내용미상), 指事論列
(13개조 內容不記), 條錄弊端 등의 기사를 볼 수 있다〕. 이와 같이 예언사상을
내세우고 때로는 弊政改革條件을 표방하여 애초부터 무기를 들고 병란을
일으키는 형태의 민란의 주인공들이 잔반파락자라고 할 때에, 이들은 다
름아닌 현실에 대한 불평불만에 잠긴 몰락양반의 후예들로서, 바로 동학
의 교주를 포함한 지도층인 接主들과 그 신분계층을 같이하는 자들이라고
할 것이다.

  동학교의 지도층은 처음에는 동학을 어디까지나 종교운동으로서 이끌어
갔다. 그들이 종교적인 입장을 고수할 때 그들의 활동은 종교적인 한계를
벗어나지 않았다(동학농민봉기 제1차 봉기 당시의 제2세 교주 崔時亨의 입장).
그러나 그들이 현실적인 면에 눈을 돌릴 때 그들의 운동은 정치적인 운동
으로 전환될 수도 있었다. 1893년에 동학교도들이 報恩에 집결하여 貪官

汚吏의 배격과 斥洋倭唱義를 표방하고 나섰던 것은 그러한 경우였다. 그리하여 1894 년의 農民蜂起(東學亂)는 전라도 古阜地方에서 발단된 '一般民亂'에서 '兵亂'으로 확대된 것이었다. 그것은 그 이전에 유포되던 여러가지 예언사상이 교세가 확대되어 간 동학교로 흡수 집약되고, 여러가지 주술적인 기능은 동학접주에게 맡겨진 셈이 되었으며, 마찬가지 잔반계층인 동학접주들이 특히 전라도에 있어서의 그들이 농민과 이해를 같이하여 농민의 입장에 서게 되었을 때 그들은 각지에서 일어나게 된 農民軍을 이끄는 영도자의 역할을 하게 되었던 것이며, 또 할 수 있었던 것이다. 그들은 그들 자신의 처우에 대한 항변이 바로 농민을 대변하는 것임을 자각하였던 것이며, 나아가서는 침투해온 외세(일본세력)에 대한 항거로 國家運命을 보전해야 한다는 메시아的인 기능을 사기까지에 이른 것이었다(全琫準). 그것은 弊政改革을 내세우고 봉기했던 제 1 차의 농민봉기와 일본군과의 항전을 위하여 봉기했던 제 2 차의 농민봉기로 나타난 것이었다.

1894 년의 農民蜂起(民亂)가 어느 정도의 조직성을 띨 수 있었던 것은 동학교의 교단적 조직에 힘입었다고 해야 할 것이다. 동학교의 교단적 조직은 이른바 '接主制'를 말하는 것으로, 각지에 접소를 설치하고 접소에 접주를 두어 그 관내 교도를 統化하는 제도를 이름이다. 대체로 접주에는 대관구와 소관구에 따라 大接主·首接主·接主의 別이 있었다. 예컨대 兩道에 걸친 大管區長으로 嶺湖大接主·嶺湖首接主가 있고 2 개 도시를 句管하는 光陽·順天首接主가 있었으며, 일반적으로는 湖南, 關東과 같은 큰 지역과 지방도시(邑)마다 대접주를 두고, 그 밑에 數名의 접주가 읍내의 일부지역을 분담 관장하여 밑으로는 면접주에까지 미쳤던 것 같다. 순천지역에서의 실례를 보면 순천의 劉夏德이라는 자는 영호수접주로 되어 있었고, 그 밖에 광양·순천수접주가 따로 있었으며, 순천대접주도 있었을 것이며 그 밑에 順天 西面 접주, 別良面 접주, 月登面 접주 등이 각기 면 단위로 있었다. 이로써 미루어 보면 접주제는 대체로 行政區域의 체계에 따라 교주를 중심으로 上下 연결되게 마련이었다. 이 접주제가 東學敎徒間의 통문을 통한 연락망의 구실을 했던 것이다. 1894 년의 농민봉기 당시에 동학교도와 농민을 규합하여 조직적인 부대편성을 할 수 있었던 것은

이 같은 동학교의 접주제가 기반이 되어 **가능했**던 것으로 보인다. 그리하
여 일반적으로 대접주를 중심하여 각기 부대적인 兵團이 편성되어 그것을
'包'라고 지칭한 것 같다. 예컨대 金開男包·金德明包·孫和中包 등으로
일컬어져서 그 包 내에 접주 또는 대접주로서 各地部隊의 頭領으로 삼은
것이 아닌가 생각된다(이에 대하여 民包軍이란 것도 있었다).

   동학교도들은 全州講和후 戰亂후의 地方行政과 治安收拾에 참획하여 전
라도 각읍에 '執綱所'를 설치하여 그 일을 담당하였던 것은 사실이다.
이들 집강소에는 執綱—書記—省察(監察의 뜻)—執事—童蒙 등 임원을 두
고 상하계통을 세워서 행정임무를 담당케 하였다. 집강 위에도 경상·전
라의 두 지방을 아울러 총할하는 嶺湖都執綱을 두었던 것으로 나타난다.
그리고 집강소의 총본부를 全州에 두고 이를 大都所라고 하였다. 또한 농
민군이 봉기하였을 때 동학의 접주들은 大將—總管領—總參謀—領率將—
秘書 등의 지휘체계를 세워서 군대조직의 편제를 갖출 수가 있었다. 그리
하여 각기 指揮將은 동학접주가 담당하였던 것이다. 그리하여 동학교도를
포함한 농민군이 어느 정도의 군대적 편제를 갖추어 官軍과 日本軍에 항
전할 수 있었던 것이다. 이렇게 하여 동학의 접주(지도층)는 그때그때의
필요에 따라서 행정적·군사적 편제가 가능하였던 것도, 그들이 몰락양반
의 後裔——여기에는 武班의 후예도 포함될 가능성이 많다——라는 점에
서 충분히 이해될 수 있으리라고 생각된다.

   동학의 교주를 포함한 동학교의 접주들은 몰락한 兩班의 後裔 즉 殘班
階層에 속하는 자들로서, 이미 양반으로서의 지체와 體貌를 갖출 수 없게
된 지 오래 되었을 뿐만 아니라, 그들의 처지가 平民(농민)의 그것과 다름
이 없게 되었던 자들이었다. 동학교는 이들 잔반계층과 常民(농민)들의 종
교로서 唱道되고 전파되었다. 동학의 창도자와 그 접주들은 기존의 頹廢
된 사회질서나 유교적인 도덕윤리를 부정하고 인간의 본원적인 윤리로의
복귀와 주술적인 힘을 빌려서——이는 東洋古代思想(禮運篇)으로의 복귀를
의미한다——外的 狀況(危難)의 극복을 꾀하려는 것이었으며 運數觀에 따
르는 예언사상과 외세의 위협에 대한 저항의식이 깃들어 있었던 점에서,
그것은 일면의 혁명적인 성격을 내포하고 民族的 宗敎로서 성장되게 마련

인 것이었다. 東學의 지도충이 순전한 종교적인 입장에 머물러 있을 때, 그들은 단순한 '동학의 接主'였으며 그들이 농민의 입장——그것은 그들 자신의 입장이기도 하지만——에 서게 될 때, 그들은 社會改革(弊政改革) 의, 그리고 외세에 대한 抗戰의 대열을 지어서, 그 領導的 役割을 할 수 있었다. 또한 그들이 교도와 농민을 규합하여 그 나름의 조직성을 띨 수 있었던 것은 동학교의 교단적인 조직이 그 바탕을 이룬 것이며, 그들이 또 잔반계충이었다는 점에서 그들의 素養이 필요에 따라 행정적인 또는 군사적인 명령계통을 세워나갈 수 있었던 것이다.

〔附記〕 本稿는 1969년 9월에 서울에서 개최된 國際學術會議(主題,「韓國의 傳統과 變遷」)에서 발표한 것임. 『白山學報』第 8 號(東濱金庠基博士古稀紀念史學論叢 收載, 1970).

國土統一의 當爲性

　제2차 세계대전이 美·英을 주체로 한 연합국의 승리로 돌아가게 되면서, 日帝의 植民地로 30여 년 동안 그 압정하에 거족적인 고난을 겪어야 했던 우리 민족은 실로 역사적인 一大轉機를 맞이할 수가 있었다. 그것은 韓民族의 오랜 역사적 전통을 이어서 民族國家로서의 우리의 主權을 회복하고 이를 더욱 발전시킬 수 있는 새로운 계기가 되었음을 뜻한다.

　그리하여 우리 민족은 연합국 사이의 국제적 합의에 의해서, 그리고 또 한민족의 끈질긴 항일투쟁을 통한 艱難의 극복에 의해서, 민족의 解放과 獨立의 서광을 맞이했던 것이다. 그러나 美·蘇 두 나라가 韓半島의 戰後 처리에 합의를 보지 못한 채 우리 민족은 해방의 감격이 미처 가시기도 전에 다시금 國土分斷이라는 쓰라린 역사적 현실에 당면해야 했다.

　大韓民國이 建立된 지 이미 4반세기가 지나는 동안에 南北統一의 문제는 우리 전민족의 염원인 彼岸에서 국제적으로도 심각한 분규의 요인으로 남아 왔다.

　이제 세계정치가 보다 더 새로운 구조적 개편과 지역적 질서를 모색하게 되면서 한국의 통일문제도 새로운 과제로 각광을 받게 된 셈이다. 우리는 이제 세계 정세의 변천과 우리 민족의 역사적 현실을 직관하면서 남북통일의 문제를 최대의 민족적 과제로서 다루어 나아가지 않을 수가 없는 시점에 이른 것이다.

　그것은 밖으로는 국제정치와의 연관성을 배제할 수 없는, 그리고 안으로는 공산주의를 상대로 하지 않을 수 없는 벅차고도 착잡한 문제일 수밖에 없다. 그러나, 그럼에도 불구하고 궁극적으로는 한국인의 명예로운 예지와 끈기 있는 忍耐와 노력으로 해결해내야 할 문제이기도 하다.

　南北韓 사이의 對話의 門이 이미 열렸다고 해도 그것은 마치 오랫동안

굳게 막혀 있던 두터운 장벽에 조그마한 하나의 구멍이 뚫린 것에 지나지 않는다. 전후의 오랜 세월을 극단적인 불신과 적대관계로 시종해온 남북한이 이제 대화의 문을 열고 자주적 평화통일을 지향한다고 하더라도 이 문제가 그저 단순한 대화와 손쉬운 협상으로 해결되리라고는 누구도 생각하지 않을 것이다.

또한 국제적 긴장의 완화가 한국문제의 타결에 선행되어야 할 것이기도 하나, 한반도에 대한 국제간의 이해관계의 차이와 그들의 전통적인 대외정책의 상극으로 말미암아, 그 문제 또한 그대로 單純化 내지 劃一化될 성질의 것도 아니다. 그러므로 그것은 도리어 우리 민족이 국제정치의 安定主體로서의 구실을 수행해야 할 것을 요구하며, 또 그렇게 해서 한국문제가 타결됨으로써 도리어 국제관계에 조화와 균형을 이룩하는 계기를 짓는데 기여함이 요망되는 것이기도 하다.

그것은 바로 '分斷과 對決'의 상태에서 '分斷에서 統一로'의 민족의지의 올바른 구현을 뜻하는 것이다. 그것은 또 우리 민족이 내부적인 조건을 충족·발전시킴으로써, 단순히 외부적 조건에 적응할 뿐만이 아니라 한 걸음 더 나아가서 바로 그 외부적 조건을 우리 스스로가 만들어내는 우리의 능력, 우리의 叡智와 忍耐와 끈기를 요구한다.

여기서 國土의 統一이라 함은 우리의 역사적 현실에 비추어 바로 民族의 統一을 의미할 수밖에 없다. 즉 통합된 민족국가를 재확립해 나아가는 일이다. 이것을 바꾸어 말하면 우리는 국토통일의 기반을 民族的 傳統에서 찾을 수 있고 그 이념을 근대적인 올바른 민족주의에서 확립해야 한다는 것이 된다. 사실상 우리는 單一民族國家로서 민족·국민·국가가 기본적으로 같은 의미를 뜻할 수밖에 없는 역사적 전통을 지녀왔다.

그러면 민족·국민·국가라는 말이 원래 어떠한 의미를 갖는가를 명백히 해 두어야 한다. 엄밀히, 그리고 일반적으로 말해서 민족이라는 것은 하나의 문화적 소산이다. 그러므로 민족은 애초부터 種族 그 자체를 말하는 것도 아니다.

人種이라는 것은 자연적인 현상에 속하고, 國民이라는 것은 하나의 정치적 행위의 소산이라면, 민족이라는 것은 하나의 문화현상으로서 문화적 소산이라고 할 것이다. 그것은 역사적으로 형성된 공고한 하나의 공동체로서 血緣·地緣·言語·政治·經濟로부터 문화 일반, 그리고 역사적 전통을 공동으로 하여 공동적인 체질과 정신에 의해서 결속되어진 것이다.

그리하여 諸民族은 오랜 시일을 두고 생존을 위하여 싸워오는 동안에 양성되어진 육체적인 特性(體質)과 正義와 不正義, 道德과 不道德, 美와 醜에 대한 관념에서부터 문학·종교·과학에 이르기까지 서로 다른 제표상을 갖추고 있음으로써 구별되며, 각기 민족은 이 같은 상위에 따라서 안과적으로 결정되어지는 하나의 意思方向(意志)을 갖게 된다.

그렇게 함으로써 각기 민족은 하나의 운명공동체로서 그 역사적 운명을 같이하며 공동적인 현실적 요구에 의하여 결속되어진다. 따라서 어느 종족이니 역사의 진진에 따라 서로 그 生理를 달리하게 되고 공동의 言語와 領土를 차지하지 못하고 공동의 생활과 문화를 지니지 못하여 서로 그 역사적 운명과 현실적 이해를 달리하게 된다면, 그러한 종족은 소멸 이산되지 않을 수 없다.

그리고 어느 종족에 있어서나 역사적으로 하나의 공동의지를 지닌 민족으로 발전하려면 여기에 국가가 매개체로서 개재하지 않을 수 없는 것이다. 다시 말해서 국가의 정치적 개입 없이는 근대적인 의미에서의 민족의 隆興이라는 것은 있을 수가 없는 것이다. 그리하여 민족과 국민은 일치되며, 近代國民國家의 핵심적 주체는 한 단위로서의 民族(單一民族)이 아닐 수가 없게 되었다.

이 같은 민족과 국민의 구별에 대한 문제는 우리나라에서도 실제로 일짝부터 올바로 인식되어진 것이었다. 그것을 우리는 舊韓末의 신문논설에서 찾아볼 수가 있다. 그것을 풀어서 요약하면 다음과 같다.

즉 당시에 있어서도 국민과 민족이라는 名詞가 왕왕 혼칭되는 잘못을 지적하고 나서 "民族이라는 것은 다만 이것이 同一한 血統, 동일한 土地에 살며 동일한 歷史를 지니며 동일한 宗敎를 믿고 동일한 言語를 쓰면 바로 이것이 동일한 民族이라 일컫는 바이나, 국민이라는 것은 이와 같이 해석해서는 안될 것이다. 대저 혈통·역사·거주·종교·언어의 동일함이 국민이라 말할 수가 없으니…… 국민이란 것은 그 혈통·역사·거주·종교·언어가 동일한 외에 또 반드시 동일한 정신을 갖고, 동일한 이해를 느끼고, 동일한 행동을 취하여, 그 내부의 조직이 一身의 골격과 동일하며, 그 對外의 정신이 一營의 軍隊와 相同하여야 이것을 국민이라고 할 수 있는 것이다. 그러므로 동일한 心腦와 동일한 사상으로 동일한 進步를 作하야 국민자격을 양성해야 한다"는 것이다.

여기서 동일한 思想이란 바로 民族主義를 말함이었다. 또한 이 같은 민족주의는 "그 學問·知識·經濟·武藝 등을 모두 汲汲히 進步케 해야만 圖存할 수 있는 것이며 또 세계는 민족간의 투쟁의 場이기도 하나 그 반면에는 옛날과 같이 완고한 배외독립을 제일정신으로 삼을 것이 아니라 외국의 장점을 섭취하여 우리의 단점을 補한다는 일이 중요하다"고 했던 것이다.

그리고 오늘날의 국가는 모두 민족주의로써 성립된 것, 즉 民族國家라는 점이 강조되면서, 따라서 "近世에 風氣大關하며 人智大發하야 國家라는 것은 一民族의 公有의 나라이요, 옛날과 같이 한두 사람의 私有物이 아니라"는 것을 자각하고 있었던 것이다.

따라서 동족의 이익을 고수하고 동족의 권한을 확장해야 한다는 것이기도 했다. 그리하여 自我에 대한 意識(자아의식)은 民族意識이어야 할 것이 강조되었던 것이다. 이것은 근대국가의 본질의 일면을 당시에 이미 충분히 이해하고 있었다는 것을 나타낸다.

일반적으로 單一民族이라는 것이 바로 근대국가의 가장 핵심적인 형태로 간주된다면, 우리가 설사 근대국가로서의 체통을 체득한 것이 극히 최근의 일이라고 치더라도, 우리는 단일민족으로서의 체험감은 장구한 역사를 통하여 이미 몸에 지녀온 민족이다.

우리 민족이 통일국가를 이룩한 것은 누구나 아는 바와 같이 統一新羅 때부터이다. 그것은 氏族·部族社會로부터 部族國家를 거쳐 몇 개의 古代國家(三國)로 鼎立되기까지, 당연히 거쳐야 할 인류의 역사적 발전과정을 거쳐서 이룩된 것이다. 그리고 그러한 과정을 거치는 동안에 이미 단일민족 형성의 기본적 조건을 성숙시켜 왔다.

우리 민족은 부족시대에서부터 이미 言語가 대체로 공통되고, 韓半島라는 공통된 생활무대와 풍토에서 오는 공통된 **體質**과 **習俗**을 갖추게 되었으며, 그 위에 공통된 문화적 유대로써 사실상으로 민족적 통합을 굳건히 할 수 있는 소지를 갖추어 왔던 것이다.

이제 **新羅**가 **三國**의 **遺民**을 단합하여 이미 한반도에 침구해 왔던 **唐**의 세력을 완전히 구축하고 마침내는 삼국을 통일했다는 사실은 역사적이면서 필연적인 사실이며, 그것은 우리 민족이 실제로 완전한 **單一民族國家**를 이룩하게 되었다는 역사적 의의가 있으며, 그것은 또 **滿州**에 걸쳤던 **北部 舊疆**을 온전히 수복하지는 못하였다고 하더라도 한반도가 단일국가로서 그 영토가 통합·확보되었고, 그 위에 실로 애초부터 혈연적·지연적·문화적 유대가 깊었던 삼국의 문화가 통합되어 현실적으로 하나의 민속문화를 이룩할 수 있었다는 데 의의가 크다는 점이 강조되어야 한다.

이렇듯 일단 통일된 단일민족국가가 성립된 이후로 우리의 민족적 의의는 한결같고 끈질기게 **固守**되어 왔다.

간혹 논의되는 바와 같이 우리의 이른바 **王朝史**와 **民族史**가 **乖離**되어 왔다든가, 어떠한 역사적 사실이 통일관념의 거부로 나타났다든가 하는 견해는 새로 인식되어야 할 일면이 간과된 견해라고 생각된다. 즉 신라말에 있어서 일시 **後高句麗·後百濟**가 나타났던 사실은 기왕에는 '**後三國**'時代로 운위되어 왔고 혹은 또 '**民族**의 **再分裂**'이라고도 제시되기도도 했었다.

그러나 신라말에서 고려조에 이르는 역사적 시기와 **史實**은 **統一新羅王朝**의 붕괴와 고려왕조의 성립 사이의 과도기적인 현상으로서 파악되어야 했던 것이다. 따라서 후고구려·후백제라는 것은 명분상 통일관념의 거부 현상으로 파악될 수 없는 것이며, 도리어 통일신라왕조의 붕괴 과정에서 나타난 새로운 통일의지의 표현으로 파악 인식되었어야 했을 것이다.

실제 고려는 명분상 고구려의 **後繼**라고 생각되었다 해서 여기에 이를테면 '**反統一意志**'가 내포된 것이라고는 할 수 없으며, 또 설사 전근대적인 정통관념이 내포되어 있는 것이라 치더라도, 그것이 바로 통일의지의 포기라고 할 수가 없는 반면에, 그것이 당시의 추세와 진전과정으로 보아서도, 그리고 실제상으로도 그럴 수가 없었던 것이다.

고구려의 후계라고 내세워진 고려는 실제로 국내의 **諸 勢力**을 통합하고

舊疆을 회복하기 위하여 집요하게 북진책과 외교책을 시행했다는 것은 주지의 사실이며, 또 한편으로 高句麗 舊疆인 渤海의 南下遺民을 거두어 실질적인 민족의 통합을 이루었다는 사실을 유의해야 할 것이다. 그리하여 통일신라와 발해의 南北朝時代에 이어서 고려를 중심한 지역적으로는 남부 중심의 민족적으로는 완전통일을 보게 된 것이었다. 엄밀히 말해서 삼국시대에서 남북시대로 그리고 고려의 통일로 귀결되어진 셈인 것이다. 麗朝에 蒙古族이 침략해 왔을 당시에도 이른바 三別抄의 항전은 민족적 항전으로 누구나가 다 기억하는 바이다.

江華遷都 바로 직전인 高宗 17년 몽고군이 대거 침입해 왔을 때, 王이 三軍(左中右)을 파견하여 이를 방어할 즈음에, 馬山草賊의 魁首가 스스로 당시의 집권자 崔怡(瑀)에게 투항하여 와서 精兵 5千으로써 나아가 몽고군을 조격할 것을 자청해 왔던 것이며, 한편으로 崔怡는 광주 관악산의 草賊屯所에 사람을 보내서 그 魁首 5人과 精銳 50인을 유치하여 우군에 보충시켰다는 史實 등은 정권이 그러한 민족적 항전에 있어서 전혀 조직화하지 못했다는 인식과는 상반되는 사실이라 할 것이며, 뿐만 아니라 도리어 一憝의 草賊까지도 민족적 위난 속에서는 마찬가지 민족적 의식을 갖고 항전에 자진 참여했다는 사례를 말하여 주는 것이다.

우리는 壬辰亂 당시의 의병을 비롯해서 韓末과 해방에 이르는 오랫동안에도 그러한 민족적 저항의 史實들을 잘 알고 있다. 실로 흔히 '事大主義'로서 배격되는 근세조선 당대에 있어서까지도, 그것으로써 주체의식의 상실이라고만 논란될 수는 없는 것이다. 의미와 내용을 달리하기는 하지만, 우리는 崔瑩의 遼東征伐意圖와 鄭道傳의 征明決意까지도 엿볼 수가 있었다.

세종대왕도 "中國의 제도는 모두 그들의 古法에 의지하지마는 我國의 제도는 中國의 그것과 같이 할 수 없는 것이 많다"고 했던 것도 타국의 장점을 섭취하는 중에서도 自國의 독자적인 입장을 확인하고 한 말이다.

뿐만 아니라 당시의 동북·서북면에 대한 개척은 麗代 이래의 舊疆收復과 國土戡定을 위한 끈질긴 노력과 의지의 표현으로서, 압록·두만 양강 이남의 半島 전역이 오늘날 우리의 국토로 확보된 연유가 되는 셈이다.

또한 世宗朝에 있어서의 한글의 創制는 생활과 문화의 자주적 발전에 결정적인 새로운 계기를 마련한 것이었다. 이 같은 한글창제를 위시해서 金屬活字의 발명, 測雨器의 발명 등은 세계문화사상으로도 선구적 역할을 다한 것이며, 新儒敎(朱子學)의 섭취, 農書·醫書·地理誌 編纂 등의 문화적 소산은 그 모두가 우리 민족문화의 제 표상으로 나타난 것일 수밖에 없는 것이다.

중국이 近世朝鮮을 가리켜서 '小中華'라고 일컬었던 것이나, 또 우리나라로서도 오랫동안 小中華로 자처했던 것도, 그것이 중국에 대한 '事大'的 意義가 있었다기보다는 도리어 문화민족으로서의 자기지위를 자각한, 여타 諸 蠻夷國에 대한 自尊·優越의 의식이 표현된 것으로 재인식해야 할 것이며, 그러한 자주적 의식은 개항기 당시 한국인의 '華夷觀'에서도 여실히 나타난 것이었다. 이렇듯 통일신라 이래로 민족적 의식은 그것이 바로 국가의식이나 국민의식과도 그 기저에 있어서 상통했던 것이며, 근세조선시대에 이르러 그것은 문화의식으로까지 확충될 소지가 마련된 것이었다.

우리는 근세조선 초기에 檀君崇信이 하나의 민족적 신앙으로 내세워졌을 뿐만 아니라, 고래로 전승되어 온 국내 각처의 城隍神이 마치 麗代의 불교와 대체된 듯이 國家鎭護의 神으로 섬겨지기도 했다는 사실에는 각별한 역사적 의의를 부여할 수도 있을 것 같다.

즉 松岳城隍은 '鎭國公', 和寧·安寧·安邊, 完山城隍은 '啓國公', 智異·無等·錦城·鷄龍·紺嶽·三角·白嶽의 諸山과 晋州의 성황은 '護國伯'으로, 그리고 그 나머지의 모든 성황은 '護國之神'으로 간주한다는 것이었다.

위와 같은 사실은 혈연적·지연적인 기저 위에서 마련된, 민족·국민·국가에 대한 의식통일의 표현이었다고 할 수 있는 것이다. 유교적인 관료국가이면서도 유교 자체가 '護國之敎'로서의 기능을 다할 수 없었던 것을 의미하기도 한다.

다른 한편으로는 麗代 이래의 중앙집권적인 정치의 발전이 민족적 내지 국민적 자각을 보다 더 촉진시킬 수도 있었으리라는 일면도 생각할 수가 있다. 그것은 그 기저에서부터 우러나오는 민족적 의식을 근대의식으로 한 걸음 다가서게 할 수도 있는 것이었다. 그러나 이와 같은 사실만으로써 우리 민족이 일찍부터 近代的 國民國家·民族國家를 이루었다고 주장하려는 것은 아니다.

그럼에도 불구하고 앞서 말했듯이, 우리가 근대적인 민족국가로서의 채통을 갖춘 것이 최근의 일이라 하더라도, 그러한 민족주의의 기저가 되는 血緣·地緣·言語에서부터 정치·경제 그리고 문화적 소산에까지 이르는 민족적 공동성은 우리 민족이 이렇듯 장구한 역사적 전통을 통해서 공고하게 그 기반을 닦아왔다는 데에 큰 의미가 있는 것이다.

물론 혈연과 지연 내지는 풍토까지도 그것이 人間의 價値創造의 소산이 아니므로 민족구성의 자연적·기초적 조건에 지나지 않는 것이기는 하다. 그러나 그것은 그 기초적 조건이라는 바로 그 점에서 아주 버려질 수 없는 필수조건이기도 한 것이다.

근세조선 초기에 있어서의 檀君崇信이나 城隍護國의 의식은 이와 같은 민족의식 내지는 민족주의의 기저를 새로이 공고하게 다져 놓았다는 데 큰 의의가 있었던 것이다.

실제로 지난날의 일제가 그 식민지정책으로서 우리 민족의 모든 사회적 유대를 단절시키고 우리 민족의 언어와 문화를 말살하려 들었고, 그 종말에 가서는 우리의 혈연적·지연적인 유대까지도 말살하려고 創氏改名을 강요했을 당시에, 우리들 사이에 同族意識(檀君始祖崇信)과 地緣的 紐帶感(백두산·금강산 예찬 등)을 강조할 수밖에 없었던 소이는 民族國家存立의 기본적 조건마저 말살하려 든 민족위난의 상황이었기 때문이었다. 언어의 말살정책이 일제식민지정책의 중요한 일단이었던 사태하에서 國語硏究나 國文啓蒙운동이 바로 하나의 민족운동·국민운동의 성격을 띠게 되는 연유도 실로 여기에 있었던 것이다. 우리 민족은 실로 민족존립·발전의 기초적 조건 위에 문화적 조건과 역사적 전통이 장구한 시간을 두고 成熟·堆積되어 왔다. 그러므로 그 속에는 반드시 저항의 논리로서만이 아니라 실로 優越의 논리로서 이해되어져야 할 측면도 지녀오지 않은 것이 아니다.

우리는 여기서 우리 민족의 오랜 전통 속에 성장해온 민족문화의 찬란한 유산을 되풀이 열거·찬양할 필요가 없을 것이다. 古代의 그 찬란했던 문화적 유산만으로도 우리 민족의 문화적 긍지와 자부심을 북돋기에 충분한 것이 아닌가. 滿州族이 중국의 본토를 휩쓸어서 조선이 이를 大國(큰 나라)으로 여기지 않을 수 없었던, 그리고 康熙·乾隆의 그 문화절정기를 맞이할 수도 있었던 淸朝에 대해서 우리 민족의 자주의식이 어떠했던가는 병자호란 이래의 북벌론과 북벌계획을 보아서도 짐작되는 바이거니와, 正祖朝의 大司諫 沈豊之의 말에도 단적으로 잘 나타나 있다. "人臣의 외교가 없음은 禮儀가 甚嚴한 탓이나, 하물며 지금 大國(淸)의 我國에 대해서는 스스로 防限이 있어서, 使事關係도 物貨의 交易 이외에는 마땅히 一毫의 간섭도 없어야 한다."

근대적인 의미에서의 민족주의는 전술한 바와 같이 韓末(大韓帝國時代)에 있어서의 자아의식과 더불어 성장해 왔다. 그러나 그것은 유감스럽게도 당시의 착잡했던 국제관계와 비극적인 정치적 상황으로 말미암아 제대로 성장되지 못하였다. 많은 지식인들은 그들의 역사적 임무를 자각해서 근대국가로서의 명맥을 되살리기 위하여 지도적·계몽적 활동에 나섰던 것도 사실이다.

그러나 國權의 상실과정에서 그들의 노력은 여지없이 짓밟혔으며, 그런 속에서 분열된 민족운동으로 나타날 수밖에 없었다. 한편에서는 혈연적·지연적 유대감의 강조가, 다른 한편에서는 저항의 민족투쟁이, 그래서 '歷史는 我와 非我와의 투쟁'일 수밖에 없었다.

國土의 統一은 우리에게 있어서 그것이 바로 民族의 統一을 의미한다. 그리고 새롭고 올바른 민족주의에 의한 이념적 결속이 근대국가의 필수적인 요건이기도 한 것이었다. 여기서 우리가 民族必須의 자연적·기초적 조건 위에 오랜 문화적·역사적 전통에 의해서 이룩해온 우리 민족국가를 새로 이룩해야 한다는 것은 우리 민족의 당연하고도 필수적인 요구인 것이다.

歷史的 傳統은 現實的 創造를 통해서만 살아날 수 있는 것이며, 따라서 民族國家를 형성할 수 있는 기저와 그 역사적 전통도 현실적 창조에 연결

되어서만 意義가 있는 것이다.

이제 공동의 혈연적·지연적 조건 위에, 공동의 言語와 文字를 향유하고 찬란한 민족문화와 장구한 역사적 전통을 지녀온 한 민족으로서 그 領土가 분단된 채 있어야 한다면, 그 민족으로서는 물론, 인류의 크나큰 불행이라고 하지 않을 수가 있을까.

이제 어느 누가 진심으로 韓國의 國土는 왜 統一되어야 하는가, 韓民族은 왜 統合되어야 하는가라는 의문을 품고 질문을 발하는 사람이 있을까.

우리 국토의 통일은 우리 민족의 이름으로 聲明되어야 할 필연적인 요구이며, 인류라는 이름으로 내려져야 할 당위의 명령이어야 한다. 그리고 또 그것은 國民的 復興을 위한 노력으로 국민의 자각적인 운동이어야 한다. 그 운동은 국민 속에 우리 민족의 역사에 대한 관심을 불러일으키는 것이어야 한다. 국민적 독립, 국민적 독자성의 호소는 불가피하게 國民史의 부활과 위대했던 과거에 대한 想念과 國民的 自負를 손상시키는 것에 대한 항의와 연결되게 마련이다.

그러나 또 한편으로는 흔히 우리가 우리의 민족사적 전통만을 너무나 지나치게 믿기 때문에 ‘排外獨立을 第一精神’으로만 삼으려는 경향이 농후하기가 쉽다. 역사적 전통을 지나치게 존중하는 나머지 과거의 전통 속에 매몰되어서도 안될 것이다. 그리고 또 우리는 우리의 민족적 요구가 우리들의 思想이기도 한 다른 나라 사람들의 사상 안에서 같은 요구를 인지할 수가 있을 것으로 믿는다. 그래서 우리 민족의 요구는 국민적인 것인 동시에 보편적인 것일 수가 있는 것이다.

他律的인 國土의 兩斷과 민족주의의 이데올로기적인 분열이 우리 민족의 최대의 비극이 아닐 수 없다. 그리고 통일에의 계기가 민족이라는 개념 밖에서는 달리 찾을 길이 없는 여기서 西歐에 있어서 민족주의의 시대는 이미 지났다는 이야기도 그것이 우리에게도 문제될 수 없다는 뜻일 수는 없으며, 또 오늘날의 이른바 多民族主義가 우리의 近代國家確立의 노력을 저해할 수도 없어야 한다.

국토의 통일은 이제 국제정치적인 문제이기도 한 까닭에, 우리는 국제정치의 어떠한 희생물이 되어서도 안될 것이며 혹은 또 일어날지도 모르는 平和가 아닌 事態에 대한 경계를 게을리할 수도 없는 것이다.

　국토통일의 문제는 필연적으로 이루어져야 할 것이지만, 국민의 냉정하고도 과감한 自覺 위에서 이루어져야 할 것이다. 우리가 여기서 국민적 자각이라고 한 그 자각의 의미는 스스로가 그것을 의식하기 이전의 자기와는 이미 다르다는 것을 지각한다는 뜻이다. 그래서 모든 새로운 운동은 그러한 자각 위에서만이 성공할 수 있는 것이다. 그것은 또 모든 국민이 바로 일상생활의 그 연속성이 민족문화발전의 계승을 위한 본질적이고 현실적인 기초를 이룬다는 엄연하고도 자명한 사실을 잊어서는 안될 것이다.

〈『국민회의보』 제 3 호, 1973〉

韓國의 大學
——그 當面課題——

한국은 일찍이 근대국가로 전환, 발전되었어야 했을 그 중요한 시기에 불행히도 日帝의 植民地로 전락되어 전국토가 일제에 의해서 強占 유린당했던 사실은 韓民族의 커다란 시련이고 비극이었다. 그것은 한민족이 근대적인 國民國家를 제대로 형성·발전시키고, 민주적인 교육과 훈련을 쌓아 올려야 했을 그 緊切한 기회를 상실했던 것을 의미한다. 그것은 또 근대적인 의미에서 한국 대학의 역사가 解放後에 비로소 시작되었다는 역사적·사회적 與件을 말하여 주는 것이기도 하다. 따라서 오늘날의 한국 대학의 座標도 그러한 배경에서 이해되어야 할 것은 물론이다.

그러므로 근대적인 의미에서 한국대학의 역사는 이제 겨우 20~30년의 年輪을 쌓아올린 데 지나지 않는다. 그것은 역사라고 부르기에도 너무나 짧은 기간이다. 이 짧은 기간에 한국이 겪어온 국가적·사회적 시련은 또 다른 의미에서 엄청난 것이었다. 대학은 애초부터 국가와 사회에서 동떨어져서 자라날 수는 없다. 그동안 한국의 대학들은 마치 醫學이 발달되지 않았던 시대의 幼兒처럼 걷잡을 수 없는 고된 紅疫을 몇 번이고 되풀이 치러야 했다. 그리고 그것은 어쩌면 아직까지도 완전히 治愈되지 않은 것 같기도 하다.

한번만 이겨내면 살아날 수 있었던 홍역 같은 것을 왜 우리 대학들은 그렇듯 되풀이해야만 하는 것일까. 그것이 바로 新生大學이 으레 겪어야 하는 일련의 시련이라고 하기에는 너무나 그 代價가 큰 것이라고 하지 않을 수가 없다. 斷切은 발전을 阻害하기 때문이다. 우리는 이제 한국에 있어서의 대학의 위치를 올바로 살펴보아야 하고, 이에 따른 올바른 大學像을 定立해 나가도록 노력해야 할 것 같다. 그것은 한국의 특수한 역사적 현실에 부합되는 것인 동시에 普遍妥當性을 지닐 수 있는 그러한 것이어야 할 것이다.

東西洋을 막론하고 명분상의 대학의 역사는 아주 오래다. 그리하여 대학의 理念 내지 機能은 나라와 시대에 따라 변천되어 왔다. 서양중세에 있어서의 대학은 神學을 宗主로 하여 교회의 봉사를 그 목표로 삼았고, 근대에 들어서의 대학은 法學을 종주로 하여 국가에 봉사하는 官吏의 양성을 그 목표로 삼았다. 그러던 것이 18〜19세기에 걸쳐서 독일에서 일어난 대학의 기풍은 대학을 오로지 眞理의 探究를 위한 순전한 학문연구의 殿堂으로 만들어서 이른바 象牙塔的인 大學像으로 정립되어 '진리의 탐구'라는 것이 古典的인 대학의 이념으로 굳어져 왔다.

그리하여 진리의 탐구를 위해서는 대학의 自由 자주적인 思考와 創造的인 연구가 보장되어야 하는 것으로 여겨지게 되었다. 또 실제로 그러한 창조적인 탐구가 다른 어디에서보다도 대학에서 더 많이 이루어진 것도 사실이었다.

한국에 있어서도 국가의 교육기관으로서의 대학은 실로 古代에서부터 있어 왔다. 고구려의 太學, 신라의 國學, 고려의 國子監, 그리고 근세조선왕조의 成均館 등은 이를테면 國立 기관으로서의 일종의 대학이라고 할 수 있다. 그러나 이들은 儒敎的인 官僚 지배체제가 정비되어 감에 따라 儒學 내지 유교교육에만 배려되어 유교적인 관리의 양성을 위한 것일 뿐이었다. 유교가 그 나름의 확고한 政治哲學의 구실을 하게 된 朱子學이 受容·風靡하게 되어서는 주자학 일변도의 學風으로 흘러서 이에 대한 자유로운 비판이 허용되지 않게 되었다.

그러나 17〜18세기의 이른바 실학자들에 의해서는 朱子墨守의 학문태도에 대한 반성이 일어나는 동시에 사회의 변천과 기술의 발달에 대한 인식과 학문의 실용성이 강조되기도 했고, 西學의 영향으로 당대의 서양과학을 중국을 통하여 도입·개발해야 한다고 주장되기도 하였다. 그러나 그것은 한갓 사회 底邊에 흘렀던 思潮에 불과했다. 전통적이고 지배적인 유교관료들은 변화되는 환경에 대해서는 과학에서와 마찬가지로 항상 새롭고 독창적인 적응이 없으면 그들 자신의 文化까지도 사라지게 마련이라는 사실을 몰각하였던 것이다.

　이 같은 사상적 배경에서 開港後의 이른바 開化思想家들의 노력도 급변되는 국제정세에 휘말려서 주체적으로 이에 대처해낼 수가 없어서, 이윽고 일제의 침략을 모면할 수가 없었던 것이다.

　전통적인 儒者로 자처했던 丹齋 申采浩는 당시의 유교가 '人民社會에 보급할 정신이 부족'하다 하여 '각종 과학이 날로 복잡하고 人生事業이 날로 급변해가는 시대'에 '民智를 啓發하고 民權을 신장케 할' 진취적인 방법을 이행해야 한다는 주장을 하면서, 그렇듯 구태의연한 유교로서는 급변하는 사회에 대처할 수 없다는 것을 통감하기도 하였다.

　일제지배하인 1923년에는 한국의 有志들에 의해서 民立大學의 建立이 기도되었으나, 일제의 방해와 억압으로 근대적인 대학건립의 꿈은 그 실현을 보지 못하고 말았다. 그리하여 한국에는 일제의 식민지대학, 京城帝大 하나만이 일제에 의해서 세워진 것이었다. 한국인은 혼히 일본의 여러 대학을 통해서 대학교육을 받게 되었고, 그들이 지니게 된 大學像은 일본 대학이 영향을 받은 독일 대학의 그것일 수밖에 없었다. 대학은 다름아닌 진리탐구, 학문연구의 殿堂이며, 그 상아탑 속에서의 연구와 교육, 대학의 자유가 보장되어야 한다는 이른바 古典的인 대학상을 그들이 지니게 되었던 것은 당연하다.

　대학은 애초부터 社會內 존재일 수밖에 없어서 시대와 사회변천에 따라 변모하게 마련이다. 그리하여 오늘날과 같이 급속히 발전되는 産業社會에 있어서는 그 급변하는 環境에 적응하기 위하여 사람들은 創造的 활동을 통하여 보다 더 많고도 새로운 지식을 얻어내야 하게 되었다. 그것은 바로 넓은 의미에서의 문화적 가치의 창조를 의미하며 그것은 인간의 본래적인 自我表現이며 自我의 확대이기도 한 것이다. 따라서 학문연구의 분야도 分化發展의 과정을 밟아서 훨씬 더 다양해질 수밖에 없게 되었다.

　이제 대학은 진리의 탐구만을 위해서 이른바 상아탑 속에 安住할 수만은 없게 되었다. 대학 자체도 국가·사회에서 동떨어져서 그 명맥을 유지하고 기능을 발전시켜 나아갈 수 없는 동시에 국가와 사회도 대학의 참여와 奉仕 없이 그 올바른 발전을 기약할 수는 없게 된 것이다. 그리하여 '연구와 교육'이라는 고전적인 대학의 사명 위에 봉사라는 새로운 사명이 첨가되어, 오늘날 대학의 사명이라면 누구나가 연구·교육·봉사의 3대 사명을 들게까지 된 것이다.

오늘날의 대학은 이 같은 그 사명의 확대에 따라서 여러가지 면에서 변모하지 않을 수 없게 되었다. 오늘날과 같은 복잡한 산업사회에 있어서는 企業이 국가의 발전과 유기적인 관계를 갖게 될 뿐만 아니라, 새로운 지식과 기술개발에 무관심할 수가 없게 되었다. 그리하여 企業體制가 대학의 발전에도 크게 공헌하게 되었으며, 그러한 추세는 근래 한국에 있어서도 어느 정도 기업·정부·대학 3자간의 협력관계를 자아내게 했으며, 産學協同이라는 말이 널리 통용되게도 되었다. 이로써 기업에 따라서는 이제 대학의 운영과 육성에 그 一翼을 올바르게 담당해야 할 때가 된 셈이다. 그것은 또 일반적으로 말해서 사회에 대한 대학의 봉사와 대학에 대한 사회의 관심을 높여주는 구실도 하는 것이다. 또한 대학이 국가재정에만 의존하기에는 그것이 너무나 비대해진 것이기도 하다.

그리고 대학의 변모는 먼저 그 數的인 팽창에서 드러난다. 우선 대학 자체의 수가 격증되었다 해방전에 일제의 京城帝大 하나밖에 없던 대학이 오늘날에는 거의 1백에 가까운 수를 헤아릴 수 있게 되고, 5천명 이상의 학생을 거느리는 대학만도 수십교에 달하고 있다. 이에 따라 교수의 수요를 충분히 채우지 못한데 先行해서 학생의 수가 격증해가고 있는 것이다.

억제되어 왔던 한국인의 向學熱, 중견지식인에 대한 수요의 증가, 일반국민생활의 향상, 그리고 남녀평등의식의 확산 등이 대학의 인구를 크게 늘어나게 했다. 그리하여 대학은 大衆化되지 않을 수가 없게 되었다.

이제 대학은 소수의 엘리트교육을 위한 상아탑에 머물러 있을 수만은 없게 되어 전문지식인의 양성소나 특수직업의 훈련소와도 같은 구실도 하게 된 셈이다. 따라서 다수의 학생들에게는 진리의 탐구니 문화적 가치의 창조니 人格陶冶니 하는 따위는 일종의 환상에 지나지 않게 되었고, 교수의 인격보다는 복사기의 재빠른 이용에 익숙하게 되었다.

대학은 직업획득을 위해서 일시 거쳐가는 일종의 簡易驛에 지나지 않는 것으로 여기게 되었는지도 모른다. 그러한 취향은 大學院에까지 확대되어 최근에는 대학원의 인구도 현저히 늘어가고 있다. 대학원교육의 강화라는 문제가 수년래로 강조되어 왔으나, 관심 밖에 놓여져 있던 대학원교육을 정상화해야 한다는 이상의 뜻이 있었던 것은 아니다.

대학의 다양화는 대학인구의 수적 팽창에만 있는 것이 아니라, 대학의 교육내용에서도 나타났다. 그것은 대학의 학문분야의 확산·分化에서 오는 대학의 學科의 증설이다. 이는 학문의 전문화·분화 발전의 과정에서 오는 결과이지만, 그러한 취향은 앞으로도 더욱 늘어나게 마련이다.

한국의 학계는 아직까지도 그 분화 발전의 과정을 충분히 거치지 못하였을 뿐만 아니라, 오늘날 외국에서 날로 새로운 분야가 개발되어 나가는 데에도 발을 맞추기에 힘겨운 실정이다.

그뿐만 아니라 오늘날에 있어서는 일종의 分裂이라고도 보여지는 학문의 극단적인 분화 발달에서 오는 폐단에 대해서 이미 반성과 비판이 가해지고 있기도 하다. 선진국에 있어서는 이 같은 학문 분열의 단계가 시대에 뒤떨어진 현상으로까지 여겨져서 그 再統合의 방향으로 나아가고 있는 것이다.

즉 분화 발전된 여러 분야의 성과를 다시 종합하려는 노력을 하고 있다. 오늘날의 대학이 이른바 종합대학으로 지향하려는 眞義는 실로 여기에서 찾아야 하며, 또한 학문의 극단적인 분화로 말미암은 붕괴된 基礎의 통일성을 다시 얻어내야 한다는 데에 이른바 교양과정 설치의 意義가 있을 것이다. 그리하여 학문의 추세는 이제 분화 발전·전문화의 과정을 거쳐서 재통일·종합의 필요성이 강조되게 되었다. 근래에 협동연구 또는 이른바 '인터디시플리너리'한 연구가 강조되기 시작한 것도 그러한 추세의 반영이라고 할 것이다.

그 역사가 짧은 한국의 대학이 이처럼 여러가지 면에서 변모되어 가고 있는 상황에서 많은 과제를 안고 있는 것은 피할 수 없는 실정이라고 할 것이다.

한국대학의 역사가 짧다는 사실은 먼저 언급한 것과 같이 그것이 바로 한국이 처해졌던 특수한 시대적·사회적 배경에서 온 것임은 더 말할 나위도 없다. 따라서 오늘날 통념화된 연구, 교육, 봉사라는 대학의 3 대 사명에 관해서도 그것을 실현하는데 있어서는 한국의 실정에 부합되는 것일 수밖에 없으며 또 부합되어야 할 것이다.

또한 같은 한국내의 여러 대학에 있어서도 국립이거나 사립이거나를 막론하고 각기 그 설립의 여건이 다르고 또 설립의 취지나 정신이 다를 수도 있다. 그리하여 여러 대학은 각기 그 나름의 특성을 지닐 수 있고 또 지녀야 할 것이기도 하다. 그러나 이를 통틀어 한국의 대학이 지녀야 할 공통의 大學像은 어떠한 것이어야 할까 하는 문제가 제기된다. 그것은 한국에 있어서의 價値體系, 文化體系의 定立과 아울러 해명되어야 할 문제이기도 하다. 이는 또 한국의 올바른 대학상, 대학의 이념이 정립되어야 하겠다는 것을 의미한다. 그것은 한국의 전통적인 가치관의 옳은 것을 살리는 동시에 自由·民主主義社會를 이룩하고 인류문화에 기여할 수 있는 현대적인 가치체계에도 부합되는 보편타당성을 띤 것이어야 할 것이다. 여기에 한국인의 창의성과 意志가 발휘되어야 할 것이다.

여기서 우리는 대학의 사명에 비추어서 한국의 대학이 당면하고 있는 몇 가지 문제점에 대해서 생각해 보고자 한다.

대학의 사명에는 그 고전적인 기능이라고 할 수 있는 연구와 교육이라는 綱目 위에 봉사라는 새로운 사명이 부과되게 되었다. 그러나 그렇다고 해서 대학의 봉사활동으로 말미암아 연구와 교육이라는 원래의 기능이 輕視 약화되어서는 안되겠다는 것이다. 대학의 사명을 수행하는데 있어서 그 기본적인 요건은 어디까지나 眞理의 탐구, 학문연구에 두어져야 하며, 대학에 있어서 연구가 따르지 않는 교육과 봉사는 생각할 수가 없다. 연구는 단적으로 문화적 가치의 창조를 의미하며, 우리에게는 언제나 그리고 끊임없는 새로운 創造가 요구되기 때문이다. 비약적으로 발전해가는 과학적 발견이나 발명에 비례해서 일반적으로 受動的으로 한 가지 문화에만 묶여 사는 사람들은 늘어가는 새롭고 복잡한 문제들에 능히 대처하여 나갈 수가 없다.

개인이거나 국가이거나 또 어떤 집단이거나 간에 그들이 그러한 변화에 대한 새로운 方途를 구상하고 창조적으로 고쳐나가지 않으면 그들 자신의 문화까지도 빛을 잃어버리게 마련이다.

인간의 창조적 활동의 필연성은 그들의 知識欲의 충족이나 탐구 자체의 기쁨을 얻을 수 있다는데 있을 뿐 아니라, 종국적으로는 사회적 가치나 이론적 가치 즉 문화가치의 창조에 있다고 할 것이다. 대학의 자유가 존중되어야 함은 그러한 가치창조의 역할과 이에 대한 기대 때문이며, 그러한 창조는 자유롭고 자주적인 思考에서만 얻어지기 때문이다.

교육에 있어서도 遵奉과 常套적인 것이 아니라 창조적이고 독창적인 사고력을 기르는 데에 중점이 두어져야 할 것이다. 일반적으로 자유로운 사고나 知的 행위가 존중되어야 한다는 것은 다름아닌 가치창조의 기대 때문이며, 각기 그 사고나 행위 자체가 이미 가치를 지녔다는 데서가 아니라는 것이다. '창조'가 무엇이냐를 단적으로 규정하기는 어려운 일일지 모르나, 그것은 이를테면 아이디어 *ideas* 의 새로운 배합이나 보통이 아닌 결합 *novel combinations or unusual associations* 을 의미한다.

축적된 경험에 관한 知識은 단편적인 기억에서 얻어질 수는 없으며, 또 단순한 육체적인 행위에서가 아니라 知的 행위에서만 얻어지는 것이다. 구체적인 경험의 단순한 되풀이에서가 아니고 경험의 새로운 槪念化에서라야 얻어질 수 있다. 대학의 자유는 이 같은 창조적 기능을 다할 수 있도록 보장되어야 한다. 따라서 대학에 있어서의 교육은 기왕의 지식만을 되풀이 전달하는 데서가 아니고 교수·학생 사이에 전달되는 과정을 통해서 그들의 창조적 능력을 배양하는데 보다 더 중요한 의의가 있다.

그러므로 대학의 사명의 하나가 국가나 사회에 寄與·奉仕해야 한다고 하더라도, 그리고 그것이 일면 그 연구의 기능에 자극을 주는 것일 수도 있으나, 그 봉사의 기능이 활발해짐에 따라서 연구와 교수라는 원래의 기능이 경시되거나 방해를 당해서는 안될 것이다. 대학의 변모에 따라서 제기되는 문제는 그 밖에도 검토되어야 할 것이 허다하다. 앞에서 언급했듯이 한국에 있어서는 학문내용에 있어서나 그 시설에 있어서 문화 발전의 과정을 충분히 거치지 못한 속에서 이제 '종합'이라는 새로운 과제에도 당면하고 있다.

그리하여 분화 발전의 과정에서 일종의 分權化의 경향을 나타내는 경우도 있으며, 그 종합과정에 있어서 지나친 集權化의 경향을 나타내는 경우도 있는 것 같다. 한국의 대학은 이제 극단적인 분화의 폐단을 지양하여 올바른 분화 발전을 꾀하는 동시에 올바르게 재통합·종합의 방향으로 나아가야 할, 이를테면 분화 발전과 종합이라는 두 가지 방향을 동시에 모색해야 할 二重的인 과제를 안고 있는 것이라고 해도 좋을 것이다. 한국의 대학은 이 두 가지 기능 사이에 빚어지는 갈등을 지혜롭게 극복해 나가야 할 것 같다.

이와 같은 갈등은 학문방법상에서도 제기된다고 할 수 있다. 과학의 발달과 발을 맞추어 여러 학문분야에 있어서 오랫동안 이른바 實證主義的인 연구에 몰두해 왔으며, 그것이 또한 학문의 발전에 많은 기여를 해 온 것도 사실이다. 그러나 한국의 학계는 그러한 실증주의적인 학문연구의 혜택마저 충분히 누리지 못한 과정에 처해 있다고 할 것이다. 물론 실증적인 단계는 학문의 발전과정에 있어서 宗敎的·形而上學的 段階를 이미 거쳐서 도달된 제3의 단계로서 '과학적'이라는 근대적인 사고범주에 속하는 것임에는 다름이 없으나, 오늘날에 있어서는 이 같은 실증적인 연구에 대한 반성과 비판이 일어난 지 이미 오래다.

'실증적'이라는 觀念은 價値 관념과는 대립된다는 점에서 극단적인 분화 발전의 폐단과 아울러 실증주의적인 학문연구태도는 극복되어야 할 것으로 논란되어 왔기 때문이다. 여기서 배려되어야 할 것은 이 같은 실증주의에 대한 비판과정에서는 자칫 잘못되면 혼란된, 보다 더 정확히 말하면 그릇된 방향으로 흘러갈 위험성마저 띠기 쉽다는 점이다. 한국의 학계는 그 혜택마저 충분히 누리지 못한 실증주의적인 연구의 조속한 개발과 그것에서 빚어지는 폐단의 극복이라는 두 가지 국면에 처하여 있는 상황이라고 할 수 있겠다. 구체적으로는 개별적인 深奧한 연구활동과 名實相符한 협동연구가 올바른 가치기준에 의해서 수행되어야 하겠다는 것이다.

여기서 교수는 文化的 價値를 創造해내는 역군이고 학생은 그 '어린 싹'이라고 할 수 있다. 이들이 더욱 자라나 뿌리가 내려지고 가지를 쳐서 꽃과 열매를 맺게 되기 위해서는 이에 적절한 土壤과 肥料가 필요하다. 그것은 말할 것도 없이 대학의 제반시설과 財政的 지원이 아닐 수 없다. 대학 내지 대학원교육의 강화는 그들의 敎科過程과 아울러 그 시설의 정비가 수반되어야 할 것은 말할 것도 없다. 그리하여 학내의 연구실·연구소·도서관·대학출판부 등 여러 관련기관들과의 유기적인 연관 속에서 같이 발전을 꾀해야만 所期의 목적을 이룩할 수 있다는 것은 두말할 필요도 없다.

대학의 또 하나의 문제는 대학의 대중화·대학인구의 팽창으로 말미암아 교수와 학생 사이의 관계가 인격적으로 맺어지기 어렵게 되었다는 점이다. 보다 더 넓게 말해서 한국의 대학에서는 人間敎育이 缺如되어 있다는 점을 누구나가 지적하고 있다. 과학·기술·실용 위주의 교육 내지 학문풍토가 哲學의 不在, 인간의 喪失을 자아냈다는 점은 어쩌면 현대 산업사회가 공통적으로 빚어낸 불행한 사태일는지도 모른다. 과거 儒敎에 있어서는 학문의 기본으로도 孝悌의 정신이 강조되고 師父一體라는 관념으로 종시일관하여 왔으나, 오늘날 그것이 그대로 적용될 수는 없겠다. 오늘날에 있어서는 사부일체는커녕, 어쩌면 師父 모두가 舊世代로 경원시되고 있다고 할 수도 있다.

문화적 가치의 창조는 역사와 전통 위에서 이루어져야 하며 또 그럴 수밖에 없다. 역사니 전통이니 하는 것은 길고 짧고 간에 세대를 초월한, 세대간의 共感의 素地를 마련해주는 것이라는 데에 그 의의가 있을 것이다. 그것은 바로 역사적 현실에 대한 올바른 認識과 공감을 기약하는 것이 될 수 있는 것이다. 인간회복과 올바른 현실파악이 교수와 학생 사이의 대화와 共感帶를 찾아서 슬기롭게 이루어져야 할 것이며, 그것은 어디까지나 지적인 분석과 종합에 의해서 수행되어야 할 것이다.

인간은 理性을 믿어야 할 것이며, 理想을 지녀야 할 것이다. 그러나 이상은 일조일석에 실현시킬 수는 없다. 이상과 현실 사이에는 언제나 그 나름의 거리가 있게 마련이다. 현실을 어떻게 조금이라도 접근시키느냐 하는 것이 문제다. 그것은 새로운 가치창조에 의해서만 이루어질 수 있는 것이며, 부단한 노력에 의해서만 얻어질 수 있는 것이겠다.

　한국의 대학도 이제 이삼십 년밖에 안되는 속에서 그 형태나 그 內實에 있어서 하루아침에 그 이상적인 像을 실현시키기는 어려울 것이다.

　百年大計라는 말은 완만한 노력을 의미하는 것이 아니라, 부단의 노력을 의미한다. 6·25 뒤에 수복된 지 오래지 않았던 여러 해 전에 자유중국에서 한국을 방문했던 저명인사 중의 한 분이 공개 강연에서 다음과 같이 말한 일이 있다.

　중국이 인도에서 佛敎를 受容하여 그것을 중국 자체의 불교로 만들기까지에는 300년이라는 세월이 걸렸다. 그런데 중국이 서양문화를 받아들인 것은 이제 겨우 100년밖에 되지 않는다.

　필자는 중국의 본토를 잃고 臺灣에서 피난생활을 하는 그 중국 人士의 그 悠然한 자세와 태도에 남다른 감명을 받았다. 여기에는 지나치게 서둘러서 어설픈 시행착오만을 되풀이해서는 안된다는 경고가 내포되어 있다고 하여도 좋을 것이다. 우리는 한국의 歷史와 傳統을 올바로 찾아내고 그 위에 역사적 현실을 올바로 이해하고 세대를 초월한 공감대를 찾아서 한국의 대학상을 정립하기 위하여 이에 관련되는 모든 분야의 사람들이 부단의 노력을 기울여야 할 것이다.

　국민의 일상생활의 연속이라는 것이 문화발전의 기본적인 要件인 것과 마찬가지로 대학의 그 일상적인 기능의 연속이야말로 문화창조의 요건임에 틀림이 없다. 일상성의 단절과 그 되풀이는 문화의 발전은커녕 문화의 후퇴를 초래한다. 그리고 개인적으로나 국가적으로나 사람은 누구나 크고 작고 간에 창조적인 재능을 지니고 있으며 自我表現의 욕망은 본래적인 것이다. 한국 여성의 사회적 지위도 그동안에 상당히 향상되었다고 할 수도 있겠다.

　그러나 세계적으로 보아서도 어느 분야에서건 간에 창조적 활동을 두드러지게 나타낸 數가 왜 그렇듯 적은가 하는 물음에 명석한 해답을 쉬이 내릴 사람은 없을는지 모른다. 여기서 한국의 여대생으로서 지녀야 할 태도는 자기에 대한 외부적인 價値評價에 구애되어서는 안될 것이며, 또한 자기 자신의 성급한 가치평가는 보류하는 것이 현명할 것이라는 점이다.

〈『서울여대신문』, 「개교 20주년기념논문」, 1981. 5. 28〉

서울大學校와 나

轉禍爲福이라는 말이 있다. 내가 서울대학교와 인연을 맺게 된 것도 어쩌면 그런 것일는지도 모른다. 어쩌다가 30살이 넘어서 해방을 맞이할 때까지 大學을 미처 마치지 못했던 것이 나로서는 禍를 자초했던 셈이지만, 그러했기 때문에 해방후 비로소 설립된 우리 나라의 대학(京城大學)에 편입되어 그 後身인 서울대학교의 제1회 졸업생이라는 영예(?)를 차지할 수 있었던 것은 이를테면 福받은 것이나 다름이 없겠다. 그러므로 서울대학교와 나와의 인연은 1년 반 동안의 老學生시절부터 맺어진 셈이다. 그 뒤 10년 동안의 時間講師시절을 거쳐서 20여 년간의 교수생활을 마칠 때까지 실질적으로는 30여 년이라는 오랜 세월을 나는 서울대학교와 더불어 살아온 셈이 된다. 지금의 나로서는 비록 停年退任하였다고는 하여도 무슨 回想記 같은 것을 남기기에는 너무 이르다고 생각하지만, 동창회보 편집자의 청에 못 이겨 생각나는 몇 가지 사연을 간략히 되새겨 보기로 하겠다.

1946년 2월 開校 당시에도 文理大 史學系列은 國史·東洋史·西洋史의 3학과로 나누어져 있어서 각기 합동연구실이 배당되어 있었다. 해방전 동경제대에서 西洋史學을 전공하던 나는 京城大學 편입 때에는 國史學으로 專攻分野를 바꾸었다. 그것은 이 대학의 奎章閣圖書라는 史料의 寶庫가 있었기 때문이기도 했다.

그리하여 처음으로 국사학과에 편입된 학생들은 李仁榮 교수의 지휘하에 먼지 끼고 흐트러진 中央圖書館 奎章閣書庫에서 직접 책을 골라내어 國史合同硏究室을 꾸며 놓았다. 東崇洞 中央圖書館 西部敎授硏究室 2층 서북편의 넓은 방이 그것이었다. 나의 연구실생활은 이를테면 이때부터 시작된 셈이다. 해방 직후 단신으로 월남했던 나로서는 그곳이 나의 유일한 안식처이기도 했다.

국사합동연구실에 모인 최초의 편입생들이 각기 졸업논문을 준비하는 동시에 공동작업으로 강행한 것이 國史槪說書의 편찬이었다. 해방 직후 긴급히 요구되었던 國史敎科書는 震檀學會에 의해서 편찬·간행되었으나, 교사들의 참고서가 필요했기 때문이다. 李仁榮 교수 지휘하에 6명의 분담작업으로 그때까지의 연구업적을 총정리하여 불철주야, 그 집필이 완료된 것이 1946년 여름이었으며, 그 해 8월 15일字로 된 孫晉泰 교수님의 序文과 이인영 교수님의 跋文이 부쳐져서 上梓되게 된 것이 1949년 5월 京城大學 國史硏究室 刊인『朝鮮史槪說』이었다. 그것은 조급한 작업이기는 하였으나 필요한 일이기도 했다.

1946년 8월부터 國大案波動이 일어나 대학이 장기간 마비상태에 빠지게 되었을 때, 국사학과 편입생들은 각자의 도서를 공출하여 學外에 연구실을 마련하고 연구생활을 계속하였다. 파동이 수습되어 서울대학교는 다시 정상화되었고 1947년 여름에 제1회 졸업생이 나오게 된 것이다. 서울대학교 學制로는 史學系列의 3학과가 단일 史學科로 합쳐졌던 것이나, 내용적으로는 그대로 세 개의 專攻別로 나누어져 있어서 각기 합동연구실도 그대로 존속되어 왔다.

나는 1949년 4월부터 文理大 시간강사로 위촉되면서부터 서울대학교 교단에 서게 된 셈이다. 6·25 때에 손진태·이인영 두 교수님이 拉北되었으며, 1953년 9월부터 收復·開講되었을 때에 국사학 전임교수로는 李丙燾 선생님과 柳洪烈 교수님 두 분뿐이었다. 6·25로 말미암아 여러 곳에 흩어졌던 사학과 출신들이 1·4후퇴 이후에 피난지 부산에서 재회하게 되었던 것은 다행한 일이었다. 부산에 모인 우리들이 사학도로서 무엇인가 해야 할 일을 모색하던 터에, 薛國煥·金鎔垵 氏의 주선과 연락으로 美公報院의 지원을 얻어서 1952년 8월에 歷史學會를 조직하고 뒤이어 『歷史學報』를 창간할 수 있었던 것은 戰禍로 인하여 허탈상태에 빠져 있던 士氣를 앙양하고 학문적 의욕을 소생시키는데 큰 자극제가 된 셈이다.

收復후에도 계속 시간강사로 文理大에 출강할 때에 선배 교수님들이 그들의 연구실 이용을 허락해 주셔서 나는 줄곧 연구실생활을 계속할 수가

있었고, 1959년 7월에 문리대 조교수로 취임된 이후로는 연구에 더욱 박
차를 가할 수가 있었다.

1960년 여름이라고 기억되지만, 나는 문리대 각 분야의 젊은 교수 7~8
명과 상의하여 상호 친목과 편달을 위하여 매월 1회씩 談話會와 會食을
갖기로 하여 그 모임은 1년간 계속되었다. 그러던 중에 미국 하버드大學
燕京學社의 와그너 교수의 제의를 받아, 문리대내에 연구소를 마련하고 燕
京學社의 지원을 얻어 3년간의 연차계획으로 奎章閣圖書에 관한 기초조
사연구에 착수하게 되었다. 이렇게 해서 문리대에 처음으로 부설된 것이
東亞文化研究所로서, 나는 李相伯 교수님에게 간청하여 초대소장으로 모
실 수가 있었다. 그리하여 「奎章閣圖書韓國本 總目錄」을 위시한 여러 調
査研究書와 學術誌『東亞文化』가 이 연구소에서 발간되게 된 것이다.

1961년 여름에 나는 록펠러財團의 지원을 얻어 하버드대학 연경학사에
서 1년간의 연구에 종사하고, 돌아오는 길에 구라파의 여러 나라와 이집
트·印度 등지를 회유할 수가 있었다.

귀국후에 느껴진 한국의 새로운 학문풍조의 하나는 이론바 韓國學에
대한 일반적인 관심의 증대였다. 더구나 여러가지 이유로 研究費支援이라
는 것은 원래부터 모두가 1년 단위였기 때문에 장기계획에 의한 연구성
과는 기대하기 어려웠으며, 따라서 한국에 관한 연구저서들이 나오기 시
작했어도 제대로의 '著述이 없다'는 것이 그 당시 어느 외국학자의 논평
이기도 했다.

다른 한편 세 학과로 분립되었던 사학계열을 단일 史學科로 통합·개편
된 데서 오는 여러가지 난점이 드러나게 되었다. 수복후의 國史學專攻 교
수는 전술한 바와 같이 두 분뿐이었고, 李丙燾 선생님이 1954년에 大
學院長으로 轉任되신 뒤로는 여러 해 동안 柳洪烈 교수 한 분뿐이었다.
1959년에 내가 전임이 되어서야 겨우 2명이 된 것이다. 한 학과에 교수
몇 명이라는 일률적인 制限規定 같은 것이 실수요와는 아랑곳없이 교수
증원을 전혀 불가능케 하는 것이었다. 研究·踏査 활동에 있어서도 전공
분야간의 상이한 여건이나 계획이 적절히 배려될 여지가 없었다. 그러한
배려가 없이 이루어진 학과의 통합은 機構上의 축소에 지나지 않은 것이

되었다. 이 같은 추세에서 韓國史領域의 독자적인 발전을 꾀해야 하겠다는 움직임은 드디어 1967년말에 한국사연구회의 결성을 보게 했고, 나는 그 대표간사로서 미력을 다했다.

사학계열 3전공 분야에 따른 學科統合이냐 分立이냐의 문제는 각기 분야에 대한 적절한 배려가 수반된다면, 그것이 어떻게 조처되더라도 무방하다는 것이 나의 기본 생각이기는 하였다. 그것은 각기 대학의 전통에 따를 수도 있겠고 또 여러가지 편에서 합리적이고 실정에 맞는 행정조처가 따르게 되는 것이 바람직하다. 학과의 분립은 學問의 분리를 의미해서는 안될 것이며, 또 학과의 통합이 일률적인 규제에 얽매이게 하여서도 안될 것이다. 학문의 分化發展과 再綜合이라는 이중적인 우리의 과제가 지혜롭게 극복되는 길이 모색되어야 할 것 같다.

나는 우선 사학과를 다시 3학과의 原狀으로 복구시켜 國史學科를 독립시키고, 동시에 東亞文化硏究所와는 따로 韓國文化硏究所를 문리대에 부설시키는 일에 열중하였다. 그러한 노력은 당시 여론의 뒷받침도 있었거니와 또 전 서울대 商大 교수이고 당시 문교부 차관 朴喜範 氏의 적극적인 지원에 의해서 성취되었다. 이것이 문리대에 두번째로 부설된 연구소이다. 그리하여 국사학과가 독립됨으로써 교수의 인원이 늘어날 수 있게 되고 명실상부한 古蹟踏査修業과 碩士論文 중심의 學術誌『韓國史論』간행계획을 수행하여 교수의 학생들에 대한 조사·연구지도를 보다 더 활성화할 수 있게 되었다. 한편 새로 부설된 한국문화연구소에서는 애초부터 문교부의 3년간 연차지원계획에 따라 각 분야의 한국관계의 역사적 연구를 촉진시켜 學內外의 同門 교수님들의 협력으로 얻어진 성과는 『韓國文化硏究叢書』로 간행이 계속되었다. 그 성과에 만족한 문교부에서는 2년간 지원을 연장해 주었고, 尹天柱 총장은 5명의 교수에게 전례 없는 '2년간 계속' 연구비지원을 하여 주어서 현재로 叢書 제21집까지 출간을 보게 된 것이다(1980년에 와서 한국문화연구소가 文理大 附設에서 서울大 法定硏究所로 승격되는 것을 보고 서울大를 떠나게 된 것은 나로서는 다행한 일이었다).

그동안 서울대학교는 새로운 계획에 의해서 캠퍼스를 冠岳山으로 옮기게 되었다. 국사학과의 한 교수로서 무관심할 수 없었던 것은 奎章閣圖書

의 행방이었다. 규장각도서는 한국에 관한 모든 분야에서 그 역사적 연구
를 위해서는 필수불가결인 자료의 寶庫이다. 그것은 한국의 文化傳統을
연구·정립시키는 産室의 구실도 할 수 있는 조건을 갖추고 있는 것이다.
그러기 위해서는 奎章閣圖書館을 中央圖書館으로부터 분립시켜 독립건물
을 가질 뿐만 아니라, 그 안에는 이 분야와 관련되는 교수의 연구실과 연
구소, 세미나실 등이 갖추어지게 하여 계획적인 기초조사·연구활동을 촉
진시키는 일이 긴절한 과제라고 생각했다.

　나는 이 분야의 문리대 교수 여러분과 한두 번 모여서 상의하고 그 구
체안을 마련하여 대학본부에 上申하기로 합의를 보았으나, 그러한 작업을
위한 경비염출, 건의자의 명분과 상신루트 등이 애매모호했고 따라서 그
實效마저 의문시되어 유야무야로 되고 말았다. 그러한 교수간의 論議가 어
떻게 대학본부에 傳聞되었는지는 알 수가 없으나, 나중의 뜬소문으로는 규
장각도서관을 한국식 건물로 건축해 보려고 하였으나 경비관계로 포기했
다는 이야기였다. 어느 미국의 대학교수가 과장된 표현이기는 하지만, 이
와 같은 寶庫가 한국의 어느 대학 안에 있다면 100명의 교수가 연구는
물론 돈을 벌어넬 수가 있을 것이라는 푸념을 내가 직접 들은 일이 있었
기에 생각에만 그쳤던 그 일이 지금도 애석하게 생각되는 것이다.

　1973년 9월에 나는 대학원장직에 겸보되어 대학본부의 일원이 된 셈
이다. 대학원의 職制改編에 따라 관악산으로 이전되면서부터는 교무·학
생·서무 3과는 없어지게 되고, 모든 실무·교육은 교무처와 각 단과대
학으로 위임하게 되었다. 그러는 동안에 大學院敎育强化의 논의가 점차
일어나게 되고 대학원 중심의 대학이라는 말이 널리 운위되게 되었다.

　나는 평소에도 대학원교육의 강화는 해방 이후의 실정에 비추어서 실질
적으로는 대학원교육의 정상화를 의미하는 것밖에 아무것도 아니며, 대
학원의 발전은 대학원 자체의 문제로서만이 아니라, 각 單科大學의 교육
과 교수연구실을 위시하여 도서관·대학출판부·학교내의 각 연구소 등
여러 附設機關의 활성화와 연계되어서만 이루어질 수 있을 것이라고 믿어
왔다.

　내가 대학원장에 전임되어서 먼저 大學出版部 改編에 관심을 가졌던 것

도 그 때문이었다. 그리하여 나는 교수 몇 분을 모셔서 그 改編에 대한 연구를 하게 하여, 이로써 얻어진 그 개편안을 총장님에게 上申·建議하였다. 그 건의안의 골자는 대학출판부는 교수가 참석·주관하여야 하며, 종래와 같은 印刷所 중심에서 탈피하여 인쇄소를 대학출판부의 부설기관과 같이 개편되어야 한다는 취지였다. 이 개편안의 취지는 尹天柱 총장의 퇴임후에 한두 단계를 거쳐서 내가 원장직을 이임한 뒤 高柄翊 총장 재임시에 완전히 살려져서 대학출판부의 개편이 그 취지대로 성취된 셈이다.

　나는 冠岳캠퍼스로 옮겨온 해 6월부터는 『서울大學校 30年史』편찬의 일을 떠맡게 되었다. 그후 1년 반 동안은 원장직에 있으면서 韓基彦 교수와 협력하여 전적으로 그 일에 몰두하지 않으면 안되었다. 그리하여 국사학과 대학원생들의 협조를 얻어 편찬·간행하게 된 『서울大學校 30年史』와 「敎授論文著書目錄」은 내가 이를테면 서울대학교에 報恩하는 나의 마지막 봉사가 되었는지 모른다.

　이상이 내가 서울대학교에 남긴 변변치 않은 혼적의 간략한 줄거리가 될 것 같다.

　세월은 如流하여 어느덧 停年을 맞이하여 퇴임한 지가 벌써 반년이 지났다. 그동안에 여러 동문들이 여러가지 어려운 여건인데도 불구하고 나의 정년을 기념하는 호화판의 기념논문집을 간행하여 주었고, 또 모교에서는 名譽敎授라는 勳號를 나에게도 내려주셔서 그 고마움이 이를 데 없는 터이다. 여기서 소략한 回想記를 마치면서 모교의 끊임없는 발전과 선후배동문 여러분의 건투를 빌어 마지않는 바이다.

〈「서울大學校 同窓會報」, 1981. 9. 1〉

民族史의 展望

1. 序　言

解放 이후로 종래의 왜곡된 韓國史를 바로잡으려는 노력과 韓國의 思想的·文化的 傳統을 모색하려는 노력이 계속되어 왔다. 근래에 와서 특히 70년대 전후에는 民族史의 主體性과 그 史觀의 정립을 위하여 여러가지 반성·검토 그리고 비판이 행해지고, 한국사의 재구성을 위한 새로운 시도도 없지 않았다.

그러나 이 같은 작업에도 그 이론적 근거나 방향의 설정이 명확하게 제시되었다고 생각되지는 않는다. 그리하여 어떤 면에서는 오늘날에 있어서도 韓國史硏究의 問題意識이나 硏究方法上으로 도리어 혼란된 인상마저 주는 것 같기도 하다.

어찌 보면 연구자 중에는 아직도 구태의연한 인상을 주거나 또는 너무 서둘러서, 그 상황을 비유해서 말한다면, 각기 樂器의 音階도 맞추지 못한 채 交響樂을 연주하는 듯한 느낌을 준다.

물론 어떠한 史觀이나 硏究方法論의 정립이라는 것이 思想的·學問的 전통이나 硏究의 基盤이 되는 제반조건과 관련이 없이, 일조일석에 이루어질 수 있는 것은 아니겠다. 또는 한국사의 새로운 체계화라는 절실한 요망이 '哲學的인 분장을 한 어중간한 知識' 같은 것으로나 단순한 방법론적인 고찰만으로써 손쉽게 이루어지리라고 생각되지는 않는다. 방법론이란 언제나 실제 연구에서 진실이라는 것이 인식되어진 방법의 자각에 지나지 않는 것이라면, 우리는 그러한 점에 깊이 배려할 필요가 있다고 생각된다.

그러므로 한국사연구에 있어서의 史觀問題나 方法論을 정립·구상하는

때 있어서도, 기왕의 어떤 색다른 公式이나 類型 속에 한국사를 두들겨 맞
춤으로써 얻어질 수도 없을 것이며, 또 주체적인 자세나 주체의식만으로
써 연구의 올바른 관점이나 방법론이 저절로 얻어진다는 보장도 없는 것
이다.

해방 이후 우리 國土와 民族이 분단된 채 이미 30여 년이 경과되었다.
오늘날 우리 민족의 統一과 民族文化의 繼承·發展이라는 문제는 무엇보
다도 절실한 우리의 민족사적 과제인 동시에 실로 세계사적인 과제이기도
한 것이다.

筆者는 여기서 史觀이나 硏究方法論上의 문제와 관련해서, 그와 같은 민
족적 과제 안에 어떠한 문제들이 안겨져 있는가를 살펴보고, 이에 따른 앞
으로의 전망을 필자 나름대로 해 보려는 것이다.

2. 이른바 '民族史學'과 實證史學의 問題

解放前後의 韓國史硏究의 풍조에 관해서는 대체로 세 가지 유형 내지는
계열로 나누어 거론되어 왔다. 그것은 (1) 民族史學 내지는 民族主義史學,
(2) 實證史學, (3) 唯物史觀에 입각한 社會經濟史學(階級主義史學)의 세 가
지 학풍을 가리킨다.

위의 세 가지 학풍에 관한 그간의 추세에 대해서 어떤 이는 "8·15 이
후 民族史學(丹齋)이 거의 시들어지고, 6·25후에는 유물사관에 입각한
社會經濟史學이 쇠퇴하여 韓國史硏究의 주류는 實證史學이 차지"하였다고
도 하고, 혹은 또 1948년의 政府樹立 무렵까지 계급주의사학이 민족주의
사학과의 대립을 나타냈던 것이나, 韓國史硏究의 주류는 역시 실증주의적
인 학풍 즉 실증사학이라고도 했다.

이와 같은 실증주의적인 학풍은 대체로 日本을 통하여(일본인학자나 그들
의 학풍의 영향하에) 歷史學을 수업한 사학자들에 의해서 전승된 것으로서,
'개별적인 歷史事實에 대한 文獻考證을 위주로 하는' 계통의 사풍을 말한
다. 이 이른바 實證史學에 대한 평가로는 '史論보다는 史實의 엄밀한 實
證을 중시하는, 아카데미즘史學의 면모를 농후하게 드러낸' 것으로, '韓

國史學을 歷史科學으로 이끌어가는데 획기적인 공헌을 한 것'으로 인정되
기도 한다.

그러나 한편으로 근래 민족사의 主體性이 강조되고 史觀의 정립을 위한
반성과 검토가 이루어지는 동안에, 丹齋 申采浩를 중심으로 그의 사풍을
계승한 일련의 역사가의 韓國史硏究를 '民族史學' 내지는 '民族主義史學'
으로 지칭하게 되었다. 그리하여 어떤 분은 해방 직후에는 實證史學 등의
학풍 때문에 '크게 부각되지 못하였던' '민족사학이 國史學界의 주류를
이루어 갔던 것'으로 보기도 했다. 이 이른바 민족사학은 '傳統的인 歷史
學의 입장을 계승한' 것으로 '歷史敍述의 기술적인 면에서는 소박하였으
나, 역사의 밑바닥에 강렬한 민족정신의 흐름을 의식하고 그러한 정신 위
에서 全歷史(韓國史)를 체계화하려는 학풍'으로 설명되었다. 그리하여 이
'民族史的'의 선구적이고 대표적인 史家로 丹齋를 꼽는데는 대체로 이의
가 없는 것으로 보인다.

이렇게 해서 '민족사학'과 실증사학은 각기 다른 유형 또는 다른 계열
로 간주·논의된 것이 통례이다. 實證主義的인 史學이 '史論보다는 史實
의 엄밀한 實證을 중시하는' 科學으로서의 역사학으로 소위 '實證史學'의
특성을 지닌 학풍임에 대해서 이른바 民族史學은 철저한 民族意識을 바탕
으로 하여 한국사를 체계화하려는 학풍이라 하여, 그런 면에서만 본다면
이 두 계열의 사풍은 대조적인 것임에는 틀림이 없겠다. 그러나 여기서 민
족사학(단재의 史學)의 일반적인 성격에 관한 몇 분의 설명을 들어보면 다
음과 같다.

(1) 丹齋의 그 '짧은 논의에서도 韓國史의 단층적이고 고립된 歷史의 측면을
世界史的인 비교의 안목으로 논란하는 경쾌함은 先生의 놀라운 재치'라고 했다
(洪以燮).

(2) 民族觀念이 지나치게 固有性을 강조하고 있다는 데 문제가 있다. 丹齋의 경
우가 특히 심하여서 그는 민족을 세계로부터 고립시키고 있다.

丹齋가 歷史를 我와 非我의 투쟁사로 본 것을 혹은 세계사적인 넓은 입장에 서
있는 것으로 생각한다면 이것은 잘못이다. 더구나 민족과 민족 사이에 개재하는
같은 인류로서의 공통성에 대해서 생각이 미치지 못하였다. 그러므로 세계성을
띤 思想이나 宗敎에 대한 인식이 있을 수 없었다(李基白).

(3) '民族史學(先驅者 丹齋)이 중국학문의 절대적인 영향에서 이루어진 傳統

的인 역사기록과 日人들에 의한 國史敍述의 해독을 극렬하게 비판한 공로를 찬
양’하며 또 당대에 ‘民族意識의 고취와 투쟁에 있어서의 勝利를 강조’한 것이었
으나, ‘현대 우리가 처해 있는 세계사적인 현실에서 보아서는 그 史觀은 歷史를
투쟁의 연속이며 드디어는 어느 一方의 파멸로 끝나’게 마련인 ‘史觀의 맹점’을
지니고 있어, ‘解放과 더불어 日帝의 패퇴로 그 存立의 第1義가 없어진’ 것이
며, 그러한 이상 ‘民族史學(丹齋)의 이론에 커다란 변질을 일으키지 않는 한 그
와 같은 史學의 존재의의는 박약하다고 할 것’이라고 했다(全海宗).

　(4) ‘申采浩史學은 그 個性이 넘치는 사관이나 역사가로서의 사명감이라는 면
에서 특히 한국근대의 歷史學을 대표하는 한 사람일 뿐만 아니라, ……이미 歷史
科學의 방법을 의식하고 있었다.’ ……‘그것은 開拓者이기에 불가피한 시대의 制
約, 力量의 한계’가 있었던 것이겠으나, ‘그렇다고 그의 史學을 非科學的이라고
평가할 것은 아니다’(千寬宇).

　(5) (前略) 이론적으로 우리의 近代歷史學을 완성시킨 이는 申采浩였다(金容
燮).

위의 다섯 분의 논술은 동시에 발표된 것이 아니라, 時差를 두고 발표
된 것들이다. 이들 論著를 涉獵한 일반 독자의 입장에서는 丹齋史學(民族
史學)의 정체를 파악하기가 매우 어려울 것으로 생각된다.

韓國史學을 歷史科學으로 이끌어가는데 획기적인 공헌을 한 것이 다름
아닌 실증주의적인 학풍이었다면, 그리고 단재사학도 이미 역사과학의 방
법을 인식하고 있었기 때문에 그의 史學을 비과학적이라고 평가할 것이 아
니라면, 그의 사학에도 역시 실증주의적인 학풍의 일면을 이미 갖추고 있
었다는 뜻으로 이해된다. 더구나 그러한 그를 ‘韓國近代歷史學을 대표하
는 한 사람’ 또는 이론적으로 ‘韓國近代史學의 完成者’라고 보면서 實證
史學과는 대비되는 民族史學으로 규정하는 것은 한국근대사학이 이른바
실증사학과 본질이 다른 어떤 사학이라는 것을 의미하는 것이라고 보인다.

그리고 또 단재의 사학에는 세계사적인 안목이 들어 있다고 보는데 반
해서, 단재사학은 人類로서의 공통성에 대한 배려가 없는 세계사적인 넓
은 입장에 서 있는 것이 아니라면, 그것은 또 어떠한 성격의 것인가. 더
구나 그의 사학에는 史觀의 맹점이 있어 세계사적인 현실에서 보아 그의
이론에 커다란 변질을 일으키지 않는 한, 그 存在意義가 박약하다면 이론
적으로 韓國近代史學을 완성했다는 그의 사학은 과연 어떤 것일까. 독자
로서는 착잡한 인상을 면할 수가 없을 것 같다. 이 같은 착잡한 인상은 혹

은 논술에 있어서의 槪念驅使의 부정확성이나 論理的 展開의 미흡성 때문이 아닌가 싶기도 하다.

과연 단재사학(민족사학)에 그러한 착잡성이 내포되어 있는 것이 진실이라면, 그것은 당대의 韓國의 歷史的 現實과 歷史學의 發展過程이라는 두 가지 배경에서 이해되어야 할 것은 물론일 것이며 이른바 민족사학과 실증사학과의 관계는 단적으로 말하여 저항(實踐)으로서의 歷史와 學問으로서의 역사 사이의 그것이라고 볼 수밖에 없을 것 같다. 그것은 역사의 이론에 있어서 意識과 科學(方法)과의 문제로 환원될 수도 있는 문제이다. 필자로서는 실제에 있어서 이른바 민족사학이 실증사학을 전적으로 배제할 수는 없는 것이었으며, 또한 실증사학이 이른바 민족사학을 전적으로 배제할 수 있는 것도 아닌 것으로 생각되는 것이다.

한편으로 實證主義的인 역사학(이른바 실증사학), 그 문헌학적인 연구방법에 대해서는 일찍부터 반성·비판되어 온 것으로 보인다. 실증주의자들의 科學에 대한 이해는 諸事實에 대한 確認 *ascertaining facts* 과 法則을 만들어 내는 일 *framing laws* 로써 요약된다. 그리하여 역사가들은 문헌학적인 비판을 통해서 過去의 事實을 사실대로 밝히는 일이 그들에게 주어진 임무로 여겼다. 따라서 그들은 "각기 遊離된 인식행위, 각개의 사실에 대한 고찰, 그리고 각기 사실은 餘他의 사실과 독립될 뿐만 아니라 識別者와도 독립된 것으로 생각되어 모든 주관적 요소가 배제되어야 한다"는 것이었다. 그리하여 역사가에게는 그들의 주관이 완전히 배제되고, '사실 그대로', '史料로 하여금 말하게 하라'는 객관적 태도가 요구되었다.

실제로 근대실증사학의 의의는 다른 데 있는 것이 아니라 역사를 神話的 또는 形而上學的으로 해석하려는, 이를테면 고대적·중세적인 역사인식 태도를 벗어나게 했다는 데 있으며, 따라서 객관적인 과학성을 지녀야 한다는 데 있었다고 할 것이다.

실제로 近代實證主義的인 학풍은 그 실증정신의 확산에 따라 新史料(文獻)의 發掘·整理·編纂·復刊 등의 성행과 동시에 연구영역의 확대를 보게 하였으며, 따라서 역사서가 보다 풍부한 사실에 의해서 편성되기도 한 것이다.

　　그러나 이 같은 실증사학이 "적은 문제들과 그러한 **자료**에 정확하게 주의를 기울이거나 **主題**의 **件**에 감정적인 윤색을 하지 않는다는 장점이 있음에도 불구하고, 여러 미세한 문제를 미세하게 취급하는 정당성, 그리고 그러한 모든 사실이 同等한 權利를 지니고 역사 안에 수용되지 않으면 안 된다고 생각하여, 각기 사실에 대한 價值判斷이나 意味附與에 무능했다"는 것이 지적되었다. 사실사학에서 기본적으로 문제되는 점은 '事實'과 '價值'와 관련해서 '가치는 사실에서 끌어낼 수 없다'는 그 證據없이 주장되는 양분법에 있다. 價值觀이란 실제로는 시대에 따라서 다르기도 하고 달라지지 않은 면도 있을 수 있기 때문에 위와 같은 命題는 일면의 眞理이기도 일면의 허위이기도 한 것으로 간주되었다.

　　실증사학은 個別的인 사실의 인식에만 집착·몰두하여 全體的·綜合的인 가치판단이나 의미부여에는 무관심했고 따라서 무력했던 것이 사실이다. 크로체 Croce 는 랑케 Ranke 史學을 언급하면서 "이 歷史型(實證史學)은 文化를 사랑하나 그러나 黨派의 정숙에 의한 流血을 싫어하고, 哲學的 推理로 골치 아프게 하는 일도 싫어하는, 이를테면 분별 있는 사람들 사이에 지금도 역시 즐겨 받아들여지고 있다"고 했으며, 實證이라고는 하지만 '가장 嚴格한 證據'라는 것이 있을 수가 있는가 하는 의문까지 던졌던 것이다.

　　오늘날에 있어서는 실증사학을 극복해야 한다는 요구가 일반화된 것 같다. 그리하여 역사에 있어서 역사가의 主觀과 意識의 문제가 훨씬 더 강조되고 역사의 서술은 단순한 과거 사실의 기록이나 진술이 아니라, 역사가의 歷史意識 내지는 史觀에 의해서 체계화된 것이어야 한다는 요구가 긴요하게 된 것이다.

　　콜링우드 Collingwood 는 말했다. "歷史家의 主된 일은 기록하는 일이 아니고 평가하는 일이다. 歷史家가 評價하지 않는다면, 그는 무엇이 기록할 가치가 있는가를 어떻게 알 수 있겠는가?" "歷史家가 硏究하는 과거는 죽은 과거가 아니고 어떤 의미에서는 현재에 살아 있는 과거이다"라고도 했다. 이러한 관점은 오늘날 상식화된 것이라고도 할 수 있다. 그리하여 "歷史는 현재와 과거와의 끊임없는 對話"(E.H. Carr)라고도 하며, "역사가는 이를테면 과거와의 단순한 대화가 아니라, 그의 주위의 모든 사람에게 공통된 요구이기도 한 중요한 문제의 실마리를 푸는 그러한 의문을 제기하고 연구해야 하는 것"(H. Marrou)이라고도 했다. 이를 바꾸어 말하면 역사가의 硏究課題에는 그의 현실에 대한 역사의식이 투영되어야 한다는 이야기가 되겠다. 역사가는 그러므로 미래를 바라보는 현재의 입장에서 과거의 事實을 해석, 평가해야 한다는 것이다.

이와 같은 時代的 潮流가 우리나라에 있어서도 실증사학에 대한 반성과 더불어 역사의 主體性 歷史意識에 대한 재인식과 더불어 丹齋의 사학이 거론된 것이라 생각된다.

實證主義的인 사학이 近代史學으로서의 기능을 다하여 역사학 발전에 큰 공헌을 한 것임에는 다름이 없겠다. 그것도 역사학의 발전과정에서의 소산이었다고 생각된다.

이러한 관점에서 볼 때 韓國史學은 그동안 역사적 제약으로 인해 실증주의적인 歷史硏究의 訓練과 그 收獲(成果)마저도 불충분했기 때문에 實證主義史學의 혜택을 제대로 받을 수도 없었던 상태였다. 新史料의 發掘·整理·編纂·複刊 등의 사업이 뒤져 있을 뿐만 아니라, 연구영역의 擴大와 深化에 있어서도 아직까지 미흡한 상태라고 할 수밖에 없겠다. 이제 그 위에 실증사학에 대한 반성과 비판의 도가 더욱 늘어나고 있는 형편이다. 이러한 현황은 우리 사학의 입장을 잘 말해 주고 있다. 즉 우리는 실증사학의 惠澤과 成果를 최대한으로 받아 거두어야 하는 동시에 歷史意識의 중요성이 재인식·자각되어야 한다는 二重的인 課題를 동시에 풀어나가야 하는 처지에 놓여 있는 것이라고 생각되는 것이다.

여기에는 또 새로운 문제가 일어날 수 있다. 실증사학(主義)의 극복이라는 새로운 국면, 그러한 국면의 교체과정에서는 "實證主義와 反實證主義者의 여러가지 모티브와의 혼란된 결합(混合)으로 나타남을 본다"는 것이다. 콜링우드는 위의 말에 이어서 英國의 경우를 들어 "實證主義를 克服하는 대신에 새로 일어나는 곤란으로부터 뒤로 되돌아감으로 해서, 정확하게 말하면 나쁜 방향으로 이끌려가는 趨向이 나타나게 된다"고 했다. 그리고 "이 같은 風潮 안에 우리는 언제나 갈피를 잡을 수 없는 것 incoherences

그리고 모순을 발견하게 된다"고도 하고 "모순이란 언제나 退步的인 要素
와 進步的인 要素 사이에 나타나는 것이라"고도 했다.

역사가가 이를테면 史料의 산더미 속에서, 그리고 위와 같은 혼란 속에
서 이를 극복하는 길은 무엇일까. 그것은 역사가가 '앞을 내다보는 현재
적 입장에 서야' 한다는 데에 있을 것 같다. "그가 무엇인가 하는 물음에
대한 대답은 그가 무엇을 하려고 하는가에 달려 있다"(R. Aron). 그러한
의미에서 역사가는 그가 처해 있는 민족·국가·사회가 당면하고 있는 歷
史的 課題가 무엇인가를 올바르게 인식하는데서 그의 존재를 확인해야 할
것이다.

우리의 民族史觀의 定立이라는 문제도 이러한 면에서 모색되어야 할 것
이다.

3. 韓國史와 唯物史觀의 問題

人種이라는 것이 自然的인 현상에 속하는 것이라면, 國民이라는 것은
政治的 行爲의 소산이고, 民族이라는 것은 하나의 文化現象으로서 문화적
소산이라 할 것이다. 民族은 역사적으로 형성된 공고한 하나의 공동체로
서 血緣·地緣·言語·政治·經濟로부터 문화일반 그리고 역사적 전통을
공동으로 하여 공동적인 體質과 精神에 의해서 결속되어진 것이다. 그리
하여 각 민족은 오랜 역사를 통하여 길러진 肉體的 體質에서부터 正義와
不正義, 道德과 不道德, 美와 醜에 대한 관념 그리고 문학·예술·종교·
과학에 이르기까지 서로 다른 여러가지 표상을 갖추게 된다. 그들은 각각
그러한 제표상으로써 서로 구별되며, 각 민족은 그러한 차이에 따라서 인
과적으로 결정되어지는 하나의 意識이나 意志를 갖게 마련이다. 사람들은
무의식적으로 일정한 思考方式에 동화되고 한 민족을 특성 지우는 판단이
나 감정에 의해서 의식에 도달한다. 사람들은 격리되어 고립 되기 전에 외
부의 세계에 개방되어졌다. 그들은 이를테면 다르기 전에 닮는다. 민족의
경우도 이렇듯 그 同質性이 유지되며, 하나의 運命共同體로서 공동적인
현실적 요구와 이해에 의해서 결속된다.

그러나 어느 한 種族이 역사적으로 하나의 공동의지를 지닌 민족으로 발전하려면, 여기에 '國家'라는 것이 매개체로서 개재하지 않을 수가 없다. 즉 국가의 정치적 개입이 없이는 근대적인 의미에서 民族의 隆興이라는 것은 있을 수가 없다. 그리하여 近代國民國家의 핵심체는 대체로 한 단위로서의 민족이 아닐 수가 없게 되었다.

우리 민족은 古代 部族社會時代로부터 실제로 하나의 민족으로 성장될 소지를 갖추고 있었다. 즉 일찍부터 言語·習俗이 大同小異하여 공통성을 지녀왔고, 공통된 生活舞臺(地緣)와 그러한 풍토에서 오는 공통된 체질과 정서를 지녀온 것이다. 더욱이 新羅王朝에 의한 三國統一 이후로는 우리 민족은 정치적 내지는 문화적으로 '統一'을 이룩하여, 실질적으로 하나의 民族國家로서 발전되어 民族文化를 '繼承'·發展시켜 온 것이다. 그러한 사실은 우리 민족이 오랜 歷史的 體驗과 그 傳統을 이어받아서 조만간 근대적인 國民國家로 발전될 수 있는 기반을 공고히 다져온 것이나 다름이 없다는 것을 뜻한다.

舊韓末에 우리 민족이 일찍이 近代國民國家를 형성·발전시킬 수 있었던 그 기회는 당시의 국제정세로 말미암아 제대로 살려질 수가 없었을 뿐만 아니라, 도리어 민족적·국가적 위난의 판국에 직면하게 되었던 것이다. 당시의 언론이 民族主義와 國民意識을 강조·고취한 것도 그 때문이었다.

당시의 언론에 의하면 "20세기는 民族主義張進의 시대이며 세계는 민족간의 學問, 知識·經濟·武藝(軍事)의 優劣의 시험장이며, 독립이니 자유니 문명이니 진보니 하는 것도 이 민족주의가 아니고서는 쟁취할 수가 없는 것"이라 했다. 또 "민족주의는 나아가서는 同族의 권한을 확장하고 물러나서는 동족의 利益을 고수하는 것이 된다"고 했다. 그것은 "오늘날의 국가는 民族主義로써 성립된 것이며 그것은 옛날과는 달리 國王 1人의 또는 政府의 몇 사람의 나라가 아니요, 民族公共의 국가이기 때문이라고 했다. 그것은 또 옛날과 같은 배외적인 것이어서는 안되고 타민족의 장점을 취하여 자기 민족의 단점을 보충하는 것이 되어야 한다"고 주장했던 것이다(「漢城新聞」).

　따라서 일반적인 의식은 국가를 매개로 한 國民意識으로 고양되어야 한다고 했다. 즉 "血緣·地緣·歷史·宗敎·言語가 동일하면 이것이 민족을 이루는 것이나 그것이 바로 국민이라고 할 수는 없는" 것이다.

　"國民이라는 것은 그 血緣·歷史·居住·宗敎·言語가 동일한 위에 반드시 동일한 정신을 갖고, 동일한 이해를 느끼고 동일한 행동을 취하며, 그 內部의 組織이 一身의 골격과 동일하며, 그 對外의 정신이 一營의 軍隊와 상동하여야 이를 國民이라고 할 수 있는 것"이라고 했다(『大韓每日申報』).

　이것은 바로 民族意志와 國民意志는 일치해야 한다는 뜻이며 그것이 또한 國家意志와 합치되어야 한다는 것을 의미한다. 그것은 즉 민족과 국민의 동질성의 보전과 그 발전을 위한 민족적 요구이며, 넓은 의미에서 政治的·文化的 '統一'과 '繼承'을 위한 민족의지인 것이다. 그리고 이 같은 우리 민족의 동질성, 그 정치적·문화적 통일과 繼承의 歷史的 傳統을 부정하거나 파괴하는 자에 대해서는 분노와 저항으로 극복해 온 것이 우리 민족의 역사적 체험이다.

　그런데 唯物辨證法에 의거한 史觀(唯物史觀)은 위에서 논급된 우리의 보편적인 民族槪念을 몰각 또는 무시하고, 歷史를 단순한 계급투쟁의 역사로만 보며 마치 支配階級과 被支配階級의 투쟁사가 인류역사의 전부인 것처럼 편향된 역사인식을 강요한다. 그리하여 그것은 민족의 성원을 프롤레타리아 社會階級으로만 규정하고, 그러한 계급의 이익을 마치 全民族의 이익으로 여기며 따라서 국가도 프롤레타리아 독재기능을 수행하는 권력기관이라고 생각한다.

　그리고 그러한 唯物史觀에서는 社會의 經濟構造(생산력과 생산관계)를 하부구조로 보고 人間의 모든 정신활동을 그 上部構造로 보아 전적으로 하부구조의 제약을 받는 것으로 해석한다. 그러나 "그것은 經濟라는 것이 반드시 역사적 현상의 근본적인 원인도 아니고 또는 결정적인 원인도 아닐 수 있다는 事實을 무시한 논리이다. 그리고 全體라는 것이 部分的 運動의 相對的인 獨立性을 배제하지 못하는 것이며, 여러 사회를 비교하여 보면 모든 사회가 동일한 구조를 나타내는 것이 아님을 알 수 있다. 이 두

가지 이유 때문에 사람은 단 하나의 하부구조를 결정지을 수가 없는 것이
다. 또 因果律이라는 문제와 관련해서 보더라도, 어디서나 절대보편적인
조건(原因)이라는 것은 있을 수가 없는 것이다”(R. Aron).

　　唯物史觀論者들은 모든 人類의 과거를 현재의 계급투쟁의 입장에서 보
고 프롤레타리아의 勝利 그리고 社會主義의 到來를 전망하여 유물사관을
적용하고 있다. 그들은 人間性(인간의 價値, 自由, 인간과 사회)에 관한 문
제나 또 세계관이라는 이를테면 哲學的인 문제이거나, 또는 증거에 의하
여 과학적으로 논파되어야 할 문제에까지 하나의 聲明書나 혹은 하나의
공식적인 시위운동에 의존하고 있기 때문에 그들의 전망은 실제로는 가공
적인 것이다. 그것은 인간의 知識의 限界性과 우리의 實驗的 方法의 불완
전성 때문에 전연 불확실한 것이라고 단정할 수밖에 없는 것이다.

　　또한 그들의 예상은 현재를 主題로 삼은 것에 대한 분석과 다를 바 없
다. 전망이라는 것은 未來의 조건에서 구상되는 것이기 때문에 그들이 현
실의 분석으로 먼 將來를 전망한다는 모순에 스스로 빠져 있는 것이다. 유
물사관은 目的的인 사관이며, 끊임없이 발전할 (人類社會의) 미래에 대하
여는 전혀 배려하지 않은 것이다. 이 같은 목적적인 이데올로기 밑에서는
인간은 한갓 목적을 위한 수단·도구에 지나지 않게 된다.

　　이를 요컨대 그들은 人間 個性(個我)의 존중, 인간의 자유라든가 理性
(精神)의 가치를 무시하고 인간과 사회와의 관계와 因果關係를 극도로 (경
제력으로만) 단순화함으로써, 그들의 예상은 사실상 眞實에 맞지 않을 뿐
만 아니라 진실을 넘어서고 있다. 그것이 信條化될 때에 그것은 신화화되
는 것이다.

　　오늘날 北韓에 있어서의 민족사에 대한 해석은 階級史觀에 의한 역사의
왜곡, 歷史的 人物의 捏造로 그 偏向性과 荒唐無稽性을 典型的으로 나타
내고 있는 것이다.

　　그들은 唯物史觀을 신봉하면서도 그들의 ‘自主的 立場’을 내세우기 위
하여 인간의 意志 즉 精神力을 강조하여 마치 이른바 상부구조가 사회의
하부구조를 결정하는 것과도 같은 유물사관 자체에 모순된 논리를 펴고
있다. 따라서 그것은 思想體系라기보다도 하나의 동원을 위한 이데올로기

의 효능을 노린 것에 지나지 않다. 그러면서도 실질적으로 그들은 유물사관에 입각한 階級鬪爭을 내세운다.

그들은 유물사관의 공식에 따라 모든 과거의 역사를 계급투쟁의 역사로 보고, 支配와 被支配·搾取와 被搾取라는 계급대립과 계급의식과 결부되지 않는 모든 문화유산이나 문화활동을 부정한다. 그들은 오랜 傳統과 歷史的 發展過程을 거쳐서 이룩된 우리 민족의 그리고 民族文化의 同質性을 부정하고, 동족간의 階級對立과 階級鬪爭을 선언하고 있다. 그들은 우리 민족의 전통적인 문화·예술까지도 말살하고 있다.

그들은 근세 朝鮮時代의 成均館을 '反動的 儒敎敎理를 양반 자식들에게 가르치는' 최고교육기관으로 비난하는가 하면, 사회발전을 강조하면서도 '19세기, 60년대의 開化思想을 부르조아思想'이라고 규정하여 과거의 역사발전의 과정을 왜곡 해석하고 있다. 우리 민족문화는 부단한 외부와의 교섭 속에 오랜 시대를 거쳐서 발전해온 것임에도 불구하고, 그들은 그렇듯 역사적 전통을 통해서 체질화된 우리 민족 고래의 佛敎·儒敎·道敎나 근래의 基督敎文化까지도 이를 부정하고 있다.

그들은 또 역사적 인물을 날조하여 이를 우상화하고 있다. 그들은 金日成을 그의 빨치산 투쟁을 부각시켜서 마치 抗日鬪爭의 영웅으로 우상화하고 있다. 김일성의 祖父(金膺禹)에 대해서는 마치 그가 丙寅洋擾 때 美國商船 샤만號 격침사건을 주도했다 하여 그들은 김일성의 家系까지도 날조하고 있다. 3·1운동이 당시에 美國 윌슨大統領이 제창한 사료에서 널리 찾아볼 수 있는 사실임에도 불구하고, 그들은 3·1운동이 소련의 10월혁명의 영향에서 일어난 것이라고 규정하고, 그 위에 김일성의 父(金亨稷)가 이끌었다는 국민회를 조작하여, 그것이 3·1운동을 촉진시킨 원인이었다고 주장한다. 上海臨時政府가 3·1운동 직후 愛國志士들의 亡命政府였던 사실까지도 부정하고, 그것이 人民을 배신한 조작된 단체라고 역사적 사실까지도 왜곡한다. 심지어는 8·15해방에 대한 해석까지도 우리 민족의 끈질긴 독립투쟁과 연합군의 승리로 말미암았다는 엄연한 사실을 무시하고 김일성의 항일투쟁으로 얻어진 것이라고 허위선전하고 있다.

民族史나 民族文化에 대한 왜곡된 해석과 부정적·편향적 태도는 우리가 이를 받아들일 수 없을 뿐만이 아니라 이를 배제해야 한다. 그러한 **歷** 사에 대한 해석은 진실이 아니라기보다는 진실을 넘어선 것으로서 '**歷史** 의 捏造'라는 것이 이에 대한 적절한 표현일 것이다. 文化에 대한 그러한 해석은 **民族文化**를 불구화하고 畸型化하는 것일 뿐만이 아니라 **傳統文化** 를 말살하는 결과가 되는 것이다.

도대체 우리 민족의 수많은 文化遺産——鄕歌가 石窟庵 이래의 문학· 예술, 半迦像·八萬大藏經을 비롯한 불교문화, 近世朝鮮의 前期와 後期에 있어서의 민족문화의 發展——이런 것들이 어떻게 계급투쟁의 측면에서 해석이 되겠는가. 가령 謙齋·檀圓·惠園의 그림, 阮堂의 글씨(書道)를 보 더라도 여기에는 각기 그들의 개성과 민족 공통의 정서가 담겨 있을 뿐만 아니라 또한 미술작품으로서의 보편적인 아름다움이 들어 있어서 가치가 있는 것이겠다. 이것은 그 시대와 사회 안에서의 한 인간(개인)으로서 또 는 한 인간집단으로서의 個性과 그 정신활동의 다양성을 말해주는 것이 며, 단적으로 말하면 그것은 스스로 즐길 수 있는 폭넓은 생활의 亨有를 의미하고 다시 한마디로 표현한다면 그 시대 나름의 '自由'가 있었음을 의미하는 것이다.

階級史觀에 있어서는 個我(人間)의 尊嚴性이나 個性의 尊重과 같은 것이 있을 수 없으며, 따라서 文化價値創造의 여러가지 계기를 무시하는 것이 되며, 가치창조를 위한 인간의 자유라는 것도 있을 수가 없다. 여기에서 는 神話化된 목적의식에 얽매어져서 인간은 수단화·도구화되고 만다. 人 類가 걸어온 과거보다 더 유구할 인류사회의 '未來'에 대하여 전혀 배려 하지 않고 인간의 이성(情神)의 발전을 불신한다.

역사가의 관심은 精神的 生의 價値와 文化價値에 두어져야 한다. 그 가 치의 핵심을 이루는 個體性(個性)이라는 것은 역사적 개인에서만이 아니라 민족·국가·종교 그 밖의 여러 인간집단의 문화현상에서도 제시되는 것 이다. 우리 民族文化의 個性은 우리 민족의 동질성이 정치적·문화적으로 그 統一과 繼承發展을 위한 끈질긴 노력과 전통(正統性)에 의해서 이룩된 것이다.

우리 민족문화 창조의 활동은 계급간의 투쟁에서가 아니라, 우리 민족

안에서의 뛰어난 人物과 民族을 구성했던 여러 계층에 個性的 精神活動과
그들간의 조화 속에서 이루어졌다고 할 것이다. 그리고 그러한 문화가치
의 창조를 위해서는 국민 개개인이나 여러 계층의 일상생활의 그 연속성
이, 그 활력 *vitality* 이 본질적이고 기초를 이룬다는 평범하고도 자명한 사
실을 잊어서는 안될 것이다.

필자는 이 문제와 관련해서 크로체 Croce 의 말을 여기서 빌리려고 한다.

"우리는 여러가지 생각 중에서 하나의 단호한 질서를 위해서 싸우려고
한다. 健全한 學識에 대해서는 그릇된 寬容의 感傷보다 더 명확하게 말하
면 무관심이나 懷疑主義보다 더 해로운 것은 없다. 반대자들을 진지하지
않고 쓸모 없는 친구로 간주하느니보다는 분명한 목적을 제시하여 自由라
는 것이 무엇인가를 가르쳐 주어야 한다."

4. 韓國史와 世界史의 問題

어느 種族이나 民族이 완전히 고립되고 폐쇄된 속에서 그들의 생활이나
사상과 문화가 자라나고 발전될 수는 없는 것이다. 그들은 각기 시대 나
름으로 外族과의 접촉을 가지며, 그 시대 나름의 세계 속에서 성장된다.
그러기 때문에 어느 민족의 역사일지라도 당대 나름의 세계사적인 연관
없이 이루어질 수는 없는 것이다.

실제로 우리 민족으로서는 이른바 西勢東漸 이전시대에 있어서는 이를
테면 中國을 중심한 東洋世界가 바로 하나의 세계였다. 그것은 우리 민족
이 三國時代 이전부터도 軍事的・外交的・交易關係의 측면에서는 물론, 제
도・기술・종교・학문・사상을, 넓게 말하여 文化一般에 걸쳐서 인접된
민족이나 국가 사이의 광범한 교섭 속에서 우리 민족의 命脈을 이어왔고
우리 民族文化를 繼承・發展시켜 왔을 뿐만 아니라 타민족의 문화발전에
도 기여하여 온 것을 의미한다. 그리하여 동양세계는 오랫동안 이른바 儒
敎文化圈으로 서양의 그것과는 다른 세계를 가졌던 것이다.

과거에 있어서 중국의 '中華'意識이나 '華夷觀'에 대해서 한국은 '小中
華'의 나라로 자타가 인정하였다는 것도 우리 민족이 고도의 문화민족야

라는 것을 뜻했던 것이며, 그 文化的 開放性과 同質性, 이에 따른 문화의 식을 나타냈던 개념이었다. 그리하여 중국문화의 수용에 있어서도 韓民族은 그 主體性(個性)을 견지하여 온 것이다.

그러던 것이 17, 18 세기에 이르러 西勢東漸의 여파가 중국을 통하여 한국에 밀려오게 되어 世界地圖와 漢譯西洋書籍의 유입에 따라 한국지식인 사이에는 地理的 世界觀이 확대되어 단편적이기는 하나 西洋諸國에 대한 새로운 인식을 갖게 되고, 서양의 기술문명에 대한 견식이 넓어져서, 간접적이기는 했으나 한국은 이때부터 서양문물에 접하게 되었다. 이 시기에 있어서 그들은 새로운 세계의식 속에 우리 민족의 主體性을 새로 자각하게도 되었다.

19세기 중엽에 이르러 한국은 드디어 '門戶를 開放'하게 되고, 일본세력의 침투로 말미암아 이에 대한 저항의식 속에 근대적인 의미에서의 民族主義가 國民意識과 더불어 제창되었던 것이다. 당시 한국의 민족주의는 '나아가서는 同族의 權限을 확장'하는 자로서의 그것이 못 되고, '물러서서는 동족의 利益을 고수'해야 하는 그러한 민족주의일 수밖에 없었다. 전자의 경우를 '進取의 民族主義'라고 한다면 후자(韓國)의 경우는 '抵抗의 民族主義'라고도 할 만하다. 실제로 근대민족주의의 성립과정으로 보아서 민족주의를 '優越의 민족주의'와 '抵抗의 민족주의'의 두 가지 유형으로 나누어 논위되기도 했지만 한국의 민족주의가 저항의 민족주의였음에는 틀림이 없었다.

우리 민족이 근대화 과정에 있어서 近代國民國家의 체험을 제대로 지닐 수가 없었기 때문에 근대적인 국민의식을 스스로 함양할 겨를이 없었던 반면에는 韓末의 그 민족적·국가적 위기 때문에 '個我'에 대한 의식도 심화될 수가 없었던 것이다. 한 인간(개인)의 價値와 그 尊嚴性, 個性의 尊重 이런 것이 깊이 자각하게 되지 못했던 것도 사실인 것 같다.

모든 '個性'的인 것의 발전과정 사이에는 進取와 抵抗이라는 상극된 현상이 일어나게 마련이다. 그리고 개성이란 한 개인에게만 있는 것이 아니라, 사회내의 諸集團, 종교, 민족에도 있는 것이다. 여러 개성적인 것의 發展過程에서 야기되는 이 같은 진취와 저항의 양면성은 調和의 논리로써 극복되어야 하리라고 생각된다. 개인간의 그리고 여러 사회집단이나 사회 계층간의 투쟁이 아니라 '調和'가 個性을 발전으로 이끄는 것이 될 것이다. 그리고 그 개성적인 것의 발전은 普遍的인 價値와도 연결되어야 할 것이다.

오늘날의 세계는 과거에서와 같은 동양·서양 등의 여러 개의 세계가 아니라, 名實相符한 하나의 세계로 화하였다고 할 것이다. 그리고 그 세계는 과거의 세계와는 다른 세계이다. 그러나 諸民族·國家間에는 또 다른 樣相으로의 경쟁시대이기도 하며, 각자의 발전의 노력 속에는 역시 진취와 저항의 양면성을 내포하고 있는 것이다. 그리고 諸民族·國家가 없는 세계는 있을 수가 없고, 세계가 없는 제민족이나 국가도 사실상 있을 수가 없게 된 것이다. 제민족과 국가는 이제 명실상부한 세계내의 존재인 것이다. 民族史는 이제 과거에서와 같은 유리된 각기의 세계내의 민족사가 아니라 명실상부한 전세계내의 민족사일 수밖에 없게 되었다. 민족주의는 이제 과거에서와 같이 進取만의 민족주의도 저항만의 민족주의도 아닌 이를테면 '調和의 민족주의'이어야 하리라고 생각된다. 그것은 또 개성적인 것과 보편적인 것과의 조화를 의미하기도 한다.

우리 民族과 國土가 분단된 우리나라의 당면과제는 平和的으로 민족과 민족문화를 통일·계승·발전시켜야 한다는 데 있다.

이와 같은 과제는 내부적으로는 階級間의 鬪爭이 아니라 個性의 尊重과 그 조화 속에서 외부적으로는 민족, 국가간의 투쟁이 아니라 그 조화에서 해결이 모색되어야 할 것이다. 舊韓末時代의 언론에 있어서도 우리 민족은 '時代情勢를 만드는 者'가 되어야 한다고 했고 '時代情勢의 노예가 되지 말고 社會發展의 先鋒이 되도록' 해야 한다고 했다. 그것을 바꾸어 말하면 우리 민족은 세계사를 올바로 이끄는 선봉이 되어야 한다는 의미가 될 것이다.

여기서 우리는 혼히 볼 수 있는 몇 가지 그릇된 방향으로 민족사를 이끌어 가서는 안될 것이다. 첫째로 한 민족의 個別性과 이에 근거한 역사의식을 지나치게 강조한 나머지 과거로 도피하여 과거의 어떤 시대, 理想化한 黃金時代를 현대와 대조시키려는 낭만주의적인 경향을 의미한다. 과

거에 대한 낭만주의적인 감각이 전혀 없어서는 현재의 生이 황량한 것이
되기도 쉽지만 낭만주의가 肥大해지면 生을 저해시키기 쉬운 것이기 때문
이다(Meinecke). 그것은 또 자기 민족의 우수성만을 내세워서 자칫하면
배타적인 國粹主義的인 민족주의로 떨어뜨리기가 쉬우며, 과거의 오랜 역
사를 통해서 체질화된 傳統文化까지도 그것이 외래적인 것이라 하며 이를
전적으로 거부함으로써 전통문화까지도 空疏化시키는 결과를 초래하기가
쉽다.

　둘째로는 위의 경향과는 정반대로 과거에 대해서가 아니라, 미래 속에
탁월한 역사의 목적을 설정하는 방법이다. 여기에는 많은 歷史哲學的인
환상이 나타나서 어떠한 절대적인 理想 같은 것으로 향하는 현실적인 진
보를 역사 속에 인식하려고 하여 모든 것을 그 방향으로 몰고가게 된다.
그것은 目的的인 歷史觀으로써 개별성을 무시하고 보편성만을 주장하게 되
고, 圖式的이고 架空的인 인식태도로써 코스모폴리타니즘과 같은 성향까
지 띠게 되기 쉽다. 唯物史觀 같은 것도 그 유형의 하나일 것이다.

　그리고 셋째로는 民族史라는 것을 이를테면 이른바 實證史學과 역사철
학과의 종합의 경지에서 완성되어야 할 것이라 하여, 그릇된 民族的 意志
를 世界史的 理念과 일치된 것이라고 강변하려는 경향이다. 그것은 이른
바 歷史主義의 末弊로 나타났던 바와 같다.

　올바른 韓國史는 個別性을 지닌 것인 동시에 보편성을 지닌 것이어야
하며 주관적이면서 객관성을 지닌 것이어야 할 것이다. 그것은 앞을 보는
현재적 입장에서 오늘날의 하나의 세계 속에서 만족적이고 세계사적이기
도 한 역사적 현실을 올바로 인식하는 데에 성립된다고 할 것이다.

5. 結　言

　우리는 이른바 民族史學 내지는 民族主義史學과 實證史學은 서로 배제
되는 것이 아니라는 점과 近代實證史學이 歷史學의 발전과정에서 이룬 공
헌을 인정하면서도 일찍이 이에 대한 반성과 비판의 소리가 일어났다는
점을 지적하였다. 그리하여 歷史家는 앞을 바라보는 현재적 입장에서 過

去의 史實에 대하여 새로 해석하고 그 의미를 부여하는 일을 해야 한다는 근래의 주된 경향을 보아왔다.

그리하여 근대실증사학의 德(惠澤)도 충분히 입을 겨를이 없었던 우리 民族史의 과제에는 명확한 역사의식을 갖고 실증사학의 流弊를 극복해야 한다는 민족적 요구가 들어 있다고 보인다. 이러한 경우에 그것이 도리어 혼란된 상태로 경우에 따라서는 더 나쁜 방향으로 되돌아갈 추향조차 띠기 쉽다는 것이었다.

또한 역사를 唯物史觀에서 보는 바와 같이 目的的이고 圖式的으로 단순화하여, 정치적 이데올로기로 화하게 하여, 人間의 尊嚴性, 個我의 價値, 個性의 尊重, 자유정신과 같은 것을 전적으로 무시하고, 실제상으로 인간을 도구화·수단화해시는 띨 수 없다는 점을 지적했다.

그러면 올바른 민족사의 방향은 어디에서 찾아야 할 것인가. Croce는 이러한 문제와 관련해서 "空想的인 로맨티시즘과 물질화된 것과 같은 實證主義와의 대립을 해결하고, 새로운 역사서술의 基礎를, 그리고 동시에 그 근거를 줄 수 있는 새로운 哲學은 아직도 발견할 수가 없다"고 하고, 그것을 直觀主義나 또는 價値哲學에서는 찾을 수 없는 것이라고 했다. 그러면서도 그는 그러한 것을 오늘날의 현대역사서술 속에서 발견한다고도 했다. 그는 "우리는 우리들의 밖에서 우리들의 思想이기도 한 다른 사람들의 사상 속에서 우리 스스로를 認知할 수가 있다"고 하고 따라서 "國民的인 것이 보편적인 것일 수가 있다"고도 했다.

이와 같은 생각 즉 "우리들 밖에서 우리들의 사상이기도 한 다른 사람들의 사상 속에서 우리 스스로를 인지할 수 있다"는 생각의 근거는 무엇인가. 필자는 그것은 '共感' sympathy 이어야 하리라고 생각한다. 그리고 그것은 '調和'라는 의미와도 통하는 것이다.

레이몽 아롱은, "人間의 共感이라는 것은 각기 개인에 있어서 개인적인 정신 위에 客觀的 精神의 優位性에 의해서 일으키게 되는 것이며, 그것은 역사적이고 그리고 구체적인 基本論據가 되는 것"이라고 했다.

오늘날의 세계에 있어서의 民族主義는 이제 과거에서와 같은 저항만의 민족주의도 진취만의 민족주의도 아닌 '調和의 民族主義'이어야 할 것이라고 생각된다. 그것은 階級間의 투쟁의 민족의식이 아니라, 민족내의 여러 계층간의 조화의 민족의식이어야 하며, 그러한 의식의 근본은 민족적·국민적 또는 인간적 '共感'에 있는 것이며, 그것은 또 세계사적인 보편성을 지녀서 우리 민족 밖에서도 공감되어질 수 있는 것이어야 한다.

人類의 歷史를 어떠한 終末史觀으로 보지 않는 한, 인간의 理性은 애초에 完成品으로 주어진 것도 아니며, 혹은 또 架空的인 理想 속에 받아지게 되는 것도 아니라, 인류의 부단한 노력에 의하여 발전시켜 나아가는 것이라고 생각된다. 그것은 당장에 도달될 수 있는 어떤 標的과 같은 것도 아닌 것이다. 그것은 늘 새로운 그리고, 늘어나는 素材가 제기해 주는 당면과제, 같은 시대의 사람들의 문제들을 해결해 나아가는 과정 속에서 끊임없이 발전되는 것이라고 할 것이다. 그것은 인간의 창조적 활동, 문화가치의 창조에서 얻어지는 것이며, 自由와 調和 sympathy 에 기초한 우리의 民族史觀은 그리하여 諸民族의 平和共存의 공통된 요구에 부응되는 그러한 史觀으로 정립되어야 할 것이다.

〈'民族史의 理念 大學術會議'(國土統一院 主催), 1977. 11〉

韓國史學의 現況과 展望

韓國學이란 제목이었지만 나의 專攻이 韓國史니까 주로 韓國史에 관해서 평소에 생각해온 바를 얘기하겠습니다. 해방후에 한국사 분야에서는 연구인원수도 늘고 開發도 상당히 되어서 分野에 있어서나 깊이에 있어서 크게 발전되었다고 할 수가 있을 것입니다. 그런데 가령 일전에, 여러분도 신문지상에서 보셨겠시민 歷史學大會가 있었을 때에, 물론 신문기자가 타이틀을 붙였겠지만, 한국사는 研究方法的으로 보면 아직도 좀 덜 익었다는 의미의 타이틀을 붙여가지고 얘기들이 오간 적이 있지요. 그렇지만 韓國學 더욱이 한국사를 하는 사람들이 方法論도 공부해가지고 논문을 쓴다는 경우는 상당히 어렵다고 생각됩니다. 직접 논문을 쓰는 일이 너무 바쁘니까 방법론을 이것저것 어느 정도 깊이 안다는 것은 굉장히 어려운 일이고 또 사실 방법론을 잘 안다고 해서 반드시 훌륭한 논문을 쓴다고 보장되는 것도 아니죠. 단적으로 말하면 우리나라는 日帝時代에 주로 歷史學을 전공한 분들과 또 일반학자들에 의해서 일본을 통해 近代史學이 도입이 되었다고 할 수 있습니다. 일반적으로 말하는 實證史學, 實證主義에 입각한 역사학. 그것이 대체로 主流가 되어 왔다고 볼 수가 있죠. 그래서 여기서는 간단히 실증사학이란 어떤 것이냐, 지금 그런 것에 대해서 비판이 되고 문제가 되니까 간단히 그 요점만 말씀드리도록 하겠습니다.

실증사학의 기본정신이라고 할 수 있는 것은 역시 실증주의이죠. 自然科學의 발달과 더불어 발달한 하나의 歷史科學으로서 학문을 과학적으로 해야 된다는 것이죠. 그래서 歷史學을 하나의 과학으로서 취급하고, 이 같은 實證主義에 대해서 經驗主義를 강조하는 실증주의와 自然科學의 發達은 現象的인 世界의 배후에 이념적인 어떤 實在라고 할까 아이디얼 리얼리티 곧 어떤 이념적인 실재가 있다는 가정을 깨뜨리는 방향으로 작용을 했다고 말하고 있는 것입니다. 즉 실증사학은 理念을 반영하는, 다시 말하면 어떤 이념에 의해서 支配되는 하나의 과정으로서의 歷史學, 따라서 이전의 역사에 대한 신념은 저버리게 하고, 그리하여 역사학에 있어서의 學問的인 관심이 상당히 협소해졌다고 판단하는 사람도 있게 된 것입니다만, 이런 실증주의자들의 과학에 대한 이해는 즉 事實에 대한 確認과 거기서부터 歸納的으로 어떤 法則을 마련해 내는 일, 어떤 사실을 확인하고 그것을 통해 귀납적으로 법칙을 마련해내는 것이라고 요약될 수 있을 것입니다.

그러니까 역사가들은 그런 실증주의에 입각해서 文獻學的인 연구에 몰두하게 되고, 과거의 事實을 事實 그대로, 결국 主觀을 넣지 않고, 자기 감정이라든가 하는 것은 물론, 어떠한 연구하는 사람의 주관은 개입시키지 않고, 사실 그대로를 밝혀내는 일이 자기들의 의무라고 생각해 왔습니다. 그들은 여러가지 개개의 사실들을 종합적인 것이 아닌 각기 遊離된 것으로서 인식하고 연구하는데 열중하여 주관을 완전히 배제, 혼히 말하는 “史料로 하여금 말하게 하라”, 자기 의견을 넣지 말고 아주 확실하다고 믿을 수 있는 史料를, 史料批判을 통해서 그것으로 하여금 말을 하게 하라는 것인데 이것이 곧 실증사학의 기본적인 태도인 것입니다. 그래서 그 실증주의는 “모든 사실은 사실이고, 그리고 모든 것은 동등한 권리를 가지고 역사 안에 受容이 되어야 한다.” 이것은 크로체 Croce 의 비판적인 말이라고 알고 있습니다만, “역사 속에 그것이 다 들어가야 한다.” 그래서 그런 하나의 원칙으로 연구에 몰두했던 것입니다.

그러나 실증사학이 결국은 각개의 사실에 대한 어떤 綜合的인 가치판단이나 또 意味 賦與에는 무관심했고, 따라서 그러한 데 대해서 능력이 없는 결과가 된 것도 사실입니다. 너무 사실만 쫓아다니고 그래서 전체적인, 섭게 말하면 숲은 못 보고, 그것이 무슨 의미가 있느냐 무슨 가치가 있느냐는 문제삼지 않아서 사실과 가치를 유리시켜서 생각한 거조. 사실 안에는 가치관념은 개입시킬 필요가 없다. 그래서 이러한 가치판단이나 의미부여에 무관심했고 무능했다. 그리하여 실제로 크로체 같은 사람은 “어떠한 의미라든가 어떤 진리가 결여된, 그런 것이 없는 그런 역사란 것이 도대체 역사일 수가 없는 것이다", 이렇게 비판하고 있습니다. 實證史學에 대한 批判의 猛將이라고 할 수 있는 크로체는 그런 의미로 얘기했던 것입니다. 가치가 없고 어떤 의미가 없는 그러한 역사기술이, 그것이 무슨 역사냐 이런 반론을 제기했던 거죠. 그러한 源流로서는 대체로 딜타이 Dilthey 나 혹은 비코 Vico 등이 거론되고 있는데, 크로체가 "모든 歷史는 現代史"라고 말한 것은 역사는 본질적으로 現在의 眼目으로 현재적인 입장에서, 그리고 현재의 여러가지 문제에 비추어 과거를 보는 데서 성립되는 것이며, 또 역사가의 주된 일은 기록하는 것이 아니고 評價하는 것을 의미한다고 이렇게 말했던 것입니다. 그러니까 歷史家가 價値評價를 하지 않는다면 자료를 어떻게 선택할 수가 있겠느냐 애초부터 자료선택이라고 하는 것을 어떤 기준으로 하겠느냐 이런 밀이 되겠죠. 따라서 가령 요사이 많이 읽혀지는 카 E.H. Carr 의 『역사란 무엇인가』에서는 역사는 "역사가와 그가 선택한 사실들 사이의 계속적인 상호작용의 과정"이며, 따라서 많이 인용되는 말입니다만, "現在와 過去 사이의 끊임없는 對話"라고 했던 것입니다. 역사란 현재적인 입장에서 어떠한 가치나 의미가 있는 그런 과거의 연구이다. 따라서 역사는 그것이 과거의 사실과 사이의 어떤 시종일관된 관련을 맺을 때에만 그 의미와 客觀性을 지닐 수가 있는 것이라고 했습니다. 이런 점은 실증사학에 대한 비판의 맹장 크로체 이후에 그러한 潮流가 죽 내려와 있습니다.

　한편 파리大學에 있는 앙리 마루 H. Marrou 라는 사람은 歷史哲學入門書에서 더욱 절실하게, "歷史家는 그의 주위의 모든 사람들에게 공통된 요구이기도 한 그러한 중요한 문제를 해결하는 데에 어떤 실마리를 풀어주는 그러한 의문을 제기하고 그것을 硏究하는 것"이라고 얘기하고 있습니다. 이 같은 견해 내지 주장들을 내 나름대로 한마디로 말한다면, 역사가의 硏究課題 즉 무엇을 연구하느냐 하는 데에는 현실에 대한 自己의 歷史意識, 그 역사의식이 투영되어야 한다는 이러한 의미로 생각할 수가 있을 것입니다. 그것은 실증사학자들이 事實確證에만 골몰해 가지고, 그들이 겨냥하는 어떤 法則을 발견한다고 하는 것이 목표이긴 하지만, 크로체는 언제 이들 법칙을 발견할 것이냐 법칙은 영영 못 발견하는 것 아니냐, 사

실에만 지나치게 골몰하는 것 아니냐, 그는 비유하기를, 콘서트를 연주하
는 집단의 단원들이 콘서트는 연주 안하고 연주하기 전 각자 악기의 음계
를 맞추는 일에만 열중하고 있는 그러한 괴상한 음악 같은 것을 하고 있
는 것 아니냐, 이렇게 비유를 하고 있습니다. 이러한 점은 비단 일반 역
사학에서만 있는 것은 아니고 法史學 같은 데서도 문제가 되고 있습니다.
實證主義的인 태도로 法史學을 연구하는 사람들은 이를테면 判例 같은 데
에만 집착을 하는데——판례도 물론 중요한 연구과제겠죠——그러나 法이
라는 것이 뭐냐, 法의 本質이 뭐냐, 어떤 法이 진짜 法이냐, 이러한 문
제, 이를테면 法哲學的인 문제겠죠. 그러한 법철학적인 문제는 골치 아프
다, 그러니까 그런 것은 기피한다는 거죠. 이런 얘기는 당트레브 A.P.
D'Entrèves 의 『自然法』이라는 저술 속에서 역시 비판되고 있습니다.

  오늘날 實證史學을 극복해야 된다는 요구는 밖에서는 벌써 일반화되어,
역사연구에 있어서는 역사가의 意識의 문제가 강조가 되고, 역사의 서술
은 단순한 과거의 사실을 기록하고 진술하는 그런 것이 아니고 역사가의
歷史意識 내지 史觀 등에 의해서 체계화가 되어야 한다는 요구가 역사연
구에 있어서의 기본태도처럼 되어 있습니다. 가령 우리나라의 경우, 해방
후 1960년대 이후로 그런 의미에서 丹齋 申采浩 선생의 史論이 거론이 되
기 시작했다고 생각되는데, 그러나 丹齋의 史論을 처음에 여기저기 발표
하신 분들의 글을 보면, 그것이 전연 종잡을 수가 없어요. 그 초기의 글들
은 깊이 연구해서 쓴 것이 아닌 것으로 생각됩니다. 예를 들면 어떤 분은
단재를 상당히 세계사적인 안목의 소유자라고 말하는가 하면, 어떤 분은
그런 안목이 없다고도 하고, 또 다른 분은 상당히 실증적이고 과학적이고
객관성이 있다고 하는가 하면, 또 그 반대의 주장을 하는 사람도 있습니
다. 또 다른 분은 단재가 민족의식을 내세우고 과거 日帝時代 당시에 일
본인에 의해서 歪曲되었던 史實에 대해 비판한 것이라든지 혹은 과거의 儒
敎的인 역사에서 벗어났다든가 비판했다고 하는 공로는 있지만 그러나 투
쟁 혹은 역사의식, 민족의식을 너무 강조하여 역사를 투쟁으로만 보는 것
은 오늘날의 입장에서 보면 타당성이 없는 것이라 했습니다. 그러니까 서
로 相反되는 얘기가 되죠. 근자에 좀더 공부를 해서 발표된 논문에서도

어떤 분은 丹齋史學은 發展觀이 있다고 말하는가 하면, 또 다른 분은 상
당히 연구를 한 분인데 거기에는 발전관이 들어 있지 않은 것이 흠이다,
단재의 歷史思想에는 그 점에서 限界性이 있다고 말하고 있습니다. 그리
하여 제삼자가 그 글들을 보게 되면 단재가 과연 어떤 사람인지, 그 사론
이 어떤 성격을 지닌 것인지 알 수 없는 그런 인상을 풍기게 됩니다. 그
러니까 제삼자의 입장에서는 그 두 가지 상반되는 중에 한 쪽이 옳거나
그렇지 않으면 두 가지 성격을 다 같이 내포하고 있거나 이렇게 짐작하는
수밖에 없는 형편이라고 생각됩니다. 그러면 왜 그렇게 되느냐. 그것은
물론 우리가 論文을 쓰는데 있어서는 여러가지 제약, 곧 인간적인 문제,
혹은 資料上의 문제가 있겠지만. 여하간 논문을 뒤에 쓰는 사람은 앞에
쓴 사람의 意見하고 다를 경우, 그것을 歸證하는 일을 안하기 때문이라고
생각됩니다. 내 생각하고 다르다, 그것이 잘못이다, 그것이 왜 잘못이냐
하는 것을 변증할 수 있어야 하는데 그런 작업은 안하고 무조건 자기 의
견만을 발표하게 되니까 이것이 서로 맞지가 않는, 그리고 제삼자가 비판
을 할 수 있는 혹은 어떻게 다시 생각할 수 있는 자료를 제공해주지 않는
데에서 오는 혼란이 아닌가, 또 한 가지는 특히 思想이라고 하는 것을 한
사람이거나 한 시대의 어떤 조류를 생각할 때에, 가령 우리가 과거의 어
떤 사람의 사상을 연구하는 경우에 그분의 사상이 자초지종 논리적으로
일관된 생각을 했다고 하는 전제를 반드시 할 필요가 있을까 하는 생각입
니다. 그렇지 않은 경우도 있다는 얘기죠. 더구나 過渡的인 時期에 있어
서는 그 한 사람의 思想이 始終一貫된 것이라고만 볼 수도 없지 않은가
하는 여유를 두어야 된다. 이를테면 모순된 생각을 가질 수도 있습니다.
예를 들면 星湖 같은 분은 다른 면에 있어선 매우 진보적인 분 같지만 貨
幣經濟에 대해서는 아주 극단적으로 반대를 했지요. 廢錢論, 貨幣가 그렇
게 폐단이 많을 바에는 아주 그만두자, 화폐 쓰지 말자, 이런 얘기까지
했으니까요. 그것은 완전히 서로 당착이 되는 얘기죠. 그러니까 너무 외
곬으로만 생각하는 그런 습관이 있지 않은가, 조금 더 여유를 가질 필요
가 있다고 생각됩니다.

　우리는 지금 우리 시점이라고 하는데 대해 몇 가지 배려를 해야 할 점

이 있다고 생각합니다. 저는 평소에 學問이라고 하는 것도 그 社會의 變遷에 따라서 여러가지 潮流가 달라질 수도 있다고 생각하는데, 이를 비유해서 말한다면 우리가 過去 儒敎的인 이른바 傳統社會에서 기형적이긴 하지만 日帝시대를 거치는 동안에 제대로는 못 되지만 그 나름대로 近代社會로 이행되어 왔습니다. 요새 와서는 일반적으로 말하는 근대사회보다 좀더 템포가 빠르게 급변하는 産業社會로 변천되어 가고 있습니다. 이러한 두 과정을 거쳐서 우리가 살고 있는데 그것이 어떻게 잘 조화가 된다든가, 잘 지향이 되지를 못하고 정리가 되지를 못한 속에 우리가 있지 않은가. 가령 단적인 예로 시대사조를 한눈으로 제일 잘 인상받을 수 있는 것이 건축물이라고 한다면, 朝鮮時代의 遺蹟인 景福宮·南大門과 日帝시대에 들어와서의 지금의 中央廳(일제의 總督府)은 전통적인 사회하고 그 나름으로 근대화되어 가는 사회하고의 조화가 되게끔 건축된 것이 아니라 오히려 傳統의 斷絶, 그것을 무너뜨리고 저해하는 그런 건물로서 우리는 보게 됩니다. 또 지금 産業社會로 되는 대표적인 것이 예를 들면 고층건물이다, 하이웨이다 할 때 獨立門도 고가도로 때문에 밀려나 물러나 앉게 되고 興化門도 비켜 있고 또 남대문 근처에는 너무도 조화가 안된 고층건물이 있어서, 그런 것들이 조화를 이루면서 있는 것이 아니라 부조화 속에 이를테면 산재해 있는, 이런 상태라는 것이 우리의 어떠한 價値觀이라든가 혹은 倫理觀, 또 우리 史學硏究라는 면에 있어서까지도 露呈되고 있지 않은가 이렇게 생각이 됩니다.

그래서 이 시점에서 우리가 배려해야 될 것이 몇 가지 있다고 생각이 돼요. 가령 첫째로 實證史學의 歷史的 意義입니다. 실증사학이 지금 비판되고 있는 것과 같이 그것은 당초부터 영 못 쓸 것이었느냐 하는 문제가 있습니다.『社會科學의 諸方法』이란 책을 낸 뒤베르제 M. Duverger 란 사람은 "實證的이란 말은 동시에 宗敎的 및 形而上學的이라는 말과 대립되는 것이다. 그러니까 실증적 단계라고 한다면 그것은 인류가 점진적으로 발전하는 과정에 있어서 神學的 및 形而上學的 단계를 순차로 통과한 뒤에 도달되는 세번째의 단계다", 이렇게 얘기하고 있습니다. 그래서 이 실증적인 현상의 관념은 가치의 관점과는 대립되는 것이라고 했던 것이죠.

이것을 바꾸어 말하면 근대실증사학의 그 史學史的인 의미는 역사를 신학
적 및 형이상학적으로 해석하려는 이를테면 古代的·中世的 歷史認識태도
에서 벗어나는 것을 의미한다고 볼 수가 있습니다. 그래서 역사학의 객관
적인 과학성을 띠게 되고 실제로 그러한 실증사학의 발달과정에서는 그
실증정신에 따라서 문헌적인 연구에 집중이 되는 동안에 결국은 文獻 등
여러가지 새로운 史料가 많이 발굴이 되고 그것이 정리가 되고 또 編纂,
復刊——역사연구에 기초적인 작업들이죠——그러한 것들이 많이 행해지
고 그 노력에 따라서 연구 영역이 자연히 넓어지고 또 역사책의 서술내용
이 훨씬 더 풍부해져서 이를테면 실증사학은 풍부한 혜택을 준 셈입니다.
그러니까 실증적이라고 하는 것은, 우리가 아무리 역사학이 발전된 어떤
새로운 방법이라고 해노, 그리고 어떤 體系라든가 종합적인 어떤 意味解
釋이라든가 하는 것도 확실한 사실 위에 서야 한다는 것만은 틀림없는 사
실입니다. 이것을 반대로 비유한다면, 그런 일이 소홀해가지고 어떤 종합
적으로 본다든가 體系를 세운다든가 하는 경우라면, 앞서 크로체가 비유
한 것을 반대로 비유해서 이것은 音階도 맞추기 전에 交響樂 연주부터 하
는 격이 아니냐 소리가 안 맞지 않느냐 하는 상태가 되기도 쉽다는 점입
니다. 이렇게 볼 때 현재의 韓國史學은 그동안의 역사적인 여러가지 제약
때문에 실증사학이 도입된 뒤에도 그것이 할 수 있었던 역할조차 제대로
하지 못했습니다. 구체적으로는 우리가 史料를 발굴한다든가 오늘날까지
도 가령 古文書가 전체적으로 정리되지 않아 연구자가 이용할 수 없다든
가 전국에 산재해 있는 자료에 대한 조사가 되어 있지 않아 그 文獻目錄
이 제대로 되어 있지 않다든가, 조사도 제대로 되어 있지 않다든가 그러
한 기초적인 일조차 우리가 할 겨를이 없고 기회가 없었다, 이런 상황입
니다. 한마디로 그러한 연구에 대한 훈련과 성과도 불충분하고 미흡해 왔
다는 것입니다. 그리고 그러한 것이 우리에게 줄 수 있는 혜택도 제대로
받을 수 없었던 것이 우리의 상황이었습니다. 이 같은 상황은 오늘날의 韓
國史學의 입장을 잘 말해주고 있습니다. 그러니까 실증사학이 발전해 나
가는 과정에 있어서 우리가 얻을 수 있었던 그것조차도 우리는 제대로
갖고 있지 못합니다. 구체적으로는 사료정리도 제대로 되어 있지를 않고.

그러니까 實證史學이 歷史學의 발전에서 보탬이 될 수 있는 측면을 우리는 지금이라도 최대한으로 거둬들이는 수밖에 없고 그와 동시에 역사의식의 중요성도 다시 재인식되고 자각되어야 한다는, 이를테면 이중적인 과제를 가지고 있는 것입니다.

외국에서는 이것이 상당히 발전되어 그 폐단까지 생겨서 이래서는 안되겠다, 그래서 다시 새로운 것을 생각하고 있는 실정입니다. 이것은 비단 韓國史學의 연구상황일 뿐만 아니라 모든 문제에 그런 상황이 아니겠느냐, 가령 우리가 어떤 도덕규범이나 윤리규범에 있어서도 마찬가지가 아닌가, 유교적인 도덕규범은 온전히 다 팽개친 것 같지마는 아직도 잠재해 있고, 또 그것은 몽땅 걸어치워야 하는 것이냐, 거기서 어떤 취할 것이 있는 것이냐 하는 데 대한 정리조차 안되어 있습니다. 그리고 그 다음에 個人主義, 自由主義, 民主主義다 하는 것도 정립이 채 안되어 있다. 그런데 이제 그것이 극도로 가서 産業社會다 核家族이다 이래가지고 그 문제에까지 당면해 있습니다. 그러니까 이것 역시 두 과정을 우리는 동시에 해결해 나가야 하는 이런 무거운 짐을 지고 있다고 생각이 됩니다.

역사학에 있어서 또 한 가지 문제는, 콜링우드 Collingwood 가 말한 것처럼 실증주의의 극복이라는 그런 새로운 국면의 교체과정에서는, 다시 말하면 실증주의를 비판하고 새로운 것을 발전시켜 나가야 하는 그런 교체과정에서는, 實證主義와 反實證主義와의 사이에, 反實證主義者의 여러가지 모티브와의 혼란된 결합으로 나타나기가 쉽다는 것입니다. 그것은 실증주의를 극복하는 대신에 도리어 새로 일어나는 곤란을 어떻게 극복해 나가야 될까 하는데 대한 구체적인 방법이 없다는 거죠. 그것을 극복해야 한다는 경우에 그러한 국면에는 도리어 잘못하면 그것을 극복하는 대신에 새로 일어나는 여러가지 혼란으로부터 뒤로 되돌아가는 그런 경향마저 띠어서 콜링우드는, "그것을 정확히 말하면 나쁜 방향으로 이끌려가는 취향마저 나타나게 된다"라는 얘기까지 하고 있습니다. 어떤 점에서는 우리나라에서도 역사학분야에서 이미 그런 면이 나타나 있다고 생각이 됩니다. 이와 같은 풍조에서 우리는, 콜링우드의 얘기지만 언제나 갈피를 잡을 수 없는 것, 그러니까 아주 그 정립이 되지 않은 상태의 모순을 발견하게 된다는 거죠. 콜링우드는 "모순이라는 것은 진보적인 것과 퇴보적인 것 사이에 일어나는 현상"이라고 말하고 있는데 이러한 상황이 우리에게도 해당되지 않나 생각됩니다.

최근에는 실증사학에 대한 비판 위에 여러가지 새로운 역사연구방법이 진전된 것을 볼 수도 있습니다. 그리고 그것은 우리나라에서도 직접적이건 간접적이건 부분적으로 또 개인별로 채택도 되고 그런 연구방법이 쓰여지기도 합니다. 이것은 학문이 극도로 분화 발달하는 데서 오는 폐단, 그러한 폐단에서 벗어나자는 것이고, 또 한 가지는 크게 발전된 社會學이라든가 人類學 등의 영향, 그리고 또 한 가지는 고도로 발달한 科學과 그 발달에 따르는 연구작업하고 관련되는 문제, 한마디로 말하면 컴퓨터의 도입, 이와 같은 여러가시 새로운 방법이 도입되고 있는데 그 가장 핵심적인 문제는 이렇게 생각이 돼요. 과거에 연구하는 사람들이 여러가지 사실을 각기 遊離시켜서 연구를 하였고 하나하나 개별적인 사실에 대한, 사실의 확인에만 열중했기 때문에 모두 개별적으로 유리시켜서 연구를 해왔다는 것이 공통된 반성 비판의 내용이라고 생각됩니다. 가령 뒤베르제는 사회과학분야 그 자체에 관해서도 이렇게 얘기를 하고 있어요. 사회과학, 가령 정치학이나 사회학·역사학 등등이라고 할 때에 그 각 분야에서 연구하는 假說 principle 이 다 다르다. 사회학은 사회학 하는 방법대로 하고 정치학은 정치학 방법대로 하고, 그러면 그것을 공통적으로 종합해 가지고 볼 수 있는 어떤 프린시플이 있느냐 그것은 없다는 것이죠. 그러니까 역사학 안에서의 여러가지 문제의 개별성, 그런 문제가 아니고 여러 학문분야 상호간에까지도——그것을 사회과학의 분열이라는 말로 표현했는데, 그래서 그러한 사회과학의 분열상태를 치유할 수 있는 방향으로 지금 나아가고 있다는 거죠. 그래서 그 예를 몇 가지 들었는데, 일반사회학이 그러한 것을 해보려고 노력은 하지만 여기에도 문제가 있다는 것입니다. 그리고 또 한 가지는 이것이 어떤 공통적인 가설, 宇宙說明的인 어떤 理論, 전체를 통틀어서 볼 수 있는 무슨 이론 등이 필요하다고 생각이 되는데 그것은 도무지 아무 서광이 없다는 것입니다. 셋째, 그 사람이 이것만은 하고 있다고 한 것은 協同研究입니다. 諸分野의 학자들이 종합적으로 같이 연구를 할 수 있는 그런 방향으로 협동연구를 하는 것, 그것만은 지금 추진중이라는 것입니다. 우리나라에서도 몇 년 전부터 협동연구, 협동연구 하지만, 실질적으로 협동연구라는 것이 과연 가능할까, 일반적으로는 사회학 하는 사람은 역사학에 대한 자료를 보기가 어렵다든지 역사 하는 사람은 사회학적 방법에 대해서 소홀하다든가 하기 때문에 실질적으로 협동하는 단계는 아직 좀더 있어야 되지 않겠느냐 이런 생각이 들었습니다. 그래서 그러한 것은 이제 그 사회과학 전체, 그러니까 뒤베르제의 말로는 '사회과학의 분열'의 단계, 혹은 분화 발전하는 단계라고도 할 수 있는 그러한 분열의 단계라고 하는 것은 이미 시대에 뒤떨어진 것이라고까지 얘기하고 있습니다.

이것은 政治史에서도 마찬가지로 얘기되고 있죠. 르고프 Jacques Le Goff 라는 사람이 정치사에 관한 얘기를 했는데, 이 사람은 소위 말하는 그 아날 Annales 학파의 대표적인 사람인 것 같아요. 그래서 이것은 한마디로 하면 종합적으로 보아야 한다는 거죠, 루시앙 페브르 L. Febvre 의 말을 인용해서 "社會史니 또는 經濟史니 하는 그런 것은 없다. 그저 역사가 있을 따름이다." 즉 사회사, 경제사 등이 따로 있을 것이 아니고 그저 역사가 있을 뿐이라는 것이다. 그러니까 分類史라는 것은 이를테면 반대하는 거죠. 綜合史라야 된다, 그래서 政治史도 說話的으로 사건을 기술하는 그런 것은 아주 '싸구려 역사'라고 표현했죠. 그리고 다른 분야의 공부도 해야 된다고 하고 정치사 하는 사람은 경제사라든가 사회사라든가 혹은 心理學史라든가 이런 것도 다 공부를 해서 그리고 그 위에 다른 분야까지도, 地政學에 관한 것이라든지 政治心理學, 政治社會學이라든지 이런 것까지도 다 흡수가 되어야 된다는, 그래서 종합적으로 보아야 한다는 그런 주장을 하고 있습니다. 그래서 그는 politics 가 아니고 policology 라는 용어를 쓰면서, 이런 방향으로 발전시켜야 한다고 보고 있어요.

그리고 뿐만 아니라 知性史 내지는 思想史를 말하는 사람도 마찬가지로 너무 遊離시켜서 연구를 한다는 거죠. 가령, 한 시대를 통틀어서 지배하는 知的인 운동의 예를 啓蒙運動에서 들었는데 이런 경우에 여러가지 다른 사상이 결합되어 있는 상태 즉 서로 다른 여러가지 아이디어들이 연결되어 있는 것인데, 그런 것을 각기 유리시켜서 개별적으로 연구하는 그런 연구방법만으로는 간과되는 문제들이 있다는 것입니다. 말하자면 그렇듯 유리된 방법으로는 사상의 상호연결관계라든가 혹은 思想이 行動에 어떻게 영향을 끼치느냐 또는 어떤 理念이나 사상과의 이해관계하고의 관계라든지 또는 知的인 태도와 社會水準하고는 어떤 관계가 되느냐 이런 문제들에 대해서는 거의 분명하지 않을 뿐만 아니라 혹은 관심조차도 없어 왔다는 거죠. 그것을 우리가 韓國史에서 예를 든다면, 實學思想이면 實學思想, 開化思想이면 開化思想 이런 것도 구체적으로 예가 될 수 있다고 하겠고, 또 더구나 한 사람의 사상을 연구하는 데도 그렇죠. 茶山 丁若鏞 연구라 하면 모두 그 한 가지씩만을 떼어서, 각자의 입장에서 따로따로 연구하여 그것을 한 책에 묶어 내놓은 것이지, 내실적으로 토론을 하여 어떤 전체적 종합적인 안목을 모색하는 內實이 있는 협동적 연구방법이 아직은 취해져 있지 않은가 이런 생각입니다. 그렇다면 그런 것을 다 모으기만 하면 그것이 丁茶山思想의 종합적인 이해를 가능케 할 것일까? 그것은 보는 입장이 다 다르고 연구능력, 관심, 자료선택 등이 다 다르므로 이렇게 되면 그 종합적 이해는 그렇게 손쉽게 될 수 없을 것입니다. 그런데 이것은 한 사람의 사상뿐 아니라 한 시대의 宗教思想을 연구하는데 있어서도 마찬가지 얘기일 것입니다. 어느 시대에 있어서 甲이라는 사람은 儒教思想만을 연구하고, 乙은 佛教思想, 丙은 道教思想, 丁은 샤머니즘만 한다고 가정할 때 그러면 그것을 다 모으기만 하면 종합적인 이해가 되겠느냐, 나는 그렇게 쉽지 않다고 생각합니다. 보는 사람의 수준이 다 다른 것을 비롯하여, 이제 위에서 몇 가지를 지적한 대로 그런 문제들에는 留意가 안된 채 상호간에 인터코넥션, 곧 이 문제하고 저 문제하고는 어떻게 연관이 되어 있느냐, 또 그 생각하고 실제 이해관계하고는 어떻게 관계가 되느냐 또 그런 문제하고 사회수준하고는 어떤 관계가 되느냐, 아무리 불교를 억압하려고 했어도, 샤머니즘이나 불교는 도저히 억압이 안됐죠. 여하튼 하고자 하는 의도하고 실제 사회상태하고가 어떤 관계가 되느냐, 이런 문제는 도무지 생각도 안한다 이거죠. 이것은 實學의 경우에 있어서도 마찬가지입니다. 어느 유럽인이 신학박사인데, 어느 대학의 대학원에서 東洋思想을 受講한다는 분을 보내서 나에게 한 講座를 맡겼던 일이 있는데, 내가 朝鮮시대의 社會思想이라고 할까 그런데 관한 얘기를 하다가 실학사상에 관한 얘기를 내가 아는 대로 했지요. 그런데 그 사람 다 듣고 나서 한마디 물어오는 말이, 그러면 그 사상이 그 시대에 어떤 기능을 했느냐, 이것을 물어보아요. 우리는 뭐 다 아는 것 같아서 그런 것은 문제삼지도 않았었죠. 그러니까 이를테면 世宗 때 우리나라 文化라고 하는 것은 이를테면 political leader 즉 정치를 실제로 하는 사람들이 만들어낸 문화인데 17·18세기의 보통 말하는 실학사상이라고 하는 것은 대체적으로 그것은 사회 底流에서 일어난 사상이라고 볼 수가 있지요. 정치를 안하는 사람들, 정치에서 소외된 사람들(전부가 그렇지는 않지만 대부분의 그런 사람들)이지요. 그러면 그것이 어떤 관계가 되느냐, 가령 磻溪·星湖·朴齊家라고 하면 우리가 다 훌륭한 분으로 치지만, 만일 두 사람을 앉혀놓고 토론을 한다고 하면 아마도 옥신각신 의견이 대립되었을 거예요. 전연 의견이 맞지 않거든요. 그러면 그것을 어떻게 해야 될까. 우리는 磻溪도 훌륭하다, 朴齊家도 훌륭하다, 이렇게 얘기를 하는데 왜 그렇게 해야 되느냐 서로 반대 의견인데, 여기에 대해 나는 그들이 훌륭하지 않다는 것을 말하는 것이 아니고, 우리는 그것을 설명할 생각은 안했다. 그러니까 사상과 실제 社會水準의 문제라든가, 그 이해관계하고의 관계, 상호관계라든가 이런데 대한 것이 전혀 연구되어 있지 않습니다.

더구나 분류하는 데 있어서는 개념, 우리가 충분히 납득할 수 있는 개념의 분석이 제대로 되어 있지가 않다는 겁니다. 그러니까 學派의 분류를 하는 경우에는 공통된 어떤 아이디어(어떤 基本的으로 공통된 사상) 그런 것을 갖고 있느냐 없느냐, 또 분류가 되면 이것과 저것과의 차이는 뭐냐 또 그 유사성은 뭐냐, 그러한 문제를 결정할 수 있는 키 콘셉츠 key concepts, 아주 根幹이 되는 개념의 분석을 명백히 하고 그것이 납득될 수 있는 설명을 해 주어야 읽는 사람이 납득할 수 있는데 그것을 안하고 있어요. 그저 무작정 분류만 해 놓죠. 그러면 유별된 개념들이 분명치가 않아요. 그러니까 개인이나 하나의 時代思潮를 연구하는 데도 문제들이 있습니다. 開化思想은 實學思想을 이어받은 것이라고 하지만 실학사상의 무엇을 개화사상의 무엇이 이어받았는가 하는데 대해서는 별로 설명이 없어요. 그러니까 그 내용 분석에 대해 우리가 소홀하지 않느냐, 결국 개별적으로 유리시켜서 연구하는 방법에 대한 하나의 반성·비판, 역사학의 안에서만이 아니라 넓게는 사회학과 여러 분야에 대해서까지도 종합적으로 인식을 해야 된다는——그러한 비판·반성이 일어나고 있는데 우리는 韓國史를 연구하는 그 속에서까지도 완전히 분리해가지고 제각기 개별적으로 유리시켜서 연구해 나갑니다. 이래서는 아마도 종합적인 인식을 하기가 어렵고 또 아까 몇 가지 지적한 대로 그러한 문제들은 애초에 염두에 두지 않고 있다는 그런 말이 되겠습니다.

한편으로 社會學분야에서는 우리가 보다시피 여러가지의 새로운 방법 개발이 되어가고 있습니다. 어떤 사회학에 관한 글을 쓴 분이 지적한 것을 그대로 나열을 하면, 가령 歷史人口統計學, 血族관계에 대한 연구, 歷史的 都市에 관한 연구, 혹은 社會集團에 관한 것, 혹은 集團意識에 관한 문제, 人類學的인 면에서의 文化 혹은 精神史, 또는 社會變動에 관한 것, 근대화라든가 산업화라든가 또는 사회운동 등에 대한 연구가 오늘날 많이 진척되고 있는데 이런 분야도 우리 학계에서 개별적으로 채택되고 있는 것입니다. 그래서 거기에서 주의해야 할 것은 이를테면 너무 조잡하게 도식적인 槪念과 모델을 그대로 적용하는 실수가 많다는 점이고 또 자료가 방대하고 다양하기 때문에 여기서 협동연구가 요구된다는 점이죠. 컴퓨터를 사용해서 연구하는 경우인데 개인으로서는 도저히 해내기 어려운 경우에는 역시 협동적으로 하게 되는데 거기에도 여러가지 난점이 있습니다. 시간에 따라 변동의 정도를 측정하기가 상당히 어려운 그런 난점도 있다는 거죠. 가령 조선후기에 兩班身分이 어떻게 변동되었다고 하면 그저 막연하게는 얘기되지만, 그것을 좀더 정확하게 그 시점이라고 하는 것은 붙잡기 어려운, 상당히 델리키트한 문제가 있습니다. 또 한 가지 면에서는 사회집단에 대한 연구가 많이 되어 왔습니다. 가령 엘리트 집단, 지배층에 대한 연구죠. 내가 그전에 서울대 奎章閣圖書의 미정리도서를 정리하는 일을 맡았을 때에 정리된 목록을 圖書目錄 附錄으로 냈던 일이 있어요. 그 안에 韓末官僚의 이력서가 들어 있었어요. 그런데 하버드大學에

있는 한 韓國人 학생이 그 이력서란 목록만 보고서 거기서 연구비를 받아
가지고 왔어요. 그분은 그 이력서 목록만 보고 왔는데, 그것을 카드化해
가지고 그것을 분석, 엘리트들의 신분변동에 관한 연구를 하는 것 같았어
요. 그래 그 사실을 어느 사회학과 교수님한테 이야기하니까 그분 말씀이
"아, 그런 자료가 있으면 빨리 좀 일러주지 그랬나"고 그랬어요. 그때에
생각이 歷史學 하는 사람은 사회학적 방법을 모르니까 멍청하게 있고 사
회학 하는 사람은 자료가 어디 있는지 모르니까 멍청하게 있는 상태구나
이렇게 생각했었습니다. 지금 中央大學에 있는 분이 그것을 가지고서 나
중에 연구를 하기는 했어요. 요새는 榜目이라든가 戶籍이라든가 또는 地
理誌 같은 데 나오는 人物, 姓氏錄이라든가 이런 자료를 가지고 연구하는
방법이 조금씩 조금씩 실시되어 가고 있습니다. 그러나 거기에도 여러가
지 문제점은 안고 있다고 생각해요. 그것은 그것을 하는 전제적인 조건이
면밀하게 검토가 되어야 하기 때문입니다.

가령 支配層을 연구하는 데이터라고 하면 대개 財産, 土地의 소유관계
라든가 相續관계 등, 일부 특정한 문제의 기록만 되어 있고 다른 여러가
지 폭넓은 기록은 되어 있지 않다는 거죠. 이러한 제한도 있고 또 데이터
자체의 문제도 있고 그것을 분류하는데 있어서의 여러가지 難點도 있지요.
또 데이터를 해석하는데 있어서도 문제점들이 있습니다. 예를 들어서 하
버드大學의 한 교수는 컴퓨터로써 우리나라의 榜目을 연구했어요. 조선후
기의 科擧及第者榜目이죠. 컴퓨터로 이것을, 후기의 어느 시기를 택하여
통계 내보았는데 과거급제자들이 우리나라 8道에 균등하게 나타났다는
거예요. 그러니까 各道에서 평균하게 과거급제자가 나타난 것을 알 수 있
다, 그런데 그 분이 그것을 해석하기를 조선후기에 정치하는 사람들이 상
당히 지방에 대한 안배를 잘했다, 그리고 또 한걸음 더 나아가서, 그러니
까 조선왕조가 500년이나 유지된 것이 아닌가, 이렇게까지 확대 해석을
했습니다.

나는 생각하기를 그렇게 圖式的으로 平均値를 내가지고 될 것인가 그것
이 무슨 의미가 있겠는가. 이러한 문제에 사회학적인 통계방법을 이용하
는 사람의 일반적인 약점은 年代記를 보지 않고 하는 점이죠. 그 통계가

나오는 社會的 背景을 천착해보지 않는다는 약점이 일반적으로 있는 것입
니다. 물론 시간적으로 그런 여유가 없으니까 그렇겠지마는 이제 그 경우
에는 어떤 문제가 있는가 하면, 도대체 과거급제한 증명서를 가지고 아무
데도 취직 못하고 그냥 늙어 죽는 사람이 허다하다는, 이런 기록이 年代
記나 文集 여기저기에 나오는데 그렇다면 과거급제만을 한다는 것이 무슨
의미가 있느냐, 더구나 폴리티컬 파워하고 어떤 관계가 있느냐, 정치권력
과 전혀 연계가 안된다면 及第狀은 의미가 없는 것 아니냐, 이런 문제가
됩니다. 그런 의문에 대한 설명이 우선 안되는 거죠. 더구나 조선말기에
가면 아주 특정한 兩班勢家에서 政治權力을 다 잡고 있었는데 이렇게 되
는 경우에 8道 사람이 평균하게 합격했다는 것이 무슨 의미가 있느냐 하
는 의문을 가질 수도 있을 것입니다. 또 서기에 따라서 여러가지 해석하
는 데 있어서의 限界性, 또는 이해의 한계성도 있는데 컴퓨터에 대해서
덮어놓고 신봉하는 것도 문제지만 그렇다고 덮어놓고 배격하는 것도 문제
입니다. 그러니까 잘 이용하면 된다 그거죠. 잘만 이용하면 연구를 진척
시킬 수가 있습니다. 훨씬 더 유용하게 이용할 수도 있다는 거죠. 도시
새로운 기계가 나오면 처음엔 아무래도 저항감을 느끼는 수가 많습니다.

그러니까 지금 몇 가지 새로운 방법들을 예로 들었습니다만, 거기에는
여러가지 난점이나 한계성 등에 주의해야 할 전제적인 조건에 대한 것이
충분히 검토가 되어야 하겠다는 겁니다. 덮어놓고 체계를 세우려고, 빨리
세워서 자기 주장을 빨리 하려고, 그러니까 좀더 거슬러서 아까 얘기로 올
라가면 사실도 확인하지 않은 채 체계를 세우려는 조급한 생각 이런 것도
혼재되어 있고, 새로운 방법을 채용하는데 있어서도 그 전제적인 조건을
면밀하게 검토하는 일도 소홀합니다. 이렇게 되니까 좋게 말하면 백화난
만하고 아주 다양하다고도 볼 수 있지만, 한편으로는 혼란스럽다는 인상
도 받을 수 있을 것 같습니다.

그 위에 월쉬 W.H. Walsh라고 하는 사람이 잘 지적하고 있는데, 전문
가와 비전문가가 뒤죽박죽 섞이기 쉬운 학문분야가 역사학이라는 것입니
다. 요새 와서도 물론 그런 경우가 많죠. 非專門家라고 연구가 안된다는
것은 아닙니다만, 하여튼 그런 현상을 우리나라에서도 볼 수가 있습니다.

그러니까 우리는 오늘날 轉換期에 걸쳐서 일어나는 문제들조차 아직 정리
되어 있지 못한 상태에서 동시에 여러가지 문제들을 극복해야 된다는 거
죠. 이를 구체적으로 韓國史學을 연구하는 사람에게 대해서, 그것을 긍정
적으로 좋게 보아서 얘기한다면, 어떤 방법이든 노력을 성실하게 하는 사
람들의 업적을 우리는 다 거둬들여야 된다고 생각합니다. 자료만 찾으러
다니는 사람도 필요하고, 또 정리만 하는 사람, 만일 이런 사람을 크로체
가 보면 저 사람이 무슨 역사가냐 평생 저것만 하다 말겠구나 할지도 모
르죠. 컴퓨터로 할 일을 손으로 하다가 기진맥진해서——단순히 그것 때
문이라고 할 수는 없지만——돌아간 분도 있지요.

어떤 교수님이 圖書館이고 개인적이고 본인이 볼 수 있는 가능한 모든
우리나라 文集의 내용 색인을 만들려고 했지요. 가령 書院이다 하면 어느
시대의 것은 어떤 책 몇 페이지 어디에 나타나도록 말이죠. 이것은 컴퓨
터로 할 일이죠. 그것을 20여 년 걸려서 했어요. 컴퓨터가 없을 때부터
시작했죠. 그래서 20여 년 동안 해서 완결을 못 보고 돌아갔어요. 「歷
史學과 機械」 이런 제목을 한 15년 전에 신문에서 본 것 같은데, 모스크
바 世界歷史學者大會에서 중요한 토픽의 하나로 되었던 것을 보고, 아!
이거 벌써 기계가 문제가 되는구나 하는 생각을 했었는데, 이젠 제록스 같
은 것은 문제도 아니고, 일본서는 지금 王朝實錄의 몇 가지 항목에 대한
것을 컴퓨터에 넣고 있다고 합니다. 그러니까 그러한 문제도 이젠 관심 밖
에 둘 수 없는 상태에 온 셈이지요. 한 가지 문제는 우선 한국사 방면만
얘기한다면, 명실상부한 協同的인 硏究의 구체적인 방법을 추진시켜야 할
단계가 아닌가, 그런 일을 우리가 계획적으로 해야 하지 않겠느냐는 것을
생각하게 됩니다. 가령 丁茶山연구다 하면 이것이 모두 개별적인 연구를
모은 것이지 협동적인 연구가 아니거든요. 그러니까 그런 면이 거론되어
야 되겠다는 것입니다(시간이 거의 되었군요).

이제 매듭을 지어야겠습니다. 지금까지 말한 것을 종합해서 몇 가지로
생각할 수 있겠습니다. 그것을 세 가지로 나누어 보면, 그 한 가지는 너
무 과거로 돌아가려는 경향이라는 것입니다. 더구나 요사이는 그런 경향
이 여러 다른 학문분야의 영향까지도 있어서 자칫 잘못하면 좋지 않은 그

런 풍조라고 할까, 이 점은 우리가 상당히 고려를 해야 되겠다는 겁니다.
그러니까 한 민족의 개별성과 여기에 근거한 어떤 역사의식을 지나치게 강
조하는 나머지 과거로 도피한다고 할까, 그래서 과거의 어느 시대를 理想
化해가지고 그 黃金시대를 現代와 대조시키려는, 단적으로 말하면 낭만주
의적인 생각은 시대에 뒤떨어진 생각이라는 것입니다. 일반적으로 國民國
家의 發展過程에서는 흔히 그런 경향들이 많았죠. 자기 민족이 우수하다.
그러니까 번영했던 과거에 대한 것을 찬양하는 그러한 것이 일반적인 경
향인데 그것이 잘못되면 國粹主義的인 것이 되죠. 제2차 世界大戰 때의
독일이나 일본 등을 우리가 단적으로 볼 수 있겠죠.

둘째로는, 그와 정반대되는, 未來에 대한 것을 너무 目的的으로 생각해
가지고 그리고신 냅다 밀어대는 그런 사고방식이죠. 이것은 물론 말하자
않더라도 唯物史觀的인 데서 볼 수 있는 거죠. 유물사관이 아니더라도 일
본이나 나치스도 마찬가지입니다만 標的을 만들어가지고 모든 것을 그 방
향으로 몰고 가는, 그래가지고 잘못을 저지르는 경우입니다.

셋째의 경우는, 어떤 實證主義, 조금 넓게 얘기하면 歷史主義라고도 표
현할 수가 있겠죠. 역사주의는 그 개념이 좀더 넓은 막연한 얘기입니다만
하여간 이런 것의 폐단이 있습니다. 일반적으로 역사주의라고 하면 역사
를 존중하거나 傳統 같은 것을 얘기하는 경우에는 역사주의라고 얘기하는
데 여기에다 무슨 歷史哲學的인 것을 씌워가지고, 그래서 그것을 종합해
가지고 마치 무슨 世界史的인 理念하고 自己 民族意識하고가 합치되는 것
같은 방향으로 몰고가는 경우입니다. 일제말기에 그랬죠. 역사주의하고
역사철학하고를 비벼가지고 동양이 어떻고 세계가 어떻고 해가지고, 하나
의 이념으로 한 방향으로 나가야 된다고 했는데 이것은 일본의 역사학자
들이 역사철학에 관한 논문 같은 데서도 발표한 일이 있지요. 우리가 지금
일반적으로 植民史觀 또는 植民地史觀 하는데, 실증주의를 우리가 일본에
서 받아들여왔고 일본사람들이 그러한 방법을 우리에게 전파시켰다고 해
서 마치 일본이 우리나라를 식민지화해 가지고 통치하기 위한 방법으로서
그것을 이용한 것처럼 해석하는 사람도 있는데, 나는 식민지사관이라는
史觀이 도대체 있는가 이렇게 생각합니다. 개념상으로 무슨 식민지사관이

다 있나. 日帝시대에는 물론 그렇지 않은 사람도 있었겠지만 韓國史는 물론 日本歷史 자체까지도 일본 사학자들은 歪曲을 했어요. 일본의 紀元을 660년 올려잡은 것도 그 예죠. 그러니까 한국에 관한 것만 왜곡한 게 아니라 그것은 일본사 자체에도 잘못된 것이겠죠. 그런 의미에서 역사를 마치 왜곡된 修身敎科書같이 취급해서는 잘못하면 국민을 誤道하게 된다는 거죠. 그러니까 식민지사관이란 도대체 實證史學의 俗類죠. 그런 사학은 내 느낌을 그대로 얘기한다면 그것은 실증사학도 아니라는 것입니다. 이를테면 크로체가 말하는 僞歷史學 pseudo history 이다, 나는 이렇게 규정을 하고 싶습니다. 그것은 역사도, 진짜 실증사학도 아니다, 이렇게 나는 해석을 하고 싶어요. 식민지사관이라는 게 도대체 어디 있느냐, 그런 사학도 있는가 하는 것입니다. 그러니까 우리가 丹齋선생을 民族史學이라고 하는 데 있어서도, 실증사학을 유별할 때에 문제가 되는 것들을 면밀하게 검토할 필요가 있는 것 같습니다. 그저 덮어놓고 분류를 해서 유별화하는 것이 능사가 아니고 거기에 무엇이 공통점이고, 무엇이 다르고, 무엇이 그 시대하고 관계가 있는가 하는, 내용적으로 분석해야 할 문제를 충분히 분석하고 거기에 反論이 나오더라도 그것을 理論的으로 디스커스할 수 있는 내용을 갖추고서 얘기를 해야 되지 않겠느냐 하는 생각입니다. 그렇다고 자기는 안하고 남보고만 하라고 하는 얘기는 물론 아닙니다. 다만 그렇게 하면 좋겠다는 생각이죠.

그러면 단적으로 우리가 오늘 어떻게 해야 되겠느냐 이런 문제가 제기되겠는데 크로체는 이런 얘기를 했어요. 아까 로맨티시즘이란 말을 했는데 크로체는 그런 空想的 로맨티시즘과 거의 物質化되다시피한 실증주의와의 대립을 해결하고 새로운 어떤 歷史敍述의 기초가 될 수 있는, 그리고 동시에 그 근거를 줄 수 있는 새로운 哲學은 아직은 발견할 수가 없다고 말했어요. 이를테면 實證史學은 극복해야 한다, 그러나 그것을 극복할 수 있는 이론적인 근거나 철학적인 근거가 아직은 없다, 이런 얘기죠.

크로체는 또, 우리들은 오늘날의 역사서술에서 그것을 발견한다는 얘기도 했어요. 그러니까 나의 느낌으로는 "내가 하는 것은 바로 그런 것이다", 이런 암시가 되어 있는 것인지도 모르겠습니다만, 그러면서 『歷史의

敍述과 理論』이란 책에서, "우리는 우리들 밖에서, 우리들의 思想이기도 한 다른 사람들의 사상 속에서 우리 스스로를 認知할 수가 있다"는 묘한 얘기도 했습니다. 그러니까 단재의 얘기를 인용할 때에도 문제가 있죠. 즉 단재는 그 史論에서 "歷史는 我와 非我의 투쟁이다." 그리고 이어서 그 다음 줄에서는 "我 중에서도 非我가 있고 非我 중에도 我가 있다." 이런 얘기를 했는데 인용하는 사람들은 흔히는 첫번째 구절만 인용을 해요. 그 것은 나의 느낌으로는 그 다음 文章을 인용하게 되면 골치가 아프니까 그러는 게 아닌가 생각하는데, 그렇지만 설명할 수 있는 것만 하고, 골치 아픈 것은 피한다면 안되죠. 골치 아프더라도 좀 해보고, 그래서 다른 사람하고 이런지 저런지를 문제제기도 해야 하는데 그런 것도 일방적으로 한다 그거죠. 크로체는 보편적이면서도 동시에 국민적일 수가 있다는 확신을 가진거죠. 그러면 그렇게 될 수 있는 條件은 뭐냐, 이것은 나의 생각으로는 어떤 공감이 기본이 되어야 하지 않겠는가 싶습니다. 우리는 역사공부를 하고, 歷史教育을 한다고 하는데 무엇 때문에 하느냐, 그것은 역시 역사적인 事實을 사실 그대로만 우리가 함께 알자는 얘기보다는 역사적인 사실이 갖고 있는 의미를 공감하자는 데에 목적이 있는 것 아니냐 이렇게도 생각해 봅니다.

그러면 그런 공감이라는 것이 어떻게 얻어질 것인가. 레이몽 아롱 R. Aron은 그의 『歷史哲學序說』에서, 단적으로 이렇게 얘기했어요. "人間의 공감이란 각 개인에 있어서 개인적인 정신 외에 客觀的 精神의 優位性에 의해서 일으키는 것이다"라고 했는데 그럴싸한 설명인 것 같아요. 그러니까 공감할 수 있다는 것은 역시 개인에 있어서의 보편적인 어떤 정신, 이것이 공감의 기초가 된다는 얘기죠. 우리가 앞으로 韓國史學을 定立한다는 문제는, 아까 중간에서도 말씀드렸습니다만 우리가 지금 안고 있는 社會變遷·社會相하고 맞먹어 돌아가는 문제일 것입니다. 그런데 우리는 전단계의 것조차 충분히 거치지 못했다, 그런 문제도 우리가 안고 있는데, 한국사학을 정립한다는 문제는 결국 어떤 공감될 수 있는, 공감을 자아내게 할 수 있는 價値體系를 확립하는 일에 따라서 정립되는 것이 아닌가 이렇게도 생각해 봅니다. 지금 어떤 방법을 이렇게 해야 된다고 한다면 그것이 그렇게 一朝一夕에 나오는 것은 아니겠죠. 이를테면 급작스럽게 만들어 가지고 이렇게 하면 된다 해서는 안된다는 거죠. 가령 "現在와 過去와의 對話다"라고 할 때 현재의 어떤 價値判斷의 기준이 서야 될거라는 거죠. 그래서 그 현재 판단의 기준을 가지고서 과거에 대한 價値評價를 해야 되겠는데 우리는 과도기적인 상황에서 아직 명확한 가치 기준을 갖고 있지 못하지 않은가 하는 것입니다. 단적으로 말해서 倫理的인 면에서 볼 때 분명합니다.

우리가 지금 儒敎倫理를 다 팽개쳤느냐 그건 아니다, 그렇다면 모두 팽개쳐야 되느냐, 반드시 그래야 된다고 어떻게 증명할 수 있느냐, 그렇다면 유교윤리를 그대로 다 이행해야 되느냐, 그것도 문제다. 그러면 근대적인 사회의 윤리는 우리가 제대로 갖고 있느냐, 우리의 가정생활에——아주 심각한 理論的인 것이 아닌 日常性에 있어서——과연 그것이 틀이 잡혀 있느냐, 民主的이라고 하지만 자녀들을 교육한다든가 夫婦를 對한다든가 할 때 과연 어떻게 하는 것이 민주적인 것이고 어떤 것이 유교적인 것이냐, 그거 뭐 뒤죽박죽 아니냐, 그런데다 바야흐로 産業社會다 核家族이다 하는데 이렇게 되면 근본이 허물어지는 것 아니냐는 얘기도 나오게 되는데, 그렇게 볼 때 과연 어느 것이 정말 가치가 있는 것이냐, 오늘날의 윤리적인 가치가 과연 어떠한 것이냐 하는 문제가 제기되는 것입니다. 따라서 우리가 가치관을 분명하게 정립시켜 나가는 일과 더불어 史觀定立에도 노력해야 할 것이라고 생각합니다. 변변치 못한 얘기 가지고 너무 시간이 걸린 것 같습니다. 감사합니다.

〈本稿는 漢陽大學校 韓國學硏究所 第3回 學術세미나에서 講演한 內容으로 『韓國學論集』 第2輯(1982)에 收載된 것임〉

V 아침 論壇

意識構造의 바른 近代化

수세기 동안 주로 西歐社會에만 한정되었던 것 같았던 근대적인 생활양식이 급격한 변화 속에 전세계에 확대되었다. 이제 거의 일반적인 유형과도 같은 것이 전혀 다른 傳統的인 價値體系와 制度 속에서, 그리고 서로 다른 여건하에서 형성되어 가고 있다. 그리하여 우리는 지금 흔히 産業社會라고 일컬어지는, 보다 더 급격한 변화 속에서 살고 있다.

이 급격한 변화는 이에 재빨리 적응을 못하는 사람에게는 갈피를 잡을 수 없을 지경이다. 설사 겉치레로 이에 적응을 잘 해내는 듯이 보이는 사람이라 하더라도, 그 내면적인 信念이나 實踐에 있어서는 역시 종잡기가 그리 쉬운 일은 아닌 것 같다. 그리하여 구세대 사람들은 수동적으로 움츠러들어 가고 젊은이들은 능동적으로 더욱더 거칠어지기만 하는 것 같다.

迷信에서 科學으로

근대화라는 말의 포괄적인 의미는 다름아닌 合理性의 발전, 世俗主義-迷信의 속박, 그리고 專制的 체제의 속박으로부터의 해방과정을 뜻한다. 그것은 미신에서 과학으로, 전제정치에서 민주정치로, 不條理한 것으로부터 합리적인 것으로, 그리하여 이른바 전통사회에서 근대사회로 발전되어 가는 과정을 말하는 것이 된다. 그것은 하나의 큰 전환기라고 해도 좋다. 이러한 시기에는 기왕의 가치관이 무너지고 새로운 가치관은 미처 정립되지 못한 채, 그 틈바구니에서 사람들의 生活規範이나 社會規範이 혼란되게 마련이다.

미신의 타파라는 한 가지 지표를 생각해 보아도 그렇다. 도시 근대화라는 말이 우리에게는 어쩌면 그렇게도 힘겹고 험난한 것으로만 느껴지는 것일까. 이미 진부해졌어야 할 이 근대화라는 말이 우리에게는 아직도 생생하게만 들려지는 것은 과연 우리나라가 이제야 겨우 발전도상국이 되었기 때문일까.

멀리 거슬러 올라갈 것도 없이, 불과 몇해 전까지만 해도 수많은 高官들이 그들의 官運을 점쳐보기 위하여 수십 대의 자가용을 占術家 골목길에 줄지어 세워놓곤 했다는 그러한 풍토에서, 많은 아낙네들이 그들 가족의 액풀이(度厄)나 救病을 위해서 呪術家인 무당의 살풀이(殺祓)나 푸닥거리에 하소연을 해야 했던 그러한 의식에서, 어떻게 올바른 합리적인 근대화가 이루어질 수 있겠는가. 그것은 非合理的인 풍토의 온상이 아니겠는가. 그래서 부조리의 망령도 되살아나고, 살풀이-逐鬼術이 유포되는 것이리라.

現代에 푸닥거리라니

우리나라의 근대적인 의식은 18세기 實學者들 사이에서 싹트기 시작했다고도 할 수 있다. 그러나 어느 정도 국민적인 기반 위에 근대화의 운동이 적극 추진되었던 것은 1895년 獨立協會의 활동에서 찾아볼 수가 있다. 그것은 開化라는 이름의 근대화운동이었다. 우리는 독립신문에 나타난 개화라는 말의 포괄적인 지표를 다음과 같이 摘出해낼 수가 있다. 합리성, 개방주의, 자유와 평등, 진보와 교육보급, 女權伸張과 男女平等 그리고 미신의 타파. 근대화의 지표로서 미신의 타파도 이 때부터 강조된 것이다. '사람이란 학문이 없을수록 허한 것을 믿고 이치 없는 일을 바라는 것이다. 그런고로 무당과 판수와 서낭당과 풍수와 중과 각색 이런 무리들이 백성을 속이니' 그 害는 사람들의 '마음이 약하여져서 정직하고 옳은 일을 결단하기 어렵게' 하는 것이라 했다.

그런데 80여 년이 지난 오늘날에는 어떤가. 몇해 전 서울의 어느 英字日刊紙에는 '근대화에도 아랑곳없이 무당들이 서울에서까지 번창하고 있다'는 제목으로 어느 人士의 논설이 실려 있었다. 전국의 무당의 수가 10만 명을 헤아릴 수 있고 그 80%는 女巫라는 것이었다.

얼마 전에는 서울시내 어느 동네 주민 2백여 명이 길가에 모여서 '바퀴귀신'을 퇴치하기 위한 푸닥거리가 벌어졌다는 일간지의 보도가 있었다. 그 지점에서는 한달에 4, 5건의 교통사고가 일어난다고 했다. 2 km의 길에 육교도 없고, 횡단도로가 있어도 신호등이나 일단멈춤의 표지판이 거의 없어서, 주민들이 시설해 줄 것을 진정했으나, 쉽게 이루어지지가 않았다는 이야기다. 그러나 굿이 끝날 무렵에 굿판 바로 옆에서 또 하나의 교통사고가 일어나 한 사람이 중상을 입었다는 사연까지 덧붙여져 있었다.

呪術로의 복귀는 안될 말

가상적으로 그 독립신문의 그 논설자가 여기에 되살아나 있었다면 그의 느낌과 표정이 어떠하였을까. 交通秩序와 交通規則에 대해서 선생님들의 훈계를 받은 일이 있는 어린아이들의 생각은 어떠하였을까. 그 지점을 통행하는 사람들에게 필요한 것은 두말할 것도 없이 무당의 푸닥거리나 살풀이가 아니라, 육교나 신호등, 그것도 어렵다면 표지판이라도 좋았다.

呪術은 보다 더 효과적인 방법을 생각할 수 없었던 원시상태의 문화단계에서 그런 사람들을 만족시켜 주기에는 족했다. 혹은 또 불가항력의 대재난을 당했을 때와 같이, 그것은 祈願의 잠재적 기능을 할 수도 있었다. 그러나 그렇지도 않은 경우, 독립신문의 글을 빌면, 그것은 '정직하고 옳은 일을 결단하기 어렵게 하는 것'이며, 바꾸어 말하면 사람들이 보다 더 효과적인 다른 방법을 찾으려는 노력을 등한시하게 만드는 것이다. 아무리 기계문명에 질식당한 오늘날의 인간들의 영혼을 구제하기 위한다 해도 우리는 이제 와서 살풀이나 呪術로 다시 복귀할 수는 없지 않은가.

여기에는 하나의 의식의 혼란이 개재되어 있는 것 같다. 민속이나 민속예술의 발굴, 수집, 보전 그리고 연구를 통해서 우리 민족의 歌舞 문학이나 사상의 원류를 밝혀내고 再創造를 통해서 현대문화의 발전을 꾀한다는 일은 매우 중요한 것이다. 외국인 민속학자들은 한국이 세계에서 그 유례가 없는 민속 연구자료의 寶庫라고들 한다는 말을 들은 일도 있다. 그것은 마치 현재의 어느 미개사회가 원시문화를 연구하는 데 귀중한 자료의 보고가 될 수 있는 것과도 같다. 그래서 세계 민속학자들의 학술대회에 우

리학자들과 무당이 참여하게 되는 것은 경하하여 마지않을 일이다. 그러
나 이와 같은 일과 上下官民間에 있어서의 점술·무술의 유포와는 분간해
야 할 일이라는 것이다.

迷信과 研究엔 調節율

몇해 전엔가 서낭당의 撤廢令(?)이 내려졌던 것으로 기억된다. 그때에
여기에 반대한 분들이 있었던 것 같다. 미신의 타파와 연구자료의 보전이
라는 두 가지 과제에도 어떠한 효과적인 조절책이 있었을 것으로 느껴졌
던 것이다.

民俗에 관한 연구는 필요하다. 그러나 巫術·占術의 유포는 그것과는 다
른 문제라는 것도 자명한 일이다. 그런데도 그 사이에 어떠한 혼동이 있
어서는 사람들의 착각을 자아낼 우려가 있다. 우리는 이제 개인의 태도,
사회행동, 정치, 경제 등 여러 면에서 비합리적인 관행이나 사고방식은
과감히 배제하여 近代化라는 말이 끝없이 되풀이되지 않게 해 나가야 할
것이 아닌가. 바퀴귀신 푸닥거리보다는 신호등이나 육교로 우리의 의식구
조는 올바로 근대화되어야 하겠다.

〈「朝鮮日報」, 1981. 8. 11〉

傳統의 올바른 再構成

傳統이라는 것은 일반적으로 과거로부터 전승되어 온 '信念'과 '實踐'에 관한 것이다. 그리하여 사람들이 과거를 재평가하고 재해석하는데 따라서 전통은 변화되게 마련이다. 그런데 과거의 어떠한 신념과 실천을 전혀 변하지 않는 것으로 여겨서 이를 찬미하는 태도를 흔히 傳統主義라 하여 전통이라는 말과는 구별되어 쓰여진다. 그것은 또 服飾이나 住居와 같이 주는 전통의 순수하고 자연적인 유지와도 다르다. 전통주의는 어떠한 새로운 表象(심벌)에 반대하는 방향으로 이데올로기적인 방식과 자세를 지녀서 보다 더 오래된 전통의 어떤 부분을 전통적인 질서의 유일한 正統的인 표상으로 채택한다. 그리하여 그것은 표상적으로 또 조직적으로 어떠한 형식으로 化하는 경향을 띠게도 된다는 것이다.

傳統-近代化 단절 없게

결국 전통과 전통주의와의 구별은 발전이라는 보다 더 기본적인 논점으로 귀착되는 문제이기도 하다.

한편 전통사회와 근대사회는 서로 단절되어 연속성이 없는 이질적인 것으로 양분하여 생각되는 수가 많다. 실제로 日帝가 한국을 식민지화해 가던 당시에 있어서도 그들의 韓國觀은 그러한 편견으로 가득 차 있었다. 즉 한국이라는 나라는 정체되어 있는 나라, 그 전통사회는 자신의 힘으로는 발전할 여지가 없는 사회, 그렇기 때문에 일제의 한국통치는 한국의 근대화, 東亞의 共榮에 이바지하는 것이라는 逆宣傳을 일제는 弄하여 왔다.

전통사회와 근대사회가 서로 연속성이 없는 단절된 것으로 양분하여 논의되었던 근거는 이 같은 편견에 있었다고도 할 수 있다. 그리하여 결국에는 전통사회는 靜的이고 폐쇄적인 사회로 분화도, 전문화도, 도시화도 그

리고 교육의 보급도 거의 되어 있지 않은 발전의 여지가 없는 사회이고,
이와는 대조적으로 근대사회는 다이내믹하고 개방적인 사회로, 철저한 분
화, 전문화, 도시화, 교육의 보급, 그리고 매스미디어가 발달된 사회로 특
징지어지기도 했다.

그러나 아이젠슈타트 교수와 같은 이는 1950 년대에서 60 년대에 걸친 많
은 近代化論者들이 전통사회와 근대사회를 그렇듯 이질적인 것으로 양분
하는 그릇된 前提에 서 있었다는 점을 지적하고, 또 다른 학자들의 견해
와 여러 나라의 실례를 들어서, 그들의 근대화과정에서 전통의 연속성과
그 재구성의 양상을 찾아볼 수 있다는 점을 강조하였다. 단적으로 말한다
면 제아무리 과격한 혁명이라 할지라도 전통을 송두리째 집어 던질 수는
없을 것이며, 또 아무리 고유의 것을 찬미한다 하더라도 外來의 새로운 문
화와 사상을 받아들여 이를 조화·발전시키지 않고서는 그 문화나 사상의
발전이 기대될 수 없다는 것은 자명한 일이다. 그것은 바꾸어 말하면 아
무리 급변하는 사회라 하더라도 과거의 가치규범이 송두리째 그 의의를
잃어버리게 될 수는 없으며, 또 그 모두가 그대로 부지될 수도 없다는 것
을 의미한다.

근대화를 이룩하려는 노력은 어떤 특수한 변혁이나 叛亂 같은 것과는
달리, 인류의 보편적인 가치와 평등을 전제로 한 새로운 사회적·정치적
질서를 창조할 수 있다는 假定에 근거한 것이라고 할 수 있다.

普遍性 위에 새 질서를

실제 우리 민족의 경우도 古代的인 샤머니즘이나 仙道 위에 佛敎, 道敎,
儒敎 등의 외래사상이 수용됨으로써, 우리 민족의 문화·사상이 크게 발
전되어 왔고 그러한 것이 우리 민족의 전통의 명맥을 이어온 것임에 다름
이 없다. 오늘날의 우리의 과제는 근대화를 이룩하는 과정에서 우리 민족
의 전통의 명맥 속에서 어떻게 그리고 무엇을 살려서 이를 재구성, 재창
조해 나가야 하겠는가 하는 문제가 될 것이다.

유교의 경우는 어떠한가. 近世朝鮮王朝는 유교가 확고한 정치철학으로
재구성된 朱子學을 수용한 兩班官僚에 의해서 창건된 셈이다. 그리하여 주

자학을 정치이념으로 내세운 그들에 의해서 조선 초기의 민족문화의 기틀이 굳건히 다져진 것도 사실이다. 그러나 17·18세기의 관료지배층이 주자학 일변도로 硬化되는 데 따라 그들은 내부적인 사회변동에 둔감했고 외부로부터 오는 신사조(西學)에 대해서 극단적인 폐쇄성을 나타내었다. 그러나 당시에 있어서 모든 유학자가 그랬던 것은 아니다.

특히 在野學者들에게 있어서는 사회변동에 대해서나 외래의 신사조에 대해서나 다같이 민감했고, 법의 정신에 대해서도 확고한 신념을 가졌었다. 그것은 근대적인 사상의 萌芽라고 해도 지나친 것이 아니라고 생각된다.

그들 중의 어떤 이는 '우리나라의 奴婢制는 천하에 그 유례가 없는 악법'이라고 하여 당시의 신분제사회를 비판했고, 모든 인간은 族閥이나 地閥 같은 것을 떠나서 순전히 개인의 능력과 그 실적에 의하여 평가되고 보상되어야 한다고 하여 緣坐法의 폐지를 주장했다. 그는 또 도교나 불교와 같은 종교를 異端이라 하여 극단적으로 배격하는 것은 俗儒들이 하는 짓이라 하고 '治心'이라는 면에서는 당시 새로 전래되기 시작한 天主敎에 대해서까지도 관용적인 태도를 나타내었다. 또 어떤 이는 貿易은 점차로 확대시키고 서양기술은 이를 수용하여 개발해야 한다는 생각이기도 했다.

그는 정치의 요체는 人事와 立法에 있다 하고, 또 德敎와 刑政에 있다고도 하여, 德治主義的인 정치이념(德敎)과 아울러 행정·입법·사법이 정치의 요체라는 것을 강조하고도 있는 것이다.

그는 "亂時라는 것은 반드시 군사적인 侵寇를 의미하는 것만은 아니며, 기강이 해이해져서 포악한 자가 횡행하거나 禁令이 시행되지 않아 良民이 살 수 없게 되는 것이 모두 난시를 뜻하게 된다"고 했다. 그리하여 법의 기본정신은 그 엄정한 한계가 있어서 '강자가 약자를 위협하고, 多者가 少者에게 횡포하고, 智者가 愚者를 속이고, 勇者가 怯者를 괴롭히는' 일이 없게 해야 한다는 것이다.

그리하여 법의 위엄이 불법으로 얻어지는 利보다도 무거워서 利가 변하여 해가 되게끔 해야만 민심이 안정되고 풍속도 혁신될 수 있다고 했다. 그가 근원적으로 유교 원래의 사상으로 돌아가 인간의, 특히 관료(治者)의 도덕성을 강조한 것은 두말할 필요도 없다.

비록 여기서 당시의 시대적·사회적인 제약과 유교의 테두리를 아주 벗어나지 못하여 그들에게서 三權分立論이나 '법의 정신'의 論著者를 찾아볼 수는 없다 하더라도, 그들의 '신념'과 '실천'에의 기대는 우리가 우리의 전통으로 이어받아서 그 정신을 살려나가야 할 것이라고 생각하는 것이다.

사람들은 유교의 勤儉主義, 성실성의 존중, 孝悌사상의 강조, 선비정신 등이 한국의 사회발전의 底力이 되어 있다는 이야기들을 하기도 한다. 근자의 일간지에는 한국의 전통──엄격한 사회적 규율, 교육열, 지도자에 대한 존경심 등──이 한국의 경제성장(근대화)의 뒷받침이 되었고, 그러한 것이 모두 유교적 가치규범에서 온 것이라는 외국인 기자의 분석내용이 간략히 소개된 일이 있었다.

儒敎的 規範이 우리 底力

우리는 우리의 과거에서 살려야 할 전통의 명맥을 찾아내어 그 근대적인 재구성이 절실히 요구될 뿐 아니라, 그 정신을 이어받아 성실히 실천해 나가야 하리라고 생각한다. 법은 强者와 多數者의 위협과 횡포에 대해서, 狡智者와 怯 없는 자의 사기와 부정에 대해서 약자와 소수자와 우직한 사람과 怯 있는 사람들을 보호하는 것이 되어야 하며, 위정자는 그러한 법의 기본정신을 정책에까지 반영시켜야 할 것이다.

그리함으로써 요즈음 잇따라 일어나는 갖가지 흉악사건과 사기사건, 집단폭행과 自虐행위 등이 선량한 시민들을 더 우울하게 만들지 않도록 해야 할 것이다.

〈「朝鮮日報」, 1981. 8. 25〉

아버지의 아버지와 어머니

며칠 전에 어느 고등학교 교사가 학생들을 대상으로 그들의 祖父님의 이름을 아는 생도의 수를 조사해 본 일이 있었다. 그들 중에 조부님의 이름을 아는 생도의 수는 불과 몇 퍼센트에 지나지 않았다는 것이다. 거의 대부분의 생도가 그들의 조부님, 즉 '아버지의 아버지'의 함자를 모르고 살고 있다는 이야기였다. 그것을 바꾸어 말하면 그들은 어쩌면 '아버지의 아버지'의 '存在'를 모르고 살고 있다는 셈이 되며, 조상의 생활과 體驗에 대한 무관심, 망각 속에서 살고 있다는 사실을 말해주는 것이나 다름이 없다고 생각되어, 실로 허망한 느낌을 나는 금할 수가 없었다.

할아버지 이름도 몰라

지금의 고등학교 학생들의 할아버지나 아버지는 필시 日帝 압제하에서 갖은 고초를 겪었을 것이며, 그 위에 6·25의 고난과 비극을 어떻게든 이겨낸 사람들임에 틀림이 없을 것이다. 오늘날의 고등학교 생도들은 그들의 '아버지의 아버지'의 이름조차 거의 모르고 살고 있다. 체험의 망각 속에 이루어지는 文化는 이를테면 傳統을 잃어버린 '문화적 서자'의 그것일 수밖에 없다.

여러 해 전에 어떤 교수는 나에게 다음과 같은 이야기를 들려 준 일이 있었다. 그가 어렸을 때 그의 할아버님에게서 들은 이야기. "네가 다른 어른 宅을 방문할 때에 열려 있는 문으로 들어갈 때에는 문을 열린 대로 두어야 하고, 닫혀 있는 문을 열고 들어가서는 반드시 그 문을 닫아야 한다."

30년 뒤에 대학교수가 되어, 자기 연구실에 앉아서 그를 찾아오는 학생들의 출입을 지켜본 그는 어렸을 때의 그의 할아버님의 말씀이 되살아

따서, 그와 같은 行儀의 지침이 학생들의 敎養을 가름하는 척도가 되었다는 것이다. 즉 한여름에 연구실 문을 열어 놓고 있을 때, 찾아 들어온 학생이 문을 닫거나, 닫아둔 문을 열어 논 채 들어오는 것을 보고서는 '저 녀석은 교양이 모자란다'고 생각하게 되었다는 것이다.

그 뒤의 어떤 날 그가 고적을 뒤적거리다 어렸을 때에 들었던 할아버님의 그 말씀과 같은 行儀의 가르침이 「曲禮」 안에 적혀 있는 것을 보고 마음속으로 깜짝 놀랐다는 것이다. 「曲禮」는 신라시대에 젊은이들의 行儀를 가르치던 필수과목이었으니 말이다.

子孫에게 가르친 行儀들

그의 관련해서 또 어떤 교수는 7가 학생시절에 어느 교수에게 들은 이야기를 줄곧 머리에 두고 살아왔다고 했다. "어느 누구에게 온당한 부탁을 하게 되는 경우에 金品을 갖고 가서 부탁하는 행위는 못쓰는 행위다. 그것은 뇌물을 주고 받는 행위가 되기 때문이다. 그렇지 않고 온당하게 부탁한 일이 성취되었을 때에는 반드시 그에게 謝意를 표해야 한다. 그것은 인사이기 때문이다."

몇 백년 전의 어느 在野學者는 육순이 지나 몰락되는 가세를 지켜보며, 身病을 지닌 채 縣令에 처음으로 부임해 간 그의 외아들에게 다음과 같은 인자하고도 엄격한 八條의 訓戒를 편지 안에 적어 보냈다.

① 일에 응할 때에는 바로 마음속에 빈 데가 없는지 반성해 보아야 한다. ② 온유하게 백성을 가까이하여 작은 허물은 용서하되, 그것에 情實의 유무를 살펴야 한다. ③ 暴怒함은 경계해야 하고, 下吏에 죄가 있으면 담소로써 이를 다스려야 한다. ④ 지방의 父老를 불러 그 疾苦를 물어야 한다. ⑤ 官長을 섬기기를 父兄과 같이 해야 한다. ⑥ 牒訟에 거짓이 있는 자는 그 이름을 기록해 두어야 한다. ⑦ 胥徒에게 허물이 있는 성싶으면 경솔하게 그것을 누설하지 말고 가만히 두고 보아야 한다. ⑧ 백성을 다스리는 데에만 마음을 쓸 것이요, 집안일로써 그 일에 폐를 끼치지 않아야 한다.

우리의 父祖나 스승들은 이렇듯 한 사람의 조그마한 行儀에서부터 사회윤리, 올바른 官吏像에 대해서까지도 그들의 자손이나 제자에게 일상생활 속에서 일러주면서 살아왔고, 그러한 신념과 실천은 또 그들의 후손과 친지들에게까지 전승되어 오기도 하였다. 그리고 그러한 신념과 실천에는 합리성과 보통성이 들어 있기에 오늘날에도 타당한 가르침임에 틀림이 없겠다. 따라서 오늘날의 사회가 아무리 '성취지향적'·'능률주의적'이라 하더라도, 혹은 또 급격히 변화되는 '産業社會化'·'核家族化' 등등의 추세라 하더라도, 그러한 父祖나 스승의 가르침의 타당성이 배제될 수는 없을 것이다.

子女에게 가르칠 것은 무엇인가

그런데 어찌하여 우리는 오늘날 세대와 세대 사이의 대화의 단절 속에서, '아버지의 아버지' 존재의 망각 속에서 살아야 하는가. 아버지와 그 아버지의 아버지와는 도시 아무런 관계가 없었다는 것일까. 그들의 땀과 인내와 고난으로 건설, 유지되어 온 이 사회의 혜택을 그들에게 나누어 주기는 고사하고, 한갓 社會發展을 저해하는 쓸모 없는 노인으로 전락되어 망각 속에 내던져져야만 하는가. 오늘날의 아버지는 그들의 아들, 딸에게 그의 아버지의 삶과 체험, 신념이나 실천에 대해서 아무것도 이야기해 줄 것이 없다는 말일까.

그래서 가정교육, 사회교육의 공백이 이야기되기도 한다. 온 가족의 정신을 잃게 했던 '과외공부'·'산업사회화'·'핵가족화'라는 홍수에 떠내려갔던 세대간의 징검다리를 이제 새로 架橋로 만들어야 할 때가 온 것이라고 생각된다. 여러 해 전에 한국에 유학했던 영국인 신부 스킬랜드 교수는 한국의 家族制度만은 그대로 유지하기를 당부하는 글을 서울의 일간신문에 투고했던 것을 읽은 기억이 있다. 며칠 전에는 미국인 문계성(매카술린) 교수도 노인복지 문제와 관련해서 "한국인들은 그 현명한 두뇌로 노인들에게 진실로 필요한 것과 한국의 아름다운 가족 전통을 잘 조화시켜 이 문제를 올바로 해결할 수 있기를 진심으로 바란다"고도 했다.

世代交替가 바로 세대의 단절을 의미해서는 안 된다는 것이 강조되기도 한다. '사회발전은 정신적·내면적 가치의식과 현실적인 생활 사이의 조화로 이루어져야 한다'는 것을 강조하는 이도 있었다. 심지어 '서구식 아파트 일변도가 아닌 주택정책개선으로 노인과 젊은이가 함께 자기 취향에 맞추어 살 수 있도록 우리 현실에 적합한 절충적 주거구조를 생각해 보자'는 구체적인 안까지 제시하는 이도 있었다. 혹은 또 倫理規範·社會規範의 기초가 되는 고전적인 교양을 가르칠 수 있는 교과과정의 필요성을 내세우는 이도 있다.

核家族이란 '쓰레기통'

우리가 이어가야 할, 이어가도 좋은 윤리규범이나 사회규범의 모든 것을 불가피하다는 이유만으로 이른바 산업사회니 핵가족이니 하는 괴물의 쓰레기통에 내팽개쳐 버릴 수는 없지 않은가. 할아버지, 할머니는 그저 노인이 아니라 바로 아버지의 아버지와 어머니다. 이제 한국적인 家族傳統을 살리는 구체적인 방법을 생각해 내야 할 때가 되었다. 그래서 우리 모두가 종국에는 분노한 외로운 사람들이 되어 버리지 않아야 한다는 이야기다.

〈「朝鮮日報」, 1981. 9. 15〉

마구 버리지 말기

얼마 전에 어느 골목길을 지나다가 필자는 하마터면 난데없는 물세례를 받을 뻔했다. 그 골목길에 면한 어느 집 창문 밖으로 홱 내던져진 물이 나의 한발짝 바로 눈앞에서 쏟아지며 확산되는 순간이었다. 창밖을 내다보지도 않고 물을 홱 밖으로 내던진 그분은 바로 그 순간에 그 창문 밖을 지나는 사람이 있을지도 모른다는 생각은 아예 염두에도 안 두었을 것이다. 그래서 그는 골목길에 던져진 그 물이 몇 시간 안에 증발해 버리기만 하면 아무 일도 없었던 것과 다름없이 되리라 생각했을지도 모른다.

언제 저 버릇 고쳐지노

나의 발걸음이 한걸음만 더 빨랐더라면 나는 필시 그 경망한 물벼락을 맞았을 것임에 틀림없었다. 그 물이 어떤 물이든 간에 나는 순간적으로 다행이라는 생각과 조금도 피해를 받지 않았다는 안도감에 무어라 중얼대지도 않고 그대로 지나쳐 버렸지만, 그래도 어쩐지 나는 뒷맛이 씁쓸했다.

며칠 전에는 친구와 같이 車를 타고 가던 중 앞 차에서 차창 밖으로 내던져지는 휴지를 바라보며 내 친구는 중얼댔다. "언제 저 버릇이 고쳐지노."

요즈음 '太岩湖의 대수술'로 말미암아 마구 버린 오물과 공장폐수의 찌꺼기가 퇴적된 것이 1~2m 두께로 쌓여 있고 심한 악취를 풍기고 있다는, 보지 않아도 뻔한 사실이 실증되었다.

무엇이든 문밖으로만 내던지면 된다는, 자신만을 깨끗이 청산하면 된다는, 그 '마구 버리는 버릇'은 어쩌면 우리에게는 상당히 오래된 습성에서 온 것일는지도 모른다.

국민의 대부분인 농민들은 몇 백년 동안, 아니 그보다도 더 오랫동안 이를테면 自然 속에 파묻혀서 살아온 셈이나 다름이 없었다. 흙과 나무와 돌과 볏짚으로 이루어진 초가집, 그 지붕은 한여름에는 혼히 호박넝쿨로 뒤덮여져 있기가 일쑤였다. 문안(방)과 문밖(自然)과의 거리는 문자 그대로 종이 한장 차이밖에 안 되었다. 과거 이들의 생활에서는 실제로 '오물'과 '오물 아닌 것'과의 차이가 별로 없었다고 할 수도 있을지 모른다.

뒷간(오늘날의 화장실)은 肥料의 퇴적장이기도 하고, 소 외양간과 사람 사는 住居는 같이 있었다. 사실상 '화장'은 문밖이라면, 밭고랑이건 논두렁이건 아무데서나 하기만 하면 되는 것이었다. 그와 비슷한 버릇은 서울 장안의 사람이라고 해서 크게 다를 바가 없었다고도 할 수 있다.

옛 情趣 어디로 가고

강가나 시냇가에서 아낙네들이 빨래하는 모습은 일종의 情趣를 자아내는 풍경이기조차 했다. 貞陵, 우이동, 자하문 밖 골짜기의 溪流는 장안 아낙네들의 빨래터였다. 시내 청계천에는 어느 때부터인지는 몰라도 여기저기 公衆洗濯場이 마련되어 있었다.

청계천 시냇물 줄기에 골을 쳐놓고, 네모지게 다듬어진 화강암 빨랫돌을 배열해 놓아, 누구나 약간의 돈을 내면 빨래를 할 수 있게 되어 있었다. 아낙네들은 그 청계천 시냇가에서 양잿물에 빨래를 삶아서 비누칠을 하여 두들겨서 시냇물에 헹궈내면, 그 구정물은 청계천 물줄기를 따라 漢江으로 흘러내려가게 마련이었다. 都城 안팎의 川邊이나 江邊에서 내던져진 오물이나 쓰레기 같은 것도 한여름의 홍수 때에 말끔히 씻겨져 나가면 그만이었다.

이렇듯 川邊의 빨래질은 일종의 風致이기도 했다. 그것은 아주 자연스러운 것이었으며, '자연'스러운 일이면 또 '當然'스러운 일이기도 했었다. 당시로서는 누구나 '漢江水의 오염' 같은 생각은 염두에 두지도 않았던 일이며, 또 그러한 시대였다.

그렇듯 해서 준설작업도 되지 못한 채 상류에서 흘러내리는 土砂와 더불어 河床은 높아져서 조금만 큰 선박이면 자유로운 항행이 점점 어렵게도 되어갔던 것이다.

사람들의 목욕도 한여름에는 남녀 가릴 것 없이 溪谷의 시냇물이면 족했다. 겨울에는 양동이에 더운 물을 날라서 외양간 같은 데서 몸을 씻었을는지도 모른다. 기후, 풍토와도 관계가 있을지는 몰라도, 서울 장안에서까지 공중세탁장은 있어도, 공중목욕탕은 전혀 개발되지가 않았었다.

時代가 몇 번 달라져도

世宗 11 년(1429 년)에 修信使로 일본에 다녀온 朴某氏는 당시의 일본의 사정을 보고하는 중에 공중목욕탕의 발달상을 소개하면서, 한국에서도 서울의 濟衆院, 惠民局, 廣通橋 等處와 지방의 醫院 등 사람이 많이 모이는 處所에 공중목욕탕을 시설하여 입장료를 받는다면 신체의 淸淨을 위해서는 물론, 用錢의 장려에도 一助가 될 것이라고 건의를 하였으나 그 뒤 몇백년 동안 아무도 여기에 유의한 사람은 없었다.

세 살 때 버릇이 여든까지 간다는 속담도 있다. 1896 년 6 월 27 일자 독립신문의 논설은 우리의 '마구 버리는' 버릇이 상당히 오래되었다는 것을 실감케 해 준다. 그것은 백성과 서울시민의 夏季위생을 위해서 정부의 적극적인 배려를 거듭 강조하여 다음과 같은 10 개 조항을 열거하고 있는 것이다.

① 개천들을 정히 치게 하고, ② 길가에 대·소변을 못 보게 하고, ③ 물을 끓여 먹도록 방(榜)을 붙이게 하고, ④ 푸성귀를 개천물에서 못 씻게 하고, ⑤ 길가에서 밤에 누워 잠자지 못하게 하고, ⑥ 아해들이 벌거벗고 못 다니게 하고, ⑦ 술집에 사람들이 모여 술과 푸성귀들을 먹고 좁은 데서 서로 끼어 앉아 호흡을 서로 가까이 하지 못하게 하고, ⑧ 도성 안 몇 군데에 큰 목욕집을 만들어 가난한 인민이 와서 목욕하게 하고, ⑨ 각 반찬 가게와 관에 다니면서 상한 고기와 생선을 못 팔게 하며, ⑩ 순검들에게 길을 밤낮 돌려 순행하게 하여 집 앞에 더러운 물건이 있든지 개천을 치우지 않는 백성이 있으면 그 주인을 불러 치우게 하는 등의 내용이었다.

필자가 이렇듯 구질구질한 이야기를 늘어놓는 이유는 이제 시대가 달라졌는데도 '마구 버리는 버릇'을 좀처럼 버리지 못하는 사람들 때문에 우리 모두가 '公益心이 없다'는 수치스러운 비난에서, 그리고 公害의 피해에서 헤어나지 못하는 한심한 상황 때문이다. 大祝典이 끝난 여의도광장, 바캉스철이 끝난 해수욕장들, 衣岩湖岸의 오물과 폐수찌꺼기의 퇴적, 낚시꾼이 뜨고 난 낚시터의 폐기물 투성이에서부터 사람이 보는 데, 안 보는 데서의 휴지, 담배꽁초의 '마구 버리기'에 이르기까지 그 弊習은 언제까지 계속되어야 하는 것인가.

심지어 차원은 다르지만 고아원의 수는 줄어만 가는데 遺棄兒의 수는 늘어만 가고 있다. 더구나 '내 몸 마구 버리기'에 이르러서는 우리 모두가 크나 작으나 충격을 받는 일이 아닌가. 그러한 일에 우리 모두가 충격을 받는다는 그 사실이, 그것이 설사 극한 상황에서의 절망의 소치라 하더라도 단순한 개인적인 사사로운 일이 아니라는 것을 말하여 주는 것이 아닐까. 담배꽁초 '마구 버리기'에서부터 '내 몸 마구 버리기'까지의 잘못에는 어쩌면 일맥상통하는 무슨 논리적인 깊은 연결이 있음 직도 하다. '마구 버리는 습성'에, 이 세상이 나 혼자만 동떨어져서 사는 곳이 아니라는, '나'는 나 자신의 所有物도 아니라는 人間存在의 本質에 대한 뿌리 깊은 無知가 자리하는 것이다.

초등학교 때부터 敎育을

초등학교에서부터 마구 버리는 폐습의 타파를 위한 철저한 교육을 실시해야 하겠다. 그리고 양복을 입은 어른들은 휴지통이 없는 고장에서는 大小 2중으로 된 것까지 합쳐서 上下衣 12개나 되는 호주머니의 어느 하나를, 재떨이 구실까지는 못해도 자신의 담배꽁초나 휴지를 임시로 담아 두는 私用쓰레기 주머니로 이용하도록 누구든지 철저히 지시를 해야 하겠다. 버려야 할 것은 성큼 버리는 것이 현대인다운 생리이기도 하지만, 무엇이든 아무데나 마구 버리는 버릇만은 철저히 교정을 해야 깨끗한 거리와 깨끗한 자연, 그리고 문화시민이 되지 않겠는가.

〈「朝鮮日報」, 1981. 10. 7〉

새로운 公職者像은…

가을이 왔으니 겨울이 멀지 않을 것이다. 금년 가을은 성큼 다가와서 때아닌 눈발까지 내리니, 異常低溫의 겨울이 되지 않을까 근심스럽기도 하다. 구멍탄 한 장이라도 아껴 써야 하는 서민들에게 가을은 한결 더 으스스한 계절이다. 그들에게 있어서의 겨울은 어쩌면 마치 疾走해서라도 빠져나가야 할, 길고도 어두운 터널과도 같은 계절일지도 모른다.

그러나 그들의 거의 대부분은 이를테면 굳은 의지로 살아왔고, 살아가고 있다고 해도 좋다. 아무리 어지러운 세상이라고들 해도 정직하게 살아내야겠다는, 아무리 不信풍조가 彌滿되어 있다고 해도 믿음(信) 속에서 살아내야겠다는 용기와 신념 같은 것, 그러한 의지는 결심의 되풀이임에 틀림없는 것이다.

많은 사람들은 믿는다

그래서 천여 만원의 뇌물을 단연코 거절했다는 어느 경찰관의 이야기, 몇백만원을 길에서 주워 그대로 신고도 하고, 손님이 바로 집 앞에서 놓고 내린 물건을 나중에 발견하여 집에까지 차를 몰고 가서 돌려주었다는 어느 택시운전기사들의 이야기며, 양심적인 어느 商人의, 그리고 나이 어린 어느 학생의 이야기가 크고 작은 활자로 신문지상에 보도되기도 했다.

水害義捐金 募金의 경우만 해도 많은 국민들은 그들의 어린 자녀들에게 同族을 사랑하는 마음씨를 심어주는 일을 잊지 않았었다. 어떤 이는 깨끗한 정부의 실현을 위해서는 공무원에 대한 처우개선이 그 기본적인 필요조건이기에, 이를 위한 정부의 용단 있는 配慮가 필요하다는 것을 역설하고, 또 어떤 이는 부정공무원은 엄벌해야 한다는 것을 강조하기도 했다. 行政과 刑政의 조화. 이와 같은 보도와 여론은 우리 모두가 정의사회와

깨끗한 정부의 실현에 얼마나 큰 기대를 걸고 갈망하고 있는가를 나타내 주는 것이다.

믿을 수 없을 정도의 충격적인 사건이 발생하고, 또 그러한 사건이 되풀이될 때 국민들은 분노와 실의에 빠지기가 쉽다. 그래서 사람들은 흔히 이제 '누구를 믿고 사는가?'라고들 말하지만, 그래도 실상인즉 훨씬 더 많은 사람들, 대부분의 국민들은 그들의 일상생활에서 역시 서로의 믿음 속에서 살아왔고 또 살아가고 있다는 것만은 엄연한 사실이다. 우리가 지닐 수 있는 희망은 바로 여기에 두어져야 한다.

오래된 官權의 專橫

오늘날 정의사회와 깨끗한 정부의 실현이 指標로 되어져서, '깨끗한'이라는 말이 흔히 쓰여지고 있다. 깨끗한 시민, 깨끗한 공직자, 깨끗한 公僕, 깨끗한 정부, 그리고 깨끗한 거리, 깨끗한 자연 등등. 이러한 말들이 하나의 지표가 되었다면, 그것은 정신면에서나 물질면에서 무엇인가 오염된 상태를 전제로 한 새로운 자각을 의미하는 것이어야 한다. 자각이란 전과는 다르다는 새로운 신념과 실천을 뜻하는 말이다.

돌이켜보면 우리 국민은 몇백년 동안 官人專制의 威壓과 桎梏 속에서 살아온 셈이다. 근세조선시대에도 官僚紀綱의 문란을 방지하려는 배려가 없었던 것은 아니다. 內外親戚이 고급관리들을 분주히 찾아다니며 취직운동 하는 것을 막기 위한 이른바 奔競금지법을 마련해 보기도 했다. 고급관리들이 사람을 薦望할 때 부적한 사람은 거부할 수 있는 권한을 郎官에게 주어서 그들의 情實人事를 방지하려던 이른바 銓郎法도 있었다. 일정한 寸數內의 가까운 친척이 동일한 관청에서는 취임될 수 없게 했고, 그들이 裁判官과 피고로 같이 설 수 없게 한 이른바 相避制가 있었다. 守令은 자신의 출신지나 자신의 田莊이 있는 고장에는 부임되지 못하도록 제한하였다. 관리들의 情實行政이나 專橫을 막기 위한 조처의 몇 가지 예이다.

그러나 이 같은 면밀한 행정적 배려에도 불구하고 자체 모순과 시대변천에 따라 官紀는 점차 문란하여졌다. 그리하여 王朝 말기에 이르러서는 官權만이 비대해져서 이른바 탐관오리가 득실거리게 된 셈이다. 뇌물 주고 받기, **賣官賣職**의 폐풍이 고질화된 것이다.

저명한 18세기의 **實學者**는 '우리나라는 人情之國이다'라고 하여, 여기서 '人情'이라는 말은 바로 '뇌물'이라는 뜻으로 쓰여졌던 것이다.

뇌물을 주고받는 **弊風**이 미만되어 있었다는 이야기다. 守令의 자리도 돈으로 거래되고, 鄕吏는 향리대로 수령에게 미리 돈(任賂)을 바쳐야 그 자리를 얻을 수 있는 것이 관례화되어 있었다. 그래서 그 수령(地方官)과 그 향리는 서로 결탁하게 마련이고, 그것이 바로 다름아닌 **貪官汚吏**다. 뇌물이 아니면 나라에 바치는 稅納조차도 순조롭게 안 된다고 했다. 그렇다고 贓法(뇌물금지법)을 엄격히 한다면 上下의 관리가 제대로 살 수가 없다는 것이다. 그들의 祿俸과 給料가 低廉해서 그들이 생계를 그것만으로는 제대로 꾸려나갈 수가 없기 때문이라는 것이었다.

일본식민지시대에는 그 나름대로 官權은 무서운 것이기조차 했다. 그래서 과거의 우리나라 사람들은 '권력에의 의지'만이 강성했던 것인지도 모른다.

意志 관철의 슬기를

그 폐풍은 해방 뒤에까지 가시지가 않아서 貴(官)는 富를 겸하게 된다는 오래된 사고방식이 면면히 이어져 내려온 셈이다. 그래서 '감투'라면 사족을 못 쓰게 된 것이 아닌가.

오랜 폐습이나 폐풍이 하루아침에 깨끗이 淨化되리라는 기대는 조급한 생각일지도 모른다. 이른바 고위층을 빙자한 은행돈 사기사건, 돗자리 사건에서부터 低質연탄受賂사건, 경찰관 예금통장사건, 지방장관의 수뢰사건 등이 잇따라 일어나는 것도 그러한 폐풍의 餘塵이라고만 생각하기에는 너무나 충격적인 일들이었다.

그러나 정녕 깨끗한 사회를 이룩하기 위해서는 그러한 충격이 가져다 주는 분노와 失意를 다시 딛고 일어서서, 우리들의 의지를 관철해 내는 슬기로움을 보여야겠다. 여기에서 국민 각자의 자각이 요망되기도 하겠지만 하루빨리 새로운 公職者像이 정립되어 불신풍조를 拂拭하는 것이 무엇보다도 급선무일 것이다.

公職者 處遇 改善 앞서야

새로운 公職者像이란 어떤 것일까. '책임을 지는, 질 줄 아는'이라기보다는 미리미리 '책임을 느끼는' 행정이면 좋겠다. 그리고 그 유래가 오래된 官尊民卑意識이 깨끗이 拂拭되면 좋겠다. 그 위에 모든 공직자는 아예 '憑公營私'할 생각을 깨끗이 버려야 한다. 그리하여 그 '잘못된 人情 쓰기'를 어떻게든 '참다운 인정'으로 회복시켜야 할 것이다.

그러기 위해서는 각자의 자각도 요망되지만, 공직자가 빚(負債)과 激務라는 두 가지 틈바구니에서 허우적거리지 않도록 그들의 처우부터 개선돼야 한다는 것이 역시 필요하고 기본적인 요건이 될 것이다.

〈「朝鮮日報」, 1981. 10. 30〉

古蹟補修와 시멘트公害

'한국미술 5천년展'이 미국의 주요 박물관·미술관에서 2년 5개월 간에 걸쳐서 순회전시되었다. 여기에는 2백 30만 명에 가까운 미국 시민이 관람하여 한국 미술의 特質과 전통에 큰 감명을 받았다는 것이다. 그것은 한국 미술이 중국이나 일본의 그것과는 또 다른 특이한 創造性을 지닌 것이라는 점에서 주목을 끌어, 두 나라 국민간의 상호이해를 증진시키고 學術交流에도 크게 이바지하였다고 한다. 그 미술품들은 실로 우리 민족의 文化遺産의 精粹이기도 해서 우리 민족의 문화적 긍지를 자각하게 하여 주기도 한다.

'무턱댄 開發'이 많다

한 나라의 문화유산은 단적으로 그 나라 사람들의 文化力量, 문화창조의 능력을 가늠하여 주는 것이다. 그것은 단순한 保存의 意義에서가 아니라 현재와 미래의 문화창조의 기반이 된다는 점에서 더욱 소중하다.

요즈음 국가적인 건설사업과 개발사업에 관하여 여러모로 진지한 논의가 일어나고 있다. 그것은 다름아닌 댐건설과 관광개발에 관련된 이야기다. 한마디로 우리나라의 경제발전을 위하여 그러한 건설과 개발이 焦眉의 急務라는 것은 누구나 부인하지 못할 것이다. 다만 그러한 사업에 대한 영향평가가 철저하게 되지 못한 채 '무턱댄 건설'이나 '주먹구구식 개발'이 되는 경우가 있다는 것이 일반의 與論인 것 같다.

그래서 乙淑島 댐건설에는 국제자연보호연맹에서 그 중지를 권고하기에 이르렀다는 것이며, 大淸댐 水沒지역인 文義면의 2백가구 주민이 '영원한 失鄕民'이 될 지경에 이르렀다는 이야기다.

이 같은 건설과 개발에는 또 다른 면에서도 문제가 있다. 그것은 古蹟

이나 문화재 보존의 문제와도 직접·간접으로 관련되는 것이다. 가령 댐 건설로 말미암아 수몰되는 지역에 있는 **地表文化財**나 **遺跡** 같은 것을 이전, 보존하는데는 그 나름의 조처방도가 있음 직도 하다. 그러나 이미 지하에 매몰되어 있을지도 모르는 유적이나 유물에 대한 배려도 일단은 고려에 넣을 만하겠고, 더구나 공사 도중에 튀어나와서 발견될 수도 있는 유적이나 유물에 대해서도 응급, 적절한 빈틈없는 조치가 취해지게끔 되어 있는지도 궁금하다.

관광개발에 있어서도 **慶州 普門**단지의 경우에는 '**古蹟地**와 멀리 떨어진 황량한 벌판'에 위치하여 교통불편으로 내외 관광객에게 외면당한다는 이야기는 관광개발과 **古蹟**과의 연계성이 배려되어야 하겠다는 **視角**을 잘 말하여 주는 것이겠다.

紀念物 造作 같아서야

필자가 여기서 돌이켜보고자 하는 것은 자연보호나 관광개발과도 간접적으로 관련될 수 있는, 고적이나 문화재의 **補修**와 관계되는 문제이다. 근년에 고적이나 문화재의 보존에 대하여 **公私**간에 깊은 관심과 많은 배려가 베풀어지게 된 것은 다행한 일이다.

실제로 많은 **遺跡**과 **遺物**이 그 동안 많이 발굴·조사·연구되고 많은 고적이 보수된 것은 우리 민족문화의 전통을 올바로 인식, **傳承**하는 데 큰 공헌을 한 것이다. 그러한 중에 한 가닥의 의구심을 자아내는 것은 고적의 과잉보호가 어쩌면 '가짜'를 만들어 내어 그것을 **毁損**시키는 결과를 빚는 것이 아닐까 하는 점이다. 그것은 마치 어린 자녀들을 과잉보호하는 어버이들과도 같이, 그 원래의 성격이나 **情趣**를 망가뜨리는 결과를 가져오게 하는 것과 같은 것이기 때문이다. **日帝** 때 **日本人**들이 **慶州 石窟庵**의 천정 위를 시멘트로 **密閉**해 놓아 내부에 습기가 차 망가뜨려 놓은 것도 그 **好例**이다. 더구나 보호자 자신의 비실용적인 **自己誇示**나 자신의 **紀念物 造作**과도 같은 것이 되어서는 안 되겠다는 이야기다. 우리의 조상들은 자연을 그대로 사랑해 왔다. 자연에 **人工**을 가하는 것을 싫어했다. 인공을 가하지 않고 자연 속에서의 조화를 귀히 여겨왔다. 어쩌면 **儒敎的**인

철학 내지 '自然觀'이 우리의 그러한 정취를 더욱 뿌리 깊게 한 것인지도 모른다. 베르사이유 궁전의 정원이 유럽의 그것들의 모델이라고 할 수 있을지는 몰라도, 그것은 인공적인 造景이다. 중국 北京의 萬壽山과 그 안의 北海(湖水)도 인공에 의해서 조작된 것이다. 일본인들의 정원도 오밀조밀한 인공적인 技巧로 만들어진다.

이들과는 대조적으로 우리 서울의 秘苑은 자연 그대로를 사랑하는, 우리의 전통적인 정취를 대변해 주는 것이라고 할 수 있다. 미륵사의 石佛은 얼핏 보아 보기 흉한 비예술적인 조각물같이 보이기는 하지만, 그 주위의 산과 숲 속에 어울려 놓고 볼 때에 매우 조화를 이룬 걸작이라고 감탄하는 사람도 있었다.

遺物은 진짜를 익혀야

원래 고적의 보존이란 남아 있는 그대로를 더 毁損되지 않게끔 보존하는데에 그 의의가 있는 것이겠다. 희랍의 파르테논神殿의 殘骸도 누가 그것을 復元할 능력이 없어서 그대로 둔 것일까. 로마거리 한복판의 몇 개의 石柱들, 2차대전 때 폭파되어 마치 큰 기둥과도 같이 앙상하게 남겨진 西베를린市 길 한가운데의 교회당의 잔해도 왜 보수나 복원을 하지 않는 것일까.

대학에 갓 입학하였을 때 일본의 저명한 한 고고학 교수가 첫 강의시간에 다음과 같은 말을 한 것이 기억난다. "遺物은 어떠한 종류이든 처음부터 진짜를 보아 눈익혀야 한다. 가짜를 잘못 알고 눈익혀서는 나중에 眞假를 가리기가 어렵게 되는 것이다."

우리의 古蹟保存 補修는 너무 지나친 保護공사로 그 원래의 정취를 손상시키는 것이 아닐까. 가짜를 만들어 내고 있지 않는가 하는 의구심이 가는 것이다. 그리고 그러한 느낌은 필자 혼자만의 것이 아니다.

슬기로운 조상의 얼이 담겨 있는 유적지를 聖域化한다는 일은 뜻 깊은 일임에 틀림이 없다. 그것은 遺跡保存과는 또 다른 일이다. 적어도 유적 내지 고적의 보수에 있어서는 그 원래의 정취를 살리는 데에 보다 더 세심한 유의를 하는 것이 좋을 것 같다. 유적이나 그 境內에까지 온통 시멘트로 메워지고 둘러싸여져서 환경과의 違和感을 느끼게 하고 그 원래의 면모나 정취를 손상시킨 느낌이 드는 경우가 많은 것 같다.

천여 년의 風霜을 겪은 古墳封土 위에다 새로 흙더미를 올려 덮어서 거대한 墳墓로 재생시켜 놓기도 하였다. 실제로 그 분묘의 원래 크기를 정확하게 계산해 낼 수가 없는 것이라면, 이렇듯 再生 復元(?)시킨 그 고분이 '진짜'일 수가 있겠는가. 그것은 어쩌면 시간의 흐름을 무시한 非實用的인 보호자 자신의 거대한(?) 힘의 과시밖에 안 되는 것이 아니겠는가. 경우에 따라서는 복원이 필요할 수도 있겠다. 그러나 그것도 그 막대한 경비와 노력에 비하여 비실용적인 것이라면, 가짜의 조작을 위한 濫費에 지나지 않지 않겠는가.

書院補修에 丹靑이라니

書院補修의 경우 丹靑을 해 놓은 고장도 볼 수 있었다. 그 지방의 고로들이 書院 건물에는 丹靑을 하는 법이 아니라고 애써 말렸으나 보수자들은 무슨 법규에 따라서 하는 것이라 하여 듣지 않더라는 것이었다.

古蹟과 그 境內만은 시멘트公害에서 보호되어야 할 것 같다. 그리하여 고적과 주위환경과의 조화가 깨어지지 않게 해야 한다. 과잉보호가 '가짜'를 만들어 내는 것이라면 그것은 노력과 경비의 낭비에 지나지 않는 것이 될 것이다.

保存과 개발 사이의 혼란을 막았으면 좋겠다. 오늘날 근대화는 우리의 당연 指標이기는 하지만 고적의 근대화(?)는 삼가야 할 것이 아닌가. 이제 자연보호 5개년 계획으로 공해문제에 적극적으로 대처하려는 마당에 고적 보수와 관련되는 시멘트公害에도 유의를 해 주었으면 좋겠다.

〈「朝鮮日報」, 1981. 11. 22〉

'人間敎育'을 말한다

교육의 理念이나 指標는 극히 중요하다. 교육이 立國의 근본이기 때문이다. 간단한 착상으로 쉽게 마련될 수는 없다. 다른 나라의 그릇된 경험을 이제 와서 되풀이 모방, 추종할 성질의 것도 아니다. 그것은 우리 스스로의 역사적 체험에서 우러나온, 그리고 앞을 내다보는 것이어야 하며, 그 위에 보편타당성이 있어야 한다. 그래서 저명한 인사들의 臥薪嘗膽, 熟議 끝에 마련된 것이 우리의 교육헌장이라고 생각된다.

최근에 와서 교육혁신의 소리가 울려퍼지게 되었다. 그리하여 '인간교육'이 강조되고 있다.

왜 남들을 믿지 못하나

10년 전에 이미 어느 노교수가 다음과 같은 우려를 표명한 바 있었다고 한다. "10년 후엔 대학 졸업한 인텔리가 돈 몇 푼 때문에 사람을 죽이고도 태연해 하는 사태가, 그리고 다시 10년 더 가면 세상이 모두 자기 이외에는 아무도 믿지 못하는 세상이 올 것이다." 이와 같은 우려는 10년 전 당시에 비단 이 노교수 한 사람의 것만이 아니었으리라.

그런데 왜 자기 이외에는 아무도 믿지 못할 것이라는 우려가 오늘날에도 계속 남게 되는 것일까. 지금부터 10년을 더 기다릴 것도 없이 이미 우리는 학교 어린이들에게 '존경해야 할 사람의 친절도 조심하라'는 훈계를 해야만 할 지경에 빠진 현실이 아닌가.

'너무나 끔찍한 사건'의 내용이 보도된 며칠 뒤의 어느날, 필자는 달리는 택시 안에서 운전기사에게 "왜 이렇게 끔찍한 일이 일어나는거요?" 하고 넌지시 말을 건네 보았다. 운전기사의 대답은 다음과 같았다.

"살기가 각박해서 마음의 여유가 없는 거지요. 무언가 잘못되어 있는 것 같습니다. 어떻게 배웠걸래 그런 일을 저지를 수가 있습니까. 시간이 흐르는 사이에 딴 생각을 하게 된 건지…. 義理가 있어야지요. 난폭한 일 (직업)에 종사하는 사람들에게서보다는 도리어 좀 배웠다는 사람들에게서 그런 일이 더 일어나는 것 같아요.” 필자는 운전기사의 이야기를 듣고 침울하게 有口無言일 수밖에 없었다. 교육에 무언가 잘못이 있다는 뜻이리라.

우리는 현대사회의 病弊에 대해서 벌써부터 많이 들어왔다. 급변하는 산업사회, 도시화와 핵가족화, 환경오염, 人間疎外, 윤리규범의 不在. 우리도 경제성장 일변도의 정책에 짓눌려 물질주의, 拜金사상이 팽배해 왔고 그러한 추세는 더욱 격회되어 가고 있다. 옳건 그르건 목적달성을 위해서는 수단방법을 가리지 않는 풍토, 그래서 끔찍한 사건만이 아니라 부정식품, 날림공사, 시설미비, 정비부족, 관리소홀, 이런 일들이 茶飯事로 되풀이 노출되는 것이 아닌가.

情緒敎育 더 앞세워야

이제 인간교육, 사람교육을 위해서는 知-德-體를 아울러 가르치는 全人敎育이 소망되는 것은 물론이다. 필자가 여기서 덧붙이고 싶은 것은 필자 혼자만의 所懷가 아닌 또 다른 일면이 신중히 배려되어야 할 것이라는 점이다.

지난 11월 26일자 모일간지에는 다음과 같은 시민의 소리(民聲)가 실려 있었다. 그것은 초등학교 교과서 내용의 개편에 관련된 ‘충성강요식’ 교과내용을 피했으면 하는 소망이었다. 초등학교 1학년 국어책 첫머리가 “나, 너, 우리’에서 ‘하늘, 파란 하늘, 파란 하늘에 우리 태극기’로 바뀐다는 데 대한 아래와 같은 우려의 표명이다.

“아무런 티없이 파란 하늘을 향해 마음껏 뛰어 놀게 돼야 할 어린이에게 우리 태극기라는 말로 그 순수한 마음을 채 펴기도 전에 1학년 첫날부터 충성스런 애국자를 만들어야겠다는 생각이야말로 어른의 과대망상이 아니고 무엇인가?”

TV드라마도 倫理 결여

우리는 어린이의 천진난만한 순수성과 아름다운 情緖를 언제까지나 간 직할 수 있게 하는 정서교육을 보다 더 앞세워야 하겠다는 것이다.

그렇지 않아도 環境汚染으로 自然에 대한 정서를 잃어버린 채 살고 있 다. 서울에 사는 사람들에게는 더욱 그렇다. 서울의 하늘은 고층건물로 갈기갈기 찢겨져 있고, 大地는 아스팔트로 뒤덮여 있고, 漢江은 삭막하게 오염되어 있고, 史蹟은 矮小化되어 있다. 각박한 생활풍토 속에서 자연과 전통을 잃어버리고 살고 있다. 그래서 뜻 있는 사람은 "서울문화가 퇴색 해 간다"고 했으며, "서울문화라고 확인될 만한 구체적 근거가 없어지고 있다"는 우려도 했다.

이와 같은 환경오염은 비단 서울에서만의 이야기가 아니다. TV드라마 대사에 대해서도 '倫理性'의 결여가 논란되어, "시청자들에게 정서불안과 가정생활에서의 순결성, 품위성을 저하시킬 우려가 있다"고 지적되기도 했다.

12월 5일자 모일간지 사설에는 '사람교육'을 강조하는 중에 다음과 같 은 구절이 눈에 띄었다. 여기에 그것을 인용하여 다시 한번 주의를 환기 할 만하다고 생각된다. 그것은 "교육이념의 역점을 다시 '사람' 기르는 데로 옮겨야 할 때가 오지 않았나" 하는 所懷를 토로한 것이다. 교육현장 에서 강조되는 '한국사람' 양성도, '사람'보다 '한국' 쪽을 잘못 강조하 게 되면 '사람'을 기르는 것과는 거리가 멀어질 가능성도 많다는 것에 유 의해야 하겠다는 것이었다.

실제로 우리는 지금까지 '국민'교육·'국민'윤리라는 말을 많이 들어 왔다. 필자는 이런 말을 들을 때마다 이보다도 더 앞서야 할 인간교육이 소외되는 것이 아닌가 싶었다. 근대 국민국가 형성의 역사가 짧은 우리에 게 국민의식의 함양이 중요한 것은 두말할 필요가 없다.

'大我'에 비중둬 온 敎育

국민교육 일변도의 이 같은 교육지표는 어쩌면 오랜 역사적 배경에서 연유된 것이기도 하다.

인간의 性情(人性)의 문제는 朱子學이 우리나라에 전래된 이후로 번쇄할 정도로 학문적 논란이 계속되어 온 것이 사실이다. 먼저 사람이 되고 나서야 사람을 다스릴 수 있다(修己治人)는 儒教的인 교육이념이었기 때문이다. 18세기에 이르러 그 나름의 사회변동은 ‘人性’ 문제로서는 수습할 수 없이 되었으며, 따라서 자기 나라·자기 사회에 대한 관심이 늘어났던 반면에, 人性을 따지는 일이 지식인의 관심의 뒷전으로 밀려나게 되고 말았다. 19세기 말·20세기 초에 國運이 衰傾하여 危難한 지경에 빠지게 되었을 때 ‘自我에의 각성’이 새로 강조되게 되었다. ‘작은 나’(小我)를 버리고 ‘큰 나’(大我)에 각성해야 한다는 것이다.

小我는 유신적·물질적인 것이며, 大我는 정신적·영혼적인 것으로서, ‘小我는 死하나 大我는 不死’하는 것이라고 했다. 여기서 강조된 大我의 정신은 다름아닌 독립정신·애국정신·국민정신을 가리키며, 영웅과 偉人의 정신을 본받아야 하며, 국가·사회를 위하여 小我를 바치는 인간이 되어야 한다는 것이었다. 나라를 잃어가던 당시의 상황에서 救國의 정신이 아무리 강조되었다 해도 지나친 것일 수는 없는 것이리라. 日帝植民地 시대에 우리 민족이 처했던 상황은 선조들의 이러한 교육정신을 이어가는 수밖에 없었다. 민족의식·국가의식이 강조되지 않을 수가 없었다. 그러한 반면에는 무엇인가 등한시될 수밖에 없었던 일면이 남아 있었다.

올바른 人間性 함양부터

個我의 자각, 한 인간으로서의 尊嚴性과 그 價值, 개성의 존중, 올바른 인간성의 涵養 없이, 인간의 순수성·성실성이 부지될 수 있는 정서가 제대로 자라지 못하고, 그리고 또 가족윤리가 바로잡혀져 있지 못하고서는, 國民倫理·國民教育이 설 땅은 없다. 애국자가 되기에 앞서 먼저 사람이 되어야 한다는 교육의 지표가 이제 명확히 설정되었으면 한다. 그야말로 ‘국민교육’ 일변도에서 벗어나 정서교육·인간교육이 중시돼야 할 때가 온 것이다.

〈「朝鮮日報」, 1981. 12. 13〉

享有의 自由와 創造의 自由

안팎으로 어두웠던 한 해가 지나가고 壬戌년 새해의 눈부신 햇살과 함께 문이 활짝 열린 것 같다. 오랫동안 苦疾로 누워 있던 환자가 이제 활짝 열어제쳐진 창문으로 들어오는 신선한 공기를 마음껏 들이마시게 된 것과도 같다. 우리 모두가 오랜만에 두 팔을 치켜들어 크게 기지개를 켜고, 조금 회복된 몸을 다시는 병들어 눕게 하지 말아야겠다는 다짐이라도 하는 것 같다.

통금해제와 두발, 교복의 自律化, 새해 벽두의 두 가지 조처는 대부분의 국민이 환영하고 있다. 여러가지 요인이 있었겠지만, 어쨌든 두 개의 자유의 창문이 열려진 때문이리라.

되찾은 ‘우리의 4 時間’

첫째로 ‘통행의 자유, 이동의 자유는 인간에게 주어진 天惠의 선물이고 당연한 권리’이기에 통금의 해제는 人間權利의 回復을 의미한다. 우리 나라의 특수사정 때문에 몇십년 동안 발(足)에 묶여졌던 쇠사슬이 풀린 것이다. 비록 캄캄한 밤시간이기는 하였지만, 하루에 4시간 동안 잃어버렸던 ‘나의 시간’이 이제 진짜 ‘나의 것’으로 환원되었다. ‘일반적 행동의 自由權의 보장이라는 원칙을 위하여 행정적 불편을 감수한 정부의 용단’에 찬사를 아끼지 않는다.

둘째로 중·고교생의 두발. 교복의 자유화는 또 다른 측면에서 환영받았다. 그것은 ‘의식구조의 획일화에서 탈피시키고 개성과 창조적인 심성을 길러주기 위해서’ 필요한 일이라고 했다. 그러므로 그것은 그들의 생활을 因習에 젖은 ‘規制’와 ‘遵守’에 얽매인 부자연스럽고 부자유스러운 생활풍토에서부터 해방시켜 준 셈이다.

그 첫째 것은 인간의 기본적인 권리의 한 가지를 누구나가 享有할 수 있게 하여 우리의 生活을 활성화시키는 것이며, 다른 하나는 인간의 개성을 존중하고 창조적 에너지를 적극화하는 데에 그 근본 意義가 있는 것이다. 그것은 바로 享有의 자유와 창조의 자유를 뜻하는 것이라고 생각해 본다. 그리하여 새해 벽두의 그 두 가지 조처는 우리 생활의 외양상, 형식상의 문제로서만 받아들일 것이 아니라, 우리의 참다운 자유정신을 內面化시켜야 한다는 면에서 깊이 있게 받아들여야 하겠다는 것이다.

秩序는 잃지 말아야 한다

사람이 아무때나 아무데서나 제멋대로 행동하는 것을 自由라고 생각하는 사람은 없다. 그들은 公益을 위해서 질서를 요구한다. 그리고 그 질서라는 것도 道義的인 것에서부터 法秩序에 이르기까지 시대에 따라서 변화되고 발전된다. 그래서 사람들은 자유의 범위를 확대시켜 오는데 반비례하여, 더욱더 번쇄한 法秩序를 지켜야만 생존과 번영을 꾀할 수 있게 되었다.

어떤 역사가는 인류의 역사를 그들의 理性 내지 자유(정신)의 발달사라고까지 간주하기도 했다. 그것은 인류가 오랫동안 숱한 고난 끝에 쌓아올린 所得이며, 오늘날 인류생활의 共同指標이기도 하다. 오늘날 폴란드사태가 그 하나의 證左이기도 하다. 그러므로 자유의 첫째 의미는 부자연스럽고 부당한 속박에서부터의 해방을 의미한다. 專制的인 속박, 신분적인 속박에서부터 無知의 속박으로까지도 해방되려는 인간의 天賦的 욕구라고도 할 수 있는 자기 표현의 자유를 의미한다. 그것은 말할 것도 없이 인간의 기본권에 속하는 것이다. 이를테면 享有의 자유라고도 할 수 있다.

創意 없는 社會의 지루함

그러나 인간의 삶은 享有의 자유만으로는 그의 삶을 제대로 누리고 발전시켜 나갈 수가 없다. 인간은 그 위에 創造의 자유가 있어야 했다. 인류의 역사는 도구를 발명하면서부터 발전해 왔다. 농경기술을 창안해 내 정착생활을 하게 되면서부터 인류의 문화는 개발되었다. 산업혁명 이후로 인류의 사회는 크게 변화되어 왔고, 오늘날 자연과학의 극도의 발달은 이른바 산업사회라는 이름 아래서 극도의 人間疎外·人間喪失의 위기에 당면하게 되었다. 이 難局도 인간의 理性과 그 창조의 힘으로 풀어나갈 수밖에 없는 것이다.

인류의 문화는 끊임없는 창조의 힘으로 이룩되어 왔다. 그러나 일단 창조된 것은 그것이 일반화·보편화되면 그 애초의 창조성은 상실되게 마련이다. 우리는 이미 창조된 것만을 되풀이 생산하는 활동만으로는 우리의 생활을 부지하기조차 어렵게 되고 만다. 물질적인 면에서나 정신적인 면에서나 우리가 당면하게 되는 국면은 언제나 새로운 과제를 안겨다 주는 것이며, 그 해결은 과거에 얻어진 어떠한 경험이나 公式 같은 것을 모방하거나 그대로 적용하는 것만으로는 얻어질 수 없는 것이다. 우리는 새로운 創意와 창조에 의해서만 이에 대처할 수 있게 마련이다. 창조의 자유가 요구되는 것은 이 때문이다.

思考의 자유, 행동의 자유는, 그래서 우리가 우리의 삶을 개척해 나가는데 있어서 필요불가결의 전제조건이 된다. 여기서 자유로운 思考, 자유로운 행동이 존중되어야 한다는 일은 그러한 것이 새로운 문화가치를 창조해 낼 수도 있다는 기대 속에서만 그 의미가 있을 수 있다. 모든 자유로운 행동은 각기 그 사고와 행동이 이미 어떠한 가치를 지니고 있다고 해서 존중되어야 한다는 것이 아니라는 것이다.

社會가 더욱 발전하려면…

존중되어야 할 思考의 자유, 행동의 자유는 역사상의 많은 예술가·사상가·자연과학자에서 볼 수 있듯이 가치창조의 意志와 집념이 들어 있어서만 보장되어야 한다. 그러므로 자유는 방종이나 방탕의 代名詞가 아니다.

'자유는 방종이 아니다'라는, 누구나가 하는 말의 참뜻은 바로 여기에 있는 것이다. 창조적 의지와 집념이 들어 있는 어떠한 활동을 덮어놓고 秩序라는 이름으로 제약한다는 것에도 문제가 있겠으나, 덮어놓고 질서를 파괴하는 행동이 마치 자유라고 생각한다면 그것은 더욱 문제다.

사치와 투기, 부정과 부패는 享有의 자유만을 누리려는 節度 없는 사람

들 때문에 일어나는 폐풍이다. 그것은 건전한 사람들의 창조적 의욕을 상
실케 하여 그 집념마저 버리게까지 한다. 끊임없는 창조적 활동이 저해되
는 경우, 사회는 발전할 수가 없다. 그래서 사치와 투기, 방종과 방탕은
우리의 생활에서 단연코 축출되어야 한다. 그리고 '士氣'는 북돋우어 줘
야 한다.

이 自由는 신장시켜야

새해 벽두의 두 가지 조처는 이 같은 享有의 자유와 創造의 자유를 되
새겨볼 수 있는 새로운 계기를 마련해 주었다는 의미에서도 큰 意義가 있
는 것이라고 생각된다.

그 두 가지 해방이 가져다 주는 우리의 우려는 절도 있는 생활을 하는
거의 대부분의 市民에게는 해당되지가 않는다. 通禁의 해제가 정녕 남편
들의 歸家 시간을 염려하는 많은 주부들의 근심거리가 되는 것이라면, 그
것은 사내 어른들의 수치다.

두발이나 복장의 자율화가 젊은이들의 사치와 방종을 조장할 염려가 있
다는 것도 우리 어른들이 가정의 질서와 사회질서를 바로잡아 나아가는
데에서 해결해 나가야 할 것이다. 그래서 그 두 가지의 자유는 보다 더
긴 안목에서 더욱 신장되어 나가야 할 것이다. 차별 없는 享有와 그것을
계속 누릴 수 있는 창조를 위하여.

〈「朝鮮日報」, 1982. 1. 14〉

‘克己復禮’의 現代化를

새로운 代替價値觀

급변하는 사회구조와 세태 속에서 전통적인 가치관이 무너진 지 이미 오래고 이에 代替될 새로운 가치관은 미처 정립되지 못하고 있다. 전통적인 윤리규범, 사회규범은 붕괴되고, 이에 대신할 수 있는 새로운 그런 것이 뿌리를 내리지 못하고 있다. 그래서 도덕적 혼미 속에 사람들은 정신적인 支柱를 잃어버린 것같이 보인다. 요즈음 인간교육, 全人敎育이 강조되는 것도 그 때문이리라.

제아무리 급변한다고 하지만 변하는 속에도 변하지 않는 것이 있을 법하고, 또 있어야 한다. 그것은 道義, 즉 인간의 道理와 義理에 있어서도 다름이 없다. 아무리 가족윤리가 급변했다고 하더라도 老後의 아버지가 아들을 상대로 몇 만원씩의 생활비 지급을 요구하는 訟事가 벌어져서야 될 말인가. 그 자세한 사정은 모르겠으나 그것을 正常이라고 생각할 사람은 아무도 없을 것이다.

사람들이 애초에는 알몸으로 태어났으면서도 나중에는 富貴榮華를 누리려는 욕심은 누구나가 가지는, 일종의 본능적인 욕망일지도 모른다. 그것은 인간의 자기 표현, 자기 발전의 욕망과도 상통되는 것이다. 그러나 그것이 度를 지나쳐서 탐욕으로 변질될 때에 죄악의 씨는 뿌려지게 마련이다. 남(他)을 전혀 생각하지 않는다는 것은 인간존재의 근원을 沒覺하는 생각이 아닐 수 없다. 그러므로 전통적인 유교윤리에 있어서도 사람은 과도한 욕망을 누르고 禮節(秩序)을 좇아야 한다고 했다. 그것은 인간의 가장 기본적인 德目이랄 수 있는 ‘仁’이 되는 기본 원리라 했다.

論語의 이른바 ‘克己復禮爲仁’이라는 말이 바로 그것이다. 그것은 인간이 탐내기 쉬운 嗜慾을 禮義로써 절제해야 한다는 뜻이다. 과도한 욕망을 버리고 예절(사회질서)을 좇아야 한다는 것이다. 인간의 ‘偏情’(편협된 인

정)은 흔히 **氣質**에 말미암은 것이므로 그 ‘**氣質의 性**’을 이겨내야 하며, ‘**克己**’라는 말은 바로 그것을 뜻한다. 유교에 있어서의 ‘**禮**’는 ‘**家禮**’에서 ‘**周禮**’에 이르기까지를 의미하나, 이것을 현대적으로 바꾸어 말한다면 가족의 질서에서부터 국가의 질서에 이르기까지의 그 민주적 예절과 질서를 의미해야 할 것이다.

따라서 그것은 **私利私慾**을 버리고 타락된 도의와 도덕윤리를 회복하여 **家·國**의 올바른 질서로 복귀해야 한다는 것을 의미한다. 그것이 바로 유교에서 말하는 ‘**克己復禮**’의 본취지이다. 그것은 사람으로 하여금 인간윤리의 기본적인 요건인 ‘**仁**’의 **德**을 지니게 하는 것으로 여겨졌다. 그래서 ㄱ **仁**의 정신을 몸에 지니게끔 하는 근원을 ‘**孝悌**’의 정신이라고 했다. 그러므로 인간윤리는 부모에게 효도하고 형제간에 우애를 갖는데에 그 뿌리가 있는 것으로 여겼다.

‘**過欲望**’을 버려야

18세기 우리나라에 **漢譯天主敎書**가 전파, 유입되었을 때 이들을 탐독했던 **星湖 李瀷**은 그중의 서양인 **龐迪我**(팡토자) **敎士**의 **編述**인 『**七克**』이라는 책을 읽었다. 그는 『**七克**』에 대해서 그 ‘**消惡積德**’의 취지는 **儒家**의 설과 같은 것이라 하고, 그 설에는 간혹 유교에서 밝히지 못한 것도 들어 있다고 하였다.

그 『**七克**』이라는 책은 천주교에서 금하는 일곱 가지의 **罪因**을 극복하기 위한 윤리적 **端義**를 논한 것이었다. 일곱 가지의 **罪因**이란 교만·질투·인색·분노·**飮食**에의 현혹·**色**에의 현혹 그리고 **善行**을 게을리함을 가리키며, 사람은 이를 극복하기 위해서는 **克欲修德**을 해야 한다는 것이다. **星湖**는 『**七克**』이 바로 이른바 ‘**克己復禮**’의 노력에 크게 도움이 되는 것이라고 생각했다. **茶山 丁若鏞**은 유교의 **典籍**인 『**大學**』을 바로 ‘**克己復禮**’의 **道**라고 간주했다. 그리하여 이들 18세기 **實學者**들은 이 같은 극기 복례의 **道**의 기본이 되는 ‘**孝悌**의 정신’을 **忠**보다도 더 강조했던 것이다.

孝悌의 정신이야말로 가족·국가의 질서를 바로잡는 기본이 되는 것이며, **孝悌**의 정신을 올바로 지닌 자로서 충성되지 않는 자는 없다는 논리에서였다. 茶山은 또 이른바 '新民'이라는 말의 참뜻도 '백성으로 하여금 孝悌의 정신을 일으키게 하는 것'(使民興孝—使民興悌)이라고 생각했다. 유교에 있어서나 천주교에 있어서나 지나친 利欲을 이겨내어 그 나름의 올바른 질서를 돌이켜야 한다는 '克己復禮'의 정신에 있어서는 다를 바가 없었다고도 할 수 있다.

그 '克己'의 정신은 오늘날에 있어서도 다름없이 우리가 지녀야 할 美德임에 틀림없으며, 그 '復禮'가 오늘날에 있어서는 다름아닌 민주적 질서를 의미해야 할 것임은 말할 나위도 없다.

孝悌는 倫理의 기본

오늘날 우리는 核家族이라는 말을 많이 쓰고 또 듣기도 한다. 그것은 한 부부와 그들의 자녀만을 단위로 한 가족형태를 의미한다. '아래로 내리사랑'이라는 말이 있다. 오늘날에 있어서도 부모의 慈愛는 실제로 '그 자녀의 자녀'(孫)에게까지 미치고 있는 것을 우리는 혼히 볼 수 있는 사실이다. 즉 아무리 핵가족이라고 하더라도 '그 자녀의 자녀'가 가족관계에서 완전히 배제되는 것이 아니다. 부모의 자애는 거의 본능적이기에 새삼 강조하지 않는다. 孝悌의 정신이 유달리 강조된 이유도 바로 여기에 있다. 가족이 국가, 사회의 기본이 되는 것이므로 孝悌가 사회윤리의 기본이 된다는 것은 당연한 생각이다.

그리고 그것은 단순히 자녀의 어버이에 대한 가족윤리의 기본이 될 뿐만 아니라, 인간의 기본 도리인 惻隱·謙讓의 마음씨와도 상통되는 것이기 때문에 더욱 중요시된다. 그것은 다름아닌 '仁義'에 기반을 둔 사회윤리 때문이다. 일반적으로 老弱者(鰥寡孤獨者)에 대한 측은·겸양의 정신마저 상실되어 온 현실이다. 그것은 생명의 존엄성에 대한 沒覺이 빚어낸 슬픈 상황이다.

倫理의 혼돈 극복을

우리는 오늘날의 가족형태가 아무리 현대화·핵가족화되어 간다고 해도 그것이 근원적으로 2세대만으로 국한, 단절되어 존립될 수 없는 것이고 또 실제로 그렇지도 않다는 사실을 명백히 재인식해야 한다. 핵가족은 현대산업사회의 일종의 이산가족이라고도 할 수 있다. 윤리적인 유대는 마땅히 연결되어 있어야 한다. 여기서 말할 수 있는 것은 '어떤 인생이든 그의 죽음을 보지 않고 행복하다고 말할 수 없다'는 사실이다.

그러므로 가족질서, 사회질서를 바로잡기 위해서는 '克己復禮'의 현대화, 개인적인 嗜慾을 누르고 효제, 측은, 겸양의 정신과 민주적 윤리규범이 하루빨리 정립되어야겠다. 그리하여 올바른 가족윤리와 과감한 社會福祉政策이 시행되어 그 지혜로운 조화로써 오늘날의 도덕, 윤리의 혼돈을 극복해 내야 할 것이다.

〈「朝鮮日報」, 1982. 1. 30.〉

Ⅵ　一事一言

實錄의 史料的 價値

太祖朝로부터 哲宗朝에 미치기까지 編年體로써 연월일순에 의하여 기록된 朝鮮王朝의 歷代實錄으로서 25代 472년간의 歷史的 事實이 2,893卷, 888册(太白山本)으로 엮어진 『朝鮮王朝實錄』은 卷帙의 방대함과 內容의 풍부함에 있어서 세계의 어디서도 類例를 찾아볼 수가 없는 그 자체가 우리 民族文化財의 거대한 遺産인 동시에 우리나라의 역사와 문화를 연구하는데 있어서 절대불가결의 귀중한 자료를 제공하여 주는 것이다.

이를테면 高麗王朝의 歷代實錄이 兵禍로 말미암아 烏有로 돌아가고 조선왕조 초기에 새로 편찬된 『高麗史』의 그 斷續된 기록만이 오늘날 高麗時代研究의 주요한 자료가 되어짐으로써 우리가 고려시대연구에 있어서 봉착하지 않을 수 없는 허다한 난관을 상기할 때 이 巨帙의 『朝鮮王朝實錄』이 오늘날에 이르기까지 건재할 수 있었다는 사실에 대하여서는 韓國의 역사와 문화에 관심을 갖는 이라면 누구나 먼저 감사의 念을 금할 수가 없을 것이다.

필자는 신문편집자의 제한된 요청에 따라서 여기서는 다만 『朝鮮王朝實錄』이 지니는 史料的 價值에 관하여서만 몇 가지를 말하고자 한다.

실로 『조선왕조실록』은 概括的으로 말하여 韓國近世에 있어서의 정치·경제·법률·군사·대외관계로부터 學問·思想·宗敎·藝術에 이르기까지 우리나라 近世史와 문화 전면에 걸친 研究의 근본자료를 제공하여 주는 것이다.

무릇 文獻의 史料的 價值도 무엇보다도 먼저 그 '來歷'에서부터 음미되어져야 할 것이매 실록은 그 편찬의 本旨와 방법에 있어서 이미 귀중한 일차적 귀중자료로서의 사료적 가치를 지니게 마련인 것이다. 여기서 우리나라 史官의 制度와 實錄이 편찬되기까지의 來歷을 장황히 설명할 수

없으나 歷代의 실록은 史官이 매일같이 기록함으로써 마련되는 時政記를
주요자료로 『政院日記』, 各司의 謄錄·朝報, 史官의 家藏史草 혹은 또 野
史文集까지도 참고자료로 삼아서 前王代의 실록을 그때 편찬하게 되어 정
치·경제·사회·문화 전면에 걸친 그날의 국가적인 활동상황이 연월일순
으로 생생하게 기록된 一種의 자료집이라고도 할 수 있는 것이다.

　그것이 국가적인 활동의 전면에 걸친 기록인 만큼 朝鮮王朝時代의 역사
와 문화의 어느 부문에 관하여서도 근본적인 귀중한 자료가 되지 않을 수
없다. 더욱이 그것이 국가적인 官撰事業으로 이루어진 것인 만큼 韓國近
世의 政治事나 法制史硏究를 위하여서는 절대적인 사료적 가치를 지니게
되는 것이 당연한 일이다.

　이러한 의미에서 그 尨大한 卷帙과 더불어 이미 세계에 널리 반포되어
알려져 있는 中國의 『明朝實錄』·『淸朝實錄』도 『朝鮮王朝實錄』에는 미치
지 못하는 것이다. 뿐만 아니라 실록의 귀중한 사료로서의 가치는 풍부히
수록되어 있는 上疏文에서도 그 일단을 알 수 있어서 그 정확한 진술사료
의 제공은 그때 그때의 政治와 그 영향에 대한 사회의 實情과 輿論을 살
필 수 있게 하는 것이다.

　『朝鮮王朝實錄』은 우리나라 역사연구를 위한 하나의 寶庫이며 굉장한
鑛脈이라고 하여도 좋을 것이다. 그러나 그렇다고 하여서 우리는 실록에
대하여 일반적인 사료비판의 입장을 떠날 수 없다는 것은 물론이다. 部門
과 部分에 따라서는 사료적 가치에 대한 음미가 응당 실록에 대하여서도
요구되어지지 않을 수 없다는 것이다. 몇 가지만 實例를 들어보면 다음과
같은 점이다.

　첫째 기술한 바와 같이 史官에 의한 時政記나 『政院日記』, 『日省錄』,
기타의 자료 등이 실록편찬의 기본자료가 되어 있으나 실록편찬이 완성되
기까지에는 編纂主掌官에 의한 修正, 刪削, 補添이 있었던 것으로 史官의
直筆에 의한 史草나 기타 기록의 취사선택에 있어서 編纂王掌官의 主管이
작용할 여지가 있었다는 점이다.

　이러한 점에서 우리는 필요에 따라서 보다 더 기본자료인 『政院日記』,
『日省錄』, 各司의 謄錄 등을 더듬어야 할 것이다.

둘째로는 이미 편찬되었던 실록이 부분적으로 또는 전면적으로 改修된 일이 있었다는 사실에 유의하여야 할 것이다. 이는 내란 또는 당쟁 등 정치적 사실에 관한 기록이 후일에 다시 修正할 필요가 생겨졌을 때 행하였다.

예컨대 태조 말년의 소위 鄭道傳亂, 定宗 2년의 朴苞의 亂에 관하여 사실과 상위된 점이 기록되었다 하여 世宗은 태조·정종·태종의 3대실록을 개수케 하였으며 肅宗 6년에 서인이 남인을 배제하고 정권을 잡게 되자 南人實錄下에 편찬되었던 『顯宗實錄』을 다시 개수하여 이른바 『顯宗改修實錄』을 편찬한 것 등이 그 예이다. 이러한 경우에는 실록이 제공하는 사료에 대한 내적 비판이 요구되어지는 것이다.

셋째로는 실록편찬에 있어 외적 조작에 의하여 받은 제약을 고려하여야 할 부분이 있다. 이것도 內亂外寇에 의하여 실록편찬의 기본자료가 散佚된으로 말미암아 실록기사의 疏漏를 結果하였다는 부득이한 사정에서 연유된 부분이다.

仁祖朝 李适의 亂과 宣祖朝 壬辰倭亂에 의하여 기본자료가 散佚燒火됨으로 인하여 새로 자료를 수집하여 『光海君日記』를 편찬하고 임진왜란 前分의 『宣祖實錄』이 사료의 零細함을 면할 수 없었던 사실 등이 그 예이다.

넷째로는 실록이 원래 국가적인 활동상황을 중심으로 하여 기록되는 官撰物이라는 점에서 오는 사료적인 제약성이 고려되어겨야 할 것이다. 즉 국민생활의 기저에 흐르는 民俗·信仰·思想 등에 관한 사료로서는 사료적 가치의 비중은 감소되지 않을 수 없다는 점이다.

예컨대 조선왕조 초기 佛敎에 관하여서 본다면 국가시책에 관련된 기록이 대부분을 차지하는 반면에 당시에 있어서의 불교사상(敎理面) 자체나 또는 일반민간에 있어서의 불교신앙 상태에 관하여서는 극히 영세함을 볼 수 있으며 이 같은 사실은 朝鮮王朝 後期에 있어서의 天主敎 전파와 관련하여서도 말할 수가 있을 것이다. 學問思想上의 과제에 관하여서도 동일하다. 이는 말할 것도 없이 실록 자체의 성격에서 오는 부득이한 것이다.

위에서 간단히 살펴본 몇 가지의 제약만으로써도 우리는 실록이 제공하는 자료에 대하여 구체적인 과제에 따라서는 내적·외적 사료비판의 수속을 거쳐야 할 부분이 있으며 또는 실록에 의존할 수 없는 부문도 있으나 이로써 『朝鮮王朝實錄』의 절대적인 사료적 가치가 저감되는 것이 아님은 물론이다.

끝으로 우리는 이같이 귀중하고도 거대한 민족의 문화재로써 우리나라 역사와 문화를 연구함에 있어서 큰 寶庫라고 할 수 있는 『조선왕조실록』이 새로 影印刊行되고 널리 보급되어 밖으로는 민족문화를 널리 인식시키고 안으로는 國學研究를 크게 자극하게 되었음을 慶賀하여 마지않는 바이다.

이제 민족의 역사와 문화에 관한 연구가 급속한 진전을 이룰 수 있게 하기 위하여서는 『조선왕조실록』이라는 이 귀중한 보고를 효과적으로 처리하는 데에도 달려 있을 것이다. 이 세계에 유례가 없을 정도로 방대한 사료의 寶庫가 자못 곤란한 환경 속에서 허덕이는 개개 학도들의 분투노력에만 맡겨져 있는 동안은 韓國近世史研究의 長足의 진보는 기대하기가 어려울 것이다.

有機的이고 협동적인 國學研究機關의 출현이 요구되어지는 所以의 하나는 다름아닌 『조선왕조실록』을 주로 하는 조직적이고 공동적인 연구를 촉성하는 데 있으며 그것은 또 민족문화의 전통을 찾아 세워 나아가는데 하나의 도움이 될 것이기 때문이다. 실록이 지니는 절대적인 사료적 가치는 그대로 두어서 살아나는 것이 아니라 보다 더 합리적인 창조적 활동에 의하여 한국근세사연구에 획기적인 발전을 초래하여서만 살릴 수 있는 것이라 하겠다.

〈「大學新聞」, 1959. 2. 16〉

高等考試와 國史

　國史를 전공하는 사람으로서 또는 한두번이나마 **考試委員**으로서의 경험을 가진 사람으로서 편집자의 요청에 못이겨 **表題**와 관련하여 몇 가지 생각되는 점을 적어보려는 것이다.

　李朝時代에 있어서도 官吏登用試驗이었던 科擧에 우리나라 歷史를 시험 과목으로 부과하여야 한다고 주장한 이들이 있었다. 星湖 李瀷이나 茶山 丁若鏞 같은 이는 당시에 있어서 우리나라의 장래 운명에 대하여 보다 더 심각하게 우려하여 마지않던 학자들로서 과거시험과목을 종래 도습하여 오는 儒敎政治의 古典이라고 할 수 있는 中國의 經史에만 그칠 것이 아니라 자기 나라의 역사적 현실을 바로 인식하여야겠다는 그때 나름의 요구가 있어서 그러한 주장을 하였던 것이다. 오늘날 高等考試에 하나의 독립된 과목으로 國史가 부과되게 된 것도 역시 解放의 덕택이라고 할 수 있어서 그 의의가 과소평가될 수는 없는 것이겠다. 여기에 설사 현실적으로 그 시행상에 어떠한 폐단이 있다고 하여서 그 원래의 의의까지를 돌보지 않는다면 그것은 본말을 顚倒하는 일이라고 하지 않을 수 없다. 실제로 과거의 관리등용시험이었던 과거에 있어서도 혹은 그 본질적인 면에 있어서 혹은 또 실제시행면에 있어서 諸種의 폐단이 없지 않아서 그것이 人材를 공정히 등용한다는 그 원래의 目的과 機能을 다하지 못하게 되었던 것도 사실이다. 그러나 그것도 자못 과거제 자체의 결함과 폐단에만 연유되었던 것이 아니라 당시에 있어서의 諸般社會 情狀이나 또는 學問傾向에도 그 弊源이 있었던 것이다. 오늘날의 고시제에 있어서도 그와 같은 여러가지 문제가 충분히 배려되어져야 할 것이라고 생각하는 바이나 그것은 필자가 논할 바가 아니므로 여기서는 다만 國史科目에 국한하여 언급하려는 바이다.

  필자가 보는 바로는 국사과목은 근래 고시가 실시되는 때마다 특히 그 출제문제에 관련되어 혹은 또 그것이 一般 敎養科目이라는 점도 더하여 巷間에서의 이야깃거리가 되어지는 수가 많은 것 같다. 혹은 응시자의 논란의 대상이 되어지는가 하면 혹은 또 일부 고시위원 사이에 있어서도 국사과목의 無用論까지 대두하게 되었던 성싶다. 이같이 일부 고시위원과 응시자 양편측에서 그것이 논란의 대상이 되어진다는 사실은 실제로 그것이 어떠한 폐단을 자아내는 근원이 있기 때문일 것이다. 그러나 그것은 단적으로 말하면, 어떠한 難解 偏辟된 문제가 출제되었다든지 또는 채점 결과가 불합리하게 나타났다든지 하는 결과적인 문제로서 제기되어지는 것이 아니라 보다 더 근본적인 연유가 배려되어져야 할 것이라고 생각한다.

  첫째로는 우리나라 역사가 학문적으로 尙今 충분히 정리되어 있지 않다는 점이 고려되어야 할 것이다. 政治, 制度, 社會, 思想, 기타 여러가지 점에서 아직도 널리 그리고 깊이 연구되어 있지 못하여 이러한 학문적 기반 위에서 마련된 현행 國史槪說類의 저서는 역사적 사실이 시대적 또는 사회적으로 그 관련성을 충분, 명료히 이해될 만큼 서술되어 있지 않다고 하여도 과언이 아닐 것이다. 따라서 비단 고시응시자뿐만 아니라 국사를 공부하려는 사람은 누구나 그 難澁하고 무미건조한 것을 斷片的·形式的으로 암송하는 고행을 면할 수 없게 되어 있는 형편이라고 할 것이다. 따라서 국사과목은 응시자에게 하나의 무거운 짐이 되지 않을 수가 없다. 이것은 두말할 필요도 없이 현재 우리나라 國史學의 학문수준을 결정짓는 것으로서 이해되어야 할 문제인 것이다.

  둘째로는 실제 출제경향에 대하여 응시자가 종대를 잡지 못하게 되기 쉽다는 점이다. 과거 10회에 걸쳐서 출제된 경향을 살펴보더라도 고시위원에 따라 혹은 너무 추상적이고 막연한 문제가 제기되는가 하면 혹은 또 너무 구체적이고 전문적인 문제가 출제되어 현행되는 一般 槪說書類를 읽는 외에 따로 준비수단을 갖지 못한 일반 응시자로서는 당황하지 않을 수 없게 되는 점에 유의하여야 할 것이다. 고시위원의 개인적인 특수한 연구나 관심이 설사 객관적으로 중요한 과제라고 하더라도 출제는 언제나 일반응시자의 준비가 미칠 수 있는 범위 내에 제한되어야 할 것이다. 물론

歷史的 事實은 단편적인 知識의 축적에서가 아니라 시대적·사회적 연관성에서 이해되어질 것이고, 그것은 또 현실적인 관심과 現代的 意識에서 과제로 삼아져야 할 것이므로 이러한 관점에서 상술한 바의 기본적인 제약을 배려하면서 중요 적절한 문제를 출제한다는 것도 그리 용이한 일은 아니다. 여기에 출제자로서의 난점과 고충도 있는 것이다.

그러므로 여기에 있어서는 현실적으로 가능한 범위 내에서 올바른 문제를 출제한다는 것만이 이러한 출제자와 응시자의 상호간의 난점을 해소하는 유일한 길이 될 것이다.

이와 같은 전제에서라면 응시자가 국사과목을 준비하는 데 있어 유의하여야 할 점도 스스로 명백하여질 것이며 또 그것은 비단 고시응시자에게만 국한될 것이 아니라 일반 국사학습자의 공통적인 요령이라고도 할 수 있을 것이다.

먼저 問題의 提起는 언제나 현실적인 입장에서 고려되어야 한다는 것이다. 물론 여기에도 위에서 이미 언급한 바와 같은 制約과 難點이 있기는 하다. 예를 들어 말하면, 우리는 요사이 現代 官僚制度에 관한 이론이 학문적으로 많이 논거되어지는 것을 볼 수 있다. 이와 관련하여 우리나라의 그것을 생각할 때는 응당 이에 대한 역사적인 이해가 요구되어질 것이다. 이러한 점에서 어느 고시위원이 만약 '李朝官僚制度의 性格에 대하여 論하라'는 문제를 출제한다고 한다면 우리는 불행하게도 필자가 알기에는 이에 관한 학문적인 연구가 수행되어 있지 못하여 이러한 문제에 대한 어떠한 해답도 현행하는 國史槪說書에서는 찾아볼 수 없는 것이다. 따라서 이러한 문제가 현실적인 관심에서 중요한 것으로 제기되는 것이라 하더라도 응시자는 이에 대한 해답의 준비를 갖출 수는 없을 것이다. 이와 유사한 문제는 國史上에 적지 않으리라고 생각된다. 또 실제 이와 같은 類의 문제가 출제될 위험성이 전연 없으리라고도 단언할 수 없는 것이겠다.

그러나 하여튼 응시자는 가능한 범위 내에서나마 늘 현실과 관련성 있는 문제에 보다 더 중점을 둘 필요는 있을 것이다. 예컨대 日本과의 관계가 국내외에서 중요한 문제로 관심의 대상이 되어 있을 때 우리는 과거에 있어서의 일본과의 관계에 대하여 무관심할 수가 없는 문제이다. 이렇듯 우리는 政治, 制度, 經濟, 社會, 對外關係 學術思想, 宗敎, 文化 등 諸部面에 걸쳐서 이와 마찬가지 이야기가 성립된다고 해야 할 것이다.

　따라서 이와 같은 歷史的 諸事實에 관하여서는 언제나 시대적인 관련성을 고려하여 계통적으로 이해하지 않으면 안될 것이다. 예를 들어 말하면, 우리나라에서 官吏(人材)를 등용하는 방법은 어떠하였는가 하는 문제를 고려할 때, 古代 新羅社會에서부터 統一新羅·高麗·朝鮮歷代王朝를 통하여 그 변천과 발전에 대하여 일응 系統을 지어 이해하도록 노력하여야 할 것이다. 여기서도 물론 韓國의 政治史, 制度史, 思想史, 學術史, 宗敎史 등등 여러 부면에 걸쳐서 충분히 정리·서술되어 있지 못하기는 하나 그러나 준비하는 방법으로서는 斷片的으로 암기하는 것보다 효과적일 것이다. 단편적인 知識의 습득은 비단 歷史的 事實을 올바른 위치에서 이해하는 데 큰 도움이 되지 못할 뿐만이 아니라 과거나 또는 현재에 있어서까지도 가령, 외부의 文化를 섭취하는데 있어서도 효과적인 역할을 하지 못하는 것이라고 할 수 있다.

　그러므로 필자가 여기서 말하고자 하는 것은 응시차의 준비를 위한 요령이라는 것이 따로 아무것도 없다는 사실뿐이다. 위에 말한 바 제반사정은 국사과목을 준비하는 사람에게 대단히 어렵고 무리한 요청이라고 할 수 있을 것이다. 그러나 그것은 부득이한 일이기도 한 것이다. 國史學의 長足의 발전이 있어서 점차로 해결되어지는 수밖에 없겠다. 이러한 의미에서 필자로서는 보다 더 우수한 國史槪說書가 하루바삐 간행되어지기를 바라 마지않는 바이다.

　끝으로 응시자가 어떻게 예상문제를 추측하여 내야 한다든가 혹은 답안 작성에 있어서 文章의 構成이나 論理의 展開를 어떻게 해야 될 것이라는 등등의 문제에 관하여서는 고시응시자에 대하여 새삼스럽게 이야기할 문제가 아닌 것이다. 다만 그것이 단순한 국사에 관한 지식의 문제일 뿐만 아니라 一般常識과 敎養의 문제도 될 수 있다는 점만을 지적하면 가할 것이다.

　편집자의 요청은 '受驗工夫는 이렇게'라고 제목을 제시한 것이나 필자

로서는 국사에 관한 한 고시에 관련되어 말한다면 수험자에게만 따로 제
시되어야 할 것이 아니라 출제자측에서도 용의주도한 배려가 있어야 할
것을 이 기회를 빌어 一言하는 바이다.

〈『自由公論』 제 8 호, 1959. 7〉

未成熟한 學問的 紐帶와 學風

學問研究의 自由·獨善·權位·派閥主義의 타파. 이것은 제 3 회 歷史學大會 開會辭 중의 한 구절이었다. 4·19 후의 그 意義는 더욱 중차대한 것이라 했다.

이렇듯 열려진 이번 大會는 全國 史學徒의 더 많은 관심 속에 예정대로 성황리에 진행되었다. 전 17 편의 발표논문 중에서 國史關係가 14 편을 차지하여 어느 부분이 텅 빈 것 같았다. 국사 중에서도 最近世史關係의 研究가 寂寥하였음에는 더욱 섭섭한 일이었다. 우리나라 歷史學의 자세가 이렇듯 만드는 것일는지도 모른다.

그러나 몇 가지 진전된 혼적은 간취할 수가 있었다. 첫째, 이번 대회를 계기로 앞으로는 점차 分科別 發表討論을 가질 발단을 지었다. 그것도 보다 더 기반적인 조건이 갖추어지기 전에는 쉬이 제대로 실현되리라고 생각되지는 않는다. 둘째로 발표된 연구과제가 대체로 보아서 현실과의 관련성 밑에서 取擇되어진 혼적을 엿볼 수 있었던 점이 좋은 경향이라고 할 것이었다. 한편으로 과거의 무비판적으로 믿어져 오는 통설에 대한 불신과 검토의 요구가 일어났다는 것은 의미있는 일이라 하겠다. 그러한 중에 考古美術部門에 있어서의 연구발표(3편)는 그 모두가 우리나라 古代文化史에 새로운 국면을 타개하여 줄 것으로 기대되어 그 열성어린 발표와 아울러 감명 깊은 바가 있었다.

과거 1년 동안에 艱難한 환경 속에서 이만한 성과라도 거둘 수 있었다는 것은 史學에 대한 관심의 증대와 꾸준한 노력의 결정이라고 할 것이다. 하여튼 '계속'은 進展을 의미하는 것이라면 좋겠다. 여기에 몇 가지 감상을 첨기하지 않을 수가 없다. 앞날의 진전을 위하여 극복하여야 할 더 많은 과제가 그대로 남겨져 있기 때문이다. 가장 기본적인 문제는 史學界에 있어서 ‘學問的인 紐帶’가 제대로 성숙되어 있지 않다는 점이다. 이와 같은 기본적 조건이 갖추어지지 못하고서는 形式, 內容上의 결함을 극복하기가 어려울 것이다. 첫째, 歷史學大會가 아직도 실질상으로 우리나라 사학의 집약적인 무대가 되어지지 못하는 것은 무엇 때문인가, 어딘지 모르게 그저 형식에 흐르는 느낌이 드는 것은 무엇 때문인가. 質疑와 토론이 제대로 활발치 못하고 거의 ‘경청과 박수의 되풀이’로 끝나게 되는 이유는 무엇인가. 누구나가 해마다 느끼고 돌아가게 되는 이 같은 의아심에 대하여서는 실질적이고 구체적인 반성과 타개책이 있을 법한 일이다.

發展內容에 있어서도 一般國史部門에 관한 한 연구방법상으로나 학풍상으로나 마땅히 벗어나야 할 위치에서 주저앉아 있는 듯이 느껴지거나 그렇지도 않다면 성급한 성과만에 조급한 듯이 느껴지는 것이다. 담뿍 노력하고 예리한 관찰과 사색이 한데 어울린 그러한 연구가 많았으면 싶었다. 참관하였던 사람은 누구나가 다 납득할 수 있는 성과와 문제점을 올바르게 간직하고 돌아갈 수 있었으면 싶었다. 그렇지 못하였다면 그 근본원인은 필자로서는 아직도 학문적인 유대가 제대로 성숙되어 있지 못하다는 데 있는 것이라 생각하는 것이다. 眞熟한 학문적 권위와 學風의 차이에서 오는 學派의 분립은 있어도 그렇지 못한 데 난관이 있는 것이다. 어쨌든 계속은 進展을 의미하는 것이어야 할 것이다.

〈「大學新聞」, 1960. 11. 14〉

韓國歷史學界의 現況
──學會·研究所를 중심으로──

우리나라에 있어서 近代史學이 어느 때부터 성립되었는가 하는 문제는 여기서 논할 바가 아니지만, 그것이 우리나라에 도입된 이래로 아직도 두 세대를 완전히 거친 것이 못된다고 할 수 있을는지 모른다. 이것은 우리나라 근대사학의 학문적인 전통이 짧다는 것을 의미한다. 다른 여러 학문분야에 있어서와 마찬가지로 歷史學도 日帝壓政下에서는 우리나라 사람에게 널리 그 길이 개방되어 있었던 것이 아니며, 오직 소수의 학자에 의하여 겨우 그 기본적인 터전이 마련되어진 셈이다. 그들 중의 일부 國史學者가 國語國文學者와 결합하여 하나의 '學會活動'을 일으킨 것이 1934년에 조직된 震檀學會였던 것이다. 이로써 일본인 학자간의 韓國史研究에 대항할 수 있는 유일한 학회가 성립되어진 셈이다. 그리하여 『震檀學報』 14권까지를 내고 나서 해방 4년 전인 1942년에 이르러서는 학보간행을 일단 정지하였다가 해방 후에 다시 계속되었다. 『震檀學報』를 처음으로 발간했던 당시에 진단학회 찬조위원으로 발표된 명단은 다음과 같았다.

權悳奎, 權相老, 金性洙, 金瑗根, 李光洙, 李克魯, 李能和, 李潤柱, 李鍾麟, 李重乾, 李重華, 朴漢永, 宋鎭禹, 安一英, 安廓, 兪憶兼, 尹致昊, 趙東植, 曺晩植, 崔奎東, 崔斗善, 玄相允, 黃義敦

우리는 이 명단을 보는 사람이면 누구나 당시에 있어서 이 학회에 의한 國學研究發表의 사업이 뜻있는 인사들에 의하여 얼마나 애끓는 격려와 지원을 받았겠는가를 상념하기에 충분하리라고 생각한다. 그렇듯 하여 국학연구의 학보는 10유여 년간에 14권을 내었던 것이다. 일제의 압정하에서도 학자들의 열의와 사회인사들의 지원은 이 같은 사업을 성취시킬 수가 있었던 것이다. 그런데 學問의 발전을 위하여서는 몇 가지의 전제조건이 필요하다. 그러한 조건들이 어느 정도 구비되지 않고서는 학문의 급속한

발전이라는 것을 기대하기는 어려울 것이다. 그것도 무슨 '學問을 위한 學問'이라는 그러한 迂遠한 의미에서 요구되는 것은 아니다. 학문의 발전은 현실적인 文化의 創造와 직결되어야 할 문제이고, 그것은 또 國家의 繁榮과 직접·간접으로 연관되어야 한다는 의미에서 그것을 위한 조건의 구비는 긴절한 문제가 아닐 수 없다.

만약에 여기서 누가 과거나 현재에 있어서 학문이 국가사회에 별달리 기여한 바가 없었다고 한다면 그것은 학문에 종사하는 사람들과 국가, 사회의 사이에 있어야 할 어떠한 紐帶가 결여되어 있었던 탓이라고 하여야 할 것이다. 말하자면 국가의 올바른 문화정책과 일반사회인의 문화에 대한 깊은 이해와 지원, 학자들의 올바른 자세와 왕성한 의욕, 이런 것들이 없이는 학문이 크게 발전할 수가 없을 것이다. 학문적인 뒷받침이 없이는 현실적인 문화창조의 활동은 기대하기가 어려우며 또 과거의 文化的 遺産을 존중하는데 누구나 인색하지 않다면 그와 마찬가지로 현실적인 문화창조의 활동을 크게 일으켜야 할 것은 의심할 여지가 없겠다. 학문의 발전은 또 직접·간접으로 국가의 번영과도 연관되도록 이루어져야 할 것이다. 멀리 생각할 것도 없이 오래지 않은 과거에 있어서 일제는 한국에 대한 그들의 植民地的 搾取를 위하여 이를 보다 더 효율적으로 수행하려는 의도에서만도 韓國에 관한 學術的인 조사, 연구에 얼마나 많은 힘을 기울였던가는 우리가 다 아는 사실이다. 학문이란 이제 정녕 인간의 단순한 취미나 오락과도 같이 그대로 맡겨질 수 없는 것이어야 할 것이다. 설사 그것이 하나의 직업으로서의 학문이라고 할지라도 그것이 문화의 창조, 국가의 번영에 관련되는 활동이 아닐 수 없다면 학자들의 올바른 자세는 요구되어져야 할 것이며, 또 보다 더 넓은 배경에서 자세를 취할 수 있는 그러한 터전이 마련되어야 할 것이다.

우리는 여기서 먼저 학회와 연구소 등을 중심으로 현재 우리나라의 역사학계를 살펴보기로 한다. 역사학관계의 학회로는 6·25 이후로 발족한 歷史學會, 歷史敎育研究會, 韓國史學會, 西洋史學會가 있어 작년에는 이를 통합하여 韓國歷史學會가 성립되었으나 각기 재정적인 문제 등 때문에 학회활동은 역시 개별적으로 맡겨지지 않을 수가 없었다. 그리고 國史研

究가 그 목적의 주요부분을 차지하고 해방 전부터 유일한 학회로서 계속
되어 온 진단학회를 여기에 첨가할 수가 있겠다. 이제 이들 학회활동의
개요를 창립순으로 소개하면 다음과 같다.

　A　歷史學會　1952년 3월 1일 發起. 동년 4월 6일 創立. '本會는 국내 歷
史學의 새로운 건설을 목적으로 한다.' 1957년 2월에 규약을 변경, 종래의 會
長制를 代表幹事制로 바꾸다. 월례 발표회를 가지며, 會誌 『歷史學報』를 간행,
제 18 집까지 출간.
　B　歷史敎育硏究會　1955년 7월 15일 創立. '本會는 역사를 연구하여 敎育
發展에 기여함을 목적으로 한다.' 회장·부회장·각부 부장·간사·감사 등의
임원을 두다. 연구발표회를 가지며, 회지 『歷史敎育』을 간행, 제 6 집까지 출간.
　C　韓國史學會(社團法人) 1957년 4월 創立, 登記. 1958년 2월 확대 개편.
趣旨書(會誌所載)에 의하면 '財政的 基礎가 튼튼한 기관을 만드는 것', '우리나
라의 歷史敎育에 있어서의 제문제를 연구·토론하여 종합적인 방책을 수립하는
것', '新進 歷史學徒를 지도 육성하는 일', 해외학계와의 연락교류를 위하여 '한
국 역사학계를 대표할 하나의 기관을 만드는 것' 등등의 使命과 課業의 달성에
그 목적이 있는 것 같다. 이사장·상임이사·이사·감사·편집위원 등의 임원을
두다. 연구발표회를 가지며, 회지 『史學硏究』를 간행, 제 13 호까지 출간.
　D　西洋史學會　1957년 7월 創立. '西洋史 각 부문의 연구를 목적으로 한
다.' 회장·간사 등의 임원을 두다. 春秋兩季의 연구발표대회를 가지고, 회지
『西洋史論』을 간행, 제 3 호까지 출간.
　E　震檀學會(社團法人) 1934년 創立. '本會는 韓國 및 인근 地域文化의 연
구발전을 목적으로 한다.' 이사장·상임이사·이사·감사 등의 役員을 두다. 회
지 『震檀學會』를 간행, 해방후 제 15 호부터 제 22 호까지 출간.

　해방 이후로 오늘날에 이르기까지 史學部門에 있어서의 연구활동은 다
른 학문분야에 비하여 가장 활발한 것의 하나라고 할 수 있겠다. 前記 다
섯 학회에서 간행된 會誌를 통하여 발표된 논문(단 B에 있어서의 역사교육
에 관한 논문은 不計)을 國史(110편)·東洋史(20편)·西洋史(28편)별로 나눈
총계가 158편이 된다. 國史學硏究가 절대다수인 것은 지당한 결과인 것
이나 그 반면에는 동양사·서양사 부문이 미약하다는 것을 말하여 주는
것이 될 것이다. E를 제외한 모든 학회는 定期 혹은 不定期的으로 각기
연구발표회를 가져서 각기 연구에 대하여 토론할 기회를 지어 학문적 분
위기를 북돋우는 데 적지 않은 공헌을 하여 왔다.

이들 학회는 학회내에서 또는 학회 상호간에 점차로 협동적인 활동을 하게 된 것은 학회활동으로서 큰 진전이라고 볼 수 있겠다. 개별적인 활동으로는 李朝 '實學'에 관한 공개토론회(A. 1958년 10월), 高麗社會의 性格에 관한 학술토론대회(B. 1961년 11월) 등의 공개토론회를 갖게 되었고, 韓國近代化問題의 심포지움(震檀學會·東亞文化研究所 공동주최, 1962년 3월) 혹은 '韓國의 歷史와 文化에 끼친 中國의 影響'이라는 공동 제목하에 3년간(1958~1961) 15명의 개별적 연구를 추진시킬 일(A)과 『韓國史』 편찬(E)과 같은 계획적인 연구·편찬사업도 수행되고 있는 것이다. 학회 상호간의 제휴로는 1958년에 제1회 全國歷史學大會를 A·E 공동주최로 가졌으며, 그 다음해부터는 5學會 공동주최로 하게 되어 금년에 제5회에 이르렀다.

외국학계 및 학자와의 연락·제휴도 이루어져 있어 학보를 주로 하는 서적교환·학자초빙 등의 사업이 행하여지고 있다.

각 대학내 史學會에서도 회지를 발간하고 있어 이들에 수록된 논문들도 적지 않다. 이제 그 개요를 소개하면 다음과 같다.

   F 史叢(高大) 제6집까지 간행. 論文 총 26편(國史 12, 東洋史 4, 西洋史 10).

   G 東國史話(東大) 제6집까지 간행. 논문(제3집에서 제6집까지) 총 13편(國史 9, 東洋史 2, 西洋史 2).

   H 梨大史苑(梨大) 제4호까지 간행. 논문 총 17편 (國史 5, 東洋史 2, 西洋史 10).

   I 學林 제4집까지 발간 후 폐간. 제3집~제4집 논문수 4편(國史 2, 西洋史 2).

이 밖에 史學 연구와 관련이 깊은 연구소, 學會 등 研究誌에 발표된 국사관계논문만을 추려보면 다음과 같다.

   J 東方學誌(東方學研究所·延世大) 제5집까지 간행, 국사관계논문 6편.

   K 亞細亞研究(亞細亞問題研究所 高大) 通8권까지 간행, 국사관계논문 14편.

   L 社會科學 제3집까지 간행, 국사관계논문 9편.

이상에서 열거한 학회 및 연구소에서 간행한 학술지에 발표된 한국관계

〈表 1〉

| | 三國以前 | 新羅統一 | 高　麗 | 朝　鮮 | | 最近世 | 計 |
				前期	後期		
A	23	5	13	8	11	5	65
B	3	0	2	2	1	0	8
C	6	0	6	4	5	2	23
E	2	2	3	5	2	0	14
F	2	0	2	5	1	2	12
G	2	1	4	1	1	0	9
H	2	0	1	2	0	0	5
I	0	0	1	1	0	0	2
J	4	0	0	1	1	0	6
K	3	0	4	2	1	4	14
L	1	1	2	2	3	0	9
計	48	9	38	33	26	13	167

〈表 2〉

	政治	制度	軍事	社會經濟	學問思想	宗教	外交	人名地名考證	神話・說話	考古・美術	計
A	17	4	2	11	8	1	2	3	2	15	65
B	1	2		1	1		1			2	8
C	6	1	1	8	1		1	1		4	23
E	4	2		1	4			1		2	14
F	3	2	2	2	2			1			12
G	1	1		2	2	2				1	9
H	1			2	1					2	5
I		2									2
J	1	1		1	1			1		1	6
K	4	1	1	1	3					4	14
L	4			4	1						9
計	42	16	6	32	24	3	4	7	2	31	167

논문만을 뽑아보면 현재까지 총계 167편이 된다. 물론 이 밖에도 韓國文化硏究所(梨大), 東亞文化硏究所(서울大 文理大內) 등 다수 있으나 필자의 조사에 미치지를 못하였기 때문에 총망라할 수가 없었고 또 각 대학에서

간행된 논문집, 기타 기념논문집 등에 발표된 국사관계논문도 그 수가 적지 않으나 여기서는 학회의 활동을 중심하여 생각하는데 그치려는 것이다.

위에서 열거한 학술지에 실린 167편의 국사관계논문을 機關·會誌別로 시대·분야별 통계를 내어보면 〈表 1, 2〉와 같다.

〈表 1〉에 의하여 나타나는 바는, 첫째 시대별로 보아 新羅統一期와 最近世에 관한 연구가 많이 추진되지 못하고 있다는 사실이다. 신라통일기는 충분히 한 시기를 劃해야 할 것임에도 이 시기에 관한 연구는 원래부터 零星한 부분에 속한다. 또 가장 정력이 기울어져야 할 最近世史硏究도 별로 활발하지가 못하다. 三國 이전 시대에 관한 연구가 가장 활발한 것으로 나타나나 그것은 〈表 2〉에서 볼 수 있는 考古·美術關係硏究가 대부분 이 시대에 관련되는 것으로 이를 제외하면 약 20편 내외가 될 것이다.

다음에 분야별로 보면, 정치에 관직되는 것이 으뜸이고 사회경제, 학문사상 부면이 활발한데 반해서 신화·설화, 군사, 종교, 외교사 부면이 극히 零星함을 볼 수 있다. 인명·지명 고증은 그리 성행되지 않으며, 해방후 古蹟 보존사업과 관련하여 발굴·발견에 의한 考古·美術방면의 연구가 극히 활발하게 되었음을 보여주고 있다. 그러나 이것은 그저 대체의 윤곽적인 경향을 그것도 실질적인 내용면에서 문제삼은 것도 아니고 수량으로만 따져본 것이다.

지난번 제5회 전국 歷史學大會에서는 '國史學의 展望과 回顧'라는 제목을 내걸고 심포지움을 가졌다. 해방 후의 국사학의 발전이 이제 점차로 정리·검토단계에 들어가고 있는 것인지도 모른다. 이 때에 우리는 좀더 여러가지 문제를 검토할 필요가 있을 것 같다. 그것은 단순히 역사학도 사이에 관련되는 문제만도 아니다.

우리는 여러가지 곤란한 조건보다도 학문적인 정열을 가진 학자의 올바른 자세가 먼저 요구된다고 생각한다. 사람은 환경에 지배를 당하는 자가 아니라 환경을 지배하는 자라는 소박한 견지에서라도 학문은 정치와는 다른데도 아직도 우리 학계에서는 이를테면 지배의식이 강한 것 같다. 따라서 또 피지배의식까지 작용을 하는 것이다. 우리는 어느 학계를 統帥하려는 '위대한 야망' 때문에 넉넉히 발전시킬 수 있는 보다 더 작은 하나도 제대로 발전시키지 못한 몇몇 前轍을 볼 수 있었다. 혼히 이러한 경우에 사업욕까지 겸해서는 그 사업적인 名聲과 學問上의 權威를 의식적·무의식적으로 혼동하고 있는 것이다. 학문적인 권위는 언제나 학문상의 연구업적에 있어야 할 것은 두말할 나위도 없다. 이 분화되지 않은, 이른바 동양적 권위는 그릇된 '傳統' 속에 아직도 계속되는 것이 아닌가. 그리하여 학자, 사업가, 저널리스트, 교육자 등이면서도 아무것도 아니라면 아무것도 아닌, 지금에 와서도 그런 類型이 되어지는 것이 아닌가. 이제 학문이 뒤떨어져 있고 학자가 귀한 이 고장에서 언제나 미분화상태의 위대한 인물만 있어야 하겠는가.

　다음에 문제가 되는 것은 경제적인 뒷받침이 극히 미약하거나 거의 없다는 사실이다. 우리나라 실정에 비추어 순수한 學術誌가 月刊으로 간행되기는 아직 이르다고 할 수밖에 없겠다. 월간은 고사하고 季刊을 제대로 내는 것도 없는 형편이다. 대체로는 1년에 1회로 그치고 최대한 2,3권을 넘지 못하고 있다. 계간이라야 1년에 15편 내외의 논문을 게재할 수 있겠다. 한 學會나 硏究所가 그 소속 인원수를 생각할 때 1년에 15편의 연구를 내는 것으로 그칠 수야 있겠는가. 그럼에도 불구하고 계간조차 어려운 것으로 된 것은 財政的인 기반이 없기 때문이라는 것은 말할 나위도 없다. 그 중에는 外國의 援助金을 얻어서 지탱해 나가는 것도 있다. 그것은 또 다른 부작용을 일으킬 수도 있는 것이다.

　學術의 國際的인 交流를 갖는다는 것은 말할 것도 없이 중요한 일이다. 그러나 학문의 국제적인 교류란 학문 내용상의 문제로서 중요하다는 말이다. 외국의 경제적 원조를 받는다는 사실은 학문적 교류와 관련되는 문제라고 하더라도 그 사실 자체가 바로 학문교류를 의미하는 것은 아니다. 우리나라 학계에서도 국제적 교류가 격증해서 국내의 각 집단 상호간보다도 도리어 각기의 루트를 통하여 국제적 커뮤니케이션이 더 잘 통한다는 奇妙한 현상이 일어나고 그것이 지나쳐서는 어처구니없는 學術交流(?)까지 하게 되는 것이다. 한편으로는 國內 學會間에 협동적인 방향으로 지향되는 경향(토론회, 심포지움, 전국대회 공동개최)이 있다고 하더라도 다른 한편으로 단지 공간적인 공존상태를 더욱 조성하는 작용이 있다면 이것은 고려해야 할 문제라고 생각한다.

　실제로 우리 史學界에서 지금까지는 硏究業績에 대하여 어떠한 成果로써 質的으로 평가되어지지 않고 있거나 혹은 그런 일이 극히 드물다고 할 수밖에 없다. 즉 論文評, 書評이 학문적으로 활발히 행하여지지가 않는다. 同僚면 同僚이기 때문에, 그렇지 않으면 또 그렇지 않기 때문에, 서로 남의 논문에 대하여 비평하기를 꺼리는 것이다. 평론이 없이 업적과 성과는 올바르게 정리가 되지 않으며 도리어 일반에 대해서는 오해와 혼란을 가져다 주기 쉬운 것이겠다. 격려와 찬사가 있는 반면에는 敬虔한 비판도 없을 수는 없겠다. 비판을 꺼리는 '習性'이 되어 버리면 남의 이야기를 하지 않고 남의 이야기를 듣지도 않는 '頑固性'밖에 남지 않게 되는 것이다. 완고해서야 학문이 어떻게 발전한다고 할 수 있겠는가.

　위와 같은 여러가지 조건 속에서의 放任主義 laisser-faire 는 결국 우리가 〈表 1, 2〉에 나타나는 바와 같이 우선 數的으로만 보더라도 시대별, 부문별로 균형진 성과를 가져오지 못하고 있다. 다른 것은 고사하고 먼저 시대별로 最近世史硏究가 그렇듯 零星해서는 될 수가 없겠다. 특히 開國 이후의 일본의 침략에 대한 詳細 正確한 연구가 계획성 밑에 조직적으로 하루속히 수행되어야 할 것이다. 〈表 1〉의 통계로 보면 167편의 논문 중에 가장 많은 비중을 차지해야 할 最近世史硏究가 13편에 지나지 않아 그 비율이 1할도 되지 못하고 있다. 혹은 또 부문별로 보아도 우리나라 최근 外交史硏究 같은 것이 얼마나 중요할 것인가 하는 것은 말할 필요도 없을 터인데도 불구하고 167편 중에 겨우 全時代를 통해 외교사 관계는 4편에 지나지 않는다. 이러한 현상은 어디서 오는가.

　그것은 말할 것도 없이 최근세 관계의 자료가 극히 방대할 뿐만 아니라 자료정리가 전혀 되어 있지 않다는 데에 연유된다. 그러므로 노력은 무제한한데 成果는 미지수인 경우에 누가 여기에 쉬이 뛰어들 수가 있겠는가. 이러한 문제는 학자 개개인의 취미와 근면에만 맡길 수 없는 문제이다.

　우리나라 학계에서 세계적으로 主導權 initiative 을 장악할 수도 있고 또 民族的인 자부와 의무로써도 장악하여야 할 그것에 우리의 현실적 요구와 직접 연결되는 부문을 몇 가지 든다면 國史硏究는 빠질 수가 없을 것이

따. 그러므로 위에서 몇 가지 든 사정을 참작한다면 이를 위한 연구기관
이 政府의 혹은 社會有志의 지원에 의해서 설치되어 잡념을 갖지 않고 연
구할 수 있는 뒷받침이 하루바삐 있어야 할 것이라고 생각한다.

〈『知性』 創刊號, 1962. 12〉

美國에서의 韓國研究
——促求되는 物心兩面의 協同的 作業——

'美國에서의 韓國研究'라는 제목으로 글을 쓰기는 어색한 일일 것이다. 미국학계의 한국연구라 하면 마치 한국연구가 미국학계에 있어서 제법 어느 한 구석을 의젓이 차지하고 있는 것과 같은 그런 인상을 줄는지도 모르겠기 때문이다. 그런데 실상은 유감스러운 일이지만 그렇지가 못한 것 같다. 대체로 말해서 한국에 관한 미국인의 著述은 1900년을 전후하여 시작되었고 주로 선교사들에 의하여 소개된 것이 많다. 그들은 혼히 그들의 紀行과 체험을 통하여 얻은 見聞과 주로 중국·일본측 자료에서 얻은 지식으로 한국의 지리적 위치에서부터 인종·언어·민속·역사 등에 이르기까지 언급하였던 것이다. 그러한 중에서 開國 이후로 그들이 직접 보고 듣고 또는 직접·간접으로 관여했던 일에 관한 기록은 한국연구에 관한 귀한 자료를 제공하는 수도 있다. 그러면서도 한국에 관한 여러가지 문제가 학문적인 연구의 對象으로 취급되기 시작한 것은 아마도 '로열 아시아틱 소사이어티'의 支部가 한국에 생기면서부터일 것이다. 그것은 그렇다치고, 대체로 말해서 미국인이 한국에 관심을 갖게 되는 起緣은 그들의 정치적인 관심의 확대에 따라서, 혼히 일본을 거쳐서였던 것이 일반적인 경우였던 것 같다.

일본에 상륙하여 기차를 타고 전등이 켜져 있는 東京으로 들어갔던 그들이 새로 仁川에 상륙하여서는 노새를 타고 온종일 울퉁불퉁한 꼬부라진 언덕길을 거쳐서야 서울에까지 들어올 수 있었고 여기서 그들의 첫인상은 고되게 보일 수밖에 없었다. 그들의 한국에 대한 첫인상이란 이렇듯 항용 일본과의 비교, 대조 속에서 얻게 되었던 것 같다.

필자가 지난해 연말 워싱턴에서 열렸던 미국 역사학회 제76회 年次大會에 참관할 기회를 얻었을 때, 3일간의 연구발표안에 동양관계로는 「中

國역사에 있어서의 個人傳記의 硏究態度」라는 課題와 「現代에 있어서의 日本과 러시아」라는 과제가 도합 48개의 발표과제 중에 섞여 있었을 따름이었다. 그것은 물론 동양관계는 따로 전국대회가 열려지기 때문이기도 하다. 미국 아세아學會에 의하여 매년 4월 초에 아세아學 全國年次大會가 개최되게 마련이다. 수년 전 어느 해에는 이 연차대회에서 한국 '섹션'이 있어서 數名의 발표자가 한국문제를 논하고 때마침 滯美중이던 이병도, 이상백, 김재원 세 박사까지 배석하여 一大盛況을 이루었다는 것이다. 그러나 그 뒤로는 한둘이 있을까 말까 하는 형편으로 정적하기가 그지없는 모양이다.

미국에서의 東洋學이란 歐洲나 일본학계의 조류와는 달라서 文獻學的인 깊이보다는 오히려 현실적 문제에 치중되어 동양 여러 민족 앞으로의 진로를 모색하는 데에 중점이 두어지는 것 같다. 그러면서도 中國에 관한 연구는 많은 大學에서의 중국 학자들과 연결되어 부분적으로나마 연구가 오랫동안 진행되어 온 전통이 있다. 또 이에 따르는 저서도 상당한 수에 달한다. 他方 일본에 대한 흥미와 관심은 근래 부쩍 늘어가고 있다. 그런데 한국에 관한 연구활동은 극히 미미함을 면치 못하고 있는 것이 사실인 것 같다. 이와 같이 된 이유를 간단히 한마디로 설명하기는 어려울 것이다.

여기서 필자가 滯美중에 약간의 관심을 가져본 부문에 관하여 구체적으로 생각하여 보는 것이 좋겠다. 어느 나라의 학계나 다른 나라의 여러 가지 문제를 연구하게 되는 중요한 계기는 일반적으로 문화적인 관심에서가 아니면 정치적인 관심에서 얻어지는 것이 보통이다. 미국이 西歐의 여러 나라에 뒤져서 동양의 여러 나라와 관련을 갖게 되면서, 특히 그들의 외교관계에 두터운 관심을 갖게 된 것은 당연한 일이다.

과거에 일본인의 한국연구의 중요한 부분을 차지한 것이 한국의 最近開國外交史였음은, 그들이 당시의 복잡하였던 국제사회에서 한국에 대한 정책을 세우는 이론적 뒷받침을 얻으려는 것도 그 중요한 이유의 하나가 될 것이었다. 미국이 동양제국에 적극적인 관심과 이해관계를 갖게 된 뒤에 그 부문에 대한 연구가 일어나기 시작하였다. 여기 기억나는 數三의 예를 들면, Tyler Dennett 의 「American in Eastern Asia」(1922), John W.

Foster 의 「American Policy in the Orient」, William L. Langer 의 「The Diplomacy of Imperialism」 등등이 그것이다. 이렇듯 해서 미국과 한국과의 관계에 관하여서도 몇몇의 연구논문이 오래 전에 발표된 바 있었다.

예를 들면, Charles O. Paullin 의 「The Opening of Korea」(1910), Robert O. Pollard 의 「American Relation with Korea」, Dones 의 「Foreign Diplomacy in Korea」, Tyler Dennett 의 「American Good Offices in Asia」, Payson F. Treat 의 「The Good Office of the U.S. during the Sinojapanese War」 등등 한 시기나 한 사건에 관한 개별적인 論究가——그것도 우리 눈으로 보면 대체로 槪要的인 것이기는 하나——각기 다른 사람에 의하여 행하여지기는 하였던 것이다. 그러나 이같이 어느 한 시기나 사건에 관한 몇몇 개별적인 연구에는 觀點과 立場의 차이에 따라서는 그대로 전적으로 믿을 것이 아니며 더구나 이러한 연구를 다 합쳐서 본다고 하더라도 하나의 올바르고 체계 있는 것으로 이해되기는 어려울 것이다. 그러므로 이런 것과는 달리 하나의 체계 있는 韓美關係史가 요구되는 것이기도 하다. 그래야만 어떠한 줄거리 있는 인식과 비판이 가능할 수 있기 때문이다. 그러나 그런 것은 아직도 이루어진 것 같지가 않다. 그런데 韓美關係史 硏究는 미국에 있어서의 한국연구 중에 가장 많이 취급된 것의 하나일 것이다. 그 밖에는 한국에 관한 연구가 아주 희소할 수밖에 없을 듯싶다.

한편 한국에 있어서의 韓美關係의 연구는 극히 초창적인 것으로 故 文一平 선생의 『韓美關係五十年史』가 일찍이 간행된 이후로 약간의 論考가 시도되었으나 그 이상 더 큰 발전을 보았다고 할 만한 것은 없었다. 이렇듯 현재 가장 긴밀한 관계에 있는 韓美관계의 역사적 연구는 제대로 통일 있는 정리와 이해가 되지 못한 채 거의 방치되어 있는 것이나 다름없다. 또 다른 의미에서 보다 더 긴밀한 관계에 있었던 이웃 일본과의 관계에 대하여서도 지금의 형편으로는 제대로 정리된 한 권의 책도 갖고 있지 못하다. 이러한 연구의 성과는 비단 학문적인 요구를 충족시키는 데에 그치지 않고 현실적인 諸問題 해결의 자신 있는 합리적인 뒷받침이 되어질 수도 있는 긴절한 문제이기도 하다.

이러한 점에서 본다면 한미관계에 관해서뿐만 아니라 개괄적으로 한국 또는 한국문화·역사의 연구와 그 해외소개가 한국의 역사적 위치를 널리 이해시키는 데에 아주 긴절한 일일 것이며, 그것은 또 堅實한 學問的(理論的)인 기초 위에 이루어져야 할 것이다.

그럼에도 불구하고 오늘날까지 우리나라 학자에 의하여 한국의 역사나 한국의 문화가 학문적인 권위를 지니고 해외에 소개된 것이 거의 없다시 피 하였다. 그리하여 최근 미국에서는 반세기 전인 1905년에 출간되었던 '헐버트'의 『韓國歷史』가 '윔스'의 서언이 붙여져서 금년에 다시금 간행 되는 형편에 있다. 혹은 또 '콘로이'Hilary Conroy 에 의한 *The Japanese Seizure of Korea*(1868~1910)(1960년간)와 같은 터무니없는 저서가 간행 되고 있다. 이 책에 관하여서는 이미 董天에 의하여 批判·論駁된 바 있 듯이 일본의 침략 元凶 伊藤博文의 앞잡이로 당시 한국에 도래했던 Ladd 의 著 *In Korea with Marquis Ito* 와 같은 文籍을 그대로 채용하고 있 을 뿐만 아니라 그 저서가 취급하였다는 기간(1868~1910)에서 한국으로 서는 가장 치명적인 시기인 10년간(1894~1904)은 전연 손도 대지 않고 있 는 것이다. 이러한 형편에서 滯美중인 어느 한국 교수 한 분은 Evelyn McCune 에 의하여 이루어져 금년에 간행된 『韓國의 美術』 *The Arts of Korea* 이라는 책을 보고는 감격하여 마지않았다. 호화판인 그 내용의 여 하는 且置하고라도 'KOREA' 라는 表題가 붙여진 최근 간행서가 외국 사 람이 보고 알 수 있게 나타났다는 사실이 그렇듯 느끼게 한 것이었다. 외 지에 나아가서 제 것을 보고 들을 수 있는 기쁨은 한층 더 크다는 그러한 사실 때문에서만이 아닐 것이다.

미국에 있어서의 한국연구에는 여러가지 제약이 있기는 하다. 원래 미 국에 있어서의 東洋學 자체가 그리 오랜 역사를 가진 것도 아니다. 몇몇 대학에서는 한국어를 가르치고 한국 역사도 가르치는 수가 있기는 하나 한국사의 講座가 제대로 설치되어 있는 데는 없다. 중국이나 일본에 대한 것에 비하여 한국에 대한 학문적인 관심이 희박하다고 할 것이다. 또 실 제로 미국인이 미국에서 한국을 연구하려고 한대도 연구자료상의 제약도 적지 않으며, 한편으로 우리나라에 있어서의 자료의 정리, 특히 最近世關

係의 자료정리 소개는 여태까지는 거의 손이 미치지 못하고 있었다고 할 것이다. 그 위에 이와 같은 배경은 한국 연구에 대한 학문적인 정열에도 영향을 미칠는지 모른다. 1900년 전후에 있어서와 마찬가지로 혼히 전쟁이나 혹은 또 다른 어떠한 우연한 기회에 한국에 오게 된 그러한 기틀이 관심의 발달이 되는 수가 혼한가 싶다. 다른 나라의 역사적 현실을 대할 때 그릇된 선입관이나 공식적인 척도로써 저울질하기가 쉽고 人類・民族의 運命의 심각성에 대한 이해와 경건한 비판정신이 결여되기도 쉬운 일이다. 또한 미국인의 한국연구에는 語學上의 부담도 만만하지가 않다. 그들이 한국을 제대로 연구하려면 韓國語는 물론 漢文・日文에 모두 능숙해야 하였기 때문이다.

그러나 이 같은 여러가지 난점은 점차로 극복되리라고 생각되며, 현재도 한국 연구에 대한 관심이 점차로 증대되어 가고 있다.

韓國의 最近世史나 基督敎史 硏究를 위하여서는 절대로 필요・불가결한 자료가 미국내에 있다. 그 중 두드러진 몇을 들면, 美國會圖書館 *Library of Congress*, 國立古文書圖書館 *National Archives*, 뉴욕市立圖書館 *New York Public Library*, 하버드大學의 Widner Library 와 Harvard-Yenching Institute, Stanford 대학의 The Hoover Institution 등이 그것이다. 基督敎關係史料는, 뉴욕의 Union Theological Library 와 Inter Church Headquarters 내의 Presbyterian Church Lib, Methodist Lib. 등에 보장되어 있다. 한국관계의 古書는 역시 Harvard-Yenching Institute 의 도서관이 가장 많이 보유하고 있으나 그것도 약 8여 권에 지나지 않아 현재 같은 도서관의 한국部 책임자가 古書 구입을 위하여 한국에 와 있는 중이다. 들리는 바에는 오래지 않아 한국사 연구를 위하여 한국사 전공중인 젊은 學徒와 교수도 來韓하리라는 것이다. 이러한 사정은 미국에 있어서 한국연구熱이 높아가는 것을 말하고 오래지 않은 장래에 그 획기적인 發展의 계기가 오리라고 기대되는 것이다.

여기서 필자는 한국연구가 미국 안에서 점차로 활발하여질 것이라고 믿는 한편, 이러한 潮流를 가능한 한 조성하고 권장할 수 있는 적극적인 노력이 우리나라 안에서도 필요하지 않는가 생각하는 것이다. 그러하기 위하여서는 우리가 갖고 있는 자료를 정리, 소개하는 일도 그 하나일 것이요, 또 우리 과거의 또는 장차의 연구성과를 기초하여 우리나라와 우리나라 문화에 관한 학문적인 業績을 널리 알리는 일도 하루바삐 준비, 실천해야 할 것 같다. 이 같은 일을 위해서는 國學硏究에 박차를 가할 수 있는 총력적인 硏究機構와 유능한 학자 육성을 위한 적극적인 배려가 있어야 할 것 같다. 그리고 또 미국과의 물심양면의 협동적인 작업이 이루어져야 할 것 같다. 이러한 일들은 이미 일부 추진중에 있고 실현되어 간다는 소문이 들려서 크게 기대되는 것이라 하겠다.

여기서 한걸음 더 나아가 미국에 있어서 한국연구가 크게 진전될 것을 기대할 뿐만 아니라 유능한 한국 학도를 미국에 파견하여 우리에게 필요 긴절한 부면에 대한 硏究成果를 거두어 오도록 할 수 있다면 천만 다행한 일이라 할 것이다. 그것은 우리 자신을 위한 긴급한 일일 뿐만 아니라 직접·간접으로 미국에 있어서의 한국연구에 자극적인 영향도 미칠 수 있으리라 생각되는 것이다.

〈『新思潮』, 1962. 12〉

한국의 實學思想

오늘날 實學 또는 實學思想이라고 하면, 누구나 그것을 우리나라 17·18세기에 있어서의 새로운 學風과 그 學問思想의 내용을 가리키는 것으로 간주한다. 2세기라는 짧지 않은 시기에 걸친 그 많은 학자들의 학문·사상에는 그 내용과 분야가 서로 다르게 마련이다. 그러나, 그들의 학문하는 자세 내지는 학문경향에 어떠한 공통성이 그 밑바닥에 깔려 있었기 때문에, 그러한 그들의 學風과 思潮를 총괄해서 실학 또는 실학사상이라고 일컫게 된 것이다.

우리는 17·18세기에 걸쳐서 새로운 학풍과 사조가 일어나게 된 시대적 배경을 크게 두 가지 면에서 생각할 수가 있다. 그 하나는 우리의 傳統社會 내부에서부터 연유된 사회적·학문적 배경이고, 다른 하나는 당시의 외부사회로부터 받은 학문적·사상적 영향과 그 수용이다.

조선왕조의 양반지배사회는 시대의 흐름과 사회의 변천에 따라 그 構造的인 모순을 드러내게 마련이었다. 조선왕조의 지배구조는 수적으로 계속 늘어나게 마련인 양반 신분에게 그들의 유일한 생활목표인 立身出世인 기회를 언제까지나 균등하게 나누어 줄 수는 없게 되었다. 그리하여, 양반 관료간의 대립과 분열을 자아낼 수밖에 없게 되고, 그러한 상황은 결과적으로 소수 우세한 양반문벌에 의해서 정권이 壟斷되게 되었다. 따라서, 정권에서 몰려난 양반들은 점차 몰락하지 않을 수 없었다.

한편으로, 土地 경제에만 의존하고 봉건적인 신분질서를 고수하려던 조선왕조의 경제구조는, 왕조의 財政이나 국가의 번영을 언제까지나 확보할 수도 없는 것이었다. 왕조 초기의 職田制는 이미 일찍부터 무너져서 유명무실하게 되었던 반면에, 17·18세기에 이르면 宮房·官衙 그리고 권문세가에 의한 大土地占有의 경향이 늘어나서 富益富, 貧益貧의 현상이 두

드러지게 나타나게 되었다. 그리하여, 中小地主 양반의 몰락, 대다수 농민의 零落은 그들을 이른바 궁반·잔민의 처지로 몰아넣어서, 그들이 달리 생활방도를 찾을 길이 없게 되어 갔다. 17세기 이후로 상품화폐경제가 다소의 발전을 보게 되었다 하더라도, 유교적인 務本抑末(重農抑商)이라는 경제관을 벗어나지 못했던 당시의 지배층 양반에 대해서 商工業을 중시하는 사회구조의 재구성은 기대될 수가 없는 형편이었다.

이제, 조선왕조 양반사회의 지도이념의 구실을 할 수 있었던 朱子學도 사회변동에 따라 실질적으로 그 구실을 하지 못하게 되었다. 儒學은 그 원래의 修己治人의 學이라는 근본취지에서 벗어나, 性理說을 주로 삼는 理學과 冠婚喪祭의 儀禮를 논하는 禮學으로 치우쳐, 나라의 재정이나 민생의 안정 같은 문제와는 아무런 관련이 없는 학문으로 변질되었다. 그렇지 않으면, 오로지 입신출세의 수단으로 詞章에만 힘쓰는 풍조가 일반 儒者 사이에 풍미하게 되었다. 그리하여, 16·18세기 이래로 識者 사이에서는 위와 같은 사회적 모순의 확대와 학문의 말폐에 대해서 반성과 비판의 기운이 일어나게도 된 것이었다. 이 같은 전통사회의 내부적인 요인에 대해서 외부로부터의 영향에서 얻어진 새로운 계기가 있었다. 즉, 중국에 출입하는 사행에 따라 조선에 전래된 서양의 과학과 천주교에 관한 많은 漢譯書는 당시의 한국 학자들에게 적지 않은 자극이 되었다. 『天文略』·『職方外記』(世界地理)·『幾何原本』·『主制群徵』(人體解剖學) 등의 천문, 지리, 수학, 의학에 관한 漢譯科學書,『天學初函』·『天主實義』와 같은 漢譯天主教書 등의 전래는 한국 학자들의 학문적인 호기심을 끌었을 뿐만 아니라, 직접적인 관심을 갖고 그 이해에 노력하게까지 되었다.

한국의 학자들은 이제 그들이 오랫동안 지녀온 전통적인 유교적 관념과 사상에 대해서 회의를 품게 되어 학문·사상의 큰 전기를 맞이하게 된 것이다. 그것은 또 정권에서 배제되었으면서도 사회현실에 대해서 보다 더 민감했던 畿湖 지방의 재야 남인학자들 사이에 흔히 나타난 추향이기도 했다.

이 같은 새로운 추향이라는 것이 다름아닌 17·18세기의 學風과 思湖의 기간이 되어 사회부류에 흐르게 된 것이다. 그것은 종래의 타성적인 관념과 의식에 대한 반성과 비판으로 나타났다. 그리하여, 그 새로운 학문사상의 기반을 이루었던 것은 대체로 다음의 몇 가지로 요약 설명된다.

첫째, 학문은 사회현실을 바로잡는 데에 유효한 것이어야 하며, 사회생활에 유용한 것이어야 한다는 생각이다. 儒學 자체도 원래는 修己治人의 실효를 거두어야 한다는 것이어서 애초부터 空理空談을 일삼으려는 것은 아니었다. 조선왕조를 건설하는 데에 사상적인 뒷받침이 되었던 儒學(朱子學)이 시대와 사회의 변천에 따라 그 末弊를 자아내어, 앞서 말한 바와 같이 理學과 禮學으로 치우치고 詞章에만 쏠려서 양반지배사회의 모순을 극복하는데 아무런 구실을 할 수 없는 것이 되었던 것이다. 여기서 識者 사이에는 '務實'의 정신이 강조되고 思辨과 형식에만 치우친 학문의 자세를 배격하게 된 것이다.

둘째로는, 조선왕조 초기의 사회규범에 대한 반성과 비판이었다. 이미 수백년에 걸쳐서 사회가 변천되는 동안에, 그 유교적인 규범과 사회현실과의 사이는 크게 괴리되게 마련이었다. 이 같은 사회변동에 대해서 지배 양반층은 이에 대처할 수 있는 능력을 갖지 못했었고, 더구나 제도적으로 재구성할 수 있는 능력이 없었던 것이다. 그리하여 識者 사이에는 종래의 양반지배사회를 제도적으로 개편해야 하겠다는 생각이 농후해졌다.

셋째로, 儒學敎의 전통적인 '復古'思想에 대한 회의가 일어났다는 점이다. 즉 종래의 儒學者들이 품어 온 '聖人觀'이 무너져갔다는 것이다. 그들이 인간의 管想型으로 내세웠던 古代聖人에 대한 평가가 혼들리게 되었다. 天文·醫學 등 서양학술에 대한 새로운 견문은 학자들을 경험주의적이고 실증적인 정신으로 이끌어 간 것이었다. 그들은 이제 고대의 '聖人'이 되돌아온다 하더라도 이 새로운 과학지식에는 그도 미치지 못하리라고 믿게 되었다. 그들의 전통적인 '萬能의 聖人觀'이 무너지고, 인간지능의 경험적·실증적 발달에 대해서 인식을 새롭게 할 수 있었다.

넷째로, '世界'에 대한 새로운 인식이다. 『萬國全圖』·『職方外記』 등 새로 전래된 地圖·地理書는 종래 학자들의 세계관에 큰 변화를 일으키는 계기가 된 셈이다. 그들은 중국을 중심으로 생각했던 세계와는 또 다른 세계가 있다는 사실을 알게 되어 그들의 세계관이 확대되지 않을 수 없었다. 그것은 또 단순한 地理上의 인식을 넘어서 하나의 새로운 文化意識으로 심화·확대되어 가게 마련인 것이기도 했다. 그것은 또 안으로 자기나라 문화에 기한 관심과 인식을 새롭게 하는 계기도 되었다. 그리하여, 학자 사이에는 자기 나라의 歷史·地理·言語 등에 관한 새로운 인식이 요구되고, 그 재구성에 노력하게 된 것이었다.

그러면, 이제 이 같은 새로운 學風과 思潮가 구체적으로 이룩한 학문과 사상의 내용은 무엇인가. 이것을 단적으로 말한다면 한국의 전통적인 사회구조와 문화에 대한 재구성의 효력으로 나타났다고 할 수가 있다. 그것은 다시 다음과 같이 몇 가지 계열로 나누어 생각할 수 있겠다.

첫째는, 17·18세기 당시의 지배 양반층은 당시의 국가재정이나 민생문제를 稅制의 改編(大同法·均役法의 실시)만으로 타개해 나가려고 했던 것이다. 이에 대해서, 일부 在野學者 사이에는 田制의 改編(토지재분배)을 기하여 불균형된 土地占有 상태를 시정하는 동시에, 유교적인 체제 안에서도 제도 전반에 걸쳐서 개편할 것을 구상했던 것이다. 그것도 각기 그 구체적인 방안에 있어서는 서로 내용을 달리했으나, 그 공통된 기본성격은 어디까지나 重農주의적인 제도 개편론이라고 할 것이었다. 柳馨遠의 均田論, 李瀷의 限田論, 丁若鏞의 閭田論 등은 田制改編을 위한 서로 다른 구상이기도 했다.

둘째로는, 重商論과 技術導入論을 주창한 일련의 학자를 들 수 있다. 이들은 종래로 토지경제에만 얽매였던, 유교적인 重農抑商的인 관념에서 벗어나 상업과 무역을 크게 일으키고, 그 위에 중국을 통해서 새로운 기술을 도입하여 생산과 소비생활을 자극함으로써 나라의 부강을 적극적으로 꾀해야 한다고 주장했다. 이들은 국내 사회의 변동과 중국 文物에 대한 견문의 확대에서 얻어진 구상이어서 柳壽垣, 朴齊家, 洪大容 등 일련의 학자가 이 계열에 속하여 흔히 北學派라고 일컬어지는 것이다.

셋째로는, 文化意識의 深化와 확대 속에서 자기 나라 문화에 대한 새로운 의식, 재구성으로 나타났다. 그것은 새로운 경험주의적 실증정신에 바탕을 두어 古代, 중세적인 문화의식에서 근대적인 그것으로 한걸음 전진된 것으로, 이를테면 학문의 分化發展의 현상으로 나타나게도 된 것이었

다. 그리하여, 우리나라의 역사·지리·국어에 대한 각종 연구와 著述을
보게 되고 金石學(金正喜의 『金石過眼錄』), 醫學(丁若鏞의 『麻科會通』), 水産
動植物學(丁若銓의 『玆山魚譜』) 등 특수분야가 개척되기도 했다.

　우리나라 실학 내지 실학사상에 관해서 여기서 앞으로 더 연구해야 할
몇 가지 문제점을 제기하는 것이 나의 주장을 내세우는 것보다도 더욱 유
익할는지 모르겠다.

　첫째는, 實學이라는 말은 麗末鮮初에, 즉 朱子學이 우리나라에 들어와
서 麗代의 佛教와 詞章 중심의 학풍을 배격하면서 修正治人의 學으로 내
세워진 것이기도 했다. 그것은 詞章에 대해서 經學의 존중을 내세우고,
正心修德이야말로 정치의 실효를 거두는 필수조건이라는 점을 강조한 것
이었다. 그러므로, 그것은 '實心實學'이며 '窮經實學'이라고도 했던 것이
다. 그러나, 15·16세기의 시대배경과 17·18세기의 시대배경에는 사회
변동에 따른 큰 차이가 있었다. 따라서 17·18세기의 이른바 실학사상의
내용과 구체적으로 주자학을 의미했던 15·16세기의 학문의 내용과는 같
을 수가 없다는 것은 물론이다.

　둘째는 17·18세기의 실학 내지 실학사상은 일반적으로 在野學者들의
구상과 학문적 노력의 소산이었다는 점이다. 그것은 그 당시에 있어서 현
실적으로 어떠한 실효도 거둔 것이 못되었다는 것이다. 그럼에도 불구하
고 이 17·18세기의 학자들이 韓末 이래 國權이 상실되어 가던 당시에 재
평가되고 높이 평가된 이유를 정확히 이해할 수 있어야 한다는 점이다.

　셋째로 어느 시대 어느 사회에서나 전통과 발전 사이에는 갈등이 일어
나게 마련이고, 그러므로 전통은 그대로 고수되어질 것이 아니라 재구성
되어져야 한다는 점이다. 그것은 실학사상을 평가하는 또 다른 관점이 될
수도 있을 것이다.

　요컨대 우리나라 실학 내지 실학사상에 대해서는 앞으로 그 올바른 歷
史的 展開를 위한 탐구가 필요하며, 또 그 사상 내용에 대한 올바른 의미
해석에 대해서도 보다 더 깊은 연구가 필요하다고 생각한다. 그 위에 앞
으로는 일본에 있어서의 실학사상과도 비교연구되어야 할 것이다.

〈『京畿校誌』 통권 53 호, 1974. 12〉

한여름밤의 想念

금년 여름에는 예년과 달리 유달리 무더웠던 것 같다. 나는 금년에도 한여름의 무더위를 서울 한복판에서 참아내야 했다.

6·7년 전까지만 해도 나는 여름방학 중의 5·6일 동안은 반드시 해변가를 다녀오는 것이 한동안의 과례와도 같이 되어 있었다. 1년 내내 책상머리에 쭈그리고 앉아서 살아야 하는 직업상의 습관 때문에 이 여름방학 동안의 해수욕이 이를테면 나의 유일한 건강관리법이며 일종의 레크리에이션이 되는 셈이었다.

그러던 것이 어찌된 셈인지 나의 그 유일한 연중행사도 중단되게 되었다. 내 나이가 좀더 많아진 때문인지도 모른다. 혹은 또 해변가가 점점 더 소란해진 때문인지도 모른다. 그 후부터는 한여름의 무더위도 束手無策으로 서울 長安에 앉아서 땀을 흘리는 수밖에 없었다.

나는 그 '선풍기'라든가 '에어콘' 같은 것과는 애초부터 잘 사귀지를 못했다. 무엇이든 윙윙 돌아가는 機械바퀴 소리에는 마음이 가라앉지가 않는다. 또는 사람이 인위적으로 일으키는 '바람'을 생리적으로 좋아하지 않기 때문이기도 하다. 선풍기나 에어콘이 일으키는 그 서늘함도 사실인즉 일종의 異狀氣溫現象임에 틀림없으니 말이다. 몇해 전에 에어콘을 좁은 연구실에다 가설해 놓고 唯我'獨存'인 양 자랑스럽게 뽐내던 어떤 친구는 금년에는 그것을 이용하지 않았다고 했다. 에어콘은 좁은 방에서는 호흡기에 좋지 않다는 그의 말이었다.

文明의 利器를 이용함에 있어서 無知해서는 위험하기조차 하다. 선풍기를 밤새 틀어 놓고 잠을 자다가는 큰 변을 당하기가 일쑤다. 심지어는 모기향불을 피워놓고 잠자다가도 변을 당하는 수가 있었다. 나도 사실 密閉된 방에 모기향을 피워서는 위험하다는 주의사항을 모르고 그것을 애용해

온 것이다. 이 같은 문제들이 한데 얽히고설켜서 이제 '汚染'이라는 현상으로 나타나게 된 것이 아닐까. 大氣汚染·廢水汚染에서 精神오염에까지 말이다. 물질면에서의 오염은 인간의 정신면에까지 그 영향을 미치기 때문에 더욱 문제가 심각하다. 그리고 그것도 결과적인 문제로서만이 아니라 동기에서부터 이미 발달된 것일 수도 있을 것이다.

科學技術의 발달이 인류사회에 기여한 바 막대함은 말할 나위도 없다. 설사 그것이 자아내는 폐해가 막심한 바 있다손 치더라도, 인간이 지금까지 이룩한 文明을 거부하고 원시로 되돌아갈 수는 없는 노릇이다. 그러나 科學과 技術의 발달에도 시대 나름의 제약과 한계가 있게 마련이다. 그리하여 예나 지금이나 뜻하지 않은 天災地變에 대해서는 人間의 無知無能이 露呈되곤 했다.

科學技術이 극도로 발달된 성심은 오늘날에 있어서도 여기 저기서 일어나는 大地震에 대해서는 속수무책이나 다름이 없었다. 英國에서는 500년래의 大旱魃로 말미암아 그 극복에 안간힘을 쓰고 있다는 것이다. 人類는 예나 지금이나 자연의 위협 속에 살면서, 여기에 또 그들 스스로가 마련한 公害까지가 곁들어 있는 것이다.

맥시밀리안 2세는 그에게 進講하는 저 유명했던 역사가 랑케에게 다음과 같이 물었다.

人類의 歷史는 發展하는 것이라고 볼 수가 있는가?

이에 대한 랑케의 대답은 다음과 같았다.

물질적인 면에서는 진보한다고 말할 수가 있다. 그러나 정신면에 있어서는 반드시 진보한다고 생각할 수가 없다. 가령 詩人으로 치면 호머를 능가할 사람은 없을 것이며 美術로 말한다면 르네쌍스 시대의 미술가들을 능가할 사람은 없다.

이 오래 전의 랑케의 말이 반드시 정확하고 합당한 대답일 수는 없을는지도 모른다. 그러나 여기에는 현대인에 대한 하나의 큰 경고가 들어 있었다고도 할 수 있을 것 같다.

우리나라 사람들도 人性이니 理氣니 倫理니 하여 人間性理에 관한 理論(性理說)이 空理空談이라고 해서 더 깊이 생각하지 않게 된 지가 오래다.

그리하여 그것이 혹시나 우리의 오늘날의 ‘倫理의 不在’에까지 몰고 온 발단이 된 것이나 아닌가 생각해 보는 것이다. 여기서 우리가 또 그 이른바 공리공담 시대로 되돌아가자는 것은 물론 아니고 또 실제로 되돌아갈 수도 없는 노릇이다.

다만 오랜 가뭄과 뒤이은 暴雨의 피해소리를 듣고 또 그 거센 바캉스 바람소리(젊은이의 원시적 행동과 범죄)를 들으면서 어딘가 물질문명과 정신문화 사이에 어떠한 조절이 있어야 하겠다는 느낌이 드는 것이다.

인간이 동물적인 본능을 떨쳐버릴 수 없는 한 언제까지나 남겨지게 마련인 윤리문제이기는 하지만!

〈『國稅』 9, 1976. 10〉

誠實·勤勉이 報償받는 풍토를

어떤 歷史學者는 사람들이 自然에 대한 그들 쟈신의 생각의 영향을 마치 자연 자체의 영향으로 잘못 생각하는 수도 있다고 했다. 가령 사람들이 어떤 섬에서 살고 있다는 사실은 그 자체로서는 그들의 역사에 아무런 영향을 끼치는 것이 못된다는 것이다. 그것은 그들이 그 섬을 에워싼 바다를 어떻게 생각하느냐에 따라서 그들의 역사가 달라진다는 것을 의미한다. 즉 그것을 단순히 그들을 방어해주는 防波堤로만 생각하고 사는 사람들에게는 역사가 있을 수 없다고 했다. 그것을 그들이 밖으로 뻗어 나가는 活路로 생각하는 사람들에게만 역사는 이루어진다는 것이다.

半島에만 安住했던 5백년

근세조선왕조 5백년 동안 우리는 이를테면 韓半島 안에서만 쭈그리고 살아온 셈이다. 그 폐쇄된 속에서 옥신각신하던 시대. 商船이나 漁船일지라도 연안에서 아주 멀리는 출항할 수도 없게끔 國法으로 禁制되었던 반도의 나라. 세계 각국의 이른바 그 異樣船이 5大洋을 누비고 다닐 때, 가진 것은 고작 板船밖에 없어서 우리 근해의 어업·해운업까지도 외국인에게 占奪되었던 그 시대. 그래서 당면해야 했던 開港期의 그 민족적 수난을 상기해 보기도 한다.

6·25를 겪고 우리가 부산에서 서울로 수복했던 뒤의 일이었던 것 같다. 自由中國의 저명학자 董作賓 일행이 한국에 초빙되어 와서 강연을 한 일이 있었다. 일행 중의 한 분이 그의 강연중에 이런 이야기를 했다. "중국이 印度로부터 佛敎를 받아들이기 시작해서 그것을 중국 자신의 불교로 만들기까지에는 자그마치 3백년이라는 세월이 걸렸다. 그런데 이제 그 중국이 근대 서양문명을 받아들이기 시작한 것이 겨우 1백년밖에 안된다.'"

아쉬운 '大人의 風度'

그것은 그가 6·25로 폐허가 된 서울을 보고, 오랜 역사적 시련을 이겨 내고 그리고도 또 새로운 민족적 시련을 겪고 있는 한국을 보고, 그 한국 인에 대한 그의 남다른 격려의 말로도 들렸거니와, 나는 무엇보다도 그의 그 시간에 대한 悠然한 자세에 나대로 느껴지는 바가 있었다. 臺灣에서 온 한 중국인의 조금도 초조한 빛이 없는 그 大人의 風度.

開港 이후의 우리나라의 衰傾, 國權의 상실과 식민지로의 전락, 광복되 고 나서도 국토는 양단되고 6·25 동란을 겪어야 했던 민족의 수난과 비 극, 그러나 그것도 생각에 따라서는 우리가 근대서양문명을 받아들이기 시작한 지 불과 1백년밖에 안되는 기간의 일에 지나지 않는다.

우리는 이제 시간과 공간에 대한 우리의 생각을 훨씬 더 길고 그리고 넓게 가져야겠다. 自我意識도 확대되고 또 深化되기도 해야겠다. 그리하 여 우리 모두의 心性이 공명해지고 氣宇가 광대해져야겠다고 생각된다. 사소한 일에 성급하지 말고, 私利私慾에 악착스럽지 않게, 보다 더 넓고 긴 안목으로 겨레의 장래를 내다보며 살아나가야겠다는 생각이 드는 것이 다. 이를테면 大人의 風度를 지니고 살아야겠다는 이야기가 된다. 지난 몇 해 동안에 우리나라는 어쨌든 비약적인 발전을 이룩했다. 하루빨리 근대 화되었어야 했을 그 중요한 시기를 놓치고, 누구나가 뼈저리게 느껴야 했 던 지난날의 그 쓰라린 민족적 困辱의 시대와 체험을 조금이라도 공감할 수 있는 세대의 사람이라면 오늘 이 나라의 발전상을 그려볼 때에 실로 今昔之感을 금할 수가 없으리라.

歷史的 機會 헛되지 않게

그렇다 하더라도 한 민족이나 국가로서도 발전의 기틀을 다지고 번영의 길로 이끌어 나갈 수 있는 역사적 기회란 언제나 그리고 빈번히 얻어지는 것은 아닐 것이다. 그러므로 이 발전을 계속 성취시켜 근대적인 민족국가 의 기반을 굳게 다지기 위해서는 이 역사적인 기회를 헛되이 해서는 안될 것이다. 발전을 저해하는 갖가지 요소는 과감히 그러나 길고 넓은 안목으 로 배제되어야 할 것이다.

　　우리 사회의 부조리 현상은 여유 있는 사람들 편에 더 많이 나타나는
것 같다. 目前의 私利만을 겨누어 公益을 몰각하는 갖가지 처사들. 私慾
만을 채우려고 投機와 요행과 사치에만 광분한 행위들. 갖가지 오염과 공
해의 요소들. 이런 것들이 하루빨리 그 자취를 감추게 되었으면 좋겠다.
그리하여 정직과 성실과 근면이 제대로 보상되는 믿음(信)의 풍조가 널리
퍼지게 되었으면 좋겠다. 믿음은 지난날의 儒敎的인 논리로서도 모든 '德'
의 기본이 되는 德目이요, 오늘날의 인간관계에서도 그 기본적 조건임에
다름이 없겠기에 말이다.

　　우리의 앞날은 우리가 살아온 역사보다도 훨씬 더 유구한 것이겠기에
말이다.

〈「朝鮮日報」, 1978. 1. 21〉

停年이란 終着驛

停年退任. 그것은 섭섭한 생각과 감사한 마음이 서로 엇갈리는 어느 終着驛의 이름과도 같은 것이다. 그래서 제각기 보따리를 챙겨들고 내려서야만 하는 곳. 이제는 흩어져서 마지막 제 갈길로 돌아가야만 하는 곳. 어쩌면 그들의 남은 旅程은 서글픈 것일는지도 모른다. 말로는 '담담하다'고들 하지만, 과연 저 키케로와 더불어 老年을 謳歌할 사람이, 구가할 수 있을 사람이 몇몇이나 될까.

누구나 오랫동안 정들었던 고장이나 사람들과 헤어져서 외로이 떠나갈 때에는 섭섭한 생각이 그지없게 드는 것도 人之常情이다. 하물며 한평생을 봉사해온 시집에서 쫓겨나 보따리를 챙겨들고 本家 집으로 되돌아가야 하는 소박맞은 늙은 며느리와도 같다면 그 심정이란 도리어 억울하기조차 할는지도 모른다.

그러나 그들은 누구나 다 한결같이 섭섭한 생각보다는 감사한 마음이 더 앞선다고들 했다. 그도 그럴 법하다. 첫째, 한국 남자의 평균 死亡年齡이 62~67세라고 했으니, 그들은 벌써 2~3년이나 더 많이 살아 넘긴 셈이다. 65세란 고비도 무난히 넘긴 이 끈질긴 노인들의 容貌나 擧動으로 보아 앞으로도 단시일 내에 他界할 것 같지는 않으니, 그들의 여생은 萬壽無疆할 것임에 틀림이 없다. 그래서 '人命은 在天'이라 그들은 한결같이 하느님에게 감사한다고들 했다.

둘째로 그들은 그들이 지금까지 외길을 걸어오면서도 끝까지 責務를 완수할 수 있었던 것은 그들 주위의 여러분의 애호와 편달, 보살핌과 돌보아 줌이 있어서만 가능했다 하여, 그 모든 분들에게 감사한 마음을 금할 수가 없다고들 했다. 그렇지 않다고 할 수가 있으랴.

여기에 나 자신의 느낌을 한 가지만 첨부해야겠다. 日帝의 桎梏下에서 대학으로 진학할 그 당시에는 내가 장차 무엇이 될 것인가는 미처 생각하지를 못하였었다. 더구나 敎授라는 직업을 갖게 되리라고는 염두에도 떠올릴 수가 없었다. 그저 '混沌'이라도 좋으니 무엇이 되든 제 나라에서만 살 수가 있다면 그것만으로도 얼마나 행복할 것인가 하는 생각뿐이었다. 그러던 것이 해방과 광복을 맞이하고 대학이 서고, 그리하여 어쩌다 제 나라에서 교수라는 이름으로 한평생을 보낼 수가 있었다는 그것이 나로서는 엄청나게 행복하였다고 할 만하다. 30여 년 동안을 日帝 桎梏下에서 살아야만 했던 사람이라면 이 '나라'에 대한 감사한 마음을 어찌 금할 수가 있으랴. 누구나가 다 義士, 烈士야 못 되었을 망정 나라를 사랑하는 마음이야 못 가질쏘냐.

앞으로 문제인 것은 人的 資源이 모자라는 이 나라에서 아깝게도 '내 던져지는 存在'가 너무나도 많아지지 않을까 하는 근심이다. 마치 교통수단이 너무도 모자라는 이 고장에서 너무나 빨리, 그리고 너무나 많이 廢車處分이 되는 것처럼.

〈「朝鮮日報」, 1981. 3. 3〉

百年을 내다본 눈

　어떤 의미에서는, 더구나 급격히 변동하는 産業社會時代에 처해서는 한 사회나 국가가 직면하게 되는 局面은 언제나 새로운 것이라고 할 수 있겠다. 똑같은 국면이라는 것은 있을 수 없겠기에 말이다. 따라서 그 과제도 늘 새로 제기될 수밖에 없다. 溫故知新이라는 말도 있기는 하나, 그것은 과거의 경험에서 얻어지는 어떤 공식만에 의해서 해결된다는 뜻일 수는 없다. 갈브레이드도 "우리가 지금 직면하고 있는 여러 문제의 복잡성을 생각하면 과거의 확실성이 남아 있으리라고 생각하는 편이 오히려 이상할 정도"라고 했다. 그것은 이제 우리의 創意性이 발휘되어야 할 때가 되었다는 뜻으로 받아들일 만하다. 이 복잡한 문제들을 헤쳐나갈 올바른 정책을 결정하기 위해서는 當路者들이 衆智를 결집시키는 일도 필요하겠다. 문제는 그런 것을 어떻게 집결시키고 어떻게 처리하느냐에 있을 것 같다.

　과거 우리나라에서도 제도적으로나 관례적으로 言路는 상당히 열려 있었다. 그러한 중에는 '百官陳言'이라는 형식의 것도 있었다. 天變地災나 年初의 祈穀祭 같은 행사에 따라 君王修省의 뜻으로 상하관리들에게 時政의 得失을 書進케 하는 것이다. 正祖 10년 歲首의 百官陳言에는 3백 60여 명의 상하관리가 書進하여, 그 중에는 『北學議』 저자인 朴齊家의 것도 들어 있었다. 그 요지는 다음과 같았다.

　　우리나라도 상업과 무역을 진흥시켜 중국과의 水路通商을 권장하고 장차로는 다른 외국에까지도 확대시켜 나가야 한다. 그리고 국내의 산업을 일으키기 위해서는 당시 중국에 와 있던 서양인들을 초빙, 우대하며 그들의 각종 과학기술을 적극적으로 도입, 습득해야 한다.

　이와 같은 견해는 3백 60여 명 중에서 朴齊家 단 한 사람만이 제시했었다. 그것은 1백년 뒤의 개화파 사람들의 주장과도 맞먹는 견해였다.

그러한 주장이 그 당시에 **適實性**이 있었던 것이냐 하는 것은 따로 논의거리가 되겠으나, 일찍이 시대추세를 통찰한 **卓見**이라고는 할 수 있겠다. 그러나 이 주장에 대한 처리는 다른 수십 명의 **書進**에 대한 것과 같이 단지 국왕의 '**當留念**'이라는 **批答**만으로 그대로 무시되고 말았다.

　어느 한 사람의 훌륭한 의견이 어떻게 하면 제대로 받아들여져 채택될 수 있을까 하는 문제는 갈브레이드도 제기했던, 언제나 중요한 문제거리인 것 같다. 물론 그러한 판단의 기준이 문제이기는 하지만. 하여튼 **衆意**이거나 탁견이거나 간에 그런 것들이 마치 **朴齊家**의 경우와 같이 '**當留念**'이라는 **批答**과도 같은 것으로만 그만이 되는 일이 없었으면 좋겠다.

〈「朝鮮日報」, 1981. 3. 10〉

당당하게 나선 破婚

중학시절부터 독일인의 勤儉性에 대해서는 여러가지 비유로도 들어왔다. 흔히 프랑스·영국·독일 세 나라 사람을 비교해서 하는 말이다. 가령 식당에서 마시려는 찻잔에 벌레가 날아든다면 프랑스인은 찻잔을 집어던지고, 영국인은 다른 것으로 바꿔오게 하며, 독일인은 건져내고 그대로 마신다는 식의 비유다. 프랑스인의 예민한 感受性, 영국인의 紳士道, 그리고 독일 사람의 儉朴性을 나타내는 비유다.

언젠가 중년의 독일 사람 부부와 양식당에서 점심식사를 같이 했을 때의 인상도 그러했다. 몇 개의 접시에 담겨져 나온 음식은 그 독일 사람 부부에 의해서 철두철미, 완전히 정복당한 것이나 다름없었다. 그들은 접시마다 마치 쓸어가기나 하듯이 남김없이 먹어치우는 것이었다. 원래 小食인 탓으로 내 몫의 음식을 남길 수밖에 없었던 내가 마치 무엇을 낭비나 하고 있듯이 겸연쩍게 느꼈던 일이 잊혀지지 않는다.

제 1,2차 世界大戰 때마다 패전국이었던 독일 또는 西獨이 오래지 않아 다시 부흥할 수 있었던 裏面에는 여러가지 이유가 있겠으나, 그 기본적인 조건의 하나로 독일 사람들의 몸에 밴 그 근검성을 들 수 있을 것 같다.

그런데 우리는 어떤가. 옛날에도 冠婚喪祭의 낭비가 양반이 몰락하게 되는 주요한 이유의 하나라고 했었다. 실제로 지금까지 남아 있는 토지문서 중에는 婚債, 喪債 때문에 토지를 매각했던 경우를 상당히 많이 찾아 볼 수 있다. 체면을 유지하기 위해서는 負債를 얻어서라도 과분한 婚·喪의 비용을 마련해야 했다. 그러한 타성이 오늘날까지도 이어져오는 것이나 아닐까. 사치의 풍조는 위에서부터 아래로 불어 내려오게 마련이다.

어느 '젊은이 發言'에서는 결혼식 3일을 앞두고 破婚을 하게 된 친구의 事例가 소개되었다. 그 사유는 신부집에서 보낸 장롱이 '안 좋은 것'

이라 하여 신랑집에서 되돌려 보내와서, 그렇듯 정신교육을 제대로 받지 못한 자에게는 딸을 줄 수 없다고 당당하게 나섰기 때문에 파혼이 되었다는 것이다. 그리하여 그 젊은이는 물질주의, 금전주의로 타락된 婚風을 개탄하였다. 이 같은 풍조가 근검한 사람, 고운 마음씨를 가진 사람들을 실망시키고 개탄해 마지않게 한다.

丹齋 申采浩 선생도 당시의 사회풍조가 금전주의로 흐르고 있는 것을 개탄하면서 다음과 같이 말했다. "보라. 남녀 학생의 결혼에 금전이 第一章 第一條가 아니냐."

사치의 풍조가 흘러내리는 고장에서는 근검이 뿌리내릴 수가 없다. 과도한 사치는 질서가 잘 잡혀 있는 나라까지도 파멸시키는 것이라고 말한 사람도 있다. 근검이 뿌리를 내릴 수 있는 올바른 경제윤리가 정립되어 우리들 사이에 마치 독일 사람들과도 같이 근검이 하루빨리 生活化되었으면 좋겠다.

〈「朝鮮日報」, 1981. 3. 18〉

따오기의 行方은

우리나라의 休戰線 부근에 단 한 마리의 따오기가 해마다 날아와 겨울을 지내고 봄이 오면 시베리아로 돌아가곤 했는데 지난 몇해 동안 자취를 감추어 그 행방을 모른다. 지구상에 10 마리밖에 없던 것이 지금은 5 마리로 줄었으며, 그것은 그들의 서식처가 개간되거나 사람들의 남획 때문이라고 했다.

천연기념물 1 백95 호인 서귀포의 貝類化石도 갈수록 훼손되어 가고 있다는 이야기다. 우리나라에는 이곳밖에 없는 太古 때 生態系의 '신비의 遺體'인데, 인근에는 공장이 서고, 곡괭이나 손으로 긁어내는 채취꾼들에 의해 마구 파헤쳐져서, 관리상으로도 푸대접을 받고 있다는 것이다.

주말의 하루를 자연과 靜寂을 그리며 沼湖로 찾아나가는 낚시인구가 무려 1 백만 명도 훨씬 넘는다고 한다. 수질오염으로 기형어가 나온 지는 이미 오래다. 여기서는 또 飮酒放聲에 라디오까지 등장하고 릴, 투망질, 그리고 폐물·오물로 어지럽혀진다. 그래서 뜻있는 조사는 무슨 규제조치라도 있어야 하겠다는 것이다.

미국의 원폭시험장으로 이용되었던 미국의 신탁통치령인 비키니섬 사람들(35 년 전에 그 섬에서 강제퇴거된 前住民과 그 후손들 약 1천명)에 의해서는 그들의 고향인 비키니섬이 방사능에 오염되어 사실상 소멸되었다 하여, 고향을 파괴한 데 대한 보상금을 요구하는 訟事가 최근에 벌어졌다는 이야기.

최근 미국의 환경문제 자문위원회는 극심한 환경오염이 급속히 생물들을 멸종시키고 있다는 보고를 했다고 한다. 지구상의 생물이 매일 2~3 종씩 사라지고 있는 셈이어서, 이런 추세로 나간다면 앞으로 10 년 후에는 1 시간마다 1 종씩 사라지게 되고, 10 년 안에 전체 생물체의 15~20% 가량이 종자까지 사멸되리라는 계산이 된다는 것이다. 각종의 공해가 그

主犯인 셈이고, 또 지구상의 생물의 **寶庫**인 열대지방의 산림이 사람의 손
에 의해 벌채되기 때문이라고도 했다.

자연환경에 대한 공해, 그리고 인간공해는 심각하다. 환경오염행위는 바
로 인간관계에 있어서의 무질서와 직결된다. 생활환경에 대한 몰지각은
역사와 생물과 인간존재에 대한 몰지각을 의미한다. 그래서 저 천인공로
할 어린이 유괴와 그 몰지각한 ‘電話장난’들. 무슨 지혜로운 방도가 없는
것일까. 그래서 우리 어린이들이 ‘친절한 낯선 사람’을 ‘조심’하지 않아
도 좋은 사회가 되었으면 좋겠다.

〈「朝鮮日報」, 1981. 3. 25〉

節儉의 倫理

사람이 物質的인 면에서나 精神的인 면에서나 보다 더 나은 생활을 하기 위해서 어떠한 욕망을 갖는다는 것은 당연하다. 그것은 人類가 文化를 이룩하여 온 인간 活力의 원천이기 때문이기도 하다. 그리고 그러한 사람의 욕망에는 어쩌면 한이 없는 것인지도 모른다. 그리하여 오늘날에 이르러서는 사람들이 우주여행을 할 수 있으리라는 생각까지 하게 된 셈이다.

그러나 인간이 제아무리 自然을 征服해 낸다고 하더라도, 저들의 능력에는 역시 어떠한 한계가 있다는 것을 생각하지 않을 수가 없다. 사람이 끝없이 오래 살고 싶은 욕망이 있다 하더라도 그 壽命에는 한계가 있다는 사실이 그것을 단적으로 말하여 준다. 또 인간이 자연을 무턱대고 정복한다고만 해서 그것이 바로 인류의 행복을 증진시키는 것이라고 할 수는 없다.

그러므로 사람이 물질적이고 세속적인 영화를 제아무리 누린다고 해도, 그것이 끝내 자신의 것일 수는 없는 것이며, 또 극도의 機械文明・産業의 발달이 사람을 疏外와 公害 속으로 몰아넣고 있는 것도 사실이다. 그래서 사람들은 보다 더 가치 있는 삶이 무엇인가를 더욱 심각하게 생각하게도 되었다. 저들은 역시 물질적인 것보다는 정신적인 것에서, 외면적인 것보다는 내면적인 것에서 삶의 참다운 의의를 찾으려고들 한다.

사람은 누구나 부모님과 형제・자매 그리고 스승과 선후배, 그 밖에도 많은 분들의 사랑과 은총 속에서 자라나고 성장하게 마련이다. 과거의 유교에서는 그러므로 부모에 효도하는 것과 형님을 공경하는 '孝悌'의 마음가짐을 사회윤리의 기본으로 삼아야 한다는 것을 강조했고, 그 위에 '師父一體'라 하여 스승을 어버이와 같이 섬기고, '朋友有信'이라 하여, 같은 스승을 모시는 동료들 사이에는 믿음(信)이 尊崇되어야 한다는 것이 강조되기도 하여, 믿음 즉 인간의 상호신뢰야말로 인간관계에 있어서의 모든 행위의 기본강령으로 여겨오기도 하였다.

물론 오늘날과 같이 극도로 복잡해진 이른바 産業社會에 있어서 과거의 儒敎倫理가 그대로 재현될 수 있으리라고는 누구나 생각하지 않을 것이다. 그러나 오늘날 '機械文明의 극도의 발달에서부터 核家族의 출현'에 이르기까지의 급변된 사회환경이 '인간으로부터 인간의 소외' 현상을 극도로 나타내고 있다는 사실도 누구나 부인하지 못하게 되었다.

그리하여 나도 살아야 하겠다는 강박관념이 나만 살면 된다는 利己的인 욕구로 변질되고, 남의 회생을 돌보지 않는 탐욕으로 변해서, 그러한 욕구충족의 결정적인 수단이 되는 돈(金錢)에 대한 욕구만이 증대되게 된 셈이다. 그리하여 돈만 있으면 무엇이든 자기의 욕망을 채울 수 있다는 그릇된 생각이 이 사회에 팽배하게 된 셈이다. 여기서는 금전숭배의 풍조와 더불어 인간불신의 풍조가 미만해지게 마련이다.

인간은 사회에서 동떨어져서 자기 혼자만이 살 수 없는 존재라는 것이 그 본질이다. 나만 잘 살면 된다는 생각은 그러므로 본질적으로 그릇된 생각이다. '자유'라는 의상을 입은 사치라는 이름의 행태는 그러한 그릇된 생각에 그 뿌리가 있다고 할 수 있다. 그리고 사치의 風潮는 위에서부터 일어나서 밑으로 흘러 내려가게 마련이다. 그것이 하나의 풍조가 되어서는 사람들은 자기 자신의 분수와 한계를 생각지 않고 필요 이상의 過濫한 겉치장을 하려고 든다. 그러한 과람한 욕심을 탐욕이라고 한다면, 投機와 僥倖을 바라는 불건전한 풍토야말로 빈부를 가리지 않는 탐욕에서 빚어지는 것이 아닐 수 없다. 그리하여 사람들은 청빈하게 사는 것을 부끄럽게 생각하게까지 되었는지도 모른다.

옛날의 이른바 실학자의 한 사람도 그러한 점을 다음과 같이 지적하고 있다.

"사람들은 衣食住의 생활에서 다른 사람에게 미치지 못하는 것을 수치스럽게 여겨서 부질없이 겉치장에 힘쓰기에 급급해져서, 빈한한 사람도 남에게는 盛饌을 베풀고 부녀자는 손님에 대해서만은 분수에 넘치게 밝게 단장하는 겉치레의 습속을 지니게 되었다."

　사치의 풍조가 문제되는 것은 그것이 단순히 한 사람의 욕심이나 기호에 관한 문제가 아니라, 일종의 습속으로 일반에게 번져간다는 데에 있는 것이다. 그러한 과람한 습속은 오늘날에 있어서도 이른바 冠婚喪祭에서 너무나 잘 나타나고 있다.

　사치의 풍조를 없이하기 위해서는 勤儉을 숭상하는 일밖에 없다. 節儉이 지나치면 인색해지기 쉽고 생활이 세련되지 못하기도 쉽지만, 그러나 그릇된 사치의 풍조는 질서가 잘 잡힌 사회나 국가까지도 혼란되게 하는 범죄가 될 수도 있는 것이다. 그것은 投機心의 팽배가 한 나라의 경제 질서를 어지럽히는 데서 여실히 드러나는 일과도 같다.

　이제 우리에게는 어떻게 하면 우리도 잘 살 수 있을까 하는 것이 문제이다. 여기에는 두말할 필요도 없이 우리가 같이 잘살게 되어야만 나도 잘살 수 있다는 평범한 진리와, 물질적이고 겉치장만으로는 인간은 끝내 행복할 수 없다는 일상적인 敎訓이 우리에게 충분한 해답을 주는 것이겠다. 그러므로 우리가 지녀야 할 긴요한 일은 건전한 국민적인 경제윤리가 하루빨리 정립되어 그것이 일상생활에 있어서 실천되어 가도록 하는 일이겠다.

〈『열매』, 1981. 6〉

實學에서 天主敎로

朱子學은 그 새로운 정치철학과 修己治人의 논리로 조선왕조의 유교적인 중앙집권체제 확립에 기여했다. 양반지배층은 주자학적 체계로 우주와 人性, 모든 실천윤리를 해석하여 불교적인 논리로부터 名分주의, 덕치, 왕도정치의 논리로 전환시켜 가는 한편, 가부장적이고 고정적인 신분사회를 구축하여 갔다.

그러나 이 같은 양반관료에 의한 지배가 2, 3백년 계속되는 동안 사회는 점차 변화되고 고정되었던 사회질서가 서서히 분해되어 갔다. 그리하여 양반세력층의 세력균형은 깨어지고 그들간의 대립과 분열이 격화된 끝에 일부 양반세력의 정권독점 현상과 여타 양반은 정권에서 이탈, 소외되는 현상을 초래하게 되었다.

정권에서 이탈, 소외된 양반들은 조만간 토족에서 鄕班으로 전락하거나 몇 세대를 거치는 동안 양반의 체모조차 부지할 수 없는 이른바 殘班, 窮班으로 영락하게 마련이었다. 양반이라는 말은 서울의 市廛商人들이 "이 양반", "저 양반" 하고 서로 호칭하는 통용어가 되기도 했다. 그것은 양반의 사회적 권위의 실추를 의미하는 것이었다.

그럼에도 불구하고 지배양반층은 고정된 사회질서를 고집했고, 정권유지에만 급급하여 윤리의 퇴폐와 민생의 파탄을 도외시하였다. 그리하여 입신출세의 방편인 科擧를 위한 詞章, 문예만이 존중되고 경전해석에 있어서는 일언반구의 異說도 허용되지 않는 朱子墨守의 태도가 존숭되어, 그러한 풍조가 학문, 사상의 主潮가 되었다. 언제까지나 한 가지 문화, 한 가지 사상에만 집착하여서는 사회변천에 따른 새로운 사태에 적응, 대처할 수 없게 될 뿐 아니라 그 문화, 사상 자체까지도 빛을 잃어버리게 마련이라는 사실에 그들은 둔감했던 것이다.

　그러나 정권에서 소외된 양반층에서는 이와 같은 학문풍조에 대한 반성과 비판의 기운이 일어났다. 그 하나는 朱子墨守的인 학문태도에 대한 반성과 비판이며, 다른 하나는 사회현실과 世務實用의 學에 대한 관심의 증대와 그에 따른 사회개편의 주장이었다. 그리하여 洙泗學的인 修己治人의 학으로의 복귀와 세무실용, 經世致用의 학의 존중이라는 두 가지 성격이 18세기의 이른바 實學이라는 학문사조의 본질을 이루었다. 그리고 그러한 思潮의 원류는 栗谷, 磻溪와 眉叟, 白湖에까지 거슬러 올라갈 수 있으며, 18세기에 있어서는 주로 정권에서 소외된 남인계열의 학자들이 그 주축이 되어 있었다. 星湖 李瀷은 그 大宗이었고 그것은 茶山 丁若鏞으로 이어졌다.

　在野 학자로서 일생을 마친 성호는 당대의 사회현실을 직시하고 그릇된 학문사조에 대하여 신랄한 비판을 가했다. 관료의 부패, 재정과 민생의 파탄, 고정된 신분(노비)제 등에 대한 예리한 관찰과 비판을 통하여 그 전면적인 개편을 주장하였다. 그는 유교정치의 이념과 현실과의 괴리를 절감하고, 그것은 당대 지배층의 그릇된 학문사조와 이에 추종하는 腐儒, 俗儒들의 풍조에 기인하는 것이라고 생각했다.

　그는 洙泗의 遺風, 유교 원래의 禮樂은 중국에서 이미 사라진 지 오래고 오히려 조선에서만 保守되어 오며, 그 중에서도 嶺南이야말로 조선의 ‘鄒魯之鄕’이라고 여겼었다.

　그는 그 위에 漢譯西學書, 새로운 세계지도, 그 밖의 서양문물에도 접할 수 있어서, 이를 통하여 그의 세계관이 확대되고 역사의식이 심화되었다. 뿐만 아니라, 서양의 과학지식을 섭취하여 종래의 중국 중심의 문화의식——華夷觀, 聖人觀——에서도 벗어날 수 있었다. 그리하여 세무실용의 학과 수사학으로의 복귀를 주장하던 그는 서양의 과학, 기술은 유교윤리를 ‘本體’로 삼고 ‘用’으로서 받아들일 만한 것이라고도 생각하였다. 그 위에 그는 『天主實義』, 『七克』 등 천주교 서적도 탐독하여 천주교에 대해서도 이해하고 있었다.

　성호가 識務의 제1인자로 여겼던 율곡, 반계가 그들의 경륜이 조금도 받아들여지지 않음을 한스럽게 여겼던 것과 마찬가지로 성호 자신의 포부도 지배층은 전혀 들어주지 않았다. 그러기에 일찍부터 채념 속에서 학문에만 전념하여 실학을 주장해 마지않았던 성호 만년의 심경은 훨씬 더 실의에 잠겨 있었는지도 모른다.

그는 스스로 자기 자신에 대해서 "입으로는 헛되이 담론하는 일이 있으나 窮行한다는 점에서는 한걸음도 나아가가 어려워 거의 駁雜한 속에도 轉身하여 마침내 어떠한 規度로써 저울질할 수가 없다"고 토로했는가 하면, "나는 평생 동안 다만 말로만 글을 옮기고 궁행의 實이 없어서 비록 고치려고 하여도 어찌할 수가 없다"고도 하였다.

여러 해 동안 季父 성호 선생에게 가르침을 받은 李秉休는 성호의 심경을 회고하면서 다음과 같이 서술하였다. "선생도 역시 厭世하여 귀의할 바가 없어 두문불출, 斯文이 혹시라도 타락할까 보아 크게 두려워하셨다."

그는 '조선의 추로지향'이라 생각했던 영남의 人風마저 수십 년 이래로 점점 頹下하여 간다는 소문을 듣고는 더욱 실의에 빠졌던 것 같다. 만년에 그의 高弟 權哲身에게 보낸 편지에서 "오늘날의 세습을 보건대 마치 물이 아래로 흐르듯 퇴하하여 수십 년 전에 비하면 판별나게 다르다. 나는 사람들에게 儒術에 대하여 말한 일이 없었음은 그것이 무익하기 때문이었다"라고 하여 유교에 대한 자신의 체념과 실의를 토로하고 있다. 그것은 유교가 사람들의 정신적 지주의 구실을 하지 못하게 된 상황을 말해 주는 것이다.

한편 성호의 異端에 대한 태도는 관용적이었다. 전통적으로 이단시되어 온 老·佛사상에 대해서도 포용적이었다. 그는 민생이 도탄에 빠져 있는 현실은 유교정치의 타락에 말미암은 것이며 노·불과는 아무런 관계가 없다고 생각했다. 淸淨을 귀히 여기고 수도에 전념하는 老·佛之學이 일반 민서에 큰 폐해를 미치는 것이 아니라고 했다. 청정, 無慾, 虛靜, 無爲를 要訣로 삼는 仙道도 그 도는 儒道와 다르지만 '治心'하는 데에는 유익함이 없지 않다고 생각하였다. 이단을 극단적으로 배척하는 것은 俗儒들이 하는 짓이요, 치심의 면에서는 저들 속유들이 오히려 佛僧만도 못한 점이 있다고 여겼다.

그의 이단에 대한 이 같은 태도는 천주교(서학)에 대해서도 다름이 없었

다. 그는 천주교 서적인『천주실의』,『칠극』등을 자세히 읽고 그 내용을
이해하고 있었다. 천주교의 經書는 중국의『書經』,『詩經』과도 같은 것이
며, 저들이 尊信하는 '천주'라는 것은 儒家의 '上帝'와도 같은 것이라고
생각했다. 그리하여 저들의 천주존신과 성서의 가르침은 유교에 있어서의
상제존숭과 시경, 서경의 가르침과 크게 다름이 없는 것으로 여겼다. 그
는 더구나『칠극』에 대해서는 그 '消惡積德'의 취지는 유가의 극기의 說
과 같은 것이라 하고, 그 설에는 간혹 유교에서 밝히지 못한 것도 들어
있다 하여 그것이 '克己復禮'의 노력에 크게 도움이 된다고 했다. 丁茶山
도『大學』을 다름아닌 '극기복례의 도'라고 하였다.

　당대에 있어서 서학이라고 하면 서양의 과학적 지식과 천주교를 포괄해
서 인식된 용어이기도 해서, 그 둘이 따로 구별되어 쓰여진 것이 아니었
다. 성호는 서학은 불교도들이 혹세무민하는 것과는 다르며, 서학을 전적
으로 배격하는 것은 서학에 대한 이해가 불충분하기 때문이라고 했다. 그
가 천주교의 '童女' 잉태설, '耶蘇'(예수) 부활설', '천당지옥설' 등만은
믿을 수 없는 것이라 한 점은 그가 환웅, 환인에 관한 전설이나 檀出卵生
의 전설 등을 荒誕可棄할 것으로 여겼던 것과 그 規를 같이하는 것이었다.

　유교정치의 타락, 유교윤리의 퇴폐 속에서 귀의할 곳 없이 염세적인 체
념과 실의에 빠진 성호는, 이제 聖人이 새로 나타났다고까지 경탄한 그 서
양과학의 지식과 또한 '극기복례'의 도를 아울러 지닌 '서학'에 대해서 그
나름의 깊은 관심과 이해를 가졌던 것으로 보인다.

　儒術에 대한 체념과 실의는 전통적인 도학자인 그로 하여금 천주교 신
앙의 한걸음 앞에 머물러 서게 하였는지도 모른다. 그리하여 그의 子姪,
從孫 중에는 예학, 성리학 등 전통적인 家學을 계승한 자도 많으나, 종손
李家煥은 성호를 스승으로 추앙하던 다산 丁若鏞과 그의 두 형(若銓, 若鍾)
그리고 성호의 고제 權哲身 등과 더불어 천주교에 귀의했으며, 정약전의
처남인 이벽, 女婿인 황사영, 이가환의 妻姪인 이승훈, 정약종의 외종형
제인 윤지충 등 남인계열의 청년재사들이 천주교 신앙운동에 선구적이고
지도적인 역할을 하게 되었던 것이다.

　실로 성호의 이단에 대한 관용적 태도와 유교에 대한 실의 그리고 새로

운 극기복례, 세무실용의 길일 수 있다는 그의 서학관이 이제 귀의할 곳을 잃은 그의 질손, 문인, 후학들인 남인계열의 재사들을 천주교로 인도해 준 것이나 다름이 없지 않을까 필자는 생각해 보기도 한다. 그것은 일종의 윤리적인 항변일 수도 있었기에.

〈「京鄕」, 1981. 8〉

誠實한 삶

우리 民族은 과거 수백년 동안 韓半島 안에서만 쭈그리고 앉아서 살아 왔다. 우리나라의 삼면을 에워싸고 있는 바다를 외적을 막아주는 울타리 로만 여기고 살아왔다.

앞선 다른 나라 사람들이 帆船이나 汽船을 타고 5 대양을 휘젓고 다니 게 되었을 때도, 우리에게는 오직 초라한 板船밖에 없었다. 폭풍우에 휩 쓸려 조난을 당해서 표류하여 일본이나 유구섬으로 떠내려가는 경우가 아 니고서는, 遠洋으로 航海한다는 일은 염두에도 두지를 못하고 살아왔다. 실제로 나라의 法으로도 바닷길 멀리 나가는 것은 금지되었던 것이다. 일 본의 한국강점 30 여 년 동안 우리 민족은 기를 펴고 살 수가 없었다. 해 방 후의 6·25는 우리 강토를 廢墟로 파헤쳐 놓고 말았다.

우리 민족의 역사적 체험을 조금이라도 공감할 수 있는 사람, 그리고 철이 들어서 일제의 그 곤욕을 겪어 본 사람, 6·25의 慘景을 눈 뜨고 목 격했던 한국 사람이라면, 오늘날의 한국의 모습은 가위 기적적이라고 할 만도 하다.

어느 누가 우리 민족이 5 대양으로 휘젓고 나가서 고기잡이를 할 수 있 으리라고, 몇 만톤의 선박을 만들어 외국으로 팔아낼 수 있으리라고, 그 리고 또 한국상품을 세계 어느 나라에서도 찾아볼 수 있으리라고 생각이 나 해 볼 수 있었던 것일까.

어느 누가 우리나라 건설취업자들의 '해머'소리가 몇 만리 떨어진 이역 에서 울려 퍼지리라고 생각이나 했던 것일까. 한 민족이나 국가가 발전의 기틀을 다져서 번영의 발판을 구축할 수 있는 역사적인 기회란 빈번히 얻 어지는 것이 아니리라. 그러한 기회란 또 땀 흘리는 근로자의 노력으로 뒷받침되어야만 얻어질 수가 있을 것이다. 땀의 대가는 각기 가정의 행복으로 연결지어져야 하며, 동시에 나라의 번영과도 연결지어져야 한다. 그리고 그러한 근거는 사리사욕에서가 아니라, 보편적인 價値와 平等이라는 것을 전제로 한, 보다 더 새로운 社會的 秩序를 創造할 수 있다는 우리의 욕망에 두어져야 한다. 그리고 우리는 극단적으로 발달된 기계문명의 굴레에서 벗어나 인간성의 회복에 다같이 노력해야 할 것이다. 모든 잘못을 '급변하는 산업사회'라는 괴물에게만 미루어 치우지 말고, 우리는 어떠한 어려움이라도 造化와 共感帶를 찾아서 극복해내는 지혜와 슬기로움을 지녀야 할 것이다. 우리 민족의 앞날은 우리가 살아온 지난날의 역사보다도 훨씬 더 유구해야 할 것이기에, 우리의 기상은 보다 더 넓고 커야 하겠다.

이제 필자는 현지에 나가 보지 못한 채, 중동지역이나 동남아지역의 그 폭염과 열사 속에서 '建設'을 위하여 땀 흘리는 우리나라 취업자들의 고귀한 노고를 생각해 본다. 그 건설은 정녕 각기 가정의 행복을 위해서, 우리나라의 繁榮을 위해서, 그리고 그 나라 사람들을 위해서도 참다운 건설이 되기를 기원한다.

우리들 누구나가 성실한 일꾼이 되자는 격려를 서로 주고 받으면서 살 수 있다면, 그 자체만으로도 어찌 행복한 삶이 아니랴.

〈『밀물』, 1981. 10〉

開化期에 꽃피운 '培材健兒'

　오랜만에 모교를 방문한 동문 선배님들은 아득한 지난날의 추억에 어린 담소로 꽃을 피웠다. '배재학당' 하면 두말할 것도 없이 우리나라 '신교육의 발상지'가 된다. '開化'라는 회오리바람 속에 신교육기관으로는 처음으로 서울에 세워진 학당이 다름아닌 '培材'다. 甲申政變이 일어난 바로 다음해인 1885(乙酉)년이 그 창립의 해다. 배재의 한갑의 해가 바로 민족해방의 해였고 앞으로 2년이 지나면 개교 1백주년이 된다. 그러니까 배재는 이를테면 韓末의 風雲을 겪어내고 日帝의 桎梏을 헤쳐나온 셈이어서 그 증인이기도 하다.

　培材人의 기상은 애초부터 '팔팔하고 생기가 있어' 보였다. 그러기에 「독립신문」도 그러한 기상의 배재학당을 위해서 '千歲를 부르노라' 했다.

　일찍이 배재를 떠난 선배님 중에는 우리가 잊을 수 없는 우남 이승만, 금하 신흥우, 한힌샘 주시경, 소월 김정식……한없는 인사들을 손꼽을 수 있다. 이들이 닦아놓은 배재의 전통이 오늘날에까지 면면히 흐르고 있다. 어찌 千歲에만 그치랴.

　오랜만에 교정을 거니는 동문 선배님들에게는 그들이 그 옛날에 애창했던 培材學堂의 노래가 귀에도 쟁쟁한 것만 같았다.

　　우리 배재학당 배재학당 노래합시다/노래하고 노래하고 다시 합시다/우리 배재학당 배재학당 노래합시다/영원무궁하도록/라 라 라 라 써쓰뿜마/배재학당 써쓰뿜마.

　培材人들은 이 교가를 통해서 배재의 전통을 이어왔다. '크고자 하거든 남을 섬기라.' 그 剛健하고도 의연한 자세. 사랑과 봉사의 정신. 그 속에는 自主獨立의 정신, 합리적이고 민주적인 교육정신, 스파르타적인 스포

츠정신과 민족정신, 이런 것들이 以心傳心으로 이어져오고 있다. 그리하여 오늘 여기 한자리에 모이신 선배님들만도 鄭泰熙 선배님(84세, 1918 졸업, 北阿峴교회 목사), 필자의 恩師님이시기도 한 辛鳳祚 선배님(84세, 1919 졸업, 이화학원 이사장)을 비롯하여 朴容珍 선배(76세, 1922 졸업, 목사), 趙鏞九 선배(73세, 1927 졸업, 배명학교 설립자), 李鍾林 선배(71세, 1930 졸업, 전 교통부 장관), 金用雨 선배(68세, 1930 졸업, 전국방부 장관), 宋壽千 선배(72세, 1932 졸업, 전母校 교장), 裵庚烈 선배(71세, 1933 졸업, 유도계 원로), 徐容吉 동문(69세, 1936 졸업, 제헌국회의원) 등 모두가 老益壯이다. 배재도 노익장, 아니 영원히 청년이다. '크고자 하거든 남을 섬기라.'

〈「東亞日報」, 1982. 2. 18〉

醫國의 藥石
―― 그릇된 通念에서의 탈피를 ――

사람들은 혼히 '通念'이라는 굴레를 쓰고 살아간다. 그 중에는 그릇된 통념까지도 인습적으로 믿어서 어떤 信念같이도 되기 쉽다. 그래서 그것은 하나의 '先入觀'의 작용을 하게도 된다. 한 개인에 있어서뿐만 아니라 크고 작은 人間集團에 있어서도 다름이 없겠다.

學問이라는 것도 이를테면 이 같은 통념에 대한 의문에서 발단된다고 할 수 있다. 그 성과는 우리에게 코페르니쿠스的 轉回를 가져다 줄 수도 있다. 그래서 '創造'的 활동이 요구되고 그러기 위해서 자유가 필요하다. 자유는 개인의 權益을 향유하는 데만 그치지 않고 價値創造에도 요구된다. 당장에 무슨 거창한 것이 아니더라도 좋다. 작은 성과의 축적이 있는 곳에 큰 성과도 기대될 수 있다. '한국인이 노벨賞을 받으려면 어떻게 해야 하겠습니까?'라는 따위의 어리석은 질문을 在外著名科學者에게 되풀이하지 않았으면 좋겠다.

17·18세기에 오랫동안 경화되어 온 '朱子一邊倒的'인 '洞穴'에서 뛰어 나온 일련의 학자들을 우리는 혼히 後期實學者라고 부른다. 그들은 당시에 통념화된 朱子一邊倒的인 思惟方式에서 벗어나 朱子說에 대한 異說을 내세웠을 뿐만 아니라 이른바 '異端'에 대해서까지 너그러울 수 있었고, 급기야 그들 중에는 천주교신앙으로까지 回轉하기도 하였다. 迫害와 殉敎의 역사를 남긴 그들의 사상이 바로 근대사상이라고는 할 수 없으나 그때까지의 통념을 과감히 벗어난 것이었다. 實學派의 주류라고 할 수 있는 磻溪·星湖·茶山의 각기 다른 田制改革論의 근간에는 이를테면 土地公槪念이 깔려 있었다. 星湖는 連坐法(緣坐法)의 폐지를 주장하면서 "父子, 兄弟라고 하더라도 반드시 같지 않은데 진실로 자신의 罪가 아니라면 얼마나 원통하겠는가. 賞은 같은 형제에게도 미치지 않으면서 罰은 반드시 따

로 사는 먼 친척에까지 알리게 되는 것이 어찌 옳은 일이겠는가”라고 하였다. 그는 ‘治盜’가 재대로 안되는 당시의 상황에 대해서도 “지금 사람들은 매양 安保에다 핑계하여 폭력을 금하는 것을 게을리하니 이른바 은혜로우면서도 정치할 줄을 모른다는 것과 같다. 빈민이 의식을 빼앗기는 것은 나라가 都城을 亡失하는 것과 무엇이 다르겠는가”라고 토로하기도 하였다.

조선왕조 초기에 婦女患者가 醫員(漢醫) 앞에서 옷을 벗을 수가 없다 하여 ‘醫女’를 양성하게 되었다. 당시에는 의녀 되겠다고 나설 사람도 없어서 13세 전후의 婢子를 뽑아 脈經·針灸法 등을 가르쳐 宮中과 兩班家의 여자 환자를 救治하게 하였다. 이들 의녀는 같은 婢 身分인 娼妓와 같은 처우를 받아야 했다. 1885년에 國立病院을 세우고 미국인 의사 Allen을 고용하여 서양의술을 처음 수용했을 때에도 간호원으로는 妓生을 고용할 수밖에 없었다.

종래 여러가지 技術學을 雜學이라 하여 이에 종사하는 사람들은 양반 축에 끼워주지를 않았다. 그런 중에도 유독 의술만은 人間의 生命을 다루었기에 ‘仁術’이라고 일컬어 왔다. 그러기에 ‘의녀’에게까지도 孝經·四書를 먼저 가르칠 생각도 하였었다. 이제 산업공해가 온 인류의 生存을 위협하고 있는 이때는 비단 의술만이 아니라 모든 기술이 인술이어야 할 단계에 이른 것이 아닐까.

종래의 ‘간호’원이라는 하나의 종속적인 존재가 看護學이라는 어엿한 독립된 하나의 학문 분야를 이루게 되었을 때, 나는 그 옛날의 ‘醫女’를 생각하며 혼자서 경하하여 마지않았다. 그것은 더 비약해서 생각한다면 사람을 간호한다는 정신이야말로 널리 인간애에 바탕을 둔 것이며, 교통사고를 막는 데서부터 民主社會를 이룩할 수 있는 기본요건이기도 하다. 나라는 국민을 간호해야 한다. 몇 백년 전의 우리나라의 한 임금님은 儒者들이 時弊匡救策을 상소한 글을 읽고 ‘이것이야말로 醫國의 藥石이다’라고 하였다. 이제 일일이 枚擧할 수 없을 정도로 병들어 가고 있는 이 나라 사람들을 구해낼 ‘醫國의 藥石’은 진정 없는 것일까.

〈「서울대학교병원 병원보」, 1989. 10. 15〉

Ⅶ　序・追慕文

賀　序

　내가 畏友 許善道 형과 가까이에서 상종하게 된 것은 그가 일찍이 서울 大學校 史學科硏究室 助敎로 근무할 때부터이니, 그동안 40년에 이르는 세월을 같은 학문분야의 종사자로서 늘상 公私間에 허물 없이 접촉하여 온 셈이다. 나는 지난날 還甲·停年을 거쳐 오면서 學問의 길은 멀고도 아득한데 人生의 길은 실로 덧없는 것만 같이 느껴왔다. 언제나 젊은이처럼 年富力强하던 許敎授가 華甲을 맞이했던 때가 바로 엊그제 같은데, 이제 다시 停年을 맞이하게 되었다니 감개무량한 느낌이 앞선다. 이번에 평소 가까이에서 許교수의 學德과 行誼를 欽仰하던 동학 후배들이 훌륭한 논문들을 모아 紀念論叢을 간행케 되어 나에게 賀序를 부탁하여 오니, 그간의 두터운 정의를 생각하여 辭讓하지 못하고 몇 마디 蕪辭를 엮어 보기로 하였다.

　擇窩 許善道 교수는 慶南 陜川 출신으로 서울대학교 豫科를 거쳐서 同大學 史學科에 진학하여 斗溪 李丙燾 선생과 東濱 金庠基 선생 밑에서 修學하였다. 6·25전란을 겪으면서 2년 가까이 軍에 복무하고, 同대학 졸업 후 남다른 뜻을 가지고 嶺右의 大儒 重齋 金榥 선생 門下에서 師事함으로써 經史를 아우르고 新舊의 학문을 겸비할 수가 있었다.

　뒤이어 許교수는 3년간 동 대학 國史硏究室 조교로 피임되어 학문연찬에 정진하였다. 나아가 陸軍士官學校와 인연을 맺어 1973년에 퇴임하기까지 거의 20년 가까이 교수로서 봉직하였다. 같은 해 國民大學 國史學科의 창설과 동시에 동 대학 교수로 부임한 이래 오늘날에 이르기까지 온갖 정성을 기울여 國史學의 有數한 학과로 성장시키었으며, 국위의 薦勸에 못이겨 동 대학의 문과대학장·학생처장·박물관장 등 주요보직을 두루 맡아 연구는 물론 학생지도와 학교발전에도 크게 기여하였다.

許교수는 그의 타고난 性品과 儒家的인 庭訓에 힘입어 예리한 통찰력과 確乎한 主見을 지녀 매양 事勢의 본질과 대책을 판단·수립하는 데 빈틈이 없었으며, 그렇듯 일단 옳다고 판단하고 작정한 일에 대해서는 左顧右眄하는 일이 없이 끝내 성취해 내는 추진력을 지니기도 하였다. 이는 또한 "善한 것을 택하여 이를 고집하라(擇善而固執之)"는 重齋 선생의 가르침을 실천하고자 한 許교수의 생활신조의 발로라고도 할 수 있으니, 그렇듯 고집스러우면서도 무엇이나 偏惡하지 않는 醇儒의 미덕과 남다른 인화력을 갖춘 소치라고 하겠다.

許교수는 학문연구에 있어서 어디까지나 眞摯하고 實證的·科學的인 연구태도를 견지하고, 흔히 學界一隅에서 推測과 料量으로 억단하고 조급한 체계화를 위하여 牽强附會하는 폐단이 있음을 지적하여 왔다. 그리하여 우리 민족이 거듭 극복해야 했던 歷代의 전란에 대해서 戰略·戰術面에서 실증적·과학적으로 규명·파악되지 못하고 있음을 아쉬워했다. 또한 許교수의 연구는 時流에 따르기보다는 이때까지 방치되어 온 분야를 개척하는 데 깊은 관심을 보였다. 그가 남달리 朝鮮朝 火器의 傳來·發達과 軍制의 究明에 치력하고 壬辰倭亂과 그 극복에 대한 새로운 인식을 촉구하여 이 방면에 많은 업적을 남긴 것도 그의 체험과 경력 그리고 확호한 역사인식태도에서 우러나온 당연한 결실이라고 생각된다. 그는 그러면서도 개인적 공적을 드러내기보다는 시종 협동적인 연구성과를 거두는데 힘써서 그의 主著인 『韓國火器發達史』 외에 『韓國의 軍制史』, 『電氣通信事業史』 등 많은 共著를 내고 重齋先生文集의 편찬을 주관하였다. 그가 필생의 사업으로 自期해 온 朝鮮儒學史의 저술도 조속히 성취되기를 기대하고 있다. 許교수는 또한 文化財委員會의 위원과 民族文化推進會의 기획위원, 國史編纂委員會의 위원 등으로 활동하면서 민족문화의 暢達에도 성의를 다하여 왔다.

끝으로 職制上의 停年은 있어도 學問의 길에는 停年이 없다고 한다. 許교수의 앞으로의 健勝을 빌어 마지않으면서, 여러분의 정성어린 이 紀念論叢이 널리 학계에 공헌하는 바가 되기를 바란다.

〈『許善道敎授 停年紀念論叢』, 1992.9〉

賀　序

감격의 8·15 해방을 맞이하여 京城大學이 개설되고, 그것이 다시 서울 大學校로 개편되는 과정에서 그 史學科에는 제 나라 역사탐구에 남달리 뜻을 품었던 젊은이들이 많이 모여들게 되었다. 李基白 兄도 大學中退와 徵兵 등의 겹친 시련을 넘어딛고, 거의 비슷한 처지의 나와 마찬가지로 거기에 편입하게 되었으니, 그것이 우리가 처음으로 만나는 계기가 되었다. 그리하여 恩師이신 李丙燾·孫晉泰 선생 밑에서 1년여의 修學을 마친 끝에, 우리는 서울대학교 사학과의 첫 졸업생으로 대학생활을 마칠 수 있었다. 그 이후 오늘날에 이르기까지 우리가 同學·同期同窓으로 한눈 팔지 않고 韓國史硏究의 외길만을 걸어오는 동안 어언간 40여 년이 지나가서 이제 李基白 교수도 古稀를 맞게 되었다. 이에 李교수의 同學 후배들이 韓國史硏究論考들을 모아 『古稀紀念論叢』을 編刊·贈呈하려고 하여 나에게 賀序를 부탁해 오니, 李교수의 학문적 기여와 수십 년 동안의 交誼를 생각하여 固辭하지 못하고 여기 몇 마디 蕪辭를 엮어보기로 하였다.

李교수는 平北 定州 태생으로 南岡 李昇薰 선생이 從高祖父이시고, 先考丈께서도 기독교신앙운동과 농촌교육에 헌신하신 위에 國學에도 깊은 관심을 쏟으신 분이었다. 定州의 五山學校를 졸업한 李교수가 일찍이 한국사연구의 길을 택하고, 季氏인 李基文 교수가 國語學硏究의 길을 택하여 함께 國學硏究에 평생 헌신하게 된 것도 그러한 배경과 맥락에서 이해됨 직하다.

李基白 교수는 梨花女大를 거쳐 西江大에서 정성을 바쳐 봉직하였고, 현재는 翰林大 교수로 재직중이다. 李교수는 여러가지 어려운 환경 속에서도 학문연구와 후진양성에만 전념하여 그 길에서 한걸음도 이탈한 적이 없어서, 그 외길에서 쌓여진 그의 행적과 업적은 같은 길을 걷는 모든 이들

에게 어엿한 **龜鑑**이 될 것이다.

李교수의 학문적 업적은 여러 분야에서 두드러지게 나타난다. 그는 古代史·高麗時代史 분야에서 개척적이면서도 중후한 연구성과를 거두어『新羅政治社會史研究』,『新羅思想史研究』,『高麗兵制史研究』,『高麗貴族社會의 形成』등의 저서를 출간하였다. 그리고『韓國史新論』이라는 通史의 저술을 통해 한국사의 체계화에도 치력하여, 그것이 국내외에서 높이 평가받게 되었다. 李교수는 그 외에도 한국사에 대한 인식과 그 연구방법에 대하여 모색한 성과로『民族과 歷史』,『韓國史學의 方向』,『韓國史像의 再構成』등의 史論集도 간행하게 되었다. 李교수의 연구는 견실한 실증적 방법에 기초를 두면서도, 일찍이 크로체가 현대의 역사서술에 관련하여, "普遍的이면서도 동시에 國民的일 수가 있다"라고 한 말과도 같이, 한국사도 국민적이면서 동시에 보편성을 띠어야 한다는 점을 강조함으로써 韓國史學의 지표를 제시하기도 했다.

李교수는 그 端雅·秀麗한 면모와 흐트러짐이 없는 꼿꼿한 자세로써 언제나 부드럽고 겸손하지마는, 不義·不當한 행위나 처사에 대해서는 그대로 넘기지 못하는 성품을 지니고 있어 누구에게나 신뢰성을 심어준다. 그가 우리의 학계의 元老·耆宿으로서 널리 欽仰을 받는 까닭도 그의 훌륭한 학문적 업적과 아울러 그렇듯 강직한 그의 인품에서 유래되는 것이라 생각된다.

나와 李교수와는 1950년대 歷史學會 초창기 이후로 오랜동안 交誼가 두터웠고, 근자에는 진단학회 또는 학술원에서 가끔 상면할 기회가 있어 조금도 변함없는 그의 風貌에 접할 때마다 여러가지 감회에 묻히게 된다. 어느덧 李교수도 古稀를 맞이하게 되었으나, 오늘날에 있어서 '人生七十'은 이미 '古稀'가 아니므로, 李교수가 앞으로도 더욱 건승하여 우리 史學界에 더욱 더 공헌하여 주기를 바라 마지않는다. 아울러 이 정성어린 紀念論叢의 刊行을 祝賀하며, 이것이 우리 학계에 크게 기여할 것이라 굳게 믿는 바이다.

〈『李基白敎授 古稀紀念論叢』, 1994. 8〉

『居昌郡誌』序

　현존하는 우리나라 郡邑地誌 편찬의 始源을 일률적으로 말할 수는 없으나 더러는 17·18세기까지 거슬러 올라가는 것이 있다. 그중에는 高宗朝에 이르러 다시 增補修纂되거나 새로 편찬된 것도 적지 않다. 『居昌郡邑誌』 편찬의 始源에 관해서도 여기에서 밝혀 말할 수는 없으나 현재 서울 大學校 奎章閣圖書에는 역시 光武 3년(1899)에 편찬된 1册 17張 彩色地圖가 붙어 있는 편자미상의 筆寫本 『居昌郡邑誌』가 있다. 이 邑誌의 내용은 당시의 일반 地誌의 編次에 유사하여 郡邑의 연혁에서부터 碑閣·册板에 이르기까지 무려 30여 항목에 걸쳐 있어서 거기서는 一郡의 民風故實 등은 상론될 여지가 없었다. 또한 그 기록내용도 극히 간략하여 당시의 傳聞 식견으로조차도 遺漏된 부분이 상당히 많았을 것으로 생각된다.

　이제 당시로부터 반세기도 훨씬 지난 오늘에 이르러 더욱이 地誌의 사료적 가치가 점증되어 가는 실황에 비추어 필자는 보다 상세할 뿐만 아니라 현대적인 안목으로 본 우리나라의 군읍지지들이 새로 꾸며질 것을 늘 바라온 터이다. 그것은 단순히 원래 유루된 故實民風 등을 새로 첨보해야 할 필요에서뿐만 아니라 한걸음 더 나아가 군·읍에 관련된 제반사실이 현대적인 시각에서 새로 채방수집되고 조사·연구되어 거기서 얻어진 성과에 의하여 군읍지지의 內實이 一新되어야 한다는 생각에서이다. 그러한 사실의 성취는 그것이 비단 一郡邑에 관한 문헌의 구비를 위해서뿐만 아니라 앞으로의 郡邑發展의 문화적 기반을 가늠할 수 있는 준거가 되리라는 점에서 보다 큰 의의를 지니는 것이다.

　이제 거창군의 有志諸位가 이 같은 의의 있는 사업에 유의하여 오랜 기간에 걸친 刻苦의 노력으로 계획적인 자료수집과 조사연구 끝에 새롭고도 방대한 『居昌郡誌』를 편찬 간행하게 되었다는 사실은 비단 거창군민의 커

따란 자랑과 경사일 뿐만 아니라 실로 우리나라 地誌編纂史上 하나의 새로운 전기를 마련하는 것일 수도 있을 것이다. 원래 우리나라에 있어서는 근대사학의 전통이 일천하고 자료의 연구가 태무한 실정에 비추어 이번 『居昌郡誌』의 간행은 우리나라 鄕土史硏究 發展에도 새로운 자극과 기여가 되리라고 믿어 마지않는다.

일찍이 영남의 문물민속을 흠모하여 마지않았던 星湖 李瀷은 “退溪는 小白 밑에서 태어나고 南冥은 頭流東 쪽에서 태어나니 이는 모두 영남의 땅이다. 이 같은 영남에서도 그 上道에서는 仁을 숭상하고 그 下道에서는 義를 숭상하여 그 儒化氣節이 바다와 같이 넓고 山과 같이 높아서 이에 文明의 절정에 이르렀다”고 하였다. 오늘날 한국의 근대화가 촉진됨에 따라 峽郡 居昌에도 準高速道路가 관통되게 되었음에 이제 搜勝台어 그 和風景雲의 氣像과 더불어 仁義가 겸비된 精深宏博한 현대문화가 거창에서 성장될 것을 바라 마지않는 바이다.

필자는 去年 仲夏에 거창출신 동료교수와 그 친지들의 권유에 따라 거창을 尋訪할 기회를 얻어 뜻하지 않게 거창의 有志人士諸位의 각별한 환대를 받으며 退溪가 命名하였다는 명승 搜勝台를 찾아 하루를 더불어 소요할 수가 있었다. 그리하여 필자로서도 거창을 過次한 여러 선현들의 발자취를 더듬으며 감개무량 쉬이 발걸음을 돌려 옮길 수가 없었다. 이 같은 機緣으로 편찬위원이 새로 꾸며진 『居昌郡誌』의 목차를 전시하며 그 序文 寄稿를 간청하기에 필자의 처지에 어울리지 않는 것으로 여겨 일단은 固辭하였던 바이나 그 참신한 企圖와 宏博한 조사연구의 內容이 上記한 필자의 평소 생각과 부합되는 바 있어 이 郡誌의 편찬간행을 같이 慶賀하여 마지않는 감회에서 감히 붓을 들어 몇 줄의 序文을 草하는 바이다.

〈『居昌郡誌』, 1978. 9. 15〉

『島潭行程記』 序文

　本書는 大逌 韓鎭㝆가 31세 되던 純祖 23년(1823) 4월 12일부터 5월 13일까지 만 1개월간에 걸쳐서 수명의 친지들과 같이 舟行으로 도중의 名所도 두루 살피면서 丹陽八景의 奇勝景觀을 탐방하고 돌아온 행정일기이다.

　먼저 일자와 留宿處를 일일이 밝히고 1段 낮추어서 見聞記가 수재되어 있고 저자 자신의 考辨이나 詩作은 다시 1단을 낮추어서 기술되어 있다.

　저자 韓鎭㝆는 正祖 16년(1792)생으로『東國地理志』의 저자인 久菴 韓百謙(1552~1615)의 후손이다. 순조 23년에는 나라에 慶科가 있어서 응시차 서울에 올라왔던 名士親知들이 저자의 집으로 몰려들었는데 그들 擧皆가 저자와 같이 落榜의 비운을 안고 각기 단양지역의 집으로 돌아가야 할 형편이어서 저자는 이 기회에 배 한 척을 내어 평소의 숙원이던 丹陽八景 探訪에 같이 나섰던 셈이다. 이 때에 동행한 사람은 丁惠敎(稚順), 丁秀敎(士選), 李哲儒(成汝), 丁大啓(來㚲) 등 그들 모두가 情誼가 두터웠던 내외 친척이었으며, 저자의 外舅(외삼촌)이며 六品散官인 丁義準도 휴가로 歸家하려던 참에 일행에 같이 끼게 되었다.

　혼히 옛날의 재야학자들이 名勝·古蹟을 유력하면서 그들의 취지를 넓혔듯이 이 같은 탐방에는 鄕土에 대한 그들의 깊은 애착심이 깃들어 있는 위에 그들이 실지 답사여행을 통하여 견문을 넓히고 知見을 다짐하며 정취를 북돋우기도 한, 이를테면 修學行事라고도 할 만한 것이어서 단순한 유람에 그치는 것이 아니었다. 이 行程記에서도 그러한 정취가 두드러지게 나타나 있다.

　단양팔경이라면 그 지역의 下仙岩·中仙岩·上仙岩·舍人岩·龜潭峯·玉筍峯·島潭三峯·石門 등의 8승지를 일컫는다. 韓氏일행은 그 해 4월

12일에 배를 타고 서울을 떠나 뚝섬(纛苫)·八堂灘 등을 거치면서 명소를 찾아서는 선인들의 詩句나 기록들을 회고하면서 舟宿을 하거나 그 고장 親戚家(士選의 弟家·李成汝家)에 머물기도 하여 또 다른 친척과도 오랜만에 상봉하여 서로 정감을 나누기도 하였다. 그들은 舟中에서 또는 명승지나 숙소에서 서로 題詩하며 담소를 나누고 때로는 각기 종이를 펴서 自作詩를 抽毫하며 즐기고, 그 중에는 배 안에서 난간(欄)을 치며 큰소리로 자작시를 朗吟하면서 興을 돋우고 혹은 노래를 부르는 자도 있었다. 더구나 4월 19일은 저자의 생일인데다 新榜及第放榜(합격자 발표)日이어서 京師(서울)에서는 급제자들이 득의양양한 '游街'(及第祝賀市街行進)行事가 있을 터인데, 저자 자신은 이렇듯 江湖에 流落하여 浪漫에 젖어 落榜의 비탄도 잊어버렸었다고 스스로 술회하고 있다.

본 행정기에 收載되어 있는 저자 자신의 많은 詩文은 당시의 그의 심정과 그의 문학적 정취를 이해하는데 도움을 줄 것이겠다. 더구나 그는 久菴의 후손답게 각처의 勝地에 대해서는 자신의 考辨을 이 行程記에 남기는 작업을 잊지 않았다. 이들 考辨에서는 『漢書地理志』·『山海經』·『興地勝覽』·『文獻備考』·『同文彙考』·『擇里志』등 그 전거를 밝혀주고 있으며, 그 중에는 특히 舟行이었기에 魚名雜識·水行餘說(河江辨證·進船之具)과 같이 특수분야에 대한 자신의 식견을 피력하여 後學에 참고와 도움을 주는 것이라 하겠다. 끝으로 참고 삼아 본서에 수재되어 있는 著者 考辨의 題名만을 적기하면,

冽水考辨 一·二(13일조), 魚名雜識(17일조), 驪州地名變遷(18일조), 水行餘說(19일조), 凌剛洞考(25일조), 丹丘峽小考(25일조), 龜潭玉筍峯考(25일조), 舍人巖別記(名稱由來, 26일조), 三仙巖考(27일조), 島潭小考(29일조), 義林池小考(傳說, 5월 1일조)

등이어서, 이것만 보아도 옛날 선비들의 勝地探訪의 풍류적인 정취와 학구적인 意義가 되새겨지는 바이다.

〈『島潭行程記』, 1992. 10〉

故 李丙燾 先生의 逝去를 哀悼함

九旬을 넘기신 지가 오래되었음에도 끝까지 學問의 집념을 버리지 않으신 채 他界하신 先生께서는 저희 門下生들에게 깊은 哀悼와 남다른 감화를 억제할 수 없게 합니다. 선생께서는 일찍이 일제치하인 1934년에 震檀學會를 民族的 興望 속에 창설하시어, 아무것도 없는 곳에 처음으로 韓國學研究를 위한 학문의 큰 길을 닦아 놓으셨습니다. 그것은 당시로서는 남다른 깊은 사려가 없이는 이루어질 수 없었던 일이기도 합니다. 선생께서는 오늘날까지 50여 년간 여러가지 어려움을 무릅쓰고 그것을 몸소 이끌고 키워오시는 동안에 內外 學界에 미치신 공적은 길이 歷史에 남을 것임을 믿어 마지않습니다.

解放 이후에는 서울大 文理大 史學科에서 저희들 많은 弟子를 길러내시고 이끌어 주셔서, 선생의 그 온후한 品格과 엄격한 學風 그리고 그 지칠 줄 모르시는 學問研究의 집착은 저희 문하생들에게는 하나의 힘겨운 지표이기도 하였습니다. 그리하여 부단히 노력하여 조금이라도 학계에 기여하는 일이야말로 깊고 넓은 선생의 學恩에 대한 저희들의 조그마한 보답이 될 것이라고 생각하여 왔습니다.

선생께서는 또 오랫동안 學術院 회장으로서 국내외 학문교류에 힘써 오셨고, 뒤에는 民族文化推進會를 창설하시어 韓國古典의 國譯·編纂事業을 수행하여 韓國文化·古典의 보급·창달에 진력하셔서, 이 역시 현재 발전적으로 계승되어 가고 있습니다. 오늘날 선생의 많은 제자들이 선생의 뜻을 이어받아 여러 분야에 걸쳐서 學問研究와 韓國文化 창달을 위하여 정진하고 있는 것도 선생의 크고 넓은 학은의 덕택이라고 믿어 마지않습니다.

우리나라가 겪어야 했던 역사적 수난 속에서도 다른 모든 분야에서와

마찬가지로 학문도 또한 그 순조로운 發展이 저해당하여 왔습니다. 응당
거쳐야 했던 近代的인 史學이 제대로 수용·발전되지 못한 상황에서 선생
께서는 그 이른바 近代實證史學의 토대를 닦으셨으나, 오늘날까지도 그
近代史學이 거두었어야 했던 성과마저 제대로 거두지 못한 채 오늘날의
史學界는 다시 실증사학을 극복해야 할 새로운 과제를 안고 있는 실정입
니다. 저희들은 이같이 역사적으로 重疊된 과제를 동시에 떠맡아야 할 처
지를 벗어날 수가 없습니다. 저희 문하생들은 선생의 그 깊고 넓은 사은
을 소중히 간직하며 또 선생의 시종일관된 그 學問的 熱意를 龜鑑으로 삼
아 저희들에게 부과된 책무를 다해 나가도록 노력할 것을 선생의 靈前에
서 마음깊이 새기며 삼가 冥福을 빌 뿐입니다.

1989년 8월 18일

門下生 韓沽劤

〔이 글은 故 이병도 박사의 영결식장에서 행한 弔辭의 全文이다. 〈편집자註〉〕
〈『民族文化推進會報』 제 15 호, 1989〉

斗溪 李丙燾 先生 墓碑

平生을 學問研究와 學術振興에 헌신하여 近代史學의 개척자로서 韓國學의 기초를 다지고 그 발전에 크게 이바지한 斯學의 泰斗 斗溪 李丙燾 先生께서 서기 1989년 8월 14일에 향년 93세로 서거하시어 8월 18일 많은 제자와 친지들의 嗚咽 속에 龍仁 先塋下에 모시었다. 그후 3년에 震檀學會에서 祐劻에게 年長이라는 까닭으로 碑文의 찬술을 청하였다. 菲才薄德의 본인으로서 감당할 바 못되나 선생의 깊은 學恩을 되새겨 끝내 거절하지 못하고 삼가 아래와 같이 적는다.

선생은 牛峰李氏로 忠淸水使 鳳九와 숙부인 羅州金氏의 제5남으로 韓末 建陽元年 9월 20일에 龍仁 二東面 老谷里에서 태어났다. 유년시절에 私塾에서 漢學을 수업하고 中東學校, 普成專門學校를 거쳐 일본 早稻田大學 史學及社會學科를 졸업한 후에 귀국하여 교육계에 투신하면서 한국사연구에 전념하였다. 선생은 1934년에 동지들과 더불어 민족적 여망 속에 진단학회를 창립하고 『震檀學會』를 간행하여 한국학연구를 위한 학문에의 큰 길을 닦아 놓았다. 일제말기에 탄압이 자심하자 학회활동을 일시 중단하였으나 光復이 됨에 따라 선생은 학회를 부활시켜 전후 50여 년간 이를 몸소 이끌고 키워왔다. 한편 선생은 서울大學校 文理科大學과 그 史學科 창설의 일익을 담당하고 계속 교수로 봉직하면서 1952년에는 文學博士學位를 받았으며 서울大學校大學院長, 大韓民國學術院會長에 거듭 피임되어 장기간에 걸쳐 국내외 학술문화 교류발전에 진력하고, 1960년에는 한때 문교부장관으로 취임하였다. 1962년에 서울大學校 名譽敎授로 추대되고 美國 프린스턴大學에서 명예문학박사학위가 수여되었다. 1970년 이후로 民族文化推進會 이사 및 이사장으로 韓國古典의 國譯事業과 편찬사업을 추진하여 한국고전문화의 보급창달에 크게 공헌하였다. 선생의 드높은 공훈으로 國民勳章無窮花章과 5·16 民族賞, 仁村文化賞 등이 수여되었다. 1980 년에는 선생의 후원으로 진단학회에 斗溪學術賞이 제정되어 후학들을 격려하고 있다. 부인 趙南淑 여사는 陸軍參將 趙性根의 장녀로 1967 년 5월에 타계하였다. 선생은 5 남 5 녀를 두었으니 장남 基寧은 의학박사로 서울대학교 명예교수이고 2 남 春寧(농학박사)과 3 남 泰寧(이학박사)도 서울대학교 명예교수이고 4 남 東寧(이학박사)과 5 남 本寧(이학박사)은 각기 浦項工科大學과 美國 퀸 메리大學의 교수로 활약중이며, 장녀 舜卿과 2 녀 雲卿(의학박사)은 각기 畵伯 張旭鎭과 교수 閔獻基에게 출가하였고 3 녀 영희, 4 녀 승희와 5 녀 계희는 각기 사업가 林鐘, 吳炯眞과 黃天鳳의 아내가 된바 그 자손의 蔚然俊秀함은 당세의 으뜸이라 일컬어졌다. 선생은 天性이 醇和直諒하고 才華가 贍敏하였으며, 舊學을 바탕으로 實證史學을 도입하여 한국근대사학의 기반을 공고히 다져 학문의 객관성을 견지함으로써 새로운 사학발전의 기틀이 되게 하였다. 선생은 한국 고대의 사회·문화·지리풍토에 관한 연구를 비롯하여 高麗의 風水圖讖思想, 朝鮮의 儒學史를 체계화하였으며, 九旬이 넘어서까지 우리 민족에 대한 깊은 애정과 시종일관된 학문적 정성으로 한국사를 관통한 한국인의 정신적 기반을 穿鑿하는데 심혈을 기울였다. 선생의 그 엄격한 학풍과 불굴의 탐구정신은 길이 後學의 師表가 되고 학계의 귀감이 될 것이며, 선생께서 韓國文化暢達에 이바지한 높은 業績과 그 至大한 공로는 영원히 빛날 것이다.

1992 년 2 월 韓 沽 劤 謹撰

「閑日垂釣」

옛날의 文理大(東崇洞) 東部研究室 2층 북편에는 史學科敎授들이 각기 한 칸씩 차지하고 있었다. 별다른 취미나 오락도 갖지 못한 당시의 나 같은 사람에게는 硏究室生活이란 매우 삭막하고 고달픈 것이었으나, 그렇다고 그 '倦怠'를 슬기롭게 헤쳐 나갈 妙案도 없었다. 술이라도 제법 즐길 수 있었다면 同僚들의 술자리라도 끼어서 戲謔으로 피로를 풀 수도 있었으련만, 원래부터 체질상 한잔 술도 못하는 나로서는 그럴 계제도 못 되었다.

그러던 중에 1964년 6월의 어느 날 三佛은 느닷없이 동료교수 세 사람에게 그림이라도 배우러 다니자고 권유하여 나도 그 중의 一員으로 끼게 되었던 셈이다. 三佛은 자신이 아는 惠化洞 로터리所在 某美術硏究所까지 이 세 사람을 끌고 다녔다. 三佛 자신은 이미 여러 해 전부터 餘技로 水墨畫를 즐겨 그려와서 어엿한 文人畫家로서 자리를 굳혀가던 참이었으므로, '배우러 다니자'던 그의 말에는 별로 畫才도 있을 것 같지 않은 이미 40이 넘은 사람들일지라도 大學硏究室의 권태로운 생활에서 조금이라도 벗어날 수 있게 해주려던 고마운 배려가 들어 있었던 것 같다. 당시의 삼불은 初老 자신의 健康을 위하여 오래 즐겨오던 飮酒癖을 딱 끊어버린 참이었다.

우리 일행이 처음으로 그 美術硏究所에 들어가 삼불이 그 硏究所 畫伯에게 來意를 告하자, 그 화백은 바로 畫室로 안내하여 畫學生들에 둘러싸인 全裸의 모델 앞에 앉히고, 그 모델을 스케치하라는 것이었다. 우리 初步見習生 일행은 처음 보는 전라의 女體 앞에서 순간적인 '驚愕'이 있었으나, 즉시 道師와도 같이 되어 스케치에 열중, 시간 가는 줄을 몰랐다. 한 가지 일에 몰두한다는 것, 좀 거창하게 말한다면 脫俗의 藝術精神이란 바로 이런 것이구나 하고 전혀 딴 세계를 처음으로 맛본 것 같은 느낌이

들었다. 삼불은 그의 諧謔의 才分을 살려서 우리들의 모임을 사라회(寫裸會·四懶會)라 이름지어 불러서 일동은 한바탕 웃기도 하였다. 그러나 '烏合之卒'로 구성된 사라회가 오래 갈 수도 없어서 얼마 안되어 그 寫裸課程에서 모두 중퇴하고 만 셈이다. 삼불만은 계속 文人畫家로서의 길을 精進하여 몇 차례의 文人畫展을 열기에 이르기까지 하였다.

나는 사라회 해산 뒤에 그래도 미련이 남아 혼자서 서울 日曜畫家會에 입회하여 일요일마다 캔버스를 메고 회원들 속에 묻혀 버스로 한적한 교외에 나아가 自然山水의 풍경을 그리느라 애써 보기도 하였다. 또 한동안은 연구실에서도 교외에서의 스케치나 靜物 등을 油畫로 옮기느라 幼稚한 三昧境에 빠져보기도 하였으나, 원래 부족한 畫才인지라 역시 이것마저 중도에 기권하고 말았다. 서울大가 東崇洞에서 冠岳山으로 옮겨가게 된 1975년 전후하여 이번에는 길을 바꾸어 學內낚시同好會에 끼어서 일요일마다 서울에서 빠져나가 湖水나 川邊에서 낚시질로 연구실의 권태를 달래기도 하였다.

세월은 어김없이 흘러서 나는 1981년에 停年退職을 하게 되어 그러한 취미생활의 幕도 거둘 수밖에 없었다. 동료·후배님들이 나의 퇴직을 위로하기 위하여 고맙게도 停年紀念史學論叢을 마련하여 주었다. 三佛은 고맙게도 자신의 '祝畫'로 이 紀念論叢序頭를 장식하여 주고, 그 原畫(30 cm×63 cm)를 나에게 기증하여 주었다. 삼불은 평소에도 친구들에게 自作水墨畫를 선물하기도 하고, 또 동료의 停年紀念論叢을 祝畫로 빛나게 하여 주었으나, 나는 나대로 남다른 감회를 느낀다. 삼불은 이 祝畫에다 「閑日垂釣」라 題名을 揮毫하고 "定而靜安 至樂可祝可祝也 辛酉春 三佛菴"이라고 적어 넣었다. 한 釣士가 漁磯에 앉아서 낚싯대를 드리우고 있고 곁에 두 줄기의 작은 樹木이 그려져 있을 뿐, 水·陸의 아무런 표상도 없어서 그저 보아서는 허공에 낚싯대를 드리우고 앉아 있는 모습이다.

삼불의 水墨畫를 좋아해서 오래 전(1950년대)부터 너댓 폭의 삼불작품을 간직하고 있었다던 故 崔淳雨(前國立博物館長) 氏도 "이 停年紀念論文集에 실린 禪味 그윽한 그림 또한 마음에 질리는 바가 있어서 턱도 없이, 三佛의 그러한 그림도 한 幅 더 가져야 되겠다는 욕심을 은근히 품고 있다"고

하여, 이 '閑日垂釣'의 삼불의 그림이 '韓國美의 탁월한 해설자'로 이름을 남긴 崔淳雨 선생이 탐낼 만한 것이니, 나에게는 더할 나위 없는 귀중한 紀念畵幅이 되는 것이라 하겠다. 나는 액자에 넣은 이 삼불의 그림을 나의 書齋 한쪽 壁上에 걸어 놓고 조석으로 바라보면, 어이없이 타계한 三佛 兄 자신의 그 해탈한 人品과 影像을 비추어 주는 성싶기도 하고, 그리고 앞날이 멀지도 않은 나 자신의 寫裸會에서 낚시同好會로, 동숭동에서 冠岳山으로 전전하던 '虛無한 삶'의 의미를 되새겨 보게도 된다.

〈『이층에서 날아온 동전 한닢──金元龍博士追慕文集』, 1994. 11. 5〉

張俊河 先生 追悼文

일제의 桎梏에서 벗어나 국권을 회복하여 새로운 自由民主國家를 건설·발전시켜 나아가야 할 긴요한 시기에 무엇보다도 절실했던 과제는 言論의 暢達과 學問研究의 啓發이 아닐 수 없었다. 민주주의의 기본은 언론자유의 보장이 아닐 수 없고, 의식·사상의 발전은 분명한 이론의 기초가 마련되어야 하기 때문이다.

해방전에 독립군에서 고초를 겪다가 해방이 되자 바로 귀국하여 이 같은 문제를 누구보다도 절실히 느끼고, 일찍이 思想界社를 창설하여 '어두웠던 시절에 민주의 바른 길을' 밝혀줄 正論을 펼쳐나가기 위하여 애쓰신 분이 바로 張俊河 先生이었음은 누구나 다 아는 사실이다.

당시에 『思想界』誌의 편집위원으로는 政治·法律·經濟·社會·文·史·哲學 등 각 분야 학계의 인사들로 구성되어, 필자도 그 말석에 동참할 수 있었던 것은 매우 보람된 일이었다고 아득히 회상된다. 필자는 위원의 한 사람으로 가끔가다 社旨에 맞추어 마련한 拙文을 『思想界』誌에 寄稿하였던 외에는 남달리 특별한 寄與를 한 것 같지도 않다. 한달에 한 번씩이던가 위원회 때에 동참하여 위원님들과 담소하던 일이 즐거웠던 것 같다.

張俊河 선생이 해방된 지 오래지도 않은 그 어지러운 시기에 思想界社를 창설하여 正論誌인 『思想界』를 줄기차게 펴 나감으로써 이룩한 언론계에의 공헌은 아주 큰 것이었다고 아니할 수가 없다. 이른바 筆禍사건 등 언론의 탄압이 잇달았던 1950년대 이후의 그 암울했던 시대를 상기한다면 張선생의 그 깊은 뜻과 그 실천의 노력이 더욱 빛났던 것으로 회상된다.

필자는 여기서 당시를 회상하면서 장준하 선생의 또 다른 분야에서의 공헌을 말하지 않을 수 없다. 그것은 張선생이 직접 학계활동의 지원에도 헌신하였다는 사실을 말한다.

6·25戰亂으로 釜山에 피난가서 살던 몇 명의 우리 젊은 史學徒들은 비교적 자주 만날 수가 있어서, 비록 피난생활 속에서라도 조금이라도 뜻있는 일을 해야겠다는 논의를 거듭하였다. 그리하여 전란으로 황폐된 史學界를 어떻게든 새로 소생·발전시킬 수 있는 일을 해야만 하겠다는 생각 끝에, 1952년초에 5명의 發起人名義로 歷史學會를 창설하고 月例發表會開催·學會誌發刊을 목표로 궁리를 하였다. 뒤이어 幹事의 인원수도 늘리고 金庠基·白樂濬·李丙燾·趙義高 선생님들을 고문으로 모셨다. 그러나 피난생활에서 財源의 조달이 어려워 고심하던 중에 薛國煥이 남다른 연유로 金鍾埃 幹事를 통하여 美國公報院 U·S·I·S의 Marcus W. Scherbacher 氏에게 財政的 援助를 청하도록 권유·안내해 주어 발기인 5명이 그를 따라 미국공보원으로 Scherbacher 氏를 찾아가 교섭 끝에 1년간의 學報刊行經費支援을 약속받을 수가 있었다. 그리하여 그 두 분을 학회의 '參與'로 모시기도 하였다. 이로써 우리는 1952년 3월에서 1953년 4월에 이르는 동안 『歷史學報』 1집에서 4집까지는 무난히 출간할 수가 있었다. 그것도 피난지이기는 하였으나 우리 동료 중에는 미발표 卒業論文을 갖고 있던 자가 많아서 가능했던 일이다.

어수선한 피난지에서 『歷史學報』의 출간을 본 선배님들은 젊은 學徒들의 학문적 열성을 찬탄하여 마지않았다. 李弘稙 교수님은 '學에 대한 情熱'이라는 표제로 "苛酷한 動亂의 廢墟下에서 학문에 대한 새싹이 다시 솟아올랐다. 자유세계에 學的 力量을 보이는 『歷史學報』의 존재는 意義가 깊고도 크다고 믿는다. 이 학회의 사업이 견실하게 계속되고 成長하기를 빈다"(「民主新報」 4285년 11월 1일자)고 했고, 金載元 박사님은 「京鄕新聞」 '新書評欄'에서 "主로 靑年學徒들 중심으로 결합된 모임이 歷史學會이고 그 처음 결실이 이 『歷史學報』第1輯이라고 한다. 避亂學界의 귀중한 産物이라 하겠다"(「京鄕新聞」 4285년 11월 11일자)고 하여 '가혹한 動亂의 廢墟下'의 피난학계의 귀중한 활동으로 격려를 아끼지 않았고, 그 위에 여러 선배님들까지 論考를 寄稿하여 주기까지 하였다.

그러나 美國公報院의 지원기한이 끝나고는 또 다른 지원자를 모색하여야만 하게 되었다. 이 學報간행사업이 그렇듯 소중한 것이었기에 이같이

난처한 상황에서 장준하 선생은 직접 지원하여 주게 되었다. 당시 學界·
敎育界에 관심이 컸던, 우리가 학회의 顧問으로 모시기도 했던 白樂濬 박
사님의 측면지원이 있었던 것으로 생각된다.

歷史學會는 이렇듯 하여 停刊의 위기를 넘어서 1953년 7월 발행의 제
5집에서부터 思想界社 장준하 사장님의 지원으로 학보간행을 계속할 수
있었고, 그 지원은 1959년까지 계속되었다. 이에 '思想界社 대표 장준하'
선생은 학보의 발행자로 登錄까지 하게 되고, 서울 종로의 韓靑빌딩 4층
의 思想界社 사무실을 임시로 역사학회 연락처로 삼게까지 배려해 주셨다.

筆者는 歷史學會 創設에 동참하면서부터 오랫동안 編輯幹事로 학보발행
을 위한 原稿募集·편찬·간행 등 實務를 담당하여 와서 그 출간을 위하
여 빈번히 장준하 선생과 접촉을 해야만 하였다. 더구나 『歷史學報』第10
輯紀念論文集은 14편의 논문으로 350면이 넘어서, 그 출간을 기다리는
필자는 한청빌딩의 사상계사 사무실을 여러 차례 찾아서 그 4층 계단을
수없이 오르내려야 했어도 아무런 푸념없이 부지런히 찾아다니는 나의 勤
直한 모습을 바라보곤 하면서 아무말도 없이 밝은 微笑를 짓던 張선생의
그 너그럽고 仁慈스러운 모습이 필자는 지금까지도 잊혀지지가 않는다.
장선생의 얼굴에는 그 어느 구석에도 어두운 그림자를 찾아볼 수 없었던
것 같다. 장선생이 지었던 그 말없는 미소도 그의 넓고 깊은 胸襟에서 우
러나온 것이었으리라.

장준하 선생이 이와 같이 言論界에서의 奉仕 외에도 젊은 學徒들의 학
문활동에 직접적인 지원을 아끼지 않았던 것은 해방 후의 우리나라 사회
발전에 言論의 暢達과 學界育成이라는 두 가지 지향·성취해야 할 긴요한
작업을 몸소 터득·실천하려는 뜻이 있었기 때문이었다고 하겠다. 장선생
은 그 위에 硏究室에 蟄居하여 學究에만 전념하고 있는 필자 개인에 대해
서도 남달리 너그럽게 이해하여 주어서 선생의 그 흉금을 나 혼자 마음속
으로 고맙게 생각하기도 하였었다. 삼가 선생의 冥福을 빈다.

〈「思想界社 社長 張俊河 선생 追悼文」, 1995. 2〉

Ⅷ 對談과 인터뷰

歷史의 前進

——師弟放談——

李 丙 燾·韓 㳓 劤

韓 : 斗溪 선생님, 참 오래간만에 뵙겠습니다.

李 : 글쎄, 한 울안에 살고 있는 것이나 마찬가지인데 서로 만나기가 힘들군요.

韓 : 이번에 成大를 그만두시게 되었지요?

李 : 네. 작년 2학기 중간에 理事會에서 停年制를 마련했거든요. 그래놓으니까 學期 중간이 되어서 2월말까지는 講義를 계속하고 새 學期부터 정년이 되었지요. 大同文化研究院은 敎授가 아닌 외부인사도 院長이 될 수 있다고 하지만 구태여 그럴 필요도 없고 해서 그것까지 다 그만두었어요.

韓 : 그럼, 소일하시기가…….

李 : 情들자 離別이라고 이번에 떠나고 나니 섭섭합니다.

韓 : 이것을 계기로 선생님이 하실 남은 일이라고 할까 평생에 연구하신 업적을 總整理하시기에는 좋다고도 생각이 되는데요.

李 : 남은 일은 많지요. 그런데 정년퇴직이 되면 좀 한가로울 줄 알았더니 그렇게 안될 것 같아서……. 내가 관계하는 데가 學術院·民族文化推進會·震檀學會, 그 다음에 學校 理事職을 두 군데나 겸하고 있고 해서 회의가 잦으니까 그런 회의에 안 나갈 수도 없고 또 거기다 요즘은 婚姻 ‘시즌’이라 主禮가 많아서 오늘도 두 군데나 갔다왔어요.

韓 : 主禮부탁도 많으실 것입니다. 외람된 말씀이지만 저도 얼마 전에 처음으로 仁川에서 주례를 서 보았는데 청첩에 박사라고 적어놓아서 그만……. (웃음)

李 : 실지는 博士나 마찬가지지요.

韓 : 해방 직후 선생님께서 서울대학교에 歷史科를 설치하셔서서 제가 맨 처음에 전입을 한 것이 엊그제 같은데 벌써 25 년이나 지났습니다.

李 : 그때 일을 생각하면 꿈만 같아서……. 그때는 사학과뿐만 아니라 各科마다 敎授陣을 짜는데 아주 고생했어요. 당시 京城大學生들은 그 사람들대로 자기들이 원하는 교수 '리스트'를 내고, 또 軍政廳에서는 군정청대로 학교를 재건하는데 白樂濬, 趙潤濟, 兪鎭午 씨와 나 이렇게 네 사람을 지정해서 교수진 '리스트'를 만들게 했어요. 그러니 학생측에서 내밀고 또 이쪽에서 내밀고 하여 오락가락 하다가 결국 우리 측에서 내놓은 案을 대개 받아들이게 되었는데 사학과는 東濱(金庠基) 그리고 나, 또 孫晉泰 君이 그때 교수로, 李仁榮 君이 조교수로 있었고, 나중에 柳洪烈 씨가 師大에서, 金鍾武 씨가 豫科에서 각각 들어오고 해서 차차 陣容이 싸여졌지요.

韓 : 그때 제가 학생이었습니다마는 도서 같은 것이 모두 書庫 안에 정리가 안된 채로 있어서 몇 사람 학생들이 찾아내서 연구실을 만들고 하던 생각이 납니다.

李 : 그때 학생이 韓선생, 全선생, 高선생…… 좌우간 당시 東京帝大에 다니던 분들이 이쪽으로 전입이 되었기 때문에 그때 학생들의 실력들은 대단했어요. 말하자면 지금 學部가 아니라 大學院 정도로 강의도 하고 서로 연구도 하고 그랬지요.

韓 : 저는 西洋史를 하려고 일본에서는 西洋史學科에 들어갔었어요. 그러면서도 韓國史에 관련되는 것, 구체적으로 말씀드리면 啓蒙時代에 관계되는 것이라든지 西勢東漸 이후 서양문화를 수용하는 시대를 전공하려고 하다가 해방 후에 가만히 형편을 보니까 한국에서 歷史를 하려면 國史를 하는 것이 제일 좋겠다고 생각해서 국사로 전환을 했습니다.

李 : 잘 택했어요. 한국에서 서양사를 해가지고 무엇을 하겠어요. 나 역시 처음 일본서 留學할 때는 서양사를 했어요. 歷山專太郎 교수의 영향을 받아서 그랬는데 그때 그분이 우리 한국 학생을 퍽 사랑해서 서양사를 하려고 하다가 뒤에 吉田東伍 교수의 영향을 받아가지고 韓國史를 하였지요. 그때 早稻田대학 歷史科에 한국인 학생은 나 하나뿐이었으니까 그분이 宿

題 '테마' 같은 것도 한국사에 관한 것을 내 주고 하는 동안에 나도 차차 한국사람으로서 한국사를 모르면 안되겠다는 생각이 굳어 그렇게 되었어요. 지금 생각하면 다행이었지요. 서양사를 해가지고는 별 뾰족한 수도 없었겠고……. 그리고 해방 직후 일을 생각하면 史學科라고 하는 것은 엉성했지. 그때 韓선생도 강의를 받았지만 사회가 시끄러워서 소위 學風이라고 하는 것이 일어날 수가 없었어요. 그후 6·25사변을 겪고 다시 학교가 자리잡히자 차차 전통이 생기고 학풍이 일어났지.

韓：收復하고 안정되고 나서부터 조금씩 자리가 잡혀서 時體말로 하면 연구의 주체성이라고 할까 그런 것이 일어난 셈이지요.

李：그렇지요. 우리가 일제시대에 韓國史를 연구했지만 그때는 말하자면 일본 사람의 자극 때문이라고 할 수 있지요. 더군다나 일본 사람들이 국사에 대해서 소위 '朝鮮史編修會'를 만들고 『靑丘學叢』이니, 『朝鮮學報』니 이런 것을 내니까 우리도 무엇을 좀 해야 되겠다, 그래서 그들과 일종의 학술적인 대항을 하려고 『震檀學報』를 내고 그랬지……. 나도 진단학회가 생기기 전에는 대개 일본말로 논문을 써서 일본잡지에 발표를 했지만, 그때 우리 생각으로는 일본 사람들을 이기는 수가 무엇이 있겠느냐? 그것은 새로운 학설을 가지고 대하는 수밖에 없다고 생각되어서 자주 논문을 발표하고 있었는데 한번은 稻葉岩吉이란 분이…… 나이가 우리보다 한 20년 위인데 '너는 反逆兒다'라고 그래요. 선인들의 학설을 때리니 반역아라는 뜻으로 말하더군요. 크게 보아서 일제시대에는 일본 사람들과 학술을 통한 항쟁을 하다시피 했지요.

韓：저도 『震檀學報』 제1호를 보고 느꼈습니다만 거기에 나오는 찬조회원의 명단은 당시 한국의 知名人士가 총망라되어 있습니다. 이것을 보면 역시 거족적인 학문운동을 한다는 느낌을 갖게 됩니다. 이 '震檀學會'를 이끌어가시던 때의 고충이 많으셨지요.

李：『震檀學報』의 發起는 故 李允宰 씨, 그때는 어딘가 소위 朝鮮語敎師로 있었는데…….

韓：그분은 제가 培材 다닐 때의 恩師입니다.

李：그래요? 그런데 우리가 무엇을 발표를 해도 일본잡지에만 하니 이런 수치가 없다, 그래서 우리 손으로 학회를 조직하고 학술잡지를 내자고 해서 동지들이 모였는데 마침 李允宰 씨가 漢城圖書株式會社에 말을 해서 거기에서 학보를 내고 다소 물질적인 도움을 받을 수 있다고 해서 發起가 되었어요. 그 때에 발기는 대개 京城大學 卒業生들이 했지요. 그래 가지고 말하자면 회원들은 한국에 관한 연구를 하는 사람은 모두 모였지요. 1934 년에 이 '震檀學會'를 조직하고 창간호를 냈지요. 그 비용을 한성도서주식회사에서 부담을 했지요. 그런데 그 한성도서주식회사에서는 다소 收支를 생각했던 듯해요. 그때 창간호는 아마 여러 千部를 박았던 모양인데 그것이 몇 部밖에 안 나갔단 말이에요. 그러니까 창간호만을 내고 그 뒤는 손을 떼버렸어요. 그래서 우리는 모서림 시적을 메기지고 외국에도 보내고 '朝鮮史編修會' 같은 데도 보냈는데 '朝鮮 사람 하는 일이 으레 이렇다'는 말을 들을 것이 뻔하기 때문에 어떻게든지 계속해야 되겠다고 결심을 하고 좀 모험을 했어요.

韓：저희들 듣기에는 선생님이 사시던 宅을 저당 잡히고 그 돈으로 내셨다고 들었는데요.

李：그랬지요. 그래서 半은 내가 보태고 그 뒤에 찬조회를 조직해 가지고 계속을 했는데 隘路가 참 많았지요. 그때나 지금이나 공부하는 사람은 돈이 귀해서…….

韓：原稿 같은 것은 어떻게 하셨습니까?

李：原稿는 비교적 잘 들어온 셈이지요.

韓：그럼 原稿料를 주셨나요.

李：원고료가 다 뭐에요. 공짜 寄稿지. 좌우간 이렇게 끌고 나갔는데, 앞서 얘기한 것처럼 일본 사람들에 대한 학술적인 항쟁의 뜻으로 發起가 되고 진행이 되었는데 일제말기에 사태가 악화되자 일단 자진해산의 형식을 취하는 수밖에 없었지요.

韓：그러니까 그것어 1940 년쯤 되지요?

李：아마 그럴거에요. 14 호로 중단했다가 해방 후에 다시 냈지요.

韓：해방 후 사실은 수복 후가 됩니다마는 우리 國史 방면에 새로 개척

된 것이 있다면 조선후기 실학자들에 대하여 많은 관심을 가지고 연구했어
요. 그래도 아직 충분히 정리되었다고는 할 수 없고, 요새 開化時代, 開
化思想과 후기의 실학자들하고의 관계에 어떤 연관성이 있느냐 하는 문제
에 착안을 하여 몇 사람이 연구를 하고 있습니다.

　李 : 그것은 특히 韓선생이 많이 해왔지만 나는 이 思想史 가운데 특히
儒學史를 중심으로 中國儒學思想과 저쪽에서 오는 소위 西學思想, 西洋
'가톨릭'敎를 중심으로 하는 사상, 기타 과학서적들이 들어와서 서양사상
과의 접촉면이 대단히 관심거리였어요. 대개 이것을 대하는 당시 한국인
의 태도는 세 가지로 분류할 수가 있다고 보는데, 첫째는 서양사상을 모
두 배척하는 것, 또 하나는 많이 참고를 하고 거기에 지대한 관심을 가지
고 있으면서도 비판적으로 나가는 것, 끝으로 하나는 무조건 거기에 심취
내지는 도취하는 것, 특히 '가톨릭'敎의 열광적인 신자들, 말하자면 儒學
에서 1백80도 전환해 나가는 것으로 봅니다. 이런 각도에서 그 접촉면
을 보면, 학술적으로 많은 영향을 받고 심취한 그것이 우리 근대화과정이
라고 할까, 科學思想을 도입하는데 많은 역할을 했다고 봅니다. 예를 들
어서 말하면, 古山子(金正浩) 같은 이는 地圖를 만드는데 자기 독창적인 것
도 있지만 벌써 『幾何原本』을 보았어요. 『大東地誌』를 보면, 『幾何原本』
을 범례로 이끌었는데 이런 것을 보면 서양사상의 영향을 받은 것이 많지
요. 이렇게 차차 발전해 나가다가 중간에 딱 끊어지고 마는데 이것은 天
主敎迫害와도 깊은 관계가 있지요. 그런데 제일 애석한 일은 이 古山子를
연구하려고 해도 그 생애가 어떻게 되었는지, 生存年月조차도 알 수가 없
어요. 불과 백여 년 전인데 전혀 자료가 없으니…….

　韓 : 저도 星湖(李瀷)를 연구하면서 성호 선생이 서양관계를 얼마나 보았
느냐 해서 찾아보니까 원래 그분의 父親이 使臣을 따라 中國에 가서 古書
를 수 천권 사들여 왔다는 기록이 나와서 그분이 어느 정도까지 서양에 관
한 서적을 얻어보았다는 것을 알 수 있습니다. 그분이 서양의 교육제도의
내용을 소개하고 心理學, 또 천주교에 관한 얘기도 많이 하고 있습니다.
따라서 성호가 본 서양학술에 관한 범위도 상당히 넓습니다. 그러니까 당
시 직접 北京에 간 일이 있는 사람들의 견문은 물론 상당하였을 것입니다.

그런데 지금까지는 대개 유명한 사람만 자꾸 연구를 했는데 앞으로는 지
금까지 과히 밝혀지지 않은 사람으로 純祖 이후 高宗 때까지의 사람에 관
한 연구가 있어야 되겠다고 생각됩니다.

　李：그렇지요. 소위 開化를 표방한 이들의 저서를 발굴해야 할텐데 그
것이 그분들의 思想傾向이라든가 그 영향이 어디서 나왔느냐를 밝힐 수 있
는 유일한 길이고 또 그것이 퍽 궁금한데 그것을 앞으로는 자꾸 발굴해야
될 것이에요.

　韓：우선 金玉均 같은 사람만 하더라도 그에 대한 문헌이 많은 편이 아
닙니다.

　李：上疏 같은 데에 다소 나타나시요.

　韓：그런 면에서 國史學의 당면한 문제를 좀 말씀해 주셨으면 좋겠습니
다. 자료만 해도 산재되어 있는데 國史編纂委員會·서울大學·公務員訓練
院 이런 데에 있는 것도 모두 最近史의 중요한 자료들인데 그것을 어떻게
좀 정리할 수 있는 좋은 길이 없을까요.

　李：정리도 정리지만 우선 ‘리스트’가 필요한데 지난번에 國會圖書館에
서 圖書目錄을 개인의 所藏分도 포함하여 작성해 냈지요. 우리집에도 와
서한 이틀 동안 册광에 들어앉아서 만들어 갔지만 그것이 대단히 필요
해요. 무슨 책이 어디에 있고, 누가 무슨 책을 가지고 있느냐. 그런 자료
의 소재만 파악을 해놓아도 그것이 정리고 서울大學, 奎章閣의 도서 가운
데에도 아직 우리가 채 발굴하지 못한 귀중한 자료가 있을테니까 그런 것
을 빨리 발굴해 가지고 정리하는 것이 급선무입니다. 우선 역사연구라는
것은 자료가 없으면 안되니까 어디까지나 자료를 토대로 해가지고 비판을
하고 사상을 잡는 것인데 최근에는 古代라든지 고려시대의 사료 같은 것
은 국한이 되어서 더 발굴할래야 땅 속에서 두엇이 새로 나온다든지 하면
몰라도 발굴할 가능성도 없고……．

　韓：그 대신에 人類學·言語學·社會學 같은 보조과학 내지는 인접과학
부문의 무기를 갖추어야 개척할 능력이 생기는데…… 그래서 현재 전체 국
사연구에 종사하는 사람은 늘어난다고 하지만 古代史를 전공하는 사람의

비율이 아주 적습니다.

李 : 그것은 그럴 수밖에……. 史料가 우선 부족하고 또 할 만한 것은 남이 이미 해놓은 것이 있고 그러니……. 이 고대에서는 그래요. 그런 문헌상의 사료도 필요하지만 民俗學的으로 현재의 우리 민속 가운데 그 잔재가 상당히 있으니까 그것으로 미루어서 고대 것을 알고 또 그것을 외국과 비교하여 연구할 수밖에 없지요. 가령 우리나라의 井泉문제만 해도, 우리의 현민속 속에 생생하게 남아 있고 문헌에도 약간 있고, 그러니까 이런 것을 외국 것과 비교하면 재미있는 것이 나와요. 물론 민속학은 독립된 學科이지만 史學에 있어서는 중요한 보조과학입니다. 또 考古學·人類學 이런 것이 고대사를 연구하는 사람에게는 절실히 필요할 것이에요. 그것이 없이는 고대사연구가 거의 불가능합니다.

우리 민속에 대한 흥미있는 예를 또 하나 들면, ‘두레’라고 하는 것을 그 현실적인 문제는 사회학자가 다루겠지만 우리 사학에서도 이것이 아주 중요한 연구자료라고 봅니다. 그에 관한 문헌은 별로 없지만 아직 살아 있는 古老들이 산 역사가 될 수도 있고, 우리만 해도 소년시대에 村에서 생장해서 그것을 목도했고 그런 속에서 생장을 하다시피 했으니까 그 조직체가 어떻게 되어 있느냐, ‘두레’라는 말 자체가 어떤 의미를 가지고 있는 것인가, 이렇게 파고들어 가면 앞으로 공동체 사회연구에 크게 도움이 되리라고 봅니다.

韓 : 참 요전에 ‘프랑스와즈’ 교수가 왔을 때에 1971년에 소련에서 열리는 國際歷史學會의 큰 議題의 하나가 ‘歷史硏究와 機械’가 되리라고 하는 얘기를 했는데 거기에 대한 아무런 배려가 없이 지나가면 안되겠다는 생각이 드는데요.

李 : 앞으로는 歷史學에도 기계하고의 관계가 많아지겠지요.

韓 : 그러니까 ‘와그너’ 교수가 한다고 하는 우리나라 戶籍關係의 연구도 ‘컴퓨터’를 쓰는 것인데 그런 기계를 사용한다는 것이 연구를 빨리한다는 의미뿐만 아니라 사료를 재생시키고 재발견한다는 점에서도 큰 意義를 가지고 있다고 봅니다. 우리는 호적 하면 과거의 인습적인 族譜觀念이

라든지 이런 것으로 오히려 무시하는 경향이 있어 연구가 필요하다는 관념이 희박했는데요.

李 : 그래서 거기에 관련해서 우리가 무엇인가 주도적인 일을 해야 되지요. 가령 족보 같은 것도 우리가 우습게 알다가 서양 사람들이 이 족보에 대해서 관심을 쏟는다고 하니까 이것도 해야 되겠다, 또 일본 사람들이 무엇을 해야 되겠다고 하면 우리도 또 거기에 쫓아간다 말이에요. 그러니까 우리로서도 좀 주도적인 역할을 해서 외국 사람들이 우리를 쫓아서 모방하도록 이렇게 좀 나가야 되겠어요.

韓 : 그런 점이 많이 있습니다. 社會學 관계로 제가 서울大 도서관의 文典에서 도서정리를 해가지고 그 목록을 냈는데 거기 부록에 韓末官吏들의 이력서가 있었습니다. 그런데 그것 하나를 보고 '하버드'에 있는 한국 학생이 여기까지 나왔습니다. 이 이력서를 보고 身分에 대한 변동을 연구하겠다는 것입니다. 奎章閣 안에도 그런 것이 있는데 이분이 그것을 '카드'化하는 것을 보고 여기 젊은 사회학자들이 그런 것이 있으면 왜 진작 얘기를 안해 주었느냐고 항의조로 얘기도 했습니다만 이런 점이 뒤떨어지고 있는 듯합니다. 자료를 살리지 못하고 남한테 먼저 이용당하는 폐단이 생깁니다. 기계사용이라든지 이런 것하고도 간접적으로 관련이 있는 것입니다마는 그런 면이 아닌 순수한 연구방법이라든지 이런 면은 어떻게 보십니까? 상당히 발전이 되었다고 볼 수 있겠지요.

李 : 우리가 처음에 일제시대에 연구하던 때라든지 해방 직후에 서울大學을 중심으로 해서 史學을 연구한다는 그때의 정도에는 비할 수가 없지요. 韓선생도 서울대학 출신이고 우리에게 강의를 받았지만 그후로 아주 우수한 학자들이 나왔으니까 그동안 많이 진전을 했지요. 특히 우리들의 손이 미처 못 갔던 制度나 法制力面, 또는 실학방면이라든지에…… . 제도·조직 이런 것은 그 사회의 골격이니까 그것을 몰라 가지고는 거기에 덮여 있는 살이라든지 피부라든지 이런 것은 알기가 힘들어요. 말하자면 정치·경제·사회구조 이것을 몰라 가지고는 그 시대라든지 그 시대에 일어난 어떤 사건이라든지 또는 개인의 연구가 되지 않으니까, 아마 해방 후의 진전이라고 하면 그런 構造 방면에 많은 진전이 있었고, 지금도 계속해서 연구

하는 분들이 많이 있는데 그것은 절대로 필요하지요. 나는 사실 이 사학이
라는 것이 記誦의 학문이 아니라 말하자면 비판의 학문이요, 思索의 학문
이라고 보는데 이것은 자료 자체만 가지고도 안되고 이 자료에 나타나지 않
은, 즉 자료의 行間을 잘 읽어서 그 속에서 우리가 意義라든지 價値라든지
이것을 발견하는 것이지요. 이것은 한 시대면 한 시대의 특수성이라든지,
한 사건이면 한 사건의 특수성이라든지, 한 개인의 특수성도 연구해야 되
겠지만 우리 역사 속에 꿰뚫린 전통적인 어떤 흐름이 있는데 그 사회성격
이라고 할까 이런 것과 어떤 관련이 있는가를 잘 살펴야지요. 가령 3·1
운동을 보더라도 그 3·1운동이 갖는 특수성도 있지만 우리 역사를 꿰뚫
고 흐르는 어떤 전통적인 사회성격이 있는데 그 일반성이라고 할까 그것
과 어떠한 관련성이 있는가에 유의해야 됩니다. 아무리 조그마한 문제를
취급하더라도 여기에 관련된 일반성을 파악하는 것이 필요할 줄 알아요.
그 시대, 그 사건, 그 개인의 특수성이라 하는 것은 우리 역사 전체에 흐
르는 어떤 일반적인 전통성이 있는데 그것의 한 地域相이라든지 差別相으
로 볼 수가 있는데 이런 차별상을 통해서 일반상을 보고 일반상에서 차별
상이라든지 특수상을 본다는 것이 史學徒로서는 필요한 것입니다.
　韓 : 體系를 가지고 볼 필요가 있다는 말씀이시지요.

　李 : 물론이지요. 그러니까 가령 지금 韓선생이 東學에 관한 연구를 한
다면 그 시대의 특수한 呪文이라든지 이런 이런 것들이 우리 역사를 통해
서 어떠한 관련이 있느냐 하는 이 문제까지 '터치'를 해야 돼요. 가령 이
동학의 주문 같은 것이 무슨 來世의 생활이라든지 내세의 생활에 무엇을
바란다든지 이런 것이 아니고, 현실에서 잘 살자, 즉 살아서 萬事如意지
죽어서의 만사여의가 아니란 말이에요. 그러니까 거기에서 우리가 옛날부
터 내려오는 일종의 현실주의라고 할까 그런 경향이 농후한 것입니다.
　韓 : 그런 면에서 저도 이 東學亂이 일어나기 전에 있었던 여러가지 民
亂의 분석을 해 보았습니다. 거기에서 어떤 재미있는 것이 나타나느냐 하
면 일반적으로 민란이라고 하는 것이 두 가지 형태로 볼 수가 있습니다.
하나는 勢道政治下에서 두드러지게 守令의 暴惡이라든지 卿吏들의 不正이

심하다든지 할 때에 그런 자를 몰아내는 것이 일반민란의 성격입니다. 그리고 이것은 한계가 그 군민들이 일어나서 수령을 쫓아낸다는 정도로 끝나는데 주로 哲宗 末年에 三南一帶에서 일어난 민란이 그런 것입니다. 그 반면에 다른 형태는 어떤 것이냐 하면 애초부터 兵亂의 성격을 띤 것이 있습니다. 처음부터 무기를 가지고 일어나는 起兵騷亂 이것은 洪景來亂 같은 것이 아니라도 조그마한 민란 속에서도 그런 것을 볼 수 있습니다. 그런데 그런 경우의 지도자를 보면 반드시 예언사상과 관련이 있습니다. 구체적으로는 『鄭鑑錄』이라든지 또 그것이 아니라도 李氏王朝가 어떻게 망한다든지 그런 예언적인 사상과 관련이 있습니다.

李：그것은 역시 그 사람들의 수단과 방편으로 보아야겠지요. 우리뿐만 아니라 중국에서도 亂離가 날 때에는 미리 어떤 예언을 퍼뜨리고 하니까.

韓：그리고 이 兵亂을 일으키는 사람들의 관념형태라는 것은 일반 농민들의 성격이 아닙니다. 여기저기에서 자기 黨이라고 할까 동료들을 모아가지고 처음부터 무기를 들고 兵亂을 일으킵니다. 말하자면 武裝蜂起를 하는 셈인데 보통 민란이라는 것은 거기까지는 안 가지 않습니까. 이런 두 가지 형태로 보면 이 東學亂이라는 것도 결국 東學思想이라는 것이 이를테면 예언사상인데 이 東學의 교주를 중심으로 하는 것과 일반적인 민란의 성격을 가진 것과의 구분이 불분명한 듯도 합니다. 그러니까 그 전에 있었던 여러가지 민란이 여기에 집적이 된 그런 사건이 아닌가, 이렇게 봅니다.

李：東學敎는 일종의 조직체니까, 물론 조직체 대표를 중심으로 해가지고 어떤 집단세력이지. 그 집단세력을 가지고 자기네들의 목적을 이루자, 또 西論에 밀려서 그들의 敎를 邪敎라고 하니까 그 집단세력을 가지고 이것은 사교가 아니다, 공공연하게 국가의 공인을 얻어야 되겠다, 이런 여러가지 목적이 있었고 또 동학 자체가 농민들도 끼어 있으니까 자연히 농민이 나오게 되었지요. 지금 韓선생이 말한 民亂의 두 가지 형태, 즉 武裝蜂起와 非武裝蜂起를 나는 집단세력과 烏合之衆의 차이로 보는 것이 어떨까 생각해요.

韓 : 그런 면으로 생각할 수 있겠습니다.

李 : 지금 韓선생이 하고 있는 것이 무엇이에요? 대강 짐작은 가지만 ······. 그전에는 18세기를 중심으로 한 民族經濟 같은 방면을 주로 했는데 동학으로 옮긴 동기는 어디에 있어요?

韓 : 네. 그것은 제가 1961년에 미국에 가서 얼마 동안 있는 사이에 어떤 史料를 가지고 한국문제를 연구한다는 것이 상당히 제한이 되니까 아무래도 최근세 즉 淸日戰爭 이후를 보게 되었습니다. 그런데 청일전쟁과 우리나라의 경제 문제라는 것이 설명되어 있지 않았습니다. 마치 청일전쟁이 왜 일어났느냐 이것을 설명하기 위한 설명으로서 거기에 그때의 貿易統計表를 몇 개 넣어 가지고 그것도 아주 2차적인 것을 넣어 가지고 淸國과 日本이 굉장히 경제적으로 경쟁을 하여서 청일전쟁이 일어났다고 되어 있습니다. 그래서 그것을 좀더 자세히 해보려는 생각이 들었습니다. 청일전쟁이 우리나라에서 일어나게 된 경제적 배경이 무엇인가를 확실히 알아야 되겠다는 생각을 하다가 얼핏 떠오른 것이 이 문제가 우리 國內經濟 문제와 어떤 관련이 있느냐 하는 것을 먼저 캐내야지, 청일전쟁이 일어난 원인을 먼저 캘 필요가 어디에 있느냐, 이것은 주객이 거꾸로 된 것이라고 느끼게 되었습니다. 그래서 그것에 관한 자료를 보는 동안에 東學亂하고 관련이 되었다는 것을 알게 되어 동학란을 하게 되었습니다. 그리고 학교에서 최근세 강의를 하게 되니까 아무래도 이 동학란이 최근세의 시발점이라고 볼 수도 있고 朝鮮王朝時代 종말의 정리라고도 볼 수 있으니까 거기에 주력하는 도중에 여러가지 문제가 많이 일어났습니다. 지금도, 여러 사람들이 열심히 연구하고 있지만 구체적으로 연구하는 방법을 바로잡느냐 못 잡느냐 하는 것이 상당히 중요한 문제같이 생각이 됩니다. 그런 점에서 소위 무슨 문헌학적인 방법이라든지 考證學的인 방법이라든지 하는 데 대한 비판도 많고 반성도 많지만······.

李 : 그러나 그것을 버리고야 되나요.

韓 : 그것을 버리고는 물론 될 수 없고 발전적으로 본다든지, 다른 계통을 세워서 본다든지 하는 것이 씨가 딱 먹어서 확실한 자리에 서지 않고,

이를테면 開化思想研究 같은 것도 한 예인데 抽象的이고 觀念的으로 모든 것이 발전적입니다. 이러한 형식이론적인 그런 단계를 벗어나지 않는 것 같은 느낌이 많이 듭니다. 方法論이라고 하는 것이 방법론만 자꾸 연구한다고 해서 훌륭한 역사가가 되는 것이 아니고 직접 자신이 연구를 통해서 거기에 무슨 터득해 나가는 점이 있어야 되는데 전체적으로 그것이 잘 안되는 것 같습니다.

李 : 어느 부문이고 그것을 깊게 파고들어 가서 거기에서 자기의 案이 생기는 것인데 우리가 항상 겉핥다가 말고 피상적으로 생각하기 때문에 인식착오가 생깁니다. 내부에 깊이 파고들어 가서 헤쳐 내야 비로소 거기에서 어떤 재미라고 하는 것도 생기고 體系도 생기고 또 어떤 방법도 생깁니다. 항상 피상적으로 보는 것은 우리가 좀 삼가해야 되지 않을까 합니다. 이것은 이와 좀 다른 얘기지만 흔히 시대구분이라고 해서 '무슨 시대는 어디서 끊고 무슨 시대는 어디서 끊는다' 하는 문제를 가지고 대단히 중요시하지요. 그러나 결국 그것은 해결이 안 난다고 봅니다. 이것은 역시 우리 역사는 동양사적인 관점에서 보아야 해요. 서양사에는 奴隷經濟時代, 封建社會, 또 近世資本主義社會, 이렇게 구별이 뚜렷한데 이 동양사회에 있어서는 王朝가 정치의 중심이라 그것을 어떤 사회경제적인 구분을 해서 시기를 나누어야 되겠다 하는 것은 문제가 있다고 보아요. 그러니까 그것을 가지고 싸우는 것보다는 어떠한 문제를 포착해 가지고 그것을 실답게 연구해야 거기에서 일반성을 발견하고 또 그 일반성에서 특수성을 발견한다든지 그러는 것이 낫지 않을까 생각합니다.

韓 : 과거 수년 동안에 걸쳐서 소위 근대화 문제로 논란이 되었는데 거기에서 그런 느낌이 들었습니다. 구체적으로 어떤 문제를 포착해 가지고 그 문제를 해결해 나가면서 그것을 그 근대화 문제를 해결하는 구체적인 하나의 과제로 삼아서 그것을 통하여 어떤 이론이 나와야 하겠다고, 즉 구체적인 지식을 가지고 다루는 것이 좋겠다고 생각했습니다.

李 : 그 근대화 문제를 나는 방관만 하고 있지만 대단히 모호하다고 보아요. '모더니제이션'을 근대화라고 하지만 사실은 현대화라는 말인데, 흔히 이 현대라는 것을 후진국가가 선진국의 政治制度나 經濟組織이나 또는

과학수준에 도달해야만 근대화되었다고 보는 것이 보통의 관념인데 사실은 이것이 후진국가에 한한 문제가 아니라고 생각해요. 현대는 언제든지 계속성을 가지고 전진하게 마련이니까 미국이나 소련도 그런 의미에서 계속 현대화되어 나가는 것이에요. 그러니 이 현대화라는 것이 무엇을 의미하느냐. 그것은 결국 선진국가나 후진국가나 자꾸 舊殼을 탈피하고 最尖端으로 걸어간다는 것을 의미하는 것이라고 보아요. 모든 방면에 있어서 최첨단으로 걸어가는 그 자체가 현대화니까 우리가 현대화 문제를 가지고 아무리 떠들어 보았자, 實利 있는 문제가 아니에요. 자꾸 현대화는 계속되어 나가니까 우리의 문제가 아니에요. 따라서 우리가 舊殼을 얼마나 탈피하고 또 어떻게 탈피해서 최첨단을 걸어가야 되겠느냐 하는 것이 현대화의 문제이므로 그것은 어떤 경제조직이라든지 정치제도라든지 또 과학에 관한 문제가 아니에요. 우리 사회 전체의 발전에서 오는 것이지요. 그런 문제를 가지고 공연히 쓸데없는 시간과 머리를 허비할 필요가 없다고 생각해요.

韓 : 그것을 해결할 수 있는 구체적인 연구가 있어야겠습니다. 그럼, 선생님께서 학문으로 평생을 지내오신 데 대한 특별한 소감을 들었으면 좋겠습니다. 선생님 앞에서 당돌한 말씀입니다마는 저도 몇 년 안 있으면 還甲이 됩니다. 우리 後學에게 참고가 될 말씀을 해 주십시오.

李 : 내가 해방 직후 서울大學에서 학생들 모아 가지고 강의를 시작할 때가 쉰 살이었는데 지금 韓선생이 몇이지요?

韓 : 지금 쉰 넷입니다.

李 : 그러니까 내가 事變을 당하던 그 나이군요. 아마 韓선생이 우리보다 논문은 더 많이 썼을걸.

韓 : 數만 많으면 무엇합니까? 제가 처음에 공부할 때에 이런 目標를 세웠습니다. 斗溪 선생님이 환갑 때까지 논문 30篇을 쓰셨는데 나도 還甲 때까지 30편 이상은 써야 되겠다고 생각했고 후배들에게도 그런 얘기를 했습니다.

李 : 내 그 목록 중에는 빠뜨린 것이 많아요.

韓：그래서 學問을 하는데 스승이 계신다는 것은 어떤 목표를 위해서도 필요하다는 말을 했고 또 그런 마음으로 꾸준히 공부는 했는데 그 논문의 내용이 문제지요.

李：나는 아까운 청년시대에는 일제시대라 자유로운 연구를 못했고 外國이래야 일본밖에 못 가보았으니 학문을 하는데 여러가지 장애와 제약을 당한 것이 퍽 유감스럽지요. 또 해방 후에는 너무나 일이 많아서 한편으로는 가르치는 일, 또 자신의 연구하는 일, 여러가지 사회적인 문제, 그래서 연구가 더 진전이 못된 것이 후회스러워요. 그래서 이 餘年을 어떻게 잘 이용해서 그전에 하던 연구도 다시 修正을 하여 册子라도 하나 내고 또 하다가 내버려 둔 것도 손을 대야 되겠는데 이것이 容易하게 안돼요. 이런 것들이 내 손발 같은 사람이라도 있었으면 좋겠는데 그것도 없고…… 내가 그러나 앞으로 죽기 전에 세 가지 일은 꼭 해놓으려고 해요. 古代史硏究는 그 전에 발표했던 것을 대개 체계를 세워가지고 1부, 2부, 3부 이렇게 짜볼까 하는데 그중에는 일본말로 발표된 것이 많아요. 『震檀學報』가 생긴 후에는 주로 거기에 냈지만 그전에 일본말로 발표한 것을 보니까 內容에 있어서는 대개 틀림이 없으나 그 서술방식에 있어서는 그때의 방식과 요즘 방식이 다르단 말이에요. 그래서 이것을 번역하는 동시에 수정을 하려고 재작년서부터 계획을 해왔는데 한번 쓴 것을 다시 쓴다는 것은 아주 죽기보다도 싫은 힘든 일이라, 하다가 내던지고 있는데 그것을 언제든지 生前에 완성해야 되겠어요. 그 다음은 儒學史인데 이것도 자료를 모두어 가지고 原稿가 분실될까봐 '프린트'를 했는데 그것을 朴鍾鴻 씨는 자꾸 출판을 하자고 해요. 思想史의 체계라는 것이 원래 세우기가 힘들어요. 서양의 哲學史도 보면 별다른 방법이 없는 모양이에요. 인물중심으로 해놓았는데 거기에 좀 참신한 체계가 없을까 그것이 고민거리에요. 그것만 아니라면 좀 살만 붙이면 되겠어요. 그래서 그것도 죽기 전에는 해야 되겠고, 그 다음에 『三國史記』譯註를 하다가 未完으로 남겨놓았는데 그 원고를 잃어버렸어요. 博文書館에 가 있었는데 그것을 출판하다가 그만 그 사람이 죽었어요. 그 다음에 원고를 찾으니 있어야지요. 그래서 다시 써야 되니 용기를 잃었지요. 지금 民族文化推進會에서 國譯事業을 하니까,

그것을 누구 한 사람 데리고 다시 처음부터 하려고 하는데 그것은 좀 앞이 용이할 것 같고, 이 儒學史만은 힘이 들어요. 그래서 나는 이 세 가지 일만 해 놓으면 지금 당장 죽어도 恨이 없다고 생각해요. 그리고 우리 學問을 하는 사람은 누구나 다 자기나름의 생각이 있는데 내가 생각하는 내 인생관이라고 할까 그런 것을 말한다면, 그것은 우리 주위에서 흔히 人生은 苦海라고 말들을 하지만 그것은 사람이 하기에 달려 있다고 생각해요. 하기에 따라서는 그 고해를 樂海로 할 수도 있다는 것이지요. 그것은 우리 연구하는 사람이나 무슨 사업을 하는 사람이나 다 자기 나름의 계획이 있는데 그것이 차차 정리되어 가고 또 새로운 것을 착수하는 동안에 여기에서 무한한 취미와 기쁨을 느끼고 이것은 남모르는 취미에요. 韓선생도 연구를 해가는 가운데 한 문제 한 문제 해결해 나가는 그 속에서 느끼는 기쁨이라는 것은 남이 알 수 없는 기쁨이라는 것을 느꼈을 것이에요.

韓 : 다소 그런 때도 있기는 했습니다.

李 : 이렇게 되면 바로 苦海가 樂海가 아니냐, 그러니까 人生을 너무 비관할 필요가 없다, 자기가 그것을 못하니까 고해라고 하지 어떤 조그마한 일이라도 하나 하나씩 정리를 하고 그 成果를 거두어 나갈 때에 그것이 바로 人生의 기쁨이 아닌가 합니다. 그래서 인생을 비관할 필요가 없다고 생각해요. 흔히 우리나라가 오늘날 이렇게 되어나가다가는 前途가 어떻게 될 것인가 하는 悲觀論者가 많이 있는데 나는 항상 비관할 필요가 없다고 말하지요. 이제까지 우리 역사가 모진 파란 속에서 수천년 동안을 내려왔지만 그런 가운데에서도 이 사회가 여러가지로 발전해 왔다는 거지요. 내부적인 혼란이나 外勢의 침략을 받아가면서도 이 사회가 온전히 유지되고 발전해 나온 데는 필연적인 무슨 까닭이 있지요. 그렇다면 앞으로도 차차 잘되어 나가지 잘못되어 나가리라고 비관할 필요는 절대로 없지요. 그래서 나는 우리 사회성격의 일반성을 얘기하고자 합니다. 그 일반성을 내 소견으로는 세 가지로 규정하고 있어요. 그 첫째는 우리가 農耕國民인 만큼 平和를 사랑한다는 것은 틀림없는 사실이라는 것이에요. 그리고 우리가 樂天主義的인 경향이 많은 것도, 또 다소 천박한 현실주의 기질이 많

은 것도 그 평화를 애호하고 있는 농경국민의 특성이에요. 遊牧民은 流動해 다니면서 살자니까 침략이나 투쟁을 좋아하는 사회성격이 있지요.

  그리고 또 하나는 우리네 평화를 파괴한다든지 우리의 생활을 위협한다든지 하는 것에 대해서, 바꾸어 말하면 우리 독립이나 社會安寧에 대해서 위협을 주는 내부적인 不義不正이나 또 외부침략자의 불의부정에 대한 항쟁은 아주 오랜 옛날서부터 오늘날까지 계속 있어 왔어요. 이 투쟁에 의해서 모든 것이 차차 是正되어 나가며 그런 투쟁이 없으면 안되는데, 그런 불의부정에 대한 투쟁성이 있다는 것이에요. 또 하나는 자기 자신을 향상하려는 문화적 의욕이라고 할까, 이것이 古代로부터 계속되어 왔다는 것이에요. 우리가 해방 후에 雨後竹筍格으로 학교가 늘어나서 그야말로 大學 투성이가 되고 시골 농민들이 어려운 생활 속에서도 집을 팔고 소를 팔아가면서라도 자식들만은 가르쳐야 되겠다고 해서 대학을 졸업시키고 하는 현상을 우리가 더러는 비웃고 있지요. 그렇지만 해마다 외국유학생이 늘어간다는 현상 등은 어떻게 설명할 수 있겠어요? 그것은 결국 자기 자신을 향상하려는 文化意慾, 向學熱이라는 것이 바로 문화의욕인데 이것은 우리 고대로부터 계속되어 나가고 있다고 보아요. 고구려시대의 향학열이라든지 교육열, 또 신라시대의 花郎制度도 그 始源은 도의적으로나 문화적으로나 자기 자신을 향상시키겠다는 것이고, 백제 역시 중국의 文物을 수입하고 또 일본에 전파시키고 한 것도 이것이지요. 우리가 중국에 대한 事大思想을 얘기하지만 이 사대사상이라는 것이 정치적으로보다도 그 문화에 도취되어 가지고 중국문화가 우리 문화보다 우월하다 해서 그 문화를 수입하자는 것이 많아요. 또 그때 印度라면 얼마나 먼 곳입니까? 山을 넘고 바다를 건너 그쪽 땅에 간다는 것은 오늘날로 치면 宇宙旅行에 비할 만큼 어려운 것인데 그런 데까지 巡禮를 했으니 이것이 모두 문화의욕이지요. 투쟁심만 있어도 안되고, 문화의욕이 있어야 하는데 그런 정신이 전통적으로 내려왔기 때문에 다소 우리 국내에 불안정한 점이 있지만 이러한 일반의 사회성격이 있으니까 어떻게든지 유지되고 발전이 되어 나가는 것이지요. 그러니까 우리가 비관할 것은 없다는 것이에요. 사람이 가끔 나한테 물어요. "歷史家로서 장래의 韓國이 어떻게 되리라고 생각하느냐."

그러면 나는 "염려마시오. 이때까지 유지되어 왔는데 특히 王朝時代 骨肉相殘하는 그 당파싸움 속에서도 성장해 갔으니까 오늘날도 마찬가지요." 이렇게 낙관적으로 얘기합니다.

韓 : 그러면 선생님 아무쪼록 건강하시기를 빕니다.

〈「月刊中央」, 1969〉

眞理探究의 姿勢

—— 師弟對談 ——

韓 㳓 劤 · 李 成 茂

李 : 오랜 여름방학이 끝나고 2학기를 맞아 다시 학원가가 연구의 열기로 가득차 가고 있습니다.

그동안 韓박사께서는 오랜 교수생활을 통해 많은 업적을 남기고 일단 停年退職하셨는데 이번에 신문사측에서 학문의 길, 그리고 대학생들의 캠퍼스생활 자세 등에 관해 박사님의 폭넓은 의견을 듣고 싶어 이 대담을 마련한 것으로 알고 있습니다. 우선 제자로서 스승의 停年에 대해 화제를 몰아간다는 것은 죄스러운 일입니다만 아직 건강도 좋으시고 학구열 또한 저희들이 무색할 지경인데 '스톱'이다, '멈춘다'는 뜻의 停年을 운운한다는 것은 제가 제도라든지 사회를 대신해서 사과말씀 같은 걸 드려야 될지 모르겠습니다. 선생님께서 본격 학문에의 길에 들어서신 것은 34세부터인 걸로 알고 있는데 좀 늦으신 편이었죠?

韓 : 정년이란 제 개인 문제라기보다 일반적 문제, 사회적 문제라고 생각합니다. 요새 壯年과 老年 사이에 熟年이라는 이름에 합당할 기간을 인정해야 한다고들 합니다만 요즘 65세라면 한창입니다. 더구나 정신면에선 65세라면 학문의 결정뿐만이 아니라 계속 열매를 맺고 있으면서 동시에 결실을 보는 황금기라고 할 수 있어요.

저의 경우 서울大 명예교수와 漢陽大 대우교수로 계속 강단에 서게 되지만 정년 뒤에도 학문에 계속 정진할 수 있는 직장과 연구의 뒷받침 등이 중요해요. 특히 인문사회분야에 있어서의 연구와 연조는 그 방면의 연구의 깊이, 성과와 비례한다고도 할 수 있습니다. 학문의 街道에는 '65세'라는 차단기를 내려서는 안되겠지요.

그것은 국가적 機能에 마이너스 요인이 되고 人的 자원의 상실을 초래케 되는 것이지요. 대학과 연구소를 계속 활성화시킴으로써 하나의 훌륭한 생산적 인간기계가 65세라는 매듭에서 멈춰서게 해서는 안될 줄 압니다. 계속 연구에의 大路를 국가적 차원에서 보장해야겠지요. 이웃 나라 東京大를 보면 停年 후 연구만 하는 교수들이 따로 있습니다. 강의를 맡고 있는 교수가 1천명이라면 연구만 하고 있는 교수가 4~5백명이나 되지요. 그리고 대학원 강단은 계속 지키게 돼 있어요. 그래야 정년의 斷絶感을 극복하면서 연구의 지속성을 유지할 수 있지요. 학문 蓄積도 가능할 것이구요.

李 : 韓國學 연구에 들어가시게 된 특별한 계기 같은 게 있으셨는지 모르겠습니다.

韓 : 1940년경인가, 東京大 西洋史 입문 때라고 할 수 있는데요. 당초 계몽사상 연구가 목적이었지만 西洋史라는 게 韓國學과의 관계도 있고 또 韓國史의 전통을 중시했다고 할까, 그런 게 계기가 됐다고 할 수 있지요.

李 : 선생님의 國史강의 중에서는 특히 西歐的 방법론을 중시하셨는데요, 그래서 그 방면의 原典강독도 많이 했고 그 점 인상깊었습니다만…….

선생님께서 학문에의 길에 진입하신 시기가 한국의 격변기였고. 따라서 연구의 환경, 여건 등 난점이 많으셨을텐데 특히 어려웠던 점은 무엇이었습니까?

韓 : 학문의 원천과 流路를 막은 것이 격변기라는 시대적 배경이었지요. 현재 韓國史 학자는 2백명 미만입니다. 日本은 10여 년 전 이미 1만 명을 헤아렸습니다.

저와 李丙燾 박사와의 연배 차이가 약 20년입니다만 저와 李박사 사이의 韓國史學者는 극소수에 불과합니다.

더구나 6·25로 학자 배출은 더욱 막히게 되었죠. 최근 30년간의 學者 層은 너무도 얇습니다. 초창기의 學者 한 사람의 역할과 사명감 같은 건 무척 컸어요. 일상생활에 애로도 많았지만 그런 애로에 구애받다 보면 학문은 계속할 수 없겠지요. 학문의 애로, 험로 등 악조건에 不拘하지 않으면 뜻을 펼 수도 없고 선진학문을 도저히 따를 수도 없습니다.

李 : 선생님의 연구태도는 무섭도록 철저하셨는데요. 휴일이나 명절에도 괘념치 않으시고 연구실에만 몰입해 계셨습니다만, 그래서 多大한 업적을 쌓으셨고 그러면서도 계속 건강을 유지하고 계신데 무슨 비결이라도 있으시면…….

韓 : 明鏡止水처럼 항상 머리를 깨끗이 하는 일입니다. 생활문제 등 잡생각으로 구정물을 일으켜서는 학문을 연구하고 천착할 수 없습니다. 깨끗한 머리, 깨끗한 마음은 건강에 불가결의 요소라고 생각합니다.

李 : 우리의 韓國史學을 본격 학문적 차원과 궤도로 끌어올리시는데 선구자적 공헌을 하셨고, 日人學者의 왜곡된 연구를 匡正하셨다든지, 기초연구의 터를 닦고 새로운 연구방법을 도입하셨다든지 많은 이바지를 하셨는데 가장 중요한 학문적 여건은 뭐라고 생각하십니까?

韓 : 다른 일도 그렇겠지만 학문연구에 있어 여건만족이란 기대할 수 없지요. 항상 부족한 상태지요. 여건과 성과에 대한 불만의 폭을 줄이고, 그것을 바탕으로 다시 또 늘어난 불만의 폭을 또 줄이고, 이렇게 끝없는 작업을 되풀이하는 것이지요. 불만 속에서 만족을 건져 내고 최악 속에서 최선을 뽑아내는 자세가 중요합니다. 여건이란 끊임없이 개선해 가면서 연구 자세와 연관시켜야지요.

李 : 요즈음 연구여건도 좋아져서 연구분야가 세분화되었습니다만 선생님께선 초창기라 후진양성도 해 가시면서 어떤 분야가 좋고, 어떤 분야가 어떻다는 그 이전단계라 모든 분야를 발섭하시고 여러 방면에서 섭렵하셨는데……그런 면에서도 후진들에 비해 고생을 많이 하셨는데요…….

韓 : 사실 그랬어요. 각 분야를 섭렵한 연후에 갈피를 잡고, 갈피를 잡아야 小路를 뚫게 되고, 그래야 大路로 나갈 수 있으니까요. 小路도 없는 학문의 未路地를 헤맨 셈이지요.

李 : 많은 연구분야 중 특히 중점을 두신 분야는 어떠했습니까?

韓 : 처음부터 면데까지 일거에 계획을 잡는 것도 이상적이지만, 특히 史學, 朝鮮官僚制度, 東學亂 등이라고 할 수 있겠지요. 구체적인 하나의 부분보다는 여러 면의 개괄적 검토를 하지 않으면 안되었지요. 서로의 連繫性을 찾는 것도 중요한 일이니까요. 『프랑스革命史』는 르페브르의 20년

작업의 결정이었지요.

李 : 연구의 업적이 많은 논문으로 나와 있습니다만 모두 단행본으로 정리됐으면 하는데요. 그리고 선생님의 著作으로 『李朝後期의 社會와 思想』·『韓國開港期의 商業硏究』·『東學亂起因에 관한 硏究』·『星湖李瀷硏究』등 학술서적과 英譯版도 나온 『韓國通史』등 많은 것을 꼽을 수 있는데요. 저작 중 특히 힘쓰셨던 것은 무엇이었습니까? 『韓國通史』를 쓰신 후 귀수술까지 하신 걸로 아는데요……. 사실 李丙燾 박사 이후 선생님의 『韓國通史』와 李基白 교수의 『韓國史新論』등은 韓國史 저술의 大宗이라고 할 수 있겠지요.

韓 : 한결같이 어려운 건 자료수집이지요. 『商業硏究』등은 후진들에게 좀 도움이 됐을 겁니다.

李 : 學問을 하는데 중요시되는 자세랄까. 성격 같은 건 어떠해야 한다고 생각하십니까?

韓 : 대학만 봐도 초급 때와 대학원 때 등의 연구태도는 판이합니다. 머리의 바탕은 비슷하기 때문에, 학문의 진로를 좌우하는 건 끈기와 意志지요. 요즘 학문의 수명이 짧고 무老하는 경향이 있지만 '그 사람의 학문'이란 말이 가능할 정도로 하나의 커다란 산맥을 이뤄야지요. 죽을 때까지의 노력과 정진이 필요할 것이지요. 음악가. 예술가처럼 박수갈채를 받는 길도 아니고 필요한 건 일념과 의지뿐이지요.

李 : 재질이 필요한 예술계통보다 국학분야는 특히 노력이 중요하겠는데요, 후진들에게 강조하고 싶으신 건 무엇입니까. 요즘 공부라는 게 功利的인 면으로 흐르는 경향도 있고…….

韓 : 學問에도 유행성이라는 게 있고 功利的인 면도 부인할 수 없지만, 중요한 건 조급한 단편적 연구를 탈피하여 장기적 안목을 가져야 해요. 우리나라 관계 연구에 손을 댄 지 10년 만에 책 한 권을 쓰는 외국인을 본받아야 해요. 그리고 인기는 없어도 필요한 학문분야라면 그 방면에 정책적 배려가 필요합니다. 다음엔 편향성도 문제인데, 예를 들어 朝國史도 중요하지만 東洋史 속의 한국사도 중요해요.

李 : 연구비, 세미나 등이 어떤 면에선 지원도 되지만 저해요인도 돼 붐

을 타는 유행기분 같은 걸 조장하고도 있는데요. 그리고 계열별 모집은 학문의 균형적 발전이란 측면에서 고려돼야 할 거예요. 편중 러시현상의 초래를 막아야지요. 그리고 세계 속의 한국학연구도 절실합니다. 國粹主義라는 外國人의 평도 탈피해야지요. 새학기도 됐는데 학문의 길에 막 들어선 학생들에게 말씀을 좀.

韓 : 학문도 결국 일상성을 떠날 수는 없으니까 일상성의 연속이어야겠지요. 학문논리가 뒤지면 단절이 오고, 따라서 원점으로 회귀하는 게 아니겠어요. 지식전달도 좋지만 그걸 통해 창조성을 길러야 합니다. 과거의 토대 위에 창조적 아이디어가 더해져야지요. 전통 플러스 창조로 새로운 국면을 개척해야 합니다. 佛敎가 좋은 점도 있지만 근대화의 변화성에 제도적으로 내재할 능력이 없있지요. 18세기의 세계 조류에 민감한 韓國人도 있었지만 의지의 실현과 개발이 불가능했습니다. 문화 가치의 창조에는 그와 더불어 제도적 창조기반의 수반도 중요한 것이지요.

李 : 전통문화의 긍정적 측면의 전수도 필요하지만 外來 문화의 선별 受容 또한 중요하겠지요. 이탈리아에서 열린 朱子學國際會議에서 만난 콜럼비아大의 비버리 교수는 동양 3국의 급진적 발전의 저변엔 傳統的 儒敎의 긍정적 면이 작용하지 않았겠느냐고 반문하더군요.

韓 : 그건 그래요. 1973년 이스라엘 정치학자 아이젠슈타트도 과거의 단절이란 생각할 수 없고 과거와 전통의 재구성, 그것의 재창조를 강조하더군요. 상식적 얘기라고 할 수도 있지만……

李 : 오랜 시간 말씀 고맙습니다.

〈「京鄕新聞」, 1981. 9. 5〉

韓國史定立의 方向

——敎授座談——

韓洁劢·邊太燮·李敏鎬

1. 問題提起의 背景

韓 : 어느 民族에게든지 그 民族史의 방향모색은 언제나 제기되는 문제입니다. 마찬가지로 우리 韓國史의 문제도 이를테면 韓末에 있어서도 그러한 논의는 쭉 있어 왔고 또 오늘날에도 제기되는 문제입니다. 그러나 오늘날 韓國史의 문제가 클로즈업되는 데에는 다른 시대와는 다른 새로운 의미를 포함하고 있는 것 같습니다. 이러한 배경에 대해서 邊교수께서 먼저 말씀해 주십시오.

邊 : 그러한 논의를 하기 전에 우선 韓國史에 있어서 제기되는 문제는 한국사를 연구하는 사람들이 먼저 해결하고 시정하는 데에 重點이 두어져야 한다는 것을 말씀드리고 싶습니다. 제가 생각하기에는 이제까지의 한국사 연구는 고무적인 면이 많았던 것으로 느껴집니다. 그것은 다름아닌 한국사 연구자들이 남보다 두터운 使命感과 學問的 情熱을 가지고 있었기 때문이라고 할 수 있겠습니다. 제 자신 한국사를 연구하는 사람으로서 이렇

※ 오늘날 韓國史가 再定立되어야 한다는 當爲의 사실은 2가지 측면에서 나누어 생각해 볼 수가 있다. 하나는 이제까지 兩極的으로 現狀維持되어 오던 국제관계가 多極的인 양상을 띠게 되면서부터 이러한 상황에서 우리의 갈 길을 設定해야겠다는 필요성이며, 다른 하나는 前例 없는 격동적 産業化가 야기한 傳統의 단절을 극복하기 위함에서이다. 이러한 背景에서 오늘날 韓國史再定立과 再定礎의 필요성은 꾸준히 제기되고 있다. 韓國史再定立의 첫 단계는, 아직까지 그 잔재가 남아 있는 이른바 '植民地史觀'의 영향에서 벗어나 우리 나름대로의 새로운 方法論을 모색하는 것이라 할 수 있겠다. 그 새로운 方向定立을 위해 3 史學者의 좌담회를 마련해 본다.

게 말하는 것이 우스울는지 모르겠으나 바로 그러한 면이 상당히 고무적인 것으로 느껴집니다. 그러나 韓國史學의 盲點은 학자들이 문제해결에 있어서 열심으로 情熱을 쏟았음에도 불구하고 방법론에 있어서는 고루했다는 점이 지적될 수 있겠습니다. 따라서 한국사의 발달은 熱心度에 비해서 그 템포가 늦었던 것입니다. 바로 그러한 문제가 한국사의 발전을 위해서 항상 제기되어야 할 필요성이 아닌가 합니다.

邊：解放 이후 韓國史學이 量的으로 많이 발달한 것은 사실입니다. 그러나 아까도 말씀드렸지만 歷史定立은 오늘날에만 문제되는 것은 아니라고 생각됩니다. 옛날에도 春秋筆法이라 하여 그러한 논의는 항상 있었던 문제였던 것입니다. 그러나 대체로 國家의 危機에 있어 歷史意識이 고취되는 것은 어느 개별적인 이를테면 倫理思想이나 經濟思想 등과 같은 어느 한 부면보다도 종합적이고 총체적으로 역사의식이 간절히 요구되기 때문이겠습니다. 마찬가지로 국내, 사회질서가 극도로 혼란했던 17·18세기末 유럽에서도 자기 역사에 대한 반성풍조가 일어났던 것입니다. 이것과 관련해서 오늘날 韓國史 문제가 제기되는 배경을 서양사적 안목으로 李교수께서 말씀해 주시죠.

李：歷史學에 있어서 歷史意識과 主體意識은 항상 강조되는 것이지만 사실상 어떤 역사가 주체성을 배제한 것이 있을 수 있겠으며 또 歷史意識을 배제할 수 있는가 하는 데 의심이 갑니다. 역설적인 얘기인 것 같습니다만 역사의식과 주체의식이 제기되는 것은 우연한 사실이 아니라 이것 자체가 歷史的인 배경을 가지고 있다고 생각됩니다. 다시 말해서 그러한 문제가 이미 역사적인 배경을 가지고 있기 때문에 이 문제논의 자체가 이미 역사적인 것이라고 간주할 수 있겠습니다.

오늘날 한국사의 재정립과 再定礎의 노력이 제기되고 있는 계기는 2가지 측면으로 나누어 볼 수 있겠습니다.

하나는 해방 이후 양극적으로 현상유지되어 오던 국제관계가 1960년대 후반부터 다극적인 양상을 띠게 되면서부터 이 상황 속에서 한국의 갈 길이 무엇인가 하는 좌표설정의 과제이며, 다른 하나는 전례 없는 격동적인 산업화가 야기한 전통의 단절을 극복하기 위해 그러한 문제가 된다고 봄니다.

韓 : 자기의식에 대한 기본 자세를 말씀하신 것 같은데 보다 중요한 것은 역사학에 있어서 그것을 어떻게 구체적으로 표현해 나가야 할 것이냐 하는 데에 있는 것 같습니다.

그와 같은 얘기는 近代史學이 우리나라에 들어온 당초부터 民族主義의 문제를 안고 들어온 것이라고 말할 수 있겠는데 이른바 개화시기와 같은 국가민족 위난기에 있어서도 그러하였습니다.

邊 : 다시 말해서 바로 현시점이 많은 문제를 갖고 있기 때문에 韓國史에 대한 반성은 우리의 좌표가 어디어야 한다는 현재적인 관심에서 더 논의되어야 하지 않을까 하는 생각입니다. 또 하나 말씀드릴 것은 역사학 분야는 물론이지만 사회과학을 비롯한 여타학문도 긍정적으로 한국적 토대 위에서 전개되어야 한다고 전제할 때 한국사는 더 근본적으로 밝혀져야 할 필요성이 있지 않나 생각되는 것입니다.

韓 : 韓末 日本을 통해서 近代史學이 도입되어 自我에 대한 의식――그것이 밖에서 들어왔든 안에서 생겼든 간에――이 일어나게 될 때 서양사학에서 일반적으로 말하듯 그 의식이 個我(또는 個性)로 심화될 겨를이 없이 국가·민족이 위기에 처해 있던 그 시점에서 곧바로 국가민족의 운명과 직결하게 되었다는 점에서 문제가 제기되었다고 볼 수 있겠습니다. 다시 말해서 近代民主社會의 기반을 이루는 個我에 대한 인식이 심화됨이 없이 국가 운명과 직결됨으로써 민족의식이 개인의 인식보다 더 강렬하게 나타날 수밖에 없이 되었다는 것이죠. 바로 이러한 점이 자칫하면 그릇된 민족주의로 연결되기 쉬운 要素라고 할 수 있는 것입니다. 역사의식이 그릇된 민족주의로 연결되지 않기 위해서도 歷史의 再定立은 필요한 것이라고 볼 수 있는 것입니다.

李 : 韓선생님께서 말씀하신 바를 우리가 독일史學에서 그 좋은 例를 찾을 수 있다고 봅니다. 독일사학은 아시다시피 독일의 국가 통일이라는 과제를 실현하기 위해 발전했고 또한 이바지한 바가 지대하였지만 그 반면에 사회과학 방법론의 援用을 극도로 거부한 데에서 歷史學의 폐쇄성을 드러내고 말았던 것입니다.

따라서 독일사학은 대내적인 문제를 고려하지 않는 정치사 위주의 사학으로 경화되었던 것입니다. 다시 말해서 세계사적 보편성을 거부하고 독일의 개별적 특수성만 강조한 셈입니다.

2. 日帝下의 被害

韓 : 그것은 역사인식에 내재된 특수성과 보편성의 문제라고 표현할 수 있겠죠. 독일의 경우 그것은 '헤겔'의 사고방식이 영향을 미친 것이 아닌가 합니다. 이러한 배경을 가진 近代史學이 일본을 통해서 韓末에 도입됐을 때 植民地政策으로 인해 여러가지 왜곡된 점이 나타났는데 이것에 대한 논의노 필요한 것 같습니다.

다시 말해서 日帝에 의한 피해라고 할까 韓國史學에 대한 왜곡된 국면에서 탈피하는 韓國史學者들의 자세가 방법론과 관련해서 우선 제기되어야 할 문제인 것 같습니다.

邊 : 구체적으로 日帝史學에 의하여 한국근대사학이 받은 피해는 이른바 '植民地史觀'의 문제가 가장 큰 것으로 대두된다고 할 수 있겠죠. 물론 이 문제에 대하여는 보다 더 많은 논의가 있어야 하겠지만 한국민족사의 말살을 꾀하려던 日帝史學에 의하여 한국근대사학이 출발점을 가졌다는데 한국사학의 심각한 과제가 크게 클로즈업되는 것이며, 따라서 이른바 '植民地史觀' 이후의 영향을 극복하는 것이 한국사학의 가장 큰 문제로 지적될 수 있겠습니다.

따라서 日帝에 의해 왜곡된 史觀의 是正은 필요불가결한 것입니다. 일제에 의한 피해는 사실상 오늘날에까지 영향을 미치지 않았나 생각됩니다. 다시 말해서 해방 후에도 일제에 의해 왜곡된 史觀이 한국사학자들의 머리 속에 不知不識間에 침투되어 있다는 점입니다. 이러한 문제는 왜곡된 史觀 그 자체보다도 더 위험스럽다고 할 수 있겠습니다. 다행히 오늘날에는 그러한 점이 많이 제거되었다고 할 수 있지만 아직도 그 잔재가 남아 있는 것으로 느껴집니다. 따라서 그러한 왜곡된 사관으로부터의 탈피가 시급하다고 할 수 있겠습니다.

韓 : 저는 이른바 ‘植民地史觀’이라는 말조차 쓰기도 싫어합니다. 이것은 史觀도 아닙니다.

당시 일본인에 의한 韓國史硏究의 관점은 대부분 한국을 일본의 예속적 지위로 만들거나 그렇지 않으면 滿蒙系統의 한 支流로 보려고 했던 것입니다. 다시 말해서 한국을 獨立的인 국가로 보는 것이 아니라 일본에 예속되거나 만몽계의 한 部類라고 의식적으로 격하하고 있는 것입니다. 그래서 한국을 大陸과의 ‘橋梁的’이라고 地位도 云謂하는 경우가 많았습니다.

뿐만 아니라 그들은 한국사회 자체에 관해서도 전혀 그릇된 인식과 왜곡된 해석으로 한국사를 서술하기 시작했습니다. 가령 林泰輔의 『朝鮮通史』가 그 단초적인 예입니다만 朝鮮王朝史를 黨爭과 壬辰亂으로 먹칠을 해놓았습니다. 바로 그것이 그 뒤의 한국사 서술에 적지 않은 영향을 미친 것입니다.

邊 : 근대사학의 발달에 있어서 일본 사람들의 영향을 받아 그 영향이 韓國史學의 근저에 흐르지 않을 수 없는 것이 한국사학의 큰 불행이요, 비극이라 할 수 있겠습니다. 뿐만 아니라 日帝의 壓政下에서는 올바른 역사 연구나 敍述이 불가능하였습니다.

韓 : 우리는 실제로 그러한 고민과 저의를 엿볼 수 있을 것 같습니다. 一例를 들면 李能和 선생은 제 느낌으로는 한국의 전통적인 사상에 관한 관심이 지대했던 탓으로 그러므로 巫俗·佛敎·道敎·基督敎 등등 사상사에 관한 자료수집에만 집념하였던 것으로 보입니다.

3. 實證史學의 問題

李 : 식민지정책을 정당화하는 그릇된 식민지사관에 의한 韓國史硏究에는 歷史를 가장 객관적이고 중립적으로 추구한다는 실증주의적 방법을 그들은 무기로 채택하고 있습니다. 이러한 이른바 가치중립적 실증주의의 영향이 오늘날까지도 상당히 깊이 작용하는 것으로 봅니다. 실증주의는 검토되어야 할 방법입니다.

邊 : 어떻게 보면 日帝가 客觀性을 띤 실증의 역사를 서술한다고 하면서 政策의 일환으로 사용했다는 것에 毒素를 품고 있다고 할 수 있겠죠. 그리고 그때 당시 일각에서는 일체의 史觀에 대해서 民族史觀으로 대결하려고 시도하였으나 그러한 의식조차도 말살당하지 않을 수 없는 상황이었다고 할 수 있습니다. 이러한 일도 사실상 일제의 피해라고 자적될 수 있겠습니다.

韓 : 日帝가 주장했던 내용은 첫째, 韓國史學이 정체됐다는 것과 둘째, 韓國民族이 自主性이 없고 依他的이라는 2가지 점을 들고 있습니다. 즉 그들은 조선 내부에 內紛과 黨爭이 심하다는 점을 내세워 당쟁이 곧 한국의 국민성이라는 점을 강조하고 사회면에 있어서도 발전적인 면을 배제하고 그 정체성만을 내세웠던 것입니다.

이는 韓末에 우리 民族이 쇠망의 길을 걸었을 때 우리 민족이 가질 수 있었던 문제의식을 그들이 그릇되게 이용한 데도 그 연유가 있습니다. 다시 말해서 그때 당시의 우리 민족의 문제의식으로서 우리가 어떻게 하여 발달해 왔는가를 생각하는 것보다 왜 우리가 망하게 되었는가 하는 自己反省的인 입장을 도리어 日人들은 그들의 침략적 구실로서 삼았던 것입니다.

日帝에 의한 그릇된 해석이 바로 韓國史의 왜곡을 가져온 것입니다.

邊 : 일제는 歷史서술에 있어 실증주의의 무기를 내세워 그것이 언제든지 객관성을 내포하는 것인 양 사용했지만 사실은 한국의 역사를 정체성과 타율성의 2가지 면에 결부시켜 왔던 것이 사실입니다. 일제는 檀君朝鮮의 문제도 부정했을 뿐 아니라 箕子朝鮮, 위만조선도 식민지로 해석하려 했습니다. 또한 漢四郡의 위치도 될 수 있는 대로 한반도 남쪽에 위치했던 것으로 설정해서 韓國民 전체가 그 영향 아래 있었던 것으로 주장해 왔던 것입니다.

韓 : 그러나 실증사와의 本質을 정확하게 이해하고 넘어가야 하지 않겠는가 하는 생각입니다.

李 : 일본 사람들의 정책적 고려에서 제기된 이른바 '植民地史觀'의 배경에는 앞에서 말씀드린 바와 같이 실증주의적 방법이 그 무기로서 이용

되었다고 보겠습니다. 實證主義는 사실상 과학적이며 객관적인 것 같지만 그 자체가 이데올로기와 관련 없이 成立될 수는 없는 것입니다. 실증주의의 대표자로서는 랑케를 例로 들 수 있겠는데 그의 史學이 일본 등 각국에 미친 영향이 큽니다. 랑케사학이 일본에 들어온 것은 리스라는 사람에 의해서입니다. 1880년대에 미국에서도 일대 랑케 붐이 일어난 바 있습니다만 그곳에서 랑케사학은 근본적으로 잘 이해되었습니다.

즉 랑케사학을 思辨이 아닌 그리고 政治的 中立性을 지킨 것으로 이해되었을 뿐만 아니라 비록 '랑케'가 保守的인 觀點을 가지고 있다 하더라도 그의 歷史敍述에는 그러한 보수적인 태도가 전연 개입할 여지가 없는 것으로 오해되었습니다. 따라서 '하바드 아담스'와 같은 사람은 '랑케'를 서슴지 않고 '近代史學의 아버지'라고 칭하기까지 했던 것입니다. 이러한 영향은 다른 나라에도 미쳐 20세기 초 랑케학의 영향을 받은 美國의 '액튼' 경도 종국적으로는 '궁극적 歷史 ultimate history'가 실현될 수 있을 것이라고 믿었던 것입니다.

랑케는 당시 독일의 지식인들이 그랬듯이 프랑스革命의 원리와 啓蒙을 再現에 반항하는 보수적인 입장에 놓여 있었으며 그는 경험주의자도 아니었습니다. 랑케는 철학적인 唯名論에 속하기보다는 철학적인 觀念論에 속하고 있었으므로 具體的 事實보다도 現象 뒤에 숨은 정신의 추구에 몰두하였습니다. 오늘날 랑케는 辯證法的 思考를 통해 否定的 思考를 내세운 헤겔보다도 더욱 적극적으로 절대정신의 실현으로서의 독일국가를 옹호하는 입장에 있었다는 데 비판은 집중됩니다. 한마디로 랑케의 실증주의는 그의 보수적인 政治觀을 대변하는 이데올로기의 역할을 다하고 있습니다. 이러한 랑케流의 실증주의가 日人학자들에 의해 채택되었다는 것은 결코 우연이 아닙니다.

韓 : 그런데 동양에 있어서도 일찍부터 學風의 하나로 考證學이란 것이 있었고, 우리나라에 있어서도 17·18세기에 이르러서는 역사연구에 실증적인 인식방법을 강조하게 된 일도 있었습니다. 여기서 實證史學의 오류나 결함을 논하기에 앞서서, 그 기본조건이 되는 실증정신은 中世의 宗敎的인 歷史觀에 대해서 近代的인 思惟方法의 일면을 갖춘 것이 아닌가 하는 점

에 대해서도 일단 배려해야 될 줄 압니다. 이 점에 대해서는 어떻습니까.

　李：歷史學의 기반은 두말할 나위 없이 史料批判에 놓인다고 보겠습니다. 다만 우리는 실증주의가 지닌 思想的인 면을 배격해야 한다고 봅니다. 방법론에 있어서 實證이라고 하는 것은 史學이 아무리 발달된다고 하더라도 피할 수 없는 전제조건이 되어야 한다는 것은 두말할 필요 없겠습니다. 특히 요즘 와서 실증이 결여된 일반화가 자주 논의되고 있는데 이러한 것에는 경계를 해야 할 것 같습니다.

　邊：實證이라고 하는 것은 근래에 와서 언필칭 역사 하는 사람들이 의미 해석은 하지 않고 실증만 한다고 이해되어 큰 비난을 받는 것이지만 우리가 생각할 때 역사연구는 실증을 전제로 해야겠고 더군다나 史料 정리가 되어 있지 않은 韓國史學의 경우에 있어서는 실증적인 면의 중요성을 강조해야 하지 않을까 하는 생각입니다. 그와 아울러 理論面에 있어서의 작업이 뒤따라야 하지 않겠느냐 하는 것입니다. 한국사연구의 맹점은 너무 특정부분에 대한 실증적 연구에만 치우치고 그것이 곧 한국사의 중심과제라고 생각하는 데 있는 것입니다. 따라서 이론적인 기도에 대해서는 외면하는 풍토가 여전히 강하다고 볼 수 있습니다. 예를 들어 時代區分의 문제에 있어서도 그 내용이야 어떻든 간에 비난부터 앞세우는 경향은 개선되어야 할 것입니다. 다시 말해서 너무 실증주의에 얽매이지 않고 의미 주관을 가지고 역사를 서술할 수 있는——물론 실증이 그 기반이 되어야 하겠지만——풍토로 개선되어야 한다는 것입니다.

　李：한국사학이 대담한 자기 설계를 해야 할 단계에 놓여 있다고 말씀하셨는데 그와 아울러 비단 역사학 자체뿐만 아니라 사회과학 전반으로서 해결되어야 하는 풍토가 조성되어야 하지 않겠는가 하는 생각이 듭니다.

　다른 나라에 있어서도 외래적인 방법이 學問의 방향에 크게 영향 주는 경우를 우리는 자주 볼 수 있습니다. 그러나 그러한 외래적 영향이 자기 문제해결에 끼치는 한계를 가름해 보려는 노력이 부단히 계속됩니다. 日人에 의한 植民地史觀뿐만 아니라 해방 후라 무비판적으로 유입되었던 외국의 社會理論, 歷史理論을 우리의 현재적 문제를 해결하기 위해 총체적인 검토를 요구한다고 봅니다. 역사학 내지는 사회과학은 광범한 **방법론**의 검토를 거쳐야 하고 이를 되도록 공통한 과제로 끌어올리는 노력이 있어야 할 것으로 봅니다.

邊 : **西洋史** 및 **東洋史**와 사회과학을 연구하는 학자들이 한국사 발달을 위해서 외국으로부터 이용할 수 있는 **諸**방법을 소개해 주고 또 자기 나름대로의 방법론을 제시해 주는 것이 바람직한 일이라 할 수 있겠는데 그렇지 못한 것은 서양사나 사회과학자들의 과오라기보다는 바로 **韓國史學者** 자신들의 책임이 아닌가 생각됩니다. 그것은 바로 한국사학자들 스스로가 그러한 이론을 도입하여 이용하려는 의욕이 모자랐기 때문이라고 할 수 있는 것입니다. 다시 말해서 1차적인 책임은 한국사학자들 자신에게 있는 것이지만 서양사 및 동양사나 사회과학들의 **共同協力硏究** 자세가 모자랐던 점이 지적될 수 있는 것입니다.

韓 : **國史** 하는 사람의 입장으로서 **實證史學**의 기능에 대한 명확한 개념을 갖지 못했다는 것은 사실입니다.

실증사학은 일본을 통하여 우리나라에 **영향**을 미치게 되었는데 사학의 기초가 문헌비판에 두어져야 한다는 실증정신은 근대적인 정신이라고 보아야 할 것입니다. 그러나 실증사학의 결함은 역사의 모든 것에 주관을 넣지 않고 객관화시킨다는 것이 잘못되어 결국 역사라는 것이 인간이 들어가 있지 않은 역사가 되어버리고 말았다는 점입니다. 다시 말해서 모든 것을 사실적인 면에 귀착시키고 ‘누가 **했다**’ 하는 것이 **빠짐**으로로써 역사가의 입장이 떠나버리고 말았다는 사실입니다. 또 한 가지 실증사학에 대한 비판으로서는 아무리 문헌에 의존하는 객관성을 **중요시한다** 하더라도 주관이 개입되지 않을 수 없다는 점이 지적될 수 있겠습니다. 즉 사료의 취사선택에서부터 거기에 대한 해석에 이르기까지 본질적으로 주관이 섞이지 않을 수 없다는 점입니다. 객관적인 사실에 근거한 실증이라고 하지만 사람이 하는 실증에는 위증도 들어갈 수 있는 것이며 오증도 들어갈 수 있는 여지가 있는 것입니다. 가령 최근 논의되고 있는 임나문제나 광개토대왕 비문의 경우도 위증의 한 예라고 지적될 수 있겠습니다.

결국은 요즘 활발히 주체성의 문제가 논의되는 것과 연관시켜서 그 논

의의 기본적인 조건에 큰 잘못된 점이 있지 않았나 생각됩니다. 프랑스의
역사가 '마루'라는 사람은 그의 『歷史의 再認識』이라는 저서에서 實證史
學에 관한 재미난 비유를 하고 있습니다.

'마루'는 "歷史에 있어서 實證을 한다는 것은 오케스트라의 멤버들이 音
階를 맞추는 것과 같다. 그러나 음계를 아무리 잘 맞춰도 연주는 되지 않
는다"라고 말하고 있습니다. 즉 음계를 맞추는 것이 연주를 하는데 있어
서 기본조건은 될 수 있지만 연주로서 성립되지는 못한다는 뜻입니다. 따
라서 제가 강조하고 싶은 것은 史料를 취급하는데 있어서의 實證方法은
歷史學이 아무리 발전된다 하더라도 그것을 벗어날 수는 없다는 점입니다.

歷史가 虛構가 아닌 이상 하나의 증거는 버릴 수는 없는 것이며, 또한
사람이 들어가 있는 역사를 만들어야 한다는 점입니다. 실증에 빠지면 사
람이 없는 역사가 되어버리고 그렇다고 해서 실증을 무시하면 근거 없는
假說이나, 一般化·體系化가 되는 것이지만 어떤 면에 있어서는 조급한
일반화와 조급한 체계화가 韓國史學에 미치는 영향은 상당히 위험스럽다
고 생각됩니다.

李 : 歷史學이 발달하는 과정을 본다면 사회과학과 마찬가지로 자연과학
적인 영향 속에서 성장되어 왔다고 보아야 할 것입니다. 여타 사회과학이
자연과학의 영향을 받음으로 해서 전통 속에서 간직되었던 主客의 일치가
主客의 분열로서 나타났으며, 自然科學에 있어서의 對象化·客觀化라는 思
考가 인간 자체까지도 대상화하고 객관화하는 결과를 초래한 것입니다.
歷史學에 있어서도 인간생활의 통일적인 국면을 무시한 細分化한 영역에
대한 분석이 역사의 주체로서의 人間을 상실하게 했던 것입니다. 이것이
곧 역사를 떠난 탈역사화의 과정입니다.

客觀的인 事實을 엄밀히 보려는 입장과 주체로서의 인간의 결단이라는
인간 實存에 깃들인 역설을 '막스 베버'는 가치중립성과 가치판단으로 제
시하고 있습니다.

韓 : 일반적으로 과학이 발달하는 과정에 있어서는 먼저 자기 나름대로의
가설을 세워 연구를 한 연후에 각 分野간의 종합연구를 하는 것이 중요하
다고 생각할 수 있겠습니다. 이러한 것은 프랑스의 사회학자 '듀베르제'

도 찬성한 문제입니다만 우리나라의 경우 위에서 언급한 논의와 전통적인 사고방식이 어떻게 연결되어 있는가 하는 것이 문제로서 제기될 수 있을 것 같습니다. 과거 유학에서 보면 역사서술이나 사학이 그 나름대로의 체계를 잡았던 것은 사실이지만 각 부면이 종합해서 발달하는 과정은 경험하지 못했다고 할 수 있겠습니다. 따라서 오늘날 사학의 문제에서뿐만 아니라 각 分野간의 自然科學的 思考方式의 분화 발달과정에서 오는 폐단을 극복하는 것이 해결되어야 하지 않겠는가 하는 생각입니다.

李 : 가치적 전통을 확립하려는 韓國史의 과제는 1960년대에 들어와서 겪은 産業化 과정에서 파생된 여러 문제를 해결하는 데에 있다고 봅니다. 産業化 과정은 과학적 思考를 토대로 하여 전개됨으로써 歷史의 이해와 人間의 이해에 결정적인 변화를 받게 되었다고 봅니다.

역사인식은 과학적으로 분화된 인식을 어떻게 현재적 생활의 통일로 집약하는가 하는 문제에 귀결될 것으로 봅니다. 뿐만 아니라 산업화로 말미암아 전통사회에 묶였던 소리 없는 대중의 참여의식이 강화되어 民族的 自意識에 이들을 창조적으로 결합해야 할 과제가 중요하다고 봅니다.

邊 : 지금 그 문제는 民族史學의 문제와 결부된다고 할 수 있겠습니다. 요즈음 한국사에 있어서 민족사관이라는 말이 논의되고 있는데 현재의 의미는 丹齋나 六堂이 우리 민족의 우수성을 의식적으로 강조하던 韓末의 그것과는 다른 것이라고 이해되고 있지만 근래에 나온 민족문제가 너무 지나치게 국민을 전제로 하지 않나 하는 느낌이 듭니다. 만약 그것을 너무 지나치게 의식하면 과거 일본 사람들이 했던 것과 마찬가지가 되겠는데 바로 이러한 점에서 우리 민족사의 문제가 좀더 조심스럽게 다루어져야 하지 않겠는가 하는 생각이 듭니다.

韓 : 또 하나 지적되어야 할 문제는 서양이 기술을 갖고 동양에 진출해올 때 동양 각국이 동양적인 윤리를 가지고서 서양기술을 받아들였다는 점입니다. 즉 민족적인 의식을 상실하지 않고 서양기술을 받아들인다는 것이 민족사관으로서의 중요한 局面이라 할 수 있겠습니다.

4. 國史의 大衆化

邊 : 일반대중들이 韓國史를 어떻게 인식하느냐 하는 것도 상당히 중요한 문제가 될 수 있겠습니다. 제가 언제나 하고 싶은 말이지만 일반대중들이 韓國史를 마치 강요된 과목같이 여기고 있다는 것인데 이것은 한국사의 올바른 정립을 위해서 곤란한 문제가 아닐 수 없습니다. 가령 서울대학교에서 국사를 필수시험과목으로 하면 누구든 그것이 강요된 과목이라 느끼고 있는 것 같은 인상을 주고 있는데, 이런 식의 國史에 대한 일반 사람의 인식은 시정되어야 할 문제가 아닌가 합니다. 다시 말해서 국사는 知的 과목이 아니라 反知的 과목으로 오직 전형을 위해서만 치르는 과목으로 인식되고 있다는 것은 우려할 만한 사실이 아닐 수 없습니다.

韓 : 國史가 중요하다는 것은 누구나가 다 인식하고 있는 터이지만 실제로 국사를 어떻게 보급하고 교육시켜야 되겠다는 것에 대해서는 아무런 구체적인 방안이 없는 것이 오늘의 실정이라고 생각됩니다. 또한 그러한 면 외에 한국사학 자체가 안고 있는 문제도 몇 가지 지적될 수가 있겠습니다. 우선 韓國史 연구가 기본적인 자료정리도 안되어 있는 처지에 오로지 학자 개인적인 근면에만 의존되어 왔다는 사실을 들 수 있겠습니다. 이러한 상황하에서는 학문의 'up-to-data'한 실적을 낼 수가 없는 것입니다.

또 한 가지 문제는 이제까지의 학문풍토가 공동 협동연구할 수 있는 분위기를 조성해 주지 못했다는 사실입니다. 이것은 實證史學이 세계 각국에 영향을 미쳤기 때문인 것으로 우리나라 사학계가 그것의 영향을 받아들였다는 것도 무리는 아닙니다. 따라서 국사만 해서 될 것이 아니라 학문 자체가 서로 연결되어 종합적인 가설을 발견하는 기본작업이 먼저 필요할 것으로 생각됩니다.

邊 : 國史가 일반에게 올바로 인식되지 못한 것은 우선 국사학자에게 그 책임이 있다고 생각됩니다. 근래에 와서 官界나 言論界에서 國史에 관한 '붐'이 일어나 일반에게 상당한 관심과 자극을 불러일으키고 있는데도 國史學者들이 그것을 外面하고 있지 않나 하는 생각이 듭니다. 다시 말해서

국사학자들이 상아탑 속에서의 孤立性이나 고집을 지나치게 내세워 능동
적이 되지 못하고 있다는 것입니다. 물론 예외는 있겠습니다만 그러한 붐
을 이끌려고 능동적으로 나서면 마치 한국사학의 正道를 벗어난 것으로 간
주하는 경향이 있기 때문에 국민들에 대한 역사의 인식이나 보급에 차질
이 생기지 않았나 생각됩니다. 따라서 국사학자들의 적극적인 태도가 아
쉬운 상황이라고 할 수 있겠습니다.

李 : 그것이 곧 역사의 대중화를 말하는 것이 되겠습니다만 우리는 아직
국사가 곧바로 '나'의 지나온 과정이라는 의식이 부족한 듯합니다. 解放
後의 혼란, 6·25, 민주주의의 시련, 外援文化의 영향 속에서 자기의식의
結晶을 보지 못한 것이었다고 봅니다. 내 것이 무엇인가 하는 意識이 자
각될 때 역사의식은 순화되며 역사의 대중화는 쉽게 이루어질 수 있으리
라 봅니다.

韓 : 역사의 대중화를 가져오지 못한 것은 학자들에 대한 지원의 부족에
서 야기된 것이라고도 볼 수 있겠습니다. 타국에 비해서 극히 모자라는 시
설과 조건에서는 연구영역이 광범해질 수도 없는 것이며 또 높은 수준의
내용으로도 올라갈 수 없는 것입니다.

인원수에 있어서도 가까운 일본의 경우는 그 나라 국사학자가 1만명에
가깝지만 우리나라의 경우 150명 정도에 이르고 있는 실정입니다.

그리고 역사의 大衆化라는 것은 신문에 자주 언급된다고 해서 이루어지
는 것은 아니라고 생각됩니다. 가령 역사연구자가 올바른 연구를 해서 누
구든지 올바르고 쉽게 읽을 수 있는 著書를 내는 것이 대중화의 작업이라
고 생각됩니다. 서술이 난삽하고 몇몇 사람만이 해독 가능한 저서를 내는
요즘의 한국사학 현황은 오히려 대중화의 작업을 늦추는 것이라고 할 수
있겠습니다.

다시 말해서 국민 누구든지 올바르게 접근할 수 있는 결과를 내놓는 것
이 대중화의 작업인 것이며 또 그렇게 해서만이 一般의 역사인식이 야담
이나 역사소설, 민속 등등에서 벗어나게 될 것이라고 생각됩니다.

李 : 또한 역사문제에 있어서 심각하게 고려해야 할 점은 연구의 대상이
라고 생각합니다. 19세기 말에서 20세기 초엽에 걸쳐 유럽에서는 '부르

크하르트’나 ‘호이징거’가 말한 역사의 ‘형태변화’가 찾아왔다는 사실입니다. 美國에서 터너, 로빈슨, 비어드와 같은 新史學에 속한 역사학자들은 독립초기의 건국영웅에 대한 관심을 서술하던 역사를 버리고, 예컨대 미국과 미국사상을 형성한 것이 프론티어라는 집단의 힘을 강조하는 사학으로서 발달되었습니다. 이러한 과정은 프랑스 연보판에서 나타나는 것과 같이 역사학과 사회학을 결부하려는 움직임으로써 결과되었습니다. 한국 사학의 발전은 다른 學問과의 긴밀한 연계 속에서만 가능하리라 봅니다.

韓 : 그것이 바로 역사의식의 문제라고 할 수 있겠습니다.

5. 새로운 方向의 모색

邊 : 마지막으로 韓國史學은 日帝史學이 그릇되게 표현해 온 停滯性과 自律性에서 완전히 탈피하는 문제가 가장 중요하다 할 수 있겠습니다.

정체성은 이제는 큰 문제가 아니겠습니다만 韓國史를 발전적인 면에서 파악해야 하겠다는 것이 보다 더 중요한 것으로 생각됩니다. 다시 말해서 이제까지는 외부에 의존하는 결정론이 지배해 왔지만 이제부터는 우리나라 스스로 내부적인 사회발전에 의하여 한국사가 발전을 해왔다고 하는 측면에서 관찰되어야 한다는 것입니다. 즉 한국사 내부에서의 줄기찬 발전이 그 향상을 가져왔다고 하는 방향을 설정해서 한국사를 보아야만 올바른 한국사의 이해가 되지 않겠는가 하는 것입니다.

그것은 나아가서는 한국사의 운명론이라고 하는 결정론에서 벗어나서 화려하고 명랑한 한국의 미래를 바라볼 수 있는 史觀으로써 이루어질 수 있는 것이겠습니다.

李 : 오늘날 역사학을 에워싼 방법론적 논의는 광범하게 전개되고 있습니다. 그 예를 들어 構造史學의 과제, 新經濟史學에서 추구되는 ‘클리오메트릭’ 정신분석, 新實證主義에 대한 비판, 철학의 비판 등의 논의는 한정된 틀에 사로잡히지 않고 韓國史에 대한 광범한 가능성을 제기할 것으로 생각합니다.

韓 : 근래에 한국사의 발전적인 면, 밝은 면을 보아야 한다는 요구는 과

거 일제시대를 생각해서 당연하고도 필요한 것이기는 합니다. 그러나 ‘마루’가 역사가를 교향악에 비유했듯이, 그러한 면에서는 저는 회화에 비유하고 싶습니다. 어떤 화가는 밝은 빛깔을, 또 다른 화가는 어두운 빛깔을 많이 써서 명화를 남겼다고 합시다. 화가는 결국 명암을 잘 배합한다는 것이 요건이 아닐까 하는 점입니다.

또한 근래에 와서 政治學이나 經濟學 등의 사회과학 분야와 역사학의 실질적인 공동협동연구의 필요성이 논질되고 있는데 이것이 바로 歷史에 있어서 요구되는 바요, 지향할 바로 생각됩니다. 그러나 韓國史學 자체로서는 역시 방법론적인 문제를 골똘히 탐구해야 하는 것이며, 뿐만 아니라 구체적으로 서술문제에까지 활발한 논의가 있어야 될 줄 압니다.

그렇게 될 때에 한국사에 있어서의 旣成槪念에 대한 전면적인 검토도 가능해지는 것이며 한국사학자 자신의 노력과 餘他 사회과학 연구 종사자간의 올바른 협동연구 노력도 결실을 맺게 될 것입니다.

邊：韓國史學의 可能性을 밝히는 것이 한국사학의 방향이 아닌가 생각됩니다. 만약에 그런 가능성이 밝혀지지 못한다면 이제까지 한국사학을 지배해 왔던 運命論이나 宿命論에서 벗어나지 못하게 될 것입니다.

또한 한국사학에 있어 是正되어야 할 점이 있으면 이를 대담하게 제기할 줄 알아야 하는 國史學者의 태도도 중요한 것이라고 할 수 있겠습니다.

〈「大學新聞」, 1973. 2. 12〉

『韓國開港期의 商業研究』
——韓國出版文化賞 著作賞 受賞 인터뷰——

A : 記者 B : 韓㳓劢

『韓國開港期의 상업연구』라는 저서로 한국출판문화상 저작상을 탄 韓㳓劢 박사(56)는 일본 동경 제대를 중퇴하고 서울대 문리대 사학과를 졸업, 『이조후기 사회와 사상』·『韓國通史』·『東學亂 起因에 관한 연구』 등의 저서를 낸 國史學界의 대가.

韓교수는 이번 수상작 『韓國開港期의 상업연구』에서 開港을 계기로 한국에 진출해 온 외국상인의 경제적 세력과 그것이 한국경제에 미친 영향을 광범위하게 살피고, 그런 여건에서 이룩되는 韓國商會社의 성립과정을 구명하고 있다. 즉 開港期에 있어서의 우리나라의 상업구조의 변천상을 다루고 있는 것이다.

그러나 그 상업구조의 변천상에 대한 씨의 추구는 '구조의 변천요인'을 살피는 데에 목적이 있는 것이 아니고 그것이 東學亂을 유발시키는 한 요인으로서 추구되고 있는 것이다.

B : 처음 내가 이 문제에 손을 댔을 때는 '상업연구' 같은 제목이 아니고 東學亂에 관한 연구였습니다. 그런데 그것을 대외적·대내적·경제적·사상적인 측면 위에서 살피다 보니까 내 힘에는 너무나 벅차다는 점을 느끼게 되었고 또 시간이 무진장하게 필요하다는 것을 절감하게 되었습니다. 그래서 처음의 의도를 바꿔 동학란의 대내적 요인은 『동학란 기인에 관한 연구』로 묶고 대외적·경제적 문제는 『한국개항기의 상업연구』로 묶게 되었던 겁니다. 그런데 그런 편의적인 저술이 의외로 상을 받게 되어, 나 자신 내게 상이 주어졌다는 그 사실에 놀라고 있습니다.

내가 그 상을 받을 명목이 있다면 아마 이것에 손을 댄 지가 10년이고,

그 10년에 너무나 많은 史料의 미궁 속을 헤매다녔다는 점에 대해서일 겁니다.

A : 몹시 막연한 질문입니다만 그 10년의 연구기간 속에서 선생님이 가장 중요시했던 점은 어떤 것이었습니까.

B : 글쎄요, 어떤 의미로 그 질문을 받아들여야 할지 잘 모르겠습니다. 이렇게는 말할 수 있겠지요. 한국의 17·18세기는 종래의 封建的인 經濟體制가 전면적으로 붕괴되어 가고 自本主義的인 요소가 싹트고 있을 때입니다.

그런데 과거 일본의 학자들은 한국에 있어서의 근대자본주의 성립과정을 한국 사회 자체의 발전적인 면에서 파악하려 하지 않고, 그것을 무시하고 개항을 기점으로 한 일본의 경제적 침투가 마치 한국의 자본주의를 성립시킨 것으로 입론함으로써, 개항을 계기로 한 일본의 경제 침투가 한국경제에 미친 파괴적 영향을 은폐하려고 하였습니다. 이 같은 왜곡 내지 오류를 철저히 구명, 극복하려고 시도했습니다만 그런 시도는 내 의욕이고 그것이 어떻게 나타났느냐는 내가 알 수 없는 문제이지요. 학계가 판단해 줘야죠.

A : 開港이 東學의 한 起因이라고 말씀하셨는데, 그러면 선생님은 동학을 지배계층에 대한 민중의 저항이라는 측면으로만 보지 않고 외국세력에 대한 저항으로까지 그 성격을 확대해서 보신 건가요?

B : 동학을 反封建的이고 反帝國主義的인 투쟁이라고 보는 것은 나만의 독특한 견해가 아니고 학계의 일반적인 견해입니다. 분명히 그들의 봉기의 시초는 반제국주의적인 측면이 미약했습니다마는 투쟁과정에서, 그러니까 官軍에 일본이 직접·간접으로 관련되면서 그러한 성격이 명확해져 갔습니다. 이때엔 동학의 구호에도 ‘斥倭洋倡義’라든지 ‘逐滅倭夷’가 선명하게 나타났습니다.

A : 그러한 구호가 나온 것은 일본의 한국 침투에 대한 본질을 이해해서라기보다도 그들 세력에 대한 반세력이었기 때문이 아니었을까요?

B : 그런 면이 있지요. 그들이 ‘일본의 韓國侵透’를 선명하게 파악했다고 보기는 어려운, 몹시 불투명한 면이 있어요. 그러나 그 파악하는 강도

가 불투명했다고 해서 그렇지 않았다라고 뒤엎어 생각할 수는 없는 일이 아니겠어요. 내가 생각하기에는 歷史研究家란 '그렇다'든지 '아니다', '이것이다'라고 결정짓고 결론을 내리는 자가 아니라 그 결론까지 도달하는 과정에서 '왜 그러냐'라고 의문하면서 구명해 가는 자라고 생각되어 사실어떤 문제에 대한 결론은 사실은 모르고라도 어느 정도 대답해낼 수 있는 가능성이 있어요. 역사의 발전이라는 것은 어느 정도의 확률성을 가지는 것이니까, 확률성은 없더라도 觀念的으로라든지 例示的으로라도 해낼 수 있는 가능성이 있는 것이니까. 역사가란 그런 식으로 결론을 구하는 자가 아니지요. 역사가란 논증을 되풀이하면서 결론을 꺼내는 자이지요. 그러니까 동학 속에 反帝國主義的 側面이 선명치 않다고 하더라도 그러니 반제국주의적이 아니라고 말할 수는 없는 것이고 그래서 역사가는 두더지처럼 역사적 사실을 파헤치는 것이지요.

　A : 그렇다고 하더라도 우리가 동학을 民衆蜂起라고 규정짓고 동학에 그런 성격을 부여한다면 민중이 일본의 침투에 대한 危機感을 느꼈다고 규정해야 될 것 아닙니까?

　B : 느끼지 않았다고 말할 수는 없죠. 그렇게 급격하게 외부적인 세력에 의해서 변화가 강요되고 있는데 아무리 무식한 천민이라고 할지라도 그 위기감을 느끼지 않을 수가 없는 일이 아니겠어요. 그리고 일단 위기감을 느끼게 되면 그 위기로부터 자기를 보전하기 위해서 어떤 수단을 강구하게 되죠. 그것이 소위 저항이죠. 밖에서 들어오는 것이 고도로 발달된 것이고 고차원적인 것일 때에, 그리고 그것이 우리의 존재를 위협하는 것일 때에, 그 위협으로부터 피하기 위해서 자기적인 것을 신성시하면서 힘을 모으는 보수적인 반동현상이 있게 되는 겁니다. 왜냐하면 좋은 것에는 말려들어 가게 되는 법이니까. 말려들면 자기는 상실되는 것이니까. 그래서 우리 것을 신성화하고 남의 것을 야만으로 취급하는 華夷觀 등이 그때 등장하게 된 것이죠.

　A : 華夷觀을 민족주의적인 측면에서 이해하려는 분들이 요즘 많이 있더군요.

　B : 民族主義的이라고 볼 수 있는 면도 있겠지. 남의 것을 막기 위해 동

원되는 관념이니까.

A : 韓國近代化의 기점을 東學으로도 보고 또 開港期로도 보는 분들이 있더군요. 그런데 어떻습니까, 1800년대의 한국을 근대화라는 서구적 개념으로 이해하려는 것부터가 무리 아닙니까?

B : 동학 자체도 그래요. 그것을 근대적인 民衆運動이라고 정의하고 나면 너무나 많은 문제점이 등장하게 되요. 그러니까 '근대'라는 말을 서구적인 개념으로 이해해서는 안되요.

A : 西洋史를 보면 근대로 내려올수록 혁명적인 성격의 운동엔 民衆과 當時代의 엘리트가 결합하게 되는데, 동학에는 그런 의미에서의 엘리트가 개입되어 있지 않은 것 같아요?

B : 소위 동학접주들을 엘리트라고 볼 수 있지요. 물론 그 접주를 프랑스 혁명을 주도한 프랑스의 지성과 같이는 볼 수 없지만 그러나 당시의 농민계층보다 그들은 훨씬 고도한 판단력을 지니고 있었고 문화의 혜택을 누리고 있었던 사람들입니다. 나는 그 층들을 殘班階層이라는 이름으로 부르고 있는데 그들은 본질적으로 농민은 아니고 몰락한 양반들이지요.

A : 그러니까 몰락당하게 되는 체제에 대한 불만에서 출발했다고 볼 수 있겠군요.

B : 그렇게 볼 수도 있을 겁니다.

A : 제가 섭섭하게 생각하는 것은 지성의 헌신이라 할까요. 그런 것이 우리에겐 없었다는 것입니다.

B : 헌신보다도 자기 자신의 불만을 푸는 일이 더 중요한 일이겠지요.

A : 동학을 연구테마로 택하게 된 동기라도?

韓교수는 '역사에 대한 관심 때문이었을 것'이라고 가볍게 대답한다. 물론 이때의 역사란 씨가 성장하고 정신적인 영향을 섭취하게 되는 韓末과 日帝를 말할 것이다. 그래서 씨는 東京帝大에 입학했을 때 한국을 보다 거시적인 입장에서 파악해 보고 싶어 西洋史를 택했다. 그랬는데 日帝末 民族의 存命에 대한 위기를 느끼게 되고 또 해방을 맞이하게 되는 과정에서 '한국사'로 바꾸었다.

B : 역사가라는 것은 史實에 대한 흥미와 인간이 살아온 과정 속에서 규

감을 찾자는 이중적인 의미가 있습니다. 그런데 오늘이라는 상황에서는 그 무엇이 규감이 될지를 모르겠어요.

사실 韓末부터 지금까지는 自主獨立이 완전히 성취된 것은 아닙니다. 國土는 아직도 분단상태에 있고 국제정치의 소용돌이 속에 놓여 있어요. 韓末에도 우리는 일본과 구미의 위협 아래 있었습니다. 그래서 어느날의 황성신문은 놀랍게도 일본서적이 일본문화를 이입한다고 경고하고 이에 대처해야 한다고 부르짖었습니다. 소위 文化的인 보수를 부르짖은 거지요. 아마도 '시간'이라는 것을 사상해 버린다면 그때나 지금이나 별다른 점이 없을 겁니다. 앞서도 이야기했지만 그때도 일본 구미의 세력이 우리 근처에 있었고 오늘도 마찬가지입니다. 다른 점이 있다면 그때와 같은 문화적인 주체가 없는 거지요.

이런 여러가지 점, 즉 그 여러가지 문제를 東學은 굉장히 잘 집약하고 있는 것 같아요. 내부의 矛盾에 대해서는 혁신적인 성격을 지니고 외부의 침투에 대해서는 보수적인 태도를 취하고 말 것입니다.

A : 오늘 우리들은 왜 그들처럼 외부세력을 배격하지 못하는 것일까요.

B : 文化的인 抵抗力을 잃어버렸기 때문이죠. 더 쉽게 표현하자면 세력을 형성할 만한 기반을 잃어버린 겁니다. 韓末만 하더라도 조선왕조의 중추세력이었던 士大夫가 있었고 왕을 우러르는 儒敎哲學이 민중의 밑바닥에 집요하게 도사리고 있었습니다.

그런데 일제를 거치고 해방을 거치면서 그 기존도덕도 내팽개쳤고 무엇이 무엇인지 잘 파악하지 못하는 西歐的 思潮와 秩序 속에 우리는 지금 떠 흘러내려 가고 있습니다. 우리는 뿌리를 내리지 못하고 있는 겁니다. 뿌리 없는 나무가 힘을 가질 수 없는 거지요.

A : 우울한 이야기이군요.

B : 글쎄요. 그렇다고 할 수 있죠.

A : 취미는 무엇입니까?

B : 몇년 전부터 그림을 그려보았는데 잘 안되고, 그래서 요즘은 낚시질을 나가봅니다.

며칠 있으면 56회의 생일을 맞는다고 하는 노교수. 저작상도 받고 상

을 받은 만큼의 연구업적이 인정되고 있음에도 불구하고 무엇인가를 잃어
버린 허전함이 큰 체구를 싸고돈다. 무엇 때문일까?　창밖에서 기어드는
겨울황혼 때문일까?　알 수 없는 일이다.

　A : 자녀는 몇입니까?

하고 상식적인 마지막 질문을 하여 보았다.

　B : 1남 3녀입니다.

　韓교수의 짧은 한마디 대답이다.

〈「讀書新聞」, 1971. 12. 12〉

『서울大學校 30年史』
——『서울大學校 30年史』編纂 인터뷰——

A : 記者　B : 韓㳓劤

6개월이라는 짧은 기간 동안 난산을 거듭하던 『서울대학교 30年史』가 예정대로 오는 10월 15일 開校紀念日을 기해 발간될 예정이다. 1966년에 20年史가 편찬된 이후 본교의 歷史를 총정리한 이 책에는 본교의 영욕과 성쇠 그리고 발전상이 모두 수록되어 있다. 그동안 30년사 편찬위원장으로 30년사 편찬의 主役인 韓㳓劤 大學院長을 찾아 그간의 얘기를 들어본다.

A : 고생 많으셨습니다. 대학 역사가 30년이라면 상당히 日淺한 것이지만 그것이 創建期의, 격동 속의 30년이기에 그 편찬의 의의는 실로 지대하다 하겠습니다.

B : 서울大의 역사라는 것이 단순히 한 개 대학의 역사가 아니라 우리나라의 중추 대학으로서 전체 대학교육의 지표가 된다는 것도 생각해야 합니다. 그리고 8·15 이후 우리나라 역사가 고난과 극복의 역정이 있듯이 우리 대학도 격동 속에서 시련을 받 딛고 일어선 창건기였습니다. 이런 이유에서 이번 30년사 편찬의 의의를 생각할 수 있겠습니다.

A : 10년 전에 편찬된 20년사와는 성격이 어떻게 다릅니까? 책의 구성이 어떻게 돼 있는지요.

B : 20年史에다 10년을 첨부한 것이 아니라 후반기 10년에 중점을 두어 대폭 改編해서 편집했습니다. 1946~1960년을 1기로, 1960~1975년을 2기로, 1975년 이후를 3기로 하여 서술하였고, 4부에는 학문별 30年史를 해당부문 교수님이 집필해 주셨습니다. 그리고 별책으로 전 재직교수들의 논문저작목록이 나올 예정입니다.

A : 30 年史 편찬위원회는 지난 봄 발족한 줄 아는데 그 機構와 작업
일정은 어땠습니까?

B : 자료수립과 정리, 원고작성, 인쇄의 순으로, 계획적으로 作業이 진
행돼야 하는데 시일이 급해 서로간의 일이 重複되었어요. 자료정리가 덜
된 채로 원고를 작성하는 등. 작업은 세 분 교수(韓㳽劤·韓基彦·邊太燮)와
國史學科大學院에 재학중인 학생 6명이 맡았는데 모두 강의를 해야 하고
강의를 들어야 하는 사람들이므로 시간적인 제약을 많이 받았습니다. 그래
도 열심히 노력한 결과 8월말에 원고를 인쇄소에 넘길 수 있었습니다.

A : 작업하시며 겪었던 고충이나 가령 앞으로 50 年史를 편찬하게 된다
면 유념해야 될 사항은 무엇이라고 생각하십니까.

B : 우선 이미 말한 대로 시간적 여유가 없어 무리를 했어요. 적어도
1년 전부터 작업이 시작되었으면 좀더 나은 책이 나왔을텐데 하는 아쉬
움이 있어요. 그리고 여기저기 흩어져 있는 자료를 단시일 내에 모은다는
것은 상당히 힘들어요. 이 기회에 서울대 역사에 관련된 책들을 한군데
모아 아키브를 설치했으면 해요.

앞으로 20 년 후에는 50 年史를 편찬해야 할텐데 그때는 2~3 년 전부터
충분히 기획할 수 있도록 하고 전담직원을 배치, 전념할 수 있도록 하는
제도적 장치가 필요하다 생각합니다.

A : 30 年史를 편찬하시면서 본교의 性格이라고 할까요. 가령 '고대는
호랑이, 연대는 독수리' 하는 식으로……

B : 大學은 뭐니뭐니 해도 아카데미즘의 총본산 아닙니까? 우리나라
아카데미즘의 총본산으로서 社會에 수많은 人材(특히 기초과학분야)를 배출
하지 않았습니까? '진리는 나의 빛'이 본교의 상징이듯이 大學의 이념을
그래도 다른 어느 대학보다 追求하려는 노력을 엿볼 수 있었습니다.

A : 상당히 방대한 규모가 될 줄로 아는데요. 어떻게 배포될 예정입니
까?

B : 4·6 倍版으로 8백여 페이지에 달하는데 학생들의 요구가 있으면
한정부로 판매할 것으로 알고 있어요. 개교기념일 전날인 14일 책이 나
올 예정인데 아직 어떻게 배포할 것인가는 확정되지 않았어요.

A : 작업이 며칠 전에 끝난 줄로 압니다. 그동안 밤을 새워가며 노력하신 결과로 서울大 30 년을 한눈에 볼 수 있는 책이 나올 것 같습니다. 이 책이 본교의 歷史뿐 아니라 우리나라 大學歷史를 조망해 줄 수 있는 귀중한 책이 되기를 바라겠습니다. 감사합니다.

〈『大學新聞』, 1976. 10. 11〉

社會發展 위해 價値觀定立 시급

——慶南新聞社 訪問時의 인터뷰——

A : 記者 B : 韓㳓劤

우리나라 史學系의 원로이며 『李朝後期의 사회와 사상』・『韓國通史』등의 저서로 유명한 韓㳓劤 교수(1968・漢陽大)가 12일 본사에 들렀다. 제자인 듯한 젊은 학도 한 사람과 이곳 출신 문학평론가이며 역시 한양대 교수인 尹在根 씨 등 일행이 셋이었다.

韓우근 교수와 잠시 앉아 몇 가지 얘기를 나눠봤다.

A : 이렇게 날씨도 추운데 어려운 걸음을 하셨습니다.

이번 걸음의 목적을 물었다.

B : 梅泉 黃玹 선생의 祠堂에 있는 遺文 등 그분에 관한 자료의 기초조사차 내려왔어요.

黃梅泉이라면 구한말의 文人이자 우국열사였던 선비로 『梅泉野錄』등으로 알려진 인물이다. 全南 광양에서 태어나 구례에서 오래 살았다.

B : 구례군 광의면 월곡리에 있는 그분의 사당에 다녀오는 길이예요.

그러면서 韓박사는 매천에 관해 이야기를 계속했다. 『梅泉集』이 上海에서 택당 金澤榮에 의해 발간되어 다시 국내서 복간된 바가 있으나 여기에는 그의 남긴 바 귀중한 글들이 많이 빠진 채 편찬됐단다.

B : 거기 빠진 것들을 다시 조사하고 집대성해야 하는 일이 사실 급한 것 같아요. 이번에 우리는 많은 것을 매천사당에서 확인하고 또 찾을 수 있었습니다.

尹在根 교수가 뒤에 다시 보충설명을 해 주었다.

즉 듣던 대로 매천사당에는 그의 장서가 많이 보관돼 있었고 이번에 그것들을 고찰함으로써 많은 史料를 확인할 수 있었다. 또 매천목록에 자필

서문이 있었으며 자신의 書目을 정리해 두고 있었다는 데서 자료의 충실함을 알아냈다.

특히 『東匪紀略』의 所在에 관한 여러가지 後聞을 들을 수 있었고 이를 하루빨리 수소문하여 찾아야 한다는 점을 절실히 느꼈다. 그리고 『梅泉野錄』의 바탕글이 된 「梧下紀聞」의 親筆體를 확인할 수 있었던 것도 큰 수확이었다는 것이다.

韓박사는 뜨거운 커피를 훌훌 불어가면서 마시지는 않았다. 다 식어 빠졌지 싶을 때까지 기다렸다가 조용히 한 모금씩 마시는 것이었다. 그것이 보는 이로 하여금 건강의 나약함이나 쇠잔함을 읽게 하는 것이 아니라 어쩐지 그 반대로 건강에 자신이 넘쳐흐르는 몸짓으로 보였다. 사실 자리를 잡고 얘기를 시작하면서 그의 건강비결을 묻는 깃으로 말을 꺼냈는데 그는 1915년에 태어난 68세의 노인같지 않게 얼굴이며 손등이 팽팽한 것이었다.

B : 건강의 비결이라면 머리를 비워두는 것이지.

잡생각을 않고 큰 생각, 학문연구만 하고 그 외의 일체는 생각 밖으로 밀쳐낸다는 뜻이라고 尹교수가 옆에서 거들었다.

B : 그렇지. 잔생각을 없애고 머릿속을 편안한 상태로 두는 것이 제일이요.

아마 그것은 선생님의 건강에도 좋겠지만 우리나라의 건강한 역사학에 더 큰 기여를 할 것 같다고 했더니, 그랬으면 더 바랄 것이 없겠다며 파안.

노학자를 모시고 따라온 젊은 학도(그의 제자로 박사과정을 밟는 중이라 했다)에게 새삼 눈길을 줬더니 그도 의미있게 웃었다.

평양에서 태어난 韓박사는 일본 東京帝大를 중퇴하고 서울대 사학과를 졸업한 후 강단에 선 지 얼마 안되서 홍익대에 잠시 몸담았고, 재작년 서울대 교수로 정년퇴임을 할 때까지 줄곧 서울대학교에서 강의해 왔다. 대학원장까지 지내며 오래 몸바쳐 온 서울대를 정년퇴임하고, 지금 한양 대로 옮겨 강의를 하고 있다.

한때 考試委員을 지냈고 지금도 대학강의 이외에 震檀學會 이사, 국사 편찬위원회 위원, 학술원 회원이다. 그는 『이조후기의 사회와 사상』·『한국통사』·『한국개항기의 상업연구』·『동학난 起因에 관한 연구』·『동학농민의 봉기』·『한국경제관계 문헌집성』·『구한말고문서 해제목록』등 숱한 저서와 논문을 남기고 있는데 요즘은 또 무슨 작업을 하고 있는지 궁금했다.

B : 우리나라의 옛날 法典에 주석을 다는 작업을 하고 있어요. 『經國大典』·『經國六典』등등…….

이 작업은 국내에서 처음이란다. 『경국대전』의 주석본이 딱 한 종류 나왔었으나 그 주석은 典據를 일일이 다 내놓지 않은 것인데 지금 하고 있는 그의 작업은 이같이 미비된 전거를 일일이 밝히는 것이란다. 『경국대전』이라면 조선정치의 기준이 된 法典으로, 世祖가 崔恒·盧思愼 등에게 명하여 찬술된 책.

우리의 옛 법전이라면 조선시대 것만도 방대한 분량이겠는데 그 나이에 어떻게 그걸 해낼 수 있을까 물었다.

B : 물론 후배 동학들과 협동연구를 하는 것이지요.

후배라지만 학생들을 말함이 아니란다. 모두 교수들이다. 사실 그가 가르친 후배학자들만도 국내사학계에 부지기수이다.

지난해 여름 日本의 역사왜곡서술로 시끄러웠던 일을 상기하며 오늘날 우리 국민들이 지녀야 할 올바른 역사의식이 어떠할까에 대해서 질문을 던졌다.

B : 국민의식이 결국 문제겠지요. 우리 역사를 우리 국민이 알아야겠고, 그러자면 主體史觀으로 정확히 서술된 우리 역사를 국민들이 많이 읽어야지요. 일제의 잔재랄 수 있는 일본식 낱말들도 아직 많이 남아 있어요. 이런 것들도 국민 일상생활에서 하나하나 사라지도록 의식적으로 고쳐나가야 됩니다.

A : 흔히들 우리의 역사는 日帝植民地史觀으로 서술된 부분이 그대로 지금까지 곳곳에 스며 있다고들 합니다만.

B : 光復 후 史學者들은 열심히 우리 역사를 주체적으로 해석하고 기술하는데 힘껏 노력했어요.

두슨 소리냐는 듯 단호한 대답이다. 그리고 덧붙이기를, 물론 모두가 바로잡힌 것은 아니겠지만 상당수 바로잡혀졌단다.

A : 사회의 발전, 선진국으로 발돋움하기 위해서 우리 국민이나 史學系가 무엇부터 해야겠다고 생각하시는지.

B : 도덕관·윤리관·가치관 이런 것들이 우리 사회에는 亂立하고 있어요. 말하자면 각 세대마다 이런 것이 생겨나게 마련인데 우리 사회에는 이런 것들이 복잡하게 미정리된 채 뒤범벅이 돼 있단 말예요. 日帝 36년 조국광복, 6·25 등 시대적으로 굵직굵직한 사건이 있을 때마다 가치관은 크게 바뀌게 되는데 이런 것이 차분히 정리될 새 없이 시대가 흘러가니 이게 뒤죽박죽이지요. 이걸 정리하여 가치관·윤리관 등을 확립시키는 게 급합니다.

이때 尹在根 교수의 귀경시간 채근으로 얘기는 잠시 끊겼다. 내심 차 시간을 초조해 하는 듯해서 이곳에 와서 느낀 것을 간단히 말해달라고 주문했더니,

B : 가야문화가 독자적으로 꽃피었던 昌原, 馬山 이 지방에서 받은 첫인상은 삶의 숨결이 그 어느 곳보다 활기차 보입니다.

'활기차 보인다'는 대목에서 그는 악센트를 줬는데 지역민 듣기 좋게 하는 빈말이 아닌 성싶었다. 시원한 도로와 규모 큰 공장들, 그리고 거리에 나온 사람들의 발걸음과 표정에 힘이 넘쳐 보이더라고 말하는 그의 얼굴에 진지함이 역력했다.

金海에는 친구(故 鄭仁興 교수, 서울大)가 있어서 몇 번 가본 적이 있지만 마산지방엔 첫걸음이었고, 첫걸음에서 퍽 좋은 인상을 받았다며 老學者는 벗어 둔 모자와 외투를 챙겨들었다.

〈「慶南新聞」, 1983. 2. 15〉

老敎授와의 對談

A : 記者　B : 韓㳓劤

B : 아직 젊은데, 내가 무슨 老교수라고…….

우리나라 國史學界의 元老 韓㳓劤 동문(1947년 文理大 史學科卒·모교 名譽교수). 정말 그를 대하는 순간 이 말이 하나도 이상스럽게 들리질 않았다.

새해를 맞음으로 해서 70古稀를 맞게 된(그 자신은 만 69세라고 표현했지만) 韓교수는 놀랄 만큼 停年 전의 건강하신 모습을 그대로 간직하고 계셨다.

'人生七十古來稀'라고 한 杜甫가 살아서 韓교수를 보았다면 무슨 말을 했을는지, 정말 청청한 건강을 지니고 있었다.

A : 이렇듯 健康을 유지하게 된 무슨 秘法이라도 있습니까?

B : 젊었을 때는 농구와 축구를 좀 했고, 정년퇴직 전에는 10여 년 동안 낚시도 해봤으나 요즘에는 그것마저도 하질 않습니다.

특별한 健康法이 있을 것으로 잔뜩 기대를 걸었는데 실망을 안겨준다. 의아한 생각이 들어 그 말을 다시금 확인하자 굳이 秘法을 대라면 "잔격정을 하지 않고 잡념을 갖지 않는 것"이라고 나름대로 간직했던 비방(?)을 공개한다. 그러나 記者가 본 韓교수의 건강비결은 아직도 왕성한 의욕을 가지고 폭넓은 사회활동을 하고 있는 것이 아닐까 하는 생각이 들었다. 그는 요즘도 모교 재직 때보다 더욱 바쁜 나날을 보내고 있다.

講義만 해도 현재 대우교수로 있는 漢陽大에서 3강좌(대학원)를 맡고 있고 모교에서 1강좌(대학원), 그리고 民族文化推進委員會의 법전강의 등 週 5일의 엄청난 강의를 해내고 있다.

A : 무척 바쁘시겠는데 日課 좀 말씀해 주십시오.

B : 다른 분들과 별로 다를 게 없습니다. 講義가 있는 날엔 학교에 나가고 없는 날은 책도 읽고 강의준비도 하고요. 틈틈이 바둑도 좀 두나 급수는 밝힐 정도가 못 되고 그저 장난삼아 둔다고 할까요. 취침은 보통 12시 이후에 하기 때문에 아침에는 늦게 일어나는 편입니다.

A : 술·담배는 어느 정도 하시는지요.

B : 술은 전혀 못하고 담배는 하루 1갑 반 정도 피웁니다.

A : 史學을 전공하시게 된 무슨 동기라도 있습니까.

B : 역사에 대해 원래 관심이 좀 있었습니다. 그래서 東京帝大에서도 西洋史學을 전공했는데 해방후 京城大學에 편입하면서 國史學으로 바꿨지요. 西洋史를 공부하려면 韓國史도 알아야 했지만 무엇보다도 奎章閣圖書라는 史料의 寶庫에 이끌려 국사학을 택하게 됐단다.

A : 평생을 學問의 길을 걸어오셨고 또 아직도 계속하고 계신데 모교에서 지낸 30여 년 동안 특별히 기억에 남을 만한 일이 있었다면 어떤 일이라고 하겠습니까?

B : 韓國文化硏究所와 東亞文化硏究所의 설립에 진력하여 결실을 맺은 것이라고나 할까요. 1969년 文理大에서는 두번째로 부설된 한국문화연구소는 서울대학교 唯一의 한국학전문연구소로서 그동안 한국문화에 관한 사항을 관장함으로써 韓國學 발전에 크게 기여하였습니다. 1979년 이 연구소가 서울대학교 법정연구소로 승격되는 것을 보고 떠나게 되어 퍽 다행스러웠습니다. 한 가지를 더 든다면 大學院長시절『서울大學校 30年史』를 편찬한 일도 잊혀지지 않는군요.

A : 끝으로 동문들에게 당부하고 싶은 말씀이 계시다면요?

B : 서울대학교는 명분상으로나 실질상 韓國의 大學을 대표하는 대학이라고 할 수 있습니다. 그런 의미에서 우리 同門들은 학교에 있건 또는 어느 길에서 일하건 간에 서울大人으로서의 긍지를 가지고 모교발전을 위해 적극적인 지원을 아끼지 말아야 할 것으로 생각됩니다. 모쪼록 이 기회를 빌어 선후배 동문 여러분의 건투를 빕니다.

〈「서울大學校同窓會報」, 1984. 1. 1〉

부   록

Ⅰ. 中央集權體制의 特性

一. 儒敎政治의 性格

韓國近世 儒敎政治의 성격이라는 논제에는 몇 가지 문제점이 내포되어 있다. 첫째 여기서 한국근세라고 한 것은 이른바 李氏王朝시대를 가리킨 것으로, 그것이 韓國史의 時代區分 문제와 관련해서 어떠한 시기로 이해되어야 할 것인가 하는 문제이다. 한국사의 시대구분 문제는 종래의 王朝史 중심의 구분법을 탈피한 여러 가지 새로운 試圖와 관련해서 그동안 史學界에서 거듭 논의되어 왔으나 아직까지 어떠한 통설이 정립되지 못하였다. 그리하여 한국사의 시대구분을 종래 西洋史에서 흔히 통용되어온 古代·中世·近代라는 三分法에 따르는 경우이다. 그것이 하나의 圖式的인 적용에서 오는 무리 내지는 불합리성을 탈피할 수가 없는 것으로 보인다. 혹은 또 어떤 새로운 시도에 있어서는 그것이 아무런 논리적인 기준이 없는, 너무나 임의적인 것이라는 인상을 면할 수가 없는 것으로 느껴진다. 시대구분이라는 것이 단순한 역사서술의 문제로서가 아니라 인류사회 발전에 대한 하나의 段階的 이해를 돕기 위한 것이라면, 이 같은 도식적인 시도나 임의적인 그것은 각기 역사적 현실의 구체성과 보편성을 간과하는 결과가 되기 쉬운 것이다. 따라서 한국사의 시대구분도 어떠한 보편적인 기준 위에서 규정되어야 하겠다는 것이며, 그러한 뜻에서 한국의 「近世」라는 시기는 어떠한 의미와 성격을 갖는 것인가 하는 것이 문제가 될 것이다.

둘째로는 시대구분 문제와도 관련해서 우리나라에도 封建制度 내지는 封建社會라고 할 수 있는 시기가 있었는가 하는 문제이다. 우리는 흔히 近世朝鮮王朝社會를 유교적인 양반관료에 의해서 중앙집권적으로 지배되어온 것으로 이해하는 반면에는 그것을 하나의 반봉건 내지는

봉건적인 사회로 간주하여 왔던 것이다. 과연 근세조선사회가 중앙집
권적이면서도 봉건적인 성격을 아울러 지녔던 것이라고 할 수가 있는
것이라면, 그것이 실제로 어떠한 내용과 의미를 가진 것인가 하는 문
제이다.

 셋째로는 儒敎 내지 儒敎政治가 역사적으로 우리나라에 미친 영향
에 관한 문제이다. 이를 다시 말하면 유교사상의 사회적 기능에 대한
역사적 평가의 문제이다. 오늘날 유교에 대한 가치를 논하는 데 있어
서 우리는 兩極的으로 대립되는 견해를 들 수도 있다. 즉, 유교사상은
우리나라에 크나큰 해독을 끼쳤다는 견해와 유교의 근본사상은 오늘날
에 있어서도 높은 가치와 의의를 지닌다는 견해와의 대립이다. 유교에
대한 이와 같은 평가가 과연 온당한 것인가 하는 문제도 우리는 여기
서 음미해야 할 것으로 생각한다.

 그러면 우리는 이제 위와 같은 몇 가지 문제와도 관련해서 조선왕조
시대에 있어서의 유교정치의 성격을 그 이념과 정치·관료구조 및 사
회신분구조를 통하여 밝혀보려는 것이다.

 우리가 조선왕조시대에 있어서의 유교정치에 관해서 그 이념적인
면을 論謂하기에 앞서 먼저 王朝創建 이래 유교를 내세우게 된 그 배
경에 대해서 약간의 설명이 필요할 것이다. 이것을 단적으로 말하면
새로운 조선왕조의 창건은 麗末 恭愍王朝 이래로 科擧를 통하여 등장
하게 된 新興儒臣과 倭寇의 격퇴로 名聲을 올린 武將 李成桂와의 결합
에서 이루어진 것이었다. 그것은 고려 말기의 이른바 舊家世族의 세력
과 승려·사원의 世俗權 그리고 불교사상을 배제·탄압함으로써 이루
어졌다는 사실을 의미한다. 그들이 광대한 토지와 막대한 수의 노비를
私占하고 免稅·免役의 특권을 차지하여와서, 설사 고려왕조가 그대로
계속된다 하더라도 그렇듯 독점되어 있는 그들의 경제적 기반을 그대
로 두고서는 국가재정을 제대로 지탱하고 정치를 올바르게 해낼 수 없
는 상황이었던 것이다. 이것을 바꾸어 말한다면 새로 得勢하게 된 新
興儒臣들은 舊家世族과 승려·사원세력의 경제적 기반을 박탈하지 않

고서는 그들이 기도했던 新王朝의 그리고 그들 자신의 재정적 내지는 경제적 기반을 구축할 수가 없었다는 것이 당시의 추세였던 것이다.

이렇듯 新興儒臣 세력이 무장 이성계와 결합함으로써 신왕조가 개창되었다는 사실은 이념상으로는 그들이 舊勢力의 사상적 배경이 되어온 불교사상까지도 이를 배격하고 그들 자신이 바탕으로 삼게된 신유교인 주자학을 새로운 지도이념으로 내세울 수밖에 없었다는 추세를 설명해주는 것이다. 그리하여 신왕조의 이념적인 지향은 단적으로 말하여「崇儒抑佛」일 수밖에 없었던 것이며, 신유교인 주자학이 그 구실을 담당하는 것이 되었다.

그러면 주자학의 본질은 과연 어떠한 것인가. 주자학은 孔子・孟子의 학설체계인 유교 원래의 가치체계를 존중하면서 人倫・道德을 宇宙의 질서와 부합되게 통일적으로 파악하여 이로써 政治哲學的인 이론을 제공해 준 것이다. 그것은 유교에 있어서 하나의 새로운 紀元을 지어준 것이었다. 가령 고려시대는 이를테면 儒佛共存의 시대라고 할 수가 있었다. 麗代에 있어서는「修身之道는 佛教가, 治人之道는 儒教가」감당하는 것으로 간주되었고, 유학은 詩歌・詞章에만 치우쳐서 修身 내지는 人生이나 정치의 철학적인 기반을 제공해 주는 것이 못되었다. 이와 같은 주자학 이전의 유교는 불교를 배제해낼 수 있는 철학적 근거를 갖추지 못했던 것이다. 그러므로 儒佛이 공존할 여지가 있었다. 주자학이 이 같은 종래의 유교에다 불교의 논리를 섭취하여 하나의 새로운 철학적 이론을 구축하고 나서는 그 불교를 배척하고 정치철학의 專擔者로서의 이론을 내세우게 된 것이었다. 이러한 주자학이 麗末의 유학자에 의해서 수용되게 되었고 그것의 新興儒臣들의 사상적 기반의 구실을 하게 된 것이었다. 그리하여 그것은 본래의 유교에 비해서 보다 더 전제적인 정치의 이론적인 뒷받침이 되어진 것이다.

그런데 유교 원래의 사상에는 堯舜三代의 정치와 堯舜孔孟을 정치나 인간의 理想型으로 간주하게 되어 다분히 복고주의적인 경향을 띤다. 그리하여 유교에서는 그러한 복고적인 이상형을 내세워서 현상 타파나 관료제도 개편에 의한 민생의 안정이라는 것이 강조되는 수가 있다. 그리하여 유교에는 孟子의 民本 사상 내지는 愛民 사상이 그 밑바닥에 깔려 있다. 그것은 孔孟의 性善說을 기반으로 한 것으로 오늘날에 있어서도 인간의 자유라든가 자율성 같은 것을 이로부터 이끌어낼 수 있는 여지가 전혀 없다고는 할 수 없다는 견해를 가질 수 있게 한다. 한 걸음 더 나아가 우리는 유교의 민본사상을 들어서 그것이 민주주의적인 성격을 상당히 지닌 것으로 간주하려는 趨向마저 엿볼 수가 있다. 또한 유교정치에 있어서는 따라서 民意를 상당히 존중해왔다는 점이 강조되기도 한다. 이와 같은 견해는 과연 타당하다고 할 수가 있는 것인가.

주자학적인 倫理觀에는 그 기반에 華夷觀이 깔려 있다. 그것은 이를테면 하나의 문화의식, 즉 문화적인 가치관에 기반을 둔 것으로 人間과 夷狄을 엄연히 구별하는 것으로 나타난다. 夷狄은 인간이 아닌 것으로 차별된다. 뿐만 아니라 주자학에 있어서는 宇宙萬物은 陰陽五行의 氣를 타고나는 것이며, 그 타고나는 氣의 純度에 따라서 人間·夷狄·動物·植物·鑛物 등 質과 차원을 달리하는 事物(萬物)이 생겨난다고 설명된다. 그것은 또 같은 인간에 있어서도 타고나는 氣의 純度에 따라서 그들의 身分·地位·富貴貧賤을 달리하여 태어나는 것으로 여겼다. 주자학은 이렇듯 인간의 사회적인 신분·지위를 고정시키고 그것을 또한 정당시하여 그것이 바로 天理에 합당한 것으로 내세워진다. 그리하여 新儒敎인 朱子學은 倫理的인 합리주의를 내세우고 따라서 명분 내지는 分(數)을 중요시한다. 이 같은 이치에 바탕해서 주자학은 일종의 권위주의적인 논리를 제공하여 권위주의에 봉사하고 또 권위주의는 주자학을 옹호하게 되는 본질을 지니고 있는 것이다.[1]

또한 유교정치는 유교적인 윤리관을 기본으로 삼는 倫理政治라는 데에 그 특성이 있다. 그것은 유학이 바로 修己治人之學이라고 한 데

---

1) 仁井田陞, 『中國法制史』(岩波全書) pp. 10–18.

서 잘 나타난다. 修己라 함은 개인이 윤리적으로 자기완성을 하는 것을 이상으로 삼아서 德을 쌓는 것(修德)이 제대로 되면 정치(治人)가 그대로 실효를 거둔다는 생각이 근본이 되어 있는 것이다. 이 같은 「修己治人」의 의미를 한마디로 표현하면 「德治」사상인 것이다. 그 도덕적 질서의 기초는 父子간의 「孝道」에 두어져서 그것이 사회질서에까지 확대되어, 모든 사회질서가 君臣·父子의 上下 관계에서 人倫의 大綱을 이끌어 낸 것이다. 그리하여 이 같은 인륜 관계는 天道에 합치되는 人道(사람의 道理)라고 생각하고, 따라서 가정에 있어서나 국가에 있어서나 그 질서는 「禮」로서 表象되게 마련이었다.

禮節이라는 것은 바로 그것이 大埋에 합치되는 짓으로서, 「禮」가 없으면 나라를 다스릴 수가 없다는 規範의 논리가 성립된다. 그러나 이 같은 윤리관에 있어서도 이른바 그 「德」은 君子에게 요구되는 것으로 庶民에 대해서는 적극적으로 요구되지 않는 治者의 논리가 들어 있다. 즉 君子의 德은 바람과 같은 것이고 小人(庶民)의 德은 풀[草]과 같은 것으로, 군자의 덕이 마치 풀이 바람에 나부끼듯이 서민에게 영향을 미치게 마련인 것으로 생각했다. 그 덕의 구체적인 내용은 仁義禮智의 四德을 가리킨다. 그것은 治者 신분에만 적극적으로 요구되는 덕목이다. 「禮는 庶民에게까지 내려가지 않는다」는 유교적인 命題는 이를테면 신분사회에 기반을 둔 윤리의식·도덕관을 잘 나타낸 말이 된다.

그러면 이 같은 德治觀·倫理觀과 유교의 민본사상 내지는 民意의 존중이라는 측면과는 실제로 어떠한 관련이 있는 것인가. 여기서 우리는 유교의 德治 사상이 조선왕조시대에 실제로 어떻게 나타나는가를 살펴보아야 하겠다.

유교정치에 있어서 治者는 修德하는 자라야 하며 그 구체적인 덕목으로 仁義禮智의 四德을 스스로 體認할 것이 요구된다. 그리하여 修德의 구체적인 방법은 유교의 經籍을 연구하여 중국 聖賢의 정신을 몸소 체득해야 하는 것이었다. 그러한 의미로서 「窮經實學」이라고도 했다.[2]

조선왕조시대에 있어서 국왕은 말할 필요도 없이 최고의 治者이다.

따라서 왕 자신에게도 治者 신분으로서의 修德이 요구되며 그것이 제도로서 마련된 것이 經筵이다. 경연은 일종의 進講제도로서 經筵官·集賢殿學士·史官 등이 참석하여 중국의 經籍(四書五經)을 주로 하여 왕에게 進講하고 이에 수반하여 時政을 토론하기도 하는 제도를 이름이다.3) 王政의 안정과 그 興廢는 왕의 「一心」에 달려 있다는 말은 흔히 되풀이된 것으로 왕 자신의 修德의 중요성을 강조한 말이었다. 또한 국왕에 대해서뿐만 아니라 왕세자는 이른바 「書筵」을 통해서 일반 王族子弟는 闕內의 「宗學」을 통해서 유학을 修業하여 유교적인 교양을 쌓아야 하게 마련이었다.4)

그리고 治者 신분이 되는 필수적인 요건도 修己治人의 學을 專修하는데 있었던 것은 물론이다. 즉 修己治人의 學(유학)을 수업한 자라야만 양반(관리)이 될 수 있게 마련이었다. 그것은 또 "勞心者는 治人이오 勞力者는 被治人이다. 治人者는 食於人이오 被治人者는 食人이다"라는 孟子의 말과도 부합된다. 여기서는 정치의 主體와 客體가 엄연히 구별되어 있다는 것을 의미하며, 그 구별의 기준과 한계가 바로 유학을 修業했느냐 못했느냐에 있었던 것이다.

그러면 유교정치에 있어서 이 같은 德治 사상이 국민의 현실생활(민생)과 실제상으로 어떻게 관련을 맺게 되는가. 유교정치는 민본사상에 따라서 민생의 안정을 강조한다고 했다. 여기에 있어서 덕치사상의 이념이 현실과 어떻게 부합되었는가의 그 與否에 대해서는 그것이 크게

---

2) 韓㳓劤, 「李朝實學의 槪念에 대하여」 『震檀學報』 第19號.

3) 經筵의 機能에 대하여 簡明히 설명된 것으로는 『成宗實錄』 卷103, 成宗 10年 10月 4日 己巳條에 「自古帝王 所以置經筵者 一則講明道學 一則講論治道 道學明 則德業進益 治道講 則國家七安所係 如此可謂重且大矣」라 한 것이 있다. 경연 중에서도 眞德秀所撰의 『大學衍義』가 중요시된 이유는 人君이 格物致知·誠意正心·修身·齊家하는 要諦를 體得하게 하는 것으로 治國平天下의 원리가 그 안에 들어 있기 때문이었다(『睿宗實錄』 卷4, 睿宗 1年 3月 丁酉).

4) 宗學이 처음 설치된 것은 世宗 9年 9月의 일로서(『世宗實錄』 卷37, 世宗 9年 9月 己丑) 世宗 11年 11月에는 景福宮 建春門外에 새로 築造되었다. 成宗朝에 宗親으로서 無學者는 모두 宗學에 입학시켜 수학케 하여 宗學宗親의 수가 150餘員이었다(『成宗實錄』 卷90, 成宗 9年 3月 辛巳 및 『成宗實錄』 卷95, 成宗 9年 8月 丁酉).

배려했던 민생이 아주 도탄에 빠지게 된 경우를 살펴봄으로써 그 실상을 엿볼 수 있을 것이다. 즉, 大旱災나 大洪水와 같은 天變地災로 민생이 도탄에 빠지게 되었을 때 治者가 이에 어떻게 대처했는가 하는 문제이다. 유교적인 德治觀念에 있어서는 君德은 天德과 합치되어야 하며, 그리하여 天變地災마저도 人君의 「不德의 所致」로 생각하였다.[5] 그리하여 이 점에 있어서는 臣僚에 있어서도 다를 바 없었다. 그러나 君·臣의 不德이 天變地災에 대한 책임을 질 수 있었던 것도 아니며 또 실제로 지는 일도 없었다. 유교정치가 그러한 큰 災禍 끝에 실지로 할 수 있었던 일은 古來로 전승되어온 이른바 弭災七事를 시행하는 일이었다. 弭災七事라는 것은 漢代의 董仲舒에서부터 시작된 긴급시책으로, 조선왕조 초기에도 찾아볼 수 있는 일곱 가지 조처를 의미한다. 그것은 시기에 따라서 다소의 차이는 있었으나, 대체적으로 말하여 어려운 처지에 놓여 있는 民庶에 대한 恩惠的 내지 救恤의 조처를 이름이다. 예컨대 輕罪人의 赦免·의지할 데 없는 고아·과부 등에 대한 구휼, 稅率을 감해 주는 등등의 조처를 말한다.[6] 그러나 이 같은 조처는 일종의 고식적인 事後處方에 지나지 않아서 민생문제를 근원적으로 해결하는 수단일 수는 없었다. 따라서 「德治」라는 것은 현실적으로는 아무런 가치를 지닐 수가 없는, 한갓 관례적이고 상투적인 형식·명분에 지나지 않은 것이었다. 애초부터 天變地災는 德으로서 다스려질 수는 없는 것이었다.

그렇다면 이 같은 유교사상이 덕치주의를 내세우는 바와는 다른 각도에서 어떠한 성격을 지니게 되는가. 바꾸어 말하면 德治라는 이념과

---

5) 한두 가지 例를 들면 雷霆의 變을 당해서 領議政이 辭職한 경우(『成宗實錄』 卷111, 成宗 10年 11月 庚寅) 旱災로 말미암아 都觀察使가 請辭한 경우(『太宗實錄』 卷4, 太宗 2年 7月 乙酉)

6) 『太宗實錄』 卷29, 太宗 15年 6月 癸酉條에 보이는 바로는 다음의 일곱 가지 조처였다. 1. 奴婢公文自願成給, 2. 破軟楮貨准換, 3. 鰥寡孤獨賑恤, 4. 年七十已上無受田前御檢校漢城尹自願京外居住, 5. 私奴婢禁本主割耳割鼻文面斷筋, 6. 職牒收取外雖犯杖罪 勿收科田, 7. 各道革去各官 令觀察使分揀 量宜復立.

현실과의 괴리에 대해서 유교정치는 어떻게 대처할 수밖에 없었는가.

儒敎는 그 이념과 현실과의 괴리를 유교자체로써 메울 수는 없었다. 그런 점에서 유교[治者]는 그것이 명분상으로 이단시하여 배척하는 다른 전통적인 종교나 신앙을 여기에 끌어들였다.

불교의 예를 본다면 儒者(朱子學者)는 불교를 이단으로서 배척하였다. 그러나 유교가 엄밀한 의미에서 종교가 아니기 때문에 종교적인 기능을 감당할 수는 없었다. 즉 사람이 재난이나 질병으로 죽게 되었을 때 이에 대한 祈願·祈禱行事나 또는 死後의 명복을 비는 일과 같은 행사는 유교의 기능 밖의 일로서, 그러한 인간의 종교적 욕구는 古來로 전승되어온 불교에서 충족시킬 수밖에 없었다. 이러한 뿌리깊은 인간의 욕구는 유교가 불교를 그러한 면에서 포섭할 수밖에 없는 처지에 놓이게 되는 機緣이었다. 따라서 유교정치에 있어서도 水旱災에 대한 祈禱·祈雨, 질병에 대한 祈禳, 死後冥福의 祈願 등의 행사는 국가적으로 또는 왕실 중심으로 어쨌든 내내 전승되게 된 것이다. 그러한 면에서 유교적인 정치이념하에서도 불교가 포용될 수밖에 없는 사태에서 그리고 그러한 사태의 번복이 조선왕조시대를 통해서 불교가 의연히 전승·존속될 수 있는 계기가 되었던 것이다. 太祖 때 이래로 世宗·世祖·成宗 등 역대의 국왕이 일면에서 불교행사를 계속하게 된 이유는 바로 여기에 있었다. "내가 불교를 믿고 또 불교가 믿을 만해서 이를 崇信하는 것은 아니지만, 몇 백년 동안 전통적으로 傳承되어온 佛敎를 갑자기 革去할 수가 있는가" 하는 것이 排佛論者에 대한 好佛君王의 변명이기도 했다. 또한 실제로 儒臣의 입장이라 하더라도 국가적인 불교행사에 대해서는 이에 추종하는 수밖에 없었으며, 더구나 士庶를 막론하고 부녀 사이에 있어서는 불교신앙이 그대로 전승되어 왔던 것이다.[7]

이 같은 점에서는 불교에 국한되는 것이 아니었다. 道敎에 대해서도

---

7) 韓㳉劤, 「麗末鮮初의 佛敎政策」『서울大論文集』 人文社會篇 第6輯; 「世宗朝 對佛敎施策」『震檀學報』 25·26·27合輯號.

이와 마찬가지 이야기가 성립된다. 도교는 주로 星辰信仰의 醮祭를 행하여 療病祈禳의 기능을 하는 한편 星辰이 軍事와도 관련되는 것으로 여겨서 將帥가 지방의 指揮官으로 나가게 되면 이른바 太一醮祭를 지내는 것이 恒例이기도 했다.[8] 그리하여 麗代로부터 여러 가지 이름의 祈禳醮所(福源宮・神格殿・九曜堂・燒錢色・大淸觀 등)가 설치되어 있었으나, 太祖가 즉위하자마자 이들을 모두 革去하고 昭格署만을 國事와 관계되는 도교의 祈禱행사를 관장하는 국가기관으로 남겨두었다.[9] 그리하여 天變地災에 대한 국가적인 祈禱行事에는 道師가 승려와 더불어 동원되었던 것이다. 世祖대에는 道家의 源流인 「老子」「莊子」가 易・周禮・禮記 등과 같이 다수의 文臣에게 分授되어 기한 안에 讀破하도록 한 일조차 있었다.[10]

그 위에 古代로부터 전승되어온 名山大川에 대한 신앙 城隍神 海神 島神 등 귀신신앙과 무속이 널리 행하여졌다. 국가재난 시에는 國巫堂[11]이 승려・도사와 더불어 祈禳行事에 참여했고 전국 각처에 무당이 있어 나라에서 巫稅를 거두었다. 전국의 名山大川에는 城隍神이 있어 松岳城隍은 鎭國公, 和寧・安邊・完山城隍은 啓國伯, 智異・無等・錦城・鷄龍・紺嶽・三角・白嶽의 諸山과 晋州城隍은 護國伯이라 일컫고 그 나머지의 모든 城隍에 대해서는 이를 「護國之神」이라고 일컫게 한 것도 太祖 초에 大司成의 陳言에 따라 禮曹에 명하여 詳定하게 한 것이었다.[12] 이 같은 사실은 麗代에 있어서의 「護國」불교의 기능을 배제하고 이에 대신하여 自古로 전승되어온 성황신을 호국신으로 삼게 되었다는 것을 의미한다. 그것은 또 조선왕조의 유신들이 전통의 다른 면을 재구성함으로써 사회적・종교적 전통과 유교적 전통이 어떤 면에서 결합되어 새로운 국가적 일체감의 초점을 형성한 것을 의미한다.

---

8) 『世宗實錄』 卷13, 世宗 3年 10月 辛卯.
9) 『太祖實錄』 卷2, 太祖 元年 11月 戊寅.
10) 『世祖實錄』 卷42, 世祖 13年 6月 乙卯.
11) 『世宗實錄』 卷25, 世宗 6年 8月 庚戌.
12) 『太祖實錄』 卷3, 太祖 2年 2月 丁卯.

　이 같은 전통적인 종교·신앙은 개인의 구제나 부락의 수호를 위해
서는 훨씬 더 광범위하게 일반 민간에 유포·전승되었다. 儒者(治者)
로서는 명분상 다른 종교나 신앙을 이단시하여 배격하면서도 특정한
국가적 행사에 있어서는 그들을 완전히 배제하지 못하고 도리어 포용
할 수밖에 없었다. 유교적 사회 질서는 극히 제한된 사대부계층에게만
요구되어 「禮는 庶民에게까지 내려가지 않는다」는 것이었다. 그 반면
에 古來의 민간신앙인 城隍(神)이 도리어 麗代의 불교와 대체되어 호
국신으로 그 位格을 높여서 재구성되어졌다는 사실은 유교정치가 그
이념과 현실과의 괴리에서 오는 문제를 유교적 질서가 아닌, 전통적인
사회질서에 내어 맡겼다는 것이 되는 것이다. 그것은 信仰의 「自由」를
의미한 것이 아니라 도리어 신앙의 「放置」를 의미한 것에 지나지 않았
다.

　그러나 유교정치에는 다른 일면이 있었다. 그것은 이른바 言路가 비
교적 넓게 그리고 제도적으로 개방되어 있었다는 점이다.

　유교정치에는 言官制度가 있었다. 司諫院·司憲府·弘文館이라는 세
기관[三司]이 있어서, 사간원은 왕의 專恣를 견제하는 기관으로, 사헌
부는 관료의 전횡을 견제하는 기관으로 그리고 홍문관은 군왕을 보좌
하는 論思기관으로 각기 언론을 담당하는 기능을 했다. 혹은 歲首나
天變地災의 禍難을 당하거나 그러한 징후가 보일 때, 왕이 일부 또는
官吏 全員에게 혹은 또 유생에게까지도 求言을 하여 時政에 대한 그들
의 所懷를 書陳케 하는 관례도 있었다.13)

　그리고 또 일반 관리나 유생이 개인적으로나 집단적으로 時政에 대
한 그들의 의견을 自進 上疏할 수도 있었다. 개인이나 집단이 궐문 앞
에 엎드려 이른바 伏閣上疏하는 특례도 볼 수 있다. 貴賤을 가리지 않
고 국민은 누구나 각기 억울한 일이 있을 경우에 궐문 앞의 申聞鼓를
두들겨서 上訴·請願을 할 수 있게 되어 있었다.14)

---

13) 韓㳓劤, 「正祖丙午所懷謄錄의 分析的研究」『서울大論文集』人文社會篇 第11輯.
14) 韓㳓劤, 「申聞鼓의 設置와 그 實際的 效能」『李丙燾博士華甲紀念論叢』(1954).

특별한 경우로는 국왕의 闕門前 詢問의 관례가 있었다. 예컨대 17·8세기 서울의 貢市人(貢納請負業者)들에게 그들이 業으로 삼는 공납청부시책의 폐단에 대해서 그들 자신의 의견을 말하고 건의를 하도록 국왕이 궐문 앞에서 직접 詢問하는 관례가 있었다. 혹은 또 良役문제에 대해서 궁문 앞에 몇 십 명의 都民을 모아 놓고 국왕이 그 개선책에 대한 그들의 찬부를 직접 물은 경우도 있었다. 世宗朝에는 貢法(田稅率)의 改定案에 대하여 각 道마다 관찰사·수령 이하 大小官員과 일반 서민에 대해서까지 그 가부의 의견을 광범위하게 물어본 일종의 가부투표와 다름없는 일을 실시한 경우도 있었다.

이같이 民意를 존중하여 官民의 의견·여론을 는는다는 취지에서 이를 시행하는 제도나 관례를 갖는다는 사실은 유교정치의 특징을 나타내는 것으로 하나의 장점이라고 할 수 있다. 그럼에도 불구하고 그 실제적 효능에 관해서는 문제점이 있는 것이다. 가령 관리들의 直啓를 제외한 일반적인 경우에는 書陳의 형식을 취해야 하므로 일반 庶民이 그들의 寃抑을 직접 호소하게는 되어 있지 않다. 그들은 언제나 書陳할 능력이 있는 그들의 대변자가 있어야 했다. 신문고의 경우에 있어서도 지방의 伸寃者는 수령·관찰사 그리고 사헌부를 차례로 거쳐서야 擊鼓하게 되어 있고 越訴는 禁斷되어 있었으므로 그들의 호소의 길은 사실상 막혀 있었던 것이나 다름이 없었다.

여러 가지 형식을 통하여 上達된 下意는 형식상 국왕에게 올려지는 것이며 이에 대한 처리에 대해서는 아무런 기대도 약속되어진 것이 아니다. 그것은 흔히는 개별적이고 단편적으로 처리되어 어떠한 종합적인 검토과정을 거치지 않고 처리되었다.

유교의 덕치·민본사상에 따라서 왕정의 안정이 민생의 안정에 바탕이 되어야 한다는 생각은 정치의 일반적이고 기본적인 조건에 대한 인식을 의미하기는 하나 그 보증을 뜻하지는 않는다. 그러므로 군왕의 專恣와 관료의 전횡을 견제하고 臣民의 下意를 上達할 수 있는 제도와 관례가 시행되어 그 나름의 言路가 널리 열려 있었던 것이기는 하나 그것은 君王의 賢愚에 따라서 약간의 차이는 있었으며 그것을 통틀어 일종의 言權(言論의 自由)이라고 한다면, 그것은 오로지 위에서부터 주어진 言權이어서 오늘날의 民權에 기반을 둔, 타고나서부터의 권리로서 스스로 차지해서 얻은 言權일 수는 없었다.

　유교정치의 이념이라고 할 수 있는 덕치·민본사상은 「백성을 위해서」(for the people)라는 성격을 지닌 것일 수 있으나, 그 한계는 「民衆의」(of the people) 그리고 「民衆에 의한」(by the people) 정치가 아니었다는 점에 있었다.

二. 政治·官僚構造의 性格

　조선왕조의 정치는 명분상 왕권을 絶頂으로 하는 유교적인 양반관료에 의해서 통치되는 지배체제를 갖추었다. 그것은 유신들에 의해서 유교[朱子學]를 정치이념으로 내세웠던 만큼, 왕을 포함한 지배신분으로서는 유학, 즉 修己治人之學의 修業이 필수의 요건이었다. 바꾸어 말하면 修己治人之學을 수업한 자만이 治者身分이 될 수 있었다는 것을 의미한다. 유교정치가 왕권을 절정으로 삼고 있는 것이라고는 하지만, 실제로는 유교적인 지배기구와 그 제도를 통해서만 권력이 행사되게 마련이었으며, 또 실제로 정권이 왕에게 있는 것으로 간주되지도 않았다. 그것은 王朝創建後에 정권과 병권의 분리에서부터 발단된 현상이기도 했다.

　太宗朝 초기에 開國功臣인 趙浚·鄭道傳·南誾 등이 병권과 정권을 아울러 장악하게 된 것을 못마땅하게 여긴 李蒼(兵曹正郎)은 "政權과 兵權은 자고로 한 사람이 겸임해서는 안 된다. 兵權은 마땅히 宗室에 있어야하고 政權은 마땅히 宰輔에 있어야 한다"고 했다.15) 이와 같은

---

15) 『太祖實錄』 卷6, 太祖 3年 11月 庚子.

유교정치의 권력안배는 왕조개창 후에 실제적으로 수행된 것이라고 할 수 있다.

太宗은 그때까지 종친간에 私占되어 있던 병권을 흡수하여 사병을 혁파하고 태종 자신이 병권을 장악했던 것이다. 그리고 한편으로 文武高官會議 기구인 都評議使司를 혁파하고 議政府와 中樞府(承樞府)를 別設하여 文武의 兩權을 분리시킨 위에 실제 군사의 差發은 의정부로 하여금 왕명을 받아 中樞府에 시달하여 掌兵者가 그 지시에 따라 發兵하도록 한 것이었다.16) 그리하여 실제에 있어서 文武班의 지위는 문반이 무반보다도 우위를 차지하게 마련되었다. 즉 의정부와 중추부는 형식상 문무최고기관인 正一品衙門이었으나 의정부職은 實職인 네 대하여 中樞府職은 「無所掌」의 閑職으로, 그것도 文武堂上官으로서 無所任者가 임명되게 마련이었으며, 또한 京官武官職으로서 堂上官 이상직은 모두 他官으로 겸하게 되어 專任官이 아니었다. 다시 말하면 고급관리에 있어서 文班職者는 實職임에 대하여 武班職者는 文武를 가리지 않고 無所任者 내지 兼職者로 구성되게 마련이어서 武人에 한하는 고급관직이라는 것은 애초부터 설정되지가 않았다. 군사지휘관인 장수가 되는 데에는 순전한 武才에만 의해서가 아니고 兵書에 통달했다는 것이 필수조건이기 때문에 도리어 文臣이 이를 겸하게 되는 것이 恒例였던 것이다. 따라서 전문적인 武官職者가 전적으로 병권을 장악한다는 일은 있을 수가 없었다. 그리고 각 도의 兵使·水使도 觀察使가 그 일원은 例兼하게 되어 있었고 그 밑의 兵馬節制使·僉節制使까지도 지방의 수령이 兼帶하는 경우가 많았다.

이 같은 文武班職의 구성은 결과적으로 武班에 대한 文班의 절대우위를 초래하여 무반을 문반의 종속적 지위에 놓이게 한 것이며, 그것은 유교정치에 있어서 본질적으로 병권을 장악해서만 확보될 수 있게 마련인 왕권을 실질상으로 허약하게 만드는 것이었다. 따라서 조선왕

---

16) 『太宗實錄』 卷8, 太宗 4年 9月 丁巳.

조의 정치는 명분상으로는 王政이고 형식상으로는 문무양반에 의한 관료정치라 하더라도 실제에 있어서는 문신만에 의한 지배체제를 이룬 것과 다름이 없는 것이었다. 실제로 武班職에 따른 衙門은 없었다.

그러면 문반 중심의 정치기구는 어떻게 편제되어 있었는가. 유교적인 정치기구에 있어서는 行政과 司法이 명확히 분리되어 있지가 않았다. 그러나 그 기본구조는 대체로 크게 몇 가지 그룹으로 나누어 생각할 수가 있다. 즉 행정의 중추기관인 의정부와 육조, 三法司인 司憲府·刑曹·漢城府, 언관의 기능을 하는 三司, 즉 사헌부·사간원·홍문관 등을 두고, 유학교육·문서기록 작성·制撰·經籍印領 등의 임무를 맡는 여러 館院을 두어 유교정치의 만전을 기했다. 즉 承文院(事大交隣文書), 成均館(儒學敎誨), 校書館(經籍印領), 弘文館(內府經籍과 文翰)을 통칭 四館이라 하고 그 위에 藝文官(制撰辭命)과 春秋館(時政記錄)을 두어, 이들은 모두가 유학에 숙달하지 않고서는 그 임무를 감당할 수 없는 기관이다. 위에서 든 의정부·육조와 三法司·三司 그리고 諸館이 조선왕조의 기간이 되는 政務機關이었다.

그 밖에 왕족(종친)과 그 외척, 공신에 대한 예우기관(宗親府·儀賓府·敦寧府·忠勳府)이 두어지고, 그 위에 特殊技術分配의 감당과 각종의 宮需·官需의 조달을 위한 雜廳이 두어져서 이들은 대체로 院(內醫院 등)·寺(司僕寺 등)·監(典醫監 등)·署(圖畵署 등)·庫(義盈庫 등) 등의 廳名이 붙여졌다.

그러면 위와 같은 정치기구의 편제상으로 나타나는 성격은 어떠한 것인가. 그것은 원래 그 이상형을 『周禮』에 두고 있는 중국의 제도를 채용했던 麗朝의 그것이 재구성된 것이었다. 중국의 제도는 그 古制에 따라서 시행할 수가 있으나 우리나라는 중국과는 달라서 그대로 모방할 수 없는 데가 많다는 것이 世宗 자신의 말이기도 했다. 따라서 조선왕조의 정치기구는 麗代의 그것을 답습하여 중국의 제도를 채용하면서도, 그대로 모방한 것만이 아니라 조선식으로 변형된 것이 없지 않았다. 宋·元代의 巡軍의 制가 조선왕조에서 義禁府로 개편되고 麗代

의 門下中書省이 議政府와 司諫院의 두 가지 기구로 재구성된 것 등이
바로 그러한 실례이다.

그리하여 宗室은 政權을 차지할 수 없다는 유교정치의 원칙은 宗親
이 정치에 직접 참여하지 못하게 한 것이다.17) 따라서 왕의 정치적 세
력기반이라는 것이 왕족세력에 있을 수가 없었다. 그러므로 유교적인
王道政治(王政)는 신료와 사이에 조화가 깨어져서는 제대로 존립되기
가 어렵게 마련이었다. 왕정은 실로 신료의 扶持로서만 안정될 수 있
었으므로, 조선왕조의 군왕은 이른바 「절대군주」적인 존재일 수가 없
었다.

그럼에도 불구하고 천하의 토지가 모두 王土가 아닌 것이 없나는 이
른바 王土思想이 王政의 기본관념으로 깔려 있었다. 그리하여 王家를
주축으로 하여 宮府와 官府와 사이에 명확한 구분이 지워져 있지 않았
다. 王家·宮府와 官府와 사이에 있어서 公私의 구별이 모호했으므로
국가재정은 왕가를 주축으로 한 궁부와 관부의 수요를 충족시키는 데
집중되다시피 되어, 이를 위한 官署가 국가기관의 거의 반을 차지한
것이나 다름이 없었다. 이러한 점에서 조선 왕조는 웨버의 이른바 家
産制的인 성격을 띤 것이라고도 할 수가 있다.

정치기구의 기강을 이룬 官署의 성격을 살펴보면 다음과 같다. 첫째,
왕과 의정부·육조와의 관계에 있어서 왕권이 강할 때에는 六曹直啓의
제가 시행됨으로써 왕이 육조와 직결되어 宰臣(議政)의 권한이 축소되
게 마련이었으며 이와 반대로 宰臣의 권한이 강해서는 육조직계의 제
가 폐지되고 議政府擬議의 제가 시행되게 마련이었다.18) 그러므로 왕
과 宰臣과 사이의 권력의 조화가 왕정을 안정케 하는 것이라고도 할
수 있다.

한편으로 왕에 직속되는 義禁府는 직접 왕명을 받들어 모반 등 왕조
의 안위에 관계되는 重罪를 다스려 王朝扶持의 핵심기관 구실을 하였

---

17) 『成宗實錄』 卷92, 成宗 9年 5月 丙子 "謹按續典 宗親尊位重錄 不任以事".
18) 末松保和, 「議政府考」 『朝鮮學報』 9.

다. 그것은 최고의 法司로서 왕 직속의 近衛兵과 같은 성격을 띤 것으로19) 관찰사·牧使 등도 직접 붙잡아 올리는 强權을 발동할 수 있었다. 그러나 의금부는 그러한 본래의 기능을 벗어나 일반 범죄까지도 다스려서 刑曹·漢城府 등 法司와 사이에 명확한 권한의 分界가 지워져있지 않았다.

또한 왕과 언관, 즉 사간원·사헌부·홍문관과의 관계는 이를테면 3각관계에 있는 것으로 서로 결합 또는 대립·알력관계에 놓이게 마련이나 이러한 점에서도 왕과 신료와의 사이에 조화를 이룰 때에 왕정은 안정을 얻을 수 있게 마련이었다.

여기서 우리는 조선왕조 관료체제의 주요한 특징을 살펴보아야 할 것이다. 첫째로 관료들의 생활기반을 중앙에 집중시켰다는 점이다. 조선왕조의 지배체제의 경제적 기반은 麗末 舊家世族의 경제적 기반을 전복시킨 田制改革에서부터 마련되었다. 구가세족의 경제적 기반인 그들의 田柴科를 박탈하여 新興儒臣에게 田地만을 재분배함으로써 그들의 생활기반을 새로 마련해주었다. 토지에 대한 국가의 강력한 지배력을 되찾아서 국가가 田地支給을 통하여 관료체제를 공고히 했다. 그리하여 관료에게 지급되는 田地를 京畿에 제한함으로써 그들의 생활근거를 중앙에 흡수·집중시켰다. 그리하여 이들 관리에게는 收租權을 부여하여 田地에 대한 직접지배를 가능케 함으로써 「官吏=地主」的 성격이 농후하게 만드는 동시에 租·稅額을 公定하여 借耕者에 대한 徵斂을 한정하였다. 그 위에 田主가 佃戶(借耕者)의 耕作權을 임의로 처분하지 못하게 하는 반면에 佃戶가 그 借耕地를 임의로 讓與·放棄하지도 못하게 하여 그들의 離散을 방지하는 대신에 그들 佃戶를 田地에 얽어맸던 것이다.

이 같은 조처는 官吏가 지방에 생활기반을 확대하지 못하게 함으로써 그들이 地方勢力化되는 것을 미리 방지했던 것이며, 행정면에 있어

---

19) 韓㳓劤, 「麗末鮮初의 巡軍考 -義禁府의 成立過程-」 『震檀學報』 22.

서도 관리가 자기 출신지의 지방관으로 부임할 수 없게 規制한 것과 아울러 그들이 어느 토착세력으로 성장되는 것을 방지하는 효과를 노린 것이었다.

그러나 世祖대에 들어서의 職田法의 시행과 뒤이어 成宗朝초의 官收官給制의 실시는 時·散官에 같이 급여하여온 授田對象을 時職者(實職者)에만 제한하는 데 뒤이어 그들이 토지에 대한 직접지배를 할 수 없이 함으로써, 세습전지의 보유자가 아닌 일반관리의 지위를 지주적 성격에서 雇傭官吏의 성격으로 저하시킨 것이었다. 이제 散職者인 前職者나 閑職者는 수조권이 없는 전지마저도 받지 못하게 되어 관리는 누구나 實職에서 떨어지게 되면 특별한 경우를 제외하면 아무것도 국가적인 보장을 받지 못하게 되었기 때문에 따로 田庄을 차지하지 못한 現職官吏의 지위는 거의 雇傭官吏나 다름이 없이 된 것이다.

토지급여에 있어서는 고급관리가 하급관리에 비하여 훨씬 더 광대한 전지를 차지하게 마련이고 그 위에 고급 관리가 흔히 세습할 수 있는 功臣田을 아울러 차지하게 되어서는 수백 結에 이르는 광대한 전지를 私占하게 되는 결과가 되는 것이었다. 그 반면에 公私賤口·工商人·賣卜盲人·巫覡·僧尼 등에 대해서는 당자는 물론 그들의 자손에게까지도 수전 대상에서 제외되고 일반 양민에 대해서는 아무런 조처도 명시되지가 않았다. 그래서 「普天之下 莫非王土 率土之濱 莫非王土」라고는 하지만, 실제로는 고급관료인 최고권력층이 왕실을 받들고 그들 자신의 생활기반을 給田制를 통해서 상호보장한 것이나 다름이 없는 것이었다.

둘째로 조선왕조 관료제의 하나의 특징은 고급관리에 의한 광범위한 兼任制의 시행이다. 이미 언급한 바와 같은 문관의 武官職兼帶와는 달리 文班京官職內에 있어서 特殊技術官署와 여러 雜廳의 責任職은 고급문관이 겸임하도록 마련되었다. 예컨대 영의정의 경우로 보면 그는 경연·홍문관·예문관·춘추관·관상감의 領事와 承文院都提調·世子師의 직책을 例兼하게 되어 있다. 諸雜廳의 提調制는 고급문관에 의한 책임직의 겸임을 표시하는 칭호로 쓰여졌다. 여러 기술관청과 잡청의 명분상 책임관이 이 같은 兼職制를 통해서 소수의 고급관리가 운영의 책임을 맡게 되어 있다. 그것은 행정력의 분산을 막고 그것을 고급관리에게 집중시킨 것이 된다. 이들 여러 기관은 상하의 명령계통이 서 있는 것이 아니고 서로 竝置되어 있어 소수의 명분상 責任高官을 통해서 국왕에게 직속되어 있는 것이다.

셋째로 들어야 할 특징은 人事權의 집중이라고 할 수 있다. 단적으로 말하면 인사행정이 吏曹郞官의 손에 의해서 좌우되게 마련이었던 점이다. 人事는 원래 고급관리의 회의에서 3명이 薦望되어 그 중의 한 사람이 왕의 「落點」에 의해서 채택되는 것이었다. 그 薦望하는 자리에서 이조낭관이 被薦者의 명단을 기록하게 되어 있으며, 이 경우에 낭관은 被薦者가 자신의 의중에 들지 않은 경우에는 薦望을 거부할 수 있는 권한을 갖고 있었다. 그것은 원래 고급관리들의 정실에 의한 인사행정을 방지하기 위한 제도였으나, 나중에는 도리어 그 逆效로서 고관대작이라도 이조낭관의 비위를 맞춰야만 되게 되었다는 결과를 초래하게 되었다. 縣監이 대신과 이조낭관에게 鞍子를 賂遺한 사실을 볼 수 있는 것은 그러한 역효의 일례라 할 수 있었다. 이것은 단적으로 인사권이 이조낭관에 집중되게 되었다고 할 수 있는 것이다.

넷째로는 이른바 限品敍用의 제도를 들어야 한다. 그것은 관리의 증진에 있어 혈연·직업 등 신분여하에 따라 陞進品階에 일정한 제한을 하는 제도를 이름이다. 그러한 제도의 연원은 멀리 신라시대의 骨品制에까지 소급되는 것인지도 모르나 그 경위에 대해서는 자세치가 못하다. 조선왕조의 모든 관리는 고급·중급·하급의 세 단계로 크게 나누어 생각할 수가 있다. 그리하여 고·중급의 한계는 堂上(正三品上位者)·堂下官(正三品下位者)에서 지어지고, 중·하급의 한계는 參上(六品以上)·參外官(七品以下)으로 지어졌다.[20]

---

20) 『經國大典』 吏典

　　堂上官의 堂上의 뜻은 中國唐制에서 유래된 것으로 생각된다. 唐制에서 여기서 七品以下官(參外)은 일반적인 실무에 종사하는 하급관리라고 할 수 있는 것이고, 六品以上官(參上)은 단적으로 말하여 牧民官(守令)의 자격이 부여될 수 있는 官位를 의미하는 것이다. 관리는 從六品이 된 이후에라야 縣監(最下級수령)으로서 外官이 되어 牧民(治人)의 임무를 맡을 수가 있다. 유교정치에 있어서 牧民(治人)官이 되기에는 修己治人之學을 專修했어야 한다는 것이 그 기본조건이 되는 셈이다. 한편 원래 고급 관리라면 麗代 이래로 二品以上官을 가리켜와서 조선왕조에 들어와서도 二品以上官만의 회의와 그들에 대해서만의 待遇上의 구별이 있기는 했다. 그러나 조선왕조에 있어서는 正三品上位官吏까지를 포함해서 이를 堂上官이라 하여 고급관리로 대우하여 堂下官과 사이에 승진의 제한을 했던 것이다.

그리하여 양반의 良妾·賤妾의 자손이라는 嫡庶관념에서, 그리고 기술직이라는 직업관계에서 차별대우를 하여 품계승진과정에서 參上官·堂上官이되는 데는 엄격한 제한을 하였다. 이것은 관료체제 자체 내에서 고급관리의 무제한 수적 증가를 억제하는 일반적인 조처라고도 할 수 있으나, 그것이 혈연·직업 여하에 따라 제한받게 되었다는 점과 그것이 결과적으로는 소수의 고급관리에 의한 권력 집중의 효과를 기했다는 점에서 이해될 수 있는 것이다.

양반관료의 생활기반을 京畿에 집중시킨 조선왕조의 지배적인 권력인 修己治人之學(儒學)을 專修하고, 첩의 자손이 아닌 순수양반인 소수의 고급관리에게 집중되어 있었다고 할 수 있다. 이 같은 지배체제

는 二品以上이 政堂에 오를 수 있었던 것으로 麗代 이래로 二品 이상이 고급관리였으나, 조선왕조 초기에 正三品上位者를 당상관으로 간주하게 되어 「升堂」할 수 있는 者를 의미한 것이다. 睿宗朝 司憲府上疏에 의하면 당상관이 될 수 있는 조건으로 「老成之人 卓犖之才 勳賢之後 功勞之積」을 들고 있다(『睿宗實錄』 卷4, 睿宗 1年 3月 乙未). 『經國大典』 吏典에서 당상관으로 陞階되는 職窠는 셋으로 나타난다. 古老에 의하면 「善治守令」「侍從臣父年七十者」가 당상관이 될 수 있었다고 한다. 또한 參上·參外의 뜻은 「朝參者 謂之參上 不得朝參者 謂之參外」라 하여 朝會時의 入參與否로 구별되었다(『太宗實錄』 卷30).

에서 지방에 대한 통치구조는 어떠하였는가.

첫째, 지방통치 형태로서 郡縣제도의 철저한 실시는 조선왕조에서 비로소 보게 되었다. 고려시대에 이미 군현제도가 실시되기는 했으나 모든 지방이 중앙의 직접지배를 받는 군현으로 편제되었던 것은 아니다. 즉, 많은 지방이 중앙관리가 나가 있는 郡縣에 종속되어 있는 이른바 屬縣으로 되어 있었고, 또 麗代 이래의 이른바 鄕·所·部曲이라는 특수 隷民部落이 있어서 이런 것은 모두 중앙으로부터 외관이 나가 있는 군현에 종속되어 간접지배하에 놓여있었던 것이다. 이 같은 간접지배하의 屬縣이나 鄕·所·部曲에 있어서는 그 지방의 한두 명의 戶長이 지배하여왔다.

조선왕조 초기에 와서 이 같은 屬縣이나 향·소·부곡이 완전히 직접 지배를 받는 군현으로 개편·흡수되었다.[21] 모든 군현에는 반드시 중앙관리[京官]를 직접 파견하게끔 되었던 것이다. 이와 같은 군현제의 전면 실시는 중앙집권적인 시스템을 완전히 갖추게 되었음을 의미한다. 그리하여 觀察使·都節制使·處置使·經歷·都事 등의 외관으로는 모두 京官을 파견하게 되고, 東北·西北面에도 觀察使를 파견하여 8도에 대해서 모두 觀察使制가 실시되게 되었다.[22]

둘째로 州府郡縣의 名號는 본래 인구의 다소로 정해진 경우가 恒例였으나 그러나 그것이 순전한 행정적인 성격만을 띤 것이 아니라 그 位格의 昇降이 있었던 점이다.[23] 가령 어떠한 지방에서 역적이나 반란이 일어난 경우에는 당해 지방의 名號가 격하되어 府가 郡으로, 郡이 縣으로 개칭되기도 하고, 이와는 반대로 어느 지방에서 王妃가 나게 된다면 郡인 경우에는 州나 府로 그 邑號가 昇格되는 일이 일어났다. 그러한 사정에서 州名이 變改되는 경우 道名까지도 변동되는 일마저

---

21) 『太宗實錄』 卷28, 太宗 14年 7月 乙亥.

22) 『太宗實錄』 卷8, 太宗 4年 9月 丁巳; 『世宗實錄』 卷36, 世宗 9年 4月 甲子; 『成宗實錄』 卷9, 成宗 8年 閏2月 癸丑·甲寅.

23) 『世宗實錄』 卷2, 世宗 卽位年 12月 甲辰.

가끔 있었다. 이는 즉 府州郡縣의 位格의 昇降이 지방민의 왕실에 대한 忠逆向背에 따라서 혹은 왕실에 대한 특수한 공훈에 따라서 변동하게 됨을 말해주는 것이다. 이를 요컨대 지방의 행정구역 내지 邑의 名號는 순전한 행정적인 의미만을 갖는 것이 아니라 중앙권력에 의해서 정치적 조종을 받게 된다는 사실을 나타내는 것이다.

셋째로 반드시 京官으로 파견되게 마련인 모든 外官(관찰사·수령)에 대한 緊縛策이다. 守令監察의 임무를 띤 觀察使는 從二品職으로 風憲官이라는 의미에서 京中의 大司憲과 다름이 없었다. 관찰사는 生殺與奪의 권세를 갖는 왕명의 대행자로서 각 도에 군림하였으나 그의 임기를 360일로 제한하여 장기유임을 防限하였다. 이는 즉 그가 장기유임으로 말미암아 지방세력화되는 것을 미연에 방지하자는 것이었다. 그리하여 수령은 그의 本鄕地 또는 田莊保有地에는 부임될 수가 없게 하고 관찰사와 당해 도내의 수령과 사이에도 相避制로서 族親의 동시 부임은 금지되게 마련이었다. 이 같은 조처는 모두가 그들이 어느 한 지역에 있어서의 토착세력화되는 것을 방지하는 효과를 노린 것이었다. 관찰사의 監察下에 있는 당해 도내의 각급 수령은 이른바 「守令七事」라는 貢賦·徭役 등 일곱 가지에 걸친 治積如何에 따라 그 성적이 매겨져서 승급이 좌우되게 마련이었으며, 그 대신 觀察使나 牧使가 大罪를 범했을 경우에는 義禁府의 관원에 의해서 직접 逮捕·上送되게 마련이었다.

넷째로 원래의 토착 세력이라고 할 수 있는 鄕吏에 대한 여러 가지 견제책이 시행되었다. 조선왕조가 개창된 이후 전면적인 군현제로 개편되면서 麗代이래의 지방토착세력이던 戶長들은 단순한 鄕吏로서 지방통치편제 속에 흡수되었다. 그들이 원래의 토착세력을 배경으로 수령을 조롱하거나 專權作弊하는 따위의 비행을 저지르는 자에 대해서는 元惡鄕吏로서 가차없이 처벌함으로써 그들의 발호를 경계하였다.24) 이

---

24) 『經國大典』 刑典 元惡鄕吏條.

러한 경우에는 該邑양반의 「京在所」로 하여금 사헌부에 陳告케 하여 사헌부에서 직접 奸吏를 推劾科罪하도록 되어 있었다.25)

그 반면에 鄕吏에 대한 勸奬褒賞策을 잊지 않았다. 향리로서 文武科·生員進士試에 합격된 자, 특별한 군공을 세운 자, 三丁一子가 雜科에 합격했거나 書吏로서 임기를 채운 자는 그의 子孫役을 면제해주고 避役逃亡者를 捕告하는 경우에는 그 捕告人員數에 따라 본인과 그 아들의 역을 면제해주는 특혜도 베풀어진 것이었다.26)

한편으로 麗代로부터 내려오는 鄕吏子弟 選上立役(上京侍衛)의 制는 조선왕조에서도 그대로 전승·실시되었다. 上京侍衛하는 鄕吏(원래의 戶長·副戶長)의 자제인 其人은 麗末에 이르러서는 여러 가지 雜役에 종사하던 중에 조선왕조 초기부터는 주로 燒木役에 종사하게 되었다. 그것은 麗末 科田法 실시 이래로 柴地가 지급되지 않았던 관계로 宮家·官家의 柴炭·燒木의 공급을 전적으로 其人役에 의존하게 되었던 때문이라고 생각된다. 전국의 邑에서 選上된 3백 수십 명의 其人은 그 원래의 人質的인 성격을 지녀서 각기 토착 세력 鄕吏에 대한 견제책이었음에는 다름이 없었다.

또한 각 읍의 守令은 그 隷下 鄕吏중의 한 사람을 그의 京邸에 選上하여 이른바 京邸吏(京主人)로 삼아서 該邑의 賦稅上納에 관한 周旋·逃亡한 選上奴婢의 보충 등의 임무를 수행케 했다.

또 다른 한편으로 在鄕의 양반들의 집회소였던 이른바 留鄕所는 成宗朝에 鄕廳이라는 명목으로 지방행정체계 내에 흡수되어 座首·別監이라는 職役으로 守令의 顧問 구실을 하며 지방행정의 보조역을 맡게 하였다.

위와 같이 구성된 조선왕조의 통치체제는 어디까지나 중앙집권적인

---

25) 『成宗實錄』 卷137, 成宗 13年 正月 辛卯 "州府郡縣 各有土姓 其在京從仕者 謂之京在所 京在所擇其居鄕土姓剛明品官 爲留鄕所有司 奸吏所犯 互相糾察 維持風俗 其來已久".

26) 『經國大典』 吏典 鄕吏條.

구조라고 할 수 있는 것이다. 정치권력은 소수의 중앙고급관리에 의해서 장악되게 마련이고 모든 관리의 생활기반이 중앙(경기)에 집중되는 중에도 고급관리만은 官吏地主의 성격을 농후하게 지속했던 반면에 일반 하급관리는 고용화된 것이나 다름이 없게 되었다. 전면적인 군현제의 실시에 따라서 종래의 토착세력은 일반적으로 鄕吏로 격하되고 모든 외관은 중앙관리[京官]로 파견하여 중앙의 직접 지배하에 놓이게 하는 동시에 地方官長(관찰사·수령)에 대해서는 任期·相避制·考課 등에 의해서 그들이 지방세력화되는 것을 방지했다. 그 위에 토착세력으로 殘留하게 된 향리에 대해서는 여러 가지 견제책과 獎勸補償策으로 그들의 발호를 예방했던 것이다. 그러한 행정체계를 요약 도표로 그려보면 다음과 같다.

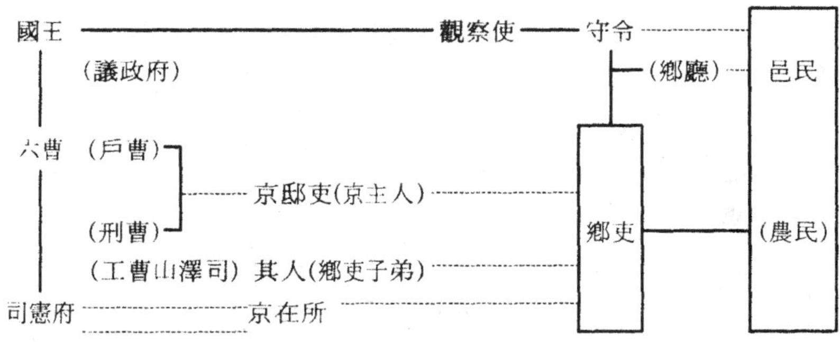

　위와 같은 관료체제에 있어서 관리의 채용은 麗末서 재확립되게 된 과거제도에 의해서 시행되었다. 그리하여 누구나 修己治人의 學을 專修한 자로서 시험성적에 따라 공정하게 選擇·採用되게끔 되어 있다. 이렇듯 채용된 관리에 대해서도 각기 所定 임기를 채우고 所定의 성과를 올리면 그 경력에 따라 정기적으로 승진시키고 品階를 올려주게 되어 있다. 그리하여 官吏의 採用·昇進제도는 그러한 점에서 공적 본위로 오늘날의 merit system에 가까운 것이라고 할 수 있는 것이다. 이를테면 모든 관리는 先任權·經歷·成績에 따라서 평가되고 승진이 결

정되는 체계를 갖춘 셈이었다.

　그러나 관리의 채용·승진에도 이러한 면에만 순전히 의존하였던 것이 아니다. 모든 관리가 즉 개인적인 재능과 성적에만 의해서 평가되었던 것이 아니라 반드시 그의 門地·血統·先祖의 직업 등 신분관계와 功罪賞罰有無如何에 따라 관리 채용이나 그들의 승급이 배려되었다. 그 밖에도 麗代에 비해서는 그 비중이 미약했으나, 祖上의 공훈으로 과거를 거치지 않고 出仕할 수 있는 이른바 蔭仕의 길도 트여 있었다.

　또한 관서와 관료조직에 있어서도 단계적인 序秩로서 계급조직(hierarchy)으로 되어 있으나 정책결정은 소수의 고급관료에 의해서 크게 좌우되게 되어 있고, 官署間에 통일적인 상하명령 계통이 서 있는 것이 아니었다. 모든 관서의 책임관이 소수 고급관리에 兼帶되어 왕에게 직속되어 있는 것이나 다름이 없었다. 그 위에 이미 宮府와 官府의 구별이 모호할 뿐만 아니라 三法司에 있어서와 같이 각 기관의 기능이나 권한의 分界도 불명확한 바가 없지 않다.

　그러므로 조선왕조시대에 있어서는 엄밀히 말해서 일반적인 봉건사회에 있어서의 領主와 家臣과의 관계나 封土관계와 같은 사실은 없어서 封建制度라는 것은 성립되지 않았었다. 그것은 어디까지나 지방분권적인 세력을 억제하고 그 성장을 견제했던 중앙집권적인 관료정치체제였던 것이다. 그렇다면 조선왕조 사회는 封建社會라고는 말할 수가 없는 것인가.

　실제로 유교적인 王道政治(王政)에 있어서 王家는 公家·私家의 分界가 명확치 않은 모호한 존재로서 일반 하급관료가 고용관리나 다름 없었던 바와는 달리 적어도 고급관리에 있어서는 그들이 국왕의 가신적인 존재이기도 했던 것이다. 그 위에 그들에게 있어서는 官吏=地主的 존재로서 광대한 田庄의 보유자로서 봉건지주에 유사한 존재였다고 할 수 있다. 뿐만 아니라 이 같은 관료정치의 기반은 역시 넓은 의미에서 신분제적인 사회구조에 두어진 것이었다. 그러므로 우리는 兩班

官僚의 集權體制下에서도 그 기반을 이룬 사회신분 구조를 명백히 이해할 필요가 있다.

三. 社會身分構造

조선왕조의 사회신분의 재편은 麗末에 있어서 混淆되었던 良人身分과 賤人身分을 분명히 가려내는 일에서부터 시작되었다. 그것은 麗末에 있어서의 田制改革과 병행되어 舊家世族과 승려·사원에 예속되었던 私賤을 줄이고 양민과 公賤의 수를 늘려서 국가에 수요뇌는 賤役 대상자의 수를 확보하고 豪家世族의 세력기반을 되도록 약화시키는 데 목적이 있었다. 宮府·官府의 모든 수요는 이른바 租庸調의 형식에 의한 양민에 대한 賦役과 궁부·관부에 예속되게 마련인 公賤의 勞役에 의해서 충족되어야 했다. 그것은 또 麗末에 있어서의 신분의 混淆를 麗初의 중세적인 신분사회로 재편성하려는 것이었을 뿐만 아니라 나아가서는 유교적인 양반지배체제의 사회적 기반을 확고히 하는 방향으로 재구성되어갔던 것이다.

麗末 이래 양인과 천인의 신분을 명확히 가려내려는 노력은 거듭된 奴婢辨正都監의 置廢가 잘 설명해주는 것이며, 그러한 노력은 조선왕조 초기에까지 계속되었다. 賤民은 인간에 대해서 夷狄(非人間)과 같은 존재로 마치 財物과 같이 賣買·贈與·讓渡·世襲될 수 있는 자로서 그 값은 馬價보다도 더 싼 것이었다.[27] 良賤이 混淆되었던 麗末의 사태에서 양인신분과 천인신분을 명확히 가려낼 수 있는 유일한 근거는 奴婢文券밖에 없었으며, 그것이 없는 경우에 奴婢爭訟에 대한 공명한 판결이 어려웠기 때문에 奴婢辨正都監의 置廢를 거듭하면서도 완전한 해결은 좀처럼 볼 수가 없었던 것이다. 그리하여 奴婢文券이 없어

---

27) 『太祖實錄』 卷14, 太祖 7年 6月 壬戌.

서 종내 賤人신분으로 확증할 수 없는 자에 대해서는「身良役賤」이라
는 명목으로, 실제로는 천인구실을 하고 있으나 신분상으로는 양민으
로 인정한다는 편법적인 조처로 귀결을 지을 수밖에 없었다.

　이와 아울러 麗代이래로 干・尺으로 일컬어지던 이른바「役賤身良」
階層(稱干稱尺者)은 조선왕조 초기에 와서 양민으로 흡수되었으며, 예
민부락으로 간주되는 鄕・所・部曲 등이 새로 군현제로 편입되게 되면
서 그 주민들 역시 良民으로 신분이 상승되었으나, 그러한 중에도 그
들이 져야 했던 역이 賤役이었기 때문에 여전히 身良役賤階層으로 간
주되어진 자도 없지 않았다. 가령 麗代의 鹽干이 漁夫鹽漢으로 일컬어
진 것은 신분의 상승을 나타내는 경우이고, 烽火干이 이른바 七般賤役
의 하나인 烽軍으로 일컬어진 것은 역시 身良役賤 계층임에 변함이 없
었던 경우이다.

　한편 公私賤口가 양인신분인 여자와 결혼해서 얻은 소생은 역시 身
良役賤階層으로 간주되었으며, 결국에는 公私賤口가 良女(양인신분의
여자)와 相婚하거나 相奸하는 것을 금지하여 양인과 천인의 신분적인
장벽을 굳게 했던 것이다.28) 이렇듯 해서 양인계급과 천인계급은 엄연
히 구별되어갔고 현실적으로 가리기가 어려운 몇 가지 부득이한 경우
에 양천의 중간계층이라고 할 수 있는 身良役賤이라는 신분으로 간주
하게 된 것이었다.

　조선왕조에 있어서 신분적인 장벽은 실제에 있어서 양인과 천인과
사이에서만 엄격히 구별되게 된 것은 아니다. 원래 良人(良族)이라 하
면「惡行」에 의해서 노비로 떨어지지 않은 모든「良善한 者」를 이름이
어서 노비가 아닌 모든 사람이 良人(良族)이라고 할 수 있었다. 다른
한편으로 兩班이라 함은 조선왕조 초기에 있어서도 麗代에서와 같이
문반・무반의 문무관료, 즉 治者신분을 가리키는 것이었다. 그러나 실
제에 있어서 武班은 文班의 종속적인 지위에 놓여졌다는 것은 이미 언

---

28)『太宗實錄』卷10, 太宗 5年 10月 甲寅.

급한 바와 같아서 修己治人之學의 專修者만이 지배계급의 精粹分子라고 할 수 있는 것이었다. 이 같은 精粹支配階層은 그들의 신분적 기반을 견고히 하기 위해서 그들 자신에 의해서 자기도태 작업이 수행되었다.

이 같은 천인과 구별되는 양인이라는 신분 내에 있어서 양반 신분의 자기도태는 두 가지 면에서 행해졌다. 그 하나는 유교적인 가족윤리·嫡庶관념에 따르는 것이고 다른 하나는 유교적인 정치이념과 관련되는 직업관념에 따르는 것이었다.

麗代에 있어서는 一夫多妻制로서 妻妾·嫡庶의 차별관념은 없었다. 국왕에 대해서 妃嬪의 구별이나 兩班家에 있어서의 妻妾의 차별은 조선왕조 초기에 이르러 철저해졌던 것이다. 그리하여 양반의 첩의 자손은 庶孽이라 하여 이들에 대해서는 文科試에 응시할 자격을 부여하지 않고 武科·雜科에만 응시할 수 있게 하여 그들을 文班職에 서용하지 않았을 뿐만 아니라 관계승진에 있어서도 제한하는 이른바 限品敍用의 규제를 마련하여 차별대우를 하게 된 것이다. 이 같은 庶孽差待의 규제로 말미암아 良妾·賤妾의 자손은 그의 父祖가 양반임에도 불구하고 이를테면 순수한 양반과는 차별되는 보다 低級視되는 또 하나의 신분계층을 이루게 된 것이다.

이와 같은 서얼에 대한 신분적인 제약, 양반그룹 내에서의 자기도태는 유교적인 가족질서의 안정과 혈연 관계의 정통성과 순수성을 고수하는 효과를 꾀했던 위에 양반 신분의 무제한한 수적 증가를 방지하는 수단이 되기도 했다.

다른 한편으로 지배계급은 修己治人學을 專修하지 않은 자들을 순수한 治者신분에서 배제하여갔다. 조선왕조에 들어서 天文·醫·譯·律·陰陽 등 기술직에 종사하는 자들은 이른바 「士類」와 동등하게 대우하지 않았다. 그들은 기술학을 專修한 자들로서 유교정치에 있어서 修己治人之學을 專修한 자에 비한다면 경시될 수밖에 없었다. 이를 기술직 관리에 대해서도 역시 限品敍用의 제약이 가해지게 되었다.

　일반적으로 天文・醫譯・律算 등 특수 기술관리에 대해서는 「六品去官」을 원칙으로 삼았다. 이른바 雜職(技術職)者로서 六品去官이 된다는 것은 初恭六品職者로서 去官시킨다는 뜻이다. 그것은 初恭六品職者는 宇令에 差任하지 않는다는 규제하에서 시행된 것이며, 그것은 또 기술직자의 官階가 六品에 이르렀다 해서 그가 牧民官(治人)의 자격이 부여되었다는 것은 의미하지 않는다는 사실이다. 즉, 기술학의 專修者는 修己治人之學의 專修者와 같은 자격으로 승진될 수는 없는 것이다. 기술직자가 六品去官의 경우를 당해서 그의 特請에 의해서 관직에 계속 봉사하여 品階를 올려주는 경우일지라도 그것은 순전히 기술직자로서의 일이며 여기서도 「三品去官」으로 승진의 상한이 三品堂下官으로 제한된 것이었다. 결국 이들도 유교정치의 지배계층에서는 신분적으로 格下・排除되어진 셈이었다.

　이들 雜職에 종사하는 사람들은 원래 서울의 중앙지구에 거주했기 때문에 그들을 「中人」이라고 일컫게 되었으며,29) 그것이 유교적인 지배신분인 양반과는 엄격히 차별되어 보다 하위의 신분계층을 이루게 된 것은 15세기 중엽인 成宗代의 일이다. 그리고 엄격한 의미에서 중인과 서얼은 그 지체가 구별되기도 하였으나, 그들이 다같이 文科에 응시할 수 없는 지배양반 신분보다는 낮고 마찬가지로 限品敍用30)의 차별대우를 받게 되었던 점에서 서얼도 역시 넓은 의미에서는 중인으로 간주되는 것이다. 그 위에 京外官衙의 衙前(吏胥)들도 역시 최하급 관리로서 平民(庶民)보다는 지체가 높으나 지배양반 신분보다는 낮다는 점에서 이들마저도 중인과 비등한 신분으로 간주되는 것이었다. 그렇듯 해서 유학, 즉 修己治人之學을 專修하여 원칙적으로 文科를 통하여 지배신분인 양반(문관)으로 행세할 수 있는 지체와 文科에는 응시할 자격을 주지 않은 서얼과 기술직자, 그리고 衙前 등의 지체 사이에

---

29) 『備邊司謄錄』 卷111, 英祖 18年 10月 11日. "祖宗之制 中人及小民 許令居生於朝市
　　近處 以便其生理 此中路之名所以出也".
30) 『經國大典』 吏典 限品敍用條.

는 엄연한 신분적 차별이 생겨지게 됨으로써, 이제 양반과 중인과는 일종의 신분계급을 나타내는 것이나 다름이 없는 것이 되었다.

원래 양반이라는 것은 麗末 이래로 조선왕조 초기에 있어서도 문반·무반을 통칭하는 문무관료를 의미하는 것이라 했다. 문무양반은 이를 또 사대부라고도 해서 士는 五品以下官 大夫는 四品以上官을 가리킨 것이기도 했다.[31] 그리하여 원래 善良한 사람, 즉 良人신분으로서 修己治人의 學을 專修하여 과거에 합격하여 관리가 된다면 그가 바로 양반임에 틀림없는 것이겠다. 또한 실제로 양민은 과거에 응시하지 못한다는 禁制 규정은 없다. 그러나 실제상으로 농민의 대다수인 평민이 유학을 專修하여 과거에 응시한다는 일은 사실상 일어나기 어려운 일이라고 할 것이다.

이제 조선왕조사회가 유교적인 지배체제를 확립하여가는 사이에 관료지배계층이 그들 자신의 신분적 기반을 굳건히 하기 위하여 그들 자체의 도태작업에 의해서 서얼·기술직자 그리고 京外衙前들을 그들의 지배그룹에서 배제하여 하나의 특수한 신분 그룹으로 규제하여 갔을 때 실제로 그들보다도 더 하층에 깔려 있는 일반 평민은 지배신분 그룹에서는 이른바 중인보다는 훨씬 더 먼 지위에 놓일 수밖에 없게 되었다. 즉 원래의 良族은 유교정치가 확립되는 과정에서 兩班·中人·庶民의 세 그룹, 즉 사회신분층(계급)으로 硬化되어갔던 것이다. 이제 양반 내지 사대부는 그 원래의 문무관리라는 의미에서 양반신분이라는 중인과 서민과 구별되는 지배계급을 의미하게 되었다.

그리하여 世祖朝에 와서는 兩班家와 庶人家 또는 兩班子弟와 庶人은 대칭되게 되고 혹은 또 門蔭士大夫家·雜職士夫家·平民家로 대칭되게도 되었다.[32] 兩班家에는 이제 兩班家有職者와 兩班家無職者로 나누어지게 마련이었다.[33] 원래의 良族으로서 이제 관리가 된 자의 자손

---

31) 『世宗實錄』 卷52, 世宗 13年 5月 戊辰.
32) 『世祖實錄』 卷24, 世祖 7年 5月 癸巳; 同 卷35, 世祖 11年 3月 癸酉; 同 卷40, 世祖 12年 11月 庚午.

은 스스로 士族을 의미하는 양반이라 일컬었고, 침체되어 下流에 있게
된 자는 그대로 良族이라 하여 양민(서민)으로 간주되어 治者계급으로
서의 양반과 被治者계급으로서의 평민(상민)으로 신분적 장벽이 굳어
져서 시대의 흐름에 따라 이른바 班常관념으로 격하되었던 것이다.34)
그리하여 사대부라는 말도 결국은 이 같은 양반신분을 의미하는 것으
로 널리 쓰여지게 된 것이다.

　조선왕조 초창기에 있어서 아직도 신분적인 재편성이 이루어지지
않았을 때에는 양반과 평민과의 신분적인 한계는 어느 정도 모호했다.
조선왕조의 지배층은 애초부터 신분적인 편제 위에서 출발한 것은 아
니었다. 그러나 그들이 유교적인 지배체제를 강화하고 그들 자신을 지
배신분으로 굳혀가는 동안에 현실적으로 그들은 평민과는 거리가 먼
신분으로서 여러 가지 특권과 권세를 누리고 治人者로서 군림하게 되
어, 직업적인 차별(양반과 중인), 처첩관계 내지 혈통적인 차별(양반과
서얼)에 의해서 중인이라는 특수한 계급을 만들어 냈고 이에 따라 일
반 庶民은 완전한 被治者의 위치에 놓여지게 된 셈이다. 그리하여 조
선왕조 사회는 적어도 世祖-成宗朝를 걸치는 동안에는 이른바 兩班·
中人·庶民·賤民이라는 네 가지 사회계급이 구성되게 되고 유교적인
양반지배체제는 이 같은 신분적 구조를 기반으로 扶持되어갔던 것이
다.

　그러므로 조선왕조의 정치구조는 중앙집권적인 관료정치라고는 하
지만 그 기반은 봉건적인 신분사회에 놓여 있는 것이다. 그 봉건적인
신분구성에는 中世의 歐羅巴나 日本에 있어서와 같은 기사(무사)계급
이나 승려계급 같은 것이 형성될 수가 없었다. 또한 양반·중인·서
민·노비(천민)라고 하더라도 그 사이에는 여러 가지 계층이 개재할
여지가 있으며 중인이라는 사회계급도 그 속의 서얼·기술관직자·吏
胥 등 여러 신분계층을 통칭하게 된 것이었다. 그 위에 그 사이의 신

---

33) 『成宗實錄』 卷75, 成宗 8年 正月 乙卯.
34) 『承政院日記』 第477冊, 肅宗 39年 5月 6日.

분적인 장벽도 완전히 차단되어 있었던 것도 아니어서 형벌·포상 등에 따르는 신분의 陞降이 특례적으로 있기도 했다. 權臣이라도 반역죄로 처형되는 경우 그 일족의 신분을 降下시키는 수도 있고 노비라도 특수한 공훈을 세워서 從良의 特典을 받는 경우도 있었다. 또한 士族(兩班)이라고 하더라도 그가 官界에서 배제되어 오랫동안 仕路가 단절되는 지방의 양반으로 행세하게 되는 경우 그 일족은 이른바 鄕族으로 떨어져서 지방 양반이라는 위치에 놓이게 되어 이러한 경우에 鄕族은 이미 士族과 대칭되게 마련이었다. 또 그들의 후예가 零落되게 되면 이른바 寒士로서 殘班 내지는 窮班이라 일컬어지게도 된 것이다. 그러나 지방에 있어서 田庄을 보유하고 있는 土豪의 경우에도 在地地主로서 그의 형세가 封建領主와 다름이 없는 존재이기도 하였다.

　조선왕조시대에 있어서는 法制上으로 봉건제도가 실시되지는 않았다. 일반적으로 일컬어지는 바와 같이 영주와 가신과의 관계나 封土관계가 성립되었던 것은 아니다. 조선왕조 사회는 도리어 중앙집권적인 관료정치에 의해서 지배되어 왔으며 그것은 또 新儒敎(朱子學)에 의해서 이론적으로 무장되어 있었다. 명분상으로는 왕도정치(왕정)라 했으나 실제로는 그것이 王權과 臣權과의 조화 위에서만 안정을 기할 수가 있었으며, 또한 관료정치라고 하지만 어디까지나 소수 고급관료에게 정권이 집중되어 있었던 셈이다.

　과거제도를 통한 관리의 채용·승진이 재능(학문)과 성적과 경력에 의해서 좌우되기는 했으나, 그것도 순전히 개인의 능력에만 의한 것이 아니라, 血統·門地·職業·祖上의 공과 등이 결정적인 영향을 미쳤고 엄격한 신분적인 제약을 받았다. 그러므로 그 관료정치라는 것은 중세적인 신분구조의 기반 위에 구축된 것이어서 근대적인 의미에서의 관료정치는 물론 아니었다.

　또한 조선왕조의 정치이념은 신유교인 주자학에 근거하여 중세적인 종교(불교)사상이 지배적일 수는 없었다. 그러나 그것은 중세적인 사상마저도 특수한 경우에는 국가적인 祭禮에서까지 완전히 배제할 수가 없었을 뿐만 아니라 오히려 고대적인 신앙의 전통을 재구성함으로써 지도이념과 현실과의 괴리를 메우는 한편 그것이 一面에서 결합시켜 국가적인 일체감의 초점을 이루게까지 하였다.

위와 같은 조선왕조 사회는 일반적인 의미로서 중세적인 봉건사회라고는 할 수가 없으나, 그렇다고 중세적인 것에서 아주 탈피된 근대사회라고 간주할 수도 없다. 그것은 이를테면 중세사회에서 근대사회에로 옮아가는 과도적인 시기라고도 볼 수 있을는지 모른다. 그러나 그 시기와 사회가 그 나름의 성격을 지니고 거의 5세기간에 이르는 기간을 거친 것이므로 그것이 어떠한 定着性이 부여될 수 없는 과도기로서 인식될 수는 없는 것이다. 그런 점에 비추어 저자는 여기 「近世」라는 중간적인 시기를 劃定하는 것이 타당하다고 생각하는 바이다. 그리하여 조선왕조 사회는 「近世朝鮮」으로 그 시대적·사회적 특징지을 수 있을 것이다.

그리고 끝으로 유교 내지 유교정치에 대한 평가문제에 언급해야 할 것이다. 儒教가 한국사회에 적지 않은 해독을 끼쳤다는 견해는 대체로 두 가지 前提 내지 제한에서 論謂될 수 있는 것으로 생각된다. 그 하나는 근세조선에 있어서 유교정치가 수세기 동안 행해지는 사이에 일어나게 된 사회변천에 대하여 유교 내지 유교정치가 이에 隨應할 수 있는 사상 내지 사회로 스스로 재구성할 수가 없었다는 점이다. 그리하여 근세 조선후기에 이르러 유교(주자학)와 유교정치의 말폐는 사회적 모순을 크게 呈露하였고 더욱이나 韓末에 있어서 한국이 난국에 처하게 되었을 때 이를 타개할 수 있는 적극적인 지도이념의 구실을 감당할 수 없었던 점에서 그렇듯 論謂될 수가 있겠다.

다른 하나는 도시 유교 내지 유교 자체가 원래부터 우리나라에서 일어난 教學이 아니어서 우리 민족고유의 학문·사상이 아니라는 관념이 아주 깊이 깔려 있을 수도 있다는 점이다. 그러나 이 같은 전제로서도 유교 내지 유교정치의 사회적 기능을 전적으로 부정하는 평가는 그릇

된 것이라고 할 것이다. 유교 내지 유교정치는 近世朝鮮을 건설하는
데 있어서 커다란 이념적 구실을 담당했으며 그것을 바탕으로 이루어
진 근세조선 초기의 문화는 한국문화 내지 민족문화의 터전을 굳건히
하는 데 결정적인 역할을 했던 것이다. 그리고 민족의 문화적 전통은
그 가치가 고유·원래적인 것에만 고착되어 있어지는 것이 아니라, 문
화적 교류나 다른 문화의 수용에서만 더욱 발전될 수 있었다는 점을
충분히 배려해야 한다는 것이다. 우리는 麗末鮮初에 신유학(주자학)을
어떻게 수용했는가 하는 데 대한 면밀하고도 정확한 판단 위에서, 적
어도 그것이 근세조선 초기 민족문화의 건설 내지 발전에 커다란 역할
을 했다는 점에서 그 가치를 올바로 인식해야 한다고 생각한다. 그러
므로 따라서 유교에 대해서 다만 그 근본사상 내지는 原始儒敎의 사상
을 치켜들어서 그 가치가 오늘날에 있어서도 큰 의의가 있는 것으로
간주하여, 유교의 보편적 가치만을 주장하는 견해는 유교 내지 유교정
치에 대한 올바른 역사적·사회적 평가라고 할 수가 없는 것이다.

　그럼에도 불구하고 유교사상을 전적으로 부정할 수 없는 근거는 그
것이 어디까지나 윤리와 정치를 완전히 분리시켜서 생각하지 않는다는
점에 있다. 德을 잘 쌓은 사람, 다시 말해서 확고한 윤리관을 체득한
인간이라야 올바른 정치의 효과를 나타낼 수 있다는 倫理政治哲學이
바로 유교(주자학)의 기본사상이다. 그러므로 비록 정치가 어떤 의미
에서는 그것도 역시 하나의 기술이라고 하더라도 그것이 도덕이나 윤
리를 외면한, 이를테면 無道德·非倫理的인 정치라는 것은 생각할 수
가 없었다는 점에서, 정치를 하는 데 있어서 어디까지나 윤리가 그 기
반이 되어야 한다는 윤리정신을 정치에 고착시켰다는 점에서 유교정치
의 장점은 있었던 것이며, 그 반면에 유교사상에는 정치가 어떤 면에
있어서는 하나의 기술이라는 점에 대한 인식이 완전히 결여되어 있었
다는 점에서, 다시 말해서 기술학은 정치 밖에 놓여 있었다는 점에서
유교정치의 결함이 내포되어 있었던 것이다. 도리어 유교사상에 있어
서는 德治를 내세우기는 하지만 실체에 있어서는 性惡說에 근거한 法

家的인 권력을 驅使할 수밖에 없었다는 점이다. 그것은 이념과 현실과의 괴리를 메우는 또 하나의 방책일 수밖에 없었기 때문이다.

이를 요컨대 儒敎政治哲學인 유교와 그 실천인 유교정치는 시대변천에 따라 특정한 역사적인 기능을 발휘했으나 또한 그 자체가 내포한 모순 때문에 궁극적인 사회진전에 隨能할 수 있는 윤리사상과 사회제도를 재구성할 수 없었다는 점에 그 한계성을 노정한 것이라고 말할 수 있다.

— 韓國史 10, 1973

Ⅱ. 대학 교양 교과로서의 역사교육

一. 머리말

오늘날 우리는 여러 가지 사회문제가 산적해 있는 상황에서 가치관이 혼란되어 있고 그 위에 민족과 국토의 분단이라는 비극 속에 살고 있어서, 여기에 덕성을 지닌 올바른 가치관을 확립시키고 투철한 민족의식과 확고한 국가관을 일깨워 주는 교과 과목으로는 역사(국사)만큼 중요한 것이 없다고 하겠다. 국민은 누구나 역사 속에서 규범을 찾아 그것을 거울로 삼아서 자신의 행적을 비추어 볼 수 있기 때문이다.

역사학의 발전도 시대정세의 변천과 밀접한 연관성을 지닌다. 해방 이후 한국사의 연구와 교육도 많이 발전되어 왔다. 그것은 해방 이후 한국사 교육에 대한 관심이 늘어남에 따라서 한국사를 연구하는 학자도 늘어나고 연구내용도 진전된 결과라고 생각된다.

한국사 교육은 해방 이후로 몇 차례의 변화를 겪어야 했다. 일제의 억압에서 풀려난 1940년대 후반에는 미군정하에서 자주적인 민족국가 수립이라는 시대적 과제를 안고 한국사 연구와 교육이 새로 일어나 각기 제나름대로 활동을 하였으나, 이른바 근대화 과정과 새로운 미국풍의 교육체제의 형성과정에서 한국사 교육은 오히려 소외당하였고, 그 위에 당시에는 한국사 학과와 교수의 수가 아주 부족한 상태여서 국사교육이 제대로 자리잡힐 수가 없었다. 그리하여 1950년대까지는 민족국가의 수립, 한국전쟁 등 민족사적 과제가 산적해 있었고 여러 가지 모순도 드러났던 시기였음에도, 대학에서 한국사는 중요시되지 못하고 대체로 서양문화사를 교육하는 데 그쳤다. 더구나 한국전쟁을 겪은 50년대에는 이데올로기의 경색과 미국에의 예속이 심화되어 분단과 민족주의의 실종이라는 절박한 현실에서 당면한 현실문제를 과제로 삼지 못하여, 한국사학이 제 임무를 다하지 못한 채 한국사학과의 증설은 보았으나 건실한 학풍은 이루지 못하고 그 내용도 충실하게 채워나갈 수가 없었다.

그러나 60년대 후반에서 70년대에 걸쳐서는 종래의 이른바 식민사학에 대한 비판과 민족주의 사학의 계승·재건이 강조되고 국토분단에 대한 인식이 심화되기 시작하였고, 역사 교육이 강조되면서 한국사의 연구와 교육이 중요시되게 되었다. 그리하여 이들과 관련된 학과가 많이 증설되면서 특히 '국사학과'가 분리·독립되어 국사가 교양과목으로 중시되기에 이르렀다. 이같이 국사학과의 분리·독립은 국사학의 저변 확대와 연구자 양성에 획기적인 발전을 자아내는 계기가 된 것이다. 그리하여 75년에는 한국사가 '국책과목'으로 지정되면서 새로운 전기를 맞게 되어, 한국사는 모든 대학에서 '교양필수'과목으로 지정되게 되었다. 그러나 그것은 불행하게도 당시의 지배자였던 박정희 정권의 지배이데올로기의 구축과도 관련되는 이념적인 필요에 의했던 것으로, 한국사는 당시의 독재체제의 이념적 기반의 구실로 이용당한 것이기는 하였으나, 그 반면에는 한국사가 대학에서 '교양과목'으로 자리잡게 된 계기가 마련되었고, 그 위에 '국책과목'이라는 명분마저 띠게 되었다.

그리하여 정치적 독재화와 사회경제적 불균등 구조가 심화되면서 민족민주운동이 고양되고 새로운 변혁주체로서 민중이 주목되던 80년대에 한국사학계에서는 사회구성체론·민중론 등과 관련하여 '민중사학론'·'과학적 실천적 역사학'이 제창되면서 현실변혁의 의지가 연구와 교육에 스며들게 되었다.

1989년에 이르러서는 결국 한국사가 '교양필수'과목에서 해제되게 되었다. 따라서 그것이 '국책과목'이라는 명분도 상실되게 마련이었다. 90년대에 들어서 한국사 학과는 그 수가 계속 늘어났으나 이를 수강하는 학생 수는 도리어 감소되는 진기한 현상을 나타냈다. 학과의 규모는 축소된 듯하였고, 특히 역사교육 관련학과의 학생수가 급격히 감소되었다. 이는 교사의 수가 과잉될 것이라는 판단으로 정부에서 사범대학 규모를 축소시킨 결과로서, 이는 중등학교 역사교육의 질과도 관련되는 것이겠다.

한국사 연구자들은 교양한국사가 필수과목에서 해제된 데 대하여 깊은 우려를 표명하였다. 그들은 한국사가 '국책'이라는 명분으로 교육되는 데에는 반대하지만, 대학에서 반드시 가르쳐야 할 한국사교육이 혹시나 경시되지 않을까 우려했기 때문이었다. 그리하여 몇몇 대학에서는 종전과 다름없이 한국사를 필수과목으로 지정하였지만, 많은 대학에서는 '교양선택'과목으로 바뀌었다.

二. 역사교육의 약화

1. 자유선택

이제 대학이 그때까지 '교양필수'라는 명분으로 반드시 가르쳐야 했던 한국사의 교육 여부를 대학 자체에서 각기 자율적으로 결정하게 되면서, 한국사는 다른 과목들과 대등한 이를테면 하나의 경쟁과목으로 전락된 셈이어서, 한국사 교육이 쇠퇴하지 않을까 염려하지 않을 수 없게 된 셈이다.

그러나 그것은 하나의 기우였다. 혹시나 한국사의 수강학생수가 감소되지나 않을까 하는 우려와는 반대로 한국사가 선택과목으로 전환된 이후에도 학생들에게는 종래와 다름없이 인기있는 교양과목이었다. 도리어 한국사가 필수과목에서 해제됨으로써 학생들은 자유선택이라는 홀가분함을 느낄 수도 있게 되어 '국책'이라는 명분과 속박에 대한 저항감도 없어졌고 교수들은 그들 나름으로 한국사 강의에서 다양한 내용을 제공할 수도 있게 되어 오히려 학생들의 한국사 수강욕구를 만족시킬 수도 있게 되었다. 그리하여 한국사는 여타의 교양과목에 대해서도 아무런 손색이 없이 되고 오히려 교양한국사가 나름대로 발전할 수 있는 계기가 되었던 셈이다.

  교양한국사가 '국책'한국사로 강제되고 있던 80년대 이후에도 한국사 교육이 당시의 사회와 민족이 당면했던 과제를 올바로 인식시키는 데에 많은 도움을 준 것도 사실이다. 더구나 당시에 새로 밝혀지게 된 근현대사의 연구성과와 교육은 현실문제와도 관련되어 학생들의 지대한 관심을 자아내는 데 크게 도움이 되었으며, 그러한 연구성과의 전수는 역사학의 본연의 임무라고 할 수 있는 현실문제 해결의 노력도 이끌어 갈 수가 있었다. 이 같은 노력은 한국사를 대학에서 중요한 교양과목으로 자리잡게 한 계기도 되었다.

  이렇듯 해방 이후 한국사 연구와 교육은 여러 가지 우여곡절을 겪으면서도 나름대로 계속해서 발전해 온 셈이다. 정부의 교육정책으로는 한국사를 정권의 이데올로기로 이용한 시기도 있었지만, 대학교육은 교수와 학생사이에 이루어지는 것이기 때문에 정부의 의도대로 되지는 않았으나, 한국사 교육의 비중을 약화시켰던 것도 사실이다. 교양한국사의 국책과목 지정과 그 해제가 그 사이의 우여곡절을 단적으로 나타낸 반영이었다.

2. 국사교육의 약화

  최근에 또 다시 한국사 교육은 큰 전환기를 맞고 있는 셈이다. 대학의 구조를 근본적으로 바꾸고 있는 교육개혁의 일환으로 교양과정을 재편성하고 편재를 조정하면서 맞이하게 된 한국사교육의 변화는 단순히 대학에서 한국사 교과목이 축소된다는 차원의 문제가 아니다. 그 변화는 교양교육뿐만 아니라 전공교육까지도 포함되는 한국사 교육 전반에 걸쳐 있다는 점에서 그 폭이 매우 넓고 그 변화의 계기가 정책적 차원에서 유도되고 있기는 하지만, 그것이 대학의 성쇠와도 직결되어 있다는 점에서 그 정도가 매우 심각하다. 한국사 교육이 '필수'에서 제외되고 '영역필수'에서도 제외된 것과 같은 추세는 이른바 '도구과목'의 중시에 따라 도구과목이 '교양필수'의 자리를 차지하게 된 데에도 관련이 있다. 그리하여 한국사 교과는 대학에 따라 각기 다르게 다루어진다. ① 한국사 또는 한국 문화사를 전체학생에게 필수로 부과하는 대학, ② 역사분야에서 몇 개의 학과를 설강하고 한국사 영역 또는 역사영역에서 그 중의 하나를 선택하도록 하고 있는 대학, ③ 단과대학별로 그 중의 일부대학에서 한국사를 필수로 지정하도록 각기 단과대학에 맡기는 대학, ④ 완전히 한국사를 선택과목으로 삼는 대학 등으로 구별된다.

위와 같이 교양한국사가 필수에서 제외되고 영역선택에서도 제외되는 추세는 대학에서 한국사의 교육기회를 상대적으로 축소시키는 결과가 되었다. 그 위에 세계화라는 추세에 따라 기업이나 정부에서 외국어를 습득할 수 있도록 또는 정보화시대에 '전산'될 수 있도록 과목설정을 대학자체의 결정에 맡기고, 대학에서도 그 나름대로 졸업생들의 출세를 위하여 영어회화나 컴퓨터 등 실용적인 '도구과목'교육에 열중하게 되어 국사를 포함한 역사교육은 점차로 대형화되거나 그 수도 줄어드는 추세에 있다. 교양한국사 교육은 인간으로서의 기본 덕성을 기르고 사회적 불평등, 민족의 분단, 국가간의 교류확대의 긴요성을 올바로 인식하고 발전하는 사회건설과 민족통일을 이룩할 수 있는 역량을 배양하기 위하여 더욱 강화되어야 할 것이다.

또한 한국사 교육의 강화는 보수적이고 국수주의적인 처사로 여겨서 한국사 연구와 교육을 세계화를 위해서는 불필요하고 도리어 세계화에 역행하는 처사로 간주되는 수도 있다. 민족의 역사와 문화를 경시하거나 포기하고 세계화를 꾀한다는 것은 본말을 전도한 처사로, 진정한 세계화는 민족문화에 바탕을 둔 것이어야 한다. 여러 민족의 각기 고유한 문화가 서로 교류되면서 보편화된 세계문화가 이루어질 수 있는 것으로, 민족사 교육과 민족 문화의 육성은 세계화와 배치되는 조처가 아니다. 민족문화는 세계문화의 발전을 위해서도 수준 높게 육성되어야 한다. 더구나 대학에서의 한국사 교육은 세계사와의 연계성을 맺어서, 세계와 동떨어진 고립된 역사가 아니라 세계 속의 한국, 한국의 세계성이 올바로 파악될 수 있게끔 되어야 한다.

따라서 역사를 굳이 한국사와 세계사를 따로 분리시켜 생각하지 말고 한국사를 주체로 한 세계사의 올바른 인식을 주도록 교육되어야 한다. 그리고 대학에서의 세계사교육의 수준도 중고등학교 교육에서의 그것과 별다른 차이가 없이 반복되는 느낌이다. 대학에서의 역사교육은 오늘날의 세계적 추세인 올바른 민주주의의 정립, 선진기술의 도입과 경제대국의 건설, 그리고 복지사회의 실현 등에도 기여하는 것이어야 한다. 그 위에 세계사라고 해서 이른바 선진국 중심의 역사만이 아니라 특히 우리나라와 관계가 깊은 아프리카·동남아시아·남미·오스트레일리아 등에도 관심을 가져야 한다.

이 같은 취지에서 정부에서는 한국학 연구기관의 설치·강화, 민족의 역사와 문화를 올바로 인식하도록 국민교양을 넓힐 수 있게 하는 방안을 마련하고, 대학의 학부와 대학원의 사학과를 강화하는 방안을 모색·실시하기 위하여 교육개혁 내용에 구체적인 계획을 포함시켜야 한다.

이 같은 목적을 이룩하기 위해서는 대학에 있어서 한국사관련 강의의 비중을 높여서 근래에 그것이 오히려 약화되리라는 우려를 불식해야 할 것이다. 한국사 교육의 약화는 인간의 도덕적 불감증을 방조하는 결과를 낳아서 그것이 바로 올바른 인간상을 이루게 하는 인간교육에 역행하는 것이 되며, 현정권이 표방하는 세계화정책에도 역행하는 것이 된다. 진정한 세계화는 앞에서도 시사했듯이 각기 민족의 역사적·문화적 기반 위에서야 올바로 이루어질 수 있는 것이기 때문이다.

역사의 연구방법은 과학적이지만 그 해석은 예술이라고도 한다. 역사의 분석은 객관적이어야 하지만 인식은 주관적이며, 구성은 논리적·체계적이어야 하나 관점은 직관적·상상적일 수밖에 없다고도 한다. 한국사 교육은 한국의 현실을 과학적으로 분석하고 역사적 전망을 제시하는 데 역점을 두어 큰 성과를 거두어야 한다면 같은 교양교육 중에서도 특별한 의미를 갖는다. 한국사를 포함한 민족문화와 역사에

대한 연구와 교육은 현실적으로 여러 가지 심각한 사회문제와 남북분
단이라는 비극적 상황에서 확고한 복지사회를 건설하고 통일과 통일
이후의 민족의 이질성을 극복하고 새로운 민족문화를 창조하는 데에
아주 중요한 역할을 담당해야 하기 때문이다. 한국사를 주축으로 하는
세계사의 학습이 필요하다면, 국사와 세계사와 별개로 나누어져 있는
현재의 편제를 마땅히 줄여서 대학에서는 중요한 주제에 따라 집중적
으로 학습·탐구할 수 있는 기회를 마련해 주도록 고려하는 것이 좋겠
다.

三. 맺음말

현재 교과과목 개혁안 등에도 여러 가지 문제점이 들어 있는 셈이
다. 먼저 대학의 편제개편, 특히 학부제 도입으로 인해 학과가 없어지
거나 학부로 통합되는 현상이 나타나고 있다. 그것은 한국사 교육의
장인 학과의 존폐와 관계된 변화가 일어나고 있는 것이다. 종래 대학
이 학과 단위로 운영되고 학과가 지나치게 세분화됨에 따라 교과목의
중복 편성이 심하였다. 학부제는 학문영역의 통합이라는 명분으로 관
련 학문분야를 학부 단위로 묶어 학문분야 상호간의 교류를 증진하고
교양교육을 강화하는 한편 학생들의 다양한 전공선택을 보장할 수 있
는 방안이기는 하였다. 그러나 학부제의 내용이 분명치가 못하다. 인문
사회계열의 학과는 흔히 이공계열에서 두드러지게 나타났던 것과는 달
리 학과가 세분화되어 있지도 않았는데, 이제 학부제를 추진하면서 학
과목이 중복되게 편성되어 있지도 않고 유사학과라고 보기도 어려운
학과들을 통합하여 학부로 묶는 경우도 있을 것이다.
역사학 분야에서 통합이나 학부제를 고려한다면, 한국사학과·동양
사학과·서양사학과로 나누어져 있는 학과들의 통합이나 고고학과·민
속학과 등을 묶는 방안도 있을 수는 있겠다. 그러나 이를테면 다른 학

문과는 구별되는 연구방법론과 오랜 역사적 전통을 가지고 있는 사학과를 어문계열 등의 학과와 함께 인문학부로 묶는 것은 바람직하다고 생각되지 않는다.

학부제가 도입되고 사학과가 유지된다 하더라도 전공의 비중을 줄이고 다른 전공을 하나 더 이수할 수 있게 하는 복수전공제가 채택되는 경우에도 역사전공교육에 영향을 미치게 마련이다. 복수전공제의 도입은 전공교육에 영향을 주게 마련이기 때문이다. 학생들이 현실적 수요가 많은 전공과목으로 집중되는 반면, 현실 수요가 없거나 아주 적은 학문분야는 대학 교과에서 도태될 위험성이 있고, 대학 내에서 학과 사이나 학생들 사이에 불필요한 경쟁의식을 유발하고 학점 위주의 대학 교육이 됨으로써 생활공동체로서의 대학 본연의 모습은 약화될 위험성도 있다. 그 위에 여러 분야의 전공을 하는 데 따른 학생들의 부담은 커질 수밖에 없어서 최소한의 전공마저도 성공적으로 이수하기 어려울 경우도 있을 수 있겠다. 복수전공제에서 고려해야 할 과제의 하나는 전공을 얼마만큼 가르쳐야 하는가 하는 그 기준을 마련하는 일이다.

또한 대학에서 요구하는 학생들의 전공 이수학점이 너무 과다하여 학생들이 다른 전공에 관심을 가질 여유를 주지 않기 때문에 실제로 학생들은 요구 학점보다도 훨씬 많은 학점을 하나의 전공에서 취득하고 있다. 과다한 전공과목의 이수학점 요구는 학생들로 하여금 특정과목에 편중되게 주력하는 결과를 가져온다. 기초 학문을 두루 접합으로써 학생들이 폭넓은 시야를 가질 수 있게 하고 사물을 다양하고 폭넓게 파악할 수 있는 능력을 길러주는 것이 중요한 일이라고 생각할 때, 과다한 전공과목 이수학점의 요구는 다시 생각해야 할 문제이다.

또한 앞에서 언급한 바와 같이 대학에서의 국사·세계사 강좌가 중·고등학교에서의 그것을 반복 교육하는 형편과 큰 차이가 없으므로, 중·고등학교과정을 거친 대학생이 대학에서 역사과목을 수학하는 데 큰 흥미를 느끼지 못하였다. 그러므로 중·고등·대학의 전 과정을 연계하여 역사교육을 6년간의 연속과정으로 편성하여 단순한 반복을 피하는 것이 좋을 것이다. 그리하여 대학에서는 중요한 주제에 대하여 집중적으로 학습·탐구할 수 있는 기회를 마련해 주는 것도 좋을 것이다.

현재 우리나라에서 교육개혁위원회가 세계화를 표방하면서 초·중등학교와 대학교의 교육과정과 커리큘럼 등을 전면적으로 개편하는 작업을 진행하여 왔다. 그 개편안에도 앞에서 제기한 바와 같은 여러 가지 문제점이 없지 않았다. 이제 우리는 여기서 외국에 있어서의 역사교육과정과 커리큘럼에도 관심을 갖고 참조해보기도 해야겠지만, 그렇다고 무턱대고 그런 것을 도입하려는 움직임도 일부 교육계에서는 없지 않은 것 같은데, 그러한 일은 신중하게 경계해야 할 문제라고 생각된다.

－ 學術院論文集(人文·社會科學篇) 36, 1997

Ⅲ. 人文・社會科學部 第3分科에
대한 回顧

　學術院은 해방 후 공산군 남침으로 인한 釜山 피난 중에 우리나라 학술의 명맥을 유지・발전시키기 위한 선배님들의 심려 끝에 文化保護法의 제정과 還都後 文化人 登錄 등의 절차와 곡절을 걸쳐서 설립된 지가 벌써 40년이란 세월이 흘렀다. 초창기에는 자체 회관 하나 없이 셋방살이・더부살이로 전전하던 끝에 1987년에 이르러서야 신축된 회관으로 정착하게 되어 학술원으로서의 체모가 겨우 갖추어지게 된 셈이다. 본인이 회원으로 選任된 때가 1974년 이어서 재임기간이 겨우 20년, 학술원 40년 역사의 반밖에 안 된다. 그동안 人文科學部會長 재임 당시(1983) 會長・副會長・自然科學部會長님들과 같이 학술원의 활성화를 위한 방안을 모색 논의하는 데 동참한 바 있었을 뿐, 그 밖에는 學術講演會에서 연구발표를 하거나 學術院刊行物에 기고하는 정도로, 학술원을 위한 남다른 공로도 없으므로 무슨 개인적인 회고록 같은 것을 엮어낼 게재도 못된다. 그럼에도 지난번 회고록 집저자 선정을 위한 第3分科會議 때에 참석자 중 최고령이라는 구실로 본인에게 그 집필의 의무를 떠맡겨 固辭했으나 들어주지 않아 하는 수 없이 지난 40여 년 동안의 第3分科會員님들의 동정 내지 활동을 간략히 추려서 더듬어 보는 것으로 筆責을 면하기로 하였다.

　學術院開設 당시(1954) 第3分科會議(史學・考古學分野)에는 李丙燾・金庠基・申奭鎬・李瑄根・趙義卨 선생들이 定員(五名)을 채웠으나, 李瑄根 선생은 첫 번 임기를 마치는 데 그치고, 金載元 박사가 제2대 회원으로 선임되었다(1957). 뒤이어서 1960년에 柳洪烈・李弘稙 박사가, 67년에 洪以燮 박사가 회원으로 선임되었다.

　1970년 이후로는 타계한 회원님의 수가 늘어나는 한편 1962년에 회

원의 정원도 증원되어(人文・自然科學部 각 60人 이내) 신임회원의 수
도 늘어나게 되었다.

  그동안에 老患 또는 急患으로 別世한 회원님들의 재임기간을 표시
하면 다음과 같다.

李丙燾 1954~1989(別世)	金庠基 1954~1977(別世)
趙義卨 1954~1978(別世)	李瑄根 1954~1957
申奭鎬 1954~1981(別世)	金載元 1957~1990(別世)
李弘稙 1960~1970(別世)	洪以燮 1967~1974(別世)
金哲埈 1981~1989(別世)	金元龍 1981~1993(別世)

  그런 중에서도 李弘稙・洪以燮・金哲埈・金元龍 회원님들은 선임된
지 10년 내외밖에 안 되는 짧은 재임기간 중에 60대 내지 70대 초반
에 別世하게 되어 학자의 연령층이 매우 얕은 우리나라 학계에 老後에
도 더욱 健勝하여 더 많은 공헌을 하지 못하게 된 것이 애석하다. 그
동안에 李杜鉉・李燦 교수가 각기 82년과 90년에 새로 회원으로 선임
되어 第3分科는 인류・민속학, 인문지리학에까지 그 분야가 넓어지게
되었다.

  이제 第3分科會員님들의 그동안의 활동을 몇 가지만 간추려서 살펴
보기로 한다. 李丙燾 선생은 학술원 개원 당초에 부회장에 被選('56년
再選), '60년에 회장에 被選된 이후로 '82년까지 회장(10選)에 유임되
었다. 개원 이후 獨立廳舍도 없이 轉轉傀居하던 기간에도 학술원의 발
전을 위하여 여러모로 애쓰셔서 청사도 景福宮 石造殿으로 일단 정착
되게 하고, 학술원의 활동도 점차 진전되었으며, 특히 82년의 이른바
文化保護法改編波動 때에는 고령을 무릅쓰고 학술원의 자율권 옹호를
위하여 비장한 노력을 기울여 학술원의 권위를 수호해낸 공로는 컸다.

  金載元 박사는 학술원 설립 이전부터 학자들 自意로 학술원 조직활
동이 선행되던 때에 이미 그 談合에 참여하였던 바이며, 주지하는 바

와 같이 解放直後 初代 大韓民國博物館長으로 취임, 國寶海外展示活動 등을 통하여 미국·유럽 등지에서 한국문화 창달에 애쓰시고, 그동안 외국학자들과 폭넓은 교류가 있었기에 뒤에 大韓民國學術院이 國際學術院聯合의 회원국이 되는 데에 적지 않은 도움이 되었을 것 같다. 大韓民國學術院은 國際學術院聯合에 加入申請을 略式으로 낸 일이 있었으나 아무런 성과도 거두지 못했고, 76년에 公式 申請書를 내었던 것이 그 다음해인 77년에 총회에 附議되어 金載元 박사가 大韓民國學術院代表로 참석 활동하여 가입에 성공하였다. 당시의 贊反投票結果는 33 대 11이어서 規定通過數인 會員國 全代表의 3/4을 아슬아슬하게 얻었다는 것이다. 金載元 박사는 그때를 회고하는 글에서 당시의 「긴장된 심정」을 말로 표현할 수도 없다고 했다. 그 이후로는 大韓民國學術院도 회원국으로서 國際學術院聯合에 해마다 대표를 파견하게 되어, 第3分科의 金載元·全海宗 회원님이 다른 분과 회원님들과 같이 대표로 거듭 참석하는 노고를 분담하여 왔다. 그 총회에 참석했던 金載元 박사나 全海宗 박사는 귀국보고에서 그 聯合會의 연구과제의 내용과 이와 관련하여 그것에 적응 내지 부합될 수 있는 우리 학술원의 연구과제와 그 전망을 제시한 바도 있었다. "요는 우리의 학문적 수준이 향상되고 동양력사와 문화에 대한 외국인들의 관심도를 높이는 일이 가장 중요한 급선무라고 생각한다"는 金載元 박사님이 남기신 말이 지극히 타당하다고 생각된다.

　第3分科의 여러 회원님들도 비록 학술원회원으로서가 아니더라도 院外學者들과도 같이 국내외의 국제학술대회나 세미나에 빈번히 참여하여, 그러한 활동은 간접적으로 학술원회원의 위상을 높이는 것이기도 했다. 그러한 중에서도 第3分科에 해당되는 분야인 동양사, 한국사학에 관련된 國際東洋學者大會, 國際歷史學大會, 일본의 朝鮮學會國際學術大會 등에는 第3分科會員들이 많이 참여하여 왔다. 여기서 일일이 거론할 필요는 없으나 그 중의 특수과제와 관련되는 몇 가지 海外國際會議에의 참여사례만을 예시해 보면 다음과 같다. 全海宗 회원은 東亞

傳統文化에 관련된 比較史的 硏究로, 高柄翊 회원은 Silk Road와 佛敎遺跡의 踏査와 이와 관련된 국제회의에 참여하고, 金元龍 회원은 古墳文化 내지는 古代史 관련의 국제심포지엄에, 李杜鉉 회원은 假面藝能에 관한 국제심포지엄에 참여하였다. 또한 회원님들의 연구활동에 따른 국내에서의 受賞事例는 여기서 일일이 열거할 수도 없으나, 그 중에서도 외국의 정부나 기관에서 受賞한 경우를 들면 한국에서 佛蘭西革命史硏究分野를 처음으로 개척한 閔錫泓 회원은 프랑스정부로부터 공로훈장을 받았고(1991년), 金元龍 회원은 考古學을 통하여 아세아문화연구에 공헌한 업적으로 第3回 福岡(日本)아세아文化賞을 받은 것이(1992년) 그 예이다. 이 같은 사례들은 모두 학술원회원의 위상을 높이는 것이라 할 수 있겠다.

　이제 한국의 학문수준과 한국에 대한 외국인의 관심도를 더욱 높여야 할 현실에 당면하여 회원님들의 건승과 학술원의 활성화가 더욱 기대된다.

― 學術院40年史, 1994

I. 『韓國通史』書評

　　역사개설서 저술의 목적은 어느 국가나 사회의 역사적 사실을 시대 순으로 나열하여 놓는 데에 그치는 것이 아니라 역사적 사실을 하나의 체계를 지어서 그 명맥을 줄기 있게 展示하는 데에 있어야 할 것이다. 역사적 존재를 하나의 나무[樹木]에 비유하여 말한다면, 그러함으로써만 독자는 뿌리와 가지와 잎과 꽃을 제각기 遊離된 것으로서가 아니라 나무 전체를 하나의 생명체로서 관조, 이해할 수 있기 때문이다. 이러한 관점에서 본다면 해방 후 우리나라에서 출간된 적지 않은 國史槪說類의 저술에서 아직 만족할 수 있는 것을 발견할 수 없음을 유감스러운 일이라고 하지 않을 수 없다. 이 같은 현상에서 隣邦學者間에 우리나라 역사에 관한 개설서가 출간되었다는 사실은 우선 우리들의 흥미와 주목을 끌어 마지않는 바이다. 이미 本學報 第一輯에서 일본인 旗田氏의 著 『朝鮮史』가 소개된 것은 그러한 의미에서 의의 있는 것이었다.

　　이제 저자는 『俄國侵略亞洲史話』의 저자인 李迺揚 敎授(中國 臺北)가 1950년에 저술한 『韓國通史』를 보고, 다시 한번 남다른 감회를 금할 수가 없다. 저자는 淵民 李家源氏의 호의로 本著書를 借讀할 기회를 얻어서, 이제 그것에 관한 간단한 소개와 논평을 하여 보고자 하는 바이다.

　　本書는 국판 146면으로 된 저술로서, 저자는 그 自序 중에 "中韓兩國은 兄弟之邦으로서 脣齒相輔하고 더욱이 反共抗俄의 현 단계에 있어서 더욱더 中韓一家的인 精神을 현출하고 있다"고 한 뒤에, 韓國을 밝히고 韓國을 연구하는 것은 앞으로의 가장 중요한 과제라고 말하였다. 이 저서가 이 같은 友誼的인 공감과 한국에 대한 이해, 연구의 긴요성 밑에 저술된 것을 말함이겠다.

　　저자는 다시 韓國歷史의 연구는 日本의 자료로써 그 藍本으로 삼을 수밖에 없는 사정을 토로하면서, 그러면서도 일본인의 역사적 사실의 왜곡과 허구를 비판하고 扶擇하여야 할 것을 주의하고, 사료수집의 곤란이 그의 硏究途上에 現下情勢로 말미암아 더한층 더하여진 것을 말하고 있다. 이 같은 곤란은 참혹한 戰禍 밑에서 우리 자신이 느끼는 바로서 그러한 중에서도 저자 李迺揚 교수는 "사실발굴에 충실하고 엄정한 객관분석적인 태도로써 계통적 천술을" 기하여 본서를 편찬하고자 한 것은 바로 우리가 기대하는 바 마찬가지 취지라고 할 것이었다.

　이 같은 企圖의 성공여부는 우선 그 저술에 있어서의 시대구분과 항목설정에서 단적으로 엿볼 수 있겠다. 그런데 李敎授는 그러한 의도임에도 불구하고 종래의 시대구분법을 답습하여 사회발전과 시대성격을 명시하지 못하였으며, 그 서술에 있어서도 所期한 바 何等의 체계를 엿볼 수 없음은 유감이라 하지 않을 수 없다. 이제 다소 煩瑣함을 무릅쓰고 본서의 내용목차를 소개하면 다음과 같다. 즉, 第一編에서 第四編에 이르는 전편을 통하여 全23章, 全70節로 再分되어 있어, 第一編 古代史에서 (1) 朝鮮的黎明 (2) 三國分立和加羅諸國的起源 (3) 三國混亂中的半島形勢 (4) 新羅的半島統一 (5) 新羅的盛衰 (6) 三國時代的文化和社會情形, 第二編 中世史에서 (1) 高麗王朝的初政 (2) 契册入寇和尹瓘北伐 (3) 濁亂時代 (4) 高麗和蒙元的關係 (5) 高麗的滅亡 (6) 高麗時代的文化和社會情形, 第三編 近世史에서 (1) 李朝的創業時代 (2) 朝鮮的黃金時代 (3) 朋黨之爭 (4) 兩大外患 (5) 正祖中興和外戚王核的專橫 (6) 列强在朝鮮勢力的角逐 (7) 朝鮮的滅亡 (8) 朝鮮時代的文化和社會情形, 第四編 現代史에서 (1) 日治時代 (2) 復國運動 (3) 朝鮮光復 등의 장별로 서술되었다.

　이제 古代史의 예를 들어 그 서술내용을 일별하면 다음과 같다. 第一章 朝鮮的黎明에서 檀君神話와 箕子傳說의 소개로 시작하고, "這是韓人修史模倣中國的盤古肇基和日本的神武開國的昂揚民族精神的寫法所以韓國後代佛敎盛世的僧侶就以印度所有佛陀降生於無憂樹下的傳說"이라 하여, 단군신화는 한국 후대의 승려가 모작한 것으로 여겨서 그 神

話傳說的 及至 社會史的 해석을 가하지 않았고, 箕子傳來說에 대하여
서는 "是否僞造也待考證"이라 하여 의문으로 남겼다. 뒤를 이어 箕衛
二氏之興亡·漢武帝遠征朝鮮·漢之四郡 등의 항목으로 정치적인 변천
을 약술하고 당시의 古墳遺物 등의 출토품으로 판단하여 樂浪時代의
문화가 漢代 고도의 문화의 훈도를 받는 것이라고 하였다. 저자는 다
시 朝鮮的種族, 三國的擡頭, 韓族的生活 등의 설명에서 三國分立에로
들어갔으니, 이 朝鮮的黎明에서 三國分立에 이르는 서술에 있어서 오
로지 政治的·軍事的 변천을 위주로 하여 그 간 우리나라 原始社會로
부터 部族國家를 거쳐 三國對立에 이르는 변천과정을 社會發展史的인
인식이 결여되어 있음을 흔히 과거 우리나라에서 볼 수 있었던 구태의
연한 서술방법에 머물러 있는 것이라 할 것이다. 第二章에서도 마찬가
지로 삼국분립이 건국전설로 시작되어 三國的盛衰興亡·新羅的半島統
一·新羅的盛衰로 고대사를 끝마치고, 章을 달리하여 新羅(對外關係·
制度·社會經濟·宗敎·美術建築), 高句麗(對外關係·官制·山城·陵
墓), 百濟(對外關係·文化的一般) 三國의 文化와 社會情形을 평면적으
로 서술하였다. 이 같은 서술방법은 高麗·李朝시대에 있어서도 그 規
를 같이하였으니, 이 같은 군왕 중심의 정치사적 서술로서 사회발전의
계기며, 시대의 성격이며, 발전단계를 계통적으로 파악할 수 없으며,
정치와 사회경제 내지 문화와의 유기적 관련성을 인식 파악할 수 없는
것은 사실이다. 그러므로 저자는 樂浪時代의 우리나라 문화가 당시 고
도로 발달한 漢代文化의 훈도를 받았다고는 하나, 그것이 우리나라 문
화발전상 어떠한 역할을 하였는지 어떠한 성격의 것인지를 천명하지
못하였다.

　저자는 과연 "朝鮮各朝的土地制度大致都有關聯也是各朝興衰的關
鍵"(p. 24)이라 하여 토지제도의 중요성을 인정하고 麗代·李朝代의
田制의 변천을 다음과 같이 요약, 설명, 규정하였다. 즉, 高麗代 公田制
의 실시와 그 변천을 설명하여 "新羅末年 혼란시대에 豪族이 발호하여
太祖 王建은 처음에 호족과 투쟁하고 고려를 세운 뒤에는 호족과 타협

하니, 종래의 인습세력이 점차 대두하여 개혁을 沮礙하다, 景宗時에 公田制를 실시하였다"라고 하고, "文宗 이후로 귀족관료가 전횡하여 백성을 주구하고 농민이 각지에 유망하여 사회상태가 극히 험악하게 되었다"(pp. 54~55)라고 하였다. 麗末 田制改革에 관하여서는 "元朝가 침입 후에 權臣이 政治를 좌우하여 초기의 公田制度를 파괴하고 權門勢家와 寺院이 백성의 토지를 兼倂하여…… 많은 유력한 不耕地主가 나고…… 백성은 自活할 수 없었다. 이때에 革命英雄 李成桂가 출세하여 토지통제정책을 강행"(p. 55)하였으되 "高麗末期의 토지개혁은 다만 其時의 財政上의 措施에 지나지 않으며, 租稅를 조정하여 軍國과 官俸의 부족을 미봉한 것이며, 동시에 일반 귀족계급이 그 전통적인 農莊을 保持하기 위하여 국가가 耕種自由를 管制하는 데 반대함으로써"(p. 123)라고 설명하여 전제개혁의 성격을 명백히 규정지었으나, 이 같은 사회경제면의 분석이 정치·문화와 연관시켜 종합적으로 천술되지 못한 것은 저자 자신의 의도에 어긋나며, 따라서 아무런 체계적인 이해를 불가능케 하는 것이 되었다.

이 같은 欠陷은 개개의 사건서술에도 반영되었으니, 이제 士禍黨爭이란 항목에서도 간취할 수 있다. 저자는 사화당쟁의 연원을 설명하여 "士禍本是朝臣的內訌也可視作一時的黨爭其後由朝臣的內訌變爲外戚的爭權而有大尹小尹的軋轢士林也被捲入漩渦永久性的朋黨就由此形成了"(p. 67 朋黨萌芽)라고 한 뒤에, 다시 당쟁의 본질을 논하여 "朝鮮的所謂朋黨並非建立於道義關心國家的安危或圖謀人民的福祉而出發旣無正確的信念也無可墨守的綱領謹以沈金二人的情感衝突爲導火線意以王位繼承世襲禮俗等問題分派東西南北老少……"(p. 68)라 하여 추상적·정치적 인식의 범주를 넘지 못하였다.

이 같은 관찰은 대외관계가 착잡한 最近世에 이르러서는 더욱 사실 자체의 성격과 역사적 의의가 모호하게 되었으니, 일례를 「甲午更張」에서 들어보면, 저자는 「親日政府的成立」이라는 항목으로 그 대외정치관계에 중점을 두어 갑오경장이 각 분야에 걸쳐서 李朝封建體制의 종말을 의미하는 획기성을 전연 무시한 것은 재고할 필요가 있는 것이 아닐까.

이상 數三의 예를 들어 검토한 바 本 著書는 구태의연한 王朝·君王 중심의 정치사적 서술방법으로, 정치·경제·문화가 각기 유리되어 그 종합적 관련성을 드러내지 못하고 따라서 사회발전사적인 체계를 엿볼 수 없음은, 저자 자신의 의도에 어긋나고 우리의 기대에도 부합되지 못하는 것이 되었다.

그럼에도 불구하고 이 저서가 우리에게 남다른 주목을 끄는 것은 보다 더 구체적인 사실을 枚擧한 「日治時代」에 관한 서술에 있다고 할 것이다. 第四編 現代史에서 「朝鮮總督府的設立」으로 日治時代를 시작하여 총독부의 조직과 제도를 상술하고 이어서 「日本的米倉」「韓人的敎育問題」「鐵路網的完成」「改善林政」「歷代總督的暴政」「皇化政策」「一百二十人的黨獄」「三一運動」「赴粵專使的派遣」「東邊道的抗日聯軍」「社會解放運動」 등의 항목으로, 우리 국내 國史書에서 볼 수 없을 만큼 구체적인 분석을 제시한 점이, 우리에게는 너무나 긴급한 과제이면서도 오히려 소홀히 보는 폐단을 다시 한번 느끼게 하는 바이다.

요컨대 李迺揚 교수 著인 『韓國通史』는 우리의 기대를 충족시키는 것이 못되는 것이기는 하나, 그러나 저자의 노력이 韓中兩國간의 상호이해와 우의를 촉진시키는 데에 적지않은 기여를 할 것이라고 믿으며, 특히 그의 日治時代에 관한 서술은 국내 사학도에게 부여된 임무를 다시 한번 催促하여 마지않는 것이라고 하겠다. 現下 世紀的일 고난 속에서 한국이해와 연구에 대한 노력과 저서가 불만족한 것이기는 하나, 中國 臺北에서 생겨나고 있다는 사실만도 우리가 알아야 할 것이겠다.

— 歷史學報 3, 1952

Ⅱ.『崔鉉培先生還甲記念論文集』 書評

　　우리가 우리나라 역사에 관한 지금까지의 연구성과를 더듬어보려
할 때에 일본인 학자들의 還曆記念論文集도 뒤적거리지 않을 수 없었
다. 그럴 때마다 우리는 우리의 선배들을 위하여 엮어진 그러한 기념
논문집을 하나도 갖지 못한 것을 은근히 서운하게 여겨왔던 것이다.
이것은 사정이야 어찌되었든 간에 우리나라의 근대적인 학문이 아직도
여러 세대를 거듭한 것이 못된다는 것을 말하여 주는 성싶었기 때문일
는지도 모른다. 그러한 중에 우리나라「學界에 세운 業績이 크고 民族
正氣를 북돋움에 끼친 功績이 높은」崔鉉培 선생의 還曆을 맞이하여
선생의 知友와 門生들에 의한 還甲記念論文集이 세상에 나오게 된 것
은 그것이 우리나라에 있어서 그러한 논문집의 嚆矢가 되어졌다는 의
미도 더하여 비단 국어국문학계를 위하여서뿐만 아니라 실로 우리나라
학계 전체를 위하여 기쁜 소식이었다.

　　本論文集에는 모두 十九篇의 논문이 실려 있어 그 대부분이 國語·
國文學에 관한 것이나, 저자는 그 중에서 國史에 직접 관계되는 三篇
을 들어 여기에 소개하고자 한다. 즉「世宗朝의 集賢殿」(李光麟),「延
壽在銘新羅銀合杆에 對한 一二의 考察」(李弘稙), 그리고「關衛編 編輯
者 李基慶의 傳記資料」(洪以燮)가 그것이다.

　　李光麟씨의「世宗朝의 集賢殿」은 널리 알려져 있음에도 불구하고
그 내용이 구명, 정리되어 있지 않았던 集賢殿의 업적과 그 지위를 밝
히고자 한 것이다. 氏는 먼저 집현전 설치의 유래를 살피고 世宗朝에
있어서의 그 기구와 담당사업 및 연구면을 추려내었다. 氏는 여기에
그치지 않고 한 걸음 더 나아가 그 후의 변천에까지 유의하여 世祖朝
에 이르러 혁파되기까지의 경유와 成宗初에 다시 집현전에 의거하여
弘文館이 설치되었다는 사실에까지 언급하였다. 이로써 氏는 집현전
置廢의 始末을 一瞥하였다. 氏는 먼저 삼국시대의 詳文師(新羅), 博士

(百濟), 太學博士(高句麗) 등이 중국 고대에서 볼 수 있는 集賢學士와 같은 學士職이라고 생각되는 점에서 집현전 제도는 일찍이 중국에서 수입되어 삼국시대에 설치되었던 것이라고 논술하였다. 그리하여 麗初에도 이 제도는 계승되어 명칭의 변경을 보면서 麗末에는 修文殿, 集賢殿, 寶文閣이란 이름으로 존속되었으나 官署, 職任이 없는 허구에 지나지 않던 것이 李朝에 들어서 점차 개편되어 世宗 二年에 비로소 그 기구가 확립되어졌다는 것이다. 따라서 종래 集賢殿官으로는 兼官이 主이고 專任官은 二三名(大學士, 直學士 등)에 지나지 않던 것이 이때에 비로소 集賢學士의 祿官制가 마련되고 專任學士 十名을 두는 동시에 官司職任이 정하여졌으며, 다시 專任學士가 二十名으로 증원되면서 그 뒤로 약간의 增減이 있음을 볼 수 있다는 것이다. 그들의 연구를 위하여서는 圖書의 수집, 구입, 印行, 收藏과 賜暇, 賞賜 등이 배려되었으며, 이로 인하여 많은 인물들이 배출하게 되었다는 것이다.

氏는 또 그들의 담당사업으로 經筵과 書筵, 史官의 役任(學士의 일부), 知製敎(辭令의 制選), 그리고 古制의 연구를 들고 있다. 그리하여 "集賢殿學士들은 상술한 經筵及書筵官, 史官, 知製敎로서도 古制나 古典 연구가 중요하였을 것이지만 儒敎至上主義國家를 만들어 보고자 노력하던 당시 儒臣들의 현실적인 요청에 의해서 制度 혹은 儀式的인 면에 대한 古制를 많이 연구케 되었던 것"이라고 氏는 말하였다. 여기서 氏는 世宗二年 집현전이 새로 편성되어 世祖二年 그것이 혁파될 때까지의 약 四十年間의 연구면을 實錄 중에서 추려내어 調査研究 十七件, 撰述及制作 二十五件을 연대순으로 열거제시하고 결론적으로 그 대부분이 古制及古典研究에 집중되어 있음을 지적하였다.

氏는 다시 집현전 학사들이 점차로 실제정치에 관심을 갖게 되고 文宗朝에 이르러서는 政治人으로 등용되어 重職을 차지하고 端宗 補佐의 任을 맡아 정권을 차지하게 되었으나 수양대군 일파의 쿠데타로 인하여 그 세력이 좌절되었다는 것이다. 이른바 死六臣을 비롯한 世祖反對派는 모두 집현전 출신 학사들이었으며 세조는 이윽고 그의 「反對派의 소굴」인 집현전을 罷하게 된 것이라고 말하였다.

氏는 결론에 있어서 특히 집현전은 무엇보다도 中國古制硏究에 이바지하였던 기관이라는 점과 그것이야말로 유교국가로서의 가장 기본적인 사업이었다는 점을 강조하였다. 氏는 여기서 한 걸음 더 나아가 李成桂 자신이 불교신자였고 太宗 역시 말년에는 불교를 신봉하였다는 점에 유의하여 李朝로 넘어오면서 근 一千年間의 토대를 가진 佛敎를 대신하여 儒敎가 즉시 지배권을 차지한다는 것은 말할 수가 없는 것이라 하고 따라서 불교적인 토대를 구축하고 유교가 득세하기에는 적어도 成宗 때에 이르러서였으며 그것은 또 실로 세종대 집현전의 古制 연구가 있었기 때문이었다고 결론을 맺고 있다.

우리는 氏의 노력에 의하여 극히 중요한 기관의 하나였던 집현전의 내용과 그 업적에 대하여 구체적인 예증을 볼 수 있게 된 것을 다행으로 생각하는 바이다. 그러나 이제 그 성격과 지위를 규정한다는 것은 극히 중요한 일이라고 생각되기 때문에 이 문제에 관하여서만 저자로서 의아스럽게 생각되는 점을 들어 교시를 바라 마지않는 바이다. 무엇보다도 氏가 제시한 내용으로서만은 고제의 연구가 집현전 학사의 업적 중에서 가장 큰 비중을 차지한다는 단정을 내리기가 어려운 것이 아닐까 하는 문제이다. 氏는 經筵及書筵, 史官의 任, 知製敎, 古制의 硏究 및 撰述及制作 이러한 집현전의 제 임무들 사이에 있을 수 있는 상호관련성에 대하여 아무런 실증적인 해명을 찾아보지 않았고 그 위에 그 비중을 말할 수 있는 아무런 기준도 설정하지 않고 있다. 따라서 古制 연구가 가장 큰 비중을 갖는 것이라는 단정은 극히 모호한 추단이 되어버리지 않았는가 생각된다. 또한 氏가 논단하는 대로 설사 그것이 가장 큰 비중을 차지하였던 것이라 하더라도 「集賢殿의 古制 硏究」만을 들어서 그것이 유교국가의 토대를 마련한 것이고 바로 그것이 있었기 때문에 성종 때에 비로소 유교가 득세하게 되었다는 氏의 결론에 이르러서는 우리는 더욱 주저하지 않을 수가 없는 것이다. 유교국가의 토대를 마련하기 위하여 중국 고제의 연구가 널리 필요하였다는 것은 사실이라 하더라도 그것은 집현전에만 한하여서 요구되어졌던 것이 아니었다면 먼저 李朝初期 諸般文物制度 確立過程에 있어서 古制의 조사연구가 전반적으로 어떠한 범위로 행하여졌으며 어느 정도로 참작되어졌는가 하는 데 대한 검토가 있어야 할 것이 아닐까. 우리는 世宗 十二年 十二月과 閏十二月의 불과 二箇月 사이에서 찾아볼 수 있는 古制 참고의 기록(世宗實錄을 뒤적거려서 눈에 띈 것)만으로도 다음과 같은 예를 들 수 있다.

禮曹啓朝會雅樂人工巾幘衣履着稽古典唐制云云(卷十五 十二年 十二月 辛巳條)

(前略) 李朝判書啓…… 稽之古書云云(卷十五 閏十二月 甲辰條)

鑄造所啓今考官制周禮圖說云云(卷五十 閏十二月 甲辰)

吏曹啓今以東官內官制稱號品秩參考古制云云(卷五十 閏十二月 壬子條)

우리는 위에 예시한 것만으로도 문물제도의 정비를 위하여 각기 官署나 臣僚 개인이 매양 古制를 참고 조사하여야만 하였다는 사실을 알 수 있는 동시에 집현전에서 조사한 十六件의 古制 연구가 이 전면적인 제도의 재편시기에 있어서 얼마만한 비중과 의의를 가졌던가 하는 문제에 焦急한 결론을 마련할 수 없는 것이 아닐까. 보다 더 새로운 각도에서 전면적인 재검토가 있어야 할 것이 아닐까 생각되는 바이다.

李弘種氏의 「延壽在銘新羅銀合杅에 對한 一二의 考察」은 1926년 9월 경주에서 발굴된 소위 瑞鳳塚에서 출토되었던 銀製合杅에 대하여 몇 가지 문제를 재검토 제기한 것이다. 이 銀合에 관하여서는 발굴당시에 박물관장이었던 일본인 野守健氏에 의하여 마련되었으리라고 생각되는 銘文의 스케치가 濱田耕作 박사에 의하여 학계에 소개되었을 뿐이었다는 것이다. 李弘種氏는 해방 후 수년간 조석으로 이 銀盒에 대할 수 있었던 기회에 그 명문을 재검토하고 野守氏가 판독한 이상의 약간의 글자를 더 얻어 볼 수 있었다는 것이다. 氏는 여기서 野守氏가 판독한 것을 제시하여 「三月」의 二字와 杅字의 木篇과 于劃의 일부 그리고 분명히 알 수 있는 것이 漏脫되었던 「三斤」의 二字를 더 부치었다. 이것을 대조, 소개하면 다음과 같다.

野守健의 판독부분

(合蓋內部) 延壽元年太歲在卯三月中太王敬(敎?)造合杅用三斤六兩

(合身外部) □壽元年太歲辛……太王敬造合……

李弘種氏의 판독부분

(合蓋內部) 延壽元年太歲在卯三月中太王敬造合杅用三斤六兩

(合身外部) 延壽元年太歲在辛三月□太王敬造合杅三斤

氏는 이로써 당대인이 盒을 合杅 또는 壺杅라고 하였음을 논하고 종래 「杅」이라고 판독되었던 것은 「杅」라야 마땅할 것이라고 말하였다. 氏는 이어서 合蓋와 底面의 銘文을 합쳐서 알게 되는 辛卯年(즉, 延壽元年)의 紀年문제를 검토하여, 종래 日本人學者가 智證王三十三年(511) 辛卯로 추정한 데 대하여 壺杅塚에서 출토된 靑銅壺杅銘文에 비추어 訥祇王代의 辛卯年(451)으로 비정할 가능성이 농후하다고 논하고, 이 점에 관하여서는 이미 金載元氏의 시사도 있었던 것을 말하고 있는 것이다. 氏는 또 銀盒의 重量 문제에 언급하고 다시 그 명문 중의 「中」자의 용법에 대하여 논하였다. 氏는 먼저 「中」자가 吏讀로서 方位(또는 時의) 助詞인 "에"(羅, 혜)로 사용되었다는 것은 이미 先學이 해석하여온 바라고 전제한 다음, 최근에 발견된 新羅帳籍의 斷簡과 新羅梵鐘의 銘文 중에 씌어진 中字의 용례(「三年間中」「佛道中」)에 유의하여 이를 후기의 문헌에 나타나는 吏讀的인 「中」의 성격을 이 명문 중의

中字가 이미 갖고 있었던 것을 부인치 못할 듯싶다는 것이다. 여기서 氏는 吏讀의 발생시기를 비정하는 데 있어서 이 銀合의 銘文은 그 辛卯年이라는 연대와 아울러 생각할 때 특히 평가하여야 할 것이라는 것을 강조하고 있는 것이다.

氏는 끝으로 銘文 중의 延壽라는 연호에 유의하여 法興王 이래 建元, 開國, 大昌, 鴻濟, 建福, 仁平, 太和 등의 연호를 써왔고 고구려에서는 好太王碑文 중에서 永樂이라는 연호를 찾아볼 수 있었을 따름인데 延壽라는 연호는 東洋 各朝에서 볼 수 없는 것이어서 法興王 二十三年에 「始稱年號」하였다는 그 이전에 智證王 계통이 아닌 다른 王 계통에서 이미 建元한 사실을 나타내는 것이 아닐까 하는 추측을 하고 있다. 그 위에 氏는 신라 초기에는 고구려의 영향을 많이 받았던 사실에 비추어 이 延壽라는 연호 사용도 호태왕대의 永樂이라는 연호와도 같이 고구려벽화에도 나타나 있는 不老長生의 사상과도 어떠한 관련성이 있지 않는가 생각되는 것이라고 하였다. 자료가 희귀한 우리나라 고대사 부면에 있어서 여러 가지 흥미 있는 문제를 제기한 것이라고 할 것이다.

洪以燮氏의 「闢衛編 纂輯者 李基慶의 傳記資料」는 우리나라 天主敎史에 관한 자료를 발굴, 제공한 것이다. 氏는 먼저 천주교사 연구의 귀중한 자료집인 闢衛編에 대하여 아직 학문적인 검토가 되어 있지 않음을 지적하고, 그 찬자인 李基慶의 내력을 밝히는 것은 闢衛編의 내용 구성을 이해하는 데 필요한 것이라는 점을 말하면서 三溟集(姜俊欽 찬) 所收의 弘文館校理李公(○基慶)墓誌銘 全文을 轉收, 소개한 것이다. 氏는 이어서 西學 배척에 있어서의 李基慶과 姜俊欽과의 관계를 밝혀서 당시 벽파의 중심인물의 一人이었던 姜世靖(松潭)의 아들 강준흠은 이기경과는 斥邪運動의 동지이며 그 위에 인척관계를 맺게 된 자로서 그의 묘지명을 찬술하기에 가장 적임자였음을 말하고 있다.

氏는 다시 그 묘지명의 내용을 설명하면서 三溟集, 松潭遺錄 등의 문헌을 이끌어 正廟朝 丁未洋會事件 이후의 斥邪派와 信西敎派와의 대립, 알력 속에 이기경의 태도와 처우의 변천을 약술하였다. 氏는 이 같은 일면적인 이해는 한편으로 당시 時派側의 문헌을 대조하여 다시 비판되어져야 할 것이라는 것을 부언하였다. 이 방면에 있어서의 氏의 노력은 우리나라 천주교사 연구의 새로운 분야를 개척하여 적지 않은 공헌이 되리라고 믿는 바이다.

— 歷史學報 9, 1957

Ⅲ. 『韓國史(現代篇)』書評

　역사연구의 궁극적인 목적이 현실에 대한 역사적 인식을 올바르게 가질 수 있게끔 하는 데 있다면, 현실과 가장 직접적인 연결을 맺고 있는 最近世史에 대한 철저한 연구는 다른 어느 시기보다도 더 우리에게는 緊切한 과제라 하지 않을 수가 없다. 또한 우리나라와 같이 그것이 王朝衰亡·國權喪失의 과정으로서, 외세침략에 의하여 하나의 식민지로 전락되었던 민족수난의 역사요, 또 역사적 시기로 보아서 우리 민족이 근대민주주의적인 교육과 그 훈련을 위하여 가장 緊要하였던 시기였다면 더욱이 그러하나. 그럼에도 불구하고 우리나라 최근세사의 연구는 그리 활발한 편이 못되었으며, 따라서 이 시기에 관한 제대로 엮어진 通史까지도 우리는 손에 들 수가 없었던 것이다. 그것은 이 부문의 연구자료가 아직까지도 제대로 정리되어 있지 않으며 또한 여기저기 保藏되어 있는 자료조차 그 이용의 편의가 원활하게 도모되어 있지 못한 때문이기도 하다. 더구나 어느 한 개인이 이 부문의 방대하고도 산만한 자료를 獨力으로 수집·연구한다는 일은 좀처럼 용이한 일이 아닐 뿐만 아니라 거의 불가능한 일이다.

　본서의 저자 李瑄根 교수는 이미 해방 전 일찍부터 이 어려운 과제를 스스로 담당하여, 사료수집과 연구저술에 힘을 기울여 왔다. 그리하여 해방 전에 이미 『韓國最近世史』(大院君時代史)·『韓國最近政治史』(閔氏執權時代-東學亂直前)의 두 저술을 내었으며, 근자에 상기 두 저술에서 취급된 시기의 통사를 새로 집필하여 『韓國史最近世篇』으로 간행을 보게 되었던 것이다. 저자는 최근에 다시 상기 저술의 뒤를 이어서, 甲午東學亂에서부터 庚戌國恥에 이르는 17년간(1894~1910)의 민족수난사를 새로 엮어서 세상에 내놓게 된 것이 바로 본서이다.

　저자는 本書 序言에서 시대구분에 대하여 언급한 중에서 저자 원래의 의도를 말하여, 大院君執政 이후부터 東學亂 이전까지를 「最近世의

前期」(開國期)로, 東學亂·淸日戰爭 이후부터 己未獨立運動 직전까지를 「最近世의 後期」(民族「受難期」)로, 그리고 기미독립운동 이후부터 大韓民國 樹立까지를 「現代史」로 구분하여 취급하려던 것이나 부득이한 사정으로 본의와는 어긋나게 활자화되어 「最近世의 前期」에 해당하는 前記 저술이 「最近世篇」으로, 그리고 「最近世의 後期」에 해당하는 부분이 미완성인 채 본서 「現代篇」이란 제명으로 간행을 보게 된 사실에 대하여 유감의 뜻을 말하고 있다. 그러므로 본서에는 저자 원래의 의도와는 달리 뜻하지 않은 「現代篇」이란 표제가 붙여졌고, 그것도 庚戌國恥 이후부터 己未獨立運動 직전까지 사이의 부분이 포함되어 있지 않은 셈이다.

본서는 모두 二編·五章으로서, 全16節로 나누어져 서술되어 있으며 各節에는 다시 數箇의 小節로 나누어지고 第一編 第二章의 第二節과 第三節, 第二編의 第一章과 第二章의 대부분의 小節은 그 밑에 다시 數箇目의 小 item으로 나누어 서술되어 있다. 여기에 編·章·節까지의 목차를 소개하면 다음과 같다.

第一編　東學亂과　淸日戰爭
　　第一章　甲午東學亂
　　　　第一節　敎祖殉敎後의　東學運動
　　　　第二節　古阜民擾와　甲午東學亂
　　　　第三節　全州城陷落과　그　影響
　　第二章　淸日戰爭과　甲午更張
　　　　第一節　淸日開戰의　經緯
　　　　第二節　甲午更張과　日帝의　對韓政策
　　　　第三節　日本軍의　乘勝長驅와　그　影響
　　　　第四節　淸國의　敗戰과　馬關條約
　　第二編　列强政策과　王朝의　崩壞
　　　第一章　日露의　對立과　韓國의　悲劇
　　　　第一節　馬關條約前後의　韓國情勢

우리는 먼저 저자 李瑄根 교수가 本書 序言에서 언급한 것과 같이 진실로 「學術的으로 未開拓地나 다름없는」 부문에서, 여러 가지 어려운 조건과 환경 밑에 개척자적인 작업으로 이 같은 성과를 거둔 데 대하여 충심으로 경의와 감사의 뜻을 표하여 마지않는 바이다. 그럼으로 본서는 이 시기에 관한 상세한 通史로서 우리나라 사람의 손으로 된 것으로는 최초의 것이라고 할 수 있겠다. 따라서 본서는 앞으로 이 부문의 연구를 더욱 진전시키는 데에 하나의 초석의 구실을 할 수 있는 것이라 믿는다.

또한 저자는 가장 緊要·不可缺의 자료인 日本外交文書를 위시한, 最近刊의 諸資料를 광범위하게 섭렵하여 전거의 제시·내용의 인용에 충실한 것은 어디까지나 학문적인 태도를 견지하려는 의도에서였을 것이며, 그것은 또 우리나라에서 일반으로 求得하기가 용이치 않은 상태에서는 일면 충분한 이유가 있는 바라 하겠다.

그 위에 저자는 일반으로 外交文書가 지니고 있는 제한성을 통찰하여 피상적인 관찰에 머물지 않고, 보다 더 깊은 이면의 진상을 천착하여 마지않는 견실한 자세를 취하고 있어서 더욱이 그것이 일제침략에 관한 것임에는, 문제의 핵심을 잃지 않았다 할 것이다. 저자는 그러면서도 어디까지나 사료에 충실하여 지나친 臆斷은 삼가고 있는 신중한 태도도 견지하고 있다.

끝으로 본서에 있어서의 서술이 극히 평이하여 일반독자들도 쉬이 읽어나갈 수 있게 되어 있다는 점도 들어서 좋을 것이다.

우리나라 최근세사 관계자료의 未整理 상태, 더욱이 外國側 자료의 입수곤란 등 여러 가지 어려운 조건에 비추어 생각한다면, 本著者가 보다 더 광범위한 자료를 이용하지 못하였다는 점에 대하여서는 실제상으로 비난의 구실이 될 수 없을 것이다. 그러한 일의 충족은 현재의 우리로서는 거의 우연적이라고 할 수 있는 기회만이, 그것도 극히 제한된 범위 내에서 허용되는 형편이기 때문이다. 그럼으로 본서에 나타난 미흡한 점을 충족시킨다는 작업은 누구에게나 그리 용이한 과제가 아닐 것도 사실이겠다.

그러나 우리는 여기서 앞으로 이 부문 연구의 진전을 기대하는 마음에서 본 저서에 대한 몇 가지의 소감을 술회하는 것도 전연 의의 없는 일은 아니라고 생각한다.

첫째, 基本資料上의 제약문제이다. 저자는 한국최근세관계의 사료를 널리 수집·이용하고 있으나 그러한 중에도 여러 가지 제약을 벗어날 수가 없었다. 그리고 그것은 앞서 언급한 바와도 같이 누가 이러한 일에 종사한다손 치더라도 직면하지 않을 수 없는, 그리고 쉬이 극복할 수는 없는 곤란한 문제이기도 하다. 가령 이 시기에 있어서의 한국사는 일본을 위시한 국제적 관계가 착잡하게 엉켜 있는 것이 사실이다. 저자는 이러한 관계에 있어서 일본외교문서·조선정부의 官報 등 기본자료를 충분히 활용하고 있으나, 한편으로 美·露·英·獨 등 諸國側의 기본자료에까지는 손이 미치지 못하고 있다. 국외에서밖에 얻어볼 수 없는 자료에 대해서는 누구나가 거의 속수무책의 상태에 놓여 있는 것이다. 그럼으로 이러한 난점에 대하여서는 한마디로 저자에게 그 책임을 돌릴 수 없는 문제이기도 하다.

둘째, 項目設定의 문제이다. 編·章·節의 구분은 단적으로 저자의 관점을 나타내는 것이라 할 수 있겠다. 이 점에 관하여 몇 가지 의문을 제시하여 보고자 한다. 이 시기를 통하는 통사서술에 있어서, 淸日戰爭과 露日戰爭을 어느 정도의 비중을 두고 다루어야 할 것인가 하는 문제이다. 저자는 第一編에서 「東學亂과 淸日戰爭」을 내세우고 第二編에서는 「列强政策과 王朝의 崩壞」를 내세워 노일전쟁은 드러내 있지 않은 것이다. 그러면서도 第二編에서 실질적으로는 세 장을 통하여 露日間의 對立(對立·協商·戰爭)이 큰 줄거리로 되어 있다. 또한 第一編은 甲午東學亂(第一章), 淸日戰爭과 甲午更張(第二章)으로 엮어졌음에도, 第二編 題目에는 「甲午更張」이 소외되어 있는 것이다. 항목설정에 있어서 요구되는 논리성은 자못 기술적인 형식의 문제로서가 아니라, 서술의 체계와도 내적인 관련을 갖는 것이기 때문에 중요한 문제이다.

이러한 문제는 第一編 第二章과 第二編 第三章에 있어서 淸日戰爭과 露日戰爭이 취급된 부분에서도 일어날 수 있겠다. 前章에 있어서 「淸日戰爭과 甲午更張」을 취급하여 청일전쟁이 三節을 차지하고 甲午更張(內政문제)이 一節을 차지한 데 반하여, 後章에 있어서는 「日露戰爭과 王朝의 崩壞」를 취급하여 日露戰爭이 一節을 차지하고 王朝의 崩壞(內政문제)가 三節을 차지하고 있어서, 한 章 내에 있어서 전쟁과 내정문제의 취급에 각기 비중을 달리하고 있다는 점이다. 이를 요컨대 章·節의 항목설정과 내세운 제목이 논리적으로 통일되어 있지 못한 느낌이 드는 것이다.

여기서 東學亂에 관한 취급을 보아도 좋다. 第一編은 「東學亂과 淸日戰爭」으로 되어 있고, 그 第一章에서 甲午東學亂이 취급되었다. 그러나, 실제로 여기서는, 「全州城陷落과 그 影響」까지에만 언급하고, 동학군 再起에 관하여서는 第二章(淸日戰爭과 甲午更張)의 第三節(日本軍의 乘勝長驅와 그 影響) 안의 三(小節)에서 취급되어 있는 것이다. 실제로 東學亂은 第一次蜂起와, 第二次蜂起를 아울러 東學亂이라 일컫는 것임에 틀림없다면, 그리고 각기 그 의의가 중대한 것이라면 이를 취급하는 비중은 대체로 대등하여야 할 것이며, 또 이 兩次의 봉기를 아우른 종합적인 이해가 요구되어지는 것이겠다. 그럼에도 불구하고 第一次蜂起만으로 第一章 전부를 메우고 第二次蜂起에 관한 서술은 一小節로 충당되게 된 것은 적어도 항목설정의 형식상으로라도 第二次蜂起의 의의가 과소평가된 혐의를 면치 못할 것이다.

셋째는, 原典(飜譯) 인용의 문제이다. 앞서 언급한 바와 같이 資料求得이 일반으로 곤란한 상황에서는 되도록 많은 인용이 도리어 유익한 점이 있기는 하나, 하나의 通史라는 점에서 본다면 도리어 要領을 不得케 만드는 弊가 수반되기 쉬운 것이겠다. 독자로 하여금 비록 홍미를 자아내는 것이라 하더라도 너무 지엽적인 문제에 구애되어 요령있는 줄거리를 잃어버리게 할 우려가 있다는 점이다.

끝으로 역사서술에 관한 문제이다. 누구나 한국최근세사, 이를테면 한국의 비극의 한 대목을 들여다 볼 때에 한탄과 비분강개를 느끼지 않을 수가 없기는 하다. 가령 日本兇徒들의 閔妃弑害의 음모와 만행의 정상을 들여다보는 사람이라면 누구나 홍분하지 않을 수가 없을 것이다. 그러나 역사서술에 있어서 비애나 의분과 같은 감정의 삽입은 도리어 냉정한 진상이해를 흐리게 할 우려가 있는 것이다. 어디까지나 객관적인 냉정한 서술을 통하여 이에 대한 시비의 판단과 선악의 감정은 독자의 편에 맡기는 것이 좋겠다. 가령 일례를 들면 일본인 흉도들이 민비를 시해한 후에 일본정부는 국제적 체면을 위장하기 위하여 그들에게 退韓命令을 내리고, 廣島 감옥에 一時 수용하여 법의 심판을 받는 듯이 꾸몄던 것이다. 그들이 이와 같이 退韓하게 된 사연에 대하여 저자는 「廢后矯詔」와 관련하여 언급한 끝에 "여기에 閔后는 죽어서도 그의 영혼만은 근대제국주의의 「列强政策」이라는 마술을 잘 이용하여 그 事變·그 矯詔의 장본인들을 골고루 찾아서 北京 아닌 日本 廣島로 압송해 보내는 것이었다"(p. 645)라고 서술하고 있어 이를테면 역사 속의 「神話」를 꾸며내는 듯싶은 인상을 준다. 이렇게 되면 「歷史」와

「慰靈의 祭文」과를 분간하지 못하게 될 것이다. Croce가 이미 말한 바 「詩的 歷史」는 벌써 극복되었어야 할 것이라고 생각하는 것이다.

저자가 위에서 본서에 대한 소감의 일단을 술회하여 몇 가지 難點을 생각한다 하더라도 본서의 현실적인 가치는 결코 저하되는 것이 아닐 것이며, 또 그러한 난점의 극복이 간단한 착상만으로 가능할 성질의 것도 아니다. 우리의 학문을 위한 조건이 호전되어 이 시기에 있어서의 제 문제에 대한 구체적인 연구가 진보되지 않고서는 가능한 일이 아닐 것이다.

거듭 말하거니와 이 부문에 관한 연구는 다른 어느 부문에 비하여서도 가장 緊切한 바로서, 그 체계화의 진전을 위하여서는 有爲한 인재의 양성과 더불어 특별한 배려가 있어야 하리라고 생각하는 것이다.

— 歷史學報 23, 1964

한우근(韓㳓劤)　　　1915년 평양 출생 1999년 타계
　　　　　　　　　　서울대학교 사학과 졸업, 문학박사
　　　　　　　　　　서울대학교 국사학과 교수(1959~1981)
　　　　　　　　　　서울대학교 대학원장
　　　　　　　　　　역사학회, 한국사연구회 대표간사
　　　　　　　　　　서울대학교 한국문화연구소 소장
　　　　　　　　　　대한민국 학술원 회원
　　　　　　　　　　민족문화추진회 기획편집위원장
　　　　　　　　　　서울대학교 명예교수(1981~1999)

본 도서는 한국학술정보(주)와 저작자 간에 출판권 및 전송권 계약이 체결된 도서로서, 당사와의 계약에 의해 이 도서를 구매한 도서관은 대학(동일 캠퍼스) 내에서 정당한 이용권자(재적학생 및 교직원)에게 전송할 수 있는 권리를 보유하게 됩니다. 그러나 타 지역으로의 전송과 정당한 이용권자 이외의 이용은 금지되어 있습니다.

韓㳓劤全集 13

● 民族史의 展望

◈ 초판발행	2001년 10월 31일
◈ 2 쇄	2003년 4월 30일
◈ 지 은 이	한우근
◈ 펴 낸 이	채종준
◈ 펴 낸 곳	한국학술정보㈜
	경기도 파주시 교하읍 문발리 파주출판문화사업단지 538-2
	전화 031) 908-3181(대표) · 팩스 031) 908-3189
	홈페이지 http://www.kstudy.com
	e-mail(e-Book사업부) ebook@kstudy.com
◈ 등 록	제일산-115호(2000. 6. 19)
◈ 가 격	30,000원

ISBN　　89-534-0274-3　94910 (paper book)
　　　　89-534-0275-1　98910 (ebook)